巴蜀文化通史

百〇四歲叟 馬識途

《巴蜀文化通史》学术委员会

章玉钧　隗瀛涛　李绍明　林　向　胡昭曦　贾大泉
谭继和　万本根　陈玉屏　罗　鸣　沈伯俊　彭邦本

主　编
章玉钧　谭继和

副主编
罗　鸣　彭邦本

编辑部
主　任　侯水平　向宝云
副主任　万本根　李　庆

"十二五"国家重点图书出版规划项目
四川建设西部文化强省重点项目

章玉钧　谭继和　主编

巴蜀文化通史
移民文化卷

陈世松　著

四川人民出版社

编者的话

巴蜀文化通史

编者的话

《巴蜀文化通史》编撰工程是中共四川省委批准、省委宣传部直接组织和领导，由四川省繁荣发展哲学社会科学协调小组立项、四川省社会科学院牵头的四川省西部文化强省建设重点支持项目，也是"十二五"国家重点图书出版物出版专项规划及国家出版基金（2016年度）资助项目。一直关心四川文化传承创新的省老领导杨超、杨析综、何郝炬、冯元蔚、廖伯康、聂荣贵、李永寿等同志率先向省委、省政府倡议启动编撰工作。在编撰研究过程中，得到了陶武先、柯尊平、王少雄、甘霖等历届省领导的大力支持和亲切指导，我们谨致衷心的敬意和感谢。

本书编撰委员会于2006年设立，编撰工作由此启动，至2020年全面完稿，历时十五年。编撰委员会名誉主任陶武先，主任王少雄、柯尊平，副主任殷建中、贾松青、侯水平、隗瀛涛、李绍明；顾问蔡美彪、李学勤、张海鹏；编委会成员有章玉钧、林向、胡昭曦、贾大泉、谭继和、万本根、陈玉屏、罗鸣、沈伯俊、彭邦本、向宝云、王素、舒大刚、邓经武、赵振铎、龙晦、龙显昭、刘平斋、吴野、钱来忠、曹顺庆、陈德述、任新建、李明泉、张忠仁、王毅、王庭科、冉光荣、杜肯堂、李学明、孙锦泉、陈廷湘、刘复生、佘正松、李健、李刚、李诚、江玉祥、江章华、蒋维明、季富政、高大伦、段志洪、侯德础、谢元鲁、甘绍成、张明富、张凤琦等。编委中，有些作为学术委员会成员，自始至终参与本书研讨和审定；有的承担了分卷的撰著；有的在本书酝酿和编撰的相关会议上提供了不少宝贵意见；有的应邀对有关书稿审阅并提出有益的建议。总而言之，编委们都为本书编撰出版做出了各自的贡献。另还专门请宗性（中国佛学院）审读了《宗教文化卷》。

编撰工作具体依托四川省社会科学院进行，院历届领导贾松青、侯水平、李后强、向宝云、高中伟等都给予大力支持、督促和帮助，多次召开院党委或院办公会议，听取编辑部汇报，决定有关事项并检查落实。编辑部成员张彦、彭东焕、印国玲在具体组织协调、制订规范规则、联系作者、学术讨论记录（含录音）、编写简报等方面做了大量工作。

《巴蜀文化通史》是集思聚智的学术成果，撰著参与者及分工情况详见于各卷后记。以下谨按卷次列出主要撰著者名单，共同见证这部著作的出版：

《通论卷》	谭继和著
《农业与水利文化卷》	彭邦本编著
《工商文化卷》	张学君著
《城市文化卷》	何一民等著
《建筑文化卷》	庄裕光著
《交通文化卷》	蓝勇等著
《民族文化卷》	赵心愚、杨铭等著
《宗族与会社卷》	张力著
《移民文化卷》	陈世松著
《方言卷》	李国太、黄尚军、袁雪梅、曾为志著
《民俗文化卷》	徐学书、喇明英、况红玲等著
《哲学思想卷》	蔡方鹿、刘俊哲、金生杨著
《史学卷》	粟品孝、周鼎、李晓宇著
《宗教文化卷》	李远国、向世山等著
《教育卷》	徐辉、徐仲林等著
《文学卷》	邓经武著
《艺术卷》	苏宁、沈博、幸晓峰著
《科技文化卷》	查有梁、王迎川、周世祥等著

《传播文化卷》　　　　　　赵志立著
《文献要览卷》　　　　　　舒大刚、李冬梅等著
《巴蜀文化大事记》　　　　张彦、陈德言、王林、彭东焕编著
《巴蜀文化研究论著索引》　李敬洵编

　　由于多领域的地域文化通史尚属首创，不同门类各有其文脉演变、内在逻辑与历史进程，故未对各卷涉及本领域涵盖的时间起止及个别体例做统一的要求。编著者虽务求如清人顾炎武所说"庶几采山之铜"，而力避"买旧钱""废铜以充铸"，但因见闻学识所限，书中疏漏不足之处，尚祈望读者正之。

　　最后要说的是，全书从编撰到出版来之不易，还得益于四川人民出版社历任社长罗韵希、解伟、黄立新，副社长骆晓平，总编辑刘周远的关心和支持。特别是谢雪编审从中协调、统筹以及众多编辑"为他人作嫁衣裳"的辛勤付出。巴蜀文化界学术界的领军人物、尊敬的马识途先生在2018年一百零四岁时为本通史题写书名。在此，我们表示深深的谢意。

章玉钧　谭继和　罗鸣　彭邦本
2021年11月

总 序

◎ 章玉钧

呈献在读者面前的这部多卷本《巴蜀文化通史》，是国家重点图书出版物出版专项规划项目、国家出版基金资助项目和四川省西部文化强省建设重点支持项目的学术成果。这个项目由中共四川省委宣传部直接组织和领导，四川省社会科学院牵头，川渝合作，组织和邀约四川省、重庆市七十多位巴蜀文化研究专家参加，得到四川省委、重庆市委和国家有关部门的重视和支持，获得国家和省文化产业经费的资助。全书二十二卷二十八册，约一千六百万字。编撰出版工作历时十五年终告完成。参加本书编修的专家学者们团结协同、切磋琢磨、集思聚智、甘苦备尝，贡献了创造性的劳动。四川人民出版社和各卷责任编辑认真敬业，严谨审慎，做出了辛勤奉献。在此，谨就编撰《巴蜀文化通史》的缘起与旨归、定位与特色、架构与方法、集成与出新，作一概括的介绍，以助读者对全书先有个总体的了解。

缘起与旨归

编修《巴蜀文化通史》之议，酝酿已久。20世纪80年代至90年代，巴蜀文化和蜀学研究在四川逐步升温，在选编出版徐中舒、蒙文通、顾颉刚、任乃强、邓少琴、冯汉骥等大师关于巴蜀文化的论著①后,陆续编写出版了《巴蜀文化图典》②《巴蜀文化研究丛书》③《巴蜀文化系列丛书》④。大家既为"地域文化热"的兴起而振奋,又在同地域文化研究先行地区的比较中,看到我们的差距,深感传承、整合和弘扬巴蜀文化,要抓牵头的东西,抓具有基础性、全局性和带动性的项目。2001年,一直关注文化的四川省老领导杨超、杨析综率先提出编撰《巴蜀文化通史》的倡议,杨超还构想系统整理自古以来的巴蜀文献,编成《巴蜀全书》。他们登高一呼,高屋建瓴,对学界有很大的启发和鼓舞。经过反复酝酿,省里八位老同志⑤于2005年10月联名致信四川省委、省政府,建议启动《巴蜀文化通史》的编撰工程。在组织四川高校和研究机构数十位专家学者进行论证,并征得重庆市有关领导和专家学者的赞同后,省委批准立项,审定了全书的框架设计。2006年7月,《巴蜀文化通史》多卷本编撰工程正式开展。

大家渴望编撰《巴蜀文化通史》并积极付诸行动,是基于这样的共识:民族文化是一个民族的根、脉、魂,是民族精神的载体,是支撑民族生存和发展的脊梁。全球文明古国各具优长,唯有中华文明几千年来一脉贯通地连续发展至今,重要原因是有由甲骨文、金文发展而来的形、音、义相结合的汉字为重要载体和文化纽带,用其写成的文史典籍代代承传,从未间断,起到全民族凝心聚力的巨大作用,激励中华民族历经磨难而不衰,直至迎来民族走向伟大复兴的盛世。巴蜀文化是多源汇成一脉、多元聚为一体的中华文

---

① 徐中舒《论巴蜀文化》、蒙文通《巴蜀古史论述》、顾颉刚《论巴蜀与中原的关系》、任乃强《四川上古史新探》、邓少琴《巴蜀史迹探索》,均由四川巴蜀史研究会编辑,由四川人民出版社于20世纪80年代出版。此后还有《冯汉骥考古学论文集》1985年由文物出版社出版,另有《缪钺全集》2004年由河北教育出版社出版。
② 该图典由川渝合作编成,刘茂才、滕久明任编委会主任,万本根、俞荣根任主编,四川人民出版社1999年出版。
③ 该丛书由杨超、杨析综任编委会主任,首批六册。李绍明《巴蜀民族史论集》、隗瀛涛《巴蜀近代史论集》、林向《巴蜀考古论集》、胡昭曦《宋代蜀学论集》、谭继和《巴蜀文化辨思集》、徐南洲《古巴蜀与〈山海经〉》,均由四川人民出版社2004年出版。
④ 该丛书由杨超、杨析综任编委会主任,谭洛非、邓星盈、万本根任主编,共十册,四川人民出版社2001年出版。
⑤ 八位老同志是杨超、杨析综、何郝炬、冯元蔚、廖伯康、聂荣贵、李永寿、章玉钧。

化中一个重要的区域文化，是博大精深的中华文明的一枝奇葩，在中华民族文化谱系中占有独特的地位。她绚丽多彩、大器包容，在与兄弟地域文化交流互益、吞吐融会中发展繁荣，形成并展示出独特的神韵和魅力，使哺育她的中华文化更添灿烂辉光。对于川渝地区各族同胞而言，巴蜀文化就是我们世代生存之根、承传之脉、发展之魂。

巴蜀大地钟灵毓秀、文脉悠长，堪称多种人类遗产荟萃的聚宝盆。巴蜀文化有许多独具的特色和亮点，足以令我们为先辈的创造感恩并自豪。茂县营盘山、成都平原从宝墩到三星堆、金沙以及长江三峡、宣汉罗家坝等处文化遗址的多次惊世发现，结合古文献资料，无可辩驳地证实了巴蜀作为长江上游的上古文明中心，丰富了中华文明的基因，显示出古蜀古巴文化永恒的魅力。周秦以来，中华思想文化素以儒学、道学为主干；佛学西来后，更以儒释道交融互补为特色。蜀地仙道发源很早，成为天师道的创教地；儒学从西汉起就在此代代传承，文翁石室、周公礼殿、孟蜀石经彪炳千秋；在佛教中国化的进程中，巴蜀出了许多大德高僧，尤其是禅学大师，成为中国禅学中心之一。作为中国重要地域学术文化的蜀学，富有哲思传统和文史之长，"易学在蜀""史学莫隆于蜀""文宗自古出巴蜀""自古诗人例到蜀"等赞语，无不彰显历代巴蜀学术文化的璀璨夺目，成就非凡。巴蜀的音乐、舞蹈、碑刻、石窟、书法、绘画、诗词歌赋、戏剧、织锦、酿酒、制茶、肴馔等享有盛誉，非物质文化遗存丰赡多彩。巴蜀悠久的农耕文化与繁盛的工商文化相得益彰，并曾在水利开发、天然气开采、钻井术、天文、数学、医药等科技领域独占鳌头，纸币"交子"首发领先全球。巴蜀是中国历史上一个典型的移民区域，又长期是汉族和许多少数民族相聚和融合的地区，开拓了对外交往的条条蜀道，形成了连通中亚、南亚的南方丝绸之路和藏羌彝民族走廊。移民文化与原生文化、汉文化与少数民族文化、本土文化与外来文化在这里交融互动，使巴蜀文化具有很强的开放性、包容性、创新性和辐射性，这些特性被学者喻为"水库效应"。巴蜀儿女自古敢为天下先，尤其是百余年来向现代化转型时期，巴蜀文化哺育和造就了众多的杰出人物和文化精英，红色文化光耀史册，三线建设举国之重，"改革之乡"①闻名遐迩。在2008年"5·12"汶川特大地震等自然灾害的救援和重建过程中，四川人民表现出的英勇、睿智、大爱、感恩，也都凝聚着巴蜀文化浴火重生的精神。

当今中国正处于世界百年未有之大变局，建设社会主义文化强国，着力提升文化软实力，关系到"两个一百年"奋斗目标和中华民族伟大复兴中国梦的实现。身为当代学人，要在马克思主义指导下，树立高度的文化自觉和自信，十分珍视本土优秀的传统文化，处理好传统文化与现代化、本土文化与外来文化的关系，立大志愿，开大视野，用大手笔来发掘和系统梳理传统文化资源，传承、整合、弘扬巴蜀文化，致力于培根铸魂、固本延脉，使我们优秀的文化基因永续传承，与当代社会相协调，让富有恒久魅力、具有当代价值的巴蜀文化在提高全民精神素质，推进文化强省强国，铸牢中华民族共同体意识和助推构建人类命运共同体的进程中发挥应有的作用。

编撰多卷本的《巴蜀文化通史》，具有深远宏大的文化价值、学术价值和应用价值。一是对巴蜀文化几千年的发展轨迹及其创造、积累的宝贵文化财富，作出系统梳理和规律性总结，可以回应巴蜀民众了解"我是谁""我从哪里来"的文化寻根需求，丰富人们的精神世界，尤其是在道德规范和价值取向上得到涵养和化育。二是可以较全面地展示巴蜀文化的神韵和亮点，系统阐扬蜀史、蜀学、蜀文、蜀艺，构筑宽阔的学术研究平台，为巴蜀人文社会科学走向繁荣，促进传统文化的创造性转化和创新性发展，发挥立其大本、凝聚人心、导向助推的作用。三是同兄弟地域文化的研究成果相互呼应、相得益彰，有助于深入了解中华文化，传承中华文脉，为我们的母亲文化增光添彩，一起来展示她的独特魅力，进而与世界多元文化中不同民族文化平等交流互鉴，为建设新时代中国特色社会主义文化，增强我国的文化竞争力和软实力添砖垒瓦。四是更进一步促进川渝文化合作，可以为繁荣、丰富当代巴蜀先进文化建设，尤其是推进文化创意产业和康乐旅游产业，发掘深层次的文化内涵，提供坚实的学术依据，从而开启思路、激发灵感，以文塑旅，以旅彰文，把潜在文化资源（包括物质文化遗产和非物质文化遗产）

---

① 邓小平1982年对家乡四川的深情赞语。

转化为现实的生产力和文化软实力。五是有助于改变四川高校和研究机构在巴蜀文化和蜀学研究上各自为政、力量分散的状况，使之汇聚并形成有较高水平的老中青结合的研究队伍。与《巴蜀文化通史》珠联璧合的《巴蜀全书》，作为四川有史以来最大规模的古籍文献整理工程，经由四川大学古籍整理研究所提出并担纲，在四川省社会科学院和兄弟高等院校协力下，2012年以来，已出版阶段性成果两百余种，就是蜀学研究正在形成合力的又一明证。

定位与特色

为了实现前述宗旨，参与编撰的同仁都力求使《巴蜀文化通史》既是文化集成，又是学术创新，努力做到观点有一定创新性，知识含量丰富，资料翔实，文笔流畅，总体上进入巴蜀文化研究的学术前沿，在科学性、系统性、创新性、前瞻性、可读性等方面力争成为当代巴蜀学人可以"预流"——预于时代学术潮流的成果，成为在巴蜀文化研究上服务于现实并可继往开来的学术著作。但我们愚鹄虽高而未必力所能逮，故难免"取法乎上，仅得乎中"之憾。

这部书的研究对象是巴蜀文化，性质是通中寓专、通专结合的文化通史，角度是把地域史学与文化学及相关学科契合起来，贯穿全书的编撰理念是"三通"，即纵通、横通与会通。这里就分别说一说本书的"文化"本位、"巴蜀"立位和"三通"定位。

（一）"文化"本位

世界上对"文化"的定义已经有好几百种。我们以唯物史观为指导，本着天人合一、以人为本的中华人文精神[①]来解读文化。"惟天地万物父母，

[①] 天人合一、以人为本，打破天道与性命的隔阂，既避免把天人合一引向神学化，也避免陷入人类中心主义，而把敬畏、顺应自然与发挥人的主体能动性相统一，蕴含天人相依相待、互动互益的张力。

惟人万物之灵。"①人作为自然演化的产儿，受惠于天地万物，在群体劳动实践中成为地球上的万物灵长，既能创制工具，又能用语言交流，进而创制文字，由此有了文化及其积累、传承，于是便创造了"人化的自然界"。同时，在法天、法地、法万物的进程中，人也改变和提升着自身。汉字的"文"，原意是文身、文饰、纹理，以文来显示，以文来变化，讲规矩、礼貌，与禽兽区别开来。这是外在的，更是内在的。文的外化于行与内化于心，开物成务与锻塑成人，乃是人类与自然进行精神与物质相互变换中联袂互动的双重效应。自然力所为乃造化，人类心力所创是文化。文化从何而来？由人化文；文化落脚何方？以文化人。荀子讲"化性起伪"，"伪"就是人为的东西。要改变自身才能更好地改变世界。文化就是这样"人化"与"化人"（或曰"人为"与"为人"、人性的外化与内化）相统一，在双向建构中螺旋式上升，推动着人居世界的演进。人，既是创造文化的能动主体，又是文化所创造的价值主体。这与古语"人文化成"②的解读可以相通，也跟西方"文化"一词兼容"耕作、栽培"（外化）和"养育、教化"（内化）的语义相衔接。《中庸》讲至诚尽性，内外交修："惟天下至诚，为能尽其性。能尽其性，则能尽人之性；能尽人之性，则能尽物之性；能尽物之性，则可以赞天地之化育；可以赞天地之化育，则可以与天地参矣。"③这段话，恰可理解作为内化与外化相统一的文化的功能。

这样的广义文化，它对外与天地万物相成相济，内结构则包含着精神文化、语文符号、规范体系（行为习俗和法律）、社会制度和社会组织、物质产品等要素。④这些文化要素，大体可划分为相互联结、相互渗透的三个层面：外层是作为基础的物态文化，即经过人的劳动形成的"人化"自然或器物层面，体现人与自然的互动关系及其物质成果；中层是语文符号、制度文化和行为习俗文化等，可称为"交往文化"，体现出人与人的互动关系即社会关系，也是精神文化的外在表现；内层则是以价值观为核心的精神文化，

---

① 《尚书·周书·泰誓上》，《十三经注疏》上册，中华书局1979年影印本，第180页。
② 《易·贲卦·彖辞》："观乎天文以察时变，观乎人文以化成天下。"
③ 《礼记·中庸》，《十三经注疏》下册，中华书局1979年影印本，第1632页。
④ 《中国大百科全书·社会学卷》，中国大百科全书出版社1991年版，第409页。

体现出人的心灵世界在真、善、美、圣（科学、道德、艺术、哲学、宗教）诸多领域与境界的创造。清代龚自珍说过："圣人之道，本天人之际，胪幽明之序，始乎饮食，中乎制作，终乎闻性与天道。"①文化的上述三个层面，既如血脉相通，总体上联动互进，在变迁时序上又往往呈现有速有缓、或前或后的不平衡发展状态。这种总体性与异步性的统一，是在研究和描述文化史时需要仔细琢磨和体现的。

综上所述，文化是在天人相合相分、互动互益进程中人的生命存在及其取得的全部成果，或简单地说，文化就是人类独有的生存方式。人们总是生活在世代传承而又不断积累、不断丰富的文化之中。这文化如水，滋润万物；若风，吹拂人间；又好比血液，灌注循环于特定民族或地区人群的心灵深处，产生凝聚力和认同感，积淀、凝结为人们稳定的生存方式。因此，人类的文化既有共通性，又有民族性、地域性和时代性，是多元的、多样的，而不是单一的、无差别的。不同民族、不同地域、不同时代产生的文化模式，形成的文化精神各有不同。伴随着时代的风云变幻，当不同文化相遇、相会时，从价值观念、思维方式、生活样态到社会习俗，就会产生交流、交融、交锋，出现文化选择和互融，进而导致文化的转型。通观世界历史，文化转型曾有过各种不同的类式。中华文化的现代转型是守正创新，把马克思主义基本原理同中华优秀传统文化相结合的自主式；而不是聚合多种移民文化、喧宾夺主的复合式；更不是那种特定场合下原有文化解体，被另一文化取代的断崖式。

"文化"和"文明"是两个意义相近又有区别的概念。文化侧重于文的功能，文明侧重于文的成就。人猿揖别，就出现文化；到告别蒙昧、野蛮，才进入文明时代。文明是个褒义词，囊括人类创造的积极成果之总和，用以指称人类社会的进步程度和开化状态。②当今多以文化标示民族性差异和地域性特色，而以文明标示人类的普遍行为和多元成就。□□□因交流而互鉴，因互鉴而发展。在经济和科技全球化进程中，□□物态文化和一部分行为习

---

① 《五经大义终始论》，《龚自珍全集》，上海□□出版社1975年版，第41页。
② 《易·乾·文言》："见龙在田，天下文□□□"《尚书·舜典》："睿哲文明。"孔疏："经天纬地曰文，照临四方曰明。"

俗文化在逐步趋于同质化，而具有不同基因的制度文化、语言文字，特别是精神文化，则终会呈现和保持多样化。这一部地域文化通史，本着文化的多元性和相通性来立论，各卷都力图写出浓郁的地域文化味，体现出"人化"与"化人"的统一。

（二）"巴蜀"立位

广袤的中华大地因地壳碰撞形成了自西向东、由高到低三个落差很大的阶梯，巴蜀处于高阶到中阶的内陆腹地，连通祖国的南北西东。巴蜀西部为青藏高原东南缘及横断山区北段，东部为群山环抱的四川盆地，总体地势西高东低，地形地貌独特丰富，集雄、奇、险、秀于一体，自然禀赋得天独厚，是万物生灵的洞天福地。巴和蜀是上古以来巴人、蜀人及其他族群先民活动的地域，二者相连乃至交错，文化复合共生，自成一个地域文化区系。在中华文明满天星斗式的起源中，这里是相对独立肇兴的长江上游文明起源中心，有巫山人、资阳人为代表的文化根系，有万年以上的文明起步，上古巴蜀地域文明形成和发展中的不少谜团还有待地下发掘来破解。三千多年前巴蜀文明就与中原文明血脉交融，与吴越、荆楚等文明紧密互动，也与南亚、中亚文明交流互鉴。公元前316年，秦并巴蜀后则更紧密全面地融入中华文明共同体，成为它重要的组成部分之一，东汉时即享有"天府之国"的美誉。巴与蜀同源同围，文化具有同质性和内聚力，而自然人文环境又同中有异，形成了刚柔相济的复合型文化共同体。蜀人慕文好乐，精敏健雄，浪漫诙谐；巴人质直尚勇，豁达豪爽，吃苦耐劳。所谓"巴出将、蜀入相"，大致道出了两者文化性格的差异。巴蜀的地域范围历代有涨有缩，行政区划迭有变迁（包括1997年以后川渝分治），而长期历史形成的巴蜀文化区虽没有截然划定的边界，却是相对稳定的整体，并未因行政区划变动而忽合忽分。巴蜀文化区的范围是涵盖今四川省和重庆市地域，兼及周边风俗略同地区的民族文化共同体。它以史源悠久、流传有绪的巴文化、蜀文化为主轴，既包括四川盆地以汉族为主体、辐射四周的文化，也包括盆地周边各以藏、彝、羌、苗和土家等世居少数民族为主体、各民族和谐共融的文化，是这一地区从古至今多民族地域文化的总汇。这部书论述的地域以今四川省和重庆市为主，对不同历史时期曾纳入巴蜀行政区划或与其文化关联密切的地域也有涉及。

巴蜀虽地处祖国内陆，不靠边、不濒海，却衔接南北，连通西东。在编撰这部书时，我们力求处理好巴蜀文化与其母文化——中华文化的关系，重视巴蜀文化与兄弟地域文化之间的交集和互动，着眼于巴蜀文化的特性、个性，寓共性于个性之中，寓统一性于多样性之中。我们也重视巴蜀文化与域外文化之间的交集和互动，注意巴蜀文化在中外文化交流中所起的作用。在巴蜀文化内部，我们力求处理好蜀文化与巴文化相互之间的关系，巴蜀汉民族文化与各世居少数民族文化的关系，尽可能都给以充分的关注，反映它们之间的共性与个性、互联与互动，力避顾此失彼，详略失当。为涵盖并展示少数民族文化多姿多彩的众多领域和方面，这部书除单独设置《民族文化卷》外，各有关专题卷都力图把相关领域的少数民族特色文化摆在重要位置进行阐述和概括。

（三）"三通"定位

"三通"是贯穿全书的重要编撰理念。史著价值在于信，通史灵气在于通。司马迁"究天人之际，通古今之变，成一家之言"①是我们心向往之、孜孜以求的目标。史学前辈范文澜等曾提出"三通"（"直通""旁通""会通"），我们根据编撰《巴蜀文化通史》的要求，把历时态的"纵通"、共时态的"横通"与跨文化、跨学科的"会通"，合在一起作一些新的阐释。世界是通的，大历史是通的，大文化是通的。文化史的发展，本来就涵盖着纵向的全过程、横向的多层面、跨文化的多领域。通向历史本真，揭示历史本体，是"三通"追求的目标。尤其是作为通中寓专、通专结合的多卷本地域文化通史，无论承担通论或专题卷的学者，都力求在"三通"上下功夫。

一曰纵通，指历时态全过程的贯通。"观水有术，必观其澜。"这部书贯穿古今，上溯于远古巴蜀先民之蒙昧初开，下迄21世纪初年川渝之文明新

---

① 《史记》卷一三〇《太史公自序》。

貌，原始察终，系统梳理这个既有内在连续性，又呈现不同时代阶段性的曲折过程中巴蜀文化层积而兴的脉络，由此分析其在各个历史时期的盛衰流变，此起彼伏的高峰低谷，展示巴蜀文化的特色和贡献，进而探究其发展的逻辑进程，尤其是传统巴蜀文化向现代化转型的路径，论证巴蜀文化的当代价值和意义，揭示巴蜀文化的发展趋势和前景，做到鉴古察今、述往知来。这是全书贯穿始终的主线。这条主线还可以从实践与认识的角度一分为二：一是巴蜀文化的实践史、发展史；二是在实践基础上对巴蜀文化的认识史、研究史。二者结合方能从实践与认识的循环往复中，深入把握"外化与内化相统一"的文化真髓。

二曰横通，指共时态全方位的互通。"事不孤起，必有其邻。"从全书立卷到各卷章节的设置，都力图以时间为经，以反映文化的不同层面及专题为纬，纵横交织，立体成像。历史运动是有结构的，它是过程与结构的统一，广义文化中各层面的共生、交叉、互动就体现着这种结构性。这部文化通史不仅要剖析巴蜀文化发展的过程，同时要展现巴蜀文化的层次与结构。本书多数专题卷，虽然在物态文化、交往文化、精神文化几个层面中各有其侧重点，但都是从有血有肉的文化肌体中抽出来的，不能孤立求索和描述。研究时不仅不能把经济基础与其上层建筑割裂开来，还要努力展示文化各层面的横通，展示各专题内部各个相关领域的横通。这样做是为了尽量体现地域文化生成的内在机理，使读者把握到神完气足、血肉丰满、生机勃勃的整个巴蜀文化。

三曰会通，着重指跨文化、跨学科的多元共融，全景式打通。《易·系辞上》说："圣人有以见天下之动，而观其会通。"① 南宋郑樵《通志》特别强调"会通"。② 要从天下事物阴阳变动不居的状况，观察领悟其会合变通的卯窍。人类文化从来是多元并存，在相互比较、碰撞、渗透、融合中发展的。研究地域文化，必须有开放式的大视野，具备跨文化、跨学科的眼界

---

① 李鼎祚《周易集解》注文中引用汉代干宝："观日月而要其会通，观文明而化成天下。"
② 郑樵《通志·总序》："百川异趣，必会于海，然后九州无浸淫之患。万国殊途，必通诸夏，然后八荒无壅滞之忧。会通之义，大矣哉！"又其《夹漈遗稿》卷三《上宰相书》："天下之理，不可以不会，古今之道，不可以不通，会通之义，大矣哉！"

和通识，能够在充分尊重和了解各种文化事象的前提下，不停留于对现象的描述，而要触类旁通、探赜索隐、择精合妙、汇聚通宜，真正实现圆融贯通。纵通为经，横通为纬，须擅会通，方呈现三维立体的全息图景，做到究始终、观全体、明是非得失之故。就是说，文化史研究要通过分析和综合，具备文化反思和阐释张力，会归通衢，由"方以智"进到"圆而神"，抵达藏往知来之境。

我们时时提醒自己：研究巴蜀文化不仅要钻得进去，还要跳得出来，站到更高处，具有开放的胸襟和跨文化比较的视野，把巴蜀文化放到多元一体的中华文化和全球多元文化的大背景下加以审视，察异观同，和合会通。巴蜀文化从来不是与世隔绝、孤立自足地成长起来的，而是在同周围的兄弟地域文化相互影响下发育繁衍，并在同远近的异质文化间接或直接的交流互动中汲取营养的。我们正处在不同文化交流空前深入、碰撞空前激烈的时代，为了追寻全球文化的多元和谐，助推构建人类命运共同体，一定要本着"各美其美，美人之美，美美与共，天下大同"的文化会通观，祛除近代以来因受西方强势文化轻视、压抑而形成的文化自卑和盲从心态，提高对中华文化地位、作用的认识，坚定文化自信，珍爱并拓展、弘扬本土文化的精华。要在马克思主义指导下，具备通识通才，对中外文化精神析同辨异，折冲樽俎，在会通中实现对优秀传统文化的继承和超越，对外来文化精华的吸纳和转化，促进新时代中国特色社会主义文化繁荣发展，不断开拓文化巴蜀、文化中国转型复兴之路。

架构与方法

20世纪初叶，随着新史学的兴起，文化史在历史学中的地位得到重视和加强。刘师培曾计划研究文化专门史，含十六种，以西方学术的科目，析先秦诸学学术思想之长短得失。①胡适设想，中国文化史要包括民族史、语言文字史、经济史、政治史、国际交通史、思想学术史、宗教史、文艺史、风俗史、制度史等科目。②梁启超专就文化史的做法讲课，认为需要对政教典章、社会生活、学术文化等方面，做分门别类的文化专史。最好是把人生的活动事项纵剖，依其性质，分类叙述。在狭义的文化专史中，他举出语言史、文字史、神话史、民俗史、宗教史、道术史（哲学史）、史学史、自然科学史、社会科学史、文学史、美术史等。③不过，20世纪30年代初问世的几部中国文化史（如杨东莼1931年、柳诒徵1932年、陈登原1935年），仍多系综合体裁，对各文化门类往往语焉不详。

在前辈学者探索的启发下，我们反复思量，决定突破所见的国内现有地域文化史侧重综合、纵通的体裁，而按"纵述史实，横排门类"的编撰原则，采用"通论+专题卷+大事记"这样一种体现纵通、横通、会通的创新结构，几经斟酌，全书共二十二卷，排序如下：置全书之首的《通论卷》，阐释了巴蜀文化的基本概念与学术体系，生态环境背景，巴蜀文化的研究史和认识史，由古及今的文化发展轨迹、基本性质及基本特征，在多元一体、博大精深的中华文化中的定位及其特殊贡献，薪火传承与现代化转型创新及前景趋势，力求起到提纲挈领、纲举目张的作用。其后大体按文化的不同层次，分别为巴蜀文化具有特色的领域、学科列专题卷。先是侧重物态文化并由此探及相关交往文化、精神文化层面的，有《农业与水利文化卷》《工商文化卷》《城市文化卷》《建筑文化卷》《交通文化卷》；接下来的《民族文化卷》从中华民族共同体的多民族视角强调综合性；《宗族与会社卷》《移民文化卷》《方言卷》《民俗文化卷》大体属于制度文化、语言文字、行为交往文化层面（鉴于政制、职官、法律等制度，全国大体统一，故不设专卷）。继后精神文化层面的部分，卷数较多，设有《哲学思想卷》《史学卷》《宗教文化卷》《教育卷》《文学卷》《艺术卷》《科技文化卷》《传

---

① 刘师培：《周末学术史序》，1905年作，《刘师培儒学论集》，四川大学出版社2010年版，第36~78页。
② 胡适：《〈国学季刊〉发刊宣言》，《胡适文存》二集，黄山书社1996年版。
③ 梁启超：《中国历史研究法（补编）》，《中国历史研究法》（外二种），河北教育出版社2000年版。

播文化卷》。为便于了解巴蜀历史文献,尤其是蜀学文献,特设有文献目录学专题《文献要览卷》。专题卷之后的《巴蜀文化大事记》,对先秦至当代巴蜀文化重大事件以编年方式扼要记载,便于读者对巴蜀文化全程有鸟瞰式、综合性的把握;《巴蜀文化研究论著索引》,则供研究者作为检索工具使用。以上就是全书的架构。

各专题卷均前置导言,末设结语。其篇章框架则因事制宜而有所不同。有的是以时期分章,大体按不同门类分节,在纵通中含横通(如《教育卷》);有的主要按专题并结合时序来分章节,在横通中含纵通(如《科技文化卷》);有的先理出历史线索,再突出一些重点专题,先纵后横,纵横结合(如《城市文化卷》);还有的卷内分两编,分述相关内容(如《农业与水利文化卷》)。

《巴蜀文化通史》作为多卷本的学术著作,主要供大专以上程度的读者阅读,以及文化馆、图书馆等购备。它既不是曲高和寡的"阳春白雪",也不是能够直接普惠民间的通俗普及读本。为了让巴蜀文化走进千家万户,还有待开发科普读物和图文,使之逐步大众化,在应用和传播上做创新文章。

编撰《巴蜀文化通史》,涉及学科门类甚广,涵盖时间很长,创新要求颇高,总字数超过千万。这样的文化工程,绝非率尔操觚、短促突击所能成功。近人刘承幹①《明史例案》提出过八条准则,就是"搜采欲博,考证欲精,职任欲分,义例欲一,秉笔欲直,持论欲平,岁月欲宽,卷帙欲简",我们在编撰过程中借作参照,同时根据在新时代撰写地域文化通史的新要求,不断从实践中探索,大体形成了以下一些做法:

(一)多学科的专家学者分工合作,协同攻关

梁启超主张,广义的文化专史,涉及面特别广,在专史中最为重要,也最为困难。这不单是史学家的责任,更是研究某种专门学问的人对于该种学问的责任,要尽量用内行的专门家去做。若能以终身力量做出一种文化专史

---

① 刘承幹(1881~1963):著名藏书家、刻书家、史学家。

来，于史学界便有不朽的价值。①本书的编撰设置了编撰委员会、学术委员会及编辑部，确定由正副主编主持编撰，编辑部依托省社科院开展编务工作。各专题卷的著者采取定向邀标办法聘请，多为对该学科领域研究有素的专门家，分别采取由个人承担，或二三人合著，或一人主撰、团队协力完成等方式进行。为保证学术质量，使全书有机统一，在实行主编负责制的同时，由资深专家组成学术委员会，全程参与从项目规划到成书的学术攻关和学术把关。

2006年以来，先后开了四次分卷著者会议，八十多次书稿审读会议。第一阶段，先由学术委员会同分卷著者反复讨论各卷著者拟出的由粗到细的提纲，并明确全书编纂理念②，统一规范体例，然后与分卷著者签订编撰合同，落实工作责任。第二阶段，学术委员会同分卷著者研讨各卷写出的一两章样稿，这是"摸着石头过河"的试错与磨合过程。有些卷的思路和写法曾有大的调整和改变。第三阶段，各卷著者潜心研究，奋力写作。初稿先后写出后，大都经过学术委员会仔细研读，写出审读意见，同著者一起讨论，从结构、体例到观点、材料都认真交换意见，对著者遇到的各种史料、概念及话语体系、文脉梳理、文化基因挖掘等问题，出点子，提思路。待著者修订后又进行讨论，有的书稿研讨了四个回合。当某一分卷初稿趋于成熟时，即请出版社责任编辑提前介入审编，参加讨论，以便撰写工作与第四阶段的编辑出版工作紧凑衔接，不出空当。因各卷皆分头撰写，结构和文字风格有所不同，对同一文化事象的见识裁断有别也在所难免。在统改书稿过程中，既充分尊重分卷著者的学术个性和创见，同时为了各卷在总体上规范统一，基本观点相互协调而不相抵牾，尊重主编的统改权，而在个案判断上各卷则有自由度。注意把握各卷边界，相互照应避让，以免大的重复，做到详略互见，各得其宜。

在这部文化通史编撰期间，本书学术委员会大多数成员在辛勤共事中度过了古稀以至耄耋之年。我至今还清楚地记得在每次研讨会、审稿会上专家

---

① 梁启超：《中国历史研究法（补编）》，《中国历史研究法》（外二种），河北教育出版社2000年版。
② 章玉钧：《关于编纂〈巴蜀文化通史〉的思考》，《中华文化论坛》2007年第4期，第5~10页。

们无私地贡献个人的真知灼见，自由发表不同见解乃至相反的主张，体现出的那种学术为公的争鸣探索精神。尤其令我们刻骨铭心的是：隗瀛涛、李绍明、贾大泉、沈伯俊、万本根、胡昭曦、林向七位先生为学术工作长期呕心沥血，先后因病辞世。对诸位先生的高见卓识、学者风范尤其是为编撰本书所做的贡献，我们将永志不忘。

（二）采取多重证据法和综合研究法，在搜集和鉴别史料上下大功夫

古人所称"文献"，原本指书面文字记载与贤人口头传闻[①]，徐中舒先生拓展他的老师王国维的古史二重证据法为多重证据法，注重传世文献、出土文物和现代民族学、民俗学的活态文献等结合互证，将区域文化史研究提高到崭新的学术境地。本书编撰中，继承和弘扬王、徐等前贤视野广阔的史料观，搜罗史料力求竭泽而渔，鉴别史料着意披沙拣金，通过综合比勘，相互参证，追根溯源，从而正误辨伪，务寻真史。各专题卷著者都是先汇辑基本史料并掌握学界已有研究状况，汲取前人取得的成果，才进入写作阶段。有好几卷的著者更是"读万卷书、行万里路"，带领研究生经年累月搞田野考察，获得不少真知灼见，从而在学术上有了新的拓展。

（三）坚持文化学的视角，采取多学科交叉和比较文化学的研究方法，力求写足文化味

文化既然是人的生存方式，归结为"人化"和"化人"，每卷文化史就要见物更见人，既写出"由人化文"的胜境，更揭示"以文化人"的妙谛。有关精神文化的各专题卷，既系统梳理巴蜀精神文化尤其是蜀学发展繁荣的脉络，突出展示巴风蜀韵孕育出的文宗巨子和文化精英的成就，也记载众多无名工匠、艺人等留下的民族民间文化、市井文化的瑰宝。侧重物质文化的各专题卷，不停留在物态层面的描绘，而尽力深入到制度层面、精神层面。如《农业与水利文化卷》《科技文化卷》等，对举世无双、造福人类

[①] 朱熹："文，典籍也；献，贤也。"引自《四书章句·论语集注》卷二《八佾第三》，中华书局2012年版，第63页。

二千二百七十多年的都江堰水利工程，就不仅从物质、科技、生态层面介绍其巧夺天工、可持续发展的奥秘，而且从制度文化层面总结其堰官、岁修、劳役、配水、轮灌、收费等管理制度，更深入精神文化层面阐释其"上善若水"的哲理和人文精华。

（四）掌握焦点，抓住重点，发挥特点，突破难点

饶宗颐先生在揭橥华学趋向时，曾提出"三条"："一是纵的时间方面，探讨历史上重要的突出事件，寻求它的产生、衔接的先后层次，加以疏通整理。二是横的空间方面，注意不同地区的文化单元，考察其交流、传播、互相挹注的历史事实。三是在事物的交叉错综方面，找寻出它们的条理——因果关系。"又说："我一向采用的史学方法，是重视'三点'，即掌握焦点，抓紧重点，发挥特点，尤其要特别用力于关联性一层。"①我们体会，"三通"的理念与上述"三条""三点"是一致的，而方法上特别重视关联性，就要纵通找焦点，横通抓重点，会通求特点。编撰中，我们注意咀嚼梁启超的卓见：文化的发展史，各个时代、各个领域是不平衡的，重要性是不一样的，要分主系、闰系和旁系。不要平讲直叙，分不出浓淡高低。须用鸟瞰的眼光，看出哪个时代最主要，发达到最高潮，便用全力赴之。②各书大都采用了这种大处着眼、抓住重点、突破难点、提炼观点、不平均使用力量的方法。

集成与出新

前面提到，编撰这部书时，我们力求做到既是文化集成，更是学术创新。无论文化发展、学术探索，都是慧命相续、推故致新的过程，需要不断传承积累，继往开来，久久为功。"譬如积薪，后来居上。"用冯友兰先生

---

① 饶宗颐：《〈华学〉发刊词》（1995年），《选堂序跋集》，中华书局2006年版。
② 梁启超：《中国历史研究法（补编）》，《中国历史研究法》（外二种），河北教育出版社2000年版。

的话，这是从"照着讲"到"接着讲"的进程。每门文化史的研究，都需要对已有的各种史料，广搜博采，集纳钩沉；对前贤成果循波讨源，含英咀华；只有在对文化遗产守正传承的基础上，才有可能站到前人肩膀上，回应新的时代需求，匠心独运，开拓新境；才有可能焕然出彩，奉献出在某些方面超越前贤的成果。朱熹诗云："旧学商量加邃密，新知培养转深沉。"①集成是出新必需的基础和前提，出新则是集成企求的目标和价值增值的成就。二者同体异面，缺一不可，是衡量学术成果质量相互关联的两个维度。

（一）从集成的维度看

首先，《巴蜀文化通史》可以说是"巴蜀文化"概念提出八十多年来首次大的学术集成。"西蜀文化"（郭沫若1934年）、"巴蜀文化"（卫聚贤1941年）提出之初，主要是就巴蜀考古文化而言，后来渐次扩大到广义的巴蜀文化，有关论著已上千册，有关文章达数万篇（《巴蜀文化研究论著索引》多有著录），形成了分别以史学文献考据、文物考古、民族民俗田野调查为主的三种研究方向，近年又发展出综合诸家的会通型研究方向。各条路径的学者在不同领域、从不同角度艰辛探索，均取得了丰硕的成果。本书各卷编修中，都努力加以搜集、消化和吸取，并以借鉴、发挥这些观念、方法为前提，力求形成对巴蜀文化研究具总汇性的成果。如《通论卷》从总体上就巴蜀文化生态背景、内涵性质、发展历程及基本规律、特征等问题，会通诸说，取精用宏，做了言之成理的统体性总述，成为具有集成性的一家之说。《民族文化卷》不仅就民族理论的疑难问题深入研究，还在搜集分析历史文献材料、文物考古材料，特别是对国家组织的多次民族调查材料下了很大功夫，从而描绘出巴蜀世居各少数民族立体生动的文化图景。

其次，古往今来的巴蜀文化长河浩荡壮丽，魅力无穷。《巴蜀文化通史》对清点总结长时段、宽领域、多层面的巴蜀文化来讲也是一次学术集成。巴蜀的历史文化名人，如大禹、李冰、落下闳、文翁、司马相如、扬

---

① 《鹅湖寺和陆子寿》，（宋）朱熹著，郭齐、尹波点校：《朱熹集》卷一，四川教育出版社1996年版，第185页。

雄、诸葛亮、陈寿、常璩、陈子昂、武则天、李白、杜甫、薛涛、苏轼、格萨尔、张栻、秦九韶、杨慎、李调元等，都在相关卷帙中重点推介，娓娓道来；巴蜀历史上突出的物质文化成就和非物质文化成就，蜀学、蜀文、蜀艺、蜀籍的精华也都提要钩玄，荟萃于此。如《文献要览卷》就搜选论列了近五百种巴蜀文化重要典籍，可一览巴蜀文献精华，为学者指点津梁。又如智慧幽默的四川方言是巴蜀历史文化凝结的珠宝，《方言卷》挖掘、串起一颗颗珍珠，并生动剖析其蕴含的丰富文化信息，令人齿颊留香。

再者，不少专题卷的著者既具文化通识，又对该学术领域长期耕耘，研究有素，此次写作起到了阶段性总结的学术集成作用。例如：《城市文化卷》著者三十多年来由跟从名师到带领团队，一直深耕于近现代中国城市与城市文化研究领域；《移民文化卷》著者是国内知名的移民文化、客家文化研究专家；《交通文化卷》著者多年致力于西南历史地理尤其是交通文化的调研；《哲学思想卷》和《史学卷》著者长期潜心研究巴蜀哲学、巴蜀史学；《建筑文化卷》著者是卓有成就的古建筑研究专家、高级建筑师。他们都在各自领域完成了多项国家课题，此次承担专题卷，更是辛勤研讨，旁搜远绍，厚积薄发，突出亮点，倾力奉献了后出转精之作。

（二）从出新的维度看

本书围绕前述长时段、宽领域、多层次的巴蜀文化来创新体例结构，成为首部纵横贯通、覆盖面广、体量超大的巴蜀文化史，在全国已出的各种区域文化通史中，当属编撰体例新、时间跨度长、内容浩繁的一部。学术体系上的集成性，本身就是从文化观念、编撰理念到架构体例的出新，在地域文化通史领域作了开创性的探索。这是其一。

本书各卷着眼于发展新时代文化，明道求真，以史经世，着力写出巴蜀文化的特色和韵味，在内容上有较多突破和出新。过去关于农业与水利、工商、交通、建筑、城市等的论著，容易停留于物态层面，罕有从文化学角度和宏观视野对其全过程深入探讨之作；这次研究标明以"农业与水利文化""工商文化""交通文化""建筑文化""城市文化"为对象，注重深入文化层面进行阐释，且着意探讨长时段历史中这些物质文化变动与制度文化、精神文化演进的关系及产生的影响，这些往往是以前研究论著较少触及的。有关巴蜀学术文化的几卷，着力显示蜀学长于思辨、多元会通、创新超迈、沟通理欲、注重事功等特色，有助于发扬当今的时代精神。有关交往文化的几卷，注重聚焦于民间大众，关注各色人等的日常生活，运用了许多文化人类学、社会学、民族学的方法，见解新颖，地域文化味很浓。这是其二。

更值得珍视的是，各卷在编撰中深汲传统的源头活水，发现其烛照现实和未来的原创亮点，尤其是优越秀冠的巴蜀文化在传承创新中焕发异彩之所在。许多卷发掘出大量翔实的资料，匠心独运，以史鉴今，提炼出有创新性的学术观点，或举出有新颖性的论据，活用巴蜀首创的学术话语，采用别出心裁的叙事方式，力争获得创新、独见、卓识的学术成果。具体的创新点如同"诗眼""文眼"分布闪烁在卷帙之中，细心披阅，当会时有"山阴道上，应接不暇"之乐，这里无法一一细析。

鉴于多卷本地域文化通史尚属初创，不同文化门类各有其学理脉络、发展轨迹和演进特色，编撰难度往往超出预期，主编和各卷著者虽迎难而上，勉力为之，但仍难免有纰漏丛脞之处。尤其是古蜀文明还有不少千古待解之谜，我们受限于已获的资料和研究水平，多只能守阙存疑。对成稿后的许多惊世发现，巴蜀文化日新月异的面貌和新的研究成果亦未能更多纳入。当把多卷本《巴蜀文化通史》奉献到读者面前时，我们既同大家分享喜悦，又有颇为忐忑的心情。这部书，以至其中每一卷，究竟应获怎样的评价，最终还要接受时间的检验。衷心期望巴蜀文化研究慧命相续，薪火相传，探索和构建起自身完整的学科体系、学术体系和话语体系。但愿此番的初创能为后续俊彦们开拓新境起到抛砖引玉的作用。

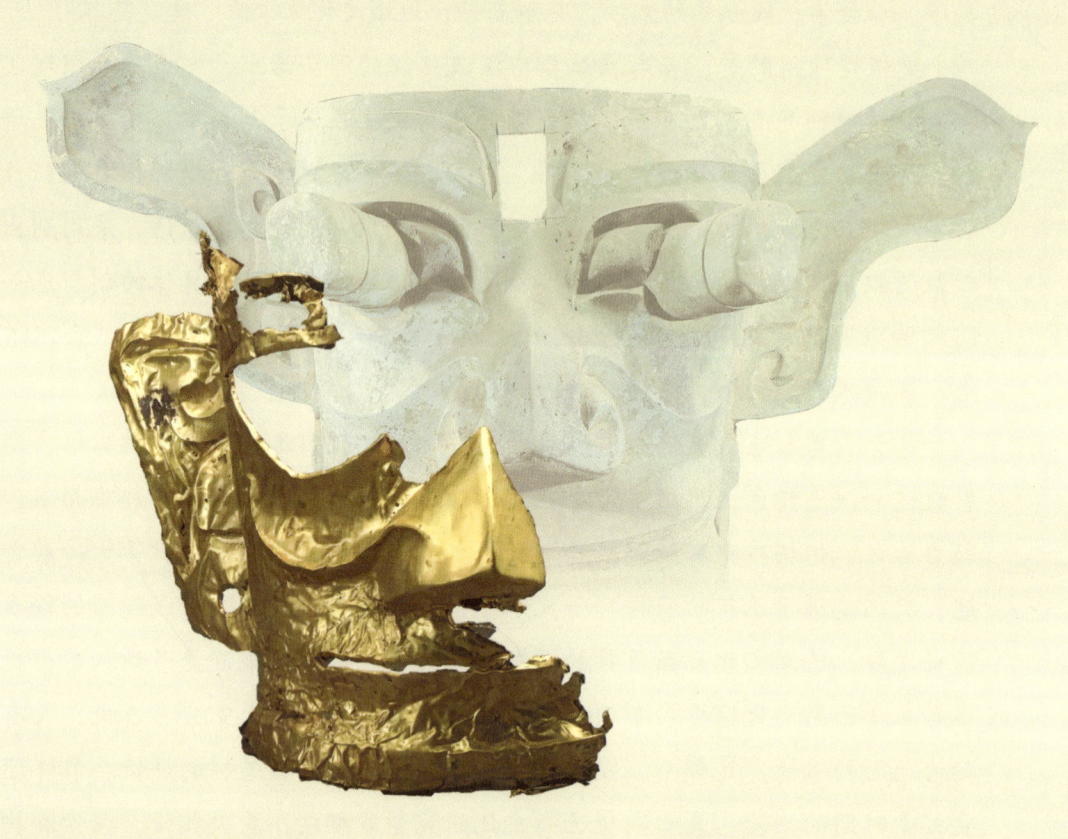

目　录

导　言 / 1

第一章　巴蜀人口迁移的地理空间 / 9

第一节　常态性人口迁移的天然舞台 / 11
一、古代先民迁徙的天然通道 / 11
二、各类移民汇聚的合适空间 / 16

第二节　突变性人口迁入的典型地域 / 19
一、中原移民大举南下 / 19
二、填实巴蜀人口空虚 / 21

第三节　多元文化交流融合的大熔炉 / 26
一、物理学的理论运用 / 26
二、文化学的观点阐发 / 30

第二章　巴蜀人口迁移的历史过程 / 33

第一节　南向移民序幕的开启（秦汉时期）/ 35
一、秦代向巴蜀的移民 / 35
二、汉代向巴蜀的移民 / 37

第二节　双向移民高潮的到来（两晋南北朝时期）/ 39
一、西晋流民入蜀 / 40
二、蜀民外迁与僚人入蜀 / 41
三、东晋南朝北人南迁 / 42

第三节　南向移民高潮的形成（隋唐五代两宋时期）/ 43
　　一、隋末中原移民入蜀 / 43
　　二、唐中期的移民南迁 / 44
　　三、唐末中原移民入蜀 / 45
　　四、两宋巴蜀移民活动 / 47

第四节　西向移民浪潮的高涨（元明清时期）/ 49
　　一、元代四川的人口迁移 / 49
　　二、明初洪武四川大移民 / 51
　　三、清初的"湖广填四川" / 52

第五节　内迁移民热潮的兴起（抗战时期）/ 55
　　一、东部工业人口内迁 / 55
　　二、战时高校内迁四川 / 56
　　三、战时区域性大移民 / 57

第三章　巴蜀人口迁移的文化场域 / 61

第一节　先秦巴蜀的文化生态环境 / 63
　　一、先秦巴蜀的上古文化 / 63
　　二、先秦巴蜀的周邻文化 / 66

第二节　汇聚巴蜀的多元文化背景 / 72
　　一、中原文化 / 72
　　二、荆楚（荆湘、湖广）文化 / 74
　　三、吴越（江南、下江）文化 / 76
　　四、闽粤赣客家文化 / 77
　　五、少数民族文化 / 78

第四章　巴蜀移民文化的媒介载体 / 81

第一节　不同身份的客籍群体 / 83
　　一、贵族富豪型 / 83
　　二、贤臣官师型 / 85

　　　　三、饥民流民型 / 87
　　　　四、宦游文人型 / 89
　　　　五、衣冠士族型 / 92
　　　　六、修道求法型 / 94
　　　　七、军事移民型 / 97
　　　　八、避乱望族型 / 100
　　　　九、平民百姓型 / 102
　　　　十、"下江"移民型 / 104
　　第二节　割据蜀中的移民政权 / 106
　　　　一、独特的据蜀称雄现象 / 106
　　　　二、外来割据政权的成因 / 109
　　　　三、巴蜀移民政权的影响 / 112
　　第三节　明代四川的藩王宗室 / 114
　　　　一、分封四川的宗室群体 / 115
　　　　二、蜀藩在文化上的优势 / 117
　　　　三、蜀藩在文化上的作为 / 120

第五章　巴蜀移民文化变移的发生 / 127

　　第一节　渐进的文化要素转移 / 129
　　　　一、原乡要素的扩散 / 129
　　　　二、原乡文化因子的蔓延 / 132
　　　　三、工艺技能的转移 / 135
　　　　四、新兴物种的移植 / 137
　　　　五、文化要素的取代 / 142
　　第二节　复合的文化变异过程 / 144
　　　　一、接触中的文化变异 / 144
　　　　二、适应中的文化创新 / 153

第六章 巴蜀移民与物质文化的变迁 / 159

第一节 传统民居聚落的演变 / 161
一、传统民居的演变脉络 / 161
二、不同类型的移民民居 / 168

第二节 传统公共聚落的演变 / 175
一、移民场镇建筑 / 175
二、移民会馆建筑 / 183

第三节 川菜文化的发展流变 / 187
一、古典川菜的演变脉络 / 187
二、现代川菜的诞生与定型 / 192
三、移民对川菜文化的影响 / 196

第七章 巴蜀移民与制度文化的变迁 / 203

第一节 巴蜀地区的血缘宗族组织 / 205
一、巴蜀姓氏家族的发展 / 205
二、巴蜀宗族组织的流变 / 210
三、巴蜀宗族组织的特征 / 215

第二节 巴蜀地区的民间地缘组织 / 225
一、同乡会馆的创建过程 / 225
二、同乡会馆的组织管理 / 229
三、同乡会馆的社会功能 / 231

第三节 巴蜀地区的基层社会组织 / 235
一、州县以下乡村职役组织 / 235
二、巴蜀的民间社会组织 / 240
三、清代四川的公局组织 / 246

第八章 巴蜀移民与行为文化的变迁 / 249

第一节 巴蜀地区的语言文化习俗 / 251

一、巴蜀地区方言演变概况 / 251
　　二、巴蜀语言文化习俗特点 / 253
　　三、移民对语言习俗的影响 / 257
第二节　巴蜀地区的娱乐文化习俗 / 261
　　一、巴蜀娱乐习俗的深厚传统 / 262
　　二、巴蜀娱乐习俗的交流融合 / 267
　　三、巴蜀娱乐习俗的转型嬗变 / 273
第三节　巴蜀地区的岁时节令习俗 / 277
　　一、唐宋成都节日娱乐的繁盛 / 278
　　二、明清巴蜀节日习俗的演变 / 281

第九章　巴蜀移民与精神文化的变迁 / 291

第一节　巴蜀传统丧葬仪礼的演化 / 293
　　一、灵魂不灭幻想 / 293
　　二、魂归故里信仰 / 296
　　三、辞灵仪式传承 / 299
　　四、亡灵超度仪式 / 303
　　五、招魂续魄习俗 / 307
第二节　巴蜀古代的神灵崇拜体系 / 309
　　一、自然神祇崇拜 / 309
　　二、民间俗神崇拜 / 310
第三节　巴蜀移民社会的多神信仰 / 314
　　一、祖先之祀 / 314
　　二、会馆之祀 / 320
　　三、艺业之祀 / 321
　　四、百神之祀 / 322

第十章　巴蜀移民历史记忆的传承 / 327

第一节　巴蜀历史记忆的建构 / 329

一、汉晋蜀史记忆 / 329

　　　二、明清历史记忆 / 333

　第二节　巴蜀历史记忆的类型 / 336

　　　一、创伤性记忆 / 336

　　　二、苦难性记忆 / 341

　　　三、想象性记忆 / 346

　第三节　巴蜀移居传说的盛行 / 353

　　　一、唐末"皇帝扈从"传说 / 354

　　　二、"洪武二年"入川传说 / 357

　　　三、清初"奉旨入川"传说 / 360

　第四节　巴蜀移民故事的传播 / 363

　　　一、移民故事产生的背景 / 363

　　　二、故老传闻的讲述机制 / 364

　　　三、文学作品的范本剖析 / 365

　　　四、移民故事的素材类型 / 369

　　　五、文化精英家族的故事 / 377

第十一章　巴蜀移民与地域精神的培育 / 383

　第一节　巴蜀地域群体的演化 / 385

　　　一、地域人口的演化过程 / 385

　　　二、地域群体的文化认同 / 389

　第二节　巴蜀地域性格的浇铸 / 393

　　　一、古代巴蜀居民的性格 / 393

　　　二、近代四川居民的性格 / 398

　第三节　巴蜀移民精神的传承 / 403

　　　一、巴蜀移民的精神风采 / 403

　　　二、巴蜀移民的性格扫描 / 410

　　　三、巴蜀移民的原籍特征 / 413

　　　四、巴蜀地域精神的结晶 / 425

第十二章　巴蜀移民文化的历史影响 / 431

第一节　巴蜀文明积淀的历史层积 / 433
一、巴蜀文明的原生层 / 433
二、巴蜀文明的生长层 / 435
三、巴蜀文明的发展层 / 437
四、巴蜀文明的再生层 / 439
五、巴蜀文明的新生层 / 442

第二节　巴蜀文明积淀的空间层面 / 445
一、历代移民定居的空间分布 / 445
二、明代湖广移民的空间分布 / 450
三、清代移民的空间分布 / 453

第三节　巴蜀移民文化的历史评价 / 458
一、地域文化的更新提升 / 458
二、移民文化的品质创新 / 460
三、移民精神的消解转移 / 463
四、移民文化的负面影响 / 467

后　记 / 470

导 言

当今国内出版了为数不少的移民史著作，其中既有全国性的，也有省区性的，还有断代专题性的，但罕见以移民文化史命名的。本书是《巴蜀文化通史》下设的一个专题分卷——《移民文化卷》，实则是一部巴蜀移民文化史。于是，本书开篇需要面对的问题就是：移民史与移民文化史究竟有何区别？移民文化史究竟应该包括哪些内容？

本书认为，作为社会科学研究中的一个分支学问，移民文化史与移民史在研究的对象、范围、内容、重点上，是既有联系又有区别的。二者的共同之处在于，都是以人口迁移作为研究对象。其主要的区别在于，移民史是以移民源流与过程作为研究重点，旨在反映移民运动的规律，重在关注移民阶段的划分、周期的变化、移民的性质与类型的区别等。移民文化史则是以人口迁移所引起的文化变迁过程作为研究重点，旨在探求由迁移人口所携带的外来文化，进入迁居地后与本土文化的互动演变轨迹和规律。移民史视移民人口为劳动力生产要素，重在探求移动人口的增减、升降变化，所关注的是移民运动本身。而移民文化史则视移动人口为文化的载体，重在探求人口异地迁移中所产生的文化变迁及影响，所关注的是移民运动的后果。移民史也关注移民运动所带来的后果与影响，但只是将文化作为其中的一个组成部分，且对文化的理解，重在某一个时段的狭义的文化范畴之内。移民文化史则是从文化学的视野出发，将移民运动所带来的后果与影响，视为一种文化形态与文化积淀来看待，其所关注的文化，不仅包括某一个短时段，更包括长时段；不仅包括狭义的文化范畴，更包括广义的文化范畴，诸如文化要素、文化形态、文化结构、文化模式、文化体系、文化积淀、文化传承等内涵。可见，二者之间的区别也是相当明显的。

　　巴蜀地区是中国的一大移民区，古往今来人口迁移活动此起彼伏，连绵不断，从四面八方汇聚于此区的人口，不仅数量众多，而且类型复杂，情况纷繁。发生在此区的若干重大的移民活动，高潮迭起，影响深远，其所引起的内外关系、社会生活、文化结构等方面的变化，形式多样，特点鲜明，内容丰富，层出不穷，在中国移民史上堪称研究标本。正因为如此，巴蜀移民史的研究早已引起海内外学者的关注，更成为国内高校硕、博士论文选题的热点。其中，尤其是发生在清前期的"湖广填四川"移民运动，为移民史的深入研究提供了大量生动而详细的材料，以至当今有关移民史、移民文化、移民理论研究的论著，无不将它作为解剖的样本[1]，由此产生了一批富有参考价值的研究成果[2]，其对中国移民史研究的深入开展甚有裨益。

　　十余年前，巴蜀文化研究专家袁庭栋兄以一部《巴蜀文化志》，入选宁可先生主编的《中华文化通志·地域文化典》丛书，使巴蜀文化跻身于中国地域文化的展示平台。作者在该书导言中指出："外地文化的大量传入，巴蜀文化的汇纳百川，其最主要的体现就是几千年来多次的、大量的移民入川，是巴蜀先民在族源和血统关系上的大融合。从这一种角度来说，巴蜀文化的主要特点也可以说是一种移民文化。本来，任何一种大范围的地域文化都不可能是一个源头，都具有一定的多源融合的特点，但巴蜀文化的发展历程在这一点上表现得特别突出而鲜明。"[3]这一论断揭示了移民文化是巴蜀文化的主要特点，强

---

[1] 陈孔立：《清代台湾移民社会研究》，九州出版社2006年增订本，第8页。
[2] 这方面的主要成果有：葛剑雄、吴松弟、曹树基：《中国移民史》（六卷），福建人民出版社1997年版；张国雄：《明清时期的两湖移民》，陕西人民教育出版社1995年版；刘正刚：《闽粤客家人在四川》，广西教育出版社1997年版；吕实强：《近代四川的移民及其所发生的影响》，台湾"中研院"《近代史研究所集刊》第6期；［日］山田贤著，曲建文译：《移民的秩序——清代四川地域社会史研究》，中央编译出版社2011年版；等等。此外，在高等院校硕士论文中，与此相关的成果还有：林成西：《移民与清代四川城镇经济》，四川大学硕士论文，1988年；徐学初：《论清代四川人口增长及其对社会经济发展的影响》，四川大学硕士论文，1988年；谭平：《论清代四川商业的特征及其成因》，四川大学硕士论文，1988年；刘宗萍：《清代三峡腹地移民社会及其变迁——以云阳、万县为中心的研究》，西南师范大学硕士论文，2003年；何衡松：《清代成都地区移民社会研究》，暨南大学硕士论文，2011年；郭广辉：《移民、宗族与地域社会——以清代成都廖氏宗族为中心的讨论》，西南民族大学硕士论文，2012年；等等。
[3] 袁庭栋：《巴蜀文化志》，上海人民出版社1998年版，第18页。

调了移民文化研究的重要地位，突出了巴蜀移民文化史的研究价值。

新中国成立以来，尤其是改革开放以来，以巴蜀地区的移民历史过程作为研究对象的成果不断涌现。其中，既有地区移民通史性质的著作①，也有断代性质的移民史著作②。值得欣慰的是，近年来，有关巴蜀移民与文化变迁的问题，已经引起愈来愈多学者的关注，并发表了一些专题性质的学术论文③。尽管目前这类论文的数量还不够多，论题比较分散，质量有待提高，但它已预示着，巴蜀移民文化史研究作为一方亟待开垦的热土，注定是大有作为的。

基于上述学术背景，本书旨在从文化学的视野出发，以迁移人口进入巴蜀地区后所引起的文化变化与影响作为研究对象，书中涉及以下一些论题：1. 外来文化是在何种背景下随迁移人口进入巴蜀地区的？2. 外来人口是如何将原乡文化在异乡传播开来，并通过何种机制与巴蜀本土文化发生接触的？3. 这种文化移动，引起了哪些原有文化成分的丧失和新的文化成分的增加？4. 它们是如何渗透到巴蜀文化系统之中，分别作用于物质文化、制度文化、行为文化、精神文化的各个层次、各个方面的？5. 由人口迁移所引起的文化相传和文化相变，是如何积累为巴蜀文明历史沉淀的？6. 这样的文化积淀，对于巴蜀文明的传承与地域文化精神的塑造产生了什么样的影响？7. 应当如何评价巴蜀移民文

---

① 谭红：《巴蜀移民史》，巴蜀书社2008年版。
② 这类断代性的巴蜀移民史著作，其研究对象主要集中在明清时期，代表性成果有：孙晓芬：《清前期的移民填四川》，四川大学出版社1997年版；孙晓芬：《明清江西的湖广人与四川》，四川大学出版社2005年版；陈世松：《大迁徙："湖广填四川"历史解读》，四川人民出版社2005年版；陈世松等：《大变迁："湖广填四川"影响解读》，四川人民出版社2009年版；蓝勇、黄权生：《"湖广填四川"与清代四川社会》，西南师范大学出版社2009年版；等等。
③ 以巴蜀移民文化作为研究对象的学术论文主要有：赖悦：《清代移民与四川经济文化的变迁》，《西南民族学院学报》2000年第5期；李映发：《清初移民与玉米甘薯在四川地区的传播》，《中国农史》2003年第2期；张伟：《近代四川移民对社会构成的影响》，《西南民族大学学报》2003年总24卷12期；冯敏：《明清移民与四川饮食文化》，《四川烹饪》2004年第2期；邹登顺：《论明清移民与巴渝文化的新变》，《重庆师范大学学报》2006年第5期；李华：《浅谈"湖广填四川"对巴蜀地区的文化影响》，《湖北经济学院学报》2008年6月；朱丽：《论移民与蜀地民间偶像崇拜的历史变迁》，《成都理工大学学报》（社会科学版）第16卷3期，2008年9月；张勇、严其岩：《浅析四川移民的两大族群及其文化类型》，《中华文化论坛》2009年第1期；幸晓峰、廖靱：《论移民对巴蜀文化的影响》，《四川戏剧》2009年第6期；杜莉：《人口迁移与流动对川菜发展的影响》，《中华文化论坛》2013年第3期；等等。

化的历史作用？等等。

编写这样一部巴蜀移民文化史，此前没有先例，困难是非常大的。其最大的难点，在于如何将巴蜀古今频繁的人口变迁与这一地域的文化变化衔接起来。[①]而要打通这些关节点，前提又涉及对两个相关概念——移民定义与移民文化内涵理解的问题。

其一，关于移民定义的问题。对于什么人称为"移民"的问题，目前学术界众说纷纭，分歧主要集中于人口在异地居留多久才算作移民这一焦点上。一种观点认为，只有在异地永久居留的人才可称为移民。[②]另一种观点则认为，只要是有异地迁移行为的人即为移民。[③]本书认为，从文化交流和融合的角度而言，后一种观点更能包容和反映中国历史的常态。定居是移民的本质特征，用它来区分移民与非移民的界限固然必要，但主要适合于早期的移民，更多是从人口迁移的主观目的来评判的。而一些重大的历史问题的判断，不仅需要从主观动机来考虑，更需要结合客观后果来检验。比如中国疆域的缔造，华夏汉族的形成，少数民族地区的开发，以及各文化区域的形成与发展等，这些重大的历史问题就很难用人口定居与否来区分。

同样道理，涉及巴蜀地域中的文化发展演变问题，也不宜以人口定居与否来进行判断。比如像李冰、文翁、诸葛亮、杜甫、陆游这样一些客籍人物，以及像蜀汉、前后蜀这类由客籍集团建立的外来政权，都曾经对巴蜀文化的发展产生过重要的影响与作用。这些人物和政权，肯定是巴蜀移民文化研究中的不容回避的重要问题。在这些问题面前，难道我们需要先去区分他们是不是定居人口，然后再考虑是否应该将其纳入本书的记述范围吗？对于移民文化研究说来，这样区分显然是没有必要、也没有意义的。因此，本书采纳"有异地迁移行为的人即为移民"的观点，

---

① 林向在《"巴蜀文化"辨证》一文中指出："如何处理好先秦时期的'巴蜀文化'与后来作为'巴蜀地区文化'的衔接，是一个十分棘手的问题。""在大量人口变迁（移民潮）的情况下，其特征是如何变化的？"（载林向：《童心求真集：林向考古文物选集》，科学出版社2010年版，第360页）关于前者，是《巴蜀文化通史》各卷都必须面临的共通性问题；而后者则是本卷所必须着重解决的问题。二者加在一起，无疑更增加了本书的写作难度。
② 葛剑雄指出："我们对移民的界定是：具有一定数量、一定距离，在迁入地居住了一定时间的迁移人口。"见葛剑雄主编：《简明中国移民史》，福建人民出版社1993年版，第1页。
③ 陈达主张："个人或团体由甲文化区域搬入乙文化区域居住者谓之移民。此项个人或团体，在甲文化区域的观点谓之迁民，在乙文化区域的观点谓之徙民。"见陈达：《人口问题》，商务印书馆1930年版，第347页。

确定了这样一个处理原则，即不管迁移人口在迁入地居留时间是久还是暂，只要对迁入地的社会与文化产生了重要影响的，都应该纳入记述的范围。这样，作为本书研究对象的外来文化传播介质媒体的迁移人口，涵盖面必然较为宽泛，它既包括了暂时的迁移人口，也包括了改变定居地的永久性的迁移人口。按照这样的理解，移民人口"既包括由各种突变而引起的无序流民（即自发性移民），也包括国家政府出于政治、经济或军事目的而组织的有计划的人口迁移（即有组织的移民）"①。其中，既有因灾害、战争等突发事变而引起的自发性流移，也有在国家政权主导下出于政治、经济或军事目的而安排进行的计划性迁徙；既有人数众多、性质单一的群体性迁移，也有零星显现、层次复杂、形式多样的个体性移居。既有个体的、群体的外来人口，也包括外来的军事集团和特殊阶层组织。

其二，关于移民文化内涵的问题。目前学界对于"移民文化"概念大致有广义和狭义两种表述方式：第一，将移民文化理解为移民社会中人们的精神活动及其产品，属于狭义范畴的文化概念，这是相对应于"非移民文化"来定义的。②第二，是将移民文化理解为一种与本地和移民迁出地都不同的新的文化积淀或文化形态，它既不同于移民迁出地的文化，也不同于移民定居地的文化，而是一种兼容性很强的新的"杂交"文化。③这是属于广义范畴的文化概念。本书把移民文化的定义建立在第二种说法的基础上，事实上它也涵盖了第一种定义的范畴。本书认为，移民文化既是一个文化形态演变的过程，也是一种文化积累的沉淀。过程是积淀产生的条件，积累是过程变化的结果。作为文化演变过程的归宿，文化沉淀是指文化在历史上积累和传播出去的总量。它的形成需要经过长期的文化流变，其中有一个由量变到质变的过程。当外来人口携带原乡文化进入移居地，最初被转移的只是一些文化

---

① 丁鼎：《中国古代移民述论》，载李衡眉：《移民史论集》，齐鲁书社1998年版，第2页。
② 张然：《论移民文化及其特征》，《深圳大学学报》2001年第18卷第1期。
③ 例如葛剑雄在《移民文化促进上海快速发展》（载《上海风采》2007年第8期）一文中指出："从古至今，凡'五方杂错'、移民集中的地方，尤其是大城市，都存在着这样的移民文化。这种移民文化往往能兼有各地移民所带来的文化的优点，却又在互相的冲突中淘汰了各自的弱点，就像海洋一样吸纳着大小河流，又把它们汇成一个整体。但海水已不是任何一条河里的水，移民文化并不是迁出地文化的复制或转移。"类似的论断，见于重庆学者的概括："所谓移民文化，就是指某一移民群体在迁徙中或迁徙后经过一定的文化流变而长期形成的一种新的文化积淀或文化形态，它也是一个包含多层次、多方面内容的区域文化形态。"（代金平、周兴茂、刘晶：《重庆的地域文化资源》，《重庆邮电大学学报》2007年第19卷第6期）

要素，开始引发的仅仅是一些细微的变化；其后，经过漫长的文化演变与积累，才逐渐导致大的文化改变，即文化系统的破裂与解体；及至这种文化影响渗透到地域文化的系统之中，形成取代旧文化的新文化之时，最终才会形成一种兼容性很强的新的移民文化。

除上述概念外，还有两个贯穿全书的技术问题，需要在这里作出说明：

第一，时空断限问题。按照移民史的常识，在一个地区内的所有移民活动中，必有部分移民活动时间最长、迁移规模最大，在大地理空间展开，其影响最为显著，这样的移民趋势就是所谓移民高潮。本书不可能也没有必要将巴蜀地区从古至今所有的人口迁移活动纳入观察视野，而只能从中选取最具全国影响，带有标志性的移民潮作为切入点。有鉴于此，本书对上起秦汉，下迄民国的两千多年内巴蜀境内的人口迁移活动，主要是建立在五次重大移民高潮的基础之上的。当然也不排除个别地方在梳理文化源流时，根据需要作适当的上溯或下延。本书记述的地域空间，限定在传统的巴蜀文化区，即今天的四川省和重庆市的范围之内。

第二，主体区域问题。巴蜀地区自古以来就是一个以汉族为主体、包括众多少数民族共同生活聚居的地区。巴蜀文化是巴蜀各民族共同创造的地域文化，它不仅涵盖了汉族地区，而且也包括了少数民族地区。本书所述内容，理当包括发生在汉族和少数民族地区中的人口迁移活动及其所带给当地社会与文化方面的变迁。但由于受种种条件的限制，本书目前未能完全反映这一历史实际。本书基本上是以汉族地区的人口迁移活动及其文化变迁作为叙述对象，只是在一些知识点上，涉及相关少数民族地区的历史与文化，而未将其作为重点关注的对象。在此，希望读者给予理解和谅解。

本书由十二章组成，各章内容如下：

第一章，主要从文化因素角度出发，论述巴蜀人口迁移的地理空间。

第二章，主要从历史背景角度出发，概述发生在秦汉至民国时期巴蜀地区人口迁移活动的历史过程。

第三章，主要从文化背景角度出发，论述巴蜀人口迁移的文化场域。

第四章，主要从文化传播角度出发，论述在巴蜀人口迁移过程中，充当介质媒体的十种外来人口类型的构成及作用。

第五章，主要从文化变移性角度出发，论述外来人口进入巴蜀地区后，所引发的文化要素转移与复合等文化变迁。

第六至九章，分别论述外来人口迁入巴蜀地区后，在地域文化系统的物质文化层、制度文化层、行为文化层与精神文化层所发生的变化。

第十章，本章将历史记忆、传说、故事，作为了解过去的一种形式来探讨，借以揭示人口迁移给巴蜀地区所留下的深刻历史烙印。

第十一章，主要探讨人口迁移在巴蜀地域性格浇铸、移民精神传承与地域精神凝聚方面的影响与作用。

第十二章，主要从时空坐标入手，探讨人口迁移对巴蜀文明的历史积淀的深刻影响，并对移民文化在巴蜀历史上的作用进行评价。

本书既以移民大潮下的文化变迁作为研究重点，在研究方法上自当侧重于描述、分析、解释人们的思想与行为方式，以及社会和文化的演变与异同。这就涉及文化人类学的研究范畴。由于地域文化演变现象具有渐进性质和微观特点，一般都以非政治、非官方的形态表现出来，其过程和结果不一定载于正史，这就需要我们从大量考古发现和历代稗官野史、方志、家谱等乡土文献中钩玄提要、互为印证；同时还需要深入社会进行田野调查，到民众中进行观察访谈。这又牵涉地方文献如何建构历史，以及今天我们如何解读这些历史文化信息的问题。本书正是在不断学习运用多学科的研究方法的过程中，通过一步一步地梳理人口迁移给巴蜀地域文化所带来的变化及其演变脉络与轨迹，最终将巴蜀地域的移民文化特色呈现出来。

至于能否达到以上的学术追求，尚待进一步检验。不当之处敬请同行专家和广大读者批评指正。

第一章

巴蜀人口迁移的地理空间

地理环境是人口流动的空间载体，也是移民文化生成的必要条件。本章从人地关系的视角出发，围绕四川盆地所发生的各种常态性人口流动，以及突变性的人口流动——移民"填川"运动的历史背景，揭示出巴蜀的地理环境（自然地理环境与人文生态环境），如何为外来人口的迁入和聚居提供了合适的落脚点。

第一节　常态性人口迁移的天然舞台

　　四川盆地是一个独立的自然地理单元，盆地四周是高山，盆中为成都平原和丘陵。得天独厚的自然环境，既为古代先民迁徙架设了一条天然的通道，也为各类移民经常性的迁徙和汇聚搭建了天然的舞台。

一、古代先民迁徙的天然通道

（一）盆地周边的陆路通道

　　我国地貌的一大特征是西高东低，地貌类型可以划分为高原、丘陵和平原三个部分。根据海拔高度的不同，中国由东部沿海向西到青藏高原，好像连上了三级阶梯：西部的青藏高原素有"世界屋脊"之称，平均海拔在四千五百米以上，是世界最高的高原，为第一级阶梯。黄土高原、云贵高原，海拔在一千至两千米不等，为第二级阶梯。第三级阶梯为东部的低山、丘陵、平原，海拔不超过五百米。以青藏高原为核心，高原、盆地、平原向北、东两个方向依次展开，大体呈扇形分布在青藏高原的东部和北部。青藏高原的范围，包括今天的西藏自治区和青海省，以及四川省的西部和新疆维吾尔自治区的南部，面积约为二百三十万平方千米。青藏高原实际上是由一系列高大的山脉所组成，地理学家称之为"山原"[①]。

　　四川盆地位于我国西南部的长江上游，刚好处在第三级向第二级地形面的

---

① 杨军：《区域中国——中国区域发展历程》，长春出版社2007年版，第22页。

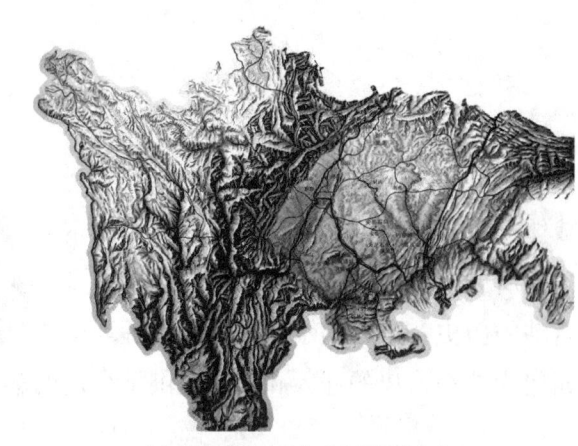

四川盆地地貌图（采自《巴蜀图典》）

巴蜀梯田（采自《巴蜀图典》）

过渡地带。西部由山地、高原组成，川西高原属青藏高原的东缘，为我国第一级阶梯，从西北向东南倾斜，平均海拔由四千二百至四千五百米逐渐降到三千五百至三千七百米。川西山地处于横断山脉的北段，多海拔五千一百至五千二百米山岭，冰川地貌发育普遍，河谷深切。东部是中国四大盆地之一的四川盆地，盆地底部的平原、丘陵海拔在二百至七百五十米，盆地周围则为一千至三千米的中山所环绕。①

四川盆地由盆周山地和盆底丘陵两部分所组成。盆周山地西缘有龙门山、邛崃山、峨眉山，属于中、高山地带，与其相接的是川西南山地，有大相岭、小相岭、牦牛山等，其间有雅砻江、安宁河、大渡河、青衣江等河谷平坝。这里是通向云贵高原以及东南亚的"藏彝走廊"的一部分。盆周北缘西起嘉陵江河谷，东至鄂西山地，是连绵不断的米仓山、大巴山等中山区，山岭间有许多通道北与汉中盆地相通，一直远达秦岭内外。盆周东缘有连绵的巫山、大娄山，临近南北交流的随枣走廊。盆周南缘更有若干通道与云贵高原相连接。②

中国古人类的历史表明，在漫长的岁月里，人类由于生产力不发达，征服自然的能力极为低下，每当出现自然灾害、战争破坏等因素危及群体生存，不

---

① 四川省地方志编纂委员会：《四川省志·地理志》，成都地图出版社1996年版。
② 林向：《中国文明起源的人地关系：四川盆地》，载林向：《清江深居集》，巴蜀书社2010年版，第279~301页。

得不开拓更广的活动空间,以谋求更多的生活资源时,大迁徙就成为维系生存的重要手段。由于巴蜀地区地理环境复杂多样,向北、向东、向南都有通道与其他文化区相交往,故容易成为古代民族交往的桥梁。中国古代的民族就是沿着这些通道进出巴蜀地区,从而使得各民族于各时期在这里留下了异常丰富的文化遗存,巴蜀地区的文化面貌也因此显得更加丰富。《中国移民史》的作者推断说:"在人类克服地理障碍能力很差时,他们只能选择比较容易穿越的地带,如平原、河谷、山口、高原、比较平缓的山岭……如在穿越秦岭的道路没有开凿之前,关中盆地与四川盆地间的交通必须绕过秦岭。处在关中盆地西缘的羌人是在到达黄河上游以后,再折向东南,循白龙江河谷经川西高原南下的。"[1]

事实上,盆地周边的通道远不止这些,古代先民迁徙穿越这些通道进入四川盆地的史迹,比比皆是。例如,近年来的考古发现证明,在盆周北缘秦岭著名的褒斜道一线,就发现了许多具有文化交汇带特点的遗址。在盆周西缘安宁河两岸,也发现了二十多处古文化遗址,其文化面貌与云南高原的遗址十分接近。在盆周东缘,仅近年来即在临近随枣走廊的重庆市三峡库区,发现了多处旧石器时代和不少新石器时代的聚落,如著名的巫山大溪遗址等。盆地四周的这些古文化遗址,就是盆地与外界联系的文物见证,就是先民们"选择比较容易穿越的地带",进行长途迁徙活动所留下来的文化遗迹。

除盆地北面和东面之外,在盆周西面紧靠横断山区,还有一条"藏彝走廊",这里是古代民族南来北往的通道,向北可以通向甘青高原及中亚、北亚,向南经南中国可以通向东南亚、南亚以至西亚、欧非。这条称为"南方丝绸之路"的通道,将四川盆地与海外世界连接起来。在两千多

邛崃茶马古道

---

[1] 葛剑雄、吴松弟、曹树基:《中国移民史》,福建人民出版社1997年版,第29页。

年前的西汉时代，出使西域归来的张骞向汉武帝报告说："居大夏时见蜀布、邛竹杖，使问所从来，曰'从东南身毒国，可数千里，得蜀贾人市'。"[①]近年来在成都邛崃市平乐古镇以东的骑龙山和蒲江之间，就发现了一段古道的遗存，这里正是从成都出邛崃关，连接四川盆地和东南亚之间的商业通道。据推测，当年的蜀布、邛竹杖等物资，可能就是从这一古道运往印度河流域古国身毒的。

（二）盆地内部的水上通道

河岸溪谷历来是族群和文化因素交汇碰撞的天然通道。古代民族为获取更多的生存资源，在穿行于陆上通道的同时，还会循着江汉河支，向更远的地方去开拓。四川盆地内河流、丘陵交错，区内奔流不息的江河溪流，正好为先民们远徙架设了一条条天然的水上通道。

巴蜀地区内江河水系资源极为丰富，有大小河流一千四百多条，分布地域广，水源充沛，四季不冻。除川西北的白河、黑河属黄河水系外，其余均属长江水系；主要河流都汇注入长江，由此形成不对称的向心状水系。长江自西向东横贯于盆地的南部，辅以岷、沱、嘉、涪、渠、乌江为支干的水运网，从而构成盆地与外部联系的大动脉。凭借这一水运通道，巴蜀地区可以向其他地区远徙，几乎无往而不至。例如，东出长江三峡，即抵达江汉平原，可与南北向的随枣走廊相交，北通河洛，南走五岭，东俯临广袤的长江中、下游地区。北面还有斜贯于西北甘青高原，而与东南吴楚相连接的汉水通道。在这些水道中，以长江水道最为重要，它是沟通与长江中下游地区联系的水上交通孔道，与四川盆地关系十分密切。有学者指出，这一孔道早在新石器时代的末期，就成为沟通四川盆地与长江中下游文化信息交往的重要通道。这不仅表

长江三峡（采自《巴蜀图典》）

---

① （汉）司马迁：《史记》卷一一六《西南夷列传》。

现在三星堆已经出土的陶器与长江中游湖北省天门市的石家河文化相似，而且还有长江下游浙江余杭的良渚文化和中原的河南偃师二里头文化的特征。由此推知，四川盆地在这一大的历史背景下，曾经在考古学文化上发生过十分巨大的变异。这一变化表明，它不仅仅是文化之间的交流与影响所能达到的程度，还应与人群的迁徙与融合有关①。

或许有一种成见，以为巴蜀古属蛮荒之地，与中原文明隔绝，四川盆地四周的高山挡住了去路，人们难以通行。事实上情况完全不是这样的。这种误以为盆地与外界隔绝的成见，其产生的根源，主要与巴蜀地区早期考古资料缺乏相关文献"背景"有关。当然也不排除盆地以外的人们，对巴蜀地区山路环境下行旅生活缺乏了解，仅凭想象所致。而这种想象的来源，又更多是受了李白"蜀道之难难于上青天"这一艺术夸张性诗句影响的结果。为破除这一成见，四川大学林向教授以他亲身的考古实践经历，有针对性地发表了如下观点：

> 其实，在山区几乎只要是顺山脉走向的河谷都是通道，在高山深谷区的水土肥美处，也必有连续不断的村寨可供行旅歇息。古人无需车船，凭任双脚，不畏攀登，是完全可以远行的。我们在岷江上游的杂谷脑河谷两岸，高出河谷三百至五百米的山麓地带找到一系列的遗址，如桃坪遗址、建山寨遗址等，即是证据。后来的人们在险峻处开凿栈道，使陡崖也能通行。司马迁曾经到过巴蜀及西南夷地区，他在《史记·货殖列传》中写道："巴蜀亦沃野……然四塞，栈道千里，无所不通……"当是他所见之实情。②

通过这段文字并结合前文所述，可见巴蜀地理环境不仅没有成为隔绝与外界交往的屏障，恰恰相反，盆地凭借便利的水陆通道，四周和内部之间"无所不通"，它完全能够满足古代交通的需要，从而为先民的迁徙活动搭建了一个天然有利的舞台。

---

① 江章华：《从考古材料看四川盆地在中华文明形成与发展过程中的地位》，《中华文化论坛》2005年第4期。
② 林向：《中国文明起源的人地关系：四川盆地》，载林向：《清江深居集》，巴蜀书社2010年版，第287~288页。

二、各类移民汇聚的合适空间

（一）流民"就食"的粮仓

四川盆地的纬度在亚热带，正处于湿润、高寒和干燥三大自然地理的交汇地带。显著的纬度差异和巨大的海拔差异，以及复杂多样的气候、水文和土壤条件，加之第四纪冰川时期没有直接受到北方大陆冰川的严重侵袭和破坏等原因，这就孕育了巴蜀地区极为丰富的生物多样性，从而使本区成为许多野生动植物类群的集中分布之区。这些优越的自然条件，为本区农耕文明的发育与成长奠定了基础。

根据竺可桢对中国近五千年来气候变化的研究，夏商时代的成都平原属亚热带湿润季风气候，终年湿润，降水量丰富，气候温暖。成都平原为冲积土，土质疏松，土壤肥沃，易于农业耕作，是传说中南稻北粟兼而有之，冬夏播种，冬草不死之区。《史记·货殖列传》描写了秦并巴蜀前，本区资源的富有状况："巴蜀亦沃野，地饶卮、姜、丹沙、石、铜、铁、竹木之器。南御滇僰，僰僮。西近邛笮，笮马、旄牛。然四塞，栈道千里，无所不通，唯褒斜绾毂其口，以所多易所鲜。"①秦统一巴蜀后，蜀守李冰凿离碓，辟沫水之害，穿二江成都之中，建成了举世闻名的都江堰水利枢纽工程。从此，成都平原"沃野千里，号为'陆海'。旱则引水浸润，雨则杜塞水门。水旱从人，不知饥馑，时无荒年，天下谓之'天府'也"②。所以，班固在《西都赋》中描写都城长安的美丽富饶时，也只称赞其"号为近蜀"。李善注曰："言秦境富饶，与蜀相类，故号为近蜀。"由此可见，"蜀"作为古蜀农耕文明的继承地，早在秦汉时期已经是闻名天下的农耕富裕地区的同义语。

优越的自然条件，富饶的出产，发达的农业，便宜的生活，为众多人口聚居提供了宜居环境。所以早在中国古代，巴蜀地区就成为历代王朝接纳安置饥民的粮仓之地。《汉书·食货志》载："汉兴，接秦之敝，诸侯并起，民失作业而大饥馑，凡米石五千，人相食，死者过半。高祖乃令民得卖子，就食蜀汉。"唐高祖李渊也以"厥土沃饶"为由，专门颁诏安抚"流寓之民"③。不

---

① 《史记》卷一二九《货殖列传》。
② （晋）常璩：《华阳国志》卷三《蜀志》。
③ 《全唐文》卷二《遣使安抚益州诏》，中华书局1985年版。

同时期进入巴蜀地区的这些饥民、流民，虽说属于临时就食度荒，带有异地避灾的性质，理当于饥荒结束之时就返回原籍。然而，巴蜀易于生存的环境，对许多移民说来，简直就是一方安居的乐土。因此，事实上许多人在灾后再也不愿意返回原籍，乐于选择在此定居落业。于是，巴蜀地区也就由"给食"度荒之地，一变而成为外来人口的安身立命之所。迁入巴蜀的这些人群的身份，也就随之由流民、饥民一变而成为当地永久的居民。

（二）流放"罪臣"的边地

四川盆地"其地四塞，山川重阻"①，交通阻滞，盆地之西、之南即为"徼外边地"。这样的地理环境对于历代专制政权说来，是最适合用来禁锢政敌、囚禁罪犯的地方。早在公元前316年秦并巴蜀后，秦政府即把这一地区作为流放政敌和犯人的场所。秦灭六国过程中，又将许多贵族和普通罪犯皆迁入巴蜀地区。《史记·项羽本纪》说："秦之迁人皆居蜀"。《汉书·高帝纪·注》引如淳的话说："秦法：有罪，迁徙之于蜀汉。"承袭这一传统，四川盆地又被后代统治者作为流放罪人的场所。清嘉庆《四川通志·职官志·谪宦》说："蜀僻处西南徼，自唐及明，每有志节之士……远窜遐荒。"为此该志特"搜采书史"成篇，"所以景行往哲也"②。在其所备列的"远窜遐荒"的"罪臣"中，如唐太子李承乾，被太宗以谋反罪贬至黔州。黔州（今重庆市彭水）为"五溪蛮"地，治今重庆市彭水郁山镇，其地偏远"遐荒"，符合"远窜"的条件。其后被流放到黔州监禁的，还有高宗太子梁王李忠、太宗十四子李明、高祖儿子李元轨，他们因相继获罪，一并贬至黔州。唐代的开国功臣长孙无忌，也被许敬宗诬陷为谋反，"削其官爵，黔州安置"③，后令其自杀，安葬于黔州，故当地历史遗迹有"唐太尉齐国公长孙无忌墓"存焉④。宋代著名诗人黄庭坚，因朝中两派政治斗争，被贬为涪州（今重庆市涪陵）别驾，也是流放到黔州安置的。到了明代，偏处川西北少数民族地区的茂州（今四川茂县），又成为处置政敌、贬谪罪人的地方。朱元璋借胡惟庸案大杀功臣，将号称"开国文臣之首"的大儒宋濂充军四川，安置于茂州，后抵夔门（今重庆奉节）病卒。除儿子宋璲、孙子宋慎处死外，其余家人全部迁徙茂州。宋濂外甥严安"并坐不法，谪戍茂

---

① 《隋书》卷二九《地理志》。
② 嘉庆《四川通志》卷一二〇《职官志·谪宦》。
③ 《旧唐书》卷八〇《韩瑗传》。
④ 光绪《彭水县志》卷四《古迹志·塚墓》。

州"。"其子孙迁居灌口（今都江堰市）"①。其后，被发配到茂州的大臣还有：嘉靖朝以"大礼议"获罪的大臣王元正，以及以"抚军不当"获罪的大臣吕经②。上述黔州、茂州，分别位于盆地的东南与西北边缘，均为少数民族聚居之区，是名副其实的"徼外边地"，故成了唐、宋、明三代安置政治犯的"流放之都"。

当然，流放本身并不等于移民，但在中央王朝政治斗争中失势的代表人物以及遭谪贬的官员，不少是终身流放，最终定居于巴蜀的。这些流迁罪人虽不具备移民身份，只不过换了个囚禁的地方。但由于身份特殊，他们及其子孙非经允许，不得离开迁所。这样，这部分"迁谪之人"及其后裔，仍然有可能以客籍身份继续留在巴蜀，而成为移民群体中的一个特殊组成部分。

（三）民族迁徙的舞台

四川盆地介于青藏高原与江淮平原、川西高原与云贵高原之间，是连接黄河及长江的重要通道。古人很早就沿着高原东部草原和山间、河谷运动，这条通道因此成为古代族群迁徙的走廊。众多的民族、部族的迁徙活动，必须穿越这条古道。无论是羌人的南下，还是濮人的西进，无不厕身其间。继秦并巴蜀之后，汉代为了开发边疆，打开通向西南的官方经济流通孔道，决定大力推行"开西南夷"战略，故屡次向盆地边境地区移民。例如在《华阳国志·南中志》"晋宁郡"下载"司马相如、韩说初开，得牛、马、羊属三十万。汉乃募、徙死罪及奸豪实之"；"永昌郡"下载"孝武时通博南山……徙南越相吕嘉子孙宗族实之"③。由于外地移民的大量迁入，文化上的互相交融，原来属于巴族与蜀族的大部分居民，遂成为汉民族的一部分，巴族与蜀族不再作为一个具有特色的民族而存在。至此，巴蜀地区的汉民族终于在秦汉时期逐渐形成了。

两晋南北朝时期，随着民族之间双向或多向的迁徙和对流，导致民族大迁徙和民族大杂居，出现了中国历史上第二次空前的民族大融合。由于巴蜀地区相对安定，故有多次大规模流民入蜀，其中西晋末年秦、雍六郡（今甘肃东南和陕西西部地区）十万余口流民入蜀，散居于蜀、广汉、犍为三郡境内，内中

---

① 嘉庆《四川通志》卷一二〇《职官志·谪宦》。
② 《明史》卷一九二、卷二〇三；吴艳红：《明代充军研究》，社会科学文献出版社2003年版。
③ （晋）常璩：《华阳国志》卷四《南中志》。

就有不少氏族流民。成汉时期，原住于贵州、云南地区的僚人，大量进入四川盆地，其人数最多时可能达到三四百万口，超过了原有居民的人数[①]。这一次僚人的大规模迁徙活动，也是从盆地西南的藏彝走廊进入巴蜀腹地的。

自五代十国以后，历史又经历了一次大的民族融合。在这一时期，党项诸羌吐蕃等诸多民族就曾经在川西高原掀起过迁徙浪潮，并不断波及四川盆地。由少数民族与汉族的冲突乃至战争所引发的人口迁徙活动，在四川盆地也不时发生。如在长达一百七十年（650~820）间的唐蕃冲突与纷争中，川西北高原也是双方争夺的地区之一。随着战事的进行，由此所引起的民族迁徙也相继波及巴蜀汉族地区。

明清是我国统一多民族国家形成的重要时期，较之前代，这一时期的民族融合、民族交往波澜壮阔，高潮迭起。由于这一时期民族种类繁多，彼此间融合兼并，兴衰嬗变，有分有合，情况极为复杂。其中有寇边与攘夷、内附与反叛、互市与封锁、怀柔与威服、相互安惠与兵戎相向等的冲突与聚合。而巴蜀地区正处于"三面临夷"的地理环境之中，故明清王朝经常将其作为经略西南少数民族的大本营和前沿阵地。凭借其邻近少数民族的天然舞台，巴蜀地区遂得以在民族迁徙中发挥重要作用。

第二节　突变性人口迁入的典型地域

在中国历史上，伴随着中原地区的几次大规模的社会动荡，当人口不断往外流动，向周边地区蔓延之时，巴蜀地区总能凭借毗邻中原的有利条件，吸引接纳大量中原人口迁入。而一当战乱在四川盆地蔓延，伴随着内部人口的大量死亡与外逃，这又为大规模的外省移民填川运动提供了场域。

一、中原移民大举南下

四川盆地北面与黄河流域的中原文明区相邻。以华夏族为主导的中原文明区，植根于农耕文化的基础之上，在西汉时代即已逐渐通过民族融合形成新的民族共同体——汉族。在中原汉族文明区的北面，是生活在大漠南北的众多游牧民族、部族，那里存在着一个与中原地区在经济文化诸多方面有明显差异的游牧文化区。费孝通先生认为："划分农牧两区的地理界线大体上就是从战

---

① 刘琳：《僚人入蜀考》，《中国史研究》1980年第2期。

国时代开始建筑直到现在的长城。这条战国秦汉时开始修建的长城是农业民族用来抵御牧畜民族入侵的防线。"① 自西汉开始,随着北方游牧势力的不断南逼,中原地区曾经出现过三次大规模的战乱,其直接后果导致了北方汉人南迁高潮的形成。第一次出现在西晋末年,先由"八王之乱"肇其端,继由"五胡乱华"踵其后,由此引发了汉人南迁的第一波高潮。第二次出现在唐末,先由安史之乱肇其端,继由黄巢起义踵其后,由此引发了汉人南迁的第二波高潮。第三次出现在宋末,先由金兵南侵肇其端,继由元兵南侵踵其后,由此引发了汉人南迁的第三波高潮。

纵观这三次战乱和汉人南迁高潮,都与农牧势力的南逼有密切关系。西晋末年,趁着"八王之乱"内战正酣,黄河流域一片混乱,流民起义不断,内迁的少数民族打着反晋的旗号,纷纷起兵,进入中原地区,先后建立了汉、前赵、后赵、前燕、前秦、后秦等以少数民族为主体的政权。唐朝中期,趁着安史之乱爆发后,驻守北方边境的官军相继内调,边防空虚,使得唐王朝在东北和北方的羁縻统治全面瓦解,周边少数民族得以大举南下。在从907年朱全忠篡唐自立到960年宋朝建立的五十三年间,中原地区先后出现了梁、唐、晋、汉、周五个政权,史称"五代"。及至宋朝,中原地区更处于辽、金与西夏三个少数民族政权的战争威胁状态之中。其后金兴辽亡,元代金而起,中原地区更是直接纳入少数民族政权统治之下。这样,原来由汉族中央王朝所统治的中原,始终成为北方游牧民族经常出没之地。

北方游牧民族的大举南下,给黄河流域中原文明区造成冲击,带来了巨大灾难,中原社会因此遭到严重的破坏,中国经济发展的重心被迫向南方转移。这固然是中原文明区的重大损失,但却给毗邻的四川盆地带来了难得的发展机遇。唐末五代时期,中原地区遭受黄巢起义的强劲冲击,"中原士庶,与贼血战,肝脑涂地,十室九空。比至收复京都,十亡七八"②。经过这次战乱,中原人口锐减,经济遭到严重破坏。而此时的四川地区,却因遭受战乱的影响较小,相对安定和富足,所以成为许多中原移民南迁的理想之地。唐朝皇帝奔蜀避难,再次引发了唐朝官吏、军队随同入蜀,追随前来的,除平民百姓之外,

---

① 费孝通:《中华民族多元一体格局》,中央民族学院出版社1989年版,第10页。
② 《旧唐书》卷一七九《萧遘传》。

还有不少世家大族，以至形成了一种"是时唐衣冠之族多避乱在蜀"[①]的现象。迁徙蜀中，短可避一时之难，长可安居乐业，是当时北方人民总结出来的历史经验。所谓"惟蜀可居"[②]，"世行乱，蜀安，可避居"[③]，则已成为当时中原人士的普遍心理。及至五代前后蜀时期，"蜀中久安，赋役俱省，斗米三钱……府库之积，无一丝一粒入于中原，所以财币充实"[④]。四川盆地的富庶，与中原形成了鲜明对比。这样，在中原社会动荡的历史条件下，蜀中就成为北方人民避难的最佳选择。随着大量中原移民的迁入，巴蜀地区因此就获得了从中原地区吸纳先进文明的宝贵机会。

二、填实巴蜀人口空虚

巴蜀地区的人文地理条件，既有优越的一面，也有不利的一面。它如同一把双刃利剑一样悬在盆地上空。当中原战乱时，它因邻近中原，凭借其内部富庶安定、有险可守的有利条件，最大限度地吸收了中原地区的人口及其文明养分。这是有利的一面。而另一方面，当战火不可避免地燃烧至四川盆地时，本区地理环境中的负面影响就显现出来了。

四川盆地由于受群山环锁的制约和"地狭人伙"[⑤]的限制，本身封闭程度较高，经济规模不大；区内地形四塞；区域性格中偏安性格甚重，进取之心不足。这些因素的存在，极易导致文化向心力受损。一旦动乱在巴蜀境内发生，难免形成各自为政的局面。尤其是区内疏散机制不畅，没有足够的空间可以缓释战乱所带来的灾难。因此，一旦战祸在本区蔓延，就会像干柴遇到烈火一样，在盆地内部迅速燃烧，一发而不可收。纵观一部巴蜀文明史，盆地内部共发生三次大规模的灾难性事件：

第一次，两晋南北朝的战乱。

西晋末年，八王之乱爆发，"五胡十六国"继兴，蜀境也难逃战乱的袭击。先为秦雍六郡流民入蜀，嗣即李特、李雄与罗尚之战，继又为李氏与晋争夺南中之战，后有僚人入蜀。战乱的后果之一，使得蜀境之原住民于此时急剧

---

① （宋）司马光：《资治通鉴》卷二六六，中华书局1956年版。
② （明）曹学佺：《蜀中名胜记》卷一一引《通志》语。
③ 《宋史》卷四三三《邵伯温传》。
④ （宋）张唐英：《蜀梼杌》卷下。
⑤ 《宋史》卷一二六《食货志上》。

向外流徙。《华阳国志·大同志》载:"三蜀民流迸在荆、湘州及越巂、牂牁。"《晋书·王澄传》载:"巴蜀流人散在荆湘,与人忿争……于是益、梁流人四五万家一时俱反。"随着巴蜀人口的大量外流,本区内部呈现出一片衰落景象。对此,《华阳国志·序志》有云:

> 李氏据蜀,兵连战接,三州倾坠,生民歼尽。府庭化为狐狸之窟,城郭蔚为熊黑之宿,宅游麋鹿,田栖虎豹,平原鲜麦黍之苗,千里蔑鸡狗之响,丘城芜邑,莫有名者。①

蒙文通先生认为,此说虽嫌夸张,"然就蜀中部分地区而论,当亦相去不远"。他估计此次社会动荡所带来的后果,"益梁二州共二十二万五千六百户,流移荆湘者竟达四五万家,略为百分之二十,道路流离死亡者尚不可计。仅此一事,蜀境户口损耗之巨已不难逆之矣"②。

为了充实因战争而荒芜的城镇,咸康四年(338),李寿继位后,决定从牂牁等地掠夺大批僚人入蜀。至是来自南方的僚人又趁势进入四川盆地,"始出巴西、渠川、广汉、阳安、资中、犍为、梓潼,布在山谷,十余万家"③。蜀地在遭遇来自六郡流民的掠夺之后,继又被僚人移民占领,由此所造成的人口死伤逃亡是前所未有的。

在从西晋末年到隋灭蜀的三百年间,巴蜀地区因为战乱,曾经先后出现过多起建号自立的武装割据事件。例如:晋建兴二年(306),李雄在成都自称皇帝,国号成汉;东晋义熙二年(406),谯纵在益州自称成都王;梁大宝二年(551),武陵王萧纪僭号于蜀。此外,还发生过多起武装叛乱事件。例如:东晋的谯纵之乱,刘宋的赵广之乱,南齐的刘季连之乱,北周的王谦之乱。随之南北朝政权为了平定这些叛乱,又相继在巴蜀发动一系列的兼并战争。于是,在南北双方的反复拉锯厮杀之下,当时"蜀中丧乱已二年矣,城中食尽,升米三千,亦无所籴,饿死者枕藉"④。对于两晋南北朝时期巴蜀地区的社会动乱所引发的

---

① (晋)常璩:《华阳国志》卷一二《序志》,刘琳校注本,巴蜀书社1984年版,第894页。
② 蒙文通:《汉唐间蜀境民族之移徙与户口升降》,载《蒙文通文集》第二卷《古族甄微》,巴蜀书社1993年版,第465页。
③ 《元和郡县图志》卷三一《剑南道·邛州》。
④ 《梁书》卷二〇《刘季连传》。

严重后果，诚如蒙文通先生所估计："忆昔僚之初来，蜀之荒废几三百年。"①

第二次，宋末元初的战乱。

与中国历史上别的改朝换代的战争不同，蒙古灭宋的战争是第一个由少数民族统治者为实现建立全国政权目标而进行的战争。由于当时蒙古统治者还保留着落后野蛮的掠夺方式，加之战争在四川地区用兵断断续续进行了五十多年，因此给巴蜀地区所造成的严重破坏后果，远远超过同时期的其他地区。川西地区原本是人口最为稠密的地区，但经过蒙古骑兵多次屠戮之后，却成为全川人口损耗最为严重的地区。据南宋蜀人吴昌裔记载：

（蒙古军）屠成都，焚眉州（今眉山），蹂践邛（今邛崃）、蜀（今崇州）、彭（今彭州）、汉（今广汉）、简池（今简阳）、永康（今都江堰），而西州之人十丧七八……昔之通都大邑，今为瓦砾之场；昔之沃壤奥区，今为膏血之野。青烟弥路，白骨成丘，哀恫贯心，疮痍满目，譬如人之一身命脉垂绝，形神俱离，仅存一缕之气息而已。②

元初四川人口大量锐减，造成了四川人口史上一大奇特现象，即全川各地"古户""旧族""土著"几乎灭绝，以致出现了"地荒民散，无可设官"的局面。到元末红巾军起义爆发，大量湖广、江西人口逃亡到四川避难。西系红巾军将领、湖北随县人明玉珍，利用到巫峡采购粮食之机，占领重庆。正当明玉珍打算据蜀自立之际，另一支由李喜喜所率的"青巾军"也从陕甘进入川西，烧杀抢掠③，祸及"三巴数十城"④，造成了"各郡臣民遭青巾之虐，百无一二"⑤的惨烈后果。宋元战争给四川所带来的人口锐减、经济残破等严重后果，不仅在元朝百年统治期间尚未改观，就是到了明初，四川仍是人稀地荒之区。

---

① 蒙文通：《汉唐间蜀境民族之移徙与户口升降》，载《蒙文通文集》第二卷《古族甄微》，巴蜀书社1993年版，第474页。
② （宋）吴昌裔：《论救蜀四事疏》，《宋代蜀文辑存》卷八四。
③ 陈世松：《元末"青巾军"入蜀考——兼释重庆〈玄宫之碑〉》，《四川文物》2006年第4期。
④ （元）刘堪：《烈女吟》，载嘉庆《四川通志》卷一七一，巴蜀书社1984年版，影印本。
⑤ 方孝孺语，载杨学可：《明氏实录》，《续修四库全书》本。

例如，据《明实录》洪熙元年（1425）冬十月丁亥条记载：蓬州"人民稀少"，"居民星散"①。宣德五年（1430）五月戊辰记载：大昌县"初有民四百户。后因充军死徙，止余一百户，并入大宁县。永乐初仍复大昌县，重造籍册，不满一百户，遂析丁多之家补之。比年止有五十五户，内多单丁，而生员、吏典、驿夫之役，无人可充，田多荒芜，税粮失额"②。洪武九年（1376）五月戊子，明太祖称，（彭州）"因元末兵荒，暴骨遍路……（都江堰）元季兵兴不治，民失水利"③。洪武十年（1377）正月，以"户粮多不及数"，成都府并新繁县入成都县，双流县入华阳县，金堂县入新都县，崇宁县入灌县。复并德阳县入汉州，井研县入仁寿县，资阳县入简县，什邡县入绵竹县。改绵州为绵县，以彰明并之；改彭州为彭县，以濛阳县并之。④洪武十一年（1378），资阳县"以居民鲜少，不满二乡，归并简县"⑤。洪武二十年（1387）正月，"徙民垦成都田"。三月，再度移民"垦成都田"⑥。洪武二十年三月丙子，汉州德阳县知县郭叔文奏："四川所辖州县，居民鲜少，地接边徼，累年馈饷，舟车不通，肩任背负，民实苦之。成都故田万亩，皆荒芜不治……"⑦

通过上述文献资料可见，宋末战乱以来的一个半世纪，及至元末明初，四川仍是一个人口稀少，土地荒芜，亟待重建之区。其后，就是经过明朝二百多年的努力，"犹未能复如宋世之半"⑧。可见元末明初之世，虽不断有外省移民大量迁入巴蜀，但仍难满足人口填实之需，这样就为随后清初湖广移民的进入提供了广阔的空间。

第三次，明末清初的战乱。

在从明天启元年（1621）到清康熙二十年（1681）的六十年间，四川社会又一次陷入严重的冲突、对立与危机的状态之中。先是民族矛盾日益激化，武装叛乱频仍，揭开四川迭遭兵祸的序幕；接着阶级矛盾空前尖锐，反抗明朝的农民起义运动此起彼伏，最终颠覆了明王朝在四川的统治；再加之明清易代之际，各种

---

① 《明仁宗实录》卷一〇。
② 《明宣宗实录》卷六六。
③ 《明太祖实录》卷一〇六。
④ 《明太祖实录》卷一一二。
⑤ 嘉庆《资阳县志》卷七《艺文志》。
⑥ （清）谈迁：《国榷》卷八，中华书局1958年版。
⑦ 《明太祖实录》卷一八二。
⑧ （明）杨慎：《内江科贡题名序》，《升庵遗集》卷二二。

势力交相争斗,犬牙交错,使得四川社会局势长期动荡不安。恰逢此时,正值东亚气象危机到来,四川全省各种灾荒不断。在明末清初兵灾和自然灾害的交相打击之下,四川遭受了长期的灾难性后果,以致到了清初,人口锐减,经济衰退,出现了"蜀省有可耕之田,而无耕田之民"①的局面。顺治十七年(1660),四川巡抚张所志奏称:"寥寥孑遗,兽奔鸟散……至若剑州、南江、通江,虽系简僻而哀鸿未集,生聚需期,巴州、梓潼城郭丘墟,人民远窜……自南部以南是为顺庆(今南充),而顺城之与顺属,其萧条景象更难言绘。"②康熙九年(1670),王沄奉命随四川湖广总督蔡毓荣入蜀安辑地方,后写成《蜀游纪略》一书。书中写道:四川各地具有废弃的盐井,"修复者十未及一"。又说当时的成都"官民庐舍,劫火一空"。登楼四望,"人烟久绝,尽成污莱,山麋野豕,交迹其中。野外高丘累累……城中茅舍寥寥,询其居民,大都秦人矣"③。康熙十一年(1672),王士祯奉命试入蜀,沿途所见,荒凉不堪,著《蜀道驿程记》记其见闻。其中写道:自宁强至广元,"城郭为墟",居民稀少,"麇多食稼","荒残凋瘵之状,不忍睹"。过盐亭,次秋林驿,"在深箐中。目前种种,如地狱变相"。抵建宁驿,"竟日出没荒草中。土人云,地多虎,日高结伴始敢行"。自潼川(今三台县)西行,"弥望百里,田在草间"。次中江县,"境内人户才三十余家"。至汉州(今广汉),"城堞室庐,鞠为茂草"。次双流县,"县已废入新津"。入城,"即颓墉废堑,虎迹纵横",至眉州,而又西行,"数十里无炊烟,最为荒阒"④。

一个与张献忠同时代的名叫欧阳直的广安庠生,曾在张献忠、清军以及残明军队三方军营中任事,随军到过四川许多地方,后来他逃回故乡,根据见闻写成《蜀乱》一书。其中,对清军平定全川时的景象作了如下描述:"自乙酉(顺治二年)以迄戊(戊戌,顺治十五年)、己(己亥,顺治十六年),计九府一百二十州县,惟遵义、黎州、武隆等处免遭屠戮,上川南一带稍存孑遗,余则连城带邑屠尽杀绝,并无人种。且田地荒废,食尽粮空。未经大剿地方,或有险远山寨,间有逃出三五残黎……草木俱尽,而人且相食矣!"⑤还有来

---

① 《清圣祖实录》卷三六。
② 《明清史料丙编》第十本,顺治十七年(1660)四月张所志帖。
③ (清)王沄:《蜀游纪略》。
④ (清)王士祯:《蜀道驿程记》卷下。
⑤ (明)欧阳直:《欧阳氏遗书·蜀乱》。

自西方的传教士利类斯、安文思,曾经在张献忠军营中生活过一段时间,根据在川见闻,后来写成《圣教入川记》手稿,并由法国传教士古洛东整理撰写成书。书中对清初以来的四川的景象作了如下记述:"自1667年(康熙六年),至1681年(康熙二十年),一连十五载,川民各处被搂,不遭兵人之劫,即遇寇盗之害……然四川际此兵燹之后,地广人稀,除少数人避迹山寨者,余皆无人迹。所有地土,无人耕种,不啻荒郊旷野,一望无际。"①

通过以上官方和民间当事人的现场目击资料证实,截至康熙二十二年(1683),清朝开国已达四十年之久,"天府之国"尚且如此残破,其景象仍是如此之荒凉!于是,继明初之后,清政府不得不决定引外地人口以填补四川空虚。这就为外省居民进入四川提供了难得的契机和广阔的空间。正是在这样的历史背景下,巴蜀地区又一次掀起了以湖广人为主体的外省移民填川浪潮,这就是民间所谓的"湖广填四川"移民运动。

第三节　多元文化交流融合的大熔炉

巴蜀地区不仅有适合外来人口迁入的良好的自然环境,而且还有适合移民聚居的优越的人文环境。本节借助物理学和文化学的原理,分别从"水库效应""虹吸效应""向心机制"与"文化锁链"观点,揭示巴蜀地区本身就是一座有利于多元文化交流融合的大熔炉。

一、物理学的理论运用

(一)水库效应

巴蜀地区由于特殊的人文地理因素等条件所决定,具有较强的吸纳功能,这是本区一个显著的文化特质。这种文化特质,与自然界中的物理效应有某种可比之处。考古学家林向先生出于此种联想,最先提出了"水库效应"现象的形象比喻:

四川盆地的早期文明绝不是孤立存在的。这里看似封闭,实际上自古以来四面八方的各色文化汇聚于此,互相融合,形成杂交文化,又通过各种渠道散

---

① 古洛东:《圣教入川记》,四川人民出版社1981年版,第62页。

发出去，其作用就像中华文明成长流程中的一个水库。①

四川盆地由于特殊的人文地理因素等条件，在源远流长的中华文化的长河中，犹如一座"水库"，对中国历代的政治、经济、文化、人口等方面，都起到了流动、储存、调节、融合、扩散等等的"水库效应"。②

在移民史研究领域，有学者曾经使用"定居地'收容器'"的概念来概括适宜移民居住的自然环境。例如，日本学者山田贤就用这一概念，并参照泰国湄南河流域的事例，提出了宜于定居的三种地形类型——扇状地区、中游三角洲与下游三角洲。③比较起来，用"水库"一词来概括四川盆地作为移民定居地的人文环境，较之于"收容器"的提法，显得更加形象、生动、贴切。它起码隐含了以下几层含义：

第一，中华文化的源流关系。在中华文明成长过程中，四川盆地就像一座水库一样，吸纳着四面八方的来水——多元文化，它们都是源远流长的中华文化的一个组成部分。

第二，文化交汇的场所与归宿。来自四面八方的各色文化，就像从盆周溪流河谷中直泻出的"活水"，汇聚于四川盆地。各方来水在盆地实现交流融合，形成杂交文化。随后，又通过各种渠道散发出去，与中华文化的"大海"相拥抱。

第三，"水库效应"的功能。自然界的水库仅有蓄水、分洪功效，而作为人文性质的"水库"，在汇聚各色文化的过程中，还将发挥文化"流动、储存、调节、融合、扩散"等多种功能。

（二）虹吸效应

继林向教授之后，另两位有着自然科学知识背景和政府智囊身份的学者李后强教授和邓子强先生，对四川盆地"虹吸效应"现象的产生，以及如何将其在现代社会经济中引申，用以增强四川盆地的虹吸效应问题，撰文进行了论

---

① 林向：《中国文明起源的人地关系：四川盆地》，载林向：《清江深居集》，巴蜀书社2010年版，第299页。
② 林向：《古蜀文化区导论——长江上游的古代文明中心》，载林向：《童心求真集——林向考古文物选集》，科学出版社2010年版，第360页。
③ ［日］山田贤：《移民的秩序——清代四川地域社会史研究》，曲建文译，中央编译出版社2011年版，第4页。

述。作者指出："四川盆地的虹吸效应，是一种洼地效应。虹吸效应原本是一个物理现象，指由于液体压力与位能差，液体由压力大的一边流向压力小的一边。洼地效应也是一种自然现象，是对'水往低处流'的形象概括和深刻诠释，引申为经济学理论，简单地说，就是指一个区域与其他区域相比，环境质量更高，对各类生产要素具有更强的吸引力，从而形成独特竞争优势。"从这一视角出发，作者进一步阐述了四川盆地之所以能够生成虹吸效应的几大依据：

第一，四川盆地是特殊的盆地。作为中国第三大盆地，其纬度最南，海拔最低，开发最早，物产最富饶。构造上，是菱形盆地，自东北至西南方向呈不规则椭圆状，盆地边缘为一系列高大山脉所环峙，周边无缺，形极完整。

第二，四川盆地是沧桑的盆地。作为扬子陆台的一部分，数亿年来，它历经了海盆—湖盆—陆盆的沧桑之变，由内流盆地渐变为外流陆盆，由封闭的内流区渐变为外流区，由以堆积为主渐变为以侵蚀为主。

第三，四川盆地是开放的盆地。作为一个地理概念，它不仅是一个区域界定，更是一个价值认同；不仅是一个历史记忆，更是一个文化传承。在地理上，四川盆地几乎是完全封闭的，在排水系统方面，川水从长江巫峡流出，这也是四川唯一的排水通道。但在历史上，四川盆地曾是中国最早的经济中心、对外交流中心，是中国走向世界的第一座桥梁，也是巴蜀文化的摇篮。三星堆和金沙遗址、南北丝绸之路、蜀布之路、茶马古道、千里栈道，就是铁证。

第四，四川盆地是战略的盆地。作为战略要塞，它自古以来为兵家必争之地。四川盆地又是通达枢纽。从全国来看，它作为我国西部最重要的末端节点，向东承接华南华中、东部中部；作为中国的地理中心，衔接西南西北，进藏的门户。从全球来看，它是东盟到中国到欧洲各国的重要通道。

基于上述认识，作者提出，四川盆地是"西部天眼"，是中国南北与东西的交汇点，其最大的特点表现为区域人流、物流、资金流、信息流的集聚地，虹吸效应魅力无穷。[①]

[①] 李后强、邓子强：《论四川盆地的"虹吸效应"》，《西南石油大学学报》2010年第3卷第1期。

(三) 文化吸纳

上述物理现象的比喻，为我们认识四川盆地的文化特性打开了思路。不过四川盆地只有在人地关系的互动中，才能体现出它在文化吸纳、消化上的潜能。我们知道，在不同文化的接触交流与族群互动中，由于不同地域的差异，决定了它们存在着天壤之别。一般说来，一个对外来文化缺乏包容精神或者持排斥态度的地区，必然不利于外来移民文化的吸取沉淀；反之，一个包容性较强的地区，文化沉淀的深度和厚度肯定会超越前者。

四川盆地是一个典型的内陆全封闭型地区，交通阻滞自在情理中。由这样的地理环境所造成的相对封闭，对外交通的不便，又形成了一种与外界进行物质、能量交换的阻隔机制。这种阻隔机制好像一道屏障，严重制约着文明的发展，其对文明发展所带来的不利影响，肯定远比交通便利的地区大得多。这就意味着，居住在这里的人们要实现与外界的物质、能量的交换，必然面临严峻的挑战。然而，险恶的自然环境，往往能迫使人类将生存发展置于至高无上的地位，地域文化中的最初的一些品格特征，便在此种特殊严峻的环境局势中磨砺、孕育而出。正因为如此，所以经由这样特殊环境铸就了一种有利于多元融合的文化特质，这就是开放、兼容精神的生成和发育。

开放是一个民族进取精神的体现。生活在不同自然环境中的各个民族，其所表现出来的开放进取精神的式样千差万别。例如，由于内部资源的不足，生活在高寒草原地带的游牧民族，通过流动、进取向外寻求发展，铸就了崇尚勇武、积极进取的开放性格。生活在海岛的民族，在内部资源缺乏的情况下，通过扬帆航海，开拓海疆向外发展，铸就了乘风破浪、勇往直前的开放性格。同样道理，在群山峻岭中生活的巴蜀先民，为了克服地域环境带来的不利因素，他们逢山开路，遇水架桥，铸就了一种特殊的开放进取精神，集中表现在对于外部世界的迫切沟通，以及对于周边文化的充分吸取上。

生存在四川盆地的巴蜀先民，面对四周崇山峻岭是无法改变的事实，他们既没有悲观，更没有低头屈服于这样的生存环境，而是奋起打通与外界的联系。正因为盆地交通闭塞，反过来它又催生了人们的开放意识，激励起人们向外开拓、努力改善自身环境的决心和勇气，由此造就了巴蜀先民封闭中有开放的一面。在古蜀时期，由于在四川盆地北方面临强大的中原文化，因此它的开放性主要表现为，努力向南方以及西南地区传播自己的文化，并辐射自己的影响。

兼容性是一种对别的文化的接收与吸纳。这种文化特质的形成，与四川盆地多种生态、人文、民族交汇地带的客观物质环境有直接关联。首先，四川盆地是名副其实的生态过渡地带，不仅有利于生物多样性的发展，而且有利于人类早期文明的萌生和成长，四川盆地正是在这种背景下成为长江上游文明发源地的。其次，四川盆地处于青藏高原与江汉平原的过渡地带，是游牧经济与农耕经济的交汇地带，频繁的经济往来，使两种不同的文化类型在四川盆地不断地碰撞、融合，再碰撞、再融合。再次，四川盆地处于青藏高原、云贵高原与成都平原的交汇地带，历史上是以藏、羌、彝等为主的少数民族文化与汉族文化交汇的地带。显然，正是这种多种生物生长、多种文化频繁接触的有利环境，催生了巴蜀地区在与中原文化、多民族文化的交流中的兼容文化个性，由此也就造就了厚载多源文明、兼收并蓄的精神。

不过，我们也应当看到，正像人的性格具有相对的二重性一样，每种地域文化特质也不是单一的，它同样具有相对的二重性。生在四塞之国生存环境中的人们，因为盆地交通闭塞，反过来它又催生了人们的开放意识，培育了兼容的精神，这只是一个方面。但是它还存在着另一个方面。由于封闭性是中国传统农耕文化的主要特征之一，封闭的盆地汇聚多、耗散少、易积淀，容易滋生保守意识和惰性心理，长期生存在这样的自然环境之中，容易使人缺乏紧迫感和危机意识。因此，巴蜀人文性格同时又存在着一定的保守封闭气息。这样，封闭中有开放开拓，兼容中有因循保守，这应该就是巴蜀人文性格二重性的历史写照。

二、文化学的观点阐发

在观察中华文明的传播扩散与地域文化的吸纳消化功能上，文化学有不同的解释工具，不同的解读方法。近年来由外国学者提出并阐发的以下两种观点与概念，颇与本书所论述的主旨和内容相契合，故在此做一介绍：

（一）向心机制

"向心机制"是借鉴日本学者山田贤关于移民地域社会秩序整合的理念提炼出来的。山田贤在"序章——中国内地移民史的课题"中认为，当代有关人口流动的各种研究，正在集中揭示两点问题意识：第一，从人口认知世界的变化角度，探索多种形式的存在如何"共生"，而不是着眼于"适应"这个概念。第二，弄清通过人、财、物的流动而结合的、超越国家范围的结合体——"域圈"的历史真实情况。从这一视角出发，山田贤以中国内地人口流动这样一个限定对象为课题,以清代四川地域社会史作为研究个案,集中揭示了人口流动在各个层面实现的社会整合形态——"作为一种不断生成、变化的可变机制"。对此,作者有这样的论述:

> 起源于中国北方黄河流域的汉民族的历史,伴随着几次大规模的动荡,人口不断流动,充实着未开发地区,并向周边蔓延,是其特色之一。即在中国历史上,占人口流动绝大部分是作为长期、经常性的生活基础变化要素的农业性移民,如果粗线条地加以描述的话,就是中国内地的人口从稠密的中心地区向人口稀少的周边流动,在"开发"的同时浸透着"汉化"的过程。不过,汉民族的社会通过巨大的人的洪流陆续扩充边缘地区作为新的定居点。实际上,在某种向心力的作用之下,一直在进行着整合。换言之,历代中国王朝的国家体制,不是将流动人口排除在外,而是作为中心,具有笼络其统治末梢不断生成的"秩序"的机能。①

山田贤文中所说的"某种向心力"作用下的社会整合形态,是指的"国家框架"下的"秩序"。这里所说的,就是围绕四川盆地所展开的清代移民社会的向心机制。而能够使清代四川社会整合起来,让移民定居并建立起"国家框架"下的"秩序",除了经济、政治等因素之外,由文化凝聚力所形成的向心作用机制是不可忽视的。巴蜀地区内部的这种向心机制,正好与四川盆地内部存在的"水库效应"中的"蓄水"功能是分不开的。

(二)文化锁链

"文化锁链"概念,是德国学者艾伯哈特(Wolfram Eberhart)在1969年出版的英文版著作《东与南中国的地方文化》一书②中提出来的。他不同意使用西方学者所发明的"文化传播论"和"结构功能论"理论假设,来解释汉文化向四周传播的过程。他认为,在中华文化形成的过程中,不仅汉文化向四周传播,地方文化对中国文化的形成也有很大的贡献。换言之,中国文化的形成过

---

① [日]山田贤:《移民的秩序——清代四川地域社会史研究》,曲建文译,中央编译出版社2011年版,第2页。
② Eberhart.W: *The Local Cultures of South and East China*. Leiden, 1969。转引自潘英海:《"在地化"与"地方文化"——以"壶的信仰丛结"为例》一文(载庄英章、潘英海编:《台湾与福建社会文化研究论文集》(二),台湾"中央研究院"民族学研究所1995年版)。

程不仅是地方文化的汉化过程，更是汉文化"在地化"的过程。他主张文化是整体的，在文化接触的过程中，一个文化特质不可能单独地传播到另一地方，也不会因为该特质有用与否而被接受或拒绝。事实上，文化特质彼此之间存在着相互关联性，在文化接触的过程中，当一个文化由甲地传播至乙地过程中，与该文化相关联的其他文化特质也会跟着从甲方传播至乙方。艾伯哈特举例说明，当西方的服饰传播至中国时，与服饰相关的缝纫技术、纺织机器、制造纺织机器的工厂，甚至整个纺织工业都会移植、传播到中国来。这些相关联的文化特质，彼此构成一个连接的网络，即是锁链，或者说是"文化锁链"。

其实，这种文化锁链就是由相关联的文化特质所构成的文化互动网络。在中国传统社会中，各地域的文化特质虽有差异，但这些特质并不是单独存在的，它们之间原本就有着千丝万缕的联系。因此随着文化接触和族群互动的发生，这些相关联的文化特质彼此就会构成一个网络，形成一种文化锁链。巴蜀地处青藏高原与江汉平原的过渡地带，是游牧经济与农耕经济的交汇地带；地处青藏高原、云贵高原与成都平原的交汇地带，是西南少数民族文化与汉族文化的交汇地带。凭借巴蜀与周邻地区之间的天然走廊通道，再加之在长期交往中与周邻文化之间结成了千丝万缕的联系，因此，它们之间自然就存在着一种由文化特质互相连接的网络。

第二章 巴蜀人口迁移的历史过程

巴蜀地区的移民运动持续不断，波澜壮阔，在从秦并巴蜀至民国时期，曾经掀起过五次大规模的人口迁移高潮：第一次在秦汉时期，第二次在两晋南北朝时期，第三次在隋唐五代两宋时期，第四次在元明清时期，第五次在抗战时期。巴蜀地域社会中所发生的重大文化变迁，在某种程度上都与历史上的人口变动和移民迁徙过程有直接关联。

第一节　南向移民序幕的开启（秦汉时期）

移民史常识告诉我们，在一个时期内的所有移民运动中，最能反映那个时期人口迁移规律的特性是主流移民。[①]秦汉时期移民的主要流向是自北向南迁徙。其中，秦代在巴蜀地区首开了中原汉人南迁的序幕，而汉代则在此基础上继续向这一地区移民。

一、秦代向巴蜀的移民

在中国历史上真正称得上进入"大移民时代"，并且有完整的移民政策可以追溯的，是从秦朝开始的。秦汉四百年间，我国的人口空间分布、经济文化布局明显改变，形成了不同于先秦社会的崭新格局。新格局的出现，在很大程度上应归功于当时的官方移民运动。秦朝是中国大移民时代的发端，中原汉人南迁的序幕正是从巴蜀地区首先揭开的。

有秦一代（前770～前206）的移民问题，经历了由秦襄公至二世亡国时期，本身自有其发生、发展的变迁过程。[②]春秋时期，秦国政府虽然已经有了自觉或不自觉的移民行动，但由于这时期政府移民的次数不多，偶然性强，稳定性的移民政策似乎尚未形成。商鞅变法过后，随着秦国人口的增多，国力的

---

① 张国雄：《中国历史上移民的主要流向和分期》，《北京大学学报》1996年第2期。
② 黄佳梦：《秦移民及相关问题研究》，东北师范大学硕士论文，2006年；汪涛、梁萧：《论秦移民的变迁历程》，《船山学刊》2007年第63卷第1期。

增强，移民状况开始发生重大变化。伴随着军事上的节节胜利，为巩固作战的成果，秦政府开始采取一系列优惠政策，推进带有强烈军事性质的移民活动。

公元前316年，秦惠文王并巴蜀，鉴于蜀国旧势力戎伯较为强大，秦国决定"移民万家"。如按当时"一夫挟五口"计，大约有五万秦人迁往巴蜀地区。这是秦国采取输出移民，以巩固其统治地盘政策的开始。移民们负有监视戎伯的义务，带有鲜明的政治性和军事性移民的目的。秦国通过向巴蜀移民，展示了称霸天下的勃勃雄心，由此也奠定了一统海宇的帝业基础。公元前246年，年仅十三岁的嬴政成为秦国国君。随着嬴政的年长，围绕最高统治权力的争夺，在秦国不同利益集团间逐渐产生矛盾并发生内讧。内部斗争的加剧，表现在移民问题上，就是政治性移民逐渐成为主要的移民形式，本国贵族、富豪成为移民的主要对象。在内部斗争中失势的政治集团嫪毐、吕不韦等人皆因获罪，连同其家人一并流放到了巴蜀。

随着国内局势的稳定，秦王嬴政逐渐将精力集中于国外，着手发动了对六国的统一战争。在灭亡六国过程中，秦国又继续组织迁移了许多移民。迁移的对象既不是本国的贵族，也不是各国的平民或罪犯，而是相继灭亡的韩、赵、魏、楚、齐诸国的宗室贵族或富豪。迁移的地点，都是边疆闭塞之地。为了削弱敌对势力，秦国相继将六国中的一些贵族、富豪迁离本国，以"迁虏"的身份，被强制迁移到偏远闭塞的巴蜀。在这批迁虏之中，赵国富豪卓氏被安置到蕴藏着丰富铁矿资源的临邛（今四川邛崃）。后来他依靠当地的"铁山鼓铸"，生产、经营铁器，最终发家致富，不仅拥有僮仆"千人"，而且坐享"田池射猎之乐"，过着"拟于人君"的富裕生活。无独有偶，临邛另一"山东迁虏"程郑，也通过"冶铸"发迹，"富埒卓氏"。据记载，卓氏夫妻"行诣迁处"，即他们早知迁往之地，而"诸迁虏少有余财，争与吏，求近处"①。他们明知会被迁往何处，唯嫌其远，才行贿求近处。可见迁徙目的地，事先是由政府规定了的。此外，迁虏上路时，政府派遣官吏、军队负责押送；按《秦律》规定，受连坐的家属，应该一同前往流放地点；被强制迁徙的人，"终身毋得去迁所"②，即不仅迁虏本人不得擅离此地，子孙后代也必须

---

① 《史记》卷一二九《货殖列传》。
② 《史记》卷六《秦始皇本纪》。

扎根于此①。

公元前221年，秦朝统一天下后，更是有计划、有针对性地在四川盆地数处驻军设防，以至秦军事移民的足迹遍及巴蜀各地。近年来，在四川各地出土的多处秦墓②，均位于四川盆地西部地区的交通要冲沿线和城邑，带有军事镇守性质。这些秦墓的发掘，为今天认识中国古代最早的开发性军事移民提供了难得的文物实证。位于四川盆地西南边缘的临邛，其西为邛崃山，南为大相岭，自古属于百濮和羌人活动领域。据《华阳国志·蜀志》记载：秦灭蜀后，于前311年筑城垣。秦始皇时"徙上郡实之"。这些来自上郡（今陕西绥德县东南）的士兵，在当时是属于充实当地守备，护卫临邛的军事移民，久而久之，也就变成定居当地的"邛民"。

秦对巴蜀地区的移民，特点十分突出：不仅移民人数众多，迁徙年代早，而且移民持续时间长。秦政府所推行的移民政策，创下两个最早的纪录：即最先将中原地区居民迁向巴蜀，不失为中原移民南迁的先声；最先在巴蜀地区推行政治、军事性移民政策，首开了强制移民的先河。这些举措在中国移民史上，都是占有重要历史地位的。

二、汉代向巴蜀的移民

西汉王朝建立，人口迁徙成为封建国家政治经济生活中的大事。上承秦代移民的传统，汉政府继续向巴蜀地区移民。汉初，关中平原出现了罕见的灾荒，汉高祖刘邦不得不仰仗蜀中天府，遂令灾民"就食蜀汉"③。除此之外，汉代还继续推行自秦代滥觞的政治移民政策，将一些获罪的功臣、宗室和地方豪右强制迁入巴蜀地区。《汉书·彭越传》载：汉高祖十一年（前196），西汉开国功臣、战功卓著的异姓王彭越以谋反罪被废为庶人，准备流放到"蜀青衣"（故城当即今芦山县治）。《华阳国志·蜀志》载，汉文帝时，"又徙淮南王之族"于严道县（治地在今荥经县郊古城坝），淮南王刘长在迁途中

---

① 罗开玉、谢辉：《成都通史》第二卷《秦汉三国（蜀汉）时期》，四川人民出版社2011年版，第203~204页。
② 近年来在四川盆地发现了四处秦人墓，这些墓地分布在四川盆地的腹心地域成都市龙泉驿、盆地北缘青川县郝家坪和盆地西南缘荥经县曾家沟、古城坪。参见李明斌：《论四川盆地的秦人墓》，《南方文物》2006年第3期。
③ 《汉书》卷二四《食货志上》。

气绝而亡。20世纪50年代,成都郊区曾出土墓门门枋文字石刻二块。经专家考证,此为西汉初期吕后族人吕则、吕𢗅获罪免去爵位,并被迁于蜀地的文物见证[①]。20世纪60年代,在郫县犀浦发现了一块东汉残碑,这也是汉代强制迁豪入蜀汶山一带地方的文物见证[②]。碑主孝渊是汉代的一位低级官吏,其祖先可能来自关东,在汉初政府迁豪潮流中,被强制离开原籍,从关东迁居巴蜀,在汶山之阳建宅落业。孝渊作为其后裔,世代在巴蜀定居,至东汉永初二年(108),卒葬郫县犀浦。这些获罪的功臣、宗室和地方豪右,举家、举族远迁他乡,数量庞大,完全是一种移民,他们也是迁往巴蜀的中原移民的重要组成部分。

汉代的移民形式,除政府组织的政治移民之外,还有不少经济移民活动发生。随着巴蜀经济的发展,西汉时期自发进入巴蜀地区的移民日益增多。据《汉书·扬雄传》载:扬雄本人就是这类移民之后,他的五世祖扬季就是在元鼎年间(前116~前111),因为躲避仇家,自庐江溯江而上,迁移到了郫县(今成都郫都区)。今四川盆地边缘的芦山县,存有汉建安十年(205)的一通"樊敏碑",该碑追述巴郡太守樊敏道家世,称其祖先也是在"楚汉之际,或居于楚,或集于梁"。根据《尚书·禹贡》载,梁州大部分为两汉时的巴蜀地区。由扬、樊二氏迁蜀的历史个案推知,秦末汉初这类自发的经济移民不仅存在,而且数量也可能不少。

汉武帝时,随着国力的强盛,为配合抵御匈奴、征讨南越的战略需要和拓土开疆政策的推行,重新开始了对西南夷地区的经营。建元时(前140~前135)大将唐蒙奉命"发巴、蜀、广汉卒,作者数万人""自僰道指柯江"[③]。在开通西南夷道和设置郡县的过程中,除军事行动中的兵力调配及相关军费开支主要由中央承担外,当地从开发、平乱到发展中所需的人力物力资源,基本由邻近的巴蜀数郡提供,负责分摊。由于开通西南夷道所需粮用浩大,巴蜀难以供给,只好招募内地商人富豪出资到西南屯田,将所收谷物上交当地官府,再到内地府库领取粮款。由于劳动力不够,除抽调从征士卒外,还征召外来移民从事屯田,由此首开古代西南地区最早的移民屯田的先河。

---

① 张勋燎、袁曙光:《四川省博物馆藏汉代吕侯族人墓葬石刻文字及其相关问题》,载《中国西南的古代交通与文化》,四川大学出版社1994年版。
② 罗二虎:《秦汉时代的中国西南》,天地出版社2000年版,第70~71页。
③ (汉)班固:《汉书》卷一一七《司马相如传》、卷一一六《西南夷列传》。

西汉末年，战火四起，为躲避战乱，又有大批流民拥入巴蜀。扶风茂陵（今陕西兴平）人公孙述乘机率流民入蜀建立成家政权，长期割据巴蜀（25~36），由此开创了外来势力在巴蜀地区建立政治军事实体，进而与中央王朝分庭抗礼的先河。

东汉时期，中原、关中等地豪族兼并较巴蜀发展为快，大批失去土地的流民又拥入巴蜀。汉章帝放宽移民政策，允许贫穷无田者流动，诏令各郡国接受流民，无异为流民进入巴蜀地区大开了方便之门。东汉末年，中原地区开始进入长期的战乱之中，而巴蜀地区则保持了相对的平静，因此和巴蜀地区相邻接的关中、南阳等地人口大批流徙入川。如江夏（今湖北境内）人刘焉步公孙述的后尘，初为益州牧时，即将流入益州的数万户南阳、三辅流民，"悉收以为众，名曰'东州兵'"①，以此为支撑，建立了割据地方的武装集团。刘焉、刘璋父子长期留居巴蜀地区，割据益州达二十六年（188~214）。刘备应益州牧刘璋之邀入蜀，也"将步卒数万人入益州"②。其后，刘备更依托"东州集团"，取而代之，建立蜀汉政权，成为与北方的魏、南方的吴三足鼎立的一大政治势力。

蜀汉期间（221~263），跟随刘备迁蜀人员数量不少，其人口主要来自三个方面：北方（即今河北、河南的地方），南阳和荆州，关中。三国鼎立期间，各国为增强自己的实力，千方百计充实本国人口，竞相将邻国人口或边缘地区的人口迁入本国。蜀汉利用四川盆地"控接巴夷"这一民族地理的特点，多次采取政治、军事手段，"移南中劲卒，青羌万余家于蜀"③，将数万少数民族人口迁入蜀中。

第二节　双向移民高潮的到来（两晋南北朝时期）

魏晋南北朝时期，是中国历史上民族大融合的时期。这一时期的人口迁移活动，除了北方汉族人口继续南迁之外，还有北方各少数民族政权的内聚迁移。在这一大的移民趋势背景之下，巴蜀地区因此出现了双向移民的高潮。

---

① （南北朝）范晔：《后汉书·刘璋传》。
② （晋）陈寿：《三国志·蜀志·刘先主传》。
③ （晋）常璩：《华阳国志》卷四《南中志》。

一、西晋流民入蜀

公元265年，司马炎建立晋朝，史称"西晋"。280年，晋灭吴，暂时结束了三国鼎立的分裂局面。但统一只维持了不到二十年，一场由统治集团内部的权力之争所引发的"八王之乱"便爆发了，战乱持续长达十六年，使中原地区再次沦入混乱之中。战争使北方农业遭到进一步摧残，大部分地区田园荒芜，人民流离失所，形成庞大的流民队伍，到处就食。在北方和西北的少数民族源源不断内迁的形势下，已经进入黄河流域的少数民族，也继续向中原地区推进，于是，四川盆地再次成为关中饥民就食和躲避战乱的场所。南北朝时期第一次流民潮（297～307），就此围绕四川盆地展开了。

元康八年（298），秦、雍二州所属天水（今甘肃天水东）、略阳（今甘肃甘谷东）、扶风（今陕西眉县东）、始平（今陕西兴平）、武都（今甘肃成县西）、阴平（治今甘肃文县）六郡之民数万家，因战乱、饥馑而流亡到梁州的汉中郡。到达汉中之后，六郡流民又上书朝廷，请求寄食巴蜀。晋廷拒绝六郡流民的请求，并派侍御史李苾阻止他们进入益州境内。但李苾在汉中接受流民的贿赂，反而向朝廷上表建议："流民十余万口，非汉中一郡所能振赡。东下荆州，水湍迅险，又无舟船。蜀有仓储，人复丰稔，宜令就食①"。晋廷不得已而从之，于是，大部分流民拥入剑阁关，散布在益州的广汉、蜀、犍为等三郡境内。

秦、雍六郡与汉川接壤，多有羌、氐混居。他们中有的已与汉民族融合，用汉族姓氏；有的尚保存羌氐旧俗。流民种族复杂，其中有来自略阳郡（今甘肃清水西北）的北迁賨人的后裔李特兄弟五人，"皆锐骁，有武干"，很快成为流民群体的首领。其时，正值新任益州刺史赵廞走马上任之际，以祖籍同为略阳郡的关系，遂重用李特兄弟为部曲督，以一万余名流民为部曲，组织流民武装。元康元年（292），晋廷另派员任益州刺史，赵廞拒不交权。恰遇李特之兄李庠为赵廞所杀，迫使李特夜袭成都，赵廞因此溃亡。李特因讨赵廞有功，获得朝廷的封赏。永宁元年（301）三月，新任益州刺史罗尚领兵万人到达成都，随即开始遣返流民。此时，晋室诸王内讧的"八王之乱"已经爆发，李特兄弟见此形势，遂有雄踞巴蜀之意。由于六郡流民都不愿返回贫瘠的故乡，李特又多次请

---

① 《晋书》卷一二〇《李特载记》。

求罗尚延期遭返,"流民皆感而悦之,多相率归特"①。于是李特遂在绵竹设立大营,聚集六郡流民。流民中的豪族大姓和氐羌渠帅,也相继率领部众投奔李特,旬月之间,众逾二万。晋廷见李特坐大,遂发兵前往镇压。惠帝太安二年(303)正月,李特在先后打败三路官军之后,再次率兵南下,进逼成都。在争夺成都周围郡县的战斗中,就食的流民遭到捕杀,李特等人也被追兵所杀。六月,李特少子李雄成为六郡流民的首领,自称大将军、大都督、益州牧。十二月,李雄攻下成都,赶走官军。惠帝光熙元年(306)六月,李雄在成都即帝位,建国号大成。从此,开始了李雄父子割据巴蜀的成汉国的历史。316年,西晋王朝灭亡,其在巴蜀地区的统治也随之土崩瓦解。六郡流民入蜀,开启了晋末"永嘉之乱"北人南迁的过程,建立起一个与晋朝相对峙的成汉政权。成汉政权是"五胡十六国"中最早建立的割据政权之一,也是秦灭巴蜀之后,第一个以成都为中心的少数民族割据政权。六郡流民入蜀不仅对四川社会造成深远的影响,在中国移民史上也占有重要的地位。

二、蜀民外迁与僚人入蜀

成汉时期,是巴蜀历史上人口迁移最为频繁的时期。

其一是秦、雍等地大批流民迁入巴蜀地区,人口估计有十万之多。另一方面是大批蜀人的外迁。当六郡流民起兵反晋,并取得军事胜利的时候,在三蜀(蜀郡、广汉、犍为郡)境内,作为人口主体的梁、益二州之民感到惊恐,大规模向外逃亡。"三蜀民流迸,南入,东下,野无烟火,卤掠无处"②。其中顺江而下,逃到荆湘地区的就有十万余户③,估计未逃亡的蜀人,只有一万户左右。在三巴境内,居民一部分逃到荆湘地区,一部分逃到了涪陵郡,由此掀起了第一次蜀民大规模外迁的高潮。

其二是成汉政权为了充实户口,巩固统治,推行内聚移民政策,强制迁徙境外人口入蜀。304年,尽徙汉中人口于蜀。攻下宁州(今云南晋宁东北),杀壮士三千余人,送婚女千口于成都。307年,秦州流民邓定率二千余家由汉中入蜀。311年,李雄派兵攻占江阳郡,得其民约三千户。

---

① 《资治通鉴》卷八四。
② (晋)常璩:《华阳国志》卷八《大同志》。
③ (宋)郭允蹈:《蜀鉴》卷四。

其三是引僚人大举入蜀。《蜀鉴》载："寿既篡位,以郊甸未实,都邑空虚,乃徙旁郡户三丁以上实成都,又从牂牁引僚入蜀境。自象山以北,尽为僚居。蜀本无僚,至是始出巴西、渠川、广汉、阳安、资中、犍为、梓潼,布在山谷,十余万家"①。于是,原住在牂牁(今贵州境内)的几十万僚人得以大举北上入蜀。李寿死后,其子李势即位,不恤国事,中外离心,因而失去对僚人的控制,"诸僚始出巴西、渠川、广汉、阳安、资中,攻破郡国,为益州大患"②。僚人入蜀,是西晋时期北方的流民问题与民族问题交织在一起的产物。这一事件给西南古代民族的演变和巴蜀地区的民族构成变化带来了深刻的影响。由于生存空间大为扩张,人口数量也有了大幅度增加,致使僚人成为日后南北朝、唐宋时期巴蜀境内一个十分活跃的社会群体。

三、东晋南朝北人南迁

西晋怀帝永嘉五年(311)三月,匈奴攻陷洛阳城,俘获晋怀帝,导致西晋亡,史称"永嘉丧乱"。永嘉之乱后,中原沦丧,晋元帝率中原汉族衣冠士族臣民南渡,建立东晋政权。永嘉之乱后,"五胡乱华",中原汉人政权遭到驱逐,各地汉人势力朝着不同方向的偏远区域流动。与此同时,人民也随之而播迁。其中大部分移民来到了江南,所谓"洛京倾覆,中州士女避乱江左者十六七"③。永嘉丧乱后,北方移民大量南下,移民的最终定居地即迁入地,分布极为广泛,长江流域上至巴蜀,下至扬吴,甚至南方的会稽沿海、珠江流域都有移民的踪迹。

在东晋至南朝时期,北方移民南迁入蜀,主要通过金牛道(南栈道)进入四川盆地,移民主要来自关、陇地区。巴蜀作为北方人民南迁的接收地,曾经有两次迁入高潮,而每一次大规模人口迁移都与北方的动乱密切相关。一次发生在东晋安帝时期(397~418),北方少数民族政权逐鹿中原,关中破坏尤其严重,因巴蜀发生谯纵之乱,致使梁、益二州流民大增;而东晋权臣刘裕北伐后秦,又导致关陇民户的流亡。来自秦、雍关陇地区(今陕西渭河流域和甘肃东部)的流民大规模南迁入蜀,散居在川西北一带。另一次发生在刘宋文帝元

---

① (宋)郭允蹈:《蜀鉴》卷四引李膺《益州记》。
② 《魏书》卷一〇一《僚传》。
③ 《晋书》卷六五《王导传》。

嘉时期（424～453），由于巴蜀地区爆发的赵广之乱，造成人口大规模流徙：一度由宋武帝收复的中原地区重新失陷，迫使关陇和汉中北部的流民再度辗转迁徙，流入汉中及巴蜀，形成北人大规模南迁的又一个高潮。

为了安置这些被称为侨人的流民和移民，东晋和南朝政权选择在侨人集中的地方设立侨州、侨郡、侨县，对其进行管理。据统计，巴蜀地区先后侨置有四郡十七县。流民多数来自关陇、秦、雍，即今陕西、甘肃一带。南朝萧齐统治期间，巴蜀地区的主要军政官员，大多贪残酷狠，不仅导致巴蜀民众的大规模反叛，同时也造成人口的大规模脱籍逃亡，致使许多侨郡、侨县成为"荒或无民户"[①]的郡县，其中梁州就有四十五个这种徒有其名的郡。

东晋南朝时期，西北地区流民南迁巴蜀，自西晋永嘉末年开始，一直延续到南朝刘宋文帝元嘉年间，历时百余年。从巴蜀境内安置北民的侨置郡县分析，迁入巴蜀的北民多数来自陕西、甘肃及四川北部地区，少数来自东部的荆湘、江南地区与河南。流民中除少数为氐、羌等少数民族外，绝大多数为汉族。

第三节　南向移民高潮的形成（隋唐五代两宋时期）

进入隋、唐、五代时期，中原战乱爆发，中华大地再一次发生北方人口的大规模南迁，由此导致汉人南下第二次移民高潮的形成。此次移民高潮起于唐玄宗天宝十四载（755）安史之乱爆发，止于五代结束，持续了两个世纪，也对巴蜀历史发展产生了十分深远的影响。此后，两宋时期又有大量移民迁入四川。

一、隋末中原移民入蜀

589年，隋灭陈统一中国，结束了长达四百年的分裂状态。隋代仅统治了短短三十几年。到了隋末，全国天下大乱，群雄蜂起，人民不得安生，大量北方人民为躲避战祸迁移到了巴蜀。隋朝后期，由于隋炀帝的暴政，中原地区的社会经济遭到极大破坏，随之而爆发农民大起义和统治阶级的残酷镇压，更使中原和江淮沦为战场。为躲避战乱，人口大量外流。由于农民起义及战乱远离隋朝政治中心，巴蜀地区遂成为中原人民避乱的理想之地。蜀中丰富的粮食供

---

① 《南齐书》卷一五《州郡志·梁州》。

应，不仅吸引了一般百姓迁居蜀中，也使许多僧人投奔巴蜀。正所谓"时天下饥乱，唯蜀中丰静，故四方僧投之者众"①。如有名的玄奘法师，即于隋末唐初由关中入蜀。入蜀者还有不少文士，如高宗时登进士第的绵州人陈该的先辈，"其先自颍川迁蜀"②。推测陈该的祖辈入蜀，应是在隋唐之际。③除因中原战乱入蜀外，在隋代还有一些人是因居官或贬谪等原因入蜀的。在中原平定后，有许多北方流民滞留不愿返乡，因此，他们的后代遂成为蜀人了。如唐宋时蜀州有名的宋氏家族，"其先京兆人，隋谏大夫远谪彭山，子孙散居于蜀，遂为蜀人"④。居于普州的姚氏，其先"世居长安，隋开皇中，有景彻者，以讨平泸夷军功，为普州刺史。卒，子孙遂家普州"⑤。

二、唐中期的移民南迁

618年，李渊称帝标志着唐王朝建立。针对隋唐易代之际中原移民大量迁居巴蜀所引发的种种社会问题，武德三年（620）二月，唐高祖李渊颁诏曰："西蜀僻远，控接巴夷，厥土沃饶，山川迥旷。往者隋末丧乱，盗寇交侵，流寓之民，遂相杂糅。游手堕业，其类实繁。"⑥诏书揭示了隋末动乱中，大量北方人口入蜀所带来的种种社会问题。指出：巴蜀地区失治，社会秩序动荡，"盗寇"交相侵扰；流民杂处，种类繁复，危及社稷安全；人民游手好闲，荒废学业、职业，败坏社会风气；等等。表明巴蜀在唐初仍为流民迁徙之地。

唐玄宗天宝十四年（755），范阳节度使安禄山起兵反唐。六月，在叛军直逼长安的形势下，宰相、兼领剑南节度使杨国忠首倡幸蜀之策。七月，玄宗则经陈仓，过散关，取道斜谷路入蜀，抵达成都，史称"玄宗幸蜀"。至肃宗至德二年（757），郭子仪率领唐军收复长安，玄宗随即离开成都，同年十二月回到京师。玄宗逃亡到成都以躲避安史之乱，共计十八个月。随同玄宗到达成都的扈从官吏军士，共计一千三百人，另有宫女二十四人。此后，黄河流域战乱

---

① 慧立原本，彦悰撰定：《大慈恩寺三藏法师传》卷一。
② （唐）陈子昂：《陈伯玉集》卷六《周故内供学士怀州河内县尉陈君硕人墓志铭》。
③ 谢元鲁：《成都通史》第三卷《两晋南北朝隋唐时期》，四川人民出版社2011年版，第179页。
④ 《宋史》卷四百《宋德之传》。
⑤ 《宋史》卷三三三《姚涣传》。
⑥ （清）董皓：《全唐文》卷二《遣使安抚益州诏》，中华书局1985年版。

不断，由此形成长达两百多年的北方汉人南迁移民潮，史称中国历史上第二次南迁移民潮。

为了躲避战争灾难，黄河流域人民纷纷向战火尚未到达的地区迁徙，以寻求自保。于是，大江南北和北方的河东地区（今山西省境）及陇右均成为重要的避难去处。而最主要的迁移方向则是淮河至秦岭以南的南方地区，皇室奔赴的巴蜀地区自然是最佳的避难场所。据剑南西川节度使高适向朝廷报告："比日关中米贵，而衣冠士庶颇亦出城，山南、剑南道路向望，村坊市肆，与蜀人杂居，其升合斗储，皆求于蜀人矣"[①]。可见当时迁蜀的北方移民数量之多。

安史之乱后，军阀藩镇割据局面加剧。德宗建中二年（781）十月，泾原节度使姚令言发动兵变，占据长安，拥立朱泚为皇帝。唐德宗率贵妃、太子、诸王、公主等人出逃奉天（今陕西乾县），文武众臣尾随而至，不久再避入梁州（今陕西汉中市），唐王朝几乎倾覆。因此，中原人士移居蜀中的浪潮，一直延续到德宗时期。这一时期，避乱入蜀的人不在少数。如石氏本居长安，"其七世祖藏用，右羽林大将军，明于历数，尝召家人谓曰：'天下将有变，而蜀最安处。'乃去依其亲眉州刺史李滈，遂为眉州人"[②]。类似石氏这样举家避乱入蜀，其后裔子孙遂为蜀人的中原士人，如眉州的家氏，普州的李氏，简州的何氏，等等[③]。

三、唐末中原移民入蜀

唐僖宗乾符元年（874），山东爆发王仙芝、黄巢领导的农民战争和继之而来的军阀混战，再次触发大规模的北方人民南迁高潮。广明元年（880）十一月，黄巢军攻占洛阳，十二月攻占潼关，兵锋直指长安。中和元年（881）正月，唐僖宗带着二百名朝官，随行约万人南迁，又逃到了成都，直至光启元年（885）正月，僖宗由成都起程，三月返回长安，前后滞留蜀中五年，史称"僖宗幸蜀"。由于唐朝皇帝和一大批唐朝廷文武官员避难奔蜀，以及随之而来的藩镇混战，带来了唐五代时期规模最大的移民入蜀浪潮。

根据宋代四川人的墓志铭，四川不少名人的先祖都是这时随唐僖宗入

---

① （唐）高适：《请罢东川节度使疏》，《全唐文》卷三五七。
② 《宋史》卷二九九《石扬休传》。
③ 谢元鲁：《成都通史》第三卷《两晋南北朝隋唐时期》，四川人民出版社2011年版，第181页。

蜀，日后留在巴蜀的，后人因此成为四川人。据宋人《净德集》等资料统计，唐五代时期迁居入蜀中士族共四十三家，其中唐五代时入蜀的就有二十九家，占总数的三分之二①。旧题元人费著《氏族谱》记载，唐代成都有二十个姓氏，其中明确为唐代末年僖宗时入蜀的达十四姓之多，由此证明唐末五代北方移民入蜀后，多聚集在成都地区。此外，成都府周边的蜀州（今崇州市）、彭州（今彭州市）、汉州（今广汉市）、简州（今简阳市）、眉州（今眉山市）、陵州（今仁寿县）和邛州（今邛崃市），也是不少北方移民的迁居地。故史称"是时唐衣冠之族多避乱在蜀，蜀主礼而用之，使修举故事，故其典章文物有唐之遗风"②。其他文献在追溯蜀中大姓的来源时，屡有其祖先"从王建入""从孟知祥入"等语，反映的就是这种背景下中原士大夫以四川盆地为目的地的迁移活动。一般说来，在唐末五代时期，民间的迁徙活动几乎都和皇帝向蜀中的出奔有关。往往是皇帝出逃在先，大规模移民在后。于是，这一时期迁入巴蜀地区的中原移民必然大大增加。

在前后蜀时期，四川具有相对安定的社会环境和优越的自然条件，加之前蜀王建重用中原士人，因此吸引了大量北方人移民巴蜀。据统计，在《十国春秋》前蜀列传中，共列有除后妃以外一百七十五人的传记，其中唐末五代时入蜀的就多达一百零六人，约占总数的五分之三。③另据《中国移民史》提供的统计数据表明，在唐末五代时期，在有北方移民迁入的江南、淮南、江西、福建、荆襄、湖南、岭南、巴蜀地区中，无论总人数还是各个时段的迁入人数，巴蜀地区的北方移民人数都居各区域第一。特别是前后蜀时期，在各区域总数为七百五十八例统计总数中，巴蜀地区的北方移民人数为二百三十一，占总数的百分之三十④。

除官吏而外，作为割据政权支柱的北方军队大量进驻巴蜀。在唐僖宗入蜀前后，由于巴蜀地区不断发生各种变乱，而吐蕃和南诏乘机向唐朝控制的剑南地区发动大规模进攻，为此，唐朝从北方抽调了多批军队进入四川，这就为五代十国前后蜀政权的建立奠定了基础。在唐末，驻扎在巴蜀的军队达数万之

---

① 谢元鲁：《成都通史》第三卷《两晋南北朝隋唐时期》，四川人民出版社2011年版，第182页。
② 《资治通鉴》卷二六六《后梁纪》。
③ 谢元鲁：《唐五代移民入蜀考》，《中国社会经济史研究》1987年第4期。
④ 葛剑雄主编：《中国移民史》第3卷，福建人民出版社1997年版，第266页。

多。唐朝灭亡前后，一些军阀因为战败等因素也相继迁入巴蜀，如从荆南、陇州方向败退入蜀的北方军队共有四万之多。前蜀王建割据巴蜀后，后唐政权为了攻灭前蜀，任命孟知祥为西川节度使，带兵进入成都。在孟知祥割据前后，后唐又有三万军人屯成蜀中，割据后都不能北返。这样，各个阶段留驻巴蜀的军队数

艺术墙雕《中原士民迁徙图》

量约有十万之众。中原大乱，这批军队中的不少人便因此而在巴蜀定居下来，充分体现了割据政权下军事移民的类型特点。

四、两宋巴蜀移民活动

960年初，后周禁军最高将领赵匡胤在陈桥驿（今河南开封东北）发动兵变，建立宋朝。宋王朝平定各割据政权、统一南北后，采取强制性措施，将各国的王室、贵族、百官和部分百姓迁到首都开封一带。由于后蜀是最先灭亡的割据政权，所以，后蜀皇室和百官成为宋朝被强制迁至中原的对象。乾德三年（965）三月，后蜀皇帝孟昶与其官属皆挈族归朝，由峡江而下。这次由长江而下，北迁至中原的人口数量很多，据传护送队伍和辎重"百里不绝"。蜀民北迁是宋初巴蜀人口迁移史上的重大事件。

北宋时期，巴蜀地区仍然有许多外来移民迁入，所谓"国初以来，关陇之民所徙蜀者"[1]。伴随巴蜀在内的南方经济的长足发展，盆地内部出现了"两川地狭，生齿繁，无尺寸旷土"[2]的现象。为解决成都平原人多地少的矛盾，许多人开始选择在盆地内移民，由人口密集的成都路、梓州路向盆地边缘迁移。1115年，女真族在东北兴起，建立金朝。1127年，金军攻占北宋都城开封，俘虏宋徽宗和宋钦宗，北宋宣告灭亡。史称"靖康之难"。同年五月，宋

---

[1] （宋）苏颂：《苏魏公集》卷五八《朝散大夫赠户部侍郎赵公墓志铭》，王同策等点校，中华书局1988年版，第884页。
[2] （宋）张方平：《乐全集》卷三六《傅求神道碑》。

徽宗之子赵构在南京应天府（今河南商丘）即位，史称宋高宗，后定都临安（今浙江杭州市），此后的宋朝称为南宋。

两宋鼎革之际，随着宋室南渡，导致北方人口的大量南迁，由此形成我国历史上北方人口南移的第三次高潮。靖康之难后，宋室仓皇渡江，黄河流域的士大夫及平民百姓纷纷携家南逃。金兵乘胜追击，攻破潼关，大量溃兵、流民拥入四川，为此南宋政府不得不在大散关（今陕西宝鸡市西南）设卡加以限制。在北方人民南迁的过程中，形成了许多流民军事集团，其中，以桑仲为首的流民集团，号称三十万，准备武装迁徙入蜀，在宋军的阻击下，虽然未能如愿，但肯定也会有不少人流入巴蜀。不仅溃兵和平民大量入川，许多宋廷宗室这时也南迁入蜀。史载，建炎初年，"宋室多避难入蜀"①。由于入蜀避难的宗室数量不是少数，迫使南宋朝廷改变了不许调任川陕的规定。在宋金对峙时期，四川地处抗金前线，北方人民仍源源不断南迁入蜀，许多南迁的北人，被安置在宋军之中，被称为"归正人"，他们构成为宋军抗击金兵的骨干。据估计，至乾道末年，驻川宋军中来自北方的军士及其家属的人数，当不下三十万。②

1234年，金朝灭亡后，宋蒙战争很快拉开序幕。由于金朝、蒙古与宋朝相对峙，其西线攻击多以秦、陇为基地，直接与四川盆地相邻，因此，每当金朝、蒙古出兵南下，随着军事、政治形势的变化，中原地区的军民因地利之便，大量逃到四川，使得巴蜀地区再次成为北方移民南迁的地区之一。在宋蒙战争爆发后，巴蜀是蒙古最先用兵和战略进攻的重点，此时虽仍有部分北方移民迁入四川，但由于川北、川西地区遭受战争破坏较为严重，大量蜀民死亡，幸存者为求自保，纷纷逃向相对安全的地区避难。四川沿边之地或少数民族地区、蒙古统治下的兴元（今陕西汉中），以及南宋统治下的长江中下游地区，一时间就成为蜀人往外迁移的去处。于是，继成汉时期第一次蜀民大规模迁往荆湘之后，南宋后期又出现了蜀中世家大族和士大夫大量迁入长江中下游的移民迁徙高潮。③

---

① 脱脱：《宋史》卷一五九《选举志》。
② 谭红：《巴蜀移民史》，巴蜀书社2006年版，第165～166页。
③ 陈世松、史乐民：《宋末元初蜀士流寓东南问题探讨》，《元史论丛》第五辑，中国社会科学院出版社1993年版。

第四节　西向移民浪潮的高涨（元明清时期）

元明清时期是自东向西移民浪潮兴起的时期。宋末元初、元末明初、明末清初的战乱，导致巴蜀地区损耗严重，社会动荡持续不断，为外省人口的迁入开辟了广阔的空间。恰逢此时，长江中下游经济的发展和人口移动，为自东向西的移民浪潮准备了条件。肇端于元明、勃兴于清前期的湖广移民填川的运动就是在这种背景下发生的。

一、元代四川的人口迁移

经过宋元战争后，元初四川的人户总数仅十二万户①。鉴于四川地广人稀、生产亟待恢复，从元世祖开始，不得不命令军队和官府在荒芜的旷土上大量招民，措置军民屯田。据统计，元朝这一时期在四川共设置了二十九处军民屯田，其中有民屯九处，军屯二十处。当时的民屯分散到四川各地，而军屯则"命于成都诸处择膏腴地，立屯开耕"②。从事军屯的士卒，多由各万户府在本管军人中抽调。而被征调的军籍人户多来自外省，如屯驻西川的军人，"俱系山东、河北、山后户计"③；在川东的夔州地区，元朝设立屯田，"得流民三十九万余，以实边鄙"④。明代泸州《图经志》追述道："昔元时地广人稀，四方之民流寓于泸者，倍于版籍所载。"《纳溪图经志》也载："本县昔因兵革之余，居民十无八九，附籍者皆四方流寓，因而成家。"⑤表明泸州主要依靠招募四方流寓之民，才使得版籍人口倍增的。同样，元朝通过将崇庆州、灌州以及成都府温江县等膏腴之地划归各万户府设立军屯，致使"四方流寓"之民聚居川西平原，这才使得川西地区的人口数有可能占到全省的三分之一以上⑥。

从元朝中后期开始，便有大量陕西、江淮人见巴蜀"田畴广阔"无人开

---

① 《元史》卷九二《百官志》。
② 《元史》卷一〇〇《兵志三》。
③ （元）王恽：《秋涧集》卷八六《论西川军役事状》。
④ （元）欧阳玄：《圭斋文集》卷九《虞集神道碑》。
⑤ 《永乐大典》卷二二一七"泸"字韵。
⑥ 《元史》卷六〇《地理志》载，元二十七年（1290）成都路有户32 912，口215 888，占全省人户的33.4%，口数占全省的35%。

垦，遂自发进入四川。仅"雍、梁、淮甸人民"，在今四川荣县一带，"开垦成业者，凡二十余万户"①。《元史》又载，来此居住的"襄、汉流民"，"至数千户，私开盐井，自相部署，往往劫囚徒，杀巡卒"。为了适应"流户日增"的形势，元朝不得不"设官府以抚定之"。②由此首开了江淮人口向四川迁徙的先河。

从地方志和族谱资料看，元代荆楚人民迁川行动，在元代中期就开始启动了。在元末明玉珍进驻四川之前，有大量的外省移民自动迁川落籍，其迁出地遍及湖广、江西、河南、山东等省，其中以湖广人最为突出。其迁徙路线大体是沿着川东至川西之间的通道推进，而以沿途的州县作为最初的落脚地。在近年来成都出土的碑刻中，有许多反映元末楚地家族迁居成都周边县区的事例。③

到了元末，外省移民迁川俨然成风，在今天四川一些地方志和家谱中，既有由楚迁蜀家族的实例，也有区域人口迁徙的实例。在由楚迁蜀的实例中，以原籍地为湖北黄州、麻城一带的家族为多。由于当时国内阶级矛盾、民族矛盾的激荡，再加上天灾频仍，使得楚地成为全国自然灾害及战乱的重心，当地的民众为避灾、避乱，乃举家自行迁徙。而在楚地四周，唯有四川灾乱较少，加之楚蜀两省相邻，入蜀之路甚为便利，因此四川必然成为这一时期楚人外迁的首选目的地。

元朝末年，天下大乱，群雄并起。至正十七年（1357），元朝尽遣官军出川对付红巾起义。西系红巾军部将明玉珍，率斗船五十艘略粮于川、峡间，趁川中空虚之机，自巫峡攻占重庆。至正二十三年（1263）春，明玉珍在重庆称帝建立大夏政权。明玉珍即位后，为了维系军心，稳固政权，开始在楚地大事推行招民政策，面向原乡黄州，有组织地引进、接纳了一大批移民。在大夏政权实行招民实川政策的引导下，入川楚民由三部分人所组成：其一是明玉珍入蜀所带的楚籍将士，估计兵力约有二十万之多。其二是追随明玉珍入川的楚人，其中包括明玉珍部众家属以及邻里乡人。其三是在招民政策的鼓励下，自愿入蜀而被安置在四川各地的湖广移民。明玉珍所推行的招民实川政策，开启

---

① 《元史》卷九二《百官志》。
② 《元史》卷一九〇《瞻思传》。
③ 成都市博物院、成都市考古研究所：《成都出土历代墓铭券文图录综释》，文物出版社2012年版。

了有组织的楚人实蜀潮流的先例。

二、明初洪武四川大移民

洪武初年，有鉴于元末战乱带来的人口损耗，为了充实一些地区的人口，朱元璋曾经在全国范围内启动有组织的迁民运动。明初的"徙民之令"始于明太祖，其后明成祖又因之①。其所涉及的地域，遍及大江南北。明初巴蜀地区有组织大规模移民活动有多次。洪武四年（1371），中山侯汤和率军征蜀，由瞿塘趋重庆。大夏政权覆灭后，明朝政府规定，"诸将所部兵，即定其地，因以留戍"②。此次西征四川，当有一部分湖北人留守四川。洪武十二年（1379），在成都平原发生了彭普贵领导的"妖人"大暴动，明玉珍旧部皆"趁时为乱"。明太祖迅即指示御史大夫丁玉督大军镇压。经过这次镇压，成都地区的人口更加稀少。明政府不得不于洪武二十年（1387）正月，"徙民垦成都田"。三月，再度移民"垦成都田"③。洪武二十年三月，汉州德阳县知县郭叔文奏："成都故田万亩，皆荒芜不治，请以迁谪之人开耕，以供边食，庶少纾民力。"从之。④由此可见，成都平原土旷民稀，也是发配罪犯垦荒之地。

明初四川除有组织的军籍移民之外，还有大量民籍移民。民籍移民又分为自愿移民和强迫移民两种类型。民籍自愿移民，主要通过一些私家族谱反映出来。虽然私家族谱在涉及祖先官阶、爵位、名人时多有附会，但记述居住地及其迁徙状况的材料一般是可信的。明初还存在大量外省移民被强制迁川的现象，这与明初的政治、军事形势有关。第一，明初平蜀过程中，需要从湖广漕运粮食到四川，许多运粮民夫被迫征调从事繁重的劳役，征战结束后，被强迫留在了四川。第二，为了异地安置被朱元璋击溃的陈友谅的旧部，将湖广各地的陈友谅的"部曲"集中起来，强制迁入四川。随着以湖广籍为主的外省移民的大量迁入，各地人口得到迅速恢复。洪武五年（1372）统计，四川人口总计只有84 000余户，到了洪武十四年（1381），明王朝再次公布四川户口数字，计为214 900户，1 464 515口，这表明洪武年间实施大移民政策后，四川人口增

---

① （清）赵翼：《廿二史札记》卷三二《明初徙民之令》。
② 民国《汉源县志·职官志下·政绩》。
③ （清）谈迁：《国榷》卷八，中华书局1958年版。
④ 《明太祖实录》卷一八二。

长之迅速是十分罕见的。

洪武初年的大移民,虽然使自宋末元代以来人口稀疏的四川得到了有效的补充,但仍留下了亟待开垦的广袤空间。因此,继洪武之后,四川再度成为接受各类移民的重点地区。据四川的方志族谱记载,从明代中叶的成化(1465~1487)、弘治(1488~1505)、正德(1506~1521)、嘉靖(1522~1566)年间直至明末,均有大批外省移民家族,陆续迁入四川居住。明代中后期外省移民迁川的形势与洪武大移民相似,即仍以湖广地区为移民人口的主要迁出地。原籍为湖广的移民仍占移民总数的一半多。所不同的是,在明代中后期的移民人口输出地中,新增加了长江中下游地区和东南沿海地区,以及云、贵等省区。①

三、清初的"湖广填四川"

明朝中叶以后,民族矛盾日益尖锐。万历、天启年间,在西南地区相继爆发了播州土司、四川永宁(今古蔺、叙永一带)土司的叛乱。叛乱使得巴蜀大地惨遭荼毒,"灰烬数千里。川四巴三,几成乌有,实洪荒以来未有之奇祸"②。1644年,正值中国历史处于新旧王朝易代之际。三月,李自成攻占北京,推翻明王朝,建立大顺政权。五月,清兵入据北京。同月,福王朱由崧即帝位于南京,是为南明政权。八月,张献忠攻陷成都,推翻明朝在四川的统治,建立大西政权。此后,上述四方都曾先后染指四川,由此拉开了各种势力在川争战的历程。康熙十二年(1673),又发生了"三藩之乱"。至康熙十九年(1680)清军重新占领四川,"三藩之乱"宣告平息。在明末清初四川社会迭遭战乱袭击之际,恰遇东亚气象危机到来的时候。在明末清初兵灾和自然灾害的交相打击之下,四川遭受了长期的灾难性后果。

面对全川州县凋敝、田地荒残、人烟断绝,百废待兴、百业待举的局面,清政府为医治战后四川的创伤,于顺治十年(1653)推出招徕流民鼓励开垦的政策。在归籍复业效果不甚显著的情况下,清廷加大政策力度,特许川人归籍,发给引照,提供路费,捐措口粮。康熙三年(1664)清廷议准:"四川寄

---

① 陈世松主编:《四川通史》第五卷《元明》,四川人民出版社2010年版,第283页。
② (明)朱燮元:《蜀事纪略》,书目文献出版社影印明天启刻本。

寓外省流民，各督抚造册移送川省，妥给口粮舟车，差官护令复籍。"①康熙七年（1668），四川巡抚张德地从民间了解到，"川中自昔每遭劫难，亦必至有土无人，无奈迁外省人民填实地方。所以见存之民，祖籍湖广麻城者更多"，于是向朝廷提出以湖广之民填实四川的建议。②康熙十年（1671），川湖总督的蔡毓荣在上疏中提出："蜀省有可耕之田，而无可耕之民，招民开垦，洵属急务。"为了鼓励地方招民的积极性，他请求将原定的招民七百名升官的标准，降为三百名即可迁升；将开垦地亩升科的年限由三年延长到五年。③与此同时，宣布各省贫民携带妻子入川开垦者，准其入籍④。康熙帝批准了川省的这一请求，为外省移民入川大开方便之门。在康熙二十年（1681）"三藩之乱"平息次年，康熙帝下诏重申"招民叙议"，这才使得外省移民填川活动得以全面展开。

清道光进士魏源（1794~1857）在《湖广水利论》一文中写道："当明之季世，张贼屠蜀民殆尽，楚次之，而江西少受其害。事定之后，江西人入楚，楚人入蜀。故当时有'江西填湖广，湖广填四川'之谣。"⑤概括清初以来的"湖广填四川"移民运动，有以下特点：1. 持续时间长。从清康熙十年（1671）开始大规模展开，至乾隆四十一年（1776）为止，前后共历时105年之久。2. 移民规模大。据推算，在一个世纪内，川东区接纳的移民约为95万人，川中地区接纳的移民约为215万人，川南地区接纳的移民约为312万人；四川合计接纳移民共达622万人，占是年四川总人口的62%。⑥3. 省籍来源广。据清末《成都通览》对当时成都人口构成所作的统计⑦，"现今之成都人，原籍皆外省人"，其中，湖广占25%，河南、山东5%，陕西10%，云南、贵州15%，江西15%，安徽5%，江苏、浙江10%，广东、广西10%，福建、山西、甘肃5%。

清前期的"湖广填四川"，从本质上讲是一场典型的经济类型的移民运动。四川作为"战乱恢复型移民区"⑧，移民开垦的多是前人抛荒的土地。加

---

① 《古今图书集成》卷一七户口部引《大清会典》。
② 四川总督张德地奏疏，《明清史料》丙编，第十本。
③ 《清圣祖实录》卷三六。
④ 康熙《大清会典》卷二〇，《户部四·田土》。
⑤ （清）魏源：《魏源集》，中华书局1976年版，第388页。
⑥ 葛剑雄主编：《中国移民史》第1卷，福建人民出版社1997年版，第383~384页。
⑦ 傅崇矩：《成都通览》（上），巴蜀书社1987年版，第109~110页。
⑧ 葛剑雄主编：《中国移民史》第3卷，福建人民出版社1997年版，第620页。

之,"在四川,政府对移民实施计口授田。计口授田与良好的自然环境相结合,极易造成土地的细碎化,也易引起人口的超大规模迁入"①。这些都使移民获得了更多的生存空间,更大的发展机会,因此易于成为吸引移民入川的巨大拉力。在此背景下,由于各省向四川移民,使得巴蜀地区的人口得以迅速增加。在康熙末年,四川人口已由顺治末年的16000余人,增加至40万。自雍正元年(1723)到乾隆五十年(1791),约七十年间,更增至950万,为康熙末年的二十余倍。迄至道光三十年(1850),又增至4400余万,约为乾隆五十年的五倍。道光三十年以后,增加趋向缓慢,到宣统二年(1910),仅至5000万左右,六十年间,增加仅约600万,约为道光三十年时的百分之十二。②

清前期的"湖广填四川"移民运动,改变了汉、唐以来由北向南移民的格局,开创了由东向西(包括由南向北)大移民的先例,实现了由政府强制移

图绘平民百姓迁徙

---

① 葛剑雄主编:《中国移民史》第6卷,福建人民出版社1997年版,第638页。
② 此处所列数据引自吕实强:《近代四川的移民及其所发生的影响》一文中之"移民与川省人口的变动",载台湾"中研院"《近代史研究集刊》第6期。

民到支持鼓励性政策移民的转变，由被动的政治性移民向自发性经济移民的转变，将我国人口空间移动的特点、格局和规律表现得最为充分，堪称历史上政策性移民的样本，经济性自愿移民的典型。作为西向移民潮流组成部分的"湖广填四川"，不愧是中国历史上一次波澜壮阔的移民运动。

第五节 内迁移民热潮的兴起（抗战时期）

1937年"七七事变"揭开了中国全民族抗战的序幕。抗战爆发以后，东南沿海地区为主的大量沦陷区人民，为躲避战火，大举内迁入川。四川凭借群山屏障的地理条件和良好的生存环境，成为全国性战时内迁移民潮中接纳移民最多的省区。

一、东部工业人口内迁

1937年"七七事变"以后，由于战局恶化，国民政府行政院召开第三百二十四次会议，通过了资源委员会呈报的搬迁提案。1938年，国民政府军事委员会、资源委员会决定成立工矿调整委员会（后改称工矿调整处），组成上海工厂联合迁移委员会，实施东部工业大规模内迁。四川凭借远离前线的有利条件，成为接纳东部工业内迁的后方基地。

据统计，自抗战爆发，沿海沿江的民营厂矿——渝鑫钢铁厂、顺昌机器厂、大公铁工厂、天原电化厂、龙章造纸厂等四十余家率先迁移重庆。战时工业内迁第一步，是将东部沿海企业西迁至武汉。1938年10月，在武汉失守后，迁汉的工业人口和企业又被迫迁往重庆。仅在宜昌面临严重威胁的危急时刻，参与"宜昌大撤退"的工人、技术人员即达数十万，他们冒着生命危险将堆积如山的物资设备抢运入川。1939年6月宜昌沦陷前，通过长江运送到四川的物资设备达二十万吨、人员达数十万。

据孙本文在《现代中国社会问题》一书中记述，"战时移民主流，大致从东部移向西部，以长江为主途。除有一部分迁入江西、湖南、湖北各省外，大都分布于西南西北各省；而其中尤以四川、云南、贵州、广西为最多。就集中时期言，大致可分为两期。第一期集中于武汉，渐次分布于两湖、川、陕、滇、桂诸省。第二期集中于重庆，渐次分布于川省内地及陕、甘、西康、滇、黔、桂诸省。其迁移过程，大率先往城市；城市不能容纳时，再入内地市镇或乡区"①。

根据粗略估计，战时迁移入四川的人口数量约为300万。②抗战时期，外省移民大规模入川的时间比较集中在抗战前期的三四年内。1946年，抗战胜利后，随着国民政府所属机构迁回南京，入川移民也大部分陆续回到原来的地方。内迁移民主要分布在四川的大城市。例如，抗日战争前夕，重庆城市人口有30余万人，而到1938年全市人口为52.83万，加上流动人口和江边船户，共约60万人。1941年突破70万人，1943年超过90万人，1945年达到125.5万人。从战前的30万猛增至125万人，战时陪都重庆的人口足足增长了四倍。除大城市外，四川的中小城市和交通沿线也是内迁人口的重要分布区。例如，长江沿线之万县、忠县、长寿、涪陵、梁山、丰都、云阳、奉节等八县，为入渝孔道，"难民因战争内移，多避居此八县谋生"③。

二、战时高校内迁四川

抗战爆发后，东部沿江地区首当其冲，平、津、沪、宁相继陷落。为了抗战时期高等教育事业的延续发展，为了保存民族文化命脉，在政府当局的安排与资助下，纷纷向西南大后方撤迁，于是，战时中国出现了史无前例的高校大迁移。

抗日战争爆发后，外省高等学校迁川，大体经历了为三个阶段。第一阶段自1937年至1939年，南京、上海和武汉等地高校，迁川复课的有31所；第二阶段自1940年下半年至1943年春，太平洋战争爆发前后，华南岌岌可危，原迁上海租界及东南各省的高校，又有11所迁川；第三阶段自在1944年夏到抗战胜利，这段时间，因日本侵略军进行打通大陆交通线的战役，深入华南和贵州，因此原迁广西和云贵的6所高校，又再迁重庆复校。

战时高校迁移的区域非常广泛，高校迁移的地点随战局不断变化，先后形成了四个相对集中的分布区域。即以重庆、成都、昆明、贵阳为中心的西南地区，以广西、湘西、湘南、粤西、粤北为中心的中南地区南部山区，以赣中、

---

① 孙本文：《现代中国社会问题》第二册，商务印书馆1946年版，第260页。
② 何一民：《抗战时期西南的经济发展与人口变动》，载《庆祝抗战胜利五十周年南岸学术会议论文集》，1995年9月，台湾中国近代史学会、联合报系文化基金会主办。
③ 《四川万县涪陵难民调查》（1946年1月），转引自张根福：《抗战时期的人口迁移——兼论对西部开发的影响》，光明日报出版社2006年版，第52页。

赣南、浙西、浙南、闽中、闽西为中心的华东南部丘陵山区，以陕西、关中、陇东为中心的西北地区。①据统计，四川、云南、贵州三省共接收内迁高校64所，占内迁高校总数的47%，是战时高校内迁最大集中地。其中四川省接收的高校达52所，占总数的37%，其接收对象主要是平、津、沪、宁、苏、杭和湖北等地的高校，其中以国立和知名的私立学校包括教会大学为多。②

战时迁入云、贵、川三省高校有64所，其中迁入四川的著名高校有：中央大学、复旦大学、交通大学、上海医学院、江苏医政学院、上海沪江大学、中央政治大学、国立艺术专科学校、湘雅医学院、金陵大学、齐鲁大学、武汉大学、同济大学等。高校内迁，极大地改变了四川高等教育分布不平衡的状况。抗战前，四川高校数量只有4所，主要集中在成都，重庆次之。战时内迁学校数量剧增，主要集中在重庆地区，高校分布范围不断扩大，使许多县乡第一次出现了高等学校。

除上述内迁高校外，抗战中四川又新创办了5所高等学校（1940年在成都创办了省立艺术专科学校和私立川康农工学院，1943年在成都创办了省立会计专科学校和省立体育专科学校，1944年创办自贡市工业专科学校）。到抗战后期，在四川的各类高等学校数已达56所，为战前四川高校数的14倍，居全国各省之冠，从而使整个四川成为全国文化教育的重心。

三、战时区域性大移民

巴蜀历史上这次大规模的移民迁徙运动，是在外敌入侵中国的特殊时代背景下形成的，其人数之多、规模之大、时间之久，都是前所未有的。由于这次人口迁移带有浓厚的战时特色，故对迁入地人口构成和城乡发展也有很大的影响。以重庆为例：1. 迁入移民中，湖北移民最多，占移民总数的35.40%，江苏移民占到10.86%，南京移民、安徽移民分别占移民总数的10.36%和8.98%。可以看出，这些占移民比例较多的省市都在南方地区，在地理上与西南大后方距离较近，而且这些地区还是受军事冲突比较激烈的地区。2. 内迁人口以青

---

① 徐国利：《抗战时期高校内迁概述》，《天津师范大学学报》1996年第1期。张根福：《抗战时期的人口迁移——兼论对西部开发的影响》，光明日报出版社2006年版，第99页。
② 覃红霞：《抗日战争时期高校内迁探析》，西南师范大学硕士论文，未刊稿。转引自张根福：《抗战时期的人口迁移——兼论对西部开发的影响》，光明日报出版社2006年版，第99页。

壮年为主，16～50岁的人口占内迁人口总数的55.6%，51岁以上的仅占总数的9%，而15岁以下青少年占总数的35.39%。3. 内迁重庆的难民，在职业结构上所占比重较大的分别是：服务人员、工商业从业人员和学生，他们都是受过一定教育的人群。而那些受教育不多的人群，则由于战争的影响，以及经济、生产方式等原因，内迁比例相对很小。[①]

战时人口迁徙除有部分属于自觉、有组织的行为，如政府机关、高校、中等学校、文化团体、报社、银行等的迁移外，其余大多数都是自发的非组织的行为，他们常常受战局演变的影响，因而属于近代难民迁徙类型。

自抗战以来至1938年7月，单就民生公司通过川江水道转运到重庆的旅客就达16万人，其中公务员约占50%，战区西上求学的学生约占5%，普通搭客约占45%。除水路外，还有一部分通过驿运的方式转运，更多的难民穿越大巴山，步行至重庆。在大迁徙中，源源不断的难民的拥入，使得重庆市的人口急剧增长。据统计，1938年6月，长江中下游来渝的人口达41.9万人。1946年，重庆人口增加到124.5万人，为有史以来重庆人口的顶峰，其移民人数估计达到80万人以上。国民政府在抗战胜利后，为遣返居留陪都重庆的难民，做过一次调查，在被调查的45 650名难民中，籍贯主要来自湖北的16 158人，占总数的35.40%；江苏4958人，占10.86%；南京4731人，占10.36；安徽4100人，占8.98%；河南3218人，占7.05%；浙江2547人，占5.58%；上海2443人，占5.35%。其余为湖南、河北、山东、江西、广东、北平、辽宁、天津等省市。由此可见，难民主要来自南方地区。

从这些难民的职业构成看，45 650名难民中，农业人口仅2人；从事工矿、交通运输业的工人4681人，占总数的10.25%；商人5470人，占11.98%；从事公务、人事服务者10 848人，占23.76%；学生2565人，占5.62%；自由职业者134人，占0.29%；失业5228人，占11.54%；其他16 722人，占36.63%。在这一统计中，农民由于受"安土重迁"传统信条和习俗的影响，大多只是近避，而不愿远迁，故内迁难民中农民甚少。国有、民营工矿、交通运输业中的工人占有一定的比例，这与近代中国工业极端落后，仅在沿海、沿江、交通干线布局有关。迁渝难民中商贩、手艺人所占比例高达18.66%，这与其职业本身的流动性

---

① 常云平、杨原：《抗战期间内迁移民的结构特点》，《西南农业大学学报》2009年第7卷第4期。

有关，他们在一定程度上能适应迁徙和流亡的生活，是长距离迁徙的一个重要群体。

而最值得注意的是，在内迁难民中，文化教育工作者与自由职业者的比例最高。正如当时的社会学家孙本文所说："高级知识分子十分之九以上西迁，中级知识分子十分之五以上西迁，低级知识分子十分之三西迁。"①之所以出现这一现象，与他们收入高于一般平民有关。由于文化教育工作者多数能承担迁移后方的开支，受爱国心的驱使，不愿当亡国奴，或出于参加抗日救亡活动的需要，故内迁的比例相当高。据统计，到1943年上半年，仅在重庆的全国性文艺团体就有三十五个，聚集了全国绝大部分优秀文艺工作者，如著名作家茅盾、张恨水、胡风、叶以群、田汉，诗人艾青、臧克家，电影戏剧家夏衍、宋之的、洪深、于伶，表演艺术家金山、凤子、黄宗江、谢添、蓝马、沈杨、沙蒙，美术家徐悲鸿、叶浅予、丁聪等。同一时期，商务、中华、世界、大东、开明等大书局先后从上海迁到重庆，恢复营业和出版。②

战时移民大迁徙

---

① 孙本文：《现代中国社会问题》第二册，商务印书馆1943年版。
② 张根福：《抗战时期的人口迁移——兼论对西部开发的影响》，光明日报出版社2006年版，第80~81页；张瑾、龙海：《抗战内迁大移民》，《红岩春秋》2006年第3期。

与巴蜀历史上前几次大移民运动相比较，虽然同属于人口迁移数量最多的大规模的区域性大移民，但这次的移民性质却迥异于以往。民国时期中国人口迁移的总趋向，原本是经济社会发展不平衡而形成的人口向东南沿海现代化中心区域集中。而1937年开始的人口内迁，却改变了原有的布局，即由现代化程度较高的经济发达地区向现代化程度较低的经济落后地区运行。大批现代高质量人口的内迁与集中后方，给当地带来了丰富的人力、物力资源，同时也带来了先进的生产力和生产方式，更给四川地区带来了良好的发展契机，推动了四川地区社会的发展进度，对大后方的社会经济、整个中国现代化进程乃至现代化布局直接产生了极大的促进作用。

随着抗战时期大批避难人群进入四川，使得来自不同身份的人口与巴蜀地区的民众有了广泛接触的机会，这对于破除历来根底甚深的地域观念大有帮助。长期僻居内陆腹地从未出乡的居民，得见来自各地风土人情大不相同的人民，从而促进了不同地域之间的语言文化的交流与融合。战时难民的迁入，还对民智民风的开启产生了一定程度的影响。因此，这次战时内迁移民运动，对于四川说来，无异于经受了一次现代化的洗礼。

第三章 巴蜀人口迁移的文化场域

群体性移民迁徙的发生，不是一种孤立现象，而是人口在一个错综复杂的社会关系网络中，进行跨时空运行的产物。"移民场域"的理论为我们观察移民生活世界提供了工具[①]。历史时期巴蜀地区所发生的移民迁徙活动，实际上就是迁移人口对原有文化场域的脱离和对新的文化场域进入的开始。本章分别概述先秦时期巴蜀的文化生态环境，以及秦汉至抗战时期外迁人口的文化背景。

第一节　先秦巴蜀的文化生态环境

秦移民进入巴蜀的时间较早，其文化源头需要上溯到先秦时期。先秦巴蜀的文化生态环境，由巴蜀自身的上古文化，以及与巴蜀关系密切的周邻文化（主要有夏商周文化、楚文化和秦文化）所组成。

一、先秦巴蜀的上古文化

（一）成都平原的蜀文化

巴蜀地区既是一个地理空间，也是一个文化区域。巴蜀文化区位于东亚大陆的腹地"两河流域"——黄河与长江之间，以四川盆地为中心的"华阳之地"。四千多年前，至少在盆西的成都平原已形成具有都邑、冶金业、宗教礼仪中心、艺术创作与文字符号等为标志的古蜀文明中心。古蜀文明以其成熟的土生土长的文化，为本区域形成了与中原等地并列的地域文化。现依据相关研

---

① "场域"理论是法国当代著名的社会学家皮埃尔·布迪厄创立的理论概念。场域是一个非地理性的社会空间，包含着经济场域、政治场域、文化场域等，各个场域之间相互渗透，任何一个场域都不是孤立存在的。"移民场域"这个概念着重描述的是移民所处场域的客观结构。这就为移民研究提供了整合性概念，因为移民不是单一的政治、经济、文化或制度现象，通过场域间的相互影响，我们可以构建多因素移民分析范式，将移民行为置于各类场域中进行研究。参见姜磊等：《从场域-惯习理论看移民研究》，载《中外企业家》2009年第8期。

究成果①，对本区土生土长的文化面貌做简要的梳理与勾画。

第一，文化空间范围广阔。"蜀的中心地区在成都平原，蜀文化圈的范围大体上和后来《汉书·地理志》所载'与巴蜀同俗'的地域相当，它在江汉地区与南传的二里头文化（夏文化）相遇，在陕南与商文化相遇，在渭滨与周文化相遇，蜀因此是殷商的西土外服方国。"

第二，文明源头历史悠久。据考古发现证明，这里可能是"人类的摇篮"之一，巫山龙骨坡洞穴可能是亚洲发现年代最早的人类祖先的居住地。这里很可能是"农业起源中心"之一，区内发现了多处旧石器遗存，代表着人类已从野蛮走向文明，从山前农业向平坝农业过渡。这里是梯田的发明地，很早就有发达的立体农业。这种因地制宜，辟成水平阶梯状，不成方块，冬夏播种，水利灌溉的"山原田"，它与华北的"井田""爰田"的耕作田制不同，是古蜀文明的一大贡献。

第三，文化发展过程清晰。巴蜀地区的古文化发展过程可分为三段：第一段，以宝墩文化（含三星堆遗址第一期）为代表的"先蜀文化"，相当于龙山时代；第二段，以三星堆文化、十二桥文化、金沙遗址为代表的"古蜀文明"，相当于夏商周时代；第三段，以巴蜀墓葬为代表的"古巴国"和"古蜀国"境内的族群文化，即"巴蜀文化"，相当于春秋战国时期，下限可延伸至秦汉。

金沙发掘遗址场景

第四，文化脉承连绵不断。依据《蜀王本纪》《华阳国志》等所记古史传说，蜀国世系——"五代蜀王"脉承关系连绵不断。结合各代蜀王的事迹，大致可分为三世：第一，蚕丛、柏灌为开国之世，进入成都平原发展成早期国家（或酋邦），成都平原的古城

---

① 有关古蜀文化（或称早蜀文化）的研究成果甚丰，各家主张不尽相同。本章主要依据林向：《古蜀文化区导论——长江上游的古代文明中心》（载林向：《童心求真集——林向考古文物选集》，科学出版社2010年版）等文撰写。

群乃其遗迹。相当于中国古代传说时代的五帝末期虞夏之际到大禹开创的夏代。第二，鱼凫、杜宇为鼎盛之世，标志是以三星堆都城、金沙遗址为中心的古蜀文化的形成，相当于中原夏商之际到周初。第三，鳖灵为扩展之世，当时巴人受楚迫西进，与蜀文化相冲突、融合，形成传统意义上的"巴蜀文化"。

第五，文化与夏同祖同源。考古学文化是历史上"人们共同体"（氏族、部族或民族）在物质上的反映。文化因素的相通，意味着人们共同体的文化上的交流；大量或基本的文化因素相同，则表示人们共同体之间族的亲缘关系。近几十年的考古发现证明，成都平原的古城遗址，与二里头的夏文化有许多相似之处：时代相当、社会发展相近、器物群相似，尤其是陶器相似，这些都意味着考古学文化上的亲缘关系。"夏蜀同祖"的说法，经《华阳国志·蜀志》[1]载录以来，经过20世纪50至90年代文献[2]与考古"两重证据"的支持，已经无需怀疑。正如国家夏商周断代工程首席专家李学勤先生所指出："传说中的世系显示，蜀和虞、夏、楚有共同的先世。""蜀、夏同出于颛顼的传说绝不是偶然的。"[3]

第六，文化消融之谜待解。古蜀文化曾经辉煌了千余年，到西周突然暗淡失色。春秋时期的蜀文化面貌不清，文献阙如，考古资料也有断线情况。东周时巴文明进入四川盆地，与古蜀文明相交汇，形成了巴蜀文化发展历程上的又一个峰点。公元前316年，秦并巴蜀，更强化了巴蜀文化体系，并逐渐被西北来的秦文化与东南来的楚文化所涵化，从而消融在中华文化区之内的相互作用的过程之中。对于古蜀文化在短促的强光闪烁之后很快消融的原因，至今仍在探索之中。

至此，可以对本区的古文化——古蜀文化或早期蜀文化作如下归纳：

早期蜀文化并不是只与某一个族、某一国直接对应的考古学文化，而很可能是一种土生土长而又受到中原夏、商、周文化强烈影响，扎根地方（"华阳之地"）的有特征性的、地域性的青铜文化，它的文化因素可以在许多相邻近

---

[1] （晋）常璩：《华阳国志》卷三《蜀志》载："蜀之为国，肇于人皇，与巴同囿。至黄帝，为其子昌意娶蜀山氏之女，生子高阳，是为帝喾（应作颛顼）。封其支庶于蜀，世为侯伯。"
[2] 蒙文通先生在《巴蜀的问题》中指出："蜀王后代既在元、成间还献于汉，这说明是汉代所谓西南夷中的邑君。黄帝子孙之说，可能是这些邑君朝献时自己称述得来。"
[3] 李学勤：《〈帝系〉传说与蜀文化》，载《四川文物·三星堆古蜀文化研究专辑》1992年。

的"族"或"国"的古遗存中表现出来。①

（二）盆地东部的巴文化

学术界认为，四川盆地在夏商、西周时代只有"蜀"而无"巴"，不管巴从何处进来，它只是在东周时才开始进入四川盆地的。东周以前的巴文化源于何处，学界众说纷纭。按照历史文献记载，巴文化的来源不在四川盆地，而在其邻近地区。

先秦时期，四川盆地除蜀族外，还生活着众多族类。公元前611年，位于今鄂西北的庸人率群蛮叛楚。楚与庸战，七战皆北。危难之时，巴师、秦师驰援楚师，迫使群蛮叛庸从楚，反败为胜。秦、巴、楚联合灭庸后，占领庸之故地，深入到大巴山东缘。后来盟约破裂，巴、楚反目为仇，数相攻伐，巴国慑于楚之锋芒，被迫放弃汉水上游故土，南下长江流域，转入渝东长江干流和四川盆地东部，与原是蜀地的一些土著民族结合形成"巴文化"。

据《华阳国志·巴志》载："（巴）其属有濮、賨、苴、共、奴、獽、夷、蜒之蛮。"可见，"巴"就是在这些"蛮"族的地盘上建国的，他们就是在巴进来前四川盆地当地的土著民族。东周以前，他们处在蜀国的势力范围之内，属于广义的"蜀人"的组成部分。东周以后，他们成为巴国的臣民，成为广义的"巴人"。

战国时代，巴在四川盆地东部地区五易其都。《华阳国志·巴志》记载："巴子时虽都江州，或治垫江（今重庆合川），或治平都（今重庆丰都），后治阆中（今四川阆中），其先王陵墓多在枳（今重庆涪陵）。"可见，此后四川盆地东部就是巴的领域，其地域虽有消长，但生活在此区内的诸族可统称为"巴人"，其文化也就是"巴文化"②。

二、先秦巴蜀的周邻文化

（一）夏商周文化

历时四百余年的夏王朝，创造了以仰韶文化为代表的华夏文化，从根本上

---

① 林向：《周原卜辞中的"蜀"——兼论"早期蜀文化"及相关问题》，载《考古与文物》1985年第6期。
② 林向：《四川盆地巴文化的探索》，载林向：《童心求真集——林向考古文物选集》，科学出版社2010年版。

确立了中原文化在整个中华文化格局中的正统位置。一般认为，夏人源自黄帝，兴起于嵩山附近的颍汝河谷地带。就新石器时代东西两大文化系统而言，夏人无疑属于西部文化的继承者。夏代历史的开创者——禹，通过治水确立了自己的权威，也使诸部族、方国认可了夏部族的领导地位。夏人主要活动区域在今豫西、晋南一带。夏、商之际，夏民族由于遭殷人打击，开始大迁徙，其中有一支逾西北而西迁，古史上夏、蜀关系的传说，确是事出有因，并非无据。①

取代夏人的商代是一个典型的中原王朝，历时五百余年。殷商王朝创造了发达的青铜文化、以甲骨文为代表的文字表达系统和国家制度以及礼仪祭祀制度。殷商的统治中心在以今郑州、洛阳、安阳三点为中心的地区。在殷商王朝的主导下，黄河中下游与长江中下游在史前形成的几个文明中心，开始逐渐汇聚成一股新的文化洪流，这就是后来华夏文化的前身。

取代商朝的周部族，原本是殷商统治下的一个方国，兴起于渭水上游，其族源可能与羌人存在某种关系。公元前1046年周武王联合包括庸、蜀、羌等在内的西土之师东伐殷纣王，其中巴师勇锐，充当前锋，前歌后舞。周朝建立后，巴也因此受封，成为周王室最早分封的姬姓诸侯之一。西周建国之初，把主要精力放在控制原商人直接统治区上，在东至山东半岛、南达汉水流域、北至燕山以南的广大地区分封建立了许多诸侯国，迁徙部分周人与商遗民、当地土著民族一起立国。移民建国加强了区域间的互动，在上述封国内部，民族融合得到了不同程度的加强，夏、商、周人逐渐熔铸为一个新的共同体——华夏族。周代开始形成的华夏族分布区，也就是当时的文化核心区，主要集中在今陕西至山东的狭长地带；在此之外的其他区域，因文化落后于华夏族，而被华夏族视为蛮夷戎狄。所以宋人洪迈说："成周之世，中国之地最狭。以今地理考之，吴、越、楚、蜀、闽皆为蛮，淮南为群舒，秦为戎。"②

公元前771年，犬戎攻破镐京，周平王东迁洛邑，标志着西周的结束、东周的开始。东周政治中心开始由关中转入今河南一带。随着王室的衰微，齐、晋、楚、吴、越相继成为诸侯的霸主，这就是"春秋五霸"。春秋时期，东方的齐国、北方的晋国、南方的楚国、东方的吴越相继而起，争霸中原。在"尊王攘夷"口号下，华夏族心理认同得到加强，华夏文化对周边蛮夷戎狄之国的

---

① 段渝：《蜀文化考古与夏商时代的蜀王国》，《四川文物》1994年第1期。
② 洪迈：《容斋随笔》卷五"周世中国地"条。

影响也越来越强。在西周诸侯分封制的基础上，一种立足于自然区域的地域文化格局逐渐发展和成熟起来。中原文化位居"天下"之中，其西部有秦文化，东部沿海地区靠北有齐鲁文化，靠南有吴越文化，南方有楚文化，西南有巴蜀文化，还有位于中原东北方的燕、赵的北方文化。

公元前453年，"战国七雄"（齐、楚、燕、赵、韩、魏、秦）全部登场，宣告战国时代的到来。经过诸侯兼并战争，战国区域结构呈现出七个文化圈：中原文化圈、北方文化圈、齐鲁文化圈、楚文化圈、吴越文化圈、巴蜀滇文化圈、秦文化圈。①战国时代，随着民族间的交往日益频繁，文化趋同现象逐渐加强，以前那种戎狄在中原地区与华夏杂居的现象不复存在了，中原地区已经完成了华夏族和其他族群的民族融合。

（二）楚文化

先秦时期，在巴蜀文化区的周边，且与巴蜀文化的关系最为密切的，是长江中游的楚文化。楚文化因先秦时期的楚国和楚人而得名，其内涵包括了国名、族名、地域名和文化名四个方面。楚文化的基础地域在今湖北省。楚人最早的活动中心在今湖北省南漳县，后迁都于郢（今湖北江陵东北），一直居住在汉江以南，并不断向南方迁移，最后定居于长江流域。楚在西周时代为周之南国，自周代以来，楚国虽与周朝往来不断，但由于山水相隔，使楚文化与中原文化的交流与融合较困难，因而使得楚文化与中原文化存在差异，并最终导致楚文化一定意义上的独立性。

从考古学的研究成果表明，在春秋中叶以后，楚文化是一种既与中原文化有着血缘关联，同时又有自己强烈特征的地域文化。中原华夏诸国以文化作为区分夷夏的标准，最先将与自己有着不同文化传统的楚国视为"南方"，楚地风俗多被冠以"南"字，楚人的服装被称为"南服"，楚人的帽子被称为"南冠"，楚人的音乐被称为"南音"，楚人自然也被称为"南人"。随着战国时期楚国疆域扩展到长江流域的大部分地方，楚文化一度在西汉初期广泛流行。但由于当时政治、经济中心都在北方，因此终秦、汉时期，南方一直处于被边缘化的地位。这样，江汉之间的文化类型也必然呈现出典型的南方特征。

战国时期，楚为南方大国，其疆域囊括了江汉地区、江淮地区、江浙地区及其以南的广阔领域。司马迁《史记·货殖列传》把强盛时期故楚地区划分为

---

① 李学勤：《东周与秦代文明》，文物出版社1984年版，第11~12页。

东楚、西楚、南楚三个部分,史称"三楚"(相当于今淮河流域及长江中下游地区),可以说楚文化的流行范围遍及整个南方。因此,有专家认为:所谓楚文化,实际是"商周以来长江中游的地区文化",或称为"长江中游的地区古文化"[①]。

楚的西界与巴为邻。巴、楚两国之间原本分布着大批的百濮群落,到两周之际,由于濮的衰落和大批人口的远徙,给巴、楚关系的进一步发展创造了条件。为了讨伐共同的敌人"邓",巴、楚开始联盟。这种源于政治和军事上的联合,自然也会促使二者文化上的交流。随后,巴、楚交恶,发生战争,以巴失败而告终。楚与巴通过边际接触、结盟、战争、交错杂居和人口迁徙等途径,进一步促进了巴、楚文化的接触交流。到了战国时代,由于巴国南移长江流域,巴文化才从地域和形态上充分整合起来。巴在楚的威逼下,于东周时进入四川盆地。一时间,巴在长江干流三峡地区兼及清江流域的广大地区,先后为楚所占领。从汉中南至黔、涪这一大片昔日的巴地,既为楚所取代,区域内楚文化自然占据着绝对优势。

由于巴人和楚人交错杂居,长期交往,巴、楚文化之间互相吸收、互相影响势在必然,并已成为一种普遍现象。一方面是楚文化吸收巴文化因素。例如在三峡考古发现中,出土了一些楚文化器物,其花边口沿装饰带有巴文化的要素,以至形成颇具特色的"楚文化峡区类型"。另一方面是巴文化吸收楚文化因素。例如考古发现,在渝东及嘉陵江流域的巴人遗址和墓地中,普遍存在楚文化的因素。种种迹象表明,到战国中期,楚文化对巴文化的影响臻于鼎盛。巴人除了直接接受楚文化器物外,还改造了自己原有的器物,这表明巴文化与楚文化的融合已达到相当高的程度。[②]另从民俗文化看,巴、楚间都受到对方的深刻影响。比如战国时,楚郢都内有巴人聚居之区,名曰"下里",下里巴人唱的歌,郢都不少楚人能够听懂,并能和而颂之,这说明楚文化曾受巴文化的一定影响。而另一方面,巴地也多楚风。《华阳国志·巴志》称:"江州以东,其人半楚,姿态敦重。"既然今重庆以东的巴人在行为方式上存在"半楚"的状态,亦即风俗文化上接近楚人,则巴文化之受到楚文化的熏染也就是不争的事实。

---

① 李学勤:《楚文化新探》,湖北人民出版社1981年版,第30页。
② 黄尚明:《论楚文化对巴文化的影响》,《江汉考古》2008年第2期。

荆楚雄风

巴文化和楚文化经过长时间相互渗透、覆盖、吸收与混融，终于形成了一种既非纯粹的"巴"，亦非纯粹的"楚"的新的文化形态——巴楚文化。有学者指出，巴楚文化不是一个考古学的概念，而是一个民族学和地域文化的概念，它主要发生在巴地民族文化与楚文化的交流上。具体而言，巴楚文化的主体实为巴地各个族群。巴楚文化主要指的是，先是巴地后是楚地界域之内，先后受巴文化和楚文化浸染，从而显示出巴、楚文化共同特征的地域文化，它主要体现在这个地区原来的巴地各族的文化上。[①]

公元前316年，秦灭蜀取巴，遣大军伐蜀。冬十月平蜀，紧接着，秦移师东进，轻取巴之重镇江州和阆中，俘虏巴王，巴国由是灭亡。接着，秦将司马错率陇西兵二十万人南下东攻楚国，迫楚献出汉北及上庸地（今湖北西北部）。从此，楚国的势力退出峡区，楚文化对巴地的影响逐渐减弱。此后巴蜀文化与楚文化都逐渐融入以汉文化为主体的中华文化圈中，楚文化也随之丧失了影响

---

① 段渝：《先秦巴文化与巴楚文化的形成》，《华中师范大学学报》2004年第43卷第6期。

巴蜀文化的独立文化地位。

（三）秦文化

秦人兴起于西陲的戎狄之间，以经营畜牧业见长，因养马出名，得到周孝王的赏识，使其族迁到汧渭二水的开阔地带。西周末年，秦人因助周讨伐西戎有功，封于秦（甘肃清水县的秦亭附近），号称秦嬴。经过秦襄公到武公八十多年、四代国君的征战，终于建立起了西起甘肃天水，东至陕西华县的千里秦国，为秦国立足关中，雄视东方奠定了基础。

早期秦文化对周文化进行了广泛的吸收和接纳，例如：秦人沿用了西周的文字；在农业和手工业方面，也学习了周人的先进技术和经验；在制度方面，秦人承袭了周文化一整套的礼仪制度。从公元前359年的商鞅变法开始，秦文化转向学习关东六国的文化，采纳诸子百家言说，尤其是法家思想。自此，"秦俗为之一大变"，秦形成了一种"以法为教，以吏为师"的全新的法家文化体系，法家思想成为秦文化的灵魂，成了秦国的主流意识。以"法治"为鲜明特色的秦文化和以儒家文化为主的邹鲁文化，以及以道家文化为主的楚越文化和以综合性思想为主的齐文化，成为先秦时期具有鲜明特色的四大文化区域。

战国时期，秦人在心理上逐渐消除了春秋以来的自卑感，常常以西方大国自居。随着秦军事力量的扩张，秦文化开始向周边辐射。在影响东方六国文化的同时，自身也发生了一些变异，由此引发文化碰撞、征服、反抗、融合，为后来汉文化的形成打下了基础。在秦灭六国之前，齐国建立稷下学宫，大力招徕各国学者到齐国从事讲学和研究活动，为齐文化同其他地域文化的论辩、融汇和整合提供了极其优越的条件，使齐文化一度成为七国文化的龙头。继齐国之后，秦国通过吕不韦主持编纂《吕氏春秋》一书，实施了秦文化对东方六国文化的一次目的明确的成功整合，力图将东方六国思想文化的精华冶于一炉，以此作为未来统一帝国的理论基础。

秦兵马俑

在进军六国的过程中，秦始皇有意识地收揽各地有名望的知识分子，聚拢首都咸阳，任命他们为博士，作为行政的顾问，人数多达七十余名。估计战国时期参与"百家争鸣"的主要人物基本上网罗在内了。由于战国时期秦文化就广泛吸收过三晋的法家学说，也部分地吸纳过墨家、黄老、名家、儒家和阴阳家的思想，加上统一以后博士们的影响，因此在秦朝的文化中，几乎可以找到各种思想流派的影响。然而，秦统一六国后，秦始皇搞"焚书坑儒"，推行"以吏为师""以法为教"的文化专制主义，拒绝吸纳东方六国思想文化的精华，尤其是齐鲁思想文化的精华。这一次整合以失败告终，这也是造成秦朝二世而亡的重要原因。①

随着秦国国力的强盛和兼并战争的扩大，富庶的关中显得狭小，于是秦国开始把目标投向富饶而雄险的汉中与巴蜀。这样，秦文化的影响也开始在本区内有所体现，例如在巴蜀，即有荥经曾家沟、城关镇，青川秦墓，又有涪陵小田溪、巴县冬笋坝、昭化宝轮寺等巴蜀文化的墓葬。至于占领巴蜀后，秦国在巴蜀所推行的改革以及秦对巴蜀的移民等，其所带来的文化影响，则更加直接和深刻。

第二节 汇聚巴蜀的多元文化背景

在从秦汉至民国时期的两千多年间，巴蜀地区的移民活动迁徙频仍。不同时期、不同地区来源的移民汇聚巴蜀，带来了各种背景的地域文化和族群文化，从而使本区的文化面貌呈现出多元文化的特色。

一、中原文化

公元前221年，秦始皇统一中国，建立了中国历史上第一个统一的成熟国家。秦在华夏文化传播与整合的基础上，将华夏文化所涵盖的所有地区纳入同一政权的统治之下，使春秋战国时期区域结构中的七大板块统一为一个政治实体，从而改变了战国时期的列国分治、各自为政的状态。这对于规范中原地区的文化，促进战国以来各民族融合和文化融合趋于定型，促进中原文化区与汉族的形成发挥了重大作用。

---

① 孟祥才：《论秦文化对东方六国文化的两次整合》，《烟台大学学报》2005年第18卷第4期。

秦亡汉续，汉朝大量沿用秦朝的政治、文化制度，使大一统观念进一步深入人心。西汉初期崇尚楚风，至汉武帝独尊儒术，一种"杂霸王之道而用之，熔南北文化于一炉"的新型文化——汉文化最终确立。经过汉武帝以后的开疆拓土，汉王朝不仅将闽越、瓯越、西南夷等不属于经济文化核心区的地区纳入郡县体制，由中央直接进行统治，还将西域各国、羌人各部及东北各族纳入汉王朝的统治之下。这样，在以中原文化为主流的基本构架下，自春秋以来割裂的地域文化再次被整合在中华文化之中，正式纳入中华文明的地域文化体系。

从公元前316年秦并巴、蜀，中经秦王朝的兴灭，直到西汉中叶，经过二百余年的政治改造和文化整合，先秦时期巴蜀文化的性质终于转变发展方向。这时它已由一种独立王国形态和民族性质的文化，转化为秦汉统一帝国内的地区形态和汉民族组成部分之一的中华文化亚文化，巴蜀文化从此揭开了新的一页[①]。《史记·货殖列传》《汉书·地理志》保存了汉代人对于当时核心文化的区域划分方法和结果。在汉代的区域结构中，巴蜀与秦地、天水、陇西、武都等同属于关中区的亚文化区，这些区域在经济类型上都属于精耕农业区，在统辖方式上同属于郡县制的管理体制。

魏晋南北朝时期，由于军阀割据混战主要集中在黄河流域展开，使得秦汉以来中国经济文化中心区域遭受严重破坏。为躲避战乱，中原人口大量南迁，这一方面造成黄河流域人口大量减损，为北方民族的南迁提供了空间；另一方面也使中原文化向地方文化大力辐射，从而有力地推动了长江流域的经济、文化的发展。北方人口结构和区域的变化，为中原区域结构的重塑创造了条件。在曹魏政权统治时期，齐鲁区内齐和邹鲁两个亚区的区别逐渐消失，梁宋区内的梁宋、颍川南阳两个亚区的文化面貌也在趋同。在这种背景下，原属于关中区的巴蜀亚文化区与关中地区的联系减少，逐渐发展为独立的文化区。这样，在魏蜀吴三国控制下的中国文化内环区之内，就形成关中与河西走廊、中原区、燕赵区、齐鲁区、颍川南阳区、江浙区、荆楚区、巴蜀区九个文化分区。

隋唐王朝继承了秦汉帝国的中央集权制，并将农耕文化发挥到了极致。隋唐重新确立大一统时代以后，分裂的主流文化区合二为一，出现了新的主流文化分布格局。经历南北朝的文化整合，以及来自漠北、域外文化因素的冲击之后，春秋战国时代按国别进行的文化整合所留下的痕迹已经荡然无存，一个新

---

① 段渝：《论秦汉王朝对巴蜀的改造》，《中国史研究》1999年第1期。

的主流文化区系统由此诞生。

在唐人心目中，主流文化区分为南北两个系统：北方系统由关中区、河东区和山东区（河北、河南）三个文化亚区组成；南方系统由巴蜀区、荆湘区和江淮区（淮南、江西、江南）组成。其中，巴蜀区指的是大巴山及其以西地区，其北、西、南界分别为秦岭、西山、大渡河及长江干流。[①]而此前时代还是亚文化区的陇右地区则被边缘化，成为南北两大文化系统之外的边缘区。随着南方经济的长足发展，唐前期有两个地区的经济发展水平已经接近同一时期北方发达地区，这就是长江上游的巴蜀地区和长江下游的环太湖流域地区，当时流传的"扬一益二"就是这种现状的写照。

唐末"五代十国"时期，围绕中原地区发生的大规模战乱，以及由此造成的国家分裂和地方割据，使中原文化向地方文化迅速扩散。这一时期在巴蜀地区也相继出现了前蜀政权和后蜀政权。为了生存发展，这些割据政权大都励精图治，发展地方经济，振兴地方文化，使得当地的文化事业兴盛起来。由于这些政权的首领人物大多来自中原地区，加之战乱时期中原文化人士四处逃难，这样就使得在中原文化滋养下成长起来的巴蜀文化的代表人物，与中原文化关系日益密切起来。所有这些因素，都促进了唐末五代巴蜀地区文化艺术繁荣局面的形成。唐末五代和宋代巴蜀地区一些仕宦家族，称自己先祖在这一时期入蜀，将自己的祖籍归于中原地区，就是这一个典型的例证。两宋时期，随着经济重心区的南移，黄河流域的两个最重要的经济区——关中和山东都经历着不同程度的衰落，而南方长江流域的两个最重要的经济区江南和巴蜀则在持续的发展之中。

到了元明清时期，随着政治中心移到北京，经济、文化重心偏在南方，中原文化的影响力大大减弱，罕能与南方文化相抗衡。正是从这时开始，来自长江流域和闽粤客家地区等新兴的周边文化和族群文化，日显强劲之势，其对巴蜀文化的影响作用逐渐超过了来自中原的华夏文化。

二、荆楚（荆湘、湖广）文化

继先秦时期的楚文化之后，与巴蜀地区关系密切并产生重要影响的长江中

---

① 张伟然：《唐人心目中的文化区域及地理意象》，转引自杨军：《中国区域发展历程》，长春出版社2007年版，第228~229页。

游文化，是六朝的荆楚文化、唐代的荆湘文化和明清的湖广文化。

东晋南朝时期，荆州作为江左的"西土""陕西"，一洗以前其因"楚"而"蛮"的文化形象。六朝时，一般将长江中游，特别是以江汉平原为中心的今湖南、湖北地区称为荆楚，这只是汉魏后的一个文化区域概念，侧重于地域的文化性，并不严格对应行政区划。到了唐代，由于中原人的地理空间拓宽到南岭以外，所以今湖北省城才被视为华夏文化的腹心范畴，长江中游的荆湘区才被归属于南方系统，是主流文化区的组成部分。到了宋代，因为荆湖北路之设，正式产生了"湖北"概念。在荆湖北路之上，还有京湖制置司的设置。由于京西南路的中心在襄阳，辖有鄂北和南阳盆地，且这一地区具有与中原类似的文化特色，与其南的"荆湖"地区不一样；加之元代在开封设置河南江北行省，今湖北大部分地区属于该行省管辖；省境虽然拥有湖广行省的中心，但该行省只辖今湖北东南部以及位于西部的一块飞地，此外西南一隅则属于四川行省。所以宋、元时代，此区文化一直被当时人视为北方类型。

只是到了明代以后，情况发生了明显的改变，此区文化总体上已被判归南方。如明代地理学家王士性在《广志绎》中，将"湖广"归之于"江南诸省"，以与"江北四省""西南诸省"相对。明代惩元之弊，一举将湖南、湖北两省范围设为湖广布政使司（俗称湖广行省），至此两湖地区首次被纳入同一高层政区。湖北省内各地域的文化至此完成整合，这标志着湖北行政区划、文化区域、经济区域与自然地理区域已趋于一致。到了清代，康熙三年（1664），分湖广行省为左、右二布政使司，康熙六年（1667），湖广左司改名为湖北省，右司改名为湖南省。至此，湖北成为一个独立的高层政区，真正意义上的"湖北文化"正式形成。

湖北文化作为宋以来，尤其是明清时期发展起来的一方地域文化，继承了楚文化兼收并蓄的精神特质，在中国文化地理上占有重要的地位。1922年9月4日梁启超在武汉大学作了题为《湖北在文化史上之地位及将来之责任》的讲演。他指出，湖北不独代表长江文化，并能沟通黄河文化。一方面自己产生文化，另一方面又为文化的媒介者，因其沟通南北，能令二元文化调和。在分析湖北文化长期处于中流地位的原因时，梁启超还指出，从地理因素看，"湖北居东西南北之中，风流所及，靡不受其摧残"[1]。由于自元末以来开启的湖

---

[1] 转引自周积明：《文化分区与湖北文化》，《江汉论坛》2004年第9期。

广移民实川运动持续不断,及至清初移民达到高潮,史称"湖广填四川",所以,借助移民渠道,湖北文化的这种中流地位与精神特质,在巴蜀移民潮中得到充分发挥,以至于这时湖北文化对于巴蜀文化的影响无以复加,远远超过了其他地域文化对巴蜀文化的影响程度。

三、吴越(江南、下江)文化

长江下游地区有着悠久的历史,在远古时期就创造了灿烂的文明。春秋战国时期,吴越文化崛起于江南(长江下游段以南的区域,相当于今江苏省的南部、浙江省的北部和安徽省的东南地区),构成此区文化的源头与基础,并演化为以方国命名的区域文化。

秦汉统一以后,吴越是统一的大帝国的一个地区,此区文化在与中原文化日渐融合的基础上有了新发展。东晋、南朝汉族政权长期偏安江南,中原文化深入南移,南北文化在此长期碰撞交流,使得吴越文化在原有的基础上发生很大的嬗变,从而成长为一种新的区域文化。在东晋六朝和南宋时期,立足江南的南方政权,为了与北方政权相抗衡,不遗余力地争夺巴蜀,围绕巴蜀频繁地开展各种政治、军事活动,无不派遣重臣进行监督治理,并采取各种政策加强地方与中央之间的联系。尤其是东晋南朝通过在巴蜀设立侨州、郡、县,用以安置新流民和改民户为军户的做法,更直接与人口的流动和管理有关系。

安史之乱后,在全国各个重要地区设节度使、观察使,统领州县。江南东道设浙江西道、浙江东道节度使、宣州观察使,"江南"概念在此基础上正式形成。中唐后"江南"越来越多地被用于指称长江下游以南的吴越地区,基本等同于后来的狭义"江南"概念。①宋以后及元明清时期,江南文化逐渐走向成熟稳定,直至近代并进入高峰期。

元明清时期,此区文化更为兴盛繁荣。从南宋到元明清,科举考试的主体也是江南人,江南俨然成为中华文明的一块高地。明代中叶以后,西学东渐,江浙地区得风气之先,资本主义在中国的萌芽几乎同时在两地发生。明代的"一府(南京)八州(苏州、常州、镇江、松江、嘉兴、湖州、宁波、扬

---

① 景遐东:《江南文化传统的形成及其主要特征》,《浙江师范大学学报》2006年第4期;景遐东:《唐前江南概念的演变与江南文化的形成》,《沙洋师范高等专科学校学报》2008年第1期。

州)"均是全国最重要的工商城市。江南地区远远超过了中原与其他区域,成为影响中华帝国的轴心。①

近代以来,在明清"八府一州"基础上发展起来的江南地区,以地理上的长江中下游平原,以及以文化上的古代吴越文化为依托,派生出一种新的文化形态——建立在长三角洲城市群基础上的海派文化。及至抗战爆发,在外敌日寇入侵的威逼下,随着国民政府的内迁,古代的吴越文化、江南文化、海派文化一并传播到了四川。四川人居住在长江上游,对于来自长江中下游的人们,通通称之为"下江人",自然将他们所携带而来的文化称为"下江文化"。在这里,"下江文化"就是抗战时期广义的移民文化,而作为狭义上理解,则主要是指的立足于江浙地区的江南文化。抗战开始后,大量"下江人"纷纷拥至重庆,由于他们经济实力雄厚,文化也较发达,因此,当他们将当时以江浙沪一带为中心的主流文化传递至四川时,很快便能在当地社会生活中产生巨大的影响。而随着"下江人"和"下江文化"的大量拥入,反过来又使外来文化对"四川"关注度得到明显提升,以至在陪都时代形成"巴蜀文化"这个名词,学术界为此还掀起了研究"巴蜀文化"的热潮。

四、闽粤赣客家文化

根据客家研究的奠基者罗香林先生所著《客家研究导论》的理论建构,客家民系是在宋元之际中原汉人第三次南迁过程中,由北方汉族与闽粤赣边的土著民族相融合而形成的。其后,到了宋末至明初,客家由于内部人口的膨胀,开始逐渐向广东迁徙。及至明代至清初,随着客家的休养生息,系裔日繁,资力日充,而所住地域山多田少,不足供用,于是,乃思向外移动。恰好这时四川一省因为明末遭遇战乱,户口凋零,田园荒落,清廷不得已下令诏谕全国各地农民入川开垦。客家农民得此机会,便跟着两湖农民,走上四川。②这就是罗香林为我们描绘的客家人迁川的背景,四川地区之有客家文化传播正是由此而来的。

客家人在迁居四川前,闽粤赣边区是其生活了好几百年的基本住地。来自北方的汉族已与当地的土著民族相融合形成了独具特色的客家定居社会的文化。根

---

① 刘士林:《江南与江南文化的界定及当代形态》,《江苏社会科学》2009年第5期。
② 罗香林:《客家研究导论》,上海文艺出版社1992年影印本,第59页。

据学者的研究成果表明[①]，客家定居社会的形成，不外通过两个渠道：其一是由数量很大的中原汉人迁徙到南方各地，同化了当地土著居民；其二是当地的土著居民接受汉文化，通过转变身份实现汉化。正因为客家文化是北方的汉族与当地的土著民族相融合而形成的，因此，作为客家文化的母体，不仅有历史上中原移民带来的中原文化，而且还有原本就植根在赣闽粤交界区域的当地文化。如果将客家文化作分层解剖，那么可以发现，在客家社会的精英文化层中，中原文化起了主导作用，而在大众文化层中，则当地文化的内容居多。在制度文化和精神文化的层面上，中原华夏文化的内容较多，作用较大；而在物质文化和民俗文化的层面上，当地文化的内容较多，影响较大。

客家文化由于是在传统社会中，在客家人适应闽粤赣边地的生存环境中滋生起来的，因此地域文化是它的基本文化特性。这种文化因其生活在三省交界的山区，故具有明显的山区农耕的性质。从这一性质出发，客家文化的基本特征可以概括为：山林性、边缘性与向心性。故当众多客家移民在迁居四川、适应巴蜀生存环境的过程中，一方面必然将客家文化母体——闽粤赣山区农耕文化及其基本特征带入巴蜀；另一方面又能在传承客家方言、习俗、文化上，表现出较强的族群凝聚特征。

五、少数民族文化

四川是中国西南部的一个多民族省份。在四川广袤的大地上，居住着汉族和彝、藏、羌、土家、回、苗、蒙古、满、白、纳西、布依、傈僳、傣、壮等十四个少数民族。四川民族构成及其人口分布的现状，是巴蜀历史长期发展的结果。各民族在巴蜀历史发展过程中，都创造了自己悠久的历史和优秀的传统文化。汉族与少数民族以及各少数民族之间有着广泛而密切的联系和交往，他们对巴蜀文化的构建做出了自己的贡献。[②]

羌族是中国西北最早的居民和入川开拓者。公元前316年，秦并巴蜀，置湔氐道，羌人居住范围在岷江上游，包括今松潘、茂县、汶川及灌县、彭县在

[①] 谢重光：《客家移民与文化——客家文化性质与类型新说》，载陈世松主编：《移民文化与当代社会——纪念"湖广填四川"340周年论文集》，四川人民出版社2009年版，第395～410页。

[②] 四川省地方志编纂委员会：《四川省志·民族志》；李锦：《山水间那是一道最绚丽的风情——四川民族文化掠影》，载《四川党的建设》（城市版）2007年第8期。

内。秦末汉初，氐羌人在这一带开垦土地经营农业。至迟到两汉时，在这一地区出现了所谓"六夷、七羌、九氐，各有部落"①的状况。在羌文化中，以羌族建筑最富特色，依山而建的碉房，层峦叠起，蔚为大观；用石头垒砌而成的祭坛和房顶的白石相互呼应，营造出特别的气氛。

客家山歌，乡音传情

继羌族之后，大规模迁徙入川的是彝族的先民。据学者的普遍主张，早在汉晋时代，彝族先民——叟人就居住在南中地区设置郡县，在邛都部落联盟基础上设置的越嶲郡，即辖今彝族主要聚居区凉山州。公元4世纪，牂牁、越嶲两郡的濮人在彝族先民的强大压力下，被迫向北迁徙，这就是所谓"僚人入蜀"事件。于是，彝族先民这时开始从滇、黔大量迁入今凉山地区，原住凉山的濮人（僚人）此时大量北渡大渡河逾大相岭进入严道、临邛地区。到了唐代，彝族已成为四川凉山地区的主要居民。

公元7世纪中叶，崛起于青藏高原的吐蕃，势力大振，空前活跃，在中国地区的政治舞台上大显身手。吐蕃凭借强大的军事实力，与唐王朝兵戎相见，其中许多征战发生在西南地区，尤其是今四川涉藏地区。从秦汉至魏晋南北朝以至唐初，活动在四川涉藏地区的主要部落、部族，大部分是氐羌系统的部落集团，这些部落（部族）与藏族的族源有密切的关系。及至唐代中叶以后，随着吐蕃东扩和藏传佛教的传播，大量羌人接受了藏文化，融合到藏族中。

进入元明时期，随着封建王朝的更替，蒙古族、回族文化又相继传播至四川。蒙古的崛起并统治全国，使得蒙古人的足迹随其兵力而遍及各地。在明朝推翻元朝统治之后，无法返回漠北草原的蒙古人纷纷流落民间，遂成为当地

---

① 《后汉书》卷八六《南蛮西南夷列传》。

蒙古族的主要来源。明初散居内地的蒙古军民，与当地居民杂处，从事各种职业，各自谋生。明朝对留居内地的蒙古人采取强迫同化的政策，在《大明律》中规定，"不准本类自相嫁娶"，并令他们改取汉名，改变服饰。由于长期杂居、同化的结果，内地蒙古族基本上融合到汉族和其他民族之中。

元、明时期是回族形成的重要发展阶段。公元13世纪初，蒙古的崛起及其西征，是回族形成的契机。入明以后，回民的政治地位发生了根本性的变化。元末战乱，若干地方发生针对回民的事件，迫使许多回民隐姓埋名、弃商务农；元朝被推翻后，原在许多城市任职、经商的回民，大部分迁徙转移。在这次大调整中，"大分散，小集中"的居住状况基本上稳定下来。正是在这种背景下，四川也成为蒙古族、回族迁徙、定居的地区，于是，蒙古族、回族文化也融汇入巴蜀文化之中，成为汇聚于巴蜀地域的众多文化来源之一。

此外，在四川世居民族中，还有聚居于川东南的土家族等少数民族，他们所创造的文化，也都是巴蜀文化来源不可缺少的组成部分。

第四章 巴蜀移民文化的媒介载体

德国著名人类地理学家弗里德里希·拉策尔（Friedrich Ratzel）指出："文化要素是伴随着民族迁徙而扩散开去的；物质文化只有通过人，同人并与人的精神文化一起才能传播。"莱奥·弗罗贝纽斯（Leo Frobenius）也认为："文化本身是无法移动的，因为'文化没有脚'，而要靠人来搬运。"① 那么，在巴蜀移民迁徙的历史长河中，究竟有哪些媒介载体②，承担了文化搬运、输送、扩散、传播的任务？本章分别从不同身份的客籍群体、有组织的移民政权，以及宗室群体三个方面进行介绍。

第一节 不同身份的客籍群体

在从秦汉以至抗战的两千多年间，有不同地区的外来人口进入巴蜀，他们因身份的不同，而成为不同特征的客籍群体。这些群体因为时代和身份的不同，其在传播文化上的地位与作用也是大不一样的。

一、贵族富豪型

秦并巴蜀后，秦国国君嬴政为打击政敌，将一批政要贵族强制移徙到了巴蜀。在秦国内部斗争中失势的代表人物，先后有商鞅、吕不韦和嫪毐。秦相商鞅被诛后，商鞅客"尸子，晋人，名佼……恐并诛，乃亡逃蜀。自为造此二十篇书，凡六万余言。卒，因葬蜀"③。吕不韦、嫪毐失势后，其家属、门客无不遭到牵连，也相继被强制迁徙入蜀。吕、嫪二人失势前，在政治上权倾朝野，门客盈庭，身边颇多具有较高文化水平的知识分子。④ 吕、嫪失势后，不

---

① 转引自夏建中：《文化人类学理论学派——文化研究的历史》，中国人民大学出版社1997年版，第55~57页。
② 媒介是使双方发生关系的人和物（《新华字典》）。在移民文化要素由甲地向乙地移动的过程中，作为文化载体的移民，同时承担了输送、扩散、传播文化的媒介作用。
③ 嘉庆《成都县志》卷三《人物·流寓》引《史记·孟荀列传》。
④ 据《史记·吕不韦列传》记载，吕不韦被免相后，"其家属徙处蜀"。另据《史记·秦始皇本纪》记载，被封为长信侯的嫪毐，因发动叛乱被镇压后，"灭其宗。及其舍人，轻者为鬼薪。及夺爵迁蜀四千余家"。

仅其族人受牵连，身边的门客舍人也在所难免，他们也可能迁居蜀中。蒙文通先生对此有相当精辟的考证：

  《史记·始皇本纪》"不韦死，其舍人临者，六百石以上夺爵，迁。五百石以下不临，迁，勿夺爵。"这种被迁的舍人，其中知识分子就很不少。《史记·吕不韦列传》："亦招致士至食客上千人……不韦乃使其客人人著所闻，集论以为八览、六论、十二纪，二十余万言。"……此等史料，都可以看出迁蜀之多。共同撰著《吕氏春秋》的知识分子，被迁的当然不少。
  又如裴骃在《史记·孟荀列传·集解》引用刘向《别录》说："商君被刑，（尸）佼恐诛，乃逃亡入蜀，自为造此二十篇六万余言。卒，因葬蜀。"尸佼逃蜀，能在蜀著书，这必须有一定的环境和条件。如蜀人不尊重他，不了解他，他著书就不能得到蜀人的支持。他死后葬蜀，他的书也必定是蜀人为他传下来，这不是在一个毫无关联而又落后的地区所能实现的。①

  秦兼并六国过程中，为控制六国豪富之家，又将他们作为"迁虏"强制移徙到了巴蜀。他们都是当时各国杰出的工商业者，其中的代表人物如赵国的卓氏和"山东"的程郑。《华阳国志·蜀志》载："秦惠文、始皇克六国，辄徙其豪侠于蜀。"《史记·项羽本纪》载："秦之迁人皆居蜀。"蒙文通先生认为，"这些豪侠迁人，是很有讨论的意义"。他依据《史记·货殖列传》的记载，"秦末世迁不轨之民于南阳"，结合《汉书·平准书》的解释："不轨逐利之民，蓄积余业，以稽市场。"认为迁蜀的卓氏、程郑一流工商业者，就是这样的"不轨之民"与"豪侠之徒"，所以，他们来到巴蜀后，必然会利用其所拥有的技术、资金的蓄积以及对市场的熟悉，而对巴蜀经济的发展做出重要的贡献。因此，"既然提高了巴蜀的经济，迁蜀的知识分子，自然也要提高巴蜀的文化"。②由此可见，贵族富豪移民群体在这一时期传播文化，提高蜀中经济、文化方面的价值与作用。

---

① 蒙文通：《巴蜀古史论述》，四川人民出版社1982年版，第88、91页。
② 蒙文通：《巴蜀古史论述》，四川人民出版社1982年版，第88页。

二、贤臣官师型

秦汉以来,由于受中原王朝的派遣,有不少客籍人士到巴蜀做官。作为中央王朝的地方官,他们往往身兼双重身份,一则执行中央政府的政策法令,贯彻中原王朝的统治意图;二则如韩愈所言,他们是以"传道、授业、解惑"为己任,既做百姓的父母官,又做广大士庶思想文化的启蒙者。①对于这类杰出人士的身份定位,旧志将其归为"官师"。所谓"自古设官分职,量能换官,官以职重,亦人以官重",其贤否"公道则自在人心"②。这类杰出人物中,以秦汉时期的李冰、文翁最为典型。

都江堰

都江堰出土的东汉李冰石像

李冰是继张若之后而任蜀郡守的。宋人有云:"秦人取蜀……初置守张若而定黔中,继用李冰而始平水害,蜀自是安宁。"③李冰任蜀守期间(约前277~239),秦国战事正多。李冰治蜀功绩甚多,绝大多数都是围绕建设成都地区而展开的。主要功绩包括:创建都江堰;疏通"二江",建七星桥;开广都盐井;等等。李冰的业绩为推动成都由地区性先进经济区一跃而居于全国的先进经济区,做出了不可磨灭的贡献。

---

① 余英时:《士与中国文化》,上海人民出版社1987年版。
② 光绪《梁山县志》卷七《官师志》。
③ (宋)郭允蹈:《蜀鉴》卷一。

文翁像　　　　　诸葛亮画像

文翁是汉文帝末年蜀中最杰出的地方长官。文翁，祖籍庐江，任蜀守数十年，寿终于蜀。针对巴蜀地区教育落后的实际，倡导移风易俗，大力推行文化教育。他在成都创办了一所直属郡府的学校，简称郡学。这在全国也是创新，"孝景帝嘉之，令天下郡、国皆立文学"①，从此开创了中国古代地方官学的先例。文翁此举在蜀地掀起了向学之风，促进了巴蜀地区精神文化的提升和飞跃。

宋人曾经专门就蜀人世代尊崇李冰、文翁的现象进行过探讨。宋祁说："蜀之庙食千五百年不绝者，秦李公冰、汉文公翁，两祠而祀"②。张縯指出："秦守以功惠，汉守以德教，光明俊伟，世传诵之。自是以来，凡守之贤者，蜀人必为建祠，或绘其像，天下名镇未是有也。"他分析说，这一现象之所以发生在蜀中，一方面因为"蜀远而地胜"，所以朝廷派遣可以倚重的"要官大人"前来治理，故能"政令能专，膏泽可下"；而另一方面，蜀人出于感恩，"亦以所事于君师者事之""故虽去而敬其奉尝，犹敢不忘"③。

抗战时期，郭沫若先生将李冰、文翁这类为四川做出巨大贡献的贤臣官师型人物，称为"庙食百代的伟人"，对于他们的历史功绩给予了充分的肯定："西蜀的开辟我们应该感谢秦时的郡守李冰，四川人的丰富的革命性和彻底的建设性是由李冰启发出来的，李冰凿离堆以御蒙水之患……李冰的建设，文翁的教化，诸葛武侯的治绩，杜工部的创作，这些在我们四川庙食百代的伟人，给予我们四川人的感化，不是用数字可以表达出来的。"④

---

① （晋）常璩：《华阳国志》卷三《蜀志》。
② （宋）宋祁：《文翁祠堂记》，天启《成都府志》卷四一。
③ （宋）张縯：《南康郡王庙记》，《全蜀艺文志》卷三七。
④ 郭沫若：《先乱后治的精神》，《郭沫若全集·文学编》第18卷，人民文学出版社1982年版，第348页。

三、饥民流民型

"流民"是我国封建统治时期的一个历史现象。按照《明史·食货志》解释,"年饥或避兵他徙者曰流民"。在巴蜀地区历史上,因为周边地区遭遇天灾人祸,外来饥民、流民为了生存,被迫背井离乡,逃往四川盆地栖身就食的现象较为普遍,其中以两次流民入蜀事件最为突出,对巴蜀历史进程产生了重要影响。

一次是发生在西晋末年的秦雍六郡流民入蜀事件。

西晋元康六年(296)冬,"关中饥,大疫"。七年(297)七月,"雍、梁疫;大旱、殒霜,杀秋稼;关中饥,米斛万钱。诏骨肉相卖者不禁"①。无法在本地生存的灾民,只好向外地流散。历史上,关中每遇饥疫,就往蜀汉就食。由于这一次灾情太重,外流的人群实在惊人。秦、雍二州的人口大量外流,一些地方官吏也随着流民远走他乡。扶风、始平、天水、略阳、武都、阴平六郡共有户六万四千八百二十二。②这次迁徙的有数万家十余万口,大约占了六郡人口总数的三分之一;出走的丁壮多,留下的主要是老弱,当地的农业生产基本不能正常进行。③

六郡十余万流民大军向外迁徙,先经汉中停留,后向蜀郡进发。这个流民集团种族复杂,大体上由三个集团组成:一是祖籍在巴蜀地区的板楯蛮,秦汉时期,因板楯蛮将缴纳的赋税称为賨,所以又被称为"賨人"④,东汉末年,部分賨人辗转北迁,"散在陇右诸郡及三辅弘农,所在北土,复号之为巴氐"⑤,来自略阳郡的李特兄弟及其宗族亲党,都是这批北迁賨人的后裔;二是原居住在六郡的汉族,主要大姓有李、任、阎、赵、杨、上官,其中李氏出自阴平、扶风二郡,任氏、阎氏、赵氏、杨氏、上官氏均出自天水郡,随同流民入蜀的上邽令任臧、始昌令阎式、谏议大夫李攀、陈昌令李武、阴平令李远、将兵都尉杨褒,就是这批汉族大姓的头面人物;三是来自扶风、始平、武都、阴平诸郡的"氐叟、

---

① 《晋书》卷四《惠帝纪》。
② 《晋书》卷一五《地理志》。
③ 杨伟立:《成汉史略》,重庆出版社1983年版。
④ 《晋书》卷一二〇《李特载记》。
⑤ 《十六国春秋补辑》卷七六《蜀录》。

青叟数万家"①，其渠帅出自梁、窦、苻、隗、董、费等氏族，其中窦氏为扶风人，费氏为始平人，苻氏为武都人。②

流民集团进入巴蜀后，在两个方面发挥自己独特的作用。首先，充当雇佣劳动力。他们或"为人佣力"，或"随谷佣赁"，或结合开荒。如在剑州普成县（今剑阁县南）就出现这样的情况："关西杂乱，武都氐人移流入蜀，耕耘凿垦此山，遂成陌，因名氐陌。"③其次，充当部曲武装工具。流民集团由于有自己的壮勇武装，具有较强的战斗力，入蜀后被益州刺史赵廞所利用作为实现自己政治野心的部曲和工具。后来，赵廞谋反朝廷，李特遂利用协助朝廷平叛之机，率领流民集团留驻蜀中。其后李雄依靠流民集团建立了大成国。大成政权建立后，引僚人入蜀，加剧了盆地局势的动荡，客观上为汉族和少数民族的融合，以及外来人口的迁入创造了条件，从而对巴蜀移民文化的发展产生了重要的影响。

另一次是发生在元明时期的荆襄流民入蜀事件。

从元代起，由于大量流民流落到鄂川陕豫交界的荆襄山区，于是这里便成了当时中国最大的流民集结地，史称荆襄流民。明朝初年，政府严禁人口自发流动，对逃流之民，处以遣返原籍，一般不允许在流移之地附籍。自明代中期起陆续聚集于巴山老林、荆襄地区的流民，在明朝官军的多次清剿之后，许多人越境奔逃到了四川。他们中有的投靠富家大室成为佃户，有的流入盐井、矿山当佣工。充斥于各州县的流民多以佃佣者的身份留居下来，逐渐附籍成为明代中后期自发移民的主体。据弘治初年统计，四川受赈的饥民、流民多达181 320户2 578 457口。④

为了安置这些流移，明政府在相应的时间和空间上准许流移有条件地附籍。于是，秦岭大巴山区就成为明代流移集聚的重心所在。⑤弘治、正德时期，天灾频仍，朝政混乱，"百姓流移，赭衣载道，民穷财尽，元气索然"⑥，社会矛盾更加尖锐。弘治三年（1490），四川夔州爆发了野王刚起义。十七年之后，武宗

---

① （晋）常璩：《华阳国志》卷八《大同志》。
② 李敬洵：《四川通史》第三卷《两晋南北朝隋唐》，四川人民出版社2010年版，第3~4页。
③ 《太平寰宇记》卷八四引《旧图经》。
④ 《明孝宗实录》卷二三、三一。
⑤ 张建民：《明代秦巴山区流民的附籍与分布》，《中南民族学院学报》1999年第2期。
⑥ 《明宪宗实录》卷六二。

正德三年（1508）冬，又是在这一片地区，广大人民群众再次点燃了革命的熊熊烈火，爆发了一场更大规模的武装反抗斗争——鄢本恕、蓝廷瑞大起义。从起义队伍的基本成员来看，这次起义有两个显著特点。一是流民的比重很大，二是众多的盐业工人加入了斗争的行列。产盐地区，五方杂处，很多灶丁原先就是外籍流民，他们一般没有土地，如果井灶无法维持生活，只好重新投入流民队伍，所以灶丁和流民有天然的血缘关系。表明这次反抗斗争，从本质上讲是一次以流民为主体的农民大起义。这次四川农民大起义持续六年之久，地区遍及四川全境，起义军扬言将攻打重庆、泸州等地，因而"声势张大，远近惊骇"①，给了明王朝以沉重的打击。

四、宦游文人型

（一）唐代入蜀诗人群体

作为群体性诗人入蜀现象，主要集中在唐代。早在初唐，便有"四杰"最先入蜀。故明人有云："王、杨、卢、骆，初唐称'四杰'，无不入蜀中者。"②其中，卢照邻入蜀大约在龙朔二年（662），迁为新都尉，此后居留蜀中月数年之久。王勃入蜀在总章二年（669），在蜀中居留两三年。骆宾王入蜀大致在咸亨二三年。杨炯入蜀在垂拱元年（685），出为梓州司法参军。"四杰"入蜀，先后就是二十年内的事，但对于蜀中文化尤其是蜀中士大夫的影响是很大的，具体表现在：第一，他们写了不少碑文，分布各地，名扬巴蜀；第二，他们写了一些诗作，首先在巴蜀流传，受此影响、启发，巴蜀诗人不能不产生诗歌创作的欲望，"四杰"的诗风随之也感染到巴蜀诗歌创作；第三，他们在蜀中参与宴会、唱和，广为结交，他们的才气、英风，都会给人留下深刻印象，这也会对蜀中的士大夫，特别是

初唐四杰王勃文集书影

---

① （明）林俊：《见素集·奏议》卷四《大垭捷音疏》。
② （明）曹学佺：《蜀中广记》卷一〇一。

青少年产生影响。[1]

继"四杰"之后,开元年间,有张说、苏颋相继来到蜀中。盛唐以后,剑南地区在全国的战略地位大幅提升,大批文人出于各种原因,不畏蜀道之难,适彼乐土。安史之乱后,有几位大诗人或避乱,或做官,先后到了蜀中,他们是杜甫、高适、岑参。杜甫流寓巴蜀前后近八年,在这里创作了九百多首诗,在中国诗歌史上产生了极大的影响。在杜甫、高适、岑参去蜀后的三十多年,武元衡、元稹、白居易、刘禹锡相继来到巴蜀,使得蜀中诗坛又活跃起来。值得提到的还有著名诗人贾岛,入蜀授长江县(今蓬溪县西)主簿、迁普州(今安岳县),留居蜀中近七年,最后长眠于普州任上,留下不少诗作。晚唐时期,中原战乱不休,蜀中相对比较安定,所以入蜀诗人不断,其中著名的有李商隐、温庭筠、郑谷、韦庄等。李商隐曾经两次入蜀,在蜀中一住就是五年。在这五年中,他游历过蜀中不少地方,写下了若干描述蜀中山水与古迹名胜的诗篇。韦庄于唐末入蜀,往依王建,王建称帝后,官至前蜀政权礼部侍郎同平章事。七十五岁病逝于成都,在蜀中居留了将近十年。他既工诗,又擅词,词多成于蜀,对蜀中花间词派的兴起产生了较大的影响。

事实上,到过蜀中的唐代诗人远不止这些,他们中甚至有不少人终老于巴蜀。明代蜀人杨慎《升庵诗话》卷一一中就注意到"张嫔、韦庄、牛峤、欧阳炯,皆他方流寓而老于蜀者"。比他稍晚的福建侯官人曹学佺在《蜀中广记》中,在引述杨慎前言时,复有增补曰:"唐世蜀之诗人,射洪陈子昂,彰明李白……俱蜀人,若刘蜕、张蠙、韦庄、牛峤、欧阳炯、刘猛、李季兰、张演、薛涛、张窈窕、

卢照邻画像

杜甫画像

---

[1] 杨世明:《巴蜀文学史》,巴蜀书社2003年版,第116页。

杜羔妻，皆他方流寓而老于蜀者。尝欲裒集其诗为一帙，而未暇焉。"①

对于唐代入蜀诗人群体现象的关注，发轫于明清，延续到现当代。有论者认为，明代杨慎和曹学佺之所以如此关注唐代文人入蜀的历史现象，与他们对于蜀地有一种特殊的"怀土"情结，或称之为"恋地情结"有关。及至清代，在这种情结的支配下，有人开始将唐代诗人入蜀作为一种群体现象，从规律上进行归纳，于是，这就产生了李调元"自古诗人例到蜀"②的诗句，赵熙的"从古诗人多入蜀"③的概括，以至到了现当代，又有所谓"自古诗人皆入蜀"诗句。这些说法的广泛流传，自然也有一定的合理性。④

（二）宋代入蜀文人群体

宋代是古代文人入蜀的又一个高峰期，其中又以北宋入蜀文人群体为主要构成。北宋入蜀的文人，人数众多。根据《全宋诗》的著录，有一百八十六人。他们大多都有作品留存下来，作品留存较多的文人有：张咏、韩琦、宋祁、文彦博、赵抃、黄庭坚、韦骧、李复、毕仲游等。和唐代入蜀文人相比，北宋入蜀文人在群体特征上有了很大的变化。首先，从主体构成上看，唐代的入蜀文人，大多数没有科举功名，通过科举进入仕途的文人并不多，许多人是在人生和政治上比较落魄的文士；而北宋入蜀文人多是高中进士的文士，因科举而进入仕途，入蜀都担任着四川各路的重要官职。其次，从经历看，与唐代入蜀诗人相比，北宋入蜀文人很多都具备了成熟的政治经验，是当时朝廷的能臣干吏。如姚孳在知夔州时，"兴学劝农，有古循吏之风"。赵抃帅蜀，"蜀地远民弱，吏肆为不法，州郡公相馈饷。抃以身帅之，蜀风为变"。蒋堂知益州时，"节游宴，减厨傅，专尚宽纵，变日严之"。他们当中大多数人在任职期间都有所建树，对四川的政治教化都起过积极的

张咏画像

---

① （明）曹学佺：《蜀中广记》卷一〇二。
② （清）李调元：《送朱子颖孝纯之蜀作宰》，《童山诗集》。
③ 王仲镛主编：《赵熙集》，巴蜀书社1996年版，第335页。
④ 张仲裁：《自古诗人皆入蜀》，《宜宾学院学报》2009年第9期。

作用。再次，从著述看，北宋入蜀文人的著述丰富多样，几乎都有作品集。除了诗文集之外，他们中的很多人还有一些艺术类的作品和学术性的著述。

总之，北宋入蜀文人体现了很高的文化素养，代表了有宋一代文人的主体特色。在北宋入蜀文人中，很多人都喜欢对自身的道德、性命和物我关系进行哲学思考，他们大多数人都和当时的道学家有交往，不少人还被列为道学门派的传人，如范纯仁、张方平被视为高平学案中人，赵抃被称为濂溪同调，黄庭坚被视为濂溪私淑，李复是张载门人，等等。北宋文人大多数都追求道德的自我完善，追求脱俗的人格性情，这使他们呈现出和唐人不同的一种精神风貌。正是凭借这些优势，北宋入蜀文人对四川士人和四川的文化发生了极大的影响。宋代四川学术与文化繁荣，正是在自身传统的基础上，吸纳着各种入蜀文人所带来的文化因素，互相融合，从而更积极快速地向前发展的结果。①

五、衣冠士族型

唐末五代乱世，关中及中原地区向蜀中大举移民，这是继秦汉之后，又一次中原移民南迁的高潮。在这次前后持续了一两个世纪的移民高潮中，先是"玄宗幸蜀"，继有"德宗幸蜀汉"②以及"僖宗幸蜀"，史称"三宗西幸"。为了躲避战乱，北方士族大量向南迁徙，巴蜀即为他们避难的主要地区之一。由于地缘相邻，迁蜀的士族大多来自唐都长安及周围地区。

在这一时期中，随同唐僖宗入蜀避难的唐朝官吏和文士是相当多的。在史册上就出现了这样的记载："是时唐衣冠之族多避乱在蜀，蜀主礼而用之，使修举故事，故其典章文物有唐之遗风。"③旧题为元人费著所著《岁华纪丽谱·氏族谱》④一书，载录成都士族共四十五家，其中安史之乱后至五代入蜀者二十二家，几乎占到一半。另据宋人吕陶《净德集》卷二一至二八所载墓志铭、墓表、行状，蜀人共三十人，其中明言唐中叶以后自外地迁来者竟达十九

---

① 伍联群：《北宋入蜀文人群体述论》，《社会科学辑刊》2008年第1期。
② 兴元元年（784），为躲避战乱，唐德宗从奉天（今陕西乾县）逃到梁州（今陕西汉中），史称"德宗幸蜀汉"。
③ 《资治通鉴》卷二六六《后梁纪》。
④ 《氏族谱》，谢元鲁：《岁华纪丽谱等九种校释》本，载《巴蜀丛书》第1辑，巴蜀书社1988年版。

人，占百分之六十三。①当今蜀中学者邹重华借助于现代检索手段，检索到唐僖宗时迁蜀的士族五十六例，除去其中"可能同祖"的八例外，实得四十八例。在上述四十八例迁蜀士族中，除一家迁居地不明外，绝大部分聚居在川西平原和川中北部的丘陵地带，川东仅有两例②。除上述三次移民入蜀高潮外，在唐末五代，还有一些家族因为其他原因，如逃避政敌迫害或在蜀地做官后而定居蜀中的现象，也是很普遍的。

追随唐僖宗入蜀的官吏和士人中，有相当一部分因中原战乱，疮痍未复，而不再还乡，或把子女留在蜀中，子孙遂为蜀人。

影宋花间集书影

由于这批人具有较高的文化艺术修养、造诣和影响，因此能在推动巴蜀文化发展上做出重大的贡献。例如大批入蜀的画家和音乐家推动了巴蜀绘画和音乐艺术的繁荣。入蜀画家多达数十人，其中有许多是当时闻名画坛的丹青名手，如孙位、赵公祐、范琼、陈浩、彭坚、张腾、卢楞伽、书偓、辛澄、张南本、刁光胤、常粲、贯休、滕昌佑等，"皆属上品入格的绘画巨匠"。他们入蜀，带来了各种绘画流派、技法，在成都传授高超的画艺，对两蜀绘画艺术的发展与图书收藏，皆起着举足轻重的作用。正如宋人文同所说："蜀自唐二帝西幸，当时随驾以画待诏者皆奇工，故成都诸郡寺所存诸佛、菩萨、罗汉等像之处，虽天下能仁号为古迹多者，无如此地所有矣。"③宋人黄休复亦云："蜀因二帝驻跸，昭宗迁幸，自京入蜀者，将到图书名画，散落人间，固亦多矣。"④还有不少乐师跟随入蜀，推动了成都音乐艺术的繁荣与发展，使成都成为音乐

---

① 谢元鲁：《唐五代移民入蜀考》，《中国社会经济史研究》1987年第4期；刘琳：《唐宋之际北人迁蜀与四川文化的发展》，载《宋代文化研究》第二集，四川大学出版社1992年版，第1~24页。
② 邹重华：《唐僖宗时迁蜀士族及其入宋后的境况考析》，载张其凡、陆勇强主编：《宋代历史文化研究》，人民出版社2000年版。
③ （宋）文同：《丹渊集》卷二二《彭州张氏园画记》。
④ （宋）黄休复：《益州名画录》卷上"赵德玄"条。

发达之地，其"管弦歌舞之多……扬（州）不足以侔其半"①。唐五代巴蜀文学的发达，也与移居成都的著名文人学士有很大的关系。五代时蜀中词创作十分兴盛，著名的《花间集》汇集了唐后期至五代十八位词作者的作品，除温庭筠、皇甫嵩早逝外，其余十六人均为唐末五代人。而其中韦庄、牛峤、毛文锡、牛希济、魏承班、李珣六人都是在当时入蜀的文士，占《花间集》作者总数的三分之一强。他们不仅开创了蜀中文学的新风气，输入了高度发达的中原文化，许多珍贵的书籍和名画也随之流入成都，促进了蜀中文化的繁荣②。

对此，陈乐素先生《宋代三馆考》有精辟的点评：

> 自经安、史、黄巢之乱，长安文化移植于蜀，爰及五代，遂呈异彩。《五代史·前蜀世家》："蜀恃险而富，当唐之末，人士多欲依建以避乱。建虽起盗贼，而善待士，所用皆唐名臣世族。"建倡此风，影响于文化甚大，故前后蜀不过五十余年，而文学、美术与工艺上之印刷术皆有相当之贡献。人既移于蜀，物亦必随之，有唐之书，入于蜀府者恐不鲜。③

六、修道求法型

千百年来，宗教文化作为我国传统文化的重要组成部分，不仅在教徒的精神生活中发挥着作用，而且对社会的精神文化生活也产生了影响。在巴蜀文化形成的过程中，外来的宗教文化做出了自己独特的贡献。传承宗教文化传统的宗教人士，充当了重要的媒介与载体。

东汉末年，来自沛国丰（今江苏丰县）的张陵（34～156），由于受到巴蜀"仙道""鬼巫"一类宗教习俗的深刻影响，在江源大邑鹤鸣山（今大邑县北）学道，将老子《道德经》与当地的巫术及当时的流行的《太平经》结合起来，创立了"天师正一盟威"之道，简称天师道，因初入道者须交纳五斗米，故又称为"五斗米道"。永寿二年（156），张陵死后，张鲁袭教主位，五斗米道势力向今川北地区发展，并占据汉中郡，建立集教权与政权于一身的政权，巴汉夷民以及巴西宕渠賨人多附之。从此，巴蜀地区成为道家文化传播的

---

① （唐）卢求：《成都记序》，《全唐文》卷七四四。
② 谢元鲁：《成都通史》第三卷《两晋南北朝隋唐时期》，四川人民出版社2011年版，第187页。
③ 《图书季刊》1936年第三卷第3期。

根据地。晋惠帝太安二年（303）冬，巴氏流民李雄入据成都，建立成汉政权。涪陵丹兴人范长生"率千余家依青城山"①自守，往投成汉政权。五斗米道与成汉政权结合，是道教发展史上的重要事件。②南北朝时期，道教在巴蜀地区仍然有着广泛的影响，当时有所谓"巴俗事道，尤重老子之术"③的说法。入唐以后，因为皇室提倡，道教在巴蜀地区繁盛至极，以至唐人说"成都乃神仙所聚之处"，而青城山则号为"神仙都会之府"。于是，在巴蜀各地显圣云集。如资州有"李、傅、侯、张四仙之流"，涪州有"尔朱、兰、王三仙之迹可考"，昌州多"仙灵逸迹，尚有董、葛之遗风"，蓬州亦"多神仙隐士"，阆州则"多仙圣游集焉"，夔州"陶染真风，如瞿法言、杨云外之徒，相继而出，故琳宫秘馆，独盛于他处"，果州在"汉以忠义名节著，唐以神仙佛图显"，等等。④唐末僖宗逃难入蜀，祈求"大圣祖帮助殄灭"黄巢起义军，多次派道士和朝臣至玄中观（今青羊宫）设灵宝道场，丈人观设周天大醮，蜀中道教一时大盛。随僖宗由长安入蜀的"御用道士"杜光庭，后留居青城山，受到王建的重用，为道教在巴蜀地区的发展做出了重要的贡献。杜光庭在成都玉化局整理《太上黄箓斋仪》，搜集道经三千卷，编成道教经籍汇编《三洞藏》。他在蜀中著述丰富，撰写专著十二部，对道教的哲学理论、思想源流、修道方法、斋醮科仪、神仙信仰等做过比较系统而全面的总结性研究，由此成为唐末五代道教思想的集大成者和著名的"道门领袖"，对蜀地道教乃至中国道教的发展做出了重要的贡献。⑤

佛教传入巴蜀，早在东汉，但影响甚微。自晋代以后，由于中原纷乱，一些高僧相继由中原和江南地区入蜀。东晋哀帝兴宁三年（365），释道安以中原纷乱，"欲令玄宗，在所流布，分遣弟子，各趋诸方。法汰诣扬州，法和入蜀"⑥。东晋安帝隆安三年（399），释道安的另一弟子慧持，又由庐山经荆州入蜀。自此之后，外来高僧进入巴蜀地区建寺而居、传播佛法者络绎不绝。如

---

① 《晋书》卷一二一《李流载记》。
② 卿希泰、唐大潮：《道教史》，江苏人民出版社2009年版，第56~73页。
③ 《北史》卷六六《泉企传》。
④ 李敬洵：《四川通史》第三卷《两晋南北朝时期》，四川人民出版社2010年版，第519页。
⑤ 谢元鲁：《成都通史》第三卷《两晋南北朝隋唐时期》，四川人民出版社2011年版，第266、268页。
⑥ 《魏书》卷一一四《释老传》。

从天竺求法归来的智猛,由凉州入蜀,后卒于成都。凉州僧人法成则至涪城,后卒于广汉。敦煌僧人道法入蜀,后卒于成都。康居僧人明达自西域入蜀,于梓州牛头山建寺而居,慧览经西域至罽宾求法,后经于阗回国,"于蜀立左军寺,览即居之"①。至于入蜀巡礼佛迹的高僧更是不计其数。从中原和西域云游入蜀的高僧,带着虔诚的信仰,在道教盛行的巴蜀地区弘扬佛法,从而使佛教在巴蜀的影响逐渐扩大。隋末唐初,战乱频仍,社会动荡,"中原荡覆,具祸以烬",中原僧人向外迁徙,"避地三蜀"②,使得成都继两晋之后,再次成为僧人迁入之地和弘法的中心。唐初的译经大师玄奘,西行印度求法之前,为避隋末唐初的战乱,曾在唐高祖武德元年(618)与二兄长捷法师游学成都。隋末唐初避难入蜀的高僧,在成都开讲佛法,为唐代剑南佛教进一步发展奠定了基础。其中高僧释道基、释慧暠、慧宽等法师均圆寂于成都,为振兴巴蜀的佛教事业做出了重要的贡献。唐代后期,为躲避中原战乱而进入蜀中和游法成都的高僧大德人数较多,而且地位尊崇、佛法精深者不乏其人。如徐果师、惟忠、永安、法江皆具神异,定兰遗身、定光兴福、雄俊念佛均有名于时。贯休乃唐末高僧,除佛法精奥外,更以能诗获得高名。避难入蜀居多宝寺的高僧释道因,开筵讲经,听者数千,俱申虔仰。入蜀讲经的不仅有来自中原、西域的高僧,甚至还有新罗国王子释无相来成都传教,创建净众、大慈等寺,扩大中外佛教文化,并对巴蜀佛教的发展产生了深远的影响。③有明一代,多数君主都信奉佛教,受其影响,巴蜀地区也往往向佛成风。四川是涉藏地区进京朝贡的主要通道,因此经由成都的康藏僧俗首领、大德高僧甚多。因办理朝贡手续和商贸而稽留于成都的藏族僧俗自应不少。随着喇嘛僧人过往的增多,藏传佛教必然影响于四川内地。有所谓:"蜀中水陆舟车所经,凡有岩石,莫不镌佛像,岂地近西番,前代风气渐染如此。"④自此,藏传佛教又开始在巴蜀地区流传开来。

---

① 《高僧传》卷一一《慧览传》。
② 李俨:《益州多宝寺道因法师碑文并序》,《全唐文》卷二〇一。
③ 谢元鲁:《成都通史》第三卷《两晋南北朝隋唐时期》,四川人民出版社2011年版,第283~286页。
④ 何宇度:《益部谈资》卷上。

七、军事移民型

军事移民是中国古代移民的重要组成部分。与因战争、灾荒和人口居地宽狭而引起的移民不同，军事移民主要是由于朝廷的强制调动，相对来说，这种调动较少地考虑到移出地的人口状况和经济发展水平，因而其对移民地的影响较为突出。[①]纵观巴蜀历史，在历代王朝中，以秦并巴蜀留驻军士的时间为最早，而以元、明的军事戍屯人数规模最为可观，清代对"投诚官兵"的就地安插相当特别。

秦人入巴蜀之初，特别强调筑城，早期外迁来的人，包括迁虏、移民和驻军，主要聚集在城邑之中。1992年3月，成都龙泉驿区修路时在平安乡红豆村发现三十四座墓葬。该墓地的墓葬分为三期，从战国晚期至西汉早期。发掘者认为其墓主可能是白起拔郢（前278）后迁到巴蜀的楚移民及其后代。[②]其中二十八座有椁无棺墓，两座为土坑木板墓。出土随葬器物包括陶器、铜器、铁器、漆器三百一十五件（不含钱币）。说明当时在成都的这些移民、迁虏，死后就地安葬，根本不考虑叶落归根，葬回原籍。这批墓葬较多地保留了楚俗。证实当时在成都的外来移民、迁虏等，多是按原籍贯相对集中居住，并有专门的墓地。从其出土文物看，墓主人中，有农民也有军人，证明秦政府后来曾从这批迁虏的后裔中征召过军人。[③]

元朝平定江南之初，面对川西地区经济残破的严重现实，仅仅依靠招徕新附民耕种仍不能扭转局面。在此背景下，元世祖决定仿效中国古代军事屯田的办法，通过调遣军队集中屯垦的措施，以扭转困境。在元代四川行省所辖29处屯田中，共有军屯人户12 866人，耕地2238.72顷。军屯以人头计，平均每人耕地亩数为17.4亩。这些屯田多设立于沿江下游和平原膏腴之地。[④]在分散屯田的基础上，至元二十一年（1284），元世祖命总帅汪惟正在川西地区创立了一个规模较大的军事移民屯垦区。据《元史·兵志》载："世祖至元二十一年，从四川行省议，除沿边重地，分军镇守，余军一万人，命官于成都诸处择

---

① 范玉春：《论中国古代军事移民对移居地的影响》，《广西师范大学学报》2000年第36卷第1期。
② 成都市文物考古研究所等：《成都龙泉驿北干道木椁墓群发掘简报》，《文物》2000年第8期。
③ 罗开玉：《论秦汉政府向巴蜀的移民、徙徒与迁虏》，《巴蜀新论》1990年第3期。
④ 《元史》卷一〇〇《兵志》。

膏腴地，立屯开耕。为户三百五十一人，为田五十六顷七十亩，凡创立十四屯。"①这十四个军屯主要集中在崇庆州境内，位于成都平原西部与盆地的交界地带，其所开耕的土地共计1144.47顷，约占全川军屯总数2238.72顷的51%；屯种军户共有7324名，约占全川军屯总人数12 866人的57%。这表明，在当时四川军屯中，有一半数量的军屯集中在这片有待开垦的区域。在这些万户府中服役的军户，有蒙古军，也有北方的汉军，还有为数不少的由诸部族兵士组成的探马赤军。值得注意的是，参与成都路创立军屯的万户府中，还有三支军队具有专事屯田的背景。它们是：兴元金州万户府、平阳万户府和五路万户府。其中，金州万户府来自陕南汉水流域一带，平阳万户府来自山右的山西区域，五路万户府来自淮西。当它们也被征调入川成都平原创立军屯时，原辖区内的民户也被抽调、招募到军屯之中，这样，随着川西军事移民屯垦区的设置，近万名具有军事背景的、来自全国各地的移民群体，也就聚集到成都平原来垦荒，这在成都有史以来是十分罕见的。

明代军队实行戍守与屯田并举的制度，根据卫所所在的地势险易，确定戍守军与屯田的比例。明代军事戍屯型移民来源有两类：第一类，是因从征而最终落籍四川的这部分移民，可以称之为军事移徙。有明一代，围绕四川开展的较大规模的用兵活动有六次。随军征战的军人中，有"相当一部分在平定蜀地后，留在四川，戍守各地卫所，成为四川居民"②。例如，据民国《名山县志》载："明祖平夏，取楚填蜀……又封南来将士以军田，称为千百户所，今名山南北两区尚有军田遗名，而编户齐民，号为楚籍者，亦十居八九。故今日名俗，恒与楚俗相出入，则谓直书于《荆楚岁时记》可也。"③大渡河边的汉源县，也是明初屯军驻守之地。据嘉庆《清溪县志》载："洪武中，调材官实塞下，如七姓军籍世为黎人，斯称土著。"④民国《汉源县志》记载：明初，"七姓军籍戍守大渡……一时编户齐民，秦楚籍者十居八九焉"⑤。在汉源县

---

① 《元史》卷一〇〇《兵志》。
② 黄友良：《明代四川移民史论》，《四川大学学报》1995年第3期。该文还从四川历代地方志中所辑的家谱、碑传资料中，列举了许多证据，表明现今四川居民的祖先，有不少是来自明初入川的军人。
③ 民国《名山县志》卷一〇《风俗》。
④ 嘉庆《清溪县志》卷二《人民类·户口志》。
⑤ 民国《汉源县志·风俗志·氏族》。

历史上颇有名气的姜、黄、李、任、巨、蒋、张七姓,即"洪武间由湖广麻城籍军士拨守黎州大渡河,遂以军籍黎,插占山场"①。可见这些来自湖北的移民,是采取军事屯卫的形式迁入的。

第二类,是因随卫所而在四川戍守屯田的。明代四川卫所具有明显的军事防御性质,因此,在分布上,除拱卫成都、重庆等重镇卫所外,其余卫所多分布于长江流域、西北、西南、东南等少数民族交错地区。此外,明代还在与湖广、贵州都司接壤的沿边之地设立了一些跨界的卫所。据《明史·兵制》记载,明代四川都司和天全六番招讨司,在茂州、重庆、松潘、叠溪,四川行都司在建昌、盐井、越巂卫所所辖、所在的少数民族地区,设置了数十个沿边卫所。由于许多卫所所在地没有州县设置,卫所还要兼管军、民政务。所以,卫所官兵皆要屯田耕种,以便解决军粮的供应问题。这样,驻守卫所官兵与驻地文化相融合,就形成了一种至今仍保留在黔中安顺一带的明代独特的"屯堡文化"。②与黔中安顺一带屯堡设置背景相类似,被明军所占领的建昌、盐井、越巂等地,也同时推行了卫所制度,因此其设置情况大体相类。如此,则安顺的"屯堡文化"不当为黔中一地所独有,推测当为明代西南边地屯军堡子所共有之文化现象。只不过其他地方的类似遗迹,或者保存不全,或者早已消失,以至安顺"屯堡文化"竟然成了让人体验明代军屯历史和文化的活化石。③

清初四川平定,田地荒芜,人口空虚,一部分投诚的官兵就地安置,蜀中遂成为最好的垦殖安插之地。康熙六年(1667)十一月,四川巡抚张德地奏请:"福建一省投诚一项,除家口外,尚有二万三千六百余名之众……如台臣所计之数,即全

成都宽窄巷子

---

① 民国《汉源县志·疆域志·岩洞》。
② 据百度百科"屯堡文化"条介绍:在今天的安顺,聚居着一支与众不同的汉族群体——屯堡人,他们的语言、服饰、民居建筑及娱乐方式都沿袭着明代的文化习俗,演绎着明代历史的生活画卷。这一独特的汉族文化现象被人们称为"屯堡文化"。
③ 俞宗尧、帅学剑、刘涛志:《屯堡文化研究与开发》,贵州人民出版社2005年版。

移至蜀，犹存见少……抵蜀安插之后，一年分田垦地，二年习成土著，三年起科"①。康熙十一年（1672），王士禛典试入川，在从云阳县乘船北上时，发现舟上"桡手皆闽人，盖闽中投诚安插于蜀者"②。今天成都西玉龙街北面的高楼之间有两条小巷，分别叫"大福建营巷"和"小福建营巷"。推测这一片区当系清初为安置移入四川屯垦的福建投诚官兵的驻地。③这种以军营形式迁居四川的军事移民，不仅出现在成都，在全川其他地方也有零星记载。如眉山县思蒙乡有个地名叫张营店："据说，湖广填四川时以军营形式组织迁来，张姓定居处即名张营，店开在张营境内，故名。"④清吴好山也曾以《成都竹枝词》的形式，记述了八旗军籍移民从湖北移到成都的时间和经过："湖北荆州拨火烟，成都旗众胜于前。康熙六十升平日，自楚移来在是年。"⑤为安置这部分自楚迁居成都的军事移民，将其与当地居民分开居住，清政府遂划定少城作为"八旗"军营及其家眷的住处，这就是成都少城（又称满城）的来历。

八、避乱望族型

至正十一年（1351）五月，元末农民起义在中原大地爆发。震撼中国的红巾军运动，最终形成东、西两大派系。以徐寿辉、邹普胜领导的蕲州、黄州农民起义军（史称"西系红巾军"），迅速在长江中下游地区掀起波澜。正当蕲、黄起义向湖、湘和江东、江西地区蔓延之际，一个跨地域的移民大趋势也正在中部地区涌动。西系红巾军在荆楚的行动，加剧了中部地区的人口的外流趋势，一方面是外来人口的大量迁入荆楚，另一方面是荆楚本地人口的大量迁出。从某种意义上讲，它正好成为推进日后"江西填湖广""湖广填四川"的跨地域移民活动滥觞的源头。

环顾当时楚地四周，唯有四川战乱较少，遂成为楚人所欲寻觅的外迁乐土。加之楚蜀两省相邻，入蜀之路甚为便利，因此四川必然成为这一时期楚人

---

① 康熙《四川总志》卷一〇《贡赋》。
② （清）王士禛：《蜀道驿程记》，载《小方壶舆地丛钞》第七帙。
③ 刘正刚：《闽粤客家人在四川》，广西教育出版社1997年版，第89页；袁庭栋：《成都街巷志》，四川教育出版社2010年版，第372页。
④ 四川省眉山县地名领导小组：《四川省眉山县地名录》，1987年2月编印。
⑤ 杨燮等著、林孔翼辑录：《成都竹枝词》，四川人民出版社1982年版，第68页。

外迁的首选目的地。由于当时"大江上下皆剧盗阻绝"[①],"南北绝,一羽不通"[②],水上交通梗阻,陆路交通相对安全,因此,元末以来许多江右入蜀避难的人群,大多避开水路,先过江北上,然后再由鄂东麻城中转西进,中经"随枣走廊"转进至襄阳,再由襄阳西进,最后由巴东进抵四川巫山。正是在这种历史背景下,来自长江中下游的人口一度掀起了入蜀避难的高潮。明吏部尚书吴宽在一部修成于弘治年间(1488~1505)的《刘氏族谱》的序言中写道:"自元季大乱,湖湘之人往往相携入川,为避兵计"[③]。又如《古今图书集成》也记载:"红巾寇韩山童作乱,罗田徐寿辉号郏城(即今黄冈市新洲县),黄民倾市迁于蜀。"[④]一般说来,元末明初入迁四川的湖广家族,由于所处时代的特殊,因而呈现出两个显著特点:其一是颇多"避难入蜀"的世家大族;其二是颇多人丁富裕家族。前者显然与元末战乱所造成的长江中下游地区人口流动形势有关。

许多明代的显望家族,在追溯祖先来历时,往往都提到其先来自元末,其动因都是为了"入蜀避难"。例如,明庶吉士李长祥《夏老姑传》载:"(夏氏)远祖江南英山人,元末因避乱之蜀,其后或在壁山,或在江津,或在涪,而以涪(今重庆市涪陵区)为盛。世世以科名显,为涪望族。"[⑤]明代巴县粟氏为望族,其先楚松滋人,"元末避地入蜀"。元末由江西分宁州迁居江津县的郑氏家族,在元代家多显宦,长子仕至礼兵二部尚书,次子仕至两台御史,三子充太学上舍。"自宋历元,兄弟亲族同居十世,约二百六十年,宋元二史俱载郑氏孝义传中,累朝旌为义门。"元末郑鸿章携兄弟子孙来蜀江津家焉。如西充刘氏家族,其源为汉长沙王后裔,后迁至江西临江府安福县,以文学冠冕宋代数世,成为当地望族,号为"墨庄刘氏","至元末贼乱,迁渝州及定远,入明迁西充"[⑥]。又如明代朝中重臣、新都杨廷和杨慎家族,其先祖就是元末避乱,经麻城入蜀的。"先公世庐陵人,有名世贤者,以元末欧祥乱,徙麻城,避红巾贼入

---

① 《元史》卷一八六《成遵传》。
② (明)解缙:《解学士文集》卷八《解先生小传》。
③ 乾隆《巴县志》卷一七《补遗·艺文志》。
④ 《古今图书集成·职方典》卷一一八六《黄州府部·纪事》。
⑤ 乾隆《涪州志》卷一一《文选》。
⑥ 转引自谭红主编:《巴蜀移民史》,巴蜀书社2006年版,第210页。

蜀，家新都。"①明代广安望族王德安家族，"自元末万嗣公由麻城入蜀，即广安之始祖也。有明三百年间……科第前后相望，遂为广安著姓"②。

以上郑氏、刘氏、杨氏、王氏家族元末迁川事迹，源自该四姓族谱的记载，从移民史角度讲应该是真实的。至于其祖先是否如其所述，世代为官，有无炫耀夸大成分，有待考证。不过，在元末农民战争形势之下，以官宦之家和富豪居多的大族身份背景，放在农民军活动甚为频繁的江西—麻城地区，他们之成为农民军所欲打击的对象，也是在所难免的。上述两种类型的家族迁入四川，增添了湖广移民家族在经济、文化和劳动力方面的优势，为明代麻城移民家族在客居地的成长奠定了坚实的基础。

九、平民百姓型

发生于清前期的"湖广填四川"移民运动，是四川历史的重要组成部分，同时也是中国移民史上的重大事件。这次移民运动从清康熙十年（1671）开始至乾隆四十一年（1776）止，前后共历时一百零五年之久。③据推算，在一个世纪内，川东地区接纳的移民约为九十五万人，川中地区接纳的移民约为二百一十五万人，川南地区接纳的移民约为三百一十二万人。四川合计接纳移民共达六百二十三万人，占是年四川总人口的百分之六十二。④清前期的"湖广填四川"，从本质上讲是一场典型的经济类型的移民运动。它一方面与政府支持鼓励外省百姓到四川垦荒落业的政策密不可分，另一方面也与南方各省百姓趋利求富的动机直接相关。基于这样的历史背景，使得这次移民运动与过去历代天灾人祸时的流迁有所不同，与历史上那些因为逃荒、流放、宦游、戍边、行商而客居四川的人不同，这一次卷入到移民潮流的主体，大多是平民百姓，因此这次移民运动更多地呈现出平民性特点。具体表现在：

---

① （明）熊过：《杨少师石斋先生墓表》，道光《新都县志》卷一一《艺文》。
② （明）王镛：《王氏世系序》，转引自李映发：《明清四川四大家族——麻城人在四川》，载凌礼潮主编：《明清移民与社会变迁——"麻城孝感乡现象"学术研讨会论文汇编》，湖北人民出版社2012年版。
③ 关于"湖广填四川"移民运动持续的时间，学界认识并不统一。究其原因，主要是由于对大移民开始的年代有分歧。本文采复旦大学葛剑雄主编《中国移民史》的观点，主张从康熙十年清廷正式颁布准许外省移民入川的政令开始计算，截止时间则断至乾隆四十一年（1776）。
④ 葛剑雄主编：《中国移民史》第1卷，福建人民出版社1997年版，第383~384页。

第一，移民一般挟资而行。如康熙五十一年（1712），"湖广民人往四川垦地者甚多，伊等去时，将原籍房产地亩悉行变卖"①。

第二，移民一般携妻带子而行。如康熙五十九年（1720），陕西民人"自去冬至今，有挈其妻子，随带驴骡，数十成群来川就食"②。

第三，移民中颇多妇女，尤其是高龄妇女。与一般迁徙以青壮年为主形成鲜明对比，在这次移民高潮中，许多妇女充当主角，她们往往是在原籍丧夫的情况下，亲率子孙向四川迁移的。根据四川客家研究的相关资料，在康、雍、乾迁川的十六个案例中，由五十岁以上妇女带领的移民家族达六例，占总数的比例高达37.5%，其中最高年龄为七十四岁。由她们所率之子孙人数，最多有高达五子九孙诸媳者。③

第四，移民往往是分批次结伴而行。如从广东龙川出发的客家移民，在他们所发布的《往川人民告帖》中，作了最好的自白："思得我等祖父因康熙三十年间，广东饥荒逃奔他省，走至四川，见有空闲土地，就在四川辛苦耕种，置有家业。从此回家携带家口，随着亲戚结伴同去，往来贸易，见四川田土易耕，遂各置家业。从此我等来去四川，至今四十余年……"④

第五，移民身份的平民特征鲜明。在传统社会中，"士农工商，四民有业。学以居位曰士，辟土殖谷曰农，作巧成器曰工，通财鬻货曰商"⑤。迁川移民中，士农工商各业齐全。据粗略统计，移民在原乡与客居地谋生的职业主要有：种田，打零工，佣耕，佣工，放牛，开矿，烧炭，贸易，布贩，樵夫，轿夫，脚夫，马夫，船工，厨师，医生，军士，教书先生，辞粮，致

平民移徙图

---

① 《清圣祖实录》卷二五〇。
② 《掌故丛编》第八辑，年羹尧折，中华书局1990年版。
③ 陈世松、舒毕生：《论客家妇女在迁川过程中的地位和作用》，载陈世松主编：《客家妇女——纪念朱德母亲钟太夫人逝世60周年文集》，天地出版社2005年版。
④ 《官中档雍正朝奏折》第二十二辑，雍正十一年（1733）九月初九日杨永斌折。
⑤ 《汉书·食货志上》。

仕官员……名目繁多，无奇不有。①需要特别提到的是，现代许多文化名人的迁川始祖，都是平民出身，如四川作家李劼人的祖先，在清初从湖北迁川时，沿途贩卖布匹兼行中医，后开中药铺，专门出售湖北的"朱砂保赤丸"。郭沫若的入川始祖，清初从福建入川，是背着两个麻布袋上川的，来到四川后，开始是跟着入川马帮后面做苎麻生意的。英籍华人女作家韩素音的迁川先祖，是一位"穷得叮当响"的"货郎"。②

由迁川平民百姓承载的文化，包罗下层社会生活万象，内容丰富多彩，几乎涵盖了社会的方方面面，牵涉四川政治、经济、文化、人口、社会、生态、家庭、宗族等。举凡与下层民众有关的社会生活事象，诸如：社会结构、社会组织、宗族法规、会馆帮会、场镇交通、民俗风情、宗教信仰、地名方言、方志族谱、文学戏剧、饮食文化、建筑艺术等，以及今天享誉中外的川菜、川酒、川戏等四川名牌，无一不是在这次移民运动中奠定基础的，也无一不与这一移民群体有关。

十、"下江"移民型

1937年全民族抗战初期，日军处于战略进攻阶段，中国大片领土相继丧失，华北、长江中下游、东南沿海等地均发生了大规模的人口迁移。在整个抗战时期，在陪都重庆等地出现了一个特殊类型的移民群体——"下江人"。根据学者研究③，下江人作为战时迁入川渝的一个移民群体，可以从多个视角来进行解读：

首先，从社会学角度看，下江人概念的产生与来自长江中下游移民群体有关。长江不仅是连接重庆与"下江"地区的商贸纽带，而且成为长江流域人口流动的重要传送带。明清以来，来自长江中下游地区的无数移民，就是通过长江水上通道进入重庆这一门户，然后再转送到全川各个角落的。进入20世纪30年代，下江人的内涵发生较大转变，由商业转向政治，同时带有明显文明程度差异的取向。随着东南沿海城市移民西进，重庆市人口激增，下江人队伍迅

---

① 陈世松：《大迁徙："湖广填四川"历史解读》，四川人民出版社2005年版。
② 韩素音：《韩素音自传》第三部《残树》，华侨出版社1991年版，第25~30页。
③ 张瑾：《民国时期"下江人"的形成与认同刍议》，《西南民族学院学报》2001年总22卷第4期；朱丹彤：《隔阂与融合——抗战时期重庆"上下江人"的求同存异》，《广西社会科学》2005年第1期。

速庞大起来。在陪都，下江人与重庆或四川本地人被普遍认为分别代表着"现代都市"与"传统内陆乡村"，甚至在下江人看来，本地人可以等同于"乡下人"，而"乡下人"则可以等同于落后人——未开化的传统人。通过抗战时期出版物的大量宣传，下江人成了陪都重要的文化景观，得到了社会的广泛认同。这种认同，实际上也是对沿海较高文化的尊重和仰慕。

其次，从文化心态看，与内陆地区的人相比，下江人具有明显的沿海"条约体系"文化特征。出于对自己家乡的依恋和一路上饱受颠沛流离的风霜之苦，以及因为经济、文化的先进所造成的心理定式，来到陌生环境后，便产生了一种高人一等的感觉。加之在重庆商业中，与本地的川帮相比，下江帮资金较为雄厚，活动能力较强，与沪港越缅等地做大宗批发生意的多为下江人。因此，他们一到重庆，就突然产生出一种下江人的骄傲，对重庆这个内陆城市看不顺眼，甚至指责头戴白布包帕的本地人"有碍都市观瞻"。而本地人也对下江人颇有微词，认为他们是闯入者，甚至怪他们把日本人的炸弹也引来了。由于文化心态的差异，下江人与本地人在一段时间内形成了较大的思想隔阂与文化碰撞。

再次，从地域上看，抗战时期的下江人成分庞杂，通常主要是指长江中下游的各省籍的人士。所谓"扬帮""苏帮"是最典型的下江人。也有将下江人定义为江浙人的。正因为如此，在整个抗战时期，下江人群体始终没能产生出一个类似各省同乡会的组织，其群体维系力不如地域纽带维系的同乡会牢固。

最后，从生活习性上看，地方方言是一般本地人最先用以辨识下江人的标准。以"口音"判断下江人，当然就模糊了下江人的群体概念。服饰的差异也是下江人与本地人分野的重要标志。多数本地人对下江人的衣着以及不同的生活习俗有特别的感受，认为下江人比本地人穿得好，是"有钱人"，是"做生意的"和"当官的"。总之，下江人从语言、生活习俗、生活方式等方面都有一个比较明确的形象。

中国自20世纪20年代中期以来，由于下江人与"上海模式"的天然联系，以及上海模式所赋予的文化优越感，下江人开始和工业化、现代化直接画上等号，对于内陆人而言，下江人简直就是中国最现代的人群。因此，随着下江人移民群体以如此大的规模、声势进入四川，其给内陆腹地所带来的文化冲击是相当巨大的，它对四川人的思想观念、意识的影响是长远而深刻的。

第二节 割据蜀中的移民政权

巴蜀地区独特的自然人文环境，容易被割据势力当成据地称雄的基地。在秦汉以来的巴蜀历史上，出现过多起割据蜀中的、由外来势力建立的移民政权。这些政权作为有组织的社会群体，曾经对巴蜀移民文化的成长发挥了重要的媒介作用。

一、独特的据蜀称雄现象

在中国历史上，凭借巴蜀特殊的地理环境，乘隙据蜀、称王称帝的现象不绝如缕。现以时间顺序，将据蜀称雄的主要人物及事迹简要罗列如下：

公孙述尽有蜀地。两汉之际，扶风茂陵（今陕西茂陵附近）人公孙述，任导江（今邛崃）卒正（即郡守），利用天下大乱，率兵攻打入蜀刘氏宗室之机，占领成都，先自称益州牧。后自立为蜀王，继称帝于成都，建国号"成家"。公孙述据蜀十二年（25～36）。

刘焉父子据蜀。东汉末期，天下分崩，沛人张鲁自祖父张陵以来，为五斗米道，居于蜀。初平二年（191）刘焉入蜀，任益州牧，遣张鲁袭汉中，阴有异图。张鲁占汉中后，断绝斜谷，杀害汉使，断绝与汉的联系。刘焉趁机断绝与汉廷的往来联系，同时诛杀蜀中豪族大姓，发展刘氏私家势力，割据四川称雄。194年，刘焉病亡，其子刘璋继任其本兼各职。张鲁以刘璋暗懦，不复承顺，据汉中与刘璋为敌。不久，魏、蜀、吴三分局面形成，刘备入川。刘璋内外交困，被迫投降。刘焉父子据蜀长达十三年（191～214）。

刘备据蜀兴汉。东汉末年，涿郡涿县（今河北涿县）人刘备，利用赤壁之战后占领荆州的机会，打着讨伐汉中张鲁的旗号，占领成都，取代刘璋，自领益州牧。221年，刘备在成都称帝，国号汉，又称为"蜀"或"蜀汉"。蜀汉政权统治时间长达四十三年（221～263），统治区域以巴蜀地区为核心，包括今陕西南部、甘肃东南部、湖北西南部、云南和贵州大部分地区在内。

李雄建号据蜀。西晋末年，秦、雍六郡流民入蜀就食，来自略阳的李特阵亡后，其子李雄趁机占领成都，即皇帝位，建国号为大成，大成政权的版图只有梁、益、宁三州，共存在了四十五年（304～347）。

谯纵据蜀。东晋末年，权臣桓玄率兵入建康（今南京），废东晋安帝自立。404年，刘裕起兵击杀桓玄，益州刺史毛璩不服，拒不受命。毛璩欲派兵进讨桓玄残余势力，巴蜀豪族利用中央政权分裂之机，在益州发动兵变。巴西郡南充望族谯纵被拥立为主，遂领兵反晋，攻占成都，自称成都王。谯纵占据巴蜀地区共约九年，至义熙九年（413）方告平定。

萧纪蜀中称帝。梁武帝太清二年（548），南朝爆发侯景之乱，次年五月，梁武帝饿死于台城，侯景控制了建康。梁武帝的几个儿子乘机各自称帝，相互混战。太宝三年（552）三月，侯景败亡，武帝八子萧纪随即在成都称帝，并率军东征，企图攻取荆州。西魏太师宇文泰趁蜀中空虚之际，派军大举伐蜀，成都遂降于西魏，萧纪最后也败死江陵。

王建据蜀。唐末哀帝天祐四年（907）三月，朱全忠篡唐，史称后梁，肇五代之始。九

前蜀永陵地宫王建坐像

月，因讨伐反叛朝廷的陈敬瑄、田令孜有功而入据成都，时任西川节度使的许州舞阳（今河南舞阳）人王建，在成都即皇帝位，国号大蜀，史称前蜀，成为十国之一。前蜀传二世（907～925），"伪定蜀地，十有七年"①。若从王建于光启三年丁未（887）入阆州计，至唐同光三年乙酉（925）蜀灭，王氏父子据蜀时间"凡三十九年"②。

孟知祥据蜀。后唐灭前蜀之后，邢州龙岗人孟知祥利用唐庄宗任命其为西川节度使，率军入川平乱之机，占有两川之地，934年在成都称帝，国号蜀，史称后蜀。后蜀传二世。宋太祖乾德三年（965）正月，后蜀后主孟昶降归北宋。孟知祥之据蜀三十年（934～964），版图全盛时，曾经袭有阶、成、秦、凤四州。"及其亡，不战而自溃，褒斜、剑阁如涉无人之境焉。"③

李顺称王。宋灭蜀后，大肆在四川勒索掠夺，引起蜀地的反宋浪潮。淳化四年（993）川西永康军（今都江堰市灌口镇）青城县茶农王小波聚众发动

---

① （宋）郭允蹈：《蜀鉴》卷八。
② （宋）郭允蹈：《蜀鉴》卷七。
③ （宋）郭允蹈：《蜀鉴》卷八。

起义。十二月，王小波牺牲后，由其妻弟李顺继续带领起义军转战。淳化五年（994）一月十六日，起义军攻占成都，李顺称大蜀王，改元"应运"。五月五日，成都被官军攻破，李顺牺牲。

囊加台据蜀。元泰定致和元年（1328）七月，泰定帝出巡，死于上都，拉开了元朝最高统治集团汗位之争的序幕。四川行省平章囊加台，蒙古征蜀名将世家出身，在天顺帝同天历帝的争夺战中，利用手握重兵，称兵造反，正式表态不受大都朝命，"自称镇西王"，烧绝栈道，扼守关隘。至次年四月，在重兵围困下，囊加台宣布失败，"蜀地悉定"①。

明玉珍据蜀建大夏。至正十一年（1351），元末全国性的红巾军起义爆发。湖北随县人明玉珍率众参加红巾军，奉命镇守沔阳（今湖北仙桃）。至正十七年（1357），明玉珍利用到巫峡采购粮食之机，趁势溯江而上，占领重庆。至正二十一年（1361）初，明玉珍在重庆称帝，国号大夏。"明氏前后二主，起于至正辛丑（至正二十一年），止于洪武辛亥（洪武四年，1371），共十一年。"②

张献忠据蜀建大西。崇祯三年（1630）四月，陕西延安府肤施县柳树涧农民张献忠，率领米脂十八寨农民发动起义，后转战大江南北，凡五次进入四川。崇祯十七年（1644）初，张献忠由湖广入蜀，推翻明王朝在四川的统治。十一月，在成都即帝位，自称西王，定国号为大西，建元大顺。大顺三年（1646）十一月，张献忠率军从成都出发，前往川北迎击清军，中箭而亡。大西政权存在仅两年（1644~1646）。

上述历史事件表明，身处巴蜀地区的各种武装集团势力，尽管身世背景、性质、结局各不相同，割据时间有长短之别，占据地盘有广狭之分，所拥势力有众寡之殊，但有一点是共同的，即都是利用了本区特殊的自然地理环境，实现自己称王称帝霸业的目的。在上述十二例据地自雄的势力中，除第四、八两例出自本土外，其余十例均来自巴蜀地区之外。而在外来十个据蜀事例中，真正自成霸业规模的割据政权，实际上只有七个。诚如章太炎所概括的："四川重江复关，自为区域，先后割据者七矣。公孙述、刘备、李特、王建、孟知

---

① 《元史》卷三三《文宗纪》。
② （明）杨学可：《明氏实录》，《续修四库全书》编本。

祥、明玉珍、张献忠皆自外来，而乡土无作者。"①

二、外来割据政权的成因

（一）时代乱局是武装割据现象产生的温床

宋代四川史家张唐英对此有过中肯分析："自古奸雄，窃据成都者，皆因中原多故。"②透过这七个割据政权产生的背景，证明此说不妄。

公孙述据蜀始于西汉末年，正值赤眉、绿林先后起兵，王莽被杀，天下大乱，豪杰纷争之时。当时，豪杰拥兵自保，势力较大而又较有影响者便有：铜马、大肜、高湖、重连、铁胫、大抢、尤来、上江、青犊、五校、檀乡、五幡、五楼、富平、获索等部，各领部曲，势大者多达数百万人，彼此厮杀，所在寇掠；而称王称帝，割据一方者则有：齐地的张步、天水的隗嚣、秦郡黎丘的秦丰、河西的窦融、渔阳的彭宠、梁地的刘永、庐江的李宪、东海的董宪、五原的卢芳等。

刘备据蜀始于东汉末年，正值宦官专政、黄巾起义、军阀混战，天下大乱之时。当时，与之形成三国鼎立之势的还有北方的魏、东南的吴。

李特据蜀产生于西晋末年，"八王之乱"爆发，各地流民、少数民族起兵反晋，大一统王朝再次分崩离析，"五胡十六国"正在相继兴起之际。东晋南朝内部不断爆发争夺皇位的战争，巴蜀成为中央政权与地方势力博弈的焦点，故而容易发展成为地方割据，于是前有李氏建立成汉，谯纵割据巴蜀，后有萧纪蜀中称帝现象发生。

王建、孟知祥据蜀，始于唐末五代，黄巢起义爆发、藩镇割据混战、少数民族乘机侵扰，统一王朝为五代十国所取代之世。地方将帅利用平暴之机，招兵买马、扩充地盘，以"正当的理由"一步步壮大；同时，由于路途遥远、交通不便、时局动荡、政令不畅，中央主动授予他们代表朝廷全权处理军务甚至是政务的权力，凭借这些便利条件，这些将领们无不趁机实现了自己扩张篡权的野心。另外，处于衰微状态中的晚唐政权与吐蕃、南诏关系紧张，三方军事冲突不断的局面，为唐在西南地区一直保持强大的军力提供了外部环境，这也

---

① 章太炎：《对重庆学界演说》，1918年，载马勇：《章太炎讲演集》，河北人民出版社2004年版。
② （宋）张唐英：《蜀梼杌·自序》，王文才、王炎校笺本，巴蜀书社1999年版。

使得四川极易在此背景下形成独特的"地方军事集团"。①

明玉珍据蜀，始于元末农民起义爆发，天下大乱，群雄并起的时代。在明玉珍称帝前后，割据一方称帝者就有：韩林儿、徐寿辉、张士诚、方国珍、陈友谅、朱元璋等。张献忠据蜀，产生于明末农民军转战全国各地，清军入关，明王朝灭亡，李自成称帝，南明政权成立，一大批残明官员入川被委以"专办蜀寇"，局势复杂动荡之际。

由此可见，在时代乱局之下，豪杰并起，割据自立的现象，绝非蜀中所独有，只不过蜀中的自然人文条件，为本区集中引发割据现象提供了便利条件。

（二）巴蜀自成一方的地理环境，为割据称雄自立提供了便利条件

巴蜀自成体系的地理环境，在世道清平之世，平顺安定，而一当时代乱局出现，就很容易被野心家所觊觎。早在西汉末年，蜀郡功曹李熊在力劝公孙述据蜀称帝时，就说过这样一段话：

今山东饥馑，人庶相食；兵所屠灭，城邑丘墟。蜀地沃野千里，土壤膏腴，果实所生，无谷而饱。女工之业，覆衣天下。名材竹干，器械之饶，不可胜用。又有鱼盐铜银之利，浮水转漕之便。北据汉中，杜褒斜之险；东守巴郡，拒扞关之口；地方数千里，战士不下百万。见利则出兵而略地，无利则坚守而力农。东下汉水以窥秦地，南顺江流以震荆、扬。所谓用天因地，成功之资。今君王之声，闻于天下，而名号未定，志士狐疑，宜即大位，使远人有所依归。②

面对李熊的陈述，公孙述无不为之动心，后来他果然起兵称帝。而流民首领李特一行，初入蜀中，见到剑阁的雄峻，也流露出凭借天险割据益州称王打算。据记载："特随流人将入于蜀，至剑阁，箕踞太息，曰：'刘禅有如此之地而缚于人，岂非庸才耶！'"与他同行的阎式、赵肃、李远、任回等人，"咸叹异之"。于是，李特"乃有雄踞巴蜀之意"③。正因为如此，所以，《隋书·地理志》特别总结说："蜀之旧域，其地四塞，山川重阻，水陆

---

① 王永超、校元明：《五代十国形成原因再认识——以移民与社会互动为视角的初步考察》，《哈尔滨学院学报》2008年第29卷第8期。
② 《后汉书》卷一三《公孙述传》。
③ 《晋书》卷一二〇《李特载记》。

所凑，货殖所萃，盖一都之会也。昔刘备资之，以成三分之业……李氏据之于前，谯氏依之于后……古人所以诫焉。"①

西晋诗人张载游历蜀中，道经剑门关，"以蜀人恃险好乱"，作《剑阁铭》说："惟蜀之门，作固作镇。是曰剑阁，壁立千仞。穷地之险，极路之峻。世浊则逆，道清则顺。"②由此可见，蜀地因其特殊的地理环境，包括山川险阻，人口众多，物产丰饶，自给自足性很强等便利条件，有利于割据称雄自立。故每当中央政权控制力削弱的时候，一些企图割据一方的野心家，便利用蜀中这一天然独特的地理优势，关起门来称王称帝。

（三）蜀人偏于温顺的性格，为称雄割据者大开了方便之门

在历史上，巴蜀在外部人面前，往往给人以民风淳朴，"质憨""民知礼逊"，为人纯正、敦厚、善良、温和、热情的印象。这些性格是古老的盆地赋予的，与巴蜀地区人们的生产和生活方式密切相关。巴蜀自古以来就适合农业生产，主要从事与农业有关的生产和生活。生产和生活方式必然要影响到思维方式。农耕文化有着自身的特点，其核心就是和平的、自足的。正如钱穆所说，农业生产所依赖的是气候、雨泽、土壤，这些皆非人力安排，因此，农耕文化所产生的是"天人相应""物我一体""顺""和""安分守己"等观念，表现出"和平"的文化特征。③在安全稳定的自然环境之中生产和生活，必然在社会性格上与支配、控制、强迫、命令的思维模式无缘。而这就陶冶了此区人民一种温顺、平和、宽容、安分守己、委曲求全、不走极端、不排斥与攻击他人的精神品格，绝少见动辄以武力征服他人的记录。早在秦雍六郡流民大量进入蜀中之时，由于流民中少数民族人数众多，性格剽悍，与蜀地土著难相融洽，故当时耿滕有云："流民刚憨，而蜀人懦弱，客主不能相饶。"④当客籍人物凭借强大政治军事实力，强行在蜀中实行武装割据时，由于性格偏于温顺的原因，蜀人往往没有站起来抗拒，因此，这就使得外来武装集团的称帝图谋一次次地轻易得逞。南宋蜀人李埴在论及他之前蜀中一系列据蜀称帝事件时，曾经有如下的分析：

---

① 《隋书》卷二九《地理志》。
② 《晋书》卷五五《张载传》。
③ 柴文华：《论钱穆的文化观》，《河南师范大学学报》2004年第31卷第1期。
④ 《华阳国志·大同志》。

> 吾观从昔乱蜀者，皆非其国之人，率由奸雄乘隙外至，因窃据焉，而蜀人莫之与抗……彼见蜀之险足恃，蜀之富足资，跃然动心，逆节萌起，盖有观剑门之险而追笑刘禅，览兵甲之盛而思效玄德。而蜀之人形格势制，不能不折而从之……呜呼！一定而不易者，地形也；难保而易变者，人心也。故地形惟所守，而人心惟为所化。①

李埴的这番言论，旨在驳"蜀人嗜乱喜祸"之说，虽有失偏颇，但从"形格势制"的观点出发，来剖析蜀中割据现象频发的主客观因素，应该还是可取的。

三、巴蜀移民政权的影响

割据蜀中的这些政权，产生于中国历史的乱世，正是中国历史上各族人民大移动、大交流的空前时代，本身就是大移民时代的产物。由他们在巴蜀所建立的割据政权，本身就是一个以外来人口为主要依靠力量的政治军事实体。故有论者称其为"客籍集团"②，或称其为"非典型性移民""地方军事集团"③，更有径直将其称为"移民政权"④者。

割据巴蜀的这些外来移民政权，由于先天的局限性，没有一个能够凭借巴蜀完成统一天下的大业。它们也如同从北方乔迁至南方的小朝廷一样，最终都逃脱不了偏安一隅的命运。作为巴蜀地缘政治产物的外来割据政权，虽然不是历史的主流，但也对巴蜀历史的进程产生了一定的影响。

第一，它有助于大规模移民入蜀高潮的形成。

具体表现在：其一，外来人口为躲避战乱，追随军事集团首领入蜀。如唐末五代时期，由于中原长期战乱，蜀中相对安定，追随王建、孟知祥入蜀的人数剧增，蜀地人口以每年1.07%的比率增长，约为同一时期全国户口平均增长率的两倍，出现了这一历史时期规模最大的移民入蜀高潮。⑤其二，这些政权

---

① （宋）李埴：《鱼复扞关铭》，《全蜀艺文志》，刘琳、王晓波点校，下册，卷四四，线装书局2003年版。
② 饶胜文：《布局天下——中国古代军事地理大势》，解放军出版社2002年版。
③ 王永超、校元明：《五代十国形成原因再认识——以移民与社会互动为视角的初步考察》，《哈尔滨学院学报》2008年第29卷第8期。
④ 谭红：《巴蜀移民史稿》，巴蜀书社2006年版。
⑤ 谢元鲁：《论唐五代蜀中的奢侈之风》，载《前后蜀的历史与文化》，巴蜀书社1993年版。

（除张献忠的大西政权之外）在割据统治期间，大多推行保境安民政策，以安辑扶养为务，从而维持了相对安定的局面，有助于吸引外来人口迁入。如成汉国建立后，在李雄统治下的三十余年间，蜀中社会保持安宁，史称："时海内大乱，而蜀独无事，故归之者相寻。"[①]在唐末王建统治前蜀期间，"蜀恃险而富"，中原"人士多欲依（王）建以避乱"[②]。在元末大夏政权期间，明玉珍"躬行俭约""禁侵略，薄税敛，一方咸赖小康焉。"[③]正因为"在蜀有治行"，因此，"凭借乡谊，襁负从者如归市。以故蜀人至今多湖北籍者"[④]。其三，这些政权为了壮大、维护客属集团的利益，还有意招募外来人口入蜀。例如李寿即位后，为了与东晋争夺人口，充实蜀中，"以郊甸未实，都邑空虚，乃徙旁郡户三丁已上，以实成都"[⑤]。又诱使南方的少数民族大量入蜀，其中最主要的是原居住于贵州与云南地区的僚人。而随着僚人的迁入，又迫使不少蜀民外迁，于是一时间又造成了蜀境内外连锁式的移民迁徙活动。又如元朝末年，明玉珍自三峡出兵占领巴蜀全境，建立大夏政权后，在楚地大事推行招民政策，有组织地引进、接纳了一大批湖广移民入蜀，到了明前期，巴蜀境内的人口结构出现了"少土著，半流寓"[⑥]的格局。

第二，它促进了巴蜀多元文化特色的形成。

巴蜀本来就是一个兼容性较强的地区，随着不同省籍军事集团的进入，由他们所带进来的移民文化要素必然在不同程度上渗透于所控制的范围之内。例如，西汉末年，公孙述利用谶纬学说称帝，割据时间虽然短，但却使自秦入巴蜀后，一直处于民间的方士、巫术之学，一度跃居官方地位，变为国民的指导思想，在很大程度上刺激了它的发展，并为后来的蜀学奠定了基础。东汉晚期，随着刘焉父子割据巴蜀在先，刘备称帝在后，与巴蜀毗邻的荆州学派日益加强了对以成都为中心的蜀学的影响。由于当时北方大量学人避难汇集于荆州，在巴蜀与北方交通阻断的情况下，蜀地一些对古文经学有兴趣的学子，便到荆州求学。由于刘备入蜀前，曾经先取荆州，并起用了以诸葛亮为代表的一批当地的学子，后来这批

[①] 《晋书》卷一二一《李雄载记》。
[②] 《新五代史》卷六三《前蜀世家》。
[③] 方孝孺语，见杨学可《明氏实录》。
[④] 民国黄陂《周氏宗谱》卷一〇。
[⑤] （明）郭允蹈：《蜀鉴》卷四，引李膺《益州记》。
[⑥] 明正德《四川志》。

学子随刘备入蜀，因此，在蜀汉时期，成都的荆州学派一度较有影响。[①]再如元末明玉珍入蜀，将弥勒教带进四川。四川本来就是一个民间宗教信仰较为浓厚的区域，自元代以来，白莲教在四川有着深厚的群众基础。明玉珍在重庆建立大夏政权后，去释、老二教，专奉弥勒为"国教"，从而使得白莲教在四川得到广泛传播，这也为明清两代白莲教在这一地区的发展，乃至为发动宗教外衣下的反抗朝廷的斗争奠定了思想基础。

第三，它通过施政方针影响巴蜀地区的发展方向和进程。

如五代前后蜀政权的建立者，都是北方人，他们一般都曾受唐政府的任命册封，是典型的"朝廷命官"，他们都有一定的政治才能，也懂得大量的官方礼仪和从政经验。出于"现实畏惧感"，他们具有些许的"进取心"，毕竟他们来自外地，生存压力迫使他们比较注意自身的形象，在尽力搞好与"土著人士"关系的同时，更注意团结和争取同是北方"老乡"的移（流）民的支持，注意完善统治手段和执政机构。因此，他们所施行的刑政礼乐教化手段，有助于维系一方社会的稳定。加之，其辅政者也颇多治世能臣，例如蜀汉丞相诸葛亮，后蜀宰相毋昭裔，大夏丞相刘桢等人，都是不可多得的辅佐之才。凭借他们的政治经验和治理才干，故能使巴蜀社会在特定环境中获得继续成长的机会。其中，蜀汉、前后蜀政权都曾经为蜀中社会、经济、文化的发展产生了积极的影响作用；而大夏政权在天下大乱的局势下，也曾经使蜀中一度"粗安"。

当然，与之形成鲜明对比的是，由张献忠所建立的大西政权，由于历史和阶级的限制，其所推行的过激政策，特别是滥杀无辜的行为，对四川历史进程所产生的负面影响也是不容忽视的。

第三节 明代四川的藩王宗室

蜀藩是明代分封制下的产物。作为坐镇一方的特殊宗室群体，上承元朝百年统治之余，在明朝力惩元朝弊政，恢复"汉官威仪"[②]的历史转折关头，以其在文化上的爱好和作为，为四川文化的恢复与振兴做出了贡献。

---

① 罗开玉、谢辉：《成都通史》第二卷《秦汉三国（蜀汉）时期》，四川人民出版社2011年版。
② 朱元璋语，见《明大政纂要》卷一。

一、分封四川的宗室群体

在历史上，封建中央王朝为了加强对巴蜀地区的统治，曾经将本区作为领地，分封给宗室子弟领有。如隋文帝杨坚册封次子杨秀为蜀王，兼益州刺史，坐镇成都二十年（开皇二年至仁寿二年，582~602）杨秀镇蜀，虽有因张仪旧城增筑官署的行动[①]，但却未见其在成都大规模修建王宫的记录。与之形成鲜明对比的是，被朱元璋分封至四川的蜀王，却是一个由庞大官僚机构和宏丽王府支撑起来的特殊宗族群体。比较起来，它具有以下鲜明特点：

首先，它拥有一座规模宏大的王府宫殿。据朱勤美《王国典礼·亲王府志》所载，洪武时期明太祖对亲王府的规模有严格的规定。如洪武十一年（1378）规定：亲王宫城周围三里九百步九步五寸，东西一百五十丈二寸五，南北一百九十七丈二寸五分。[②]其规模略小于皇宫，备极宏敞，埒如禁苑。蜀王册封于洪武十一年。三年后的洪武十五年（1382），朱元璋下达了在成都修建蜀王宫殿的诏令。根据明太祖诏谕景川侯曹震"非壮丽无以示威仪"[③]的精神，经过八年（1382~1390）的营造，一座耗费了大量人力、物力修建的崭新的蜀王府城，终于在五代后蜀宫城旧址的基础之上耸立起来了。这座拥有八百多间宫室的规模宏大的王府，位于成都大城之中（即今成都市展览馆、后子门一带），四周环以萧墙，形成内、中、外三重城垣。对成都城市史颇有研究的李劼人先生描述说，明代蜀王府的规模很大，几乎占去当时成都城内总面积的五分之一，达三十八万平方米。北起骡马市街，南至红照壁街，东至西顺城街，西至东城根街。藩府有两道城墙，内城之中有十几座宫殿，内城之外，夹城之内为园苑。外墙外是御河，河上有三道拱桥。再南又有大桥三道，跨于金河之上两侧。整个宫殿坐北朝南，建筑巍峨雄伟，金碧辉煌。园林精致优美，亭台楼阁，小桥流水，鸟语花香，其中的"菊井秋香"被誉为当时成都的八大景观之一。宫城前面有三道门洞。门外是广场和宽一百余尺的御道，与门洞正对。在六百余米处，是一堵二十余丈长、三丈来高的砖影墙，因为它是红色的，所以名为红照壁。在门洞外二百五十米左右的东西两侧，各有一座亭子，

---

① （宋）张咏：《益州重修公宇记》，天启《成都府志》卷三八。
② 朱勤美：《王国典礼》卷二《亲王府志》，《北京图书馆古籍珍本丛刊》第五十九册，书目文献出版社1998年版。
③ 明正德《四川志·封藩·蜀府》。

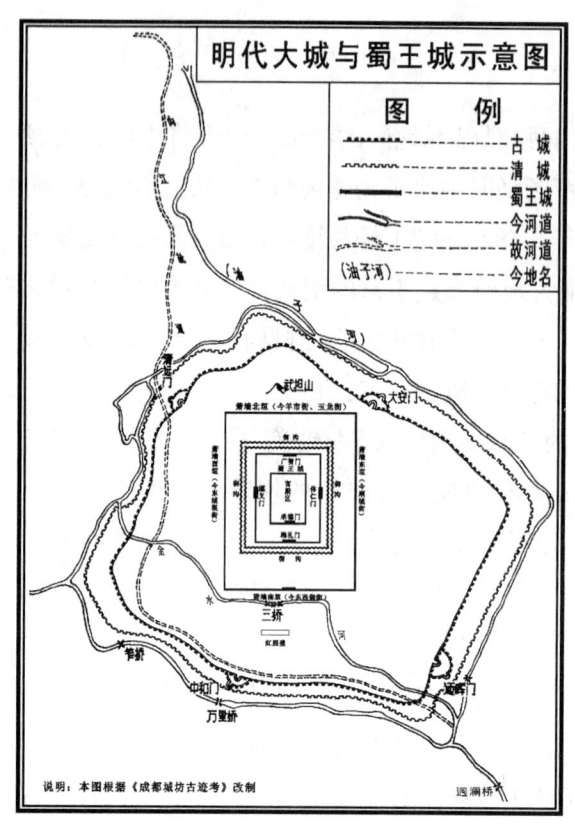

明代成都大城与蜀王城示意图（采自《成都城坊古迹考》）

是王宫的鼓吹亭，东亭名为龙吟，西亭称作虎啸。①

其次，它拥有一个服务于藩府的庞大的官属机构。根据明制规定，围绕藩府的官僚机构，主要由王府长使司、王府护卫指挥使司、王府仪卫司等组成。仅其中的负责王府安全的护卫指挥使司，就统率有一支总数为一万四千七百人的护卫队伍，这在明初诸藩王中也是名列前茅的。此外，还有负责王府侍卫的仪仗，1970年在成都凤凰山出土了献王世子朱悦燫墓，墓中就有大量的仪仗俑群。1979年在成都龙泉驿区十陵镇出土的僖王陵墓，墓中有仪仗俑群四百零七件。这些陶俑无论就俑的服色以及所执的仪仗，都与当时亲王仪仗制度相合，由此再现了明朝初年的陵墓、衣冠制度②，同时也见证了蜀府仪卫司官属的存在。

再次，它上承元朝短暂统治之后，延续了二百七十多年，与明代政权相始终，直至明末被张献忠农民起义军所推翻。在有明一代受册封的全国诸多亲王中，有以罪夺爵，或因无子封除，只有二十九个王府得与明朝同时告终。蜀藩宗室二百七十年间，传袭十世，共有十三个藩王、一个王世子。直至崇祯十七年（1644）八月十五日张献忠攻陷成都，末代蜀王朱至澍与诸妃嫔投井自尽，

---

① 曾治中、尤德彦：《李劼人说成都》，四川文艺出版社2001年版，第12页；卢升弟：《蜀王府的风光与悲凉蜀王府》，载《成都日报》，2006年12月11日。
② 中国社会科学院考古研究所等：《成都凤凰山明墓》，《考古》1978年第5期；成都市文物考古研究所：《成都明代蜀僖王陵发掘简报》，《文物》2002年第4期。

共抓获"王府宗室暨家口数万人"①。至此,"二百七十年富庶之藩封"②才宣告覆亡,可见其对四川影响的久远。

最后,它具有鲜明的客籍属性。不仅历代蜀王及王室成员来自东南,就是为其服务的王府要员也大多是来自外省。例如,蜀王府长使司担任中侍的江时,据杨慎撰写的江时墓志铭可知,江时原姓陈,出身湖广巨族,自幼投入内府,赐姓江,颇受重视。"及长,教以读书习礼""近侍蜀王任以长,随事左右"。江时以"中侍"之职随事蜀王左右,江时死时,蜀王为之厚葬。近年来在成都出土了"蜀府故中侍江公墓志铭"碑③,也证实了这一情况。又如,民国年间,在华阳县桂溪寺(今高新区桂溪乡)附近,乡人掘土,得"寿山汪公墓志铭"碑一通。该墓志称,墓主汪寿山,"其先楚黄麻城人,始祖志贤,以军功从献王之国,因家锦里世为环卫"。"公生于嘉靖庚子八月十六日未时,卒于万历己酉十月初五日辰时""葬于南郊桂溪庄之原"④。这是洪武年间,因军功随侍蜀王而从湖北麻城迁入,最后定居成都锦里,子孙世代都为成都居民的文物见证。

二、蜀藩在文化上的优势

经历宋元战乱之后,四川经济文化受到极大的破坏,到了元代,四川本土文化急剧衰落,几成荒漠。随着元代四川人口构成的改变,社会风气已发生了根本性的变化。"治者狃闻袭见,以遗风旧俗为可鄙,前言往行为可陋,至有鸿儒宿学,林潜谷逝,其道莫闻,况复有知学校哉!"⑤两宋时代崇尚文化的风气,普遍被视为"可鄙""可陋"而遭到遗弃。在昔日社会中受到尊崇的"鸿儒宿学",而今遁迹林谷,难行其道。在元代,四川文化典籍空前匮乏,读书人苦于典籍匮乏,甚至到了无书可读的地步。前来此区就任的官员,不得不捐出私财,到江南各地去采购古籍以救蜀中的"书荒"⑥,由此可见元代四

---

① (清)沈荀蔚:《蜀难叙略》。
② (清)彭遵泗:《蜀碧》卷二。
③ (明)蒋成等:《明蜀藩太监墓志集释》,《四川文物》2001年第4期。
④ 民国《华阳县志》卷二一《金石第十》。
⑤ (元)揭傒斯:《彭州学记》,《文安集》卷一一。
⑥ (元)张雨:《贞居集》卷五《赠纽怜太监》(武林往哲遗著本,第36页)载,在四川生长的蒙古人纽怜,捐私财于文翁石室、扬雄墨池、杜甫草堂,皆列为学官。他还在东南各地收购图书三十万卷及铸礼器以归。元代诗人《曲句外史集》的作者张雨赋诗歌颂了这一盛事。

川文化低落之一斑。

在结束元朝统治之后，正当明朝急欲恢复传统、文化亟待振兴的转折关头，一个外来的宗室群体开始坐镇四川。显然他们的作为关系到此区地方社会经济能否尽快恢复，文化传统能否得以延续的重大问题。这个外来的宗室群体，凭借其自身所拥有的有利条件，正好具有在这方面发挥作用的优势条件。

首先，这个群体具有较高的文化素养。明代宗室教育制度完备，为宗藩文化的发达打下良好的基础。一般说来，在明代各地的诸王中，被册封在成都的蜀王文化素养比较高，向以"好学能文"[1]著称。第一代蜀王朱椿，从小就是在良好的宗室教育环境中成长的。洪武十一年（1378）被封为蜀王。"分封日则宋景濂为之傅，就邸则方孝孺授其书"[2]。奉命驻凤阳，专门辟西堂，延聘著名学者李叔荆、苏伯蘅一起研究文史。直到洪武二十三年（1390）才就藩成都，其间长达十二年之久。正是在这样良好的文化氛围中，朱椿养成了嗜好读书、酷好收藏、喜好钻研的素养和气质。所以，《明史·诸王传》评价说：朱椿"性孝友慈祥，博综典籍，容止都雅"，颇得朱元璋的好评，尝呼他为"蜀秀才"[3]。明人郑晓《吾学编·诸王传》也称，朱椿"读书好善，近儒生，能文章，高皇呼蜀秀才"。国外明史研究学者更将他视为是一位"学者王子"[4]。

其次，明代的藩禁政策，客观上为他们创造了潜心研究文化的条件。在明代藩禁日严，宗室子弟不得习四民之业的社会条件下，一方面有部分宗室整日游乐人生，有时间、有财力醉心于饮酒赋诗、琴棋书画；另一方面，有部分宗室为了摆脱政治上的失意和钳制，闭门读书，潜心于文化创作，从而为明代宗藩文化的兴盛大开了方便之门。巴蜀地区的文化事业尽管在元代落入低谷，但其所拥有的深厚的历史文化底蕴，为明蜀宗藩在文化上的成长提供了优越的环境。加之蜀藩宗室不甘人后，不懈努力，也在成都创造了独具特点的宗藩文化。杨慎对此作了深刻的阐述。他在为蜀成王《长春竞辰稿》撰写的序文中指出："蜀之封疆当西南之坤，坤为文，先哲有论说矣。"加之又继承了汉代司

---

[1] 《明史》卷一一七《朱椿传》。
[2] 语出杨慎为明朱让栩撰《长春竞辰稿》之《序》，据《北京图书馆古籍珍本丛刊》第107册，书目文献出版社1998年版。
[3] 《明史》卷一一七《朱椿传》。
[4] ［美］牟复礼、［英］崔瑞德编，张书生等译：《剑桥中国明代史》，中国社会科学出版社1992年版，第176页。

马相如、王褒、扬雄的风范，接续了唐代陈子昂的辞藻，"其兴观染植若此。则其彪炳虎变、彩犟凤骞岂偶然哉"①。

再次，天府之国的地利优势，雄厚的经济实力，更为历代蜀王在文化上的作为提供了坚实的经济基础。按照明代之制，藩府与地方的关系是："分封而不锡土，列爵而不临民，食禄而不治事。"②受封的亲王在地方享受的待遇分封丰厚，即所谓"岁禄既多"，"富厚"无比。③亲王在地方的经济来源，主要仰仗于岁禄。但由于各地宗王在地方的分布数量不同，加之地利条件有别，所以其"富厚"的程度是大有差别的。正如明臣所说："查得分封地方，山西、湖广各十处，河南七处，陕西四处，江西、山东各三处，四川、广西各一处。盖宗室数少，则常禄可沾，易与为善。数多则党众禄窘，亦易为非。"④据明人陆钺《病逸漫记》记载："天下王府，惟蜀府最富，楚府、秦府次之。"在海内各大省中，蜀藩"富厚甲于诸王，以一省税银皆供蜀府，不输天储也"⑤。蜀藩"拥厚赀，为世指名"⑥，可以说蜀王的"富厚"在地方诸藩中是屈指可数的。究其原因，在于"蜀仅有一王不足累"⑦；加之，得天府之国的地利优势，物产丰富，"其产则有五谷、六畜、金银、竹木、丝麻、木棉、盐油、铜铁、药物之利，足以丰殖，不假他方"⑧。除了分封的田产外，王府还依仗权势，霸占成都平原大量民田。万历三十四年（1606），四川巡抚孔贞一疏奏："蜀昔有沃野之说，然惟成都府属，自灌抵彭十一州县开堰灌田故名焉。近为王府者什七，军屯什二，民田仅什一而已。"⑨正因为如此，蜀藩在海内诸王中素以经济富裕著称。乃至朝廷每有重大修建工程，蜀府往往以巨额黄金奉献。如嘉靖二十年（1540），朝廷建太庙，蜀王一次性献黄金六十斤，白金六百斤。⑩嘉靖三十九年（1560），蜀康王

---

① 语出杨慎为明朱让栩撰《长春竞辰稿》之《序》，据《北京图书馆古籍珍本丛刊》第107册，书目文献出版社1998年版。
② 《明史》卷一二〇《诸王传·赞》。
③ （清）赵翼：《廿二史札记》卷三二《明分封宗藩之制》。
④ （明）何起鸣：《条议宗藩至切事宜疏》，《皇明经世文编补遗》卷一，中华书局1962年影印本。
⑤ （明）张瀚：《松窗梦语》卷二下。
⑥ （清）刘景伯：《蜀龟鉴·凡例》。
⑦ （明）王世贞：《同姓诸王表序》，《皇明经世文编》卷三三三，中华书局1962年影印本。
⑧ （明）费密：《荒书》。
⑨ 《明神宗实录》卷四二一。
⑩ 《明史》卷一一七《蜀王椿传》。

之世子宣圻即后来嗣王位的蜀端王，以"助工"的名义，一次就奉献黄金一千两，白金一万两。①

最后，历代蜀王博学多才，自身具有对于文学的嗜好和对收藏的雅趣。在明代蜀王中，除第一代蜀王朱椿堪称这方面的典范之外，其后历代蜀王莫不身体力行，在文化著述上有所成就。据《明史》记载，在历代蜀王中，"自献王椿以下四世七王，皆好文学，谨守礼法"②。其中以第七、八、九三代蜀王最为突出。第七代蜀惠王朱申鑿，十二岁时被明朝皇帝封为通江王，十三岁即被封为蜀王，平生"好学循理，工诗赋善草书"。他除有著作存世之外，还长于草书，在《草书集韵·序》中，他写道："予于国政之暇，必草书三五幅以畅其情，恒以淳化石刻历代名臣法帖以效。"③表明这位蜀王也和他的曾祖父献王一样，一生嗜好收藏，钟情于书法。第八代昭王朱宾瀚，明孝宗赐诗给他曰："河间礼乐文风盛，江夏忠勤世业昌。异代岂能专美事，吾宗亦自有贤王。"④第九代蜀成王朱让栩，据杨慎撰文介绍，"王好学，手不释卷""不著长物，惟富图籍"。"著述满家，儒林称颂，真有王人之度，作者之风……平生赋咏论著，无虑千百"，著有《长春竞辰稿》一书。蜀成王于国政之暇，还简编日程，记录每天"观经史凡几卷，子集凡几卷，临摹法书凡几纸，作诗日几首，属对凡几联"，比之一般"青衿儒生、锦带居士"，还要"勤渠倍之"⑤。历代蜀王的这些著述，价值与水平如何，有待评判，但起码在丰富文化遗产上不无裨益。

三、蜀藩在文化上的作为

受明代藩禁体制的限制，蜀藩宗室在政治上无所作为，但凭借自身在文化上的优势条件，其在推动四川文化的恢复与振兴上则多有建树和作为。归纳起来，有以下几项：

第一，身体力行，尊崇礼教。蜀献王朱椿就封蜀邸，"崇儒重道"，乃首

---

① 《明世宗实录》卷四八四。
② （清）刘景伯：《蜀龟鉴》卷二。
③ （明）蜀惠王：《草书集韵·序》，《全蜀艺文志》卷三一。
④ 语出杨慎为明朱让栩撰《长春竞辰稿》之《序》，据《北京图书馆古籍珍本丛刊》第107册，书目文献出版社1998年版。
⑤ 语出杨慎为明朱让栩撰《长春竞辰稿》之《序》，据《北京图书馆古籍珍本丛刊》第107册，书目文献出版社1998年版。

先召新都处士杨学可为"国中士子矜式",即将其树立为蜀中士林的榜样。杨学可,先世居蜀之新都,博通经史。遭元末乱世,隐居不出。曾经在明玉珍政权强盛之时,辞大夏国子助教不就。明初与故官宿儒赴南京,陈述老疾,辞归蜀,以教授为业,蜀中之士"执经座下者无虚日"。洪武年间,蜀献王就封,闻杨先生之名,招致之,甚加礼重。"赐田宅于国之大安门外、驷马桥北",且赠以十四字的对联云:"流水画桥题柱客,清风精舍读书人","士子从学者皆称为'清风先生'云"①。嘉庆《成都府志》称,其在驷马桥北外的"宅舍遗址"至清代已"无可考"②。惟其坟墓在新都县东北二十里之太平桥,至清代犹存,"墓碑系嘉靖丁巳(三十六年,1557)五世孙龙等立"③。蜀献王朱椿到了四川后,闻汉中博士方孝孺道德文章堪称明代第一,即聘他做世子的老师。蜀王还在方孝孺的住所题了一块"正学"的匾额,以激励蜀人的向学之风。今成都青羊区有方正街,东接方正东街,西接兴禅寺街,长二百米,以方孝孺在成都讲学尝寓此,为纪念这位著名学者,清代将其命名为"方正街"。④方孝孺曾经作诗一首,抒发了他接受蜀王赐宴浣花新建草堂的"感恩怀古"心情,诗中有"吾王讲艺余,特赐群儒宴"的诗句⑤,见证了蜀王尊崇儒学,经常赐宴儒臣,"崇儒重道"绝非一句空话。此外,朱椿还亲自到成都府学访问和讲课。当他了解到府学里的老师生活贫困,就将自己的年俸分一些补助他们,每月一石,并作为一项定制遵行。

经由蜀献王朱椿提倡的好读书,近儒生,敬师长,重视文化教育的传统,在明代蜀中得到恢复,并代代相传。万历初,明代地理学家王士性到成都观看蜀藩的宫阙、卤簿气象,曾经提到"其国人多能道吾乡正学先生教授时事"⑥。这里的"正学先生"就是指被蜀献王特聘为世子之师,并为其读书处题额"正学"的方孝孺,时人遂尊称其为"方正学"。方孝孺为浙江海宁人,王士性为浙江临海人,所以他称方孝孺为"吾乡正学先生"。方孝孺教授蜀府世子,时

---

① (明)刘惟德:《清风先生传》,《全蜀艺文志》卷五一。
② 嘉庆《华阳县志》卷三。
③ 道光《新都县志》卷六。
④ 四川省文史馆:《成都城坊古迹考》,四川人民出版社1987年版,第215页;吴世泰:《成都城区街名通览》,成都出版社1992年版,第78页。
⑤ (明)方孝孺:《四月一日蒙赐宴浣花新建草堂感恩怀古偶作》,《逊志斋集》卷二三,宁波出版社1996年版。
⑥ (明)王士性:《五岳游草》,中华书局2006年版,第91页。

在洪武二十五年（1392），到王士性万历游历成都，已经过了一百八九十年。从二百年后的成都人还能口耳相传方孝孺当年的"教授时事"，这应该是蜀献王以来倡导崇儒重道、尊师重教之风不断传承的结果。蜀献王朱椿对于知识和人才的尊重，在对宋濂身后事的处理上表露无遗。据杨慎称，蜀献王分封之日，"宋景濂为之傅"①，表明他们曾经有过师生之谊。宋濂明初致仕后，因其孙以罪被刑，被发配到四川茂州安置，其子瓒随侍至蜀。不幸间关万里，宋濂抱病于洪武十四年（1381）卒于夔门，葬夔州莲花峰下。蜀献王十分同情老师的不幸遭遇，于永乐十一年（1413）十二月二十七日，召宋濂孙子宋恪，赐葬具，将宋濂墓迁葬于华阳县安养乡之原，遣文武官员共同祭奠宋濂，并赐田八十顷，以奉其祀，长子宋瓒与妻贾氏葬在其父墓右。又过了七十二年，蜀惠王于成化二十年（1484）十二月十三日拜宋濂墓，见其土脉浅薄，命承事宋璟于净居寺旧茔，重新将宋濂安葬在锦城迎晖门外。寻废其寺，建祠祭祀宋濂。

历代蜀王何以如此高规格礼遇于一代名儒，明人彭华指出：这一方面是基于"先王之盛典"——《周礼》所载之"司徒掌十有二教"的首要原则："以祀礼教敬，则民不苟"；另一方面，也是为了继承献王朱椿之志。其最终目的，是为了给老百姓树立榜样，使之"不苟"，而惟以合于礼义之中为贵。正所谓："贤王之所以兴起民之不苟者，固有契于先王之盛典，而克上继献王之志无愧焉者，于此亦概见矣。"②

第二，收藏典籍，刊刻图书。为了改变元代以来蜀中存在的文

宋苏辙《栾城集》明蜀藩刻本书影

---

① 语出杨慎为明朱让栩撰《长春竞辰稿》之《序》，据《北京图书馆古籍珍本丛刊》第107册，书目文献出版社1998年版。
② （明）彭华：《潜溪宋先生迁葬记》，天启《成都府志》卷五三。

化典籍缺乏的书荒现状，蜀献王不惜重金"招致天下名刻书佣集成都"，是故"蜀多巧匠"①。从第一世蜀王开始，历代蜀王都热衷于图书版本的收藏和刻印。至于蜀府书籍的来源，除部分来自民间、坊间外，大多得自内府的赏赐。明太祖自己一再编写《昭鉴录》《永鉴录》等颁赐诸王。又赐湘、潭、鲁、蜀四王《十七史》等书各一部。相传洪武初年亲王之国，必以词曲一千七百本赐之。②清初大藏书家钱谦益称："海内藏书之富，莫先于诸藩。今秦、晋、蜀、赵燔矣。"③蜀王府刊刻了《史通》《蜀鉴》《蜀汉本末》等一大批文化典籍。此外，明代四川还刻印出版了一大批四川地方志书。大批古籍在成都出版，不仅有助于文化典籍的保存，对于当地学风的劝导、文化的传播，以及给雕版印刷和造纸业带来的推动作用，是不言而喻的。

第三，抢修古迹，保护名胜。经过宋元战争之后，四川文化古迹破坏严重，荡然无存。其后虽经元朝短暂的恢复，起色不大。蜀王朱椿就藩成都，坚持奉行"以礼教守西陲"的原则，颁令旨保护文庙、学宫、佛寺、道观、神祠、古刹，以为"凡有国此莫不尊奉，无非所以为民也"④。其后，自第一代蜀王朱椿以下，尤其是中后期的各代蜀王，莫不兴利除弊，身体力行，热心公益文化建筑设施的保护，从而抢救修复了一大批文化古迹和风景名胜。

蜀献王朱椿初至成都时，到离城郭西五六里的杜甫草堂游历，看见杜工部子美祠"隘且就圮"，叹息道："是足以妥灵而虔祀乎？"于是，遂决定"拓而新之"⑤。朱椿还亲笔撰写了祭文，文中对诗圣杜甫倾慕有加，称颂"先生之精神犹水之在地，无所往而不在"，而浣花溪旁边的草堂仅存故址，衰败不堪，因此，他决定辟地一块，"命工构堂"，重修草堂，并题写匾名，"庶几过者仰慕乎先贤"⑥。在朱椿开启的这种重视文化公益事业传统的影响下，其后由蜀府提倡修建的公共文化景观设施日渐多了起来。其中，第七、八、九代蜀王生活在成化、弘治、正德、嘉靖之世，蜀中社会经济正处在恢复发展的阶

---

① （清）彭遵泗：《蜀碧》卷三；孙锒：《蜀破镜》卷四。
② （明）梁清远：《雕丘杂录》卷一五，转引自张秀民：《中国印刷史》（上），浙江古籍出版社2006年增订本版，第285页。
③ （明）钱谦益：《有学集》卷二六，转引自张秀民：《中国印刷史》（上），浙江古籍出版社2006年增订本版，第285页。
④ 《明史》卷一一七《蜀王椿传》。
⑤ （明）张时彻：《重修杜工部祠堂记》，天启《成都府志》卷五三。
⑥ （明）朱椿：《祭杜子美文》，《全蜀艺文志》卷五〇。

段,这为他们在社会公益事业上的作为奠定了客观物质基础。经蜀府倡导修复的古寺除草堂之外,还有万福寺。此外,确知为蜀府所建的成都桥梁还有:治东的观音桥,治南的慈航桥,成都东门外的洪济桥(九眼桥),蜀府金水河西的萧公桥,府治西南的青羊桥,沙河铺右的度人桥,新都南十里的德阳王桥,华阳的万年堤,成都的龙爪堰,等等。

第四,热心佛道,复兴有象。根据明人何宇度的记载,四川"仙宫佛院,成都颇盛,半创自献王之国时。累代藩封、中贵从而增益之。殿宇廊庑,华丽高畅。观如元天、云台,寺如昭觉、金像、净居、净因(俗名福万)、金沙,庙如昭烈,宫如青羊,俱不减两都规模,足供游眺"①。其中,昭觉、金像、净居、净因、金沙诸寺,皆为当时成都著名的佛教丛林。城北十里的昭觉寺,"为西蜀禅林之大观"。蜀藩在重修昭觉寺的同时,并"缘例免沃田三百廛税,供僧如数。又广拓之,周围墙垣缭绕七百余丈"②。洪武二十七年(1394),蜀献王以彭县龙兴寺智润禅师"戒行高洁",亲自主持仪式,将其迎请住成都昭觉寺,赐号"光照禅师"③。至于成都以外的州县,也不时可以发现一些蜀王资助当地修建寺庙、保护文物的事迹。例如,大足宝顶山石窟自宋末元季兵燹之后,殿宇倾颓,一蹶不振。蜀献王入蜀后,大加提倡,他于永乐年间亲自游历宝顶后,即命僧玄极主持重开。现宝顶石窟保存有玄极所立的"重修宝顶事实"碑一通,立碑时间为宣德元年(1426)八月。碑文追述了大足报恩寺僧玄极惠妙偕师弟惠旭,于永乐十六年(1418)八月一日,奉蜀府令旨主持宝顶、重开宝顶的经过。④蜀王下令重建宝顶山寺庙,并以此为中心寺庙,保护全县百余处五万余尊摩崖造像。⑤

第五,蜀王热心文化的举措,有兴有废,既有对濒临毁坏的文化物质载体进行维修和兴建,也有对历史上流传的文化典制进行破除和扬弃。其中,以武侯祠君臣合祀祠庙制的建立最为突出。据万历《四川总志》载,府城南二里

---

① (明)何宇度:《益部谈资》卷中。
② (明)释中恂:光绪《重修昭觉寺志》卷八。
③ (明)释中恂:光绪《重修昭觉寺志》卷一、卷二。
④ 重庆大足石刻艺术博物馆等:《大足石刻铭文录》,重庆出版社1999年版,第252页。
⑤ 黄济人:《老重庆——巴山夜雨》,江苏美术出版社1999年版。

第四章 巴蜀移民文化的媒介载体 | 125

蜀献王捐建之大足南山万岁楼

有"先主庙"。"旧在惠陵右,附诸葛亮庙。本朝洪武初,合庙祀之。"①总之,蜀藩这一外来宗室群体虽"食禄而不治事",但在上承两宋、下启清代这一特殊历史背景下,在恢复和振兴四川文化上还是有所建树的。

---

① 万历《四川总志》卷三。

第五章

巴蜀移民文化变移的发生

随着移民文化的传入，必然会引起巴蜀地区原有文化成分的改变，于是文化变移性就发生了。在文化变移性过程中，有一种现象叫"文化飘移"（cultural drift），是指一种文化向某种方向逐步发展过程中出现的一系列微小的变化。①本章以实例阐释移民迁入后，发生在巴蜀地区的文化要素转移与文化复合等细小的文化变化。

第一节　渐进的文化要素转移

"文化飘移"是文化变移性的一个渐进过程。当外来人口进入巴蜀地区，由其所携带的原乡文化，也就随之在迁居地逐渐扩散和蔓延开来了。

一、原乡要素的扩散

当移民从四面八方拥至四川盆地之时，他们人虽然远离故土，身处异乡，但在原乡文化模式惯性的支配下，他们的思想和行动必然会按照原乡文化传统的内部逻辑运行。这样，随着移民迁入巴蜀地区，由其承载的移民文化要素的搬运行为也就随之发生了。

文化要素是指文化所包含的各种基本成分。其中，包括人的知识、信仰、艺术、道德、法律、风俗、技能、社会关系、社会组织、价值观念、行为规范和模式、语言符号、人造物品、物品的式样等，都是文化的要素，举不胜举。按照常理，在人口迁移过程中，首先被转移的文化要素，多是社会文化的外部表现，即日常生活中那些最常见的种种文化事象，诸如语言、饮食、衣服、日用器物等等。因为这些事象是文化要素中最直接、最浅表地附着在人的身上的，故当人口发生迁移时，它们会毫无例外地最先被移民转移到移居地，而成为最先扩散的移民文化要素成分。

---

① 沙莲香：《中国民族性：1980年代中国人的"自我认知"》，中国人民大学出版社2012年版，第6页。

一般说来，从移民踏上巴蜀大地开始，相关的移民文化要素搬运就发生了。只不过由于受资料的限制，今天我们无法将所有移民迁徙中的外来文化要素转移情形详细地描绘出来，而只能以举例的方式来加以勾画。距今三百多年的清初"湖广填四川"移民运动，理所当然地成为离我们最近的观察移民文化运行机制的最好样本。在清代移民大潮中，来自不同地域文化背景的移民迁居巴蜀大地，肯定都会按照自己的原乡文化传统行事，于是，这就使各地在一段时间内，毫无例外地出现了"五方杂处，风俗各异"的现象。而在这一现象背后，就隐藏着大量移民文化要素发生和转移的信息。

钟氏族谱

定居于简阳县踏水桥的广东移民钟氏家族，留下一部十分珍贵的光绪版《钟氏族谱》，其中收录了入川始祖钟宏予的一篇口述史料——《入川履历》。据该史料记载，广东嘉应州长乐县（今属广东梅州市）客家移民钟宏予，迫于饥寒，不得已奉母命移家入川。自康熙五十九年（1720）携三个儿子上路，因为筹集盘费，暂居于湖南浏阳达三年之久。雍正元年（1723），自浏阳西行，经过四十多天的长途跋涉，终于在农历除夕前夜，抵达简阳县踏水桥。且看移民当事人——钟宏予是如何通过待人接物行事，将移民文化要素无形中转移和扩散开来的。

首先是语言的转移和扩散。据钟宏予自己记述，抵达当地的第一个晚上，他寄宿在"凤集书院屋左石墩上研房内"。第二天一大早，他就来到"下榨子字库边香蜡铺内坐谈"。通过交谈，店主知道他姓钟，"来自广东，昨日方到，寻佃业室"。碰巧在这里遇到了一个来买香蜡，亦来款茶的人，一问得知他也姓钟。于是，通过同宗介绍，他以"佃钱五串，押租钱三十串"的代价，从宗人承租的土地中，分得一半土地来佃种。接着，在同宗的带领下，他将行李运至新居地，这才在当地找到了在异乡生活的落脚之地。在这一过程中，他是用什么语言来与当地人接洽沟通的？交谈时所讲的话，肯定是与四川方言不同的方言。那究竟是什么话？推知可能是原乡的客家话，或者是在湖南三年迁徙途中所习的、与四川语音相近的湖南话。

其次是年俗文化的转移和扩散。据钟宏予记述，在新居地安顿好住处之后，他想起了三年迁徙旅途中的艰辛生活，内心波潮起伏，难以自已。为了庆贺在新居地过上第一个新年，他特地"蒸黄糕一笼，学学过年"。于是，在除夕这一天，他"将完婚时父所置衣帽穿整祀祖"。中国人最重过年，即使身在异

钟氏祠堂

乡，也不忘把除夕祭祖提上日程。遵从原乡的过年风俗，祭祖必须穿戴整齐，而他所穿的戴的，还是随身携带的、在家乡完婚时父母为其所置的衣帽。至于大年初一在异乡遥拜祖先，肯定也是按照家乡原有的祭拜礼仪进行的。

再次是饮食文化的转移和扩散。钟宏予抵达简阳新居地的第三天，正值大年初一。在原乡，初一就要出门给亲友拜年。即使到了异乡，也必须遵守这一习俗。出门拜客，需要准备贺礼，还要奉上点礼品表示心意。据钟宏予记述，在当地，他只认得东家方老先生。于是，大年初一，他备上贺礼和黄糕，去给东家贺岁。这位方老先生是湖广人，第一次"见黄糕不知何物？"于是问："应如何调饪？"方老先生按照钟宏予的讲解，烹饪后当场品尝了这种来自异乡的黄糕，顿时"大喜"。①

这里所说的"黄糕"，在广东客家原乡叫作"黄粄"，是一种待客小吃。制作方法是，先用糯米蒸熟然后在石臼中用木杵捣茸，再用槐花和草木灰泡水淋浇，成品为黄艳色泽。在广东原乡，用大米加工成粉后制成的粄糍，有籼、粳、糯等品种，根据季节转换和不同用途，能做出各种各样、不同名称的粄。不同种类的粄糍，具有不同的内涵，表现客家饮食文化的鲜明特色。按节日论，一般春节做的粄糍称为甜粄（笼粄）、喜粄（酵粄）、糍粑。其中，甜粄又称年糕、大笼粄，是客家地区春节期间以及办喜事必备的传统食品。用糯米粉、黏米粉按一定比例加红糖制成。② 由于这种甜粄小食，在清初四川的湖广人社区很罕见，所以方老先生收到钟宏予这份食品后，竟然不知其为何物，更

---

① 光绪简阳《钟氏族谱续》卷一。
② 据紫金县政协文史委员会编：《紫金文史·生活篇》记载，制作甜粄的米粉比例是：一般糯米粉占4/5，黏米粉占1/5。如一斗五升米的甜粄，放一斗二升糯米粉、三升黏米粉。

不知应如何调饪。而这种甜粄，对于初来异乡的广东移民说来，在缺乏必要制作条件的情况下，是不可能在当地临时赶制出来的。据此推测，它可能是在原乡制成，后被随身携带上路，到了石桥铺落脚后，再将现成食品蒸热后送给东家品尝的。

透过这段口述史料可见，当广东移民钟宏予迁川之初，由他所承载的来自原乡的文化要素，也随之转移到了迁居地。其所涉及的文化要素，多与日常生活有关，最先表现为语言、服饰、祭祀、食品、习俗等形式。广东移民钟宏予是这样，与他同时代迁川的其他省籍的移民又何尝不是这样。如果放眼全川，就会发现，清初有大量类似的移民文化事象，也都是随着移民迁徙的足迹，而不断被转移到巴蜀各个角落的。

二、原乡文化因子的蔓延

原乡文化因子蔓延扩散的方式，与移民的移居方式有很大的关联度。一般说来，移民的移居方式往往采取墨渍式、蛙跳式（即板块转移式）、闭锁式、占据式、杂居式等多种方式。①在清初移民大潮中，随着移民的省籍来源不同，以及移居方式的差异，由其所带入的文化习俗必然呈现出千姿百态。民国《广元县志稿》认为，经过"湖广填四川"移民运动之后，在巴蜀城乡普遍存在着五方杂处、风俗各异的现象。这一现象形成的要因不在别的，端在祖籍的不同。

乡市习俗，异区而殊，究厥要因，端在祖籍。广元当明末乱后，土著甚稀，俗有湖广填四川之语。改现居各族，非皆湖广，就各场市会馆推勘，粤、秦、赣各皆有之，是其习尚不外此也。有不同者，则或他省侨寓，婚姻邂逅，浸假成习，邻里成亲，从而仿效，故祖籍实剖判风俗之原矣。②

从《广元县志稿》所述观点表明，当移民将原乡文化即祖籍文化传统带到迁居地后，这种文化传统不仅会影响到移民本身，而且也会作用于当地。因此，从各地习俗差异的存在中，就可以判断出移民原乡文化蔓延的范围与扩散的程度。移民原乡文化的蔓延扩散，不只是存在于移民当初立脚未稳之际，就

---

① 司徒尚纪：《海南岛和台湾岛开发的差异与对策》，《海南大学学报》1998年第1期。
② 民国《重修广元县志稿》第四编第十五卷《礼俗志二》。

是到了"著籍既久",在相当长一段时间内,他们的行为方式仍旧会按照原籍习惯方式行事。正如《广安州新志》所说:清初以来,外省迁居当地的移民,举凡"立家庙,修会馆,冠婚、丧祭、衣服、饮食、语言、日用,皆循原籍之旧,虽十数世不迁也"①。这种"皆循原籍之旧"行事的现象,不只存在于广安一地,全川凡有移民聚居之地皆然。这里,仅以清代、民国时期地方志所记载的各种现象来加以验证。

例如在语言方面,由于不同省籍的移民使用的语言各不相同,当他们落户迁居地后,必然出现"五方杂处,语言互异"的现象。据道光十七年《德阳县新志·风俗》载:"旧志云:德阳民兼五土,聚族而居。楚语粤云,数代弗改。"同治十三年《德阳县志·风俗》"称谓"条下:"人少土著之家,地多杂处之民,声音不同,故称呼各异。"光绪《永川县志》中说:"永治五方杂处,语言互异……今土满人稠,强半客民……惟两湖、两广、江西、福建为多,生聚殷繁,占籍越数十传,而土音不改。"②民国《安县志》也载:"前清时,县属民,皆由各省客民占籍,声音多从其本俗。有所谓'广东腔',有所谓'陕西腔',湖广'宝庆腔''永州腔'者,声音多浊。"③民国《三台县志》亦云:"乐操土音不忘本也……邑人遭明季寇猁,两湖、两粤之民,插入县籍者,子孙继述,尤习宝庆(指沿用湖南宝庆的习俗——引者注)。乡谈祭祖祝词,不改广东土语。"④在一些清人的竹枝词中,更生动地描写了当年各地方言混杂一域的情况。如杨国栋《峨边竹枝词》曰:"乱猿啼彻晚烟沉,茅屋山村带水浔。楚语吴歌相遇处,五方人各异乡音。"⑤张栋《合州竹枝词》曰:"气候不齐连六诏,土音错杂半潇

光绪《永川县志》书影

---

① 宣统《广安州新志》卷三四《风俗志》。
② 光绪《永川县志》卷二《舆地·风俗》。
③ 民国《安县志》卷五六《杂记》。
④ 民国《三台县志》卷二五《风俗》。
⑤ (清)高伯雨:《听雨楼随笔》卷三。

湘。蛮歌竟夜喧铜鼓，溪上人家赛竹王。"①胡用宾《旌阳竹枝词》曰："分别乡音不一般，五方杂处应声难。楚歌那得多如许？半是湖南宝老官。"②

在祭祀方面，由于各省移民祖地祭祀风俗各不相同，当移民在四川定居下来后，各省籍移民遵照原乡祭祀习俗，祭祀方式必然大不相同。就以同一个中元节为例，民国27年（1938）石印本《安县志》曰："旧习惯每年七月十五日谓之'中元节'，又名'盂兰会'，从佛氏化也。家家于十五之前，必具庶馐于堂中，如宴客之形式，谓之'祭祖'。楚省人祀三天，粤省人祀一餐。其他各省人，有祀一日、二日不等者。似非礼之正，然俱有祭如在之心，亦听其从俗可也。"③又如同样是祭墓拜祖先，民国《重修彭山县志》曰："冬至拜墓，粤桂籍人行之。岁底拜墓，乡人皆行之。"④

在婚俗方面，"清初移民实川，来者又各从其俗。举凡婚丧时祭诸事，率视原籍通行者而自为风气"⑤。例如，在四川新宁县（今开江县）婚俗中，存在一种名叫"关礼"的婚俗："若楚籍，则婿家烦费特甚，类如纳采、征牲酒，断不可缺；所需衣饰，及应送嫁者，媒妁预询之，皆详列于单。"这种习俗，"相袭已久"。有的"贫者"因为承受不起，"不能具礼"，乃至"每有七八岁即接过婿家，待及笄而后结缡者"⑥。除婚俗上的具体差异之外，在移民之初，不同省籍的家庭之间，还流行"自为婚姻，不杂他族"⑦的现象。其中，以来自广东的移民客家最为突出。客家人入川后，因为风俗习惯相同，前几代人都是客家人与客家人之间通婚。正如方志记载，福建移民入川，"初与粤互为婚姻，其俗大抵相同"⑧。据田野调查，清初客家人不与湖广人通婚，正如满汉不通婚一样。即使是现在，客家地区婚姻习俗中，仍以男女双方能否保持或学会客家话，作为能否巩固爱情、百年偕老的标志。如忘却客家话，往往会引起婚变，这就加强了客家话的稳定性。⑨有"厚黑教主"之称的李宗

---

① （清）张栋：《庐州诗苑》卷八。
② 《孝泉竹枝词》卷四。
③ 民国《安县志》卷五六《杂记》。
④ 民国《重修彭山县志》卷二《民俗篇》。
⑤ 民国《大足县志》卷三《风俗》。
⑥ 同治《新宁县志》卷三《风俗志》。
⑦ 民国《南溪县志》卷四《氏族》。
⑧ 民国《资中县续修资州志》卷一〇《杂编·拾遗》。
⑨ 严其岩：《四川客家"崇文重教"的历史重构》，巴蜀书社2009年版，第24～25页。

吾，系自广东迁入自贡的客家人。他也在书中写道："广东人来四川的，嫁女娶媳，必定要选择广东人；李家自从入川到宗吾一辈，已有八代，但他们兄弟姊妹，都是和客家人结亲的。"①

以上所引述的这些文献源自清代、民国年间的地方文献，上距"湖广填四川"不过二百年；移民迁入地分布在川东、川北、川中、川南地区，具有一定的地域代表性。其所涉及的移民原乡，有两湖、两广、秦、楚、闽、江左右等省区；所追述的移民文化要素，囊括与日常生活有关的诸多民俗事象。从这些记述中可见，清初通过移民迁徙接触，转移到巴蜀的移民原乡文化要素的种类是十分繁多的。

三、工艺技能的转移

移民在将原乡的诸多文化要素搬运到移居地的过程中，最先被转移扩散的，就是劳动工具和生产技能。这些文化要素之所以成为最常见、最易于蔓延转移的基本方式，是由人们的生产、生活方式决定了的。移民为了在迁居地获得吃、穿、住、行、用等基本生活资料，必须以劳动工具和生产劳动作为物质保证。徐中舒先生曾经以春秋时期杨氏家族逃奔为例，说明古代移民迁徙时，是以携带物质文化和工艺技能为必备条件的。《汉书·扬雄传》云："扬雄，字子云，蜀郡成都人也。其先出自有周，伯侨者，以支庶食采于扬，因氏焉"。扬氏为河东郡的贵族，其祖先或称"扬侯"。扬氏在晋国六卿争权中失败后，挈家逃奔，徐中舒先生推断，其逃亡路线是，先投奔于楚，后辗转迁于蜀，并指出：

这时，正是春秋末年和战国初年。按古代习俗，这种逃奔，必携其族系，挈其重器，把整个物质文化和生产力，包括掌握工艺技能的劳动力，通通移徙到了楚国巴山一带。然后，重新开发山林，建设家园……正是基于此种现象，古代移徙居民之事，可以经常地广泛地产生。②

中国农耕技术发展史告诉我们，自春秋时期铁器出现以来，在生产工具、

---

① 李宗吾：《李宗吾与厚黑学》，经济日报出版社2003年版，第245页。
② 徐中舒：《论巴蜀文化》，四川人民出版社1982年版，第228页。

生活用具和兵器等方面，铁器逐渐取代铜器而跃居主要地位。早在战国中期，铁农具已成为关中农业生产的主要工具，到了战国晚期，牛耕技术得到普遍推广，致使关中又成为牛耕最为发达的地区。巴蜀农业发展历史虽然较早，但远没有达到关中的水平。只是到了秦并巴蜀，移秦民万家于蜀之后，随着大量秦民的进入，他们才从原乡带来了铁农具和牛耕技术。这就意味着，只是从这时开始，由这些铁农具和牛耕技术所代表的移民文化要素，才被转移到了巴蜀地区。由于当时巴蜀地区尚处于青铜时代，由秦移民所带来的铁农具和牛耕技术，不需要作大的改动即可在蜀地推行。所以，凡是移民足迹所至，以铁农具和牛耕技术为载体的移民文化要素就会迅速在巴蜀大地转移开来。

据考古资料显示，巴蜀地区到了战国末期已经发现普遍使用铁器，出土的铁农具数量比较多。例如在成都龙泉驿发掘的秦人墓中就出土了铁镰和铁锸。[①]连偏远的岷江上游地区，也从茂汶县城关二十七座战国晚期至西汉前期的石棺葬墓地中出土了大量铁器，其铁农器种类有锄和锸。[②]战国末期巴蜀地区铁器由中心区向边远地区普及，与中原移民将农耕文化带进巴蜀密不可分。至迟到了东汉时期，在成都平原南北两翼许多地方，都发现了渠、塘堰灌溉系统的水田的模型，连川西南的安宁河流域，也出土了有东汉陶田水塘模型、铁锸、铁板锄等，这些文物是秦汉时期移民文化要素发生、形成，并以蔓延方式转移的最好例证。

晋代永嘉南渡之后，随着南方的渐次开发，一种刀耕火种的山地耕种方法——畲田，越来越多地被居住在山区的正向农耕时代发展的部民所采用。四

劳作陶俑

[①] 周尔泰：《成都秦人墓又有新的发现》，《成都文物》1992年第3期。
[②] 四川省文管会、茂汶县文化馆：《四川茂汶羌族自治县石棺葬发掘报告》，《文物资料丛刊》第7辑，文物出版社1983年版。

川地区的畲田从安史之乱以后多见于唐代诗人的记述中。①这类记述的突然增多，当然与安史之乱后流寓、谪官、行旅的频繁往来，也与唐诗风格由抽象主义到现实主义的转变有一定关系。事实上，在唐以前汉民绝大多数分布在盆地西部，入唐以后，因为西部盆地有人满之患，结果出现了不少逃户、侨户向外迁移。在盆地中部被这些具有移民身份的逃户、侨户挤压之下，原来住在这些地区的僚人不是被融合，就是被迫迁往高丘或盆地东部更高的山区。由于这些地区土地特别硗确，不像丘陵地带那样还可开"雷鸣田（靠自然降水浇灌的山田）"，而渔猎收入又不稳定，为了生计，他们只好扩大畲田生产。而畲田兴起的时间，正好赶上安史之乱。当然，安史之乱后由于各种原因，来川的诗人大幅度增多，以至他们的大量记述，也给人们加强了"畲田运动"突然开始的印象。②

两宋之际靖康之难引发北方移民大量南迁，入蜀北方移民集中分布在利州路以及四川北部地区。随着北方移民的大量迁入，由他们所带来的耕作技术也相应地扩散至这些地区。当时在四川盆地内部，人多地少的矛盾已经突出，当北方移民大量迁入后，这一矛盾更加尖锐了。为了扩大耕地面积，除了推行围湖造田之外，北方移民只有进一步搞好精耕细作。在北方移民与当地居民的共同努力之下，到了南宋初年，这些地区的残破局面有了改观，经济得到发展，四川北部地区已经呈现出人烟稠密、经济发展的景象。

到了明清时代，农具及耕作技术更为繁多和成熟。随着清初移民四川，将各地农具技术带入，由此形成了种类繁多的耕田、治土、耘荡、收割、打藏的农具系列，特别是水稻作业的农具，多样而系列完整。其中翻地的犁头，还有踩耙、长耙、荡泥板等，都是清代外省移民传入的水田农具。至于晒谷子的推耙，择米中谷壳稗泥渣的细竹筛，打晒旱地作物的连枷、大抬筛，均为清代四川新农具，也与南方移民有关。

四、新兴物种的移植

移民文化要素转移，不仅表现在农具及耕作技术等工艺技能的传播上，

---

① 在《全唐诗》中，收录有白居易、戴叔伦、元稹、欧阳詹等人描写忠州、涪州、通州、利州畲田景观的多首诗作。
② 郭声波：《四川历史农业地理》，四川人民出版社1993年版，第52页。

而且更表现在农林作物良种的引种和推广上。在清初"湖广填四川"移民运动中，东南地区的农作物良种随移民源源不断在巴蜀推广、传播与普及，呈现出遍地蔓延、不可遏阻的趋势。例如：

水稻。四川水稻种植历史虽然悠久，但种植面积、谷物品种却不多。善于种植水稻的湖广、江浙、江西、闽、粤移民迁入四川后，各地的水稻种植面积明显增加，引入的品种也十分繁多。仅黔江县就有早稻、晚稻、西洋籼、马尾籼、大叶籼等三十余个品种，糯谷有旱糯、香粳糯、红糯、矮子糯、响壳糯等十二个品种。据嘉庆《南溪县志》卷四《物产》记载："红脚稻（饭稻），禾脚红赤色，俗名湖广早，种自湖南来。立秋前数日可获。江西早（饭稻），一岁可栽两次。"光绪《隆昌县志》卷一六《物产》："云南早，其种来自云南，故名。广西早，其种来自粤西，故名。"从上述地方得到推广的稻种名称，即可知道它们是随该省迁川移民而来的。

玉米。原产于美洲（又称苞谷、御米、玉麦、包笋），自明朝万历年间（1573~1620）传到我国后，在东南沿海多有种植。清初，随移民传入四川，在巴蜀各地普遍种植。道光《垫江县志》卷二一《风俗》也证实："今则高山峻岭，靡不犁锄""闽粤楚民入山开挖，遍种苞谷"。

红薯。原产于美洲的甘薯，自明朝万历年间从交趾（今越南）传入广东、福建，从雍正年间（1723~1735）开始传进四川，闽粤移民在传播上功不可没。乾隆《潼川府志》载："薯蓣……瘠土沙土皆可种，皮紫肌白，生熟皆可食，蒸食尤甘甜。潼民之由闽粤来者多嗜之，曰红薯。"嘉庆《嘉庆直隶州志》载："薯蓣有红白二色，先是资民自闽粤来者嗜之，今则土人多种以备荒。"川东的忠州，川东北边区城口厅（县）的红薯均是"种出交广"。光绪《江津县乡土志》载："一曰薯，俗名番苕，有红白二种。江津向无此产。乾隆三十年，县令曾受一始由广东携来，教民种植。"①

小米。会东县松坪乡，有个地名叫小米地，"从前，贵州籍潘姓迁此种过小米，故名"②。

---

① 光绪《江津县乡土志》卷四《物产》。又民国《江津县志》卷一一《土产》载："邑初无是种，清初邑令曾公受一，粤籍将此种携来，亲偕夫人到各家教栽种之法，邑人至今祠祀之。"
② 四川省凉山彝族自治州会东县地名领导小组：《四川省凉山彝族自治州会东县地名录》，1986年6月编印。

花生。过去叫落花生,又名番豆。民国《新繁县志》卷三二《物产》载:"落花生,陈藏器《本草拾遗》:一名长生果。蔓生,花叶俱类似豆花,谢时中心有丝垂入地结实,故名。清康熙初僧应元往扶桑觅种寄回,今县人种者甚多。"

甘蔗。同治《南溪县志》卷三载:"大约土著之民,多依山耕田;新籍之民,多临河种地。种地者,栽烟植蔗,力较逸于农,而利或倍。"民国《南溪县志》卷二载:"父老相传,(甘蔗)明代无有,清初粤人迁来者众,始由故乡携种来蜀,百年递衍,遂为大宗。"民国《江安县志》卷四《外纪》载,康熙末年邑令庄承祚《种甘蔗》诗有云:"蜀南种自岭南移,名记当年赋左思。"

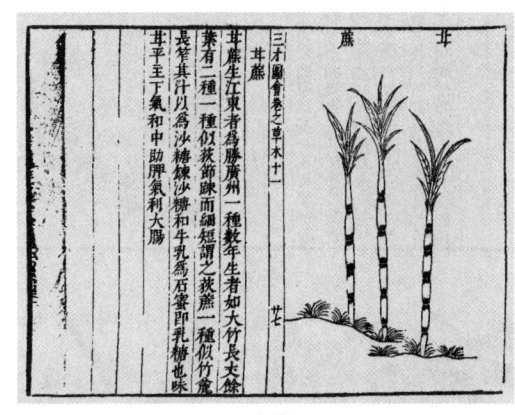

甘蔗

烟草。民国《云阳县志》卷一三载:在川东的云阳,"业烟草者多闽人,赖、卢诸姓皆清中叶来,以其业名县中,利颇饶,今土人承之"。民国重修《傅氏族谱》载,入蜀始祖傅荣沐"由瑞金迁居金堂赵家渡。初犹食力于人,继乃自为贸易并佃田,使诸子力农,及迁易家坝,广种烟草。时蜀中未谙种烟法,而满、蒙八旗弁兵尤所需要,故一时傅姓烟重于锦城,其价过倍他种。"道光元年(1821)《张氏族谱》称,什邡县南泉乡张氏入川始祖张乾泉,系乾隆年间从湖南宝庆武冈州迁入四川。武冈地处湖南西南部资水上游,当时以产烟草著名。张氏入川时先住什邡县马足井,而后依据盛产叶烟的毛坝(云西大泉坑),广种烟草。至今什邡是四川省烟叶的主要产区,其叶烟的栽培和加工同清代湖南的移民关系十分密切。①

苎麻。嘉庆《郫县志》载:"郫邑妇女不善纺织,种此常少。近日粤东人多栽此,绩之以织布,故常有焉。"嘉庆《温江县志》载,苎麻"皮或织成布,粤东籍家多种之"。民国《崇宁县志》载:"住崇之粤东籍(人)常种植,又能织。"

蓝靛。清初威远县有"蓝靛出新乡"的民谣。所谓"新乡"即是各省移民

---

① 崔荣昌:《四川方言与巴蜀文化》,四川大学出版社1996年版,第329页。

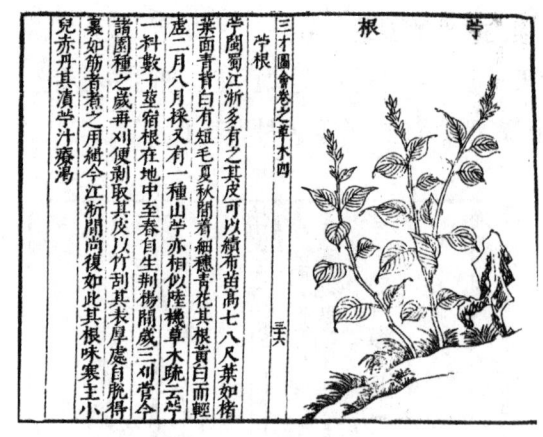

苎麻

蓝靛

的聚居地。史称："东南西北半多老户，或复故业。新乡一隅，山深而道险，老木箐林，猿猱为宫，荆楚闽广黔粤之民，背负提携，杂沓而至。"该县石坪乡民，世代以买卖土布为生。据在该地出生的四川大学教授崔荣昌调查，石坪乡有一专门种植蓝靛的地方叫蓝沟，而另一专门染布的地方则称为染坊沟，两个地名一直沿用至今。这些地方，广东客家人占了绝大多数。[1]另据重庆璧山《陈氏族谱》记载，原籍福建龙岩、上杭的陈氏家族，于康乾年间祖孙三代一百二十余人举族迁川，分居于璧山、简阳、资阳等地。璧山陈道义一支族人则远赴乐山、丰都、石柱等地种植蓝靛。其中，陈国柄去乐山五渡溪（今属峨边彝族自治县）种蓝靛，两年后卒于兰棚。其后，又有陈连玉、陈偕玉、陈国槐去屏山县茨竹坪金鱼池种蓝靛，并卒葬于那里。直到嘉庆年间，还有陈氏三代二十余人在乐山五渡溪种蓝靛，并经营染坊和制造土纸。而种蓝靛、制土纸则是原居住在闽西地区客家人谋生的基本手段。[2]

枣。《宣汉县志》卷四《物产》载：川东北绥定府东乡县（今宣汉县），产枣，"枣……入药者概自陕西来，曰陕西大枣"。

荔枝。民国《合江县志》卷二《食货》载：川南合江县盛产荔枝，"甘氏荔枝为特产……俗称椒核荔枝，成熟最晚。其种移自粤东"。

---

[1] 崔荣昌：《四川方言与巴蜀文化》，四川大学出版社1996年版，第324页；刘正刚：《闽粤客家人在四川》，广西教育出版社1997年版，第148页。
[2] 陈大雨：《从族谱中认识客家文化》，陈世松主编：《四川移民与客家文化学术研讨会论文集》，天地出版社2005年版。

广柑。据杨定伦《四川柑橘调查》(1937)称:甜橙(川人谓之"广柑""橙子"),系乾隆三十年(1765)由广东人曾受一任江津知县时带来。①

南竹。民国《合江县志》卷二《食货》载:合江县"竹种繁复而南竹为冠。清初黎氏由闽携种来植"。

金竹。民国《犍为县志·物产》载:"竹茎竹黄者……以其原产地广东也,今县境各处皆有。"

桑种。民国《合江县志·桑种》:"清同(治)、光(绪)间,归安(浙江湖州府辖)姚觐光为川东道,悯所辖人民蚕业之衰,由于不知讲求桑种,乃就其所居之湖州购得鲁桑数十万株入蜀,是为鲁桑之始。俗谓之湖桑,又曰官桑。"

山蚕。巴蜀地区原来只有春蚕、秋蚕和四季蚕,并无山蚕。山蚕是乾隆六年(1741)大邑县知县、山东人胶州进士王酉第一次从家乡引入四川的。王酉从山东"东省茧数万,散给民间,教以饲养"②。山蚕喜吃柞树叶(又名栎树,俗称青冈树),四川许多地区都有栎树,而山蚕所产丝谓之柞蚕丝,柞蚕丝织成的丝绸是平纹织品,有光泽,适合做夏季衣服。因为它适合普通人家消费,因此柞丝绸问世之后,得以在巴蜀地区大行其道。

棉花。会东县松坪乡有个地名叫下花山:"从前,江西籍雷李两家在小河下游种过棉花,故名。"有个地名叫上花山:"从前,江西籍雷李两家在小河上游种过棉花,故名。"③

花卉。清乾隆时,自粤迁川的客家移民、王氏家族第二代传人仕宏公,一次偶然从云南采回八株野茉莉花,于是在其定居地成都高店子(今锦江区三圣乡)旁开坡地栽种,精心培植。此花品种甚好,不久誉满锦城,每年都吸引了城内不少人前来观花,王家因而致富。以后又在当地培育了好几十亩,其种花技术也就越来越精、越种越好,世代相传。三圣乡至今已成为远近闻名的"花果之乡"④。

"梁山柚子"。原产福建漳州,清乾隆五十七年(1795)梁山人刁思卓中

---

① 郭声波:《四川历史地理》,四川人民出版社1993年版,第283页。
② 《清高宗实录》卷二〇四。
③ 四川省凉山彝族自治州会东县地名领导小组:《四川省凉山彝族自治州会东县地名录》,1986年6月编印。
④ 陈世松、刘义章:《四川客家历史与现状调查》,四川人民出版社2001年版,第254页。

进士科，补漳州知县后，将其柚引入家乡，邻近的开江、达县等地亦成功嫁接。所产柚果大而皮薄，肉质甜脆，入口化渣；营养丰富，氨基酸、维生素含量高，糖味适中。很快成为国内珍稀橙品之一，被列为朝廷贡品，全由官府收购。单果价银最高达两个银元。

开江县仙耳岩的"洛阳梨"。原本就是"莱阳梨"。系由当地阎姓人祖上从山东莱阳知县任上引进。而"莱阳梨"何以被称为"洛阳梨"呢？"莱阳"二字，对四川老百姓来说，"知名度"不高，记不住，很难进入本土性自然语言。而作为千年古都的"洛阳"，百姓耳熟能详，自会取而代之。这让我们看到异域文化与本土文化融合生根的某些规律性现象。①

西瓜。会东县松坪乡有个地名叫西瓜地："据传三百年前杨姓迁此开荒种植西瓜，故名。"②

以上农林良种，传自外省，移民入川后，在迁居地首先引种成功，随之扩散开来，在巴蜀大地开花结果，这些都是蔓延式文化要素的生动体现。

五、文化要素的取代

随着移民所带来的农业生产工具、技能的采用，以及农作物良种的推广、普及，总有一些旧的文化成分随着新文化的增加而遗失，或者逐渐被淘汰，或者沦为次要。其结果必然是原有的一些文化成分，逐渐被一些新的农作物谱系要素所更替。如果将蔓延式文化要素转移视为移民文化搬运行为的过程，那么，取代性文化要素转移就是搬运的结果。如果说蔓延式文化要素转移是由中心区缓慢向边远地区推移的话，那么，取代性文化要素的转移就是通过大规模移民，实现大面积的文化要素的取代与替代。

巴蜀地处亚热带，气候温暖、潮湿，降雨量充沛，地形多样，植被地带性组成和垂直带谱极为复杂，为农作物品种的取代更替创造了条件。随着这一地区人口的流动频繁，不同地区、不同民族不断进入盆地，其结果导致农业文化频频在此交流、融合，从而给巴蜀作物谱系灌注新鲜血液，使得四川种植业结构兼容四方而富于变幻。如果历史性地观察，随着不同时代、不同地区移民进

---

① 陈世松等：《大变迁："湖广填四川"影响解读》，四川人民出版社2009年版，第320页。
② 四川省凉山彝族自治州会东县地名领导小组：《四川省凉山彝族自治州会东县地名录》，1986年6月编印。

入四川盆地，巴蜀的种植业正好经历了一个不断嬗变、不断取代的过程。

根据学者研究，黍和粟是四川最古老的旱地粮食作物，其历史大约可以追溯到新石器时代。直到唐代以前，黍、粟依然是四川农区、半农半牧区的首要旱地粮食作物。东汉时盆地西部地区基本上已经是水稻区，但黍、粟一直没有丧失其主粮地位。甚至到唐代韦皋镇蜀时，他到成都近郊考察，还看见锦江以南甚多旷土，皆种上茂盛的黍稷。[①]然而到宋亡以后，成都平原的黍、粟基本不见于记载了。随着明清东南移民的大量拥入，又有许多作物逐渐被移民所引入的新作物所取代。在清道光之前，黍、粟种植仅见于个别河川峡谷及畲田地区还有所记载。不久，随着移民携带的玉米、红薯的推广和畲田的减少，黍、粟迅速退出主要粮食作物的行列，只在盆周、川西南及川西高原一些贫瘠地区少有种植，表明它已经全面被其他粮食作物所取代。类似的作物取代还有许多，这也是东南移民入川，通过携带来的农作物品种传播而造成的农业文化交流的结果。正如郭声波教授所指出的："来自东南的玉米、红薯之取代黍、粟，来自江淮的马铃薯之取代芜菁，来自岭南的草棉之取代木棉，来自两湖的辣椒之取代蒟酱，来自广东的甜橙之取代柑类，来自江浙的灯芯草之取代蔺草等等。"[②]这表明四川近代农作物谱系的形成，正是通过移民迁徙而实现取代性文化要素转移的。

农作物谱系的更替，是移民文化要素搬运在经济领域的体现，而在政治制度层面，类似的取代现象也不乏例证。例如秦并巴蜀后，针对"戎伯尚强"的实际，在向巴蜀地区大举移民的同时，又对旧有的王国体制进行了大刀阔斧的改革。这集中体现在：秦在巴蜀故地共设置了巴、汉中、蜀三郡，以中原地区的郡县制取代了巴蜀旧有的王国体制。当然这一取代性的结果，也不是一蹴而就的。在蜀地实行分封与郡县并行制度的过程中，秦作为第一步，曾经先后分封蜀侯三人，通过三十余年的过渡，才实行单独的郡县制；此外，还曾分封巴人君长、夷侯、夷王、筰侯、青衣王等。秦在推行郡县制的同时，又针对巴蜀民族地区的特殊性，创造性地建立了与县同级，但又有重大区别的"道"制，先后设立了蜀郡严道、湔氐道、青衣道、僰道等。汉代县道并行，唐代羁縻州，明清土司制度，莫不滥觞于此。在"道"之下，一般不再设乡、里这些基层组织，仍利用民族原有的氏族、部落等进行管理。由此可见，即使是取代要

---

① （唐）韦皋：《宝历寺记》，《舆地碑记目》卷三。
② 郭声波：《四川历史农业地理》，四川人民出版社1997年版，第511页。

素转移，也并非甲方被乙方所征服，或者乙方照搬甲方的模式，其中也含有甲方"在地化"因素，是与乙方交相融合的结果。

第二节 复合的文化变异过程

携带原乡文化进入迁居地的移民，在与当地文化发生接触的过程中，一方面使原乡文化在异乡蔓延扩散，即通过将多种形式的原乡文化要素转移作用于移居地；另一方面，又在环境适应中不断衍生出新的文化式样，由此造成了文化变异与文化创新现象的发生。

一、接触中的文化变异

（一）接触中的文化脱落

脱落是文化变异的一种表现形式。当外来文化与本土文化接触后，作为外来文化主体的移民，在适应客居环境的过程中，通过双向传播输入某种符合当地生存需要的新文化要素的同时，必然使得适合原来母体文化功能需要的旧文化要素渐渐失去功能，最终不能起到应有的作用而自行脱落。由于自然条件、社会条件和价值体系的变化而导致的文化要素的脱落现象，在四川移民文化自身的演化中比比皆是。这里我们仅以客家文化在与巴蜀文化的接触中所发生的文化变异现象为例来加以说明。

按照通常的说法，客家文化是指在长期的客家民系形成的过程中，由客家这个社会人类集团所创造的物质和精神生活样式的成果的总和。而从客家文化的本质说，它乃是发生在闽粤赣三角地区的，带有典型的移民社会特征的一种区域性文化和族群文化。从文化学的角度看，文化接触是客家文化的催生剂，而客家文化则是文化接触的产儿。当北方移民渡江南下来到闽粤赣这块陌生的土地时，为适应当地的气候与地理环境，他们不可避免地要对当地的土著文化加以有选择地吸收和借鉴，于是就促进了客家新文化的诞生。当闽粤赣客家人随着西进的浪潮，再次移民四川，来到巴蜀这块陌生的土地时，为适应四川盆地的自然与人文环境，他们也必然会又一次有选择地吸收、借鉴当地的土著文化，从而整合为一种既含有闽粤赣客家文化定型化的本质特征，又具有一定的巴蜀文化色彩的新形态的客家文化——这就是四川的客家文化。

随着清前期移民运动进入巴蜀的客家文化，在与巴蜀文化接触中，必然会遭遇到巴蜀本土文化的侵蚀，这集中表现在巴蜀特有的自然与人文生态环境带给客家移民的影响。面对四川盆地优裕的自然环境、良好的生存条件，以及深厚而强大的巴蜀文化的包围，客家文化在完成传播、扩散使命的同时，也不能不面临被侵蚀、被同化的危险。①对此，著名作家韩素音以她的家庭——从广东梅县迁往四川郫县的周氏家族为例，做了如下说明：

新来的移民在四川全省到处安家落户，但主要是沿长江及其支流两岸，从重庆沿岷江一直到成都，还有便是成都平原这个最富饶肥沃的海陆平原。由于很少遭到反对，没有械斗，吃的又好，他们大部分与本地人通婚同化了。到了19世纪末叶，我家老一辈人的嘴里才略说几句客家话的残余，我的父亲一代已不再说客家话了。②

归纳客家文化在与巴蜀文化接触中所发生的各种文化变异现象，主要有以下几点：

首先，表现在居住文化上，客家最具特色的围龙屋建筑形态在四川彻底脱落了。围龙屋是闽粤赣客家祖地姓氏、家族集中居住的大型建筑。一般围龙屋以正屋为主体，外围再建一圈圆形或半圆形的单层或双层的房子，将主体屋围拢起来，由此形成"九厅十八井"的建筑群和血缘聚落，以利于增强群体的防御力和凝聚力，促进宗族制的巩固和发展。然而，巴蜀社会的文化风俗却对客家人这种聚族而居的传统造成了莫大的冲击。因为，据《隋书·地理志》记载，蜀中就盛行"小人薄于情理，父子率多异居"习俗。到了宋代，四川有些地方更是流行"别籍异财"③的风气，双亲还在世，子女就分家。直到现当代，川中别

川东客家民居（季富政绘）

---

① 林浩：《客家文化人类学视野》，台湾爱华出版社2007年版，第133~139页。
② ［美］韩素音：《伤残的树——我的父亲和童年》，转见孙晓芬《四川的客家人与客家文化》，四川大学出版社2001年版，第312页。
③ 《宋史》卷八九《地理志》。

居异财、幼年析居的事仍然很多。有鉴于维系家族凝聚的聚居生活方式的逐渐瓦解，为了补偿缺少聚会交流场所的问题，大建宗祠、会馆就成为强化同乡、同族观念的重要手段。受这一文化传统的影响，反映在四川居住形态上，则缺少大型公共建筑聚落而多独门独户"院子"。正是在四川这样一种社会环境之中，在客家祖地流行的围龙屋等大型公共建筑形态丧失了存在的价值，作为一种移民文化要素，它并没有随移民带进巴蜀。这是四川客家聚居区至今缺少围龙屋大型居住形态的原因，也是移民文化要素发生脱落性变异的例证。

其次，表现在衣饰文化上，由于气候条件、地理环境的变化，原来以蓝色为基本色调、以唐装为中心的客家传统服装，已经几乎全部改变。四川客家人在衣着上与本地人基本没有差异："天热时，男子头戴草帽，上身多穿无领无袖对襟短衣，下穿短裤，腰系白色长帕用以擦身和抹汗，或赤足或足穿贯耳草鞋，有时甚至赤膊上阵。雨天头戴斗笠，身披蓑衣（多用蓑草编成）。妇女则上穿黑色或青色矮领右衽中长衫，外系黑色长围腰，下着长裤，足穿自制纳底布鞋。天寒时，男子身着白色长袖短衫，外套以棉坎肩或对襟短棉袄与罩衫，下穿宽腰吊裆长裤，足穿长统带底棉袜和棉鞋，家贫者乃穿窝子草鞋。妇女上身多穿右衽中长棉袄，外套蓝色长衫或夹衣，腰系围腰，下穿宽腰长裤，足穿长统带底棉袜和棉鞋。"①就是一些老年客家妇女，其头饰也与当地四川妇女一样，头上缠的是一大圈青色布帕或丝帕。闽粤赣客家妇女戴的那种织满图案的绣花头巾（"绞头帕"），或有绣花布帘的凉笠（凉帽），在四川则难见踪迹。

再次，表现在文化风俗上。据学者研究客家女性在闽粤赣原籍时，大多是以天足出现于世的，因而被其他族群称为"大脚蛮婆"。清初吴震方在《岭南杂记》中有云："岭南妇女多不缠足，其或大家富室闺阁则缠之，

广东原乡客家妇女传统服饰

---

① 陈世松主编：《四川客家》，广西师范大学出版社2005年版，第172页。

妇婢俱赤脚行市中。亲戚馈遗盘槛，俱妇女担负，至人家则袖中出鞋穿之，出门即脱置袖中。"①乾隆时张渠在《粤东见闻录》卷上亦有记载："岭南妇女最苦，多不裹足著屐，其上户则女缠足亦在十一二岁后，若下户偶为之，则群相诟厉，以是为良贱之别。"②她们迁居四川后的一段时间内，在第一二代客家妇女中，尚能保持原乡不缠足的传统习俗。但在定居四川日久，受较早来到四川的湖广妇女的影响，她们也跟着缠起足来了。对此，民国《资中县续修资州志》有这样的记述："粤省入川与楚省人同时。妇女不缠足，便于耕作，故其发达，较他种为速。后渐染本俗，缠足风非复旧观，近又趋势天足矣。"③直

未缠足的四川客家妇女

到19世纪70年代至80年代，中国社会出现变革潮流，随着洋务运动、戊戌维新的推进，民权之风也相继兴起。在这种背景下，废除缠足才成为一股浪潮，此起彼伏。1902年，当成都东山客家地区爆发廖观音领导的反帝反封建起义时，废除缠足竟然成为其中的一项口号。成都东山一带广为流传一首客家山歌："爹娘生我一双脚，用来走路与做活。为啥缠得那般小？痛了骨头又痛肉。纵死我不再缠足，踏遍天涯与海角。"④这首歌谣充分表达了客家女性对于缠足陋习的痛恨和声讨。由此证明，客家妇女在原乡不缠足的习俗，在定居四川后已经发生了脱落变异。

（二）接触中的文化选择

移民异地迁移后，其所携带的原乡文化由于脱离母体，逐渐拉开了与原居地文化的距离，结果也随之发生变异。迁入四川的客家移民在适应客居环境的过程中，既不可能完全按照原乡的习惯方式在异乡生活，也不可能全盘接受迁居地的文化模式，于是，摆在移民面前的便有一个如何选择平衡的问题。当移民在文化适应中进行文化选择的时候，文化的选择性变异就发生了。

---

① （清）吴震方：《岭南杂记》，载《四库全书存目丛书》史部，第二四九册，齐鲁出版社1996年版，第502页。
② （清）张渠：《粤东见闻录》卷上，广东高等教育出版社1990年版，第52页。
③ 民国18年（1929）《资中县续修资州志》卷一〇《杂编·拾遗》。
④ 转自邹趣涛：《反帝爱国女英雄廖观音》，载《成都文史资料》1984年第6辑。

来自闽粤赣边的客家移民,其原乡祖地本来就是一个多山的环境,在祖辈传承下来的群居生活方式的影响下,形成了"住山不住坝"的文化理念。抵达迁居地后,面对完全陌生的环境,为了彼此有个照应,他们更愿意按照原乡的文化模式,采取群居的方式生产和生活。经过短暂的环境适应,他们终于溯沱江而上,在距离成都平原不远的龙泉山两侧的丘陵地带,找到了一块理想的聚居宝地,这就是被称为"成都东山"的丘陵地带。他们最终在这里定居下来,由此形成了当今四川境内最大的客家聚居区。

客家人选择东山丘陵地带作为聚居区,从表面看是恪守原乡"住山不住坝"生活惯性的必然,而事实上这却是客家人适应客观历史环境与发挥主观优势与潜能的产物,是移民文化选择性变异的结果。

这是因为:一方面,从客观的历史条件讲,清康熙二十年(1681)以后,四川社会基本安定,客家人才开始大规模拥入四川。在康、雍、乾掀起全川大规模移民浪潮之际,由于川西平原北、西、南三面的好田好土,已被捷足先登的湖广人抢先占耕,就只剩龙泉山两侧的一大片荒芜的丘陵地带有待开垦。客家人只能在历史为他们准备的这个生存空间里创业,只有这里才有足够的空间,解决众多客家人聚族群居所需要的宅基和土地,以及生存和发展的物质基础。除此之外,他们别无选择。

另一方面,从客观的自然地理环境讲,东山虽名为"山",其实乃是一大片相对高差不超过五十米的黄土浅丘。这里,土壤贫瘠,黏性很强,透气性差,严重缺水,交通不便,自然条件较为恶劣。但是,当时客家人把它视为最适合生存的一片乐土。这是因为:其一,这里缺水的自然环境,与进入这一地区的大多数粤东客家人(主要来自清朝嘉应州长乐、兴宁等地的客家人)所熟悉的生活环境极为相似,所以他们抵达这里后,能很快适应周边的生活环境,从心理上克服异乡异境的陌生感。其二,迁川的客家人大多采取聚族而居的生存形态,这种居住方式在地少人稠的平原地区极难实现,而在这片浅丘地区却容易找到适合定居的土壤。其三,这一地理环境,最适合发挥客家人擅长旱地农业的优

龙泉山农耕场面

势。客家人凭借在生产工具、农作物、栽培技术和经验方面的特长，因地制宜，在发展此区经济上大显身手，大有作为。其四，西进的客家人之所以看中这块地方，还在于它紧靠省会城市成都，具有发展商品经济的巨大潜能。

当然，在对东山地带定居地的选择上，客家人内部也存在着一些细微的差别。趋利避害，择优汰劣，便是其价值取向的基本原则。凡是最先来到东山耕垦的客家移民，往往选取这一区域内"条件较好的平原向丘陵的过渡地带"，包括沿沱江上溯往南的金堂、新都、青白江一部分；来得稍晚的客家移民，选取与此相邻的东山腹心区，这里"条件较差"，包括石板滩、洛带、西河三镇及其周边地区；最后到来的客家移民，在东山条件较好的地带均已占尽的情况下，只好在"严重缺水，条件最差"的洪河、大面、高店子定居。

除客家移民外，在迁川的湖南永州移民中，也形成了"住山不住坝"的现象。湘南人一般说来入川时间比较早，他们完全有条件移居城镇和富庶的川西平原。可是，他们却放弃了进入城市和插占平原的机会，有的甚至还从城市转徙到山区。他们为什么会有这样的选择呢？有学者分析其原因指出：一是为了避兵，城市历来是兵家必争之地，居住环境太不安全。二是为了避灾（主要是水灾），对江河平原心有余悸。例如中江县积金乡《李氏宗谱叙》说："湖广南北屡被水荒，民多流离，兼之边境骚然，征役不息，所在居民散徙他处……明季最为痛切。"正因为如此，所以湖南人迁川后，一般都聚居在远离城市的边远地区，他们湘语的某些特色才能保留到今天。①

当然，这也不可一概而论，比如在岷江下游定居的闽粤客家人，由于从事烟草、甘蔗等经济作物的需要，他们长期适应住坝环境，世代生活在濒临大江的河坝上，而湖广人则选择在山区种植传统的粮食作物。由此可见，各省移民在适应客居地环境的过程中，其"住山不住坝"的文化理念，会随着主客观条件的变化而不断发展。

（三）接触中的文化淘汰

成书于清宣统元年（1909）九月至清宣统二年（1910）的《成都通览》，以"赌具"及"赌目"为题，对流行于清末四川民间的纸牌种类、名称、玩法，以及流行地区、人群、产地等，作过详细记录。经该书记载，当时在成都地区流行的纸牌种类名目繁多，计有十五种之多。其中，有一种"耄公牌"，

---

① 崔荣昌：《四川方言与巴蜀文化》，四川大学出版社1997年版，第222页。

作者注明："乡下人多为之，纸牌也。"[1]他所称"乡下人"，正包含今天成都附近的东山客家地区在内。他之所以将"猫公"写作"髦公"，大概是望文生义，以为玩牌的是乡下老年人居多，因此想当然地按照词义，将"猫公牌"命名为"髦公牌"。"猫公牌"迄今仍是成都东山客家地区流行的一种纸牌。

据谢桃坊的著作《成都东山的客家人》记载，"客家人的文化生活是单调贫乏的。他们在附近的乡镇赶场，交易，吃酒；喜欢参加亲友的红白喜事……在东山幺店子内打猫公牌""猫公牌仅见于东山及附近的简阳和金堂一带，它为三十六张纸牌，有索子、贯子、花子等，牌的两端有似汉字非汉字的烦琐符号，黑色符号上偶尔画有红线，牌的中央为各种花卉图案；玩法很简单，由三人四人玩均可。因牌的符号有些像猫头，因名猫公牌。客家人称猫为猫公。幺店子里卖有此牌，每副一元钱。相传这是客家人从老家粤东北山区带来的。"[2]

这种牌源自粤东客家山区，后来随着客家人的向外迁徙，作为一种娱乐消遣工具，也被带到了客家人所在的地区。[3]2009年8月，笔者应"客家社区网"猫公牌版主徐月清女士的邀请，携带四川的猫公牌，在她生活的香港西贡岛客家人社区，同当地客家人切磋猫公牌的打法。通过比较，发现成都东山客家聚居区和香港西贡岛客家社区的猫公牌，不仅牌的名称相同，其构成和游戏规则也基本一致。例如，相同之处在于，猫公牌由三十六张纸牌组成；牌面印四个花色（拾、贯、钱、索），每个花色各有九张牌，它们的点数分别是从一至九。牌的花色和点数均为黑色；有六张牌带有一道红线，是用来计番的，称为红头牌，故猫公牌又称"扯红牌"。猫公牌游戏规则是：四人共玩，但每盘输家需歇庄一次，实际玩

客家猫公牌

---

[1] 傅崇矩：《成都通览》上册，巴蜀书社1987年版，第300～301页。
[2] 谢桃坊：《成都东山的客家人》，巴蜀书社2004年版，第110页。
[3] 据笔者调查，除广东、江西、广西、四川等客家聚居区外，在香港西贡岛、马来西亚沙巴等客家聚居区也流行猫公牌。

牌的只有三个人。①

但由于两地的社会环境和生活方式不一样，两地猫公牌的差异也是相当明显的。具体表现在：其一，在牌的形状上，四川的猫公牌一般是长条形，每张长11.2~11.5厘米、宽3~3.2厘米之间；而西贡岛的猫公牌只有四川的1/4大小。其二，在牌的花色上，四川猫公牌的拾子、贯子、钱子、索子四个花色符号，均用古体象形汉字表示；在点数的表示上，四川的猫公牌1~9的点数符号，均用古体汉字表示。而西贡岛的猫公牌的花色和点数则与此差异甚大，甚至到了彼此都不认识的程度。其三，西贡岛和广东兴宁的猫公牌是37张，比现在成都东山地区流行的猫公牌多出了一张"捉信牌"。"捉信牌"，是为了增加玩牌的刺激性，提高博彩的劲头，用以加番而设立的；而四川客家人在玩猫公牌过程中，却把这张牌淘汰掉了，目的不过是为了使游戏竞技变得更加简单明白罢了。由此可见，四川猫公牌在从客家原乡外传的过程中，也同样因为淘汰而发生了文化变异性。

（四）接触中的文化创新

一种是附加型创新，指的是客家文化在接受输入的某种文化要素后，再根据自己的需要，加入某些新的内容。最典型的是，在饮食口味上，巴蜀饮食文化是尚辛香，重刺激，以麻辣为基本特征。以下层平民为主体的四川客家移民，选择了与他们原乡不同的饮食嗜好。尽管他们所在的原居地辣椒并不普及，他们原本也不嗜辣，但在迁居四川后，由于社会正值残破之余、经济有待开发之时，身为垦民的客家族群在缺少油盐的情况下，为了充饥度日，也不得不像其他移民和土著一样，开始吃起辣椒来了。客家人进入四川后，在保留传统客家饮食偏咸味重的特点的基础上，又吸收四川饮食的长处，在菜肴上加入一定的辣味，但却是具有南国风味的带甜酸的辣。如在东山客家区内流行的"热窝姜汁鸡"，就是一种既不同于四川的麻辣鸡，又不同于北方的烧鸡的菜品。其烹调方法是，先将鸡煮熟后，切成块状，然后在热锅中用调制的略带甜酸辣味的姜汁闷浇其上。这可以说是客家人进入四川后独创的一种口味，在东山客家区其他菜品中也同样体现出来。

---

① 陈世松：《传承与嬗变：客家区域文化研究的主题——以成都东山客家地区流行的"猫公牌"为例》，载周雪香主编：《多学科视野中的客家文化》，福建人民出版社2007年版，第70~88页。

另一种是完全创造型创新。迁居四川的客家人经过若干代的传承之后，不仅接受辣椒，而且还变成了辣味的拥护者、辣椒的种植者和"发明者"。成都附近的东山地区，多为干燥黄泥土壤的地理条件，特别适合种植辣椒。迁入此区的客家人，通过创新引种，竟然将这里建设成辣椒家族新品种——"二荆条"的最大生产基地，以至到了今天，此区仍是四川二荆条的主要产区。四川人称辣椒为"海椒"。有位客家学者认为："相传粤人将辣椒'二荆条'引入，在蜀中备受欢迎而广种之，川人在其名字前加一个'海'字，称之为'海椒'，相传至今。""'海'有大的意思，以区别于小的花椒。"[①]于是，在今天四川客家的宣传小册子中，公然将辣椒的引种发明权归之于客家族群了。

（五）接触中的文化复合

主要是指本文化圈中的旧文化与外来文化要素，各摘取一部分，互相融合，最后形成新的文化要素甚至新的文化体系。从复合程度看，有微观文化复合与宏观文化复合两种形式。

微观文化复合形式的典型，莫过于东山客家地区中的丧葬仪式。在这一区域内，客家人保存着较为浓厚的崇敬祖宗的传统和家族观念，凡家族中的长辈去世，都要举行隆重的家祭仪式。据调查，此区客家人家祭，原本以佛教仪式为主，但来到四川后，发现当地流行的道家的祭祀方式——做道场更热闹，于是，在做佛教祭祀的过程中，又吸收道家的祭祀方式，主祭人又说又唱又表演，锣鼓音乐，吹拉弹唱，一直要闹几天几夜。明明做的是道场，而供奉的又却是佛像，纯粹变成一种佛道糅合的家祭活动。今天，东山区内更有一些主持家祭仪式的专业户，为迎合年轻人的爱好，又在传统祭祀中加进现代乐器和流行歌曲，使得传统的客家家祭活动，又融进一些与时代气息相沟通的内容。

宏观文化复合形式，以成都东山客家方言区与成都市区的边界的收缩与扩展最能说明问题。1949年前，成都东山客家方言区边缘与成都市区相连接，东出牛市口、北出李家巷，就进入客家人生活聚居圈。现在随着市镇建设的发展，牛市口、李家巷已成市区的一部分，而客家人的聚居区的边线，则已退至离城十公里以外的青龙、圣灯、保和等乡镇一带。今天，随着成都城市的向东扩展，随着现代交通和城乡一体化的进展，在现代都市文化的冲击下，客家人生活的地区不断向东撤退，两种文化的接触碰撞，将来有可能会在客家人聚居

---

① 崔荣昌：《四川方言与巴蜀文化》，四川大学出版社1996年版，第344页。

生活的地方，出现一个东山客家文化的复合区。

二、适应中的文化创新

（一）功能性创新

迁移人口在适应四川客居地环境的过程中，既非完全原封不动地传承原乡的传统文化，也并不是毫无保留地全盘汲取巴蜀文化要素，他们更多是在进入巴蜀地区之后，以输入的巴蜀文化要素为基础或手段，再加入某些新的内容，进而创造或发明出完全不同的文化要素。两种文化要素的复合往往是自然而然、不知不觉地进行的，而非人为地强制地有意识地去整合。通过新旧文化的整合而实现的文化创新，可以分为功能性创新和价值性创新两种形式。

功能性创新以追求实用为目的，主要体现在物质文化领域。例如在梯田技术的创造和运用上。据专家考证，梯田的发明权最早当属于古蜀文明。考古发现也证明，在汉代汉源狮子山新石器时代遗址发掘中，就发现房屋与农田所在山坡被开辟成层层平台，形成梯田的雏形，其年代距今四千年以上。在四川彭水东汉墓出土的陶田模型，丘形狭斜，相接如鱼鳞，略呈阶梯形，农史学者均定为梯田模型。这种梯田模型在四川地区的东汉墓葬中甚是普遍。[①]但从文献记载角度看，梯田之名最早出现在宋代。宋人范成大《骖鸾录》记述，袁州（江西宜春）："岭坂之上皆禾田，层层而上至顶，名梯田。"宋代以来，这项梯田种植技术传入闽粤赣客家地区。到了清代，大量移居巴蜀的湖广、东南各省的移民，在巴蜀原有的梯田技术的基础上，融入新的开垦技术。他们原本对崎岖破碎的低山丘陵地形十分熟悉，针对四川盆中丘陵低山地区的地形，以紫色为主、有机质较少的土壤，年均降水量不足等条件，因地制宜地进行农业耕作技术的创新，将自己在原乡擅长的营建梯田技术运用于此区，在那些本地居民或其他移民不愿意开垦，或者丢荒抛弃了的斜坡挂地上大做文章，通过模仿梯田的做法，将山谷间的累累荒田和雷鸣坡地整平，改成梯土。清人对于楚、粤移民营造梯田的过程作了较为详细的记载："（川东）楚、粤侨居殖人，善于间田，就山场斜势，挖开一二丈、三四丈，将挖出之土填补低处作畦，层垒而上，绿塍横于山腰，望之若带，由下而上，竟至数十层，层垒而

---

① 林向：《古蜀文化区导论——长江上游的古代文明中心》，《童心求真集——林向考古文物选集》，科学出版社2010年版，第287页。

上，名曰'梯田'。"①与此同时，他们还灵活自如地引进保水、改良种子、堆制肥料、改良土壤等技术。通过这一系列的文化创新举措，终于使山地经济得到开发，从此梯田文化也就为当地居民所接受。

例如，生于乾隆年间的山东济南人王培荀，道光年间曾在四川荣昌、丰都、新津等县做过知县，晚年著《听雨楼随笔》一书，记述其在川见闻。书中有"巴田"一条载："蜀地山多田少……甚多山田，层累而上，虽蓄水仍俟天雨"。梯田（土）是江南农业发展一个特征，是人口增加在农业生产上的反映。对于梯田（土）遍及四川东西南北丘陵山区的现象，在地方志中皆有描述记载。到了民国年间，这项文化创新成果得以进一步普及，以至在全川出现了"山隈土角，锄痕殆遍，有长不及丈，宽仅盈尺的稻田"的景观。同治《荣昌县志》引江津潘轩三别驾《过境诗》云："水绕坡田竹绕篱，沿村茅屋野炊烟。种瓜殖豆连番事，又唤蚕娘桑叶垂。"坡田的开辟，带动了麻桑种植，推进了麻纺织业的发展，使得当地"机杼之声盈耳"。其结果，便造就了一个"百年来蜀中麻产，惟昌州第一"②的局面。直至20世纪30年代，北大农学院学生考察四川农村经济，其报告中写道："由渝至蓉，所经山坡，远望一似荒秃，及接近，始知其由脚至顶，无一非耕地。龙泉山坡，可谓高而急，然半山之上，犹不乏水田；山顶之上，不乏旱田。"③

又如在精耕细作技术的创造运用上。中国古代农业生产方式由于条件的限制，绝大多数是粗放的；后来，随着农具的改进，经验的积累，人口的增加，精耕细作农业这才成为可能。至明代，四川农业的精耕细作程度并不高，成都平原居民，依赖都江堰水利的便捷，土地的肥沃与良好的气候；除此之外的州县农民，依赖人少地多，气候温和，雨量充沛，大多"种懒庄稼"。到了清代，随着移民的迁居四川，精耕细作文化深入巴蜀田间地角，施肥和田间作物管理得到了普及。乾隆《巴县志》卷一〇《风俗》载："刓耒耝耔之工与勤，土著不及楚人，楚人不及闽广。"乾隆《昭化县志》卷五《政事》记载了土著居民向粤民（即广东客家人）请教种植的过程："土著民不善种植……粤民告语，粪无瘠土，勤而无荒年，吾岂有异术哉？或仿而行之，辄效。今土著

---

① （清）严如熤：《三省边防备览》卷九。
② 同治《荣昌县志》卷一六《风俗》。
③ 董时进：《考察四川农业及乡村经济情形的报告》，1931年北平大学农学院，载《中国农村经济资料》（复印本），四川大学图书馆藏。

亦往往善农焉。"在江南移民中，尤其是江西移民结合四川地理条件所创造的水田施肥技术，在清代有了新的突破，其过程是：水稻栽秧前，施绿色底肥，即用青草、胡豆苗、江西苕（巢菜）抛在水田里，秒田沤烂为肥，此为江南移民耕作技术，其中作绿肥的苕子（巢华、巢子）由江西人带入川。苕子是一年生草本植物，大苕子像苜蓿（四川人叫麻豌草），小苕子像酸酸草。其嫩苗可做菜，故又称"苕菜"。江西苕作绿肥，川西平原农村很普遍。此外，还有对田土作物的"打旁枝""去尖""压藤"，用草木灰和叶蒸水治虫、油灯灭螟蝗、稻草人赶雀鸟等都是常见的田间管理方式。总之，正是精耕细作文化的植入，这才保障了人多地少的四川得以禾稼茂盛，五谷丰登。

（二）价值性创新

主要是指由于价值取向的变化，而使移民文化与本土文化各取一部分要素相嫁接所进行的复合形式的创新。与功能性复合不同，这种价值性复合创新主要表现在精神生活之中，尤其是在文学、艺术创作领域更为突出。其中，又可以分为两类：

一类是外来文化人在客居巴蜀的过程中，由于受巴蜀文化以及所处社会时代的影响，而使自己的艺术作品发生了前所未有的创新之变。

例如杜甫两川诗歌的新变。在大唐盛世中成长起来的伟大诗人中，高适、王维、岑参、李白和杜甫都是佼佼者。在安史之乱前，他们都在诗歌创作上取得了很高的成就。但是，他们却没有像杜甫那样，随着时代社会的巨变和所处环境的变化，而在创作上发生种种新变，并最终在此基础上取得集大成的成就。杜甫自唐肃宗乾元二年（759）底携全家越过剑阁来到两川（川北、川西），直至永泰元年（765）六月离蜀东下至忠州、云安，在这段时间创作的诗歌共计四百四十八首，占杜甫现存诗作的四分之一强。杜甫的两川诗在诗歌的思想题材、内容、特色、风格上都发生了新的变化，尤其是在田园诗创作上，着力于细节的刻画与意境的营造，以及百味情感的注入与主体形象的新变，都达到了前所未有的高度。在诗歌创造题材七律的运用上，达到了一个全新的水平和境界，代表了唐代七律艺术的最高成就。

杜甫的两川诗能取得如此突破，发生如此新变，绝不是偶然现象。它是杜甫在生活环境、生活状况发生变化的情况下，受巴蜀文化、时代社会巨变等外在因素的影响，与自身所具备的多样优秀素质合力作用的结果。一方面，入川后单纯稳定的生活与宁静偏幽的居住环境，使备受流离颠沛、饥寒交迫之苦的老杜身心得以暂时休息,在生活、精神上得到了一定的余裕与充实。另一方面,杜甫毕竟是在大唐盛世中出生并受盛世氛围熏陶成长起来的,盛世文化造就了其开阔的心胸与积极入世的人生态度,使他在安史之乱后形成了强烈的忧患意识和伟大而健全的人格。杜甫在两川时期,虽然偏居西南一隅,个人生活较为稳定安宁。在此情况下,他的思想情感仍能不拘于一己之安乐,而辐射到无限深广的现实社会与人生。与此同时,他还能在对前代文学的优秀成果与创作经验进行总结和反思的基础上,从理论到实践对诗歌创作进行了多方面的开拓和创新。正因为如此,他在诗歌的表现范围与题材上,才达到了无事、无意、无物不可入诗的境界。在诗歌形式上,愈见精美工丽;在题材内容上,更见丰富深广;在情感意蕴上,更见包孕宏深;在章法上,更见错综幻化,诗歌风格亦愈见丰富多样。[①]

又如战时海派艺术的新变。抗战时期,大批的高校艺术院系与画家迁往重庆,使之成为当时全国的艺术中心。内迁重庆的画家来自不同地域、不同绘画风格的画派,但以徐悲鸿、潘天寿为首的"海派"画家群体处于主导地位。来自全国各地的美术家在这里写下了他们艺术生涯难忘而独特的一页,写下了中国美术史上的辉煌篇章。其中,"海派"画家通过移植与涵化,不断从当地的文化土壤与社会风貌中吸收营养,触发创造灵感,使得"海派"在创作风格、形式、内涵诸方面发生了诸多改变。例如,在题材和寓意方面更为贴近下层民众,更富生活气息。如农村的鸡舍、鹅群、丰收的果实、路边的野草、盛开的油菜花等成绘画的主题。在表现技法方面,保留了"海派"的特征,同时大胆运用民间绘画的色彩与技法,这在战后至今的重庆画家的创作中也经常可以看到。在艺术风格方面重视雅俗共赏,吸收多种风格,富于鲜明的时代感。尤其是在迁渝期间,"海派"画家经历了前所未有的生命体验,这为他们的艺术创作及"海派"艺术的发展促成了巨大的转变。

"海派"原本是生长于繁华富庶的现代都市,充满小资情调。而当国破家亡,民族危难之际,他们暂避于山城,进入富于乡土气息与民族特色的大西南,生存土壤为之一变。随着个人生命体验经历的转变,相应地他们艺术创作的动力与源泉也随之改变。正因为如此,随着价值创新的实现,"海派"艺术家终能在抗战时期产生广泛的影响。他们不仅在当时成功地占领大西南的艺术

---

① 李霜琴:《杜甫两川诗研究》,福建师范大学博士论文,2004年。

领域，在很大程度上改变了西南地区的艺术风貌，而且在中国美术史上也称得上是一个值得回顾的重要事件。①

另一类是外来移民及其后裔，在长期定居巴蜀的过程中，由于受原乡文化与巴蜀文化的共同影响，而使自己在文艺作品中，抒发出一种既对祖籍地存在思念眷恋，同时又对客居地充满文化认同的复杂感情。生活在清代乾、嘉之世的四川垫江县（今属重庆市）进士李惺，有感于移民社会中不同省籍人群的日益融合，在《生日》一诗中证实："眼底人人是客，脚跟处处为家。祇在风前月下，何论海角天涯。"②诗中所描述的这种复杂的精神生活世界随处可见，尤其集中流露于各同乡会馆的楹联之中。

成都陕西会馆一角

例如始建于乾隆十一年（1746）的成都洛带广东会馆中殿有许多对联。其一云：

> 庙堂经过劫灰年，宝相依然，重振曹溪钟鼓；
> 华简俱成桑梓地，乡音无改，新增天地冠裳。

其二云：

> 衣钵绍黄梅，法荫遐骈，蜀岭慈云连粤岭；
> 坛经镌贝叶，宗源溥导，曲江分派接沱江。

---

① 蔡敏：《抗战时期迁渝"海派"与西南美术的发展》，《文艺研究》2009年第12期。
② （清）孙桐生：《国朝全蜀诗钞》卷三八（影印本），巴蜀书社1985年版，第423页。

后殿有一副对联云：

> 云水苍茫，异地久栖巴子国；
> 乡关迢递，归舟欲上粤王台。

始建于咸丰元年（1851）的遂宁天上宫戏楼对联有云：

> 闽人入蜀，心想莆戏，但看川戏；
> 妈祖进川，神留福州，塑祀遂州。

成都陕西会馆撰写于光绪十一年岁次乙酉（1885）八月的对联有多副，其一联云：

> 玉宇无尘挂出峨眉半月；
> 皇穹有象飞来太华三峰。

另一联又云：

> 馨香隆蜀国，得此情联，桑梓陇云渭树，千秋俎豆庆维新；
> 崇丽拟秦中，于斯胜揽，岷峨金马碧鸡，异地冠裳欣善祷。

上述楹联，将移民原乡桑梓与客居地的山水、风物、典故联系起来，如以"蜀岭"与"粤岭"，以"曲江"与"沱江"，以"巴子国"与"粤王台"，以"莆戏"与"川戏"，以"福州"与"遂州"，以"峨眉"与"太华"，以"秦中"与"蜀国"对应起来进行吟诵，借景抒情，睹物思乡，充分表达了移民身在异乡的一种复杂的感情世界：一方面乡音未改，殷殷"乡关迢递"之情不泯，但同时又将寄籍地当作"桑梓地"，决心为之改变面貌，使其新增"异地冠裳"。这些对联，堪称融汇移民文化与本土文化精神的创新之作。

第六章 巴蜀移民与物质文化的变迁

由人口迁移所引起的文化系统中的细微变化，经过积累会逐渐渗透到文化结构的方方面面。物质文化是通过物质活动和各种有形实物表现出来的文化。本章着重从满足人们基本生存需要的居住和饮食两个方面入手，具体探讨移民迁入巴蜀地区后，在外来文化与本土文化的交流融合过程中，在物质文化层面上所产生的变化与创新。

第一节　传统民居聚落的演变

聚落作为人工建筑的主要组成部分，是地球表层最重要、对人类文化反映最直接的景观之一。①巴蜀传统民居聚落建筑形态的变化，离不开外来人口的迁入。

一、传统民居的演变脉络

远古时期的人们未知宫室，穴地而居。古江源（岷江流域）和巴蜀地域是巢居文化的发源地之一。在这里，人们的聚居形态，既有干栏——楼居系统，又有邛笼——石碉系统。②其后到了农业社会，人类聚落形态才发生了质的飞跃，逐渐演变为人们居住的空间方式。

先秦时期，巴蜀地区的民居形式主要为干栏式建筑。在考古发掘中，成都十二桥遗址发现了大面积商周时期的木结构干栏式建筑，从其复原图可以看出，它的特征是，在密集的木桩上建立建筑基础，以抬高居住面，

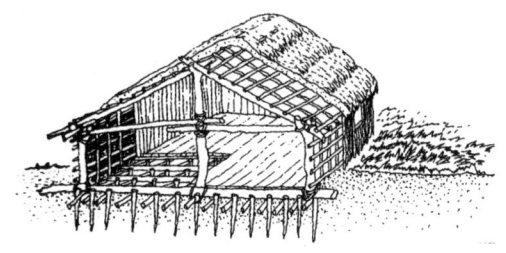

成都十二桥出土的商代干栏复原图

---

① 吴必虎、刘筱娟：《中国景观史》，上海人民出版社2004年版，第137页。
② 谭继和：《论古巴蜀巢居文化渊源及其历史发展》，载谭继和：《巴蜀文化辨思集》，四川人民出版社2004年版。

下面架空，避免潮气侵袭，墙体和屋顶用竹木绑扎与榫卯相结合的结构。《华阳国志·巴志》记载：巴人"皆重屋累居"。这里的"重屋累居"实即干栏，因构木抬高居住面，居室在上，养畜于下，故称"重屋"。

秦并巴蜀后，广建城池，使巴蜀内地的建筑风格发生了很大的变化。秦移万户居民实川，随之，这些外来统治者及移民也将中原的城邑建筑思想和筑房技术带入巴蜀。尤其是张仪经营西蜀，大规模修建成都城郭，更将中原的城郭制度和宫室制度带了进来。秦王朝在蜀郡先后建立了成都、郫和临邛三座城池，三座城的规模都仿咸阳。既尊秦都旧制，又有万民入川，中原的风俗民情和居住形式也必然随之影响到蜀地。巴蜀民居古时多用干栏，至此渐见衰微，转而大量普及宫室建筑。刘致平先生在《四川住宅建筑》中认为，这一转变与秦并蜀有关：

张仪经营西蜀，于是城郭宫室多中原制度……在汉明器上、画像砖上，汉崖墓砖墓上以及汉石阙上，我们见到四川在汉代居住制度是与中原无大差异。不过汉墓石阙的雕镂之精，模仿木构之真实是为中原所不及的，砖墓用砖筒形真券也是很进步的技术。[①]

此后，中原文化逐渐进入四川盆地并占据主流。以往巴蜀的建筑材料以竹木结构为特征，多使用草或木片为瓦。秦入巴蜀后，开始出现砖瓦结构，迄至汉代，城邑中已普及砖瓦建筑材料。当时房屋多用条石，墙体下半部多用砖、木构架，使布局规整化。建筑结构和建筑材料的更新，既延长了民居的使用寿命，又提高了房屋的安全系数。

汉代蜀地城邑中的民居样式，多以"院"为单位组合，木构架为主，建筑以平面铺开，彼此衔接，相互配合，构成了整体的布局。居民住家主要是临街、临巷建房，称为街巷式，从而一改巴蜀过去那种彼此孤立，互不相连的村寨式的零散布局。汉代巴蜀的合院式建筑，无论是院落组合式建筑，还是单体式建筑，在构造做法、装饰纹样等建筑特征和风格上，都与中原地区相似，体现了巴蜀建筑受到中原文化的冲击与影响。从汉代画像砖上可以发现，巴蜀已

[①] 刘致平：《四川住宅建筑》，转引自季富政：《巴蜀城镇与民居》，西南交通大学出版社2000年版，第145页。

有三四重院子的廊庑式大型庭院，在重门厅堂的庭院式住宅内，有前庭、后院、厨房、库房及木构望楼，各区功能明确，分界清楚，这为后世巴蜀传统民居奠定了雏形。

唐宋时期巴蜀民居的建筑形态发生了较大的变化，集中表现在，东汉廊院式民居到唐宋时期进一步发展为宅园，从而使得在宅内造园之风兴盛一时。新繁"东湖"和广汉"房湖"，就是在唐代李德裕和房琯宅园的基础上发展起来的，至今仍保留着唐代的建筑格局。宋元之际、元明之际，四川盆地因遭受战争重创，经济萧条衰落，传统民居无足称道。

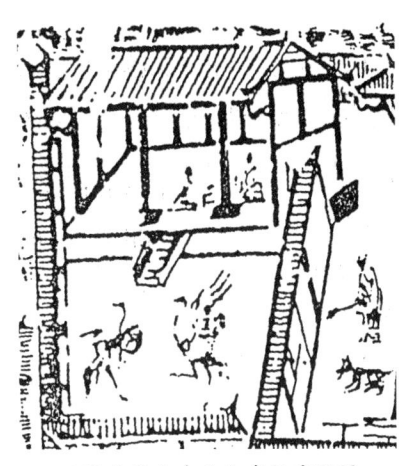

双流牧马山出土之东汉庭院图

明朝力倡汉制，使得中原建筑形制固定为一种常态。中原传统民居平面形态，一般单体建筑平面之构成，是由若干间沿面阔方向组合成长方形平面的房屋。明制规定，一般"庶民庐舍"的房屋，"不过三间，五架，不许用斗拱，饰彩色"。"不许造九五间，房屋遂至一二十所，随其物力，但不许过三间"[①]。这一规定对于巴蜀后世民居建筑的影响至深。

在长期交通闭塞、经济落后的高山地区，至今还保存有按照这样制度修建的明代古宅。例如，大邑县在1986~1987年的文物普查中，先后在安顺、三坝、斜源等乡发现明代早期民居14处，总建筑为4107.96平方米。这些民居少数为面阔三间，高矮一致；大部分为面阔五间，其中明间与次间略高，梢间略矮，为一字形开口楼房。三坝乡上坝村的民居，由五个四合院组成，所有民居由于受明代建筑定制的限制，不用斗拱和彩绘，普遍使用柱侧足和角柱、月梁及自然弯曲的木材。所用木料较粗大，柱子直径为35~50厘米，屋面青瓦宽大厚重（有的长31厘米，宽24厘米，厚2.7厘米，每片重2.7千克）。屋面坡度较缓，在木架结构中保留了不少建筑风格。[②]

经过明末清初战乱，巴蜀民居几近毁灭。清初各省移民入川，把各地民居

---

① 《明史》卷六八《舆服志》。
② 陈正平：《传统民居与居住民俗的文化内涵及传承创新》，载四川民俗学会等编：《四川城镇民俗文化传承与创新》，四川大学出版社2007年版，第63~64页。

制度带进巴蜀,又互相融合,从而造就了今日四川民居多样化的盛况。随着这一时期南方各省人口的大量迁入,原有的北方中原文化的继承和影响渐微,受南方移民风俗的影响,民居形式越来越多地呈现出明显的南方特征。明清时期的四川民居经过历代经验和技艺的积累,已显出四川地域的特色。

首先,表现在乡间民居的造型上。在四川各地,三合院住宅远远多于四合院住宅。在四川随处可见的三合院民居,是由横长方形住宅的两端向前增扩而围成,平面布局恰似倒"凹"形。故有地方志将这种建筑形态描写为"三椽一厦,形似曲尺""或两厦三椽,有似舞袖"①。这种类似于"农家造屋"的建筑,大体反映了移民初入巴蜀的建筑形态,当时因为财力、人口、地形关系,开头仅为一排三间或一排五间,或带一侧"厢房"的格局出现。待到人丁增加,财力渐丰之时,再逐渐完善合院式布置。除了经济原因之外,也与三合院住宅比四合院住宅更加灵活自由,更加简洁实用有关。例如,以一个横三合院与一个纵三合院相配合,或以两个方向相反的三合院,即可拼为H形,或前后两个三合院的面阔一大一小重叠如凸形,或在三合院周围配以附属建筑物构成不对称的平面,等等。由于四川雨水丰沛,为了保护墙面不受雨雪侵蚀,一般三合院住宅的出檐多挑出一米以上的撑拱,以支撑屋檐的重量。因此,建筑专家说"只有四川、贵州的民间建筑才有这种特殊作风"②。广安邓小平故居的三合院住宅,就是一个典型的实例。邓氏返迁祖于清初自广东回到广安,由于受经济财力的限制,起初仅有右侧一排土夯墙平房,故有堂屋,但无檐廊。后建一平房相接成为后来的正房,堂屋于是转移至此。再后来,又在左侧建一楼一底的厢房和右侧相对,后两处都带有

农家三合院

邓小平故居

---

① 民国重修《广元县志稿》第四编第十五卷《礼俗志二》。
② 刘敦桢:《中国住宅概说》,百花文艺出版社2004年版。

檐廊。由于故居三合院格局经历了三次扩修，花费了数年时间，因此也留下了三次建筑的痕迹。①

其次，表现在民居建筑布局上。由元末明初的北方抬梁式转变为以南方穿斗结构为主，合院的平面也日趋成熟。多天井的合院往往为一个大家族共居，整座大院以天井为枢纽，轴线纵横交织，主次分明。四川合院具有南北兼容的特色，比北方的小一些而比南方的大一些，既具有北方封闭型的四合院特色，又兼容南方的敞厅、敞廊和风火墙，有的大型民居还有花园、楼阁、戏台等建筑。由于受风水学说的影响，四合院的平面布置，可分为大门位于中轴线上和大门位于东北角或东、南、西、北的两种不同形制。"天井"式建筑是四川民居的一大特色，既采光又通风，是纳凉、休息的"共享空间"。

五凤溪贺麟故居内院

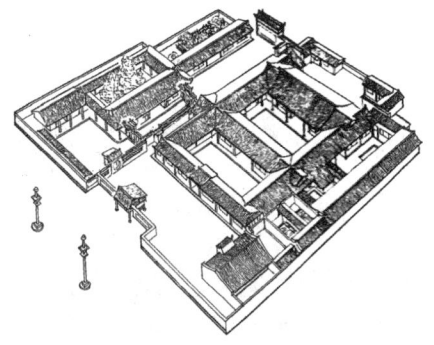

温江陈家桅杆鸟瞰图（季富政绘）

正如有的论者所指出的："四川人的住宅往往喜欢以天井的数量来计算规模，某家有几个天井，就能知道他家的大小了。"②

再次，表现在大型庄园式民居的兴起，其时代主要出现在清代中后期。四川乡土建筑专家季富政教授认为，这才是巴蜀民居中"川味"最浓者：

如温江寿安乡陈家桅杆，郫县犀浦陈举人宅，江津会龙庄，涪陵陈万宝宅等。这些庭院于巴蜀之地，不仅有宫室制度完善的规范，且家庙、支祠、花园、戏楼、碉楼、学堂、亭廊等诸多内容汇为一境，构成自成巴蜀民居特色的大型庄园。这些以宫室式为核心的空间放大庄园，是巴蜀民居中"川味"最浓者。③

---

① 季富政：《巴蜀城镇与民居》，西南交通大学出版社2000年版，第146页。
② 沈福煦：《中国古代建筑文化史》，上海古籍出版社2002年版。
③ 季富政：《巴蜀城镇与民居》，西南交通大学出版社2000年版，第145页。

这种大型庄园类型的民居，在民国地方志中多有记述。例如，民国《泸县志》就记载了一种"故家"四合院的建筑形态："中产以上为三合或四合式。有土筑，有木建（四周为墙，中间架木者，谓之'金包银'），有砖砌……四合式成复数者为大户，檐楣窗壁藻饰刻文；或更有园亭楼阁者，四周绕以短垣，林木森茂，望而知其为故家也。"①民国《南川县志》也称，该县"二百年前老屋，马桑、白杨、枫香作柱，其大数围，地榻阶檐，通用砌石，以础承柱，窗格刻花卉人物"②。这些"故家""老宅"，应该就属于此种类型的民居。

据不完全统计，目前川渝境内保存的这类庄园型民居，除上述温江寿安乡陈家桅杆大宅、江津会龙庄、涪陵陈万宝宅等之外，最著名的还有：金堂曾家寨（今属青白江姚渡乡）、武胜县方家沟村的宝箴塞、隆昌县云顶山上的云顶寨、泸县方洞镇石牌坊村的屈氏庄园、仪陇县琳琅山景区内的轿顶山

仪陇县丁氏庄园

下的丁氏庄园、三台观桥镇三星湾的罗氏庄园、宜宾县回龙镇（原属横江镇辖区）的曾家古寨屏山县大乘镇的龙氏庄园等。

另据田野调查记述③，回龙曾氏祖籍湖南，曾氏始祖国明公于前清雍正或乾隆初年由楚入蜀。清咸丰年间，新寨第五代孙曾启荣官至甘肃巡抚，经朝廷批准修建将军府，于是得以大兴土木修扩建新老两寨。老寨像一座山寨或坞寨，整个寨子筑在一座山坡上。内外城垣依势而筑，顺其自然，外墙为高四米，周长约一千米的石基砖墙，设有东关门和西关门，两关门对峙，高六七米，拱形风火墙，关楼上四方有炮眼，关门是两扇用杠子闩起的厚实木门。

---

① 民国《泸县志》卷三《礼俗志·风俗》。
② 民国《南川县志》卷六《礼俗》。
③ 丁芝萍：《宜宾回龙镇曾家古寨的兴衰》，《四川客家通讯》2011年第2期。

寨子前面是约二十米宽，四百米长的壕沟。内墙高八米，厚四米，周长约五百米，基脚是二米五的砌石，上有梯级屋顶覆盖；东西两墙上分别有一座三层的六方亭和一座四方亭，亭的翘角上都系有铜铃。寨内建筑总面积约二万平方米。寨门（大朝门）是三开间三层约九米高的门楼，门楼像文官的帽顶，故有老寨出文官一说。正中为一道拱形大门洞，两扇铁皮包铆钉的厚实大门，悬有贴金门额"凤栖高梧"。门前一个平台，左右两边有七八步石阶，平台后是十几步石阶斜斜地进入大门，二楼是万年台（戏楼），三楼（天楼）是瞭望台，均有雕龙画凤。大门两边石基砖墙的建筑上面是书楼，底层是花厅，四角亭，左边亭下是水井，右边亭下是碾坊。

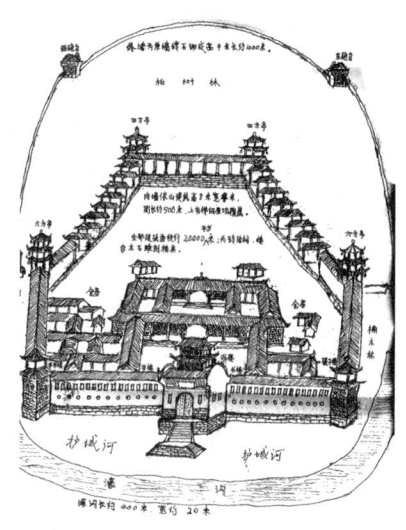

宜宾回龙曾氏老寨子复原平面图（丁芝萍提供）

两端各有一个高八米两层石砌的寨内主体建筑大体是两重大院，依中轴线将多个小单元建筑分开呈对称，有回廊相通，均为穿斗木结构。檐板、柱头、窗棂、石阶上都有雕饰，如二龙抢宝、犀牛望月、喜鹊闹梅及三国、水浒等戏文典故。外墙与内墙的空地植有柏树和楠木，每逢深秋，数以千计的白鹭栖息其上，尤晨暮之际热闹非凡，蔚为壮观；寨门前与壕沟间种菜栽花，壕沟里植有荷花喂有鱼。该寨鼎盛时期拥有租金一万八千余石。新寨围了七个山包，占地数百亩，新寨鼎盛时期，拥有租金一万三千余石。两寨之后又相继新建

泸县屈氏庄园一角

了水竹溪、石板田、弯丘、学堂坡等宅院。回龙（复龙）镇有半条街是曾家修的，故称曾半街。

由此可见，经过移民运动洗礼之后，清代四川的民居住宅形态，逐渐由元明时期的北方形式，变成更为明显的南方形式，民居的空间形式也更加丰富，民居形制趋于成熟定型。

二、不同类型的移民民居

（一）陕西民居

民居建筑是地域文化的主要载体之一。随着不同时期大量移民的迁入，由移民所带来的不同地域文化风格的民居建筑也相继传入巴蜀。陕西民居是受外省地域文化影响较为明显的传统民居建筑之一，主要分布在与汉中、渭南联系紧密的川北阆中、广元一带，陕人迁入四川后多居住在此区。这些民居多以厚实的土墙围合房屋院落，屋顶三面突出于土墙之上，暴露出穿斗木构架和小青瓦屋面，既稳重又活跃，兼具川陕风格。此外，陕西、山西、甘肃等省常用的单坡厢房建筑样式，也被陕西移民带到了四川盆地，现在在广元、阆中等地多见单坡房屋和窄院民居，就是因为陕西移民分布较多的缘故。

明清时期，一种将合院式与"天井"结合起来的井院式建筑被普遍采用。例如在名山地区，"富民多用天井式，上三间曰正寝，中曰堂屋，对正寝者曰厅房，东西厢曰横房，平以层石，绕以周垣，垣间树龙门，出入由之"[①]。

井院式建筑的出现，与移民迁入有很大关系。随着明清时期移民的大量迁入，密集的人口，紧缺的建筑用地，导致人们对天井空间的需求。在移民文化的影响下，外来的天井建筑有可能被借鉴采用。"晋陕窄院"是北方山西晋中和陕西关中地区常用的一种宅院形式，四合院横向较窄，形成纵深狭长的矩形天井，两房檐口间只有一米一至一米二，具有遮阳、防风沙、节约占地等优势。在四川盆地北部和西部地区，经常能见到民居中采用这种窄而深的天井，比例有的甚至达到1∶5。这些民居的主人原籍多为晋陕两省，因此多受到陕西民居的影响。刘致平先生说："若是天井窄而深，那便是叫'停丧天井'，像棺材停在宅内，这种天井多半是陕西人用的。"[②]窄而深的"停丧天井"的出

[①] 民国《名山县新志》卷一〇《风俗》。
[②] 刘致平：《中国居住建筑简史》，中国建筑工业出版社2000年版，第258页。

现，据考就是受陕西民居的影响。①

井院式建筑的出现，是中原文化与巴蜀本土文化交融的结果。它一方面保持了源自中原风水学说、宗法礼制观念的固定的形制格局，以中轴线为对称的基本布局。另一方面，因受地方环境的限制以及思想的相对自由，故而在功能上更注重生活的实用性，尤其是它较好地利用了有限的用地空间，结合了巴蜀人民的日常生活习惯，通常面对院落的厅房，不做门窗围墙围合，不仅有利于通风散热，而且形成公用的开放性活动场所和临时堆存杂物的空间。正因为如此，这种建筑形式得以在巴蜀城乡普遍流传开来。

陕西箭楼是一种由陕西移民修建的防御式寨堡建筑。据民国《云阳县志》卷六《陀寨》记载，在该县内的寨堡、碉垒建筑中，有一种称为"陕西牟"。"牟"与"箭"相近。此"陕西牟"靠近陕西人创建的盐场。它既列入寨堡类型，可能就是"陕西箭楼"。据日本学者现场调查的描述，在云安镇中，由陕西同乡、同业组织建立的箭

陕西箭楼（采自山田贤书）

楼，至今仍几乎保留了原貌。箭楼的南侧只有一个入口，门用石头建成厚重的拱形。穿过厚厚的城墙如隧道一样的入口，可见一个小方形的中庭。中庭的中心，有一口据守此地时用其中水保障饮用水的水井，如今住在这里的住户仍用其井水做饭、洗衣。从整体上看，陕西箭楼呈现出由两层建筑物围绕着凿有水井的中庭的"回"字形结构。在第二层，为便于各房间的往来而建有回廊。站在上面仰望，可见位于整个建筑一角的瞭望台向空中刺去，头顶上是由四个犄角切割出来的小块天空②。

（二）湖广民居

随着湖广人大量迁入四川，一种名为"火筒子"房的民居也遍及巴山蜀

---

① 吴樱：《巴蜀传统建筑地域特色研究》，重庆大学硕士学位论文，2007年。
② ［日］山田贤：《移民的秩序——清代四川地域社会的研究》，中央编译出版社2011年版，第127页。

水。原来，湖广民居外形大多呈长条布局特征，一般都采取"一字形"，民间习惯称之为"火筒子"房。这种聚落布局模式，正是湖北民居的基本特点。据研究，湖北历史聚落的分布，由于受基本环境因子——河湖水体的影响，民居聚落一般沿水体边缘伸展，自然而然便形成长条形布局。究其原因，一方面因地貌条件的制约；另一方面，则是因为水道是古代最重要的交通线路，聚落作如此延伸，可以最大限度地分享区位优势①。尽管迁入巴蜀的湖广移民，在四川的居住地不再临江，但由于受祖居地传统人文习惯的影响，至今仍然采用"一字形"的建筑布局模式，其深刻的历史原因就在于此。

在楚人居住的村市，一般较为注重环境绿化，依傍聚落栽种竹林，形成"青林"，创造出别具一格的"林盘"景观。受此影响，迁川的湖广移民也将聚落四周种竹的做法带到了迁居地。例如，绵竹县令陆箕永在《绵竹竹枝词》中云："村墟零落旧遗民，课雨占晴半楚人。几处青林茅作屋，相离一坝即比邻。"对于这一居住环境，陆箕永作了这样的注释："川地多楚民，绵邑为最。地少村市每一家即傍林盘一座，相隔或半里或里许，谓之坝。"②

湖广移民对民居建筑的影响，还体现在营造方式上。今天四川盆地民居结构大多采用木构穿斗式，或是穿斗与抬梁共同作用，几乎没有采用北方的抬梁结构。由于湘、鄂地区木结构民居，都是使用穿斗式，所以推测四川的穿斗建筑，应该是受湖广移民的影响。由于四川盆地气候与湖广地区温热多雨的气候一致，而与北方寒冷干旱的气候条件迥异，故屋面较为轻薄，小柱径的穿斗构架就足以承载。并且穿斗构架用料经济、施工简单、出檐方便，很适合贫苦的垦荒移民，所以在四川民居中，穿斗式和

湖广民居

---

① 张伟然：《湖北历史文化地理研究》，湖北教育出版社2000年版，第148页。
② 民国《绵竹县志》卷一三《风俗》。

夹壁墙得到了广泛运用。刘敦桢先生在1939年的《川康古建调查日记》中就记载："最近二日所见之民居（从橦梓到綦江），壁体结构不尽用木板。由于柱与柱间，编竹为壁，内外涂泥刷白垩者，与湘、鄂诸省略同。"又说："川省民居之结构与北方诸省相差殊甚，较重要者，约有数事……若细予分析，则其一部分曾见于湘、赣诸省，另一部分与江浙等省类似。"①

（三）湖南民居

在达县景市乡、安仁乡，与开江县南部一样，居民的祖先均来自湖南丘陵地区，其聚居地为典型的湘语方言岛。在这些湘民聚居区，凡清以来修建的宅院，与川中其他地区民居格局不同，大多呈现"一户二间，增一堂"的"并联"形式。究其渊源，明显与其祖居地的建筑文化要素相似。

湘南大部分地区尽管地形、地貌均为丘陵山区，自然条件基本相同，民居建筑亦采用适合地域的天井式人居形制。但由于受湘楚文化、粤文化和客家文化等多种外来文化的影响，社会文化和生活习俗不完全相似，所以不同的县、市，甚至不同乡、村的人居建筑也有不少差别。但在民居的外部造型上，有些基本的东西，如高大的马头墙、幽深的小巷、灰黑的屋面等要素，是不会改变的。②另据《湖南传统建筑》记载，湖南民居"布局除正屋一侧或两侧出厢，或多进相连之外，更有多户并联，或一户一开间，前厨后卧，或一户二间，增一堂屋，形成统一规格的集体住宅形式为该地区特有。因地区产煤，又受广东影响，砖瓦应用普遍……不加粉刷，山墙有一字形、担子形（二担子、三担子）、金字（人字）形、弹弓形等多样变化或组合使用"。

由于受湘南传统文化惯性的影响，迁居上述达县、开江地区的湖南籍移民，在建筑文化的传承上，一方面保持了与祖居地建筑形态基本相似的要素；另一方面，也与湖南有所不同，这主要表现在居住环境上。由于受地理条件和"人大分家"人文传统的影响，当地带湖南风格的民居，大多单家独户，分散而居，没有像湖南聚族而居，少则百户、多则千户的居住现象。对此，四川乡土建筑专家指出："但是（这些）单体民居的格局、样式，仍是祖籍原乡发展而来，仍固执地遵循家乡传统的民居建造模式。于是，相似的格局布满了湖南

---

① 《刘敦桢文集》（三），中国建筑工业出版社1987年版，第228页。
② 胡师正：《湘南传统人居文化特征》，湖南人民出版社2008年版，第46~47页。

移民居住区,形成了此类民居特有的分布范围。"①

(四)客家民居

客家民居在中国汉民居大体系中独树一帜,有区别于其他各地民居的显著特点,尤其与中原合院式民居拉开了较大距离。客家人在四川盆地各处都有分布,他们把自己的住宅形式带到了整个四川盆地。现在,在四川盆地各处还能看到客家的堂屋加横屋、土楼、土堡和廊院式住宅的建筑景观。

巴蜀客家民居以"一堂屋""二堂屋"最为流行。所谓"一堂屋"又称为"假六间",是指只有上堂而无下堂,进门即天井,即把天井也算作了一间共六间,以取吉利数字。所谓"二堂屋"又称为"硬八间",因其围绕天井共八间而得名,它包括天井周围四角的房间,半开敞的上、下堂,左、右厢房,其中左、右厢房也称为"南北厅"。这类住房的最大特点是,以祖堂为中心,中轴对称,并有简单的上、下堂,采光靠天井,四围无窗封闭严密,尤适合三代以内的单个家庭居住,且集居住和宗法为一体。在一堂屋或二堂屋基础上改扩建的合院式建筑,是客家富有人家的居住形制。这种合院式建筑是在原有"一堂屋""二堂屋"房屋的两侧,增修一套或数套二堂屋或三堂屋,并使其有机组合在一起。其布局仍以原有的祖堂为中心,中轴对称,向两侧展开,点线结合使整个建筑平面呈横长方形或凹字形,内中尤以二横二杠式和三横二杠式为常见。

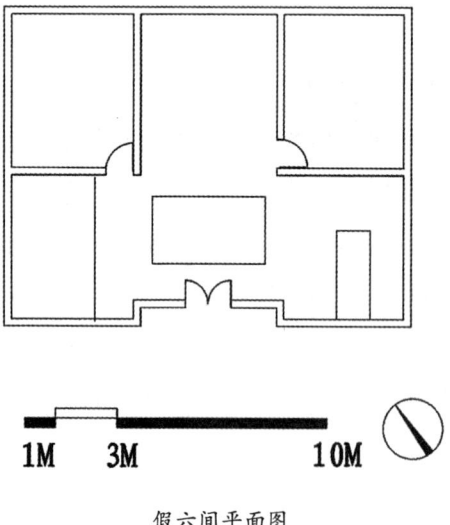

假六间平面图

客家建筑专家卢元鼎先生在《广东民居》中提及,"客家地区一种茶盘形式的楼房民居,一层平面布置了三开间房屋,谓之'二堂屋'"。它的特点是以厅堂为中心,中为天井,对称组合而成,有简单的上、下堂,采光靠天井,四围无窗。这种平面模式被迁川的客家移民原封不动地搬进了四川。唯不同者,因四川日照少而阴湿,故去掉了厢房的门壁,使之和上、下

---

① 季富政:《巴蜀城镇与民居》,西南交通大学出版社2000年版,第161页。

堂串通成半封闭的空间特色。这一改动，不仅使天井采光可影响到各角落，使得整个院内光亮满堂，又开拓了气流通道可随时驱散潮气。这样的变动，更加适用于移民迁川后，家庭单位变小，最适宜新环境中一家人的居住和室内劳作。①这可以说是迁川客家移民，在适应巴蜀地理环境的过程中，将原乡文化与巴蜀本土文化相融合的产物。

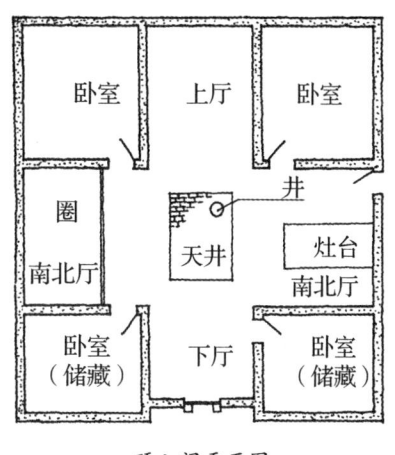

硬八间平面图

土楼建筑在巴蜀具有代表性的分布地，集中在川东涪陵、川西成都、川南泸州和川北仪陇等地。在四川没有发现闽西式的巨型圆形土楼，仅在住宅中建有碉楼。这种情况的出现，可能是由于客家移民迫于生计，多一家一户进行修建，不可能以大家族为单位集体修建；加之客家人入川后受四川传统的"人大分家""别财异居"的习俗影响，不得不由聚居转向分散性居住。于是，一种小型化的居住形式逐渐兴盛起来。盆地内的土楼也向小型化发展，多为方形，土楼中为天井，周围木穿斗结构，墙体木构共同承重。在这种背景下，作为原乡标志性建筑的由壮观、厚重的土墙围合而成的圆形大土楼，已不可能在川中出现。但出于传统的防范意识，围龙住宅和碉楼在巴蜀客家民居中较常见，特别是碉楼单体形式的建筑，在盆地内四处开花。受木构穿斗的影响，碉楼已不再纯粹用土夯，多用土墙木屋架的做法。

需要指出的是，四川客家民居情况极为复杂。由于在清初"五方杂处"的社会中，客家人分布在四川几十个县里，住房已基本丧失了客家原乡的固有模式和特征。这就使得客家民居和其他省移民住房没有多大区别，尤其是占多数的贫困者和散居者。如朱德的出生地李家湾仅有一个碉楼在左厢房外，碉楼一毁，仅三合院而已。而朱德家的东家丁维汉也是客家人，他家的住房却保存下完全的客家双堂双横屋特征的庄园。金沙江畔的屏山县不是客家人的聚居区，大山顶上却发现了精彩的客家龙氏山庄。郭沫若家是客家人，理应保存书香门风，秉承客家文化的遗绪，但其住宅天井反倒狭窄如陕西民居。因此，有专家认为，判断是否属于客家民居，应当界定一个标准，必须有原乡同类民居核心

---

① 季富政：《巴蜀城镇与民居》，西南交通大学出版社2000年版，第218页。

空间借鉴和继承者，如二堂屋。这种民居即使不是客家人居住也可以称为客家民居；而如果没有这种借鉴和继承关系，即使是客家人现在住的民居，也不能称为客家民居。①

（五）土家"印子屋"

据田野调查，在黔江西部和黔东北土家族聚居的地区，普遍流行一种"印子屋"的民居建筑，一般为三合院、四合院。这类建筑，或者一进院，或者两进院，或者多进院，周边垒砌风火墙，形成封闭式建筑，平面布局酷似一颗印，因此称为"印子屋"。这种"印子屋"或称"桶子屋"，一般是以条石筑阶基、墙基和门框，以火砖砌成围墙，有的砖砌山墙高出屋面作为风火墙，同时构成屋顶装饰；内部为穿斗式木构建筑，坡面屋顶盖瓦。平面构造通常分前后厅堂，中隔天井，两侧厢房，形成四合，总体呈正方形或长方形布局。"印子屋"高大宽敞，结构严谨，外观牢实、气派。一般"印子屋"一幢二天井，前后开门（有的两侧也开门），可住五六家人。在土家族地区，民间原来没有"印子屋"这种全封闭四合式砖木结构的民居形式。自从这种形式被移民引入之后，逐渐在当地民间成为一种建筑时尚。②据分析，由于黔江地区位于川东南门户之地，在明清"湖广填四川"移民高潮中，长江中下游地区的大批移民循此进入四川，或在此停留居住，于是便将原乡的合院式建筑形式带入这一地区。考其祖籍，这些移民来自湖广、江西、安徽、广东诸省，因此在川、黔、鄂交界地区普遍流行的"印子屋"建筑形式中，往往含有湖广、徽派、客家等民居的建筑元素。

由上述可见，随着各省移民的迁入，巴蜀民居由于受其他地域文化的影响，一方面是将各地文化熔于一炉，使各地的建筑样式及修建技术和空间观念得以在巴蜀地区兼收并蓄，综合提炼，获得进一步发展的契机；另一方面，又使建筑上的多元文化元素在巴蜀地区同时并存，从而为风格各异的民居建筑在这里争奇斗艳，各自相对独立铺平了道路。

---

① 季富政：《巴蜀城镇与民居》，西南交通大学出版社2000年版，第145页。
② 李星星：《土家与客家》，载陈世松主编：《四川移民与客家文化学术研讨会论文集》，天地出版社2005年版，第322~323页。

第二节　传统公共聚落的演变

聚落是一定人群相互依靠、共同生活的场所。巴蜀场镇、会馆属于公共聚落范畴的建筑，其演变轨迹都离不开人口的迁移与文化的交融。

一、移民场镇建筑

（一）巴蜀场镇发展脉络

场镇民居，一般是在街道两侧形成前店后宅；街道分巷分道，然后在巷道与另外的巷道两侧间形成里坊居住区。有论者认为，长江上游市镇的形成机制，可以追溯到古蜀先民的习俗："耆旧相传：古蚕丛氏为蜀主，民无定居，随蚕丛所在致市居，此其遗风。蜀有蚕市，每年正月至三月，州城及属县循环一十五处。"①古蜀族最初在成都平原随畜群迁徙，每一临时聚处即为集市，进行以物易物的原始交易活动。这种集市就成为后来蚕市循环举行的最早习俗，也是长江上游市镇的发端。②

其后，经历两晋南北朝时期的历史低谷之后，到隋唐时期，巴蜀场镇建设又掀起一个高峰。经济的繁荣，交通的发达，刺激了交通沿线市镇的发展。唐代陈溪说："昔武侯以蜀脧脆，故令郭邑翌日而市，意在习其筋力，而俟之征徭。"③可见隔日而市的农村集市早已在巴蜀地区存在。当时，这类隔日而市的集市被称为疟市。即所谓："蜀有疟市，而间日一集，如疟疾之一发，则俗以冷热发歇为市喻。"④进入唐代，往昔大多起于村落、旷野之中的"疟市"，已经渐次向农村商品经济较为发达的地区转移，并演化为草市。到了宋代，原先作为军事行政据点的"镇"，演变为具备商品交易功能的名副其实的市镇，并由此掀起了一个市镇繁荣的高潮。据北宋元丰三年（1080）《元丰九域志》载，当时川峡四路共有场镇六百九十四个，其中：成都府路有一百六十镇，梓州路有三百五十六镇，利州路有九十七镇，夔州路有八十一镇。这表明，大小不等的场镇，已构成适应四川农业、手工业、商业平衡发展的网络，初具现代四川场镇构架的粗线条。

---

① （宋）黄休复：《茅亭客话》。
② 张学君：《长江上游市镇的历史考察》，载四川民俗学会等编：《四川城镇民俗文化传承与创新》，四川大学出版社2007年版，第87～98页。
③ 《元和郡县志》下册，中华书局1983年版。
④ （唐）陈溪：《彭州新置唐昌县建德草市歇马亭并天王院等记》，见《文苑英华》卷八〇八。

经历宋元战争、元末明初的战乱之后,四川人口锐减、场镇发展处于停滞。明代湖广移民的大量入川,为场镇兴起创造了一个难得的契机。明末四川人李实《蜀语》已有"赶场"之说,称:"村市曰场,入市交易曰赶场。三、六、九为期,辰集午散。犹河北之谓'集',岭南之谓'圩',中原之谓'务'。"①表明四川场镇在明代已得到初步发展。但后经明末战乱的重创,原有的乡场大多遭到毁灭。及至清前期的"湖广填四川"移民潮的兴起,这才为场镇再度复兴提供了转机。据民国时期统计,乐山县有市镇五十三个,开创于明代的六个,清代三十四个,其中开创于道光以前的二十六个。三台县有市镇六十二个,兴起于清代的四十四个。有学者称,清乾隆、嘉庆时期,四川大约有市镇三千个,清末达到四千个以上。②可以说,当今巴蜀绝大多数的场镇建筑,其最近的源头都可以上溯到清初的大移民运动。

(二)清初移民场镇的兴建

清初移民潮为巴蜀场镇的最初形成、繁荣奠定了基础。从宏观历史背景看,移民大举入川垦荒,填实了巴蜀因为明末清初战乱所造成的人口空虚,使极度匮乏的劳动力得到补充;大批素质优良的精壮劳动力重新与土地结合,促进了农村商品性农业的大发展。只有当农业中分离出一部分土地和劳动力,经济作物的生产才成为可能;而只有当农业商品经济发展到一定程度,这才有可能为巴蜀城镇的迅速恢复提供经济支撑,并为场镇的繁荣奠定坚实的物质基础。

移民人口是巴蜀场镇发展的中坚力量,他们为场镇创建做出了重要的贡献。从大量文献记录和民间口头传说得知,许多场镇的最初创建者,几乎都是外来的移民。

例如,在川东地区,位于长江沿岸云阳县的八间铺,在湖北黄安移民戴华万的经营下,建设成为县南剧镇就是一个典型的例证。民国《云阳县志》载:"戴华万,字乐村。父秉福由黄安入蜀,居县南古陵镇侧水田坝,以农立家。其长子华万,性刚毅有才干,好为公共利益事,不辞劳怨。先是,场名八间铺,皆濒江细民,种江坝地自给。道光初,华万始约为市,以一、四、七日相

---

① (明)李实:《蜀语校注》,巴蜀书社1990年版,第85页。
② 张学君:《长江上游市镇的历史考察》,载四川民俗学会等编:《四川城镇民俗文化传承与创新》,四川大学出版社2007年版,第87~98页。

递趁集，渐致百货，增拓贾区，日益广袤，遂为县南剧镇。"①在重庆，历史上磁器口为巴县辖地。清康熙初年，湖广人在磁器口附近建成了许多沙坪窑，所产瓷器色泽淡雅、细腻精美，除在镇上出售外，还通过码头上船只远销省内外。久而久之，人们便将瓷器转运口岸称为瓷器口，因"瓷"与"磁"相通，人们遂将"瓷器口"称为"磁器口"。②

又如，在川西地区，位于岷江支流锦江段的黄龙溪镇，也是一个因移民而得以重建的古镇。根据历史资料记载，黄龙溪早在三国时期就是蜀汉政权的圣迹之地，诸葛亮以黄龙见武阳赤水作为刘备登基的吉兆，蜀汉君臣在这里通过立碑、铸鼎开展了一系列政治表演。《宋会要辑稿》和《元丰九域志》所列的草市镇

黄龙溪镇

中，就有黄龙溪，证明早在宋代，它就是一个在成都平原上崛起的乡村商业集市。但经过宋元战争和明末清初的长期战乱之后，川西平原几成一片废墟。据田野调查资料表明，黄龙溪镇的前身名叫永兴场，位于赤水河边，高峰寺旁。高峰寺是一座很大的寺庙，地盘很宽，据说寺庙喊人，都要骑马。结果在明末张献忠与明将杨展的鏖战中，被焚毁一空。黄龙溪镇因而被叫作"火烧场"。清初以来新招进的移民，主要来自湖广、广东、福建和江西等省。湖广上川的贺、乔、唐三家，在一片荒芜的府河西岸，选择新址，首建新场，即今天黄龙溪镇的前身。贺、乔、唐三家开建场镇投了巨资，因而获得场上米粮交易市场"打斗称粮"的经营管理权，人称"三把斗"。历史上，贺、乔、唐三姓和后来的刘姓、罗姓、钟姓是黄龙镇上的大户、老户，还一度有过"乔半街""钟半街"的说法，足见移民家族在重建黄龙溪场所做的贡献。③

在四川民间，各地都流行类似于黄龙溪"乔半街""钟半街"这样的称

---

① 民国《云阳县志》卷二五《士女·耆旧》。
② 李蕾、周昕欣：《湖广移民再造重庆》，《重庆信报》2004年12月9日第52版。
③ 陈世松：《黄龙溪古镇的历史文化脉络》，《成都大学学报》2008年第1期。

1920年前后的成都洛带老街

谓。例如，旧金堂（今成都市青白江城厢镇）县有"陈半县"之说，达县安仁乡有"谭半边，邱半场"之说，宜宾县孔滩乡有"张半场，邱半场"之说，安边乡有"曹三千，狄八百"之说[①]，成都龙泉驿区洛带镇有"巫半截，郑半边，刘惠安占中间"之说，等等。民谣中所提到的这些姓氏，都是由外省举家迁入的移民家族。从某种意义上讲，这些民谣正好反映了迁川移民在当地开场兴镇中出力贡献的真实情况。

此外，从一些场镇的得名由来中，也反映了清代移民人口增殖，经济恢复、发展所带来的场镇兴旺繁荣情况。如永川（今重庆市永川区）有一个名叫永兴的场镇，"此场建于清康熙年间，以'永远兴旺'之意得名"。另有一个名叫吉安的场镇，"建于清康熙年间，当时有一贫寒的婆婆在此设点卖茶，故按谐音称寒坡场，后成集市，取'吉祥，平安'之音更名吉安场"[②]。武隆（今重庆武隆）有一个名叫兴隆的场镇，"此地过去人烟稀少，名水草坝，约在明末清初由几家店子逐渐发展成为一个集市，取'兴旺发达'之意，命名兴隆场"[③]。

巴蜀古镇之所以能够繁荣兴盛，也与移民人口的增长有直接的关系。城镇兴起后，如果不和广大农村社会连接起来，是难以维系其持续发展的。而在所有场镇周围，几乎都有一个由移民组成的乡村社会网络存在。例如，在成都东山客家聚居区，就有一个由若干场镇与广大农村连接起来的乡土社会。这些场镇环绕成都城市周边，构成一个市场网络体系，是沟通城市与农村市场联系的重要节点。美国学者施坚雅（G.William Skinner）将中国农村市场的社会结构划分为农村集市、乡镇和中心城市三级体系，他曾于20世纪初至60年代到四川，考察过成都这

[①] 崔荣昌：《四川方言与巴蜀文化》，四川大学出版社1996年版，第89页。
[②] 四川省永川县地名领导小组：《四川省永川县地名录》，1987年12月编印。
[③] 四川省武隆县地名领导小组：《四川省武隆县地名录》，1985年7月编印。

座中心城市周边的乡镇市场。在他所绘制的成都周边集镇模型中,有多幅图显示的就是东山客家地区的基层市场区域和中间市场区域。①

据调查,直至20世纪80年代,成都东郊沙河地区仍有八个乡镇市场。其中,青龙场是以客家话为交际语言的市场,驷马桥、万年场、牛市口等则是客家话与湖广话并行的市场。施坚雅举例说,在高店子市场社区的农民(为客家人),到五十岁时,去过基层市场不下三千次,平均至少有一千次,

1910年的青龙场

他和社区内各个家庭的男户主拥挤在一条街上的地盘内。②可见,成都周边的乡场不仅与东山客家人的生活方式联系紧密,是客家民风民俗保存的重要土壤,而且更是场镇发展的支撑力量。

巴蜀古镇的繁荣兴盛,从微观的建筑环境而论,与客籍会馆的存在有直接关系。由客籍人所建立的移民会馆,是巴蜀城镇繁荣的象征和标志。巴蜀城镇往往是因移民会馆而兴,因移民会馆而荣。清初,各地经济正处在恢复之中,许多会馆建筑建于城内荒野之处,初多无街道铺户。后来只是因为会馆会期甚多,商家小贩才依会馆做起买卖,渐成街坊,这样会馆的建立就促进了城镇的发展。以成都为例,成都城内除湖广馆街、江南馆街、燕鲁公所(直奉会馆)街等,以会馆名街之外,其他不见会馆名的街道,亦多与会馆有关。例如:陕西街原名芙蓉街,因街中有芙蓉桥。清康熙二年(1663)陕西会馆在此修建,街名因此改称陕西街。外南小天竺街,街北有浙江会馆,人称小天竺庙(因杭州西湖附近有小天竺山),街因此得名。金玉街街北有广西会馆、仁寿宫、浙江会馆(城内外各有一处)俗称三道会馆。浙江会馆始建于清康熙年间,馆内有

---

① [美]施坚雅:《中国农村的市场和社会结构》,史建云、徐秀丽译,中国社会科学出版社1998年版,第28～33页。
② [美]施坚雅:《中国农村的市场和社会结构》,史建云、徐秀丽译,中国社会科学出版社1998年版,第45页。

历朝文魁匾额,世人誉为"金玉满堂",街因此得名。棉花街北有帝主宫(湖北黄州会馆)、江西会馆,湖北、江西商人多以会馆为货栈之处,除从湖北黄州等地购进棉花外,街中店铺多经营棉纱、棉絮、棉布买卖,街因此得名。江南馆街旁有一小巷,名兴业里,原为江南馆的一部分。民国14年(1925)江南馆会首拆会馆辟为通道,取"兴家立业"之意,故名。更为奇特的是,川西还有一座以会馆而兴盛的集镇。距成都一百余公里的金堂县广兴场,原名广严寺,明末毁于兵燹。清初,广东、湖广、江西、贵州等省来川移民先后集资修建了广东、湖广、贵州、江西会馆,各会馆分别延请释、道出家人管理,由此香客会众络绎不绝,商贩云集。贵州、江西会馆及城隍庙会首集议,三方出资,各修一段街房,首尾相接,遂成集镇。故场镇又有"三节镇"之名。

巴蜀场镇建筑特色,也是因移民而形成的。在川中的资中县,有一座因盐井而兴盛的古镇——资中县罗泉场。罗泉场位于资中县城五十一公里的县境西部边远丘陵地区,毗邻威远、仁寿的交会处。清初移民入川,广东花县潘姓人插占罗泉一带,以勤劳灵活经营盐业有方,同时又将东南沿海建筑文化元素带入川中,并糅以巴蜀特色,在沱江支流球溪河上游建房兴街。市街长约二三公里路,随河岸转折而变化,场镇居然塑成一条龙形。龙头在下场口,龙身弯曲为街道,在龙身和龙尾之间有岔出一段半边街为龙脚,脚尽头再延伸出两段小

资中罗泉古镇(季富政绘)

街为龙爪。根据不同地形和不同朝向方位兴建的各种庙宇，既与住宅相连，且与民居建筑相映生辉。该场兴建时以广东同乡人士出资居多，因此，反映在建筑形状、造型和风格上，无不打上东南沿海建筑的印记。在罗泉场上，庙宇、民居的风火山墙如云彩般紧密相连，并呈现出金、木、水、火、土五种形状，山墙大小不同，造型多端，装饰华丽，争辉斗异，蔚为大观。其中最为华丽者莫过于盐神庙山墙。其墙脊为装饰的重点，以"五岳朝天"式歇山牌坊屋顶作脊，两末端再以圆拱脊相接。脊上用碎瓷镶嵌各类走兽花草纹样。体量之大，装饰之繁复精湛，实为川中仅见。可以说，闻名遐迩的罗泉场的两大建筑特色——龙形街与风火山墙的形成，都与清初移民入川的历史背景有关。因为借助于清中叶盐业的兴盛，有了可资兴镇建房的经济基础，方才谈得上建庙宇、造华屋。而要把大量钱财花在建筑装饰上，如果仅有财力没有文化，山墙也不会有艺术性。正好罗泉场的巨商富贾多为广东花县人，那一带原乡正是十分讲究建筑装饰的流行区域。①正是有了二者的有机结合，才使得以龙形街与风火山墙为特色的建筑文化，在这个川中腹地的罗泉场应运而生。

（三）巴蜀场镇的移民文化特色

巴蜀场镇的建筑，更是因移民而呈现文化的多样性。归纳起来，其建筑类型可以分为廊坊式场镇、云梯式场镇、包山式场镇、骑楼式场镇、凉厅式场镇、寨堡式场镇、盘龙式场镇、水乡式场镇等八种。②在各种类型的场镇中，积淀着丰厚的移民文化。具体表现在：

第一，巴蜀场镇在选址上，一般遵循要塞原则、码头原则、风水原则，十分科学合理。而作为场镇建筑选址的主要理论依据——风水学，也是随着移民的迁入而得到应用和推广的。就风水理论流派来说，有以江西为代表的"形势"派和以福建为代表的"理气"派。前者以地形地势论风水，后者则强调以方位朝向论风水。在平坦无屏地区，庙门、宅门的方位则依《八宅周书》的理气法、主人生辰八字和吉祥朝向等来加以确定，以求获得较好的风水环境。③毫无疑问，这些也会成为江西和福建移民在场镇建筑中的理论指导依据。

第二，巴蜀场镇的建筑形态，明显保留着移民祖居地的文化因素。例如，

---

① 季富政：《巴蜀场镇与民居》，西南交通大学出版社2000年版，第123页。
② 李先逵：《巴蜀古镇类型特征及其保护》，《民族建筑》2009年第11期。
③ 薛劼：《成都平原场镇民居研究》，西南交通大学硕士论文，2008年。

三峡地区由于地近两湖,居民以湖北、湖南移民居多。根据"近水楼台先得月"惯例,其祖居地距三峡地区最近,移民时间又多为清前期,膏腴之地多被其插占。所以,湖广移民的民居风格,整个清代几百年间均遵循汉民居文化制度。但随着时间的演变,由于受盆地内外文化的影响,清代前、中、后期,此区民居上又发生了明显的变化。在清前期,移民运动兴起之初,渐有居民在场镇废墟上建房。经现场实地踏勘,乾隆以前的民居实为罕见。但简易住房临江棚户大量出现,无甚形制、规矩可言,且草房数量巨大。农村合院天井民居普遍出现,做法尺度沿袭明制。到了清中期(乾隆至道光),场镇因长江水运复苏和"川盐济楚"①机缘,民居建设开始调整前期的简易与临时性。前店后宅、下店上宅的形式普遍出现。及至清晚期(道光至宣统),民居格局基本无甚大变化。但大型临街多开间合院民居渐少,铺面含金量增加,连排式专供出租的铺面出现。用地开始紧张,空间向进深和二层发展,内部空间格局简化,普遍追求良好采光,"亮瓦"使用广泛。

江津江边小楼(季富政绘)

---

① "川盐济楚"是指在太平天国革命爆发后四川食盐进入淮盐引地楚岸销售。"川盐济楚"缓解了清政府的财政困难,解决了湖广人民淡食之虑,促进了四川盐业的发展,尤其是对下川东长江沿岸经济文化的发展产生了重要作用。

第三，巴蜀场镇的建筑形态，又明显受到来自客居地环境的影响。由于这些场镇居民的祖先，大多来自湖北、湖南、福建、广东、广西、陕西、山西、贵州、云南等省，因此反映在建筑特色上，有一个共同特点：一方面，要将原籍文化中的建筑思想、理念渗透到场镇的建筑中；另一方面，又必须适应四川地理自然环境而沿袭巴蜀古典建筑的基本格局。二者有机地融会，构成一幅精美的画卷，映衬出彼此的文化印记，营造出内涵丰富的移民文化痕迹。①

乌江边上的酉阳

二、移民会馆建筑

在巴蜀城镇中，最闪光夺目的建筑不是一般民居住宅，而是移民会馆。移民会馆建筑可以说是巴蜀城镇核心和标志。清代四川大量兴建的移民会馆，是移民文化的荟萃之地，它糅合了各地移民所带来的不同风俗和文化，给四川的建筑风格增添了许多亮丽的色彩，从而极大地丰富了巴蜀建筑的风格，堪称巴蜀建筑艺术的瑰宝。作为一种公共建筑，巴蜀移民会馆的移民文化特性具体体现在：

第一，会馆选址突出"商气"。巴蜀会馆作为乡土建筑与城市商业文化相结合的一种公共建筑，与历史上的文人建筑不同，它具有鲜明的商人建筑的个性。由于会馆的兴建，主要是满足客籍移民经商、"款叙乡情，互通声息"②的需要，因此，在选址择地上，这些会馆大多毗邻官府衙门，靠近港口、码头，占据城镇中心地带，或位于繁华街市的黄金地段。这样，既能聚集人气，又能彰显自身的经济实力，以便于生财聚财。会馆整体布局一般都十分紧凑，凸显商人的"聚财"情结。会馆建筑的格局大多坐北朝南，前低后高。大殿之南一般多为开放性的空间，便于市民自由进入，象征四海通达，财源广进，体现了客籍商人生

---

① 季富政：《巴蜀城镇与民居》，西南交通大学出版社2000年版。
② 自贡市《西秦会馆关圣庙碑记》。

存发展的理念。

第二，山墙尽显南派建筑特色。明清以前，四川地区无论官式还是民间建筑，少见风火山墙的运用。清前期随着移民大举入川，带来了各地的建筑文化，从而使得风火山墙也随着会馆建筑而进入四川。风火山墙俗称马头墙，是屋顶与墙体相结合而产生的一种组合式的建筑形式。它多见于江南地区，一般仅用于大型宅院或公共建筑。例如在三峡地区，闽、粤两省的外墙多用"猫拱背"的做法，湖广会馆多用"五岳朝天"式重檐直线墙脊相互融合，即中间主墙用圆弧背脊墙，左右下跌采重线式脊墙。在重庆湖广会馆，后面三重殿硬山两侧山墙升高相连形成曲线优美、动感强烈的风火山墙，宛若"龙身"。整个建筑群落全长三十多米，气势非凡。在成都洛带广东会馆，采用水形风火墙，在洛带江西会馆，采用金形风火墙。洛带江西会馆的风火山墙，则呈现弧形与传统的五花山墙式的结合；鞍形跌落式，则是鞍形与五花山墙的结合。这些都传达出南方建筑的文化气息。

第三，用材装饰彰显地域属性。清初以来，四川移民钟情于建筑会馆，"争修会馆斗奢华"[1]。为了表达思乡之情或显示本土地区的经济实力，会馆建筑装饰一般都十分考究。在早期会馆的建筑中，有的组织者甚至不远千里，从原乡采运材质构件。例如在重庆湖广会馆，禹王宫正厅梁柱均选用粗大优质的柏木建造。据介绍，这些建材都是商人们从湖北当地采集、长途运载而来，工程巨大，耗时耗力，由此也可见两湖人民思乡情结悠远，并有含蕴天下的气概。在重庆湖广会馆里，到处布满构图严谨丰美、造型多样、技法精湛细腻的装饰雕刻艺术。其中有一组则再现了移民祖籍地的生活场景。只见在一幅充满诗意的画面上，重峦叠嶂，古树丰满，清代古民居半隐半现，一牧童骑牛，右手遥指前方，为行人指路。路边商肆门前，"杏花村"字样清晰可见。据传，晚唐诗人杜牧《清明》诗中所写的杏花村，就位于湖北麻城市岐亭镇旁的杏花村。明清诗人也多有诗赋咏之。清乾隆皇帝曾给村庙御赐巨匾曰"杏花古刹"。黄州移民商人根据祖籍地的这一传说，将充满诗情画意的"杏花村"的形象镌刻在会馆中，其用意正在于慰藉异域游子的乡愁。在各地的江西会馆建筑装饰中，普遍采用江西特产瓷片融入进去，以抒发对于乡梓的思念之情。通

---

[1] （清）吴好山：《成都竹枝词》，载林孔翼辑：《成都竹枝词》卷一，四川人民出版社1982年版，第68页。

常的做法是用破碎的瓷片构图来达到装饰的效果，取谐音"岁岁平安"之意。其表现形式有二：一是"线性"手法，多用于屋顶的脊部，或在影壁上制作，一般用于勾勒建筑屋脊的形状，犹如给建筑屋顶增加了一道"花边"；另一是"面性"的手法，多用于装点屋脊上的泥塑、雕塑或门的装饰等，主要表现被装饰者的体态。瓷片色彩多以青、白两色为主，朴质素雅。这些碎瓷片的装饰手法，一般用于戏楼、正殿等重要建筑中，装饰效果十分独特。此外，自流井陕籍商人于乾隆元年（1736）合资修建兴建的自贡西秦会馆，重檐歇山屋顶达四层之多，下面三层断开化作两翼飞出，檐角成行，依次加宽，在明清会馆建筑中是很少有的。其楼阁多而疏密布局巧妙，尽显"五步一楼、十步一阁"的典型的北方建筑气势；雕刻装饰风格豪华气派，各单体建筑的阑额、藻井、天花、挂落等均施以彩绘，色彩艳丽，这些都迥异于当地建筑风格。

第四，造型布局流露恋祖情结。巴蜀移民会馆建筑，兴盛于清代中期，日益复兴的经济为争奇斗艳的会馆建设奠定了坚实的物质基础，因此，各地会馆竞相攀比，讲究布局严谨，追求气势恢宏、装饰华丽。为了最大限度地体现原籍建筑风貌，使之成为城镇中的标志性建筑，各省籍会馆大多采用移民原乡风格，以便营造

重庆湖广会馆

一种"宾至如归"的乡土气氛。如在重庆湖广会馆里，有一座初建于嘉庆廿二年（1817），重建于光绪十五年（1889）的齐安公所。这是一座由湖北黄州府商人集资建造的府级会馆。让人称奇的是，它的山门偏偏倾斜了十八度，看者无心，其实大有学问，据说，这一斜，山门恰好朝向东方，朝着移民们远山隔水的湖北黄州府方向，以此表达他们对故乡的无尽思念。位于成都平原边缘的洛带江西会馆，会馆建筑是一层民居院落式的平房，小巧精致的戏楼，曲径通幽的庭院布局，后殿两侧还连有个尺度较小的天井，整个会馆宛如一处江南民居般精致可人，全无一般官式建筑的大会馆的直爽之感。而洛带广东会馆建筑空间则与之不同，其后殿玉皇殿楼高三层，通高十六米，除面对正殿一侧以木

自贡西秦会馆

构雕刻细巧，宜于登高远眺外，其余临街一面及左右两侧山墙皆以厚重高大实墙围合，上部升高作花式风火山墙。洛带地方开阔，并非房屋毗连成片之区，故单纯从防火角度，无须这样高度的风火墙。究其建造缘由，这里的会馆之所以要营造这样一种高楼厚墙的建筑样式，除了有显示客家人财力压过当地其他族群会馆的因素外，无可否认，它也是受客家祖地"自卫"意识影响的结果。所以，有论者指出，"洛带广东会馆的平面布局更是沿袭了客家的习俗，将入口置于一侧，建筑的沿街正面严实宛如客家土楼"；与川内典型的客家住宅聚落相比较，它反倒更多地保留了"登高以望敌情，墙厚以防敌攻"的土楼遗风。①

第五，地域文化的认同表达。在巴蜀会馆建筑中，一方面带有强烈的移民印记，可以看到外来文化对造型和空间的影响；另一方面它又根据地形地貌特征，因地制宜，充分利用地形与空间，以适应巴蜀的气候特征。这集中表现在：1. 会馆建筑大多充分结合巴蜀地区特有的山势地形，分层筑台，巧妙合理地组织利用空间，体现了对巴蜀地域环境的适应性；2. 在建筑材料的选用上，除早期有的会馆建筑取材于原乡外，后来的建造者也充分感受到就地取材的实用性（如会馆的砖大多采用本地泥土烧制等）；3. 不拘一格的大木构架形式的采用（如江西会馆通常采用穿

---

① 陈蔚：《巴蜀会馆建筑》，重庆大学硕士论文，1997年；赵逵：《"湖广填四川"移民通道上的会馆研究》，东南大学出版社2012年版。

斗式列子与抬担式相结合的结构建筑，以及撑拱与瓜柱相结合的构件形式）；4. 会馆内的雕刻装饰图案也反映了巴蜀地域人文风貌等。

总之，透过移民会馆可见，来自南北各地的移民，通过会馆建筑反映自己对祖居地的眷恋之情，在体现原乡文化对巴蜀建筑影响的同时，也将自己的建筑文化融入巴蜀地域之中，充分表达了对于移居地的认同感。

资中铁佛南华宫

一方面巴蜀地域文化对移民有潜移默化的影响作用，另一方面移民对新居住地存在一个文化认同的过程。在这里，既有移民原乡文化的自我表达，也有移民文化在异乡地域形式融合的自我改变。①

第三节　川菜文化的发展流变

饮食是人们生存最基本的物质需要之一。巴蜀地区人民在漫长的烹饪实践中，创造了享誉中外的川菜文化。川菜文化是巴蜀本地居民与外来移民文化交流融合的结晶，具有极强的包容性和多元化特色。

一、古典川菜的演变脉络

川菜具有悠久的历史，但古典川菜与现代川菜有很大的区别。在古典川菜向现代川菜演进的过程中，多次移民入川对其成长产生了重要影响。

秦并巴蜀前，蜀国烹饪文化究竟是什么面貌，我们只能根据出土的器物加以推测。在四川新都战国木椁墓葬中，出土了饮宴或祭祀使用的青铜器，例如鼎、罍、敦、壶、豆、盘等器皿的形式与艺术风格，深受中原特别是楚文化的影响。在出土的列鼎里，还发现了鸡、羊、猪的骨骸，由此可以推测先秦蜀开明王朝时期，蜀国上层社会的烹饪内容和中原、楚国的烹饪内容有一致的地方。这既是因巴蜀与周邻地区经济文化交流而形成的，同时也应估计到，由于

---

① 赵逵：《"湖广填四川"移民通道上的会馆研究》，东南大学出版社2012年版，第223页。

地理环境的隔阂和政治上的独立,巴蜀地区的烹饪内容和形式还是和外界有所区别的。①

秦汉时期,随着中原移民的大举入川,蜀国饮食文化呈现出与中原文化相融合的特色。扬雄《蜀都赋》说:"调夫五味,甘甜之和,芍药之羹,江东鲐鲍,陇西牛羊……"以及具有珍稀野禽野兽"五肉七菜"的宴菜。由此可以推断,巴蜀饮食文化在西汉已初具规模。按"五味",就是《周礼·天官·疾医》所称的"五味"。汉郑玄注:"五味,醯酒饴蜜姜盐之属。"唐贾公彦疏:"醯则酸也,酒则苦也,饴蜜即甘也,姜即辛也,盐即咸也。"②可见,当时蜀都烹调中的"五味",是受中原影响而来的。东汉末郑玄在注释《礼记·内则》时说:"今益州有鹿𦠿"。就是说蜀人捕杀鹿,将鹿肉埋在土里,一直到腐烂发臭才取出来食用。稍后高诱在注《吕氏春秋·本味篇》关于"臭恶犹美,皆有所以"时也说:"若蜀之作羊腊,以臭为美,各有所用也。"可见,这种嗜臭的习俗,可能是秦代以前巴蜀地区下层社会烹调风格在东汉末的残留。

东汉庖厨俑

东汉庖厨石刻像

东汉末至魏晋时期,是全国人口大流动的时期。随着巴蜀地区大量外来人口的迁入,使古典巴蜀烹调与中原、江南烹饪形成鲜明的分野。1981年5月,四川忠县(今属重庆)出土的蜀汉墓葬中,有一个"庖厨俑",头戴配花高帽子,一手执刀,一手

---

① 本节论述古典川菜成就,主要参考愚人:《川菜:全国山河一片红》,成都时代出版社2006年版。
② 江玉祥:《川味杂考之一》,《文史杂志》2000年第6期。

拿肉，身前摆满了牛头、猪头、鸡、鸭、鱼、龟、腊肠、蔬菜、瓜果等食物的模型，形象地再现了东汉巴蜀烹饪的繁荣成熟景象。其中，尤其独特的是，食物中第一次出现了饺子。巴蜀不仅是饺子的最早发现地，而且也是馒头的发源地。唐赵璘《因话录》记载："馒头本蜀馔，世传以诸葛亮征南时以肉面像人头而为之。"可见蜀地的馒头，首创加入了肉馅，就是带肉馅的蒸饼，其形状略似人首，实际就是今天的包子。故有论者认为，饺子和馒头（更准确地说是包子）的发明，是古代巴蜀人民对中国烹饪技艺最早的贡献。[1]

魏晋时候，可能托名曹操所写的《魏武四时食制》，谈到当时巴蜀的烹饪，说郫县子鱼"黄鳞赤尾，出稻田，可以为酱"；说黄鱼"大数百斤，骨软可食，出江阳、犍为"[2]；还提到"蒸鲇"，可见当时巴蜀地方已有清蒸鲇鱼的菜式了。西晋左思《蜀都赋》盛赞蜀中物产丰富，有所谓"蒟蒻茱萸"之词。这里的"蒟蒻"，就是西南三省以及湖北西部、陕西省至今还作为菜肴原料的魔芋。正是在三国、西晋时期，川菜在发展的过程中，呈现出了一种与中原、江南地区鲜明不同的烹饪风格，这就是重调味、重刺激。晋人常璩著《华阳国志·蜀志》称，蜀人"尚滋味""好辛香"。古人所谓的"辛"味，并非辣椒之味，而是指姜、葱一类刺激性气味。这时，巴蜀有着独特的调味品，如姜、蒜、花椒、芥末、茱萸等。值得一提的是蜜的重用。魏文帝曹丕在《与朝臣诏》中说："新城孟太守道，蜀睹豚（指小猪）、鸡鹜（指鸭子）味皆淡，故蜀人作食，喜着饴蜜。"[3]陆游《老学庵笔记》中谈到苏东坡嗜蜜："一日，与数客过之，所食皆蜜也。豆腐面筋牛乳之类，皆渍蜜食之；每多不能下箸。惟东坡亦嗜蜜，能与之饱。"古代巴蜀人为何好辛香与嗜蜜口味并重？其真实原因无从得知。有论者推断，这可能是"由于四川地区食物易于腐败变质，也就易于在保存过程中产生出臭味，因此东汉以后的巴蜀人才使用带有强烈辛香调料和重甜味的作料来消除食物腐败后所产生的不良气味；而强烈的辛香味又反过来使巴蜀人对调味依赖成瘾，这便是巴蜀人好辛香和重蜜食俗起源的客观原因"[4]。

唐中后期，中原动乱，四川一直是朝廷、世族、文人学士避难的地方，这

---

[1] 愚人：《川菜：全国山河一片红》，成都时代出版社2006年版，第11页。
[2] （宋）李昉等编：《太平御览》卷九三六引《魏武四时食制》。
[3] （唐）欧阳询等：《艺文类聚》卷八七，嘉庆《四川通志》卷一九八《杂类》，引《魏略》，字句略有差异。
[4] 愚人：《川菜：全国山河一片红》，成都时代出版社2006年版，第13页。

就为文化交流，包括烹饪技艺的交流和饮食水平的提高创造了条件，促进了巴蜀饮食文化的繁荣。早在开元天宝年间，北方普遍流行的"胡饼"已经随移民迁徙传入四川。据白居易诗，在川东的忠州也能吃到胡饼，有所谓"胡麻饼样学京都"的诗句，证明当时忠州胡麻饼的外形和制作方法都与长安相同，而且"面脆油香"①。杜甫在夔府（今重庆奉节）时，曾经作过一首《槐叶冷淘》的诗②，据考，"冷淘"是一种凉面，早在南北朝即已出现其雏形，盛唐时成为宫廷宴会的时令饮食。③杜甫能在夔府吃到冷淘，说明中唐时随着唐宗室避难蜀中，京师盛宴中的佳肴业已流传到了巴蜀民间。

到了五代，前蜀后主王衍听说唐室御膳"以红绫饼餤为重"，于是命宫中"供膳以饼餤为上品，以红罗裹之"。此风一开，这种以红罗包裹饼餤的饮食习俗遂流传民间，以至"蜀人工为饼餤，而红罗裹其外，公厨大宴设为第一"④。前蜀豪富赵雄武，"精于饮馔"，为显示其富有，凡邀请一位客人就餐，"必水陆俱造，大饼每三斗面擀一枚，大于数间房……虽密亲契友，莫知擀造之法"⑤。由此推知，面食在当时巴蜀饮食中分量不轻，其擀面技艺相当可观。另据《清异录》载：在后蜀，"孟蜀尚食，掌《食典》一百卷，有赐绯羊。其法：以红曲煮肉，紧卷石镇，深入酒骨淹透，切如纸薄乃进"。说明用酒汤煮绯羊的做法已传至蜀中，至于后蜀宫廷厨艺之精妙，刀工之娴熟，更是令人惊叹。

随着北方人入蜀和蜀中小麦种植面积的扩大，到了宋代，面食也在成都流行起来，从而使成都人的饮食结构发生了很大变化⑥。两宋时期，古典川菜已然成为全国的一大菜系，其名声开始彰显于巴蜀境外。据《东京梦华录》记载，在北宋京城汴梁开设有形形色色的"食店"，"以备南人不服北食者"。其中，有"川饭"食店，有"川饭分茶"。其经营的食品种类有"插肉面、大燠面、大小

---

① （唐）白居易：《寄胡饼与杨万州》，载《全唐诗》下册，上海古籍出版社1986年版，第1098页。
② 《全唐诗》卷二二一。
③ （唐）李林甫：《大唐六典》："夏月加冷淘、粉粥。""太官令夏供槐叶冷淘。凡朝会燕飨，九品以上供其膳食。"
④ 嘉庆《四川通志》卷一九七《杂类》，引《十国春秋拾遗》。
⑤ 嘉庆《四川通志》卷一九七《杂类》，引《蜀故》。
⑥ 粟品孝：《成都通史》第四卷《五代（前后蜀）两宋时期》，四川人民出版社2011年版，第504页。

抹肉淘、煎燠肉、杂煎什件、生熟烧饭"①，以及南宋的"川饭分茶"②。从这一时期一些文人的诗文作品中还得知，出自四川的一道道名菜，没有独特的烹饪技艺是加工不出来的。例如苏轼盛赞文同的竹笋菜做得好③；陆游对川菜赞不绝口，唐安的薏米、新津的韭黄、彭山的烧鳖、成都的蒸鸡、新都的蔬菜，都给他留下了难忘的印象。他在《饭罢戏作》一诗中，更对成都东门的"彘骨"即猪排念念不忘。④可见，作为全国一大独立菜系的川菜，真是名副其实的。

宋元战争后，随着四川经济、文化遭到严重摧残破坏，古典川菜才一蹶不振。不过，需要指出的是，自唐代开始，中国南北菜肴普遍加用花椒的烹调技艺，到了元明时期开始大行其道，这也为川味烹制作料风靡全国增添了一段插曲。据精于川味研究的江玉祥教授考证，中国花椒品种最著名的是四川花椒和陕西花椒，古代称前者为蜀椒（或川椒），后者为秦椒，尤以蜀椒为上。早在唐段成式撰《酉阳杂俎》卷七"酒食"中有"蜀捣炙"一种食品，可能就是四川的椒麻味烧烤了。在宋代的"造酱肉"和元代的"团鱼羹"的做法中，都必加"川椒"调味品。元人倪瓒著《云林堂饮食制度集》记"川猪头"的做法："用猪头不劈开者，以柴草火熏去延（涎），刮洗极净。用白汤煮，几换汤，煮五次，不入盐。取出后，冷，切作柳叶片。入长段葱丝、韭、笋丝（或茭白丝），用花椒、杏仁、芝麻盐拌匀，酒少许洒之，荡锣内蒸。手饼卷食。"此菜谱内的花椒，自然是川椒。明代刘基编《多能鄙事》一书所记酥骨鱼、鹌雀兔鱼酱、贡御鱼醉、海棠醉、金溪醉、清凉虾醉、红鱼、酒蟹、法蟹、琥珀瓜等名菜的烹调作料都有川椒，用量少则五钱，多则二两。⑤这表明早在辣椒传入之前，川椒作为烹食做菜的作料早已得到运用。直到明清移民运动兴起，辣椒传入四川，辣椒与传统的调味品——老资格的花椒结合起来，形成基础复合味——"麻辣"味，这才给现代川菜文化的复兴带来了新的转机。

---

① （宋）孟元老：《东京孟华录》卷四《食店》。
② （宋）吴自牧：《梦粱录》卷一六《面食店》。
③ （宋）苏轼：《苏轼集》卷七《和文同与可洋川园地三十首》。
④ （宋）陆游《剑南诗稿·饭罢戏作》云："东门买彘骨，醯酱点橙薤。蒸鸡最有名，美不数鱼鳖。"
⑤ 江玉祥：《蜀椒考——川味杂考之三》，《中华文化论坛》2001年第3期。

二、现代川菜的诞生与定型

现代川菜形成于清中晚期,定型于民国时期。其间四川经济文化的发展,与移民烹饪文化的兴盛,对现代川菜文化的成长发挥了重要的影响作用。

清初移民运动至乾隆后期趋于结束。这时四川经济还处于腾飞前夕,烹饪技术简单、粗糙,由于受主体移民——湖广、江西和陕西等省移民带进四川的下层饮食风格的影响,所形成的饮食风味主要还是各种中馈的混合,最著名的代表菜肴"九大碗",反映的就是当时社会背景下的饮食文化的水平。所谓九大碗,又称肉八碗,最初是在田坝头摆的宴席,因此称为"田席"。它的特点一是适合农村,二是不带辣味。一般上九样大菜:大杂烩(镶碗)、红烧肉、姜汁鸡、烩酥肉、烧明笋、粉蒸肉、咸烧白、夹沙肉、蒸肘子。从这九样菜的风味特色看,其中既可以看到它主要是受鲁菜风格的影响,实际上是满汉全席在民间的简易化;而另一方面,它又不乏古典川菜的特色,即菜品还保持着姜汁鸡和夹沙肉。前者充分利用了川姜的辛香,后者突出了甜腻,古典川菜里的麻味至少已经不突出了。

酿豆腐

据精于饮食文化研究的车辐先生分析,"九大碗"中有八九样热菜,形式简单朴素,用料方便,既便宜又实惠。走菜时一齐上,称为"一道快",摆好就吃,放流水席,满一桌开一桌,来得干脆利落,吃得痛快淋漓。这种席桌,一般只为正席的一半,专门为红白喜事人家用来请变戏法把戏的、说书的、唱大鼓扬琴的,丧事人家打脚盆锣鼓的孝勇会,茶饮上的彩灯棚匠,等等。① 四川乡土作家李劼人在《说丧葬》里提供了几份其祖上保存的办丧葬祭祀的清单,一份道光二十一年(1829)的食品采购

---

① 车辐:《川菜杂谈》,三联书店2006年版,第212~214页。

单上，罗列了宴请来宾所购买的所有食物原料和调料，其中没有一样是辣椒或辣椒制品。另一份同治元年（1862）的席单上详细列出了菜品，也没有一样含辣味的菜，其中列在前面的是"京品"大杂办（鸡条、肚条、笋尖、滑肉、鸡卷、蹄筋）和"大菜"（大杂烩、菜头鸭子、慈姑鸡、海带、大酥肉、茗笋肉、烧白、红肉、清汤）。[①]这显然是一种高档次"九大碗"的席桌，其中的"京品"正是受鲁菜影响下发展的北京菜式。可以说，它们正是满汉全席的民间简化版。满汉全席则是由驻防旗人和满族官员带进四川的。可见，当时以"九大碗"为代表的现代川菜初期，主要还是受鲁菜影响比较大，相对于当时最奢侈的满汉全席，这一民间简化版的川菜"九大碗"，也是远逊于沿海饮食发达大省的。

现代川菜的酝酿时期，大致始于咸丰、同治时期。这时四川移民高潮早已结束，人口已经超过南宋中期的数量，达到四千四百多万人。清政府在平定李蓝起事后，四川在随后五十年的承平环境中获得了难得的发展机遇，第一次取代两湖，成为清政府最大的粮赋大省。地缘性会馆在四川各地城乡大量兴建，为满足同乡聚会娱乐与交往的需要，会馆每至会期，演戏酬神，集乡人亲友举酒高会，狂欢极乐，夜以继日，再现了唐五代以及两宋时代西蜀游宴活动甲天下的繁盛场景。民间宴饮活动的兴起，为饮食消费带来广阔的市场，为各地饮食文化的交流与烹饪技艺的融合创造了条件。

1905年，清政府实行新政，派遣一批有影响的官员，如张之洞、丁宝桢、岑春煊、锡良等人到四川，推行初期的洋务运动，开办新政、新学，使得四川的学术文化活动空前活跃起来。清代制度规定，对于本省籍大官实行"避籍"。这些外省的达官贵人来四川上任，为了大显排场派头，一般都要自带其家乡的厨师、名手入川，于是南北名厨随之而来。这些大官常常以大排场大宴宾客，尤其讲究桌席台面的"彩堂"，动辄几十桌上百桌，甚至出"长流水席"连续几天几夜，几十口红锅排列，厨房不够，就地造膳，上百个厨师轮流上灶，集南北高手于一炉，这就形成了各地饮食人才荟萃于天府之国的局面。[②]

正是在这些来川北方官员和江浙官员的提倡，以及"南馆"（即清光绪中期在成都兴起的数十家南方馆子）的热心倡导下，现代中上层川菜的演进得到了进一步的加强。在这些官员中，任四川警察总监的贺伦夔，北方人，他致

[①] 曾智中、尤德彦：《李劼人说成都》，四川文艺出版社2001年版，第386页。
[②] 车辐：《川菜杂谈》，三联书店2006年版，第216页。

力于提倡川菜的北方味,由他带入川的北方味厨师,创立了贺牌菜,堪称川菜北味的代表。从日本归国的浙江诸暨人周孝怀,任四川警察局总办,除将江浙一带名菜带进成都外,还结合当地出产的蔬菜、作料,创新设计了许多新品种菜肴。由他带入的江浙厨师,创立了周派菜,堪称川菜南味的代表。在嘉庆《成都竹枝词》中,保留了不少清前期成都饮食文化交融和川菜形成经过的真实记录。其中有一首竹枝词云:"北人馆异南人馆,黄酒坊殊老酒坊。仿绍不真真绍有,芙蓉豆腐是名汤。"在今天的川菜菜谱中,"芙蓉豆腐"是一道脍炙人口的名菜,它的来历正是厨师在无意中,将绍兴菜的做法加入四川调料融会而成的。据该竹枝词注释说,在一次四川总督宴客的过程中,厨师原本想制作一道"仿绍(兴)"豆腐,不料忙中出错,却将成都的可食的"蓉花"打泼,以致"误污一碗"。由于时间来不及,"忙中以芙蓉花并各鲜味和豆腐改充之,名曰芙蓉豆腐汤"。殊不料食客各官,"以为新美,上下并传,人争效之"①。于是,在浙江绍兴豆腐做法基础上,再加本地的"蓉花",创造出来的一道名菜——"芙蓉豆腐",就这样问世并且远近闻名了。

在现代上层川菜演进的同时,辣椒在四川开始登场,并以平民菜肴为突破口,将辣椒推广应用开来,由此引发了现代川菜变革高潮的到来。

现代川菜的诞生是以辣味入菜作为标志的。辣味源自辣椒的引入。四川人称辣椒为"海椒"。辣椒原产于中、南美洲,它本是印第安人最重要的一种调味品。大约在15世纪末,被西班牙人传到欧洲,16世纪末传入中国,名曰"番椒"。辣椒传入中国的主要路线,即从浙江到湖南,然后以湖南为次级中心,再分别向贵州、云南、广东、广西以及四川东南部传播。②在辣椒的命名中,以其形体和性态命名的最多。在四川、湖南、贵州等地从清康乾之世就称辣椒为辣子,且辣子作为常用名沿用至今。③

过去人们常说,四川盆地由于湿度大,辣椒的引入对蜀人御寒祛湿非常有用,因此容易在这里得到普及。但这却不是绝对的原因,因为许多湿度较大地区如广东却拒绝辣味,而许多燥热地区如墨西哥、印度等国,辣椒却照样普及。看来,合理的解释应该是,辣味的最早普及,主要还是因为经济落后,人

---

① (清)六对山人:《锦城竹枝词》,载林孔翼辑:《成都竹枝词》卷一,四川人民出版社1982年版,第47页。
② 蒋慕东、王思明:《辣椒在中国的传播及其影响》,《中国农史》2005年第2期。
③ 胡乂尹:《辣椒名称考释》,《古今农业》2013年第4期。

民缺少油盐。因为在缺少油盐的情况下，一般平民仅以少许盐巴拌辣椒就可以佐饭充饥，因此辣椒在他们中大受欢迎。而一旦它推进到前沿阵地紧邻着菜肴丰富多彩地区的时候，辣味的传播就会受阻，如江西之于江浙，湖南之于广东，陕西之于山东；而一旦它传播到正处于移民运动刚刚结束，地理环境相对较为闭塞、经济尚待发展的巴蜀地区时，因其正好适应了从事垦殖的平民出身移民的需要，因此它在这里为广大移民所接受，那就是不言而喻的了。正因为如此，所以，辣味在现代川菜发展的初期，虽然与上层无缘，但却深受下层平民百姓的欢迎，道理正在于此。

值得一提的是，辣味川菜的发轫，与清末名臣之一、贵州人丁宝桢身体力行的倡导有较大的关联。据记载，丁宝桢十分讲究烹调，在任山东巡抚时，曾雇用名厨数十人为家厨，请客时常有"炒鸡丁"一道菜。丁宝桢调任四川总督，将此菜引进四川，与当时正在形成风潮的嗜辣相结合，使用干辣椒和花生米炒入鸡丁中，形成了一道甜、酸、辣味相结合，风格突出的菜，以此宴客，备受欢迎。此后此菜被命名为"宫保鸡丁"，以纪念他对此菜的发明。"宫保鸡丁"的问世，为辣椒在川菜里使用的精致化、高层化铺垫了一个良好的开端。

稍后，辣椒开始在民间川菜中向高质量、大众化的道路迈进。具有象征意义的事件和菜品是，同治年间，陈麻婆创造了"麻婆豆腐"，开创了辣味向多味觉层次转化的方向；晚清成都皇城坝回民发明的"废片"（亦作"肺片"），则把辣味的欣赏提高到"香"的高度。再以后，郫县豆瓣在川菜的使用，特别是在最大众化的名菜"回锅肉"上面，不仅丰富了辣味的内容，而且为辣味普及到百姓家庭铺平了道路，以至到了晚清最后二十年，辣椒几乎把大部分低级饭馆和老百姓日常菜肴囊括进了它的势力范围。清人徐心余《蜀游闻见录》载："唯川人食椒，须择其极辣者，且每饭每菜，非辣不可。"清末傅崇矩《成都通览》记录了光绪以后成都有辣味的各色菜肴多达一千三百二十八种。至此，由辣椒引入的现代川菜的革命性变革，已经取得了里程碑式的进展。此后，现代川菜通过馆厨、家厨、家常菜三条道路的发展，直到抗战前才最后完成定型。①

---

① 现代川菜定型于何时，各说不一，有主张清末者，有主张民国者。本书采纳愚人《川菜：全国山河一片红》一书的观点和结论，将其最后定型时间确定在抗战前夕。

三、移民对川菜文化的影响

（一）调味品的制作

对传统川菜的革新，源于辣味的入菜，而辣味川菜的创造，又离不开调味品的制作。清中期以来，以下层平民为主体的移民，首先通过调味品的制作，在推动辣味川菜、促进四川饮食文化发展上，起到了推波助澜的作用。①

郫县豆瓣，是移民将辣椒引入四川以后创造的又一杰作。它创制于清代嘉庆年间，关于其创制过程至少有两种说法。一说来自《川菜烹饪事典》，其曰：相传清嘉庆年间，富商陈亮玉自福建上翔迁到郫县定居，其子陈惠态发现陈家祠堂侧有一口六角形古井，井水终年不涨不落。井水清凉可口，回甜如蜜。陈氏以井水酿制豆瓣，鲜香味浓，风味独特。方圆百里的人都慕名前来购买。为了便于区别，将它命名为"郫县豆瓣"②。另一说来自郫县县志办所著《郫县豆瓣史话》：清朝康熙年间，一陈姓移民在入蜀途中，随身携带的干粮胡豆因遇连日阴雨而生了霉，陈氏不忍抛弃，便放在田埂上晾晒后又拌入鲜红辣椒聊以充饥，却发现十分可口，于是他在落脚郫县后便开始常年酿造少量豆瓣辣椒，沿街叫卖。嘉庆九年（1804），陈氏后人积累渐丰，开始在县城设店经营。咸丰年间，陈氏后裔陈守信在县城南街开设"益丰和"酱园，所制豆瓣色泽红褐、油润发亮、香味浓郁、黏稠适度，开始扬名县外。③这两种说法虽各有不同，但有一个基本点是相同的，即郫县豆瓣是清代的福建移民入川后于嘉庆年间创制的。这种用辣椒拌豆瓣的制作方法，正是闽西人的习惯，可以说豆瓣正是迁川的闽西移民运用家乡技艺与四川食材相结合的产物。

资阳临江寺豆瓣，是郫县豆瓣之外最有名的川菜烹饪作料。相传临江寺豆瓣的作坊有两眼井，一名"菩提"，一名"迦叶"，为唐代神功年间蒙刺寺和尚所建。后来清军入川，蒙刺寺毁于兵火，方丈将两口古井垒土掩藏，而后率众僧投江而亡。清乾隆三年（1738），简桥酱园的伙计聂守荣由简州城挑酱

---

① 论述主要参考冯敏：《明清移民与四川饮食文化》，《四川烹饪》2004年第2期；张学君：《移民文化浇铸川菜大系——从成都旧方志看近代川菜的形成》；四川省民俗学会编：《"推动美食之都：再论川菜文化研讨会"论文集》，四川人民出版社2013年版；杜莉：《人口迁移与流动对川菜发展的影响》，《中华文化论坛》2013年第3期。
② 张富儒等：《川菜烹饪事典》，重庆出版社1985年版。
③ 郫县县志办：《郫县豆瓣史话》，《四川烹饪》1997年第10期。

油到临江寺贩卖，偶然听人说起有关古井的事，为之动心，便设法找到古井遗址并使之复原。发现这口井冬暖夏凉，碧绿甘甜，取之不尽。聂守荣于是凭他在酱园干活的经验，用古井水做起豆瓣酱来。从聂氏创办豆瓣作坊以来，已有二百五十多年的历史了。①

榨菜是川菜的重要作料之一，它是以青菜为原料创制出来的。相传涪陵榨菜是以青菜头与辣椒腌制而成，此法最早于光绪末年由洗墨溪酱园铺工人偶然发明。不过，以辣椒腌制或以辣椒面拌食盐渍菜却是湖广人的习惯，因此，不妨说榨菜的发明与推广，也与湖广移民的饮食生活有关。②

保宁醋，出自明清时期保宁府治所的阆中。阆中早在作为周代巴子国别都时，其麸醋制法便独具一格，但如今作为中国四大名醋之一的保宁醋却仍然是清移民的杰作。它的创制者是山西移民索义廷。据《索氏家谱》和相关文献记载：索氏祖籍湖南淮化，清代初年（1618），身怀酿醋绝技的索义廷从山西来到阆中，见此处山清水秀，又有酿醋传统，便定居下来，先在北门过街楼开设醋坊。他以当地大米、小麦、麸皮等为原料，用白蔻、砂仁、杜仲、当归、五味、薄荷等三十味中药（后又增至三十二味中药）配制醋曲，用观音寺内松华古井泉水精心酿造，创制出了品质极佳的麸醋。乾隆年间，索氏子孙出银三百八十两在城南傍江的栅口下街购屋十间，竖起"索永顺"醋房的通天招牌，采用嘉陵江与白溪濠汇流之水酿制保宁醋，深受欢迎。民国初年，栅口下街也因此改名醋坊街。索义廷酿制的保宁醋成为阆中最好的醋，被多家仿效。保宁醋成为川菜的重要调料，也是我国三大名醋之一，既是山西人酿醋绝技在四川继承发展的结果，也是移民文化与四川优越的自然生态条件完美结合的产物。

成都甜酱，是川菜名菜"京酱肉丝"的必备作料。它的创造者是来自广东嘉应州的客家后裔卓氏。据记载，卓氏"曾祖讳上隽，迁安岳县，又迁成都之华阳，遂占籍焉"③。嘉、道、咸三朝的内阁大学士卓秉恬致仕后，秉承祖业，在成都棉花街"相府"门前开设了清代四川最有名的"广益号"酱园，所生产的酱油、酱菜、豆瓣久负盛名，至今还是川西地区著名特产的唐场豆腐乳、海会寺豆腐乳等，过去通称红糟豆腐乳，就是由"广益号"酱园做出名并

---

① 崔荣昌：《四川方言与巴蜀文化》，四川大学出版社1996年版，第326页。
② 郭声波：《四川历史农业地理》，四川人民出版社1993年版，第209页。
③ 民国《华阳县志》卷一四《人物》第七之八附录。

流传四方的。"广益号"甜酱贡入皇宫，大受赞赏，故而以后的甜酱就有了"京酱"之称，川菜名菜"京酱肉丝"也就由此得名。长期以来，成都人对于"广益号"酱园的产品有着极好的口碑，正如清代的《竹枝词》所云："卓家酱菜丁家烛，每到科场更出名。""开门七件事当家，柴米油盐酱醋茶。五事都寻广益号，米柴另自有生涯。"①正当卓氏"广益号"享誉成都的咸丰年间，另一家酱园"元利贞"号也在棉花街开张营业。这家酱园的发起者为江西抚州迁川移民胡叔樵。胡氏因仕途失意，面对卓氏酱园生意日益红火，对他深有启发，于是邀约两位江西同乡凑集资本银一千两，在邻近"广益号"酱园的菜市场，开办了"元贞利"酱园。除生产酱油、豆瓣、醋外，这家酱园还酿制少量黄酒。经营数年，年年有盈余，数年之间，资金积累到万余两白银。光绪二十八年（1902），"太和号"（"元贞利"改名）酱油生产规模已超过号称陈半城的"豫昌隆"酱园。仅酿制黄酒略少于陈半城，也达到每年六百石糯米。资产总额达到十万两白银。②

潼川豆豉，也是迁川移民加工制作的调料。清初，江西移民邱正顺的祖辈迁居四川潼川州（今三台县），凭祖传酿造工艺在南门外生产水豆豉出售，价廉物美、适销对路，获利丰厚。于是扩大经营规模，开办邱记"正顺号"酱园，以优质豆豉畅销四方，被潼川知州奉为独特方物，上贡清廷，名噪京师，潼川豆豉由此得名。另有湖南安化移民谌益珍，携妻儿来川，借寓亲族家，营工度日，利用安化精于豆豉，用景福院蜜蜂嘴清澈之溪水，小批量生产豆豉，正式办起豆豉手工作坊，商标名为"安化豆豉"（又名太和豆）。至嘉庆中期，邱、谌两家联手，在潼川城开办酱园，合璧生产潼川豆豉，从此潼川豆豉面貌焕然一新。其后，冯、袁二姓，从"正顺号"聘得技师，相继开办"长发鸿""德裕丰"与"正顺号"竞争，潼川豆豉质量愈益提高。竹枝词说："潼川豆豉保宁醋，荣隆二昌出麻布。"可见潼川豆豉和保宁醋都是清代四川调味上品。③

合川淡豆豉。"淡豆豉……可供烹饪，味尤甘美。其法由江西传来。城中程姓，江西瑞州府人，乾隆时来合，即业此。程有孙，某媳亦江西娶也，尤擅

---

① （清）六对山人：嘉庆《锦城竹枝词》，载林孔翼辑：《成都竹枝词》卷一，四川人民出版社1982年版，第47页、57页。
② 侯松生辑录：《百年酱园太和号》，载《四川商业志通讯》1987年第1、2期合刊。
③ 赵长松：《潼川豆豉》，载《四川客家通讯》2012年第1期。

此，今继其业，每岁所制销售绥定七属，其获利足以赡家。近虽有能仿制，然较程姓不及远甚。"①

（二）调味特色的定型

在清代，川菜除了最常用的麻味调料仍然是四川原产的花椒外，其他各味调料都已大量使用移民和流动人口传入或创制的优质、独特调味品。如咸味调料有井盐。它是取地下近千米的盐卤煎制而成，杂质极微，味很纯正，在川菜烹调中所起的定味、增香、提鲜等作用尤为突出。如泡菜，一定要选用地道的四川井盐泡制，否则难以做到脆嫩鲜香。川菜使用的甜味调料有内江白糖。它是以甘蔗为原料用独特工艺精制而成，色泽洁白发亮，晶体整齐均匀，糖质坚硬，水分、杂质较少。长期以来，人们用它制作出了许多著名甜菜和面点小吃，如甜烧白、八宝饭、赖汤圆等。川菜最常用的酸味调料有保宁醋。它色泽棕红、酸味柔和、醇香回甜、久存不腐。在清代，保宁醋就成为川人烹制糖醋味、荔枝味、酸辣味菜肴的首选酸味调料，因而价格较高。现代川菜非常重视醋的使用，在鱼香味、糖醋味菜品中，更离不开醋。一些地方甚至有"离开保宁醋，川菜无客顾"之说。清代中期以后，川菜最常用的辣味调料是辣椒和郫县豆瓣。人们既用鲜辣椒直接调味或制成泡辣椒调味，使菜肴辣而清香、辣而酸香，也用干辣椒制作煳辣壳、辣椒油等调味，使菜肴辣而酥香、辣而油香，还用辣椒加工制作出多种豆瓣酱来调味。郫县豆瓣就是以内江出产的小白蚕豆、金堂和双流等县出产的二荆条辣椒为主料酿制而成的，色泽红亮、油润滋软、辣味浓厚、味道香醇。它广泛用于炒、烧、煮类菜肴之中，更是制作回锅肉、水煮牛肉等一系列家常味型、麻辣味型菜肴不可缺少的调料。郫县豆瓣是辣味名菜回锅肉必不可少的作料，它对于丰富辣味内容，促进川菜向平民化、家庭化方向发展起了重要的作用。因此，有人说，郫县豆瓣是川菜调味的灵魂，是烹制地道川菜的法宝。正是由于清代的四川使用了众多优质而独特的调料，尤其是使用了多种形式的辣椒调味，才使川菜的调味特色最终走向成熟定型，突出表现为清鲜醇浓并重、善用麻辣。

（三）菜品的多样化

随着外省移民大量迁居四川，为适应他们的饮食需要，相应地便带来了许多各地烹饪高手。他们把南北各地、各族的饮食习惯和技艺传入四川。在长期

---

① 民国《合川县志》卷二二《工业》。

实践过程中，他们互相借鉴学习，使川菜不断吸收众家精华，互相融合改造，兼擅南北各家烹饪之长。川菜菜系正是在南北兼容、东西并存中，逐渐发展为独树一帜的新型菜系的。据傅崇矩在《成都通览》中记载，清末成都的各类食品菜品达一千三百二十八种。其中，带辣字的大菜有麻辣海参、酸辣鱿鱼等六种，带辣味的家常菜有回锅肉、辣子鸡、椒麻鸡等十一种，约占所载家常菜的百分之十。如此繁多的菜品，正是在各地饮食文化不断交融中产生的。例如，享誉天下的四川腌酸菜，正是出自楚籍妇女之手。据记载，在新宁县（今四川开江），"团蔬渍盐为菹，家累百坛，各极精洁，有藏至数十年者。楚籍妇女更擅长以之佐茶酒，馈亲宾，竞称雅俗共赏"①。在实地调查中可以发现，湘北人喜食的粉蒸肉，其烹制方法与四川的粉蒸肉做法完全相同。由陕西移民带入四川的烧饼，经过精细加工，变成更加精致的白面小锅盔，并通过夹卤猪肉或麻辣牛肉片，或大头菜丝而成为四川的"麦当劳"。四川的蒜泥白肉，实际上源于满族的白肉片。炒野鸡红源于道家的野鸡红，红烧狮子头源于扬州狮子

丰富多样的特色菜品

---

① 陈世松：《论川菜的平民文化特性》，四川省民俗学会编：《川菜文化研究》，四川大学出版社2001年版。

头，宫保鸡丁源于贵州煳辣子鸡丁，八宝豆腐源于清宫御膳，八宝锅珍源于回族炒锅珍，熘黄菜源于北方摊黄菜，烤米包子源于土家族食品，等等。成都著名糕点"萨其马"，系由满族八旗官兵带入。香甜味美，松软细腻，很快得到各移民族群的认同和欢迎，成为名品。

（四）平民文化特性的强化

川菜的平民文化特性，是川菜有别于其他菜系的最本质的特征，最突出的文化识别符号。在中国四大菜系中，由于各自菜系产生的历史背景、地理环境、民俗积淀不同，因而在文化内涵的属性上也就各有差异。例如，与鲁菜的"官"性，"淮扬菜"的"商"性，粤菜的"洋"性相对应，毫无疑问，川菜则明显突出了"民"性[①]。

川菜的平民文化特性主要表现在：首先，川菜的味调中和，适合众多人群口味。川菜一方面味多、味厚、味广、味浓，另一方面味清、味雅、味鲜、味淡。这两方面互相矛盾的因素融合在一起，冷热、浓淡、生猛与清雅、鲜活与厚重等，诸味融于一席，南北与东西不同地域的风味融于一肴，这样一种南北兼容、冷热兼容、浓淡相宜的风味，适应了众多人对于菜肴口味的需要。[②]其次，川菜操作简单方便，适应性强，易于推广普及，人皆能厨。既有由馆厨所代表的高超手艺，也有流传于民间家庭的简单普通的操作方法，以至达到了人人都会几手厨艺的程度。再次，川菜的菜品中，既有名贵的燕窝鱼翅做成的豪华菜式，也有给中外食客影响最深的代表作，即无人不知、无人不晓的回锅肉、麻婆豆腐、鱼香肉丝、河水豆花、火锅毛肚、洗澡泡菜等。最后，川菜的消费行为具有平民性和大众性，消费人群不分高低贵贱，为品尝一种具有特色的菜肴，在同一个小饭馆中，既有富豪，也有平民，突破了消费者的身份藩篱界限。这种现象在官性、商性、洋性十足的鲁菜、淮扬菜和粤菜馆中，是难以见到的。

一种菜系的形成，在于选用不同的原料，通过不同的配料，采用不同的烹调方法，最后形成各自的独特风味。因此，能否形成一种独具特色的菜系，最终便取决于原料。在传统中国的内陆环境里，各地菜系菜式形成，赖以通行的原则就是靠山吃山，靠水吃水。从地理环境分析，川菜孕育于四川盆地绝不是

---

① 同治《新宁县志》卷三《风俗》。
② 谭继和：《巴蜀文化与川菜》，《绵阳师范学院学报》2004年第23卷第3期。

偶然的。四川大学教授吴君毅发表过几句名言说:"北方是牛羊之邦,南方是鱼虾之邦,我们四川则是蔬菜之邦。"这番话受到了精于饮食之道的李劼人先生的称赞。可以说,川菜正是以蔬菜为主要原料的一种烹饪艺术。正因为四川蔬菜品种多,质量好,四时不缺,随处可取,就决定了川菜的平民文化取向,使川菜能够做到取材广泛,一材多用,一菜一味,调味多变,经济实惠,价廉物美,为平民大众所认同接受等优点。李劼人在罗列可以制作精美川菜菜食的原料时,开出了一个长长的蔬菜食材的单子,其中有:重庆的青菜心、洋莴苣,江津、合川的子芽姜,下川东一带的沙田豌豆、糯苞谷,涪陵的羊角芋,川北的红心苕,峨眉的苦苣,乐山的芥蓝菜,梓潼、剑阁一带的蕨苔,上川南的石花菜、头发菜等。这些原料,至今仍是炮制上等川菜佳肴的必备蔬菜。可以说川菜之所以能够征服人心,化腐朽为神奇,不在大鱼大肉,而恰恰是那些小得不能再小的小菜。①著名学者何满子在他的《五杂侃》中写道:"中国蔬菜品种之多,大概数江南、闽粤、蜀中为鼎足而三。这三处都有些蔬菜为他地所无,为作客他乡的人所梦魂缭绕。"他经常挂念不忘的蔬菜,是成都春夏间最普通的冬苋菜,用米汤淡煮,蘸胡豆瓣吃。还有成都独有的用青菜制作的冲辣菜,椿芽生拌豆腐或炒蛋。他最后还归纳说:"小小蔬菜,本非珍贵之物,但也算是一种饮食文化。"②

总之,移民对现代川菜的形成和影响是明显的。如果说秦汉、唐五代的移民入川,使四川饮食较多地受到中原文化影响的话,那么,清代的移民入川,则使四川饮食又受到南方文化很大的影响。

---

① 曾智中、尤德彦:《李劼人说成都》,四川文艺出版社2001年版。
② 何满子:《五杂侃》,成都出版社1994年版。

第七章 巴蜀移民与制度文化的变迁

制度文化是由人类在社会实践中所建立的各种社会规范构成的。在巴蜀地区种种社会规范构成的制度组织中，以血缘为纽带的宗族组织，以地缘为基础的同乡会馆，以及以聚落为依托的乡村社会组织，同社会成员尤其是外来移民的关系最为密切。本章通过对巴蜀社会中制度组织的解剖，揭示了移民迁入巴蜀后在制度文化层面上所发生的变化。

第一节　巴蜀地区的血缘宗族组织

家族是由若干具有亲近的血缘关系的大小家庭所组成的。当移民定居于巴蜀的某一个区域，依赖一定的社会积累，在人口规模增长的基础上，移民宗姓及其组织也在不断迁徙繁衍中发展壮大。

一、巴蜀姓氏家族的发展

姓氏是家族的符号，宗族就是建立在同一姓氏家族基础之上的血缘社会组织。秦灭巴蜀前，蜀人有"氏"而无姓。战国晚期，巴蜀"姓"开始兴起。秦入巴蜀后，由于受中原文化的影响以及家族经济、个体经济发展的需要，当地土著民族无姓的状况急速改变。原有之"氏"纷纷向"姓"过渡，又新产生了一些"氏"和"姓"，大量的外来移民也带进了许多"姓"。三者异流同归，推动了巴蜀"姓"的发展，从而使得秦汉时期，成为巴蜀民族由"氏"向"姓"发展的高峰时段。这是巴蜀文化与中原文化相融合的结果和重要标志之一。

秦汉以来，不断有中原移民迁居四川盆地，随着外来人口在巴蜀定居，由他们所带来的姓氏文化也开始在当地传播开来。据秦汉史专家罗开玉统计，迄至东汉中、晚期，不仅成都平原普遍使用汉姓，连川西许多兄弟民族也皆采用汉姓；而川东、川东北和川南等地，汉姓也十分普及。[1]经过历史沉淀，

---

[1] 罗开玉：《四川通史》第二卷《秦汉三国》，四川人民出版社2010年版，第434~438页。

外来移民的姓氏逐渐与本地姓氏相融合，从而使得巴蜀地区的姓氏大大丰富起来。据统计，这一时期巴蜀地区主要的土著大姓有：牟、屈、朴、昝、李、罗、夕、袭、青阳、杜、毋、母、苴、谢、谯、扶、玄、杨、徐、句、严、兰（蕑）、范、郫、巴、杷、樊、瞫、镡、相、向、郑、存、驰、若、㯟、弧、狐、胡、鈆、帛、羊、养、鹄等。^①这数十个巴蜀大姓，既有巴蜀本土的原有居民，也有迁入的外来移民，二者在日后共同的经济环境中生活，经过长期互相融合，演变为秦汉以来的巴蜀土著。

魏晋南北朝时期，巴蜀社会动荡不安，虽然旧有的大姓在长期的政治动乱中衰落下去，但是又有一批新的外来移民迁徙进来，他们的子孙后裔大多落户当地，与当地居民融合为当时的土著。《华阳国志·蜀志》汇列了这一时期蜀中各地的大姓，从姓氏的来源考察，其中有许多家族皆为中原的氏族。如：柳、林、张、赵、郭、扬、何、罗、常、陈、刘、朱、李、翟、马、史、郑、汝、彭、段、康、古、袁、杨、谢、费、吴、隗、楚、石、薛、相、程、姚等。^②在这一时期，汉族与少数民族迁徙频繁，随着许多北方移民进入"西南夷"地区，在沿交通线为中心的地区，形成了一个个大的部族，被称为"夷化了的汉族"，或"汉化了的夷族"。于是，在南中地区也开始出现以中原姓氏命名的世家大姓，他们因此被称为"南中大姓"。这些南中大姓主要有：牂牁郡的龙姓、傅姓、尹姓、董姓，朱提郡的孟姓、朱姓、鲁姓、雷姓、兴姓、仇姓、递姓、高姓、李姓，建宁郡的霍姓、爨姓，益州的雍姓，永昌郡的吕姓、赵姓、谢姓、杨姓，等等。^③

隋唐以来，随着中原移民进入蜀中，巴蜀地区的姓氏在融合原有姓氏与外来姓氏的基础之上，产生了一些有名的豪族大姓。如梓州盐亭县的严氏，"世为田家，以财雄于乡里"。安史之乱爆发后，严震"屡出家财以助边军"，官至梁州刺史，兼御史大夫、山南西道节度观察等使^④，其家族的成员随之大

---

① 罗开玉：《古代巴蜀土著姓氏研究》，《中华文化论坛》2001年第1期。
② 谢桃坊：《蜀学的性质与文化渊源及其与巴蜀文化的关系》，《西华大学学报》2009年第2期。
③ 资料来源于《后汉书》《华阳国志》《三国志》《孟孝琚碑》，转引自蓝勇：《西南历史文化地理》，西南师范大学出版社1997年版，第29页。
④ 《旧唐书》卷一一七《严震传》。

批进入各级政府机构，"有名于时"①。故杜甫说："全蜀多名士，严家聚德星②。"又如阆州新政县（今四川仪陇县）的鲜于氏，原籍渔阳郡（今河北蓟县），"代为豪族"③。唐初，鲜于匡绍出任隆州刺史，遂移居新政县（今四川仪陇县）。鲜于匡绍的侄子鲜于士简、鲜于士迪兄弟，"皆魁岸英伟，以财雄巴蜀。招徕宾客，名动当时，郡中惮之，呼为北房"④。鲜于仲通凭借与杨国忠的关系，在政治上发迹，官至京兆尹。安史之乱爆发后，鲜于仲通的弟弟鲜于叔明，又先后担任京兆尹和剑南东川节度使。鲜于叔明之子李昇则为禁军军将，迁太子詹事。自鲜于仲通之后，鲜于氏便成为政治上显赫一时的家族，"蜀人推为盛门"⑤。故唐人卢求在《成都记·序》中说："大凡今之推名镇为天下第一者，曰扬、益……（益州）人物繁盛，悉皆土著。"

唐末、五代乱世，关中及中原地区向蜀中的移民运动，前后持续了一两个世纪。许多中原人士出于避乱或游宦而入蜀定居。由于唐、宋两代巴蜀地区较少战乱，土著豪族势力不仅没有遭到严重打击甚至被消灭，反而有所发展。如宋代的眉山苏氏（以"三苏"为代表）、任氏（有任汲、任伯雨、任希夷等）、王氏（王当、王赏、王称等），都是人才辈出的著名土著家族。据宋人魏泰《东轩笔记》载，成都人杜升，"形神清秀，有古人之风"。进士张及赠诗云："家本樊川老蜀都，世家冠剑岂寒儒。"⑥表明至宋代，巴蜀的土著大姓，都是以"老蜀都"而闻名，追溯其根源，都可以称其出自古蜀国的故都——广都"樊川"（今四川双流县）。因此，可以说"土著"其实"是一个历史性的概念"⑦；"如果探本溯源，所谓土著家族，其实不少也是外来户，只是定居的时间长久罢了"⑧。

宋代以后，随着租佃契约制的地主经济的迅猛发展，在巴蜀地区形成了豪宗大姓云集的局面，其中以成都最为突出。成都长期以来是四川的政治、经济和文化中心，名家大族云集，北宋中期学者文同即所谓"成都多豪宗巨

---

① （唐）权德舆：《严公墓志铭》，《全唐文》卷五〇五。
② 《杜工部集》卷一三《行至盐亭县聊题四韵奉简严遂州蓬州两使君咨议诸昆弟》。
③ （唐）颜真卿：《鲜于公神道碑铭》，《全唐文》卷三四三。
④ 《新唐书》卷一四七《李叔明传》。
⑤ 《旧唐书》卷一二九《张延赏传》。
⑥ 嘉庆《四川通志》卷一九八《杂类》。
⑦ 崔荣昌：《四川方言与巴蜀文化》，四川大学出版社1996年版，第73页。
⑧ 祝尚书：《论宋代文化中的"眉山现象"》，《四川大学学报》2004年第3期。

家"①。元费著《岁华纪丽谱·氏族谱》，原本专为彰显成都地区的"宋以来世系之盛"而撰的，今天正好为我们了解蜀中"人物繁盛"状况提供了翔实的资料。《氏族谱》有别于此前文献资料，采取人物结合姓氏的做法，不仅拓宽了对土著姓氏的记载内容，而且在数量上也远远超过了前者。如常璩的《华阳国志》所载的蜀中大姓，在成都只有柳、杜、张、赵、郭、杨、朱，郫县有何、罗、郭，新繁有张，新都有杨、董、汝、郑，总共不过"数十姓"。而《氏族谱》除记载人物外，还详载氏族，"不徒以补前之缺，亦以表宋以来世系之盛"。这样，《氏族谱》记录下来的截至宋代的成都地区的土著大族姓氏，计有四十五个之多。其中，有成都的吴氏、范氏、郭氏、李氏、张氏、宋氏、勾氏、常、房氏、吕氏、杜氏、宇文氏，城北的刘氏、郭氏、杨氏，城南的郭氏、施氏、刘氏、杨氏，郫县的何氏、王氏、邵氏、申氏、詹氏、张氏、王氏、杨氏、张氏、文氏，新繁的彭氏、周氏，双流的宋氏、邓氏、张氏、张氏、郭氏、梁氏、李氏，广都的费氏、马氏、张氏，温江的文氏、袁氏、謇氏，新都的沈氏。在这些大族中，有许多都自称祖先来自中原，由此可见唐宋时期中原移民与巴蜀土著大族的关系。

经过元明以来湖广地区持续向四川移民，又有许多新的家族迁入蜀中。据新编《井研县志》载，明太祖十三年（1380），县仅有三百六十三户二千六百五十人。神宗万历十一年（1583）先后从湖北、湖南移民，计有丁、卫、毛、文、方、左、龙、卢、廖、李、吕、汪、闵、张、钟、范、周、相、陈、郭、荣、姜、胡、谈、夏、袁、梅、殷、黄、熊、龚、游、彭、税、鲁、韩、雷、魏等姓；山东漆姓、河南庾姓来县落户，人口增至三千二百五十一人。②新编《合川县志》统计，有据可查的清以前合川土著姓氏六十一个：龚、庾、朱、刘、赵、胡、郭、文、丁、梁、任、冉、仲、张、王、李、冯、袁、杨、杜、罗、邓、何、黄、庞、萧、税、蹇、许、田、史、卫、景、安、龙、令、孤、贾、苟、喻、鲜于、汝、吕、游、冬、侯、母、权、邬、危、唐、费、孔、颜、程、阙、邹、伍、徐、董、言。③另据邻水县统计，明初以来，先后有刘、范、贾、黄、冯、谈、吴、喻、戴、邱、周、陈、梅、吕、

---

① （宋）文同：《丹渊集》卷四○《华阳县君杨氏墓志铭》。
② 井研县志编纂委员会：《井研县志》，四川人民出版社1990年版。
③ 合川县志编纂委员会：《合川县志·社会风土篇》，四川人民出版社1995年版。

王、姜、甘、任、邓、彭、包、游、查、汪等姓氏迁入邻水各地落业，谓之"老民"[①]。

到了明代中后期，以麻城籍为代表的湖广移民家族在四川各地迅速成长，他们主要分布于湖广移民集中的川南、川东与川西地区。例如在川南地区，有隆昌郭氏、隆昌王氏、宜宾樊氏、泸县熊氏、泸州曾氏、兴文朱氏；在川东地区，有垫江李氏、萧氏、易氏、戴氏、梅氏，邻水甘氏、包氏，丰都周氏，长寿李氏，万源符氏，巴县刘氏，涪州陈氏，铜梁张氏，江津程氏，广安王氏，梁山来氏；在川西地区，有新都杨氏、温江梁氏、华阳范氏、蓬溪张氏等。[②] 在这些家族中，更有一批湖广麻城籍移民后裔在明代全国政治、文学舞台上崭露头角。例如新都杨氏，"上世本楚人，元季徙居成都之新都"。杨氏家族的最终崛起在杨春、杨廷和、杨慎三代达到了鼎盛，从而创造了"杨门七进士"的千古佳话。巴县刘规家族，自规至琼，前后六代中进士，被称为"科第蝉联甲于全蜀"。南充陈氏家族，元至正间迁蜀，至第九代陈以勤，官明礼部尚书、封太子少傅。第十代陈于陛，进士出身，左都御史，东阁大学士，陈氏家族终于成为四川望族。江津程大猷，举明经，授顺天府通州，所著甚多。其家族"世居五岔，代有显者"。程氏家族至明末为"江州望族，其支庶繁衍，万人有奇"[③]。此外，如铜梁张佳胤，嘉靖进士，有文武才，加太子太保兵部尚书。他去世时，有五子、十孙男、十孙女。其长子叔琦官锦衣指挥佥事，二子叔佩官南京左军都督府经历。[④]丰都杨大荣，天顺丁丑进士。"丰都故无举进士者，君始自出一家""子孙多，且有立"[⑤]。

及至清代，随着"湖广填四川"移民运动的兴起，在巴蜀地区又迁入了许多移民家族。例如，根据1989年出版的《彭县志·地理·人口》介绍，清代入川的移民，分为两部分：一部分是省内迁来的；另一部分是省外填川的。在清政府尚未大规模移民前，在一些遭受战争较轻、人口流亡较少的川西南一带地方，许多先前避难至此的流亡人口开始来到地荒人稀的川西，形成省内的人口迁徙活动。如县境内的杨、刘、山、高等姓，有的来自天全县；晏、沈、

---

① 邻水县志编纂委员会：《邻水县志·人口志》，四川科学技术出版社1991年版。
② 资料来自各相关县志、乡土志等地方文献。
③ 嘉庆《四川通志》卷四四。
④ 嘉庆《四川通志》卷四四。
⑤ 嘉庆《四川通志》卷四七。

周、陈等姓，有的则从洪雅来。清初奉旨填川移民中，以湖广籍最多，陕西、贵州、江西、福建、广东次之。其中有湖北迁入的罗、黄、张、萧、廖、谭、徐等姓，从湖南迁入的唐、汤、周、刘等姓，从陕西迁入的弓、喇、陈等姓，从福建迁入的庄、简、林、游、魏、雷、陈等姓，从广东迁入的蓝、陈、廖、严等姓，从江西迁入的罗、曹、汤、牟等姓，从贵州迁入的白、胡、樊、舒等姓，从河南迁入的王等姓。川西彭县清初移民迁入的情形，可以说是全川各地人口构成的一个缩影。

另据1991年出版的《宜宾县志·社会篇》统计，明清时期从外地移民至宜宾不同姓氏的共一百六十四宗支，其中有明代移民后裔四十四宗支，清代前期迁入的移民后裔约一百二十宗支。在这一百二十宗支中，湖广籍有七十二支，广东籍有二十八支，福建籍八支，广西籍一支。足见清初以来迁入的多为长江流域中下游的南方省籍的移民姓氏家族。由此可见，明清移民运动对于丰富四川家族的姓氏起了重要的作用。

百家姓氏

二、巴蜀宗族组织的流变

秦汉以来，在相对安定和富足的社会环境中，巴蜀本地豪族和流寓四川的外来大族得到继续发展。在汉代的砖石墓或崖墓中，往往还有一些题记，涉及墓主的姓氏家族。此外，在成都还出土了不少家族墓葬，在巴蜀地区还发现了不少具有大家族墓葬和豪族墓葬特征的东汉崖墓。通过这些家族墓葬，可以见证巴蜀宗族制度发展状况之一斑。

及至两汉魏晋南北朝时期，巴蜀出现了许多强宗大姓，依托"部曲宗族"，形成了以家族为基础的地方性组织——门阀制度。其中，以成都豪族最为突出。成都豪族普遍以宗族为纽带，掌握大量依附农民——"附徒"，或称"私属""荫客"或"私附""佃客"等。当时一般以"家""族""姓""宗"为纽带，少则几十户，多则几百户、几千户聚族而居。豪族地主凭借经济力量，兼任族长；也有的族长依靠宗族的力量，发展为豪族地主。当时械斗、迁徙，一般都以家族为单位，集体行动。甚至官府也以

"姓""族"为单位征调、摊派各种徭役。当时纷纷在家族墓地前建立祠堂，用"上墓""祭祖""杀祭"等手段，来统率族众；对外械斗动员、处理违犯"家规""族规"者，一般也在祠堂举行。[①]

至隋唐以科举取士，废除了九品中正制，使许多庶族出身的士子有了更多的仕宦机会，门阀制度渐次没落，但崇尚门第的风气在唐代社会仍在延续。为完全适应封建统治的需要，一种将封建政权与封建礼教纠合在一起的宗族制度普遍流行开来。这些盘踞地方的强宗大族，依然是"多规固山泽"，权倾州县。[②]正是由于当时四川豪族势力强大，所以唐人封演说："蜀汉风俗，县官初临，豪家必先馈饷，令丞以下，皆与之平交。"[③]至宋代初年，"成都多豪宗巨家"，"豪居大宅，覆沟侵陌"，"西川四路乡村，民多大姓，每一姓所有客户，动是三五百家"[④]。其中，学术家族之兴盛堪称罕见。[⑤]这些家族往往具有门阀世族的作风。苏轼论及家乡眉山风俗时指出："士大夫贵经术而重氏族……大家显人，以门族相上，推次甲乙，皆有定品。"[⑥]元人虞集更进一步指出："昔者吾蜀文献之懿，故家大族子孙之盛，自唐历五季至宋，大者著国史，次者郡有载记。士大夫有文章可传，有见闻可证。所谓贵重氏族，推次甲乙，皆有定品。虽贵且富，非此族也，不通婚姻，盖犹九品中正遗风，谱牒之旧法，不独眉俗为然也。"[⑦]

不过，在随后爆发的宋元战争中，巴蜀世家大族遭到了毁灭性的打击，正如元人虞集所说："故宋衣冠之世家，百年以来几已尽。"[⑧]"其伤残转徙，千百无一二矣。"[⑨]以致到了元明之时，宗族组织不得不重新进行建构。

---

① 罗开玉、谢辉：《成都通史》第二卷《秦汉三国（蜀汉）时期》，四川人民出版社2011年版，第213~214页。
② 《隋书》卷二〇《地理志》。
③ （唐）封演：《封氏闻见记》卷九《除蠹》。
④ （宋）文同：《丹渊集》卷四〇《华阳县君杨氏墓志铭》；（宋）阮昌龄：《录民祠》，载天启《成都府志》卷四六；《安阳集附·忠献韩魏王家传》卷九。
⑤ 邹重华、粟品孝：《宋代四川家族与学术论集》，四川大学出版社2005年版。
⑥ （宋）苏轼：《苏轼文集》卷一一《眉州远景楼记》。
⑦ （元）虞集：《道园学古录》卷一〇《题晋阳罗氏族谱图》。
⑧ （元）虞集：《道园学古录》卷四三《亡弟嘉鱼大夫仲常墓志铭》。
⑨ （元）虞集：《道园学古录》卷一〇《题晋阳罗氏族谱图》。

元明之时，在江南一些开发较早，经济与文化较为强盛的地区，如在江西、吉安、湖广黄州，家族制度得到进一步发展。这集中表现在，宗族建祠已经比较成熟，宗族在祭祖的同时，往往伴随着修族谱、行墓祭、置祭田、设义塾等举措，有意识地采取制度"创新"来达到合族，维持乡族社会秩序的目的。①吉安是元末以来江西人口的重要输出地之一，当时江西之民为躲避战乱，纷纷将相对安定富足的巴蜀作为重要的迁徙地。许多江西世家大族就是在这时仓皇出逃，经过湖广，最后迁徙到巴蜀定居的。随着这些地区移民在巴蜀定居下来，他们也必然会仿照在原乡时从血缘群体向宗族组织迈进。

只不过在明中叶以前，巴蜀和全国各地一样，还缺乏以祠堂为中心的组织设施建设，并没有建立约束族人的宗法组织系统。嘉靖十五年（1536），明世宗因朝廷发生"大礼议"，对皇室宗庙制度进行改革，做出了放宽官民祭祖的规定，在中国历史上首次允许臣民得以同皇室一样，祭祀始祖、先祖。由此开了民间建立家庙、祠堂，设立祭祀始祖、先祖的纸牌位，进行常祭的先河。于是，在这以后，士大夫随即掀起了一股以建祠堂、修族谱、捐族产为主的敬宗收族热潮。以祠堂为中心的宗族组织建设，在全国各地得到大幅度推进。正是在这一背景下，巴蜀宗族制度得到了较大的发展。例如：

隆昌郭氏家族。隆昌云顶寨郭氏家族，其始祖孟四于明洪武四年（1371）辛亥岁自麻城携妻上川，后定居于富顺县赵阳乡（今属隆昌县）之梭箩丫大山下。该家族的宗祠，始建于万历年间，由八世祖元柱发起建立。据十世孙郭运暄《世系图说》称，郭氏于三世祖永明公时起家，"子孙渐繁"，至四世祖维新之后，宗族"人文蔚起，遂为蜀南名族"。至八世祖元柱时"乃建祠堂、置祭田、训族姓，以敦睦宗人，翕然向方，各有长者风矣"②。至九世祖继芳时，始建房祠，名"副史祠"。郭氏宗祠有联云：木有本，水有源，自唐迄明，簪缨济美，礼乐衣冠昭百代；祖之功，宗之德，由楚迁蜀，血食昌绵，烝尝汯祠亘千秋。③

内江高氏家族。高氏是内江明代八大望族之一。内江民谣有云："九马

---

① 常建华：《明代宗族研究》，上海人民出版社2005年版，第181页；林济：《长江中游宗族社会及其变迁》，中国社会科学出版社1999年版，第52页。
② 四川隆昌云顶郭氏族谱续修委员会：《四川隆昌云顶郭氏族谱》，2007年冬，第3、19页。
③ 《四川隆昌云顶郭氏族谱·祠堂》，2007年冬，隆昌县档案馆藏。

十三高，何梅到处飘。刘赵家家有，张阴列前茅。"高氏即为其中之一。据明人许毂《高公韶墓表》称："公讳公韶，姓高氏，字大和，号三峰，四川内江人也。祖籍湖广。"①高公韶（1480~1563），弘治十八年（1505）进士。正德年间为御史，后遭构诬，谪官富民典史。明世宗即位，复官，历都察院右副都御史，巡抚江西，官至户部右侍郎。在明代，高公韶是与杨慎齐名的政治人物。②据天启《成都府志》记载，高公韶于嘉靖十五年升户部侍郎，在明世宗南巡期间，"理饷扈跸"，深得嘉靖皇帝的赏识和重用。致仕后，返回老家，"建家庙，置义堂，胞弟四人，晚岁黄发怡怡"③。

云顶寨郭氏堂屋神龛

中江王氏家族。据明人王惟贤《柏坡王氏约族奉先碑》记载，中江的王氏，"楚之荆州公安人，居其县南郭斗湖。皇明洪武初，祖安富携二子兴贵、兴秀，偕姨丈罗敬仁，李必文，李之婿刘，同移家入蜀，抵中江黄坡。时兵荒之余，人烟几断，乃结茅且止，开蓁莽，得古瓦屋三间。安富暨李、刘定家焉。罗迁县南五十里横山坝，四姓合籍为安镇乡一甲，户无何……今合族现存长幼统百余人矣。惟昔公安王氏最繁衍，时称'半县王'云。今斗湖尚存二族，一大司马轼家，一大司马恂家。虽历次未之的，考而斗湖著姓，所从来远矣"④。从号称"半县王"的"斗湖著姓"，其时已达到"合族现存长幼统百余人"的规模推知，中江县王氏的宗族组织必然是相当健全的。

不过，这一切又被随之而来的明末动乱给摧毁了。明代蓬溪张氏家族的遭

---

① 转引自《汉安堂·内江城市论坛》，2012年1月19日。
② 李建友：《高公韶与杨慎》，《内江日报》2012年6月24日。
③ 天启《成都府志》卷二〇《人物传》。另据《内江县志·高宗望墓志铭》载：高宗望之先为湖广孝感人，始祖兴六与伯祖兴二，偕父觐和避元季兵入蜀而居内江，遂为内江人。此高氏与高公韶之先，同为湖广人，同于元末避兵入蜀，不知是否与高宗望家族有同宗之谊。高公韶所建之家庙、义堂，是否包括高宗望家族，抑或二高于其时各建小宗家庙，有待考证。
④ 嘉庆《中江县志》卷五《艺文》。

遇，就是一个典型的个案。据清初张氏松龄老人自述：

> 吾族自麻城迁蜀，于遂宁之黑柏沟，有明三百年，族姓蕃盛，乃散居于邑缑溪、土桥、治口、凤台等处，计十三房，凡万有余人，子弟至有不相识者。劫运后，逃散死亡，靡有孑遗。独余从万死一生中，得延余生……归遂（指蓬溪所在的遂宁）以来，族姓无存，庐墓荆棘。①

在明末清初的动乱中，有经济能力的富户皆举家外逃，而普通人户多死于非命，所剩人口十分零散稀少，旧有的宗族形态基本遭到破坏。蓬溪的张氏家族，从一个繁衍三百余年，人口万余，计有十三房的大姓，到了清初，竟然"族姓无存，庐墓荆棘"，可以说原有家族组织形态遭到了毁灭性的打击。

人口的减少和消亡，是宗族组织破坏的前提；宗族组织的重建，则有待于四川人口逐渐增多。清初大移民运动的开展，正好为之创造了有利的条件。日本学者西川正夫在其《四川云阳县杂记——清末民国初期的乡绅》一文中，以云阳郭氏家族为例，勾画了清代移民家族发展的概况。指出：郭氏于乾隆中从湖北黄冈只身入川，到光绪时已历六世，不仅家族繁衍、家资丰厚，而且取得了相当的社会地位②。日本学者山田贤在一系列关于移民社会的研究论文中，以流民从家乡游离出来，进入四川云阳地区为例，指出移民社会的展开，移民姓氏家族的发展，一般经历了三个阶段：第一，开始是同乡间的相互依托，形成同乡村落；第二，逐渐发展成为由一个个"家"所组成的"家族"；第三，演变成为聚族而居的大的血缘亲族集团——宗族，原来在家乡已

蓬溪张氏后裔与祖先画像

---

① 张烺著，胡传淮注：《烬余录》，中国文史出版社2010年版，第48页。
② ［日］西川正夫：《四川云阳县杂记——清末民国初期的乡绅》，载《金泽大学文学部论集·史学刻篇》第7号，1987年。

经分散、解体了的宗族组织，此时又恢复建立起来。他们在经济基础巩固之后，修建宗祠、设置祭田、编纂族谱等。①

移民在迁入地重新建立家族组织，往往需要具备两个条件：一是有一定的经济基础；二是有一定的人口数量。据研究，在清代，一个五口之家的移民家庭，从迁入新居到重建家族，一般需要一百五十年左右的时间。②但在实际移民的过程中，因为移民的迁移，很多是以家庭为单位共同行动，一个家族的几兄弟或者许多家族支系，往往是同时迁入，或是间隔不同时间的迁入，这样，就使得同属一个支系的成员在新的地方能迅速建立起家族，这也无形中大大缩短了四川宗族组织建立的时间。在先期到来的家族成员的影响下，后起的同乡同族之人随之前来。因此，他们入川后，不需要通过繁衍后代的方式逐步扩展家族组织，而只是在立足移民地后，随着经济实力的壮大，形成家族声势，即可建立本姓祠堂。例如，广汉张氏家族从入川到建祠，前后共经历了六十年左右的时间。③张氏家族建立宗祠的经历，可以说是清初巴蜀移民宗族组织发展的一个缩影。

三、巴蜀宗族组织的特征

（一）宗族组织相对分散

清初南方移民迁川，由于受环境的阻隔，不可能像迁台移民那样，时常作"候鸟式迁移"，而是采取以家庭为主的迁移方式，往往只能是一个个单一家庭的迁徙或单身迁移。待落业安居后，再形成聚落，逐渐发展为聚族而居的宗族组织形式。正如民国《渠县志》所说："土著之民多聚族而居，每一村落率为一姓所据，鲜有他族杂处者。"④到了清代中后期四川宗族组织的发展趋向呈现两极分化之势：在一些农村自然经济特别浓厚的地区，宗族组织通过联宗、联族，形成更强大的共同体，有扩大的趋势；而在一些商品经济较为发达的地区，宗族则有逐渐瓦解的趋向。及至清后期，随着移民的减少，尤其

---

① ［日］山田贤著，曲建文译：《移民的秩序——清代四川地域社会史研究》，中央编译出版社，2011年版，第10、57页。
② 曹树基：《明清时期湘鄂赣皖浙地区的人口迁移》，复旦大学博士论文稿，1989年，转引自刘正刚《闽粤客家人在四川》，广西教育出版社1997年版，第263页。
③ 刘正刚：《闽粤客家人在四川》，广西教育出版社1997年版，第263页。
④ 民国《渠县志》卷五《民俗志下》。

是随着四川商品经济的发展,宗族组织的社会功能已经逐步弱化[①]。及至民国年间,则少有聚族而居者。正如民国《泸县志》所称:"凡住户皆散居,无村落(亦有聚族而居者,惟散居一地或以大户析为数家,非村也)。"[②]民国18年(1929)《资中县续修资州志》对辖区内各移民家族的聚居状况及其盛衰演变,作了如下记述:

  明初以来,以何、徐、王、张四姓为盛,郑、李、周、陈、曾、黄次之,刘、杨、骆又次之。清初迁来,楚省人以刘、周、潘三姓为盛,李、郭次之,杨、黄、张、王又次之;粤省人以林、钟二姓为盛,彭、吴次之;赣省人以袁、李二姓为盛,孙、罗、邓次之。同一宗族,多聚族而居,故形成一村一组,甚或一乡,以一姓或几姓居多的情况。如白庙、石庙乡的王、孙姓;鱼溪曾姓;归德潘姓;高楼徐、邱姓;枣树朱姓;金李(井)李姓;蔡家刘姓等。过去所谓"韩八百(发轮),朱三千(枣树),李姓占场大半边(金李井),张王刘周处处见(泛指类似张家坝、王家塆、刘家塥、周家沟等同姓聚居村落",有不少至今还能见其遗迹。

  与北方各省村寨比较,在四川的广大农村中,由于受地理条件的限制,农民居住极为分散,很少有相对集中的村庄或寨子,多半是单家独户。这里所谓的"村",亦多是由几个"院子"(或老屋),甚至几十个"独院"组成。民谣中所提到的那些聚居村落,是移民迁居四川后的立足之地。他们正是依托于这些聚居地——屋基(老屋)与院子里生活,并重建宗族组织。因此,由这些同姓聚居村落而建立起来的移民宗族组织,相对分散,规模狭小,局促在一个较小的范围之内,难以形成像宋明时代那样较大的宗族势力,其所产生的影响也远逊于宗族组织较为发达的南方地区。

家祭

---

① 张彦:《略论"湖广填四川"后四川宗族组织的变迁》,《中华文化论坛》2009年第1期。
② 民国《泸县志》卷三《礼俗志·风俗》。

（二）宗法关系相对松弛

同一姓氏血缘组织内的宗法关系，与古代历史上常见的封建宗法关系一样，就其性质而论，是一种宗法性的依附、奴役、剥削关系，它们都存在着家长式的强制权力。只不过在清代四川宗族组织重建过程中，宗法关系却因为种种因素的干扰和冲击而受到削弱，以至呈现出相对松弛的特征。造成这一状况的因素，主要有以下几点：

首先，明末清初的动乱，摧毁了明代中后期以来发育成长起来的宗族制度，使原有的宗法关系荡然无存。明清之际的动乱程度远过于宋元之际和元明之际遭遇的情景，残存的土著居民苟全性命于乱世，星散各处，大都"宗绪失传"[①]。正如巴县《刘氏族谱序》所说："盖人处乱世，父子兄弟且不能保，况宗族乎？"因此，"求一二宋元旧族盖亦寥寥"[②]。

其次，清前期的移民方式，以单一家庭的迁移或单身为主，在迁移的过程中，往往又以分阶段家庭和裂变性家庭居多，这样就使得一个家庭的部分成员迁往四川后，另有一部分仍留在原籍；或一个家庭的成员在原籍分裂为二，向两个方向流迁。这样在无形中就消解了原籍较为完善的家族组织和宗法制度，使之难以在四川形成较大的宗族势力。

再次，有清一代人口流动繁衍，许多迁川家庭往往由于多种原因，还会发生二次以上的迁移，使得家族成员不得不分散到各地安身；特别是清代中后期，人口压力增大，为了谋生，有的家族成员不得不远迁至周邻省区落业。正如《彭山县志》所说："咸同军兴，居人荡徙，旧家世族或有变更。"光绪六年（1880），"县占籍者为氏百四十有八，而张氏为大，李氏次之，刘氏又次之"。越四十年，而至民国9年（1920），"其差亦不甚远，惟当时有练、魁、代、庞诸氏，而九年册无之，盖有更易也"[③]。姓氏家族因时代巨变而发生变更，这样也稀释了迁川宗族内部的凝聚力。

最后，移民促进了城镇商品经济的发展，反过来又使宗法关系受到更大的冲击。尤其是那些进入城镇的移民，在脱离土地的同时也往往脱离其宗族，在城镇中限于居住条件以及职业的变动不居，一般工商业者难以聚族而居，甚至

---

① 民国《乐山县志》卷九《人物》。
② 同治《巴县志》卷一。
③ 民国重修《彭山县志》卷二《民俗篇》。

同籍之人也不易聚处。并且在城镇中，人际关系除了同宗、同籍关系，还有同业关系，"人各有业，业各有祀"①。行帮所体现的经济关系与同籍关系以及同宗关系互相结合，互相交叉，互相渗透，又互相冲突，使城镇中移民的人际关系更加复杂化，人的横向社会联系更加发展，更加扩大，宗法关系也就更加退居次要。

正是在这种背景下，清初以来聚族而居的四川宗族组织形式，到了中后期就显得不像初期那样牢固，在一些家族中经常可见松散析居的状况。例如合川福寿场陆氏，于康熙二十四年（1685）入川，"入境较迟，因而未获插业，遂与旧姻颜氏税屋而居"②。江油县王氏，"男女丁口繁衍至百余口，嘉庆二十五年（1820）因聚处为艰，令四子……五子……率男女若干辈，析居在外"③。合川民任正才，已是家用小康，但因"指食繁多，昆仲析爨，雁行各飞"④。既然如此，植根于宗族聚居基础之上的宗法关系必然受到明显削弱。

又如，在明代眉州，素来有"重氏族"⑤的风气，但到了清代嘉庆年间，已经是"宗法不行于时……川俗鲜有宗祠，每于清明祭扫坟墓而已"⑥。在彭山，"自兵灾后，缙绅之家俱未建立祠堂家庙，祫祀烝尝之礼鲜能行焉"⑦。缙绅之家尚且如此，一般百姓之家宗法关系削弱程度可以想见。民国《眉山县志》甚至认为："今宗法未行，吾眉聚族立祠，所在多有，是在秉礼之士为之请求仪节耳。"⑧言外之意，眉山县虽有聚族立祠的现象，但不是建立在健全的宗法制度的基础之上，只不过是秉持礼仪的人士一种仪节上的讲究而已。更何况，即使望族也非皆设祠堂，并且聚族而居的情况似乎也并不普遍，因为如果平时聚族而居，又何必借冬至之机来"会族"？至于居社会中上层的士大夫之家，冬至日已无宗族内的活动，而普通百姓的宗族观念就更加淡薄了。⑨

---

① 民国重修《彭山县志》卷二《民俗篇》。
② 民国《合川县志》卷三三《艺文》。
③ 光绪《江油县志》卷二四《敕旌百岁王母陈孺人家传》。
④ 民国《合川县志》卷六七《任正才八十寿序》。
⑤ 正德《四川志》卷二〇《眉州·风俗》。
⑥ 嘉庆《眉州属志》卷九《礼俗》。
⑦ 嘉庆《彭山县志》卷三《风俗》。
⑧ 民国《眉山县志》卷五《典礼志下·祀典》。
⑨ 林成西、陈家泽：《移民与清代四川城镇经济》，载国学网中国经济史论坛，2007年6月6日。

（三）宗族规模相对逊色

王笛在《跨出封闭的世界——长江上游区域社会研究》中，将"宗族"作为社会组织来探讨，指出"长江上游地区的宗族大多是清代以后重建的，因之较其他省区，宗族的历史和规模都是逊色的"①。纵观清代四川移民以来，在二百余年间，一般只繁衍五至七代，宗族规模不算很大，未出现非常强盛的宗族。

祠堂是家族组织存在和发展的主要标志。清代四川宗族的居住分布呈分散状态，祠堂根基相对薄弱。"川俗鲜有宗祠，每于清明日祭扫坟墓而已"。能够建立祠堂的，也只有较大的宗族。正如光绪《永川县志》所说："《旧志》永（川）俗不立家庙，不藏祭器……世家有立庙者，亦祇大宗祠堂"②。在四川移民中，建立宗祠较多的是客家族群。调查表明，截至新中国成立，在四川客家地区，除极少数家族因人口太少、经费难筹无力建祠外，其余家族皆各自建有宗祠。嘉庆年间的《锦城竹枝词》曾经写道："多半祠堂是粤东，周锺邱叶白刘冯；杨曾廖赖家家有，冬至齐来拜祖公。"③城区的客家宗祠遍布城市各个角落，

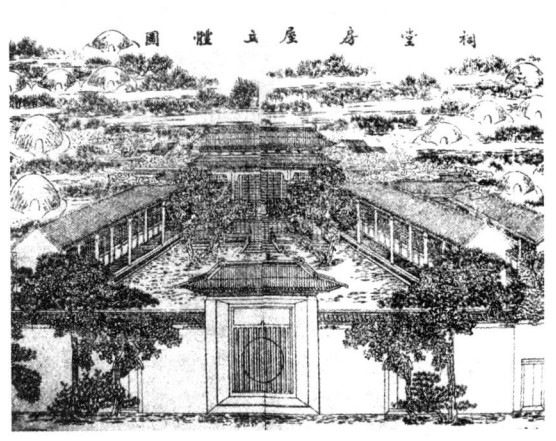

祠堂立体图

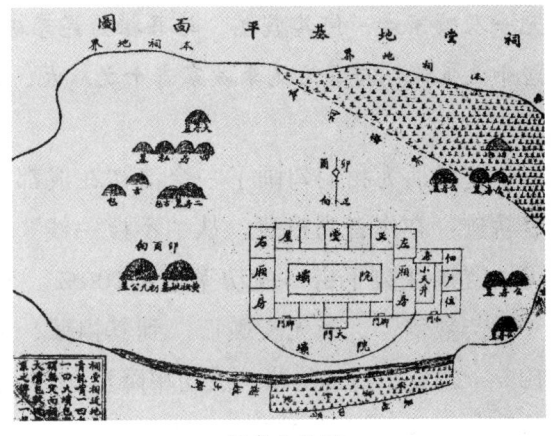

祠堂平面图

毗邻政治、商业、文化中心和交通要道。据清末《成都通览》记载，成都市区有祠堂八十余家，其中可以考证为客家人祠堂的约占三分之二。

---

① 王笛：《跨出封闭的世界——长江上游区域社会研究（1644—1911）》，中华书局1993年版，第527页。
② 光绪《永川县志》卷二《舆地·风俗》。
③ 林孔翼辑录：《成都竹枝词》卷一，四川人民出版社1982年版，第49~50页。

族产是维持祠堂和宗族运作的物质基础,族产经营的重要性不言而喻。光绪《廖氏族谱》中的《体用祖祠尝规八则》有"家政"一则,指出:"家之有政,亦犹之国政。有不立,则纪纲废,百事弛,而尊卑紊乱矣。然主政者尤贵得人,方有以服合族之心,而息群言之议。"郭广辉在其硕士论文中①,通过对客家地区廖氏宗族祠产经营状况个案的解剖,为我们认识清代四川移民宗族不能振兴的内在根源。该文对同治以后该家族二十三位各房经营者在家政管理和族产经营事务上变化过程进行分析,指出该族产经营处在动荡之中,时而败坏,时而恢复甚至大量增加。这种动荡的原因,一方面源自佃户的"欠租"问题;另一方面则来自国家的"干预",是造成清代中后期成都地方宗族运行出现问题的外在原因。及至光绪年间,一个名叫廖春海的回顾自己家族的盛衰历史道:

> 吾族之兴,兴于高祖昆季也;吾族之盛,盛于曾祖昆季也。嗣是而渐衰,至今日而大衰。高祖自粤东来蜀,不挟一钱,昆季力作,暮年置产数千亩。与曾祖为昆季者承先人遗业能者增产数倍,不能者亦不失其所分授,二十三人中无一人破家者,何其盛也。与吾祖为昆季破家者十之一二,与吾父为昆季破家者十之五六,与吾为昆季破家者十之八九,其后乎吾者,零落将胡极哉。②

这段话为我们勾画了一个清初在成都东山客家地区盛极一时的家族的兴衰轨迹:在作者高祖辈,从"不挟一钱"入川,通过"昆季力作",到晚年可以置产业数千亩,成功率达到100%。到其曾祖辈,基本能承继先业,并"增产数倍",尚无人破产。到其祖辈,成功率为80%~90%,破产率达到10%~20%。到其父辈,成功率降至40%~50%,破产率达到50%~60%。到他那辈,成功率降至10%~20%,破产率高至80%~90%。在该家族全盛时代,其入川始祖廖明达曾经回原籍招募同宗来川耕种,但随着该家族的衰落,这种同乡兼同宗的关系也就随之瓦解了。在论及家族衰落的原因时,廖春海总结指出:

---

① 郭广辉:《移民、宗族与地域社会——以清代成都廖氏宗族为中心讨论》,西南民族大学硕士论文,2011年。
② 民国《廖氏族谱》,函壹,《序》。

或曰后人之聪明财力不及前人者也，或曰前人所遭之世运远胜于今日也，或曰祠墓值元运之衰故宜有此破耗也，而皆非也。德则盛，不德则衰，理之一定者。德者何？忠厚也，勤俭也。不德者何？诈刻（刻与俭不同，刻于己之谓俭，俭于人之谓刻，故有俭而不刻，刻而不俭者。俭而不刻，节用而实好义，惜福又能种福也，其福泽绵长，刻而不俭，损人而是豪奢，不种福又折福也，一败而不可复振，不可不辨。）也，奢惰也。①

正因为族产不能保证祠堂稳定持久的经费支撑，因此，清代四川地区的宗祠的功能，仅仅是维持祠堂经营和各项奖赏之用。现存于成都市龙泉驿区洛带镇宝胜村刘氏祖屋"香火堂"的墙壁上的两块石刻《示谕碑》，为我们解剖家族组织的性质和祠堂的功能提供了文物实证。刘氏家族系清雍正年间迁居当地的客家人，经过一百二十多年，该家族重建了自己的宗族组织。《示谕碑》录有刘氏宗族在道光二十六年（1846）三月十三日所订立的族规。该碑记载："留碾子塘水田四块，约计八亩，招佃受租，作防大小水分杂事支用。至同治年间烝尝会告成……其春秋、春尝会、龙灯会、龙灯、大房、幺房各一个，公四会，应大会出款支用。其些小事，应春分、龙灯二会支用。"文中所列的族产经费开支范围中的"大小杂事"，主要包括家族祭祀（烝尝）、文化娱乐（舞龙灯）等。其外有的家族还用于族人的助学奖励等。总之，族产均不作为族人"分红"的来源，各家庭析产后各自经营，故使得清代四川宗族属于典型的散居宗族，其规模罕有能与南方家族相匹敌者。

族谱，作为宗族的要素之一，也是宗族成员和历史的记录。以四川省社会科学院客家研究中心搜集整理的《成都东山客家氏族志》三十四例族谱为例②，现有族谱大多成于清代、民国乃至新中国成立以后时期。这些编纂者距离入川始祖入川定居的时间并不久远，族谱"回溯性"的编纂过程要相对容易一些。族谱编纂者的修谱重心在"蜀谱"，就是入川后的世系。由于四川普遍存在宗族组织分散、宗族关系松弛的情况，因此，族谱编纂的意识结构，大多着眼于宗族所面临的"压力"，着力于强调"收族"的必要性。新都一个由楚迁蜀的移民家族，在嘉庆年间率子弟扫墓之后，发现误认祖宗的现象相当

---

① 民国《廖氏族谱》，函壹，《序》。
② 《成都东山客家氏族志》，四川人民出版社2001年版。

严重：

有知为某祖考妣墓者，亦有不知为某祖考妣墓者。亦有祖考之墓，而视为祖妣之墓者。亦有祖考妣之墓，而视为昆季墓者。亦有互相猜认，而以他姓之墓为己祖墓者。嗟嗟！父老犹存，错认如是，倘复数十年，先辈云亡，则后起之人，更不知其伊于胡底，欲不为秦□之不祖其祖，不父其父，不可得矣。于是目击心伤……言念及此，有不凄怆而怵惕者乎！①

修谱照

有鉴于此，在巴蜀各地的族谱序言中，都有关于编修族谱的重要性、必要性的论述，其中自然少不了从正伦序、辨尊卑一般意义来强调编修族谱的价值，极力通过编修族谱来教化族人，重塑礼制与社会秩序。如光绪二十三年（1897）新都《冯氏族谱》自序有云："族之有谱也，窃谓上以溯祖宗崇德之渊源，下以载子孙之蕃衍。非有以谱之，将木本水源何以知，族姓伦序何以正？故凡修其谱牒者，即不忘夫祖宗以辨尊卑者也。"同时，在族谱编纂中，还极力宣扬家训，推行教化，用以贯彻国家意识形态，维持与重塑宗族秩序、地方社会秩序。

值得注意的是，面对时代变革给家族伦常所带来的冲击，族谱编纂者无不流露出对宗族存在的担忧。国际形势与西方文化传入，刺激了人们对宗族的再认识。如民国《应氏族谱·序》云：

民国纪元以来，各族汲汲以修谱为务，非多事也，良由欧风渐染，邪说横行，共产公妻，家庭革命，举中华数千年立国之精神摧陷，而澌灭之祸将

---

① 李义让主编：《四川金堂五凤道琪房基本·李氏族谱》，第41页，2008年印本。

胡底，有热心人维系，势必专重伦常……时局至斯，修谱实为当务之急。①

又如民国彭县《罗氏族谱·续序》云：

近年来，轮船飞艇海国皆通，铁道火车地球可遍，吾族中子弟众多，保无有操胜算而服贾，重请长缨而立功异域者乎。窃恐年湮代远，地阔天长断梗重逢，飘逢复聚未免误张冠为李戴，等亲族于路人矣。②

民国《廖氏族谱》的《四川体用祖祠重修族谱序》中，对"欧西平权之说"进行抨击，指出其对家族关系的危害，并借撰修族谱以提出要厉行"家族主义"和"民族主义"：

近世欧西平权之说灌输于吾国人之脑筋中，袭取皮毛者遂谓权利所在，父子兄弟有所不让，故阋墙之斗遍于国中，方且号于众曰，吾谋民族之发展也，其然岂其然乎？愿吾族人深戒之。父诏其子，兄勉其弟，各尽亲亲之义，厉行吾家族主义以为民族主义之楷模。庶今日族谱之告成非第一族之幸也。

新都《杨氏家谱》则认为维系和强化家族集团是实现国家发展的重要因素，是作为"精神文化"的属性存在的，区别于西方的"物质文化"，体现了"精神文化为体，物质文化为用"的意味：

窃又闻之，孙中山先生三民主义尝利用族谱团体为单位联合成国族，可以恢复民族主义，则是宗族之联合法，莫善于修谱也。故昔者九龄与张说通谱，庭坚与黄渥合宗，况当今训政时期，有提尽祠产之风潮，失今不修，势必将来

---

① 应鸣珂纂：简阳《应氏族谱》上卷《谱序二》，民国23年（1934）石印本，第2页。转引自龚义龙：《氏族涵化与族群边界——兼论巴蜀氏族共同体认同的文化基础》，《求索》2010年第3期。
② 罗宗亮等续修：彭县《罗氏族谱续·序》，民国30年（1941）成都石印本，第9页。转引自龚义龙：《氏族涵化与族群边界——兼论巴蜀氏族共同体认同的文化基础》，《求索》2010年第3期。

无可修之费，徒叹散涣如散沙，不亦背于民族主义之联合法乎。①

宗祠门前看族谱

成都《徐氏族谱》则在其家训中，进一步强调了物质文化不适合于中国的观点，从而突出中国人建立家族团体、和睦宗族的必要：

现时风气最重团体生存，家族为天然血统团体，其集合较他团体为容易，其联络较他团体为坚固。以如此最佳之团体，而不加意讲求完善，家族之耻也，乡党所笑也。讲求之道最低限度，庆吊宜通，道路相逢语言款洽，表示亲亲，长幼有序，尊卑有礼，此和睦宗族之大概也……惟其所言（指此家训——引者注）墨守旧说，与新进学说多所龃龉，窃以新近学说为物质文化所创，持多偏激而少中正，不知物质文化，只能为精神文化之用，精神文化确系物质文化之体。体立而用生，未有用立而能生体者，故此篇家训纯乎旧说，为族中子弟先立为人持家之体，所谓精神文化者，如是。至于物质文化为应时之驱向，亦可从事研究。换言之，物质文化、西方文化与东亚国情不同，但现在已经济恐慌，此专攻物质文化之结果也。吾国以精神文化为立身、持家、建国之根本大法，任何学说颠扑不破。其立国之久，为世界各国所不能望其项背者，职此之故。②

从这些族谱的序中可以看出，到了民国时期，四川宗族组织、宗法关系所遭受到的冲击何等大。正是因为时代巨变下世道人心发生了翻天覆地的大变局，旧的精神伦常遭遇到前所未有的摧陷，使得宗族内部一部分人，出于对旧

---

① 新都《杨氏家谱》卷一《新都杨氏宗谱序》，民国20年（1931），四川省社会科学院客家研究中心藏复印件。
② 民国成都《徐氏族谱》，四川省图书馆藏。

有宗法关系的维护,在编修族谱时痛心疾首写出了这样的序文。这些序文从一个侧面反映了巴蜀地区浓厚的氏族认同意识和对宗族根基的勉力维持。

第二节 巴蜀地区的民间地缘组织

如果说宗族组织是以血缘为纽带、以家族为载体连接起来的社会关系,那么,由同乡人在客地建立的会馆,便属于以地缘为基础的民间组织。由客籍人所建的同乡会馆,在巴蜀地区特别发达,以至到了"四川全省无地无异省会馆宫庙"①的地步。

一、同乡会馆的创建过程

会馆是某一籍贯的同乡人士在客地设立的一种地缘性质的民间社会组织,相当于今天所说的非政府组织(NGO)。在同一区划之内,以地域关系为纽带的社会组织主要有:会馆、行会、行帮,它们都是由流寓异乡的同籍人或同一行业的人所组成的。我国同乡组织的渊源悠远,始于明代晚期,当时是以"会馆"或"公所"的形式出现的。

巴蜀地区早在元明时代,就开始有长江中下游的湖广、江西移民大量迁入四川。而这些移民输出地,正是地域性商帮发达的地区。随着明代海禁政策的推行,以及江西传统农业和手工业的发展,政治中心东移,运河、长江、赣江南北贸易通道的开辟等因素,以赣商为载体的"江右商帮"迅速在国内崛起。②由于元明以来的移民运动呈现出"江西填湖广"和"湖广填四川"的流向和趋势,因此,随着湖广、江西移民的迁入,这股源自江西和湖广的商帮文化也相继进入四川。其具体表现就是,由江西、湖广商人所创立的同乡会馆开始在巴蜀各地出现。例如,位于长江与沱江交汇的水运枢纽城市泸州,就有真武宫(湖广会馆)"明万历初建"③的记录。何炳棣据此判断:"可见湖广实川决不自清初始。"④除泸州之外,在川南地区与泸州毗邻的富顺县,也有江

---

① [美]何炳棣:《中国会馆史论》,台湾学生书局1966年版,第96页。
② 方志远:《江右商帮》,香港中华书局1995年版。
③ 民国《泸县志》卷一。
④ [美]何炳棣:《中国会馆史论》,台湾学生书局1966年版,第86页。

西会馆"创自前明"①的记录,在川西地区的郫县,也有萧公庙(江西会馆)"前明万历三年建"②的记录。另据民国《渠县志·别录志》记载,在四川渠县清溪场,"万寿宫"(即江西会馆)正殿有一口磬,上镌有"万历十八年四月初八造"。由此可见,早在明代晚期,已有江西、湖广商人在巴蜀各地创立同乡组织——会馆的先例。

同乡会馆作为一种由异乡人建立的民间社会团体性质的组织,大量出现在清代巴蜀地区,与大量移民聚居有关。各省移民远离故土,进入一个陌生的环境,在生产、生活之间需要互相扶助,创立会馆,保持原籍的文化习俗,使之成为同籍人节庆聚会场所,有助于对故土的怀念;而进一步强化同乡观念,则可使同籍移民内部的凝聚力大大增强。同籍人设立会馆,既有感情上的原因,亦是现实生活的需要。

随着移民进入场镇城市从事经商贸易,进入一个充满竞争和矛盾的环境,为了维护同籍人的共同利益,协调市场竞争和客商各方关系,迫切需要有一个本籍同业商会的组织。这样的会馆组织,正好也适应了清政府管理移民社会的需要,因此能够遍地开花地成立起来。移民社会初期,由于习俗各异,在乡土观念的作用下,土客之间难免发生隔阂;加之,移民入川开垦,在经济利益上与土著经常发生矛盾和对立冲突。清政府为了便于管理,于是在常规的保甲制度之外,在四川另设客长、乡约,"客籍领以客长,土著领以乡约"。如有争议事项,"先报(乡)约、客(长),上庙评理,如遇涉讼,亦经官厅饬义而始受理焉"。因此,客长和乡约,"均当时不可少之首人"③。

清代四川的会馆,迥异于明清时代设在北京的协助

崇州元通镇广东会馆

---

① 民国《富顺县志》卷四。
② 同治《郫县志》卷一七。
③ 民国《大竹县志》卷三。

同乡科举应试士子的社会机构，也不同于设在省会大城市的推进商业活动的同乡组织，它具有以下几个鲜明特点：

第一，创立时间长。据成都学者黄友良对清代二十三种州县志的统计，四川会馆的建置，以雍正、乾隆年间最为集中，占统计数的百分之六十九。始建年代最早为康熙年间，最迟至光绪年间，年代跨度在二百年以上。①

第二，会馆数量多。据重庆学者蓝勇对一百零八个县的统计，在四川现存有一千四百个会馆。②另据台湾学者吕实强统计，在现存的四川一百三十余州县志书中，即有一百余州县志书有会馆记载，而每州县中，少则三五所，多则数十所。③

第三，分布地域广。巴蜀会馆的分布，主要集中在各地经济中心，小到乡镇，大到商贸中心城市。四川会馆的一个显著特点是分布相当普遍，几乎遍布省内各大小城镇，甚至穷乡僻壤的场镇也有会馆设立。在巴蜀地区，一般县乡场镇流行"九宫十八庙"的说法，概言其会馆之多，实际上当地并不一定拥有如此数量的会馆。

第四，参与阶层众多。四川会馆的会众，在城市和近城的会馆，其会众不仅有官宦，主体则是城市工商业者和市民；在农村场镇的会馆，农民则是基本会众。不仅移民建立会馆，土著为了与移民抗衡，也有少数建立会馆。像四川这样在一省之中会馆数量之大、分布之广，会众人数之多，参与阶层之众，实为全国所仅有。

第五，移民特色鲜明。《中国会馆史论》一书对此有精辟的论述，指出：

惟因清开国后二百余年间长江中游、闽、粤、陕西移民大批实川，故川省志书中注意他省客民所建会馆者远较他省志书为多……四川一般州县会馆为他省客民所建无疑，往往一县城乡竟有宫、馆数十之多，最足证明各省客民大多从事农耕，累世之后遂成土著。因川省方志解释各省郡乡土宫庙之名最详，最

---

① 黄友良：《四川客家人的来源、移入及分布》，《四川师大学报》1992年第1期。
② 蓝勇：《清代四川土著和移民分布的地理特征研究》，《中国历史地理论丛》1995年第2期。
③ 吕实强：《近代四川移民及其所发生的影响》，台湾《"中研院"近代史研究所集刊》第6期。

富参考价值。①

关于四川会馆"为他省客民所建无疑"的属性,仅以一般县邑俗语的会馆、宫庙之名,即可与某省籍客民对应起来。例如,以乐至县为例,武圣宫,康熙陕籍人公建;万寿宫,雍正赣籍人公建;禹王宫,雍正楚籍人公建;帝主宫,乾隆湖北籍人公建;靖天宫,乾隆蒲溪、武昌二籍人公建;威远宫,乾隆湖南靖州籍人公建;南华宫,乾隆粤籍人公建;黔南宫,乾隆贵州人公建。②可以说,这一叙述基本上将四川各地客民所建的同乡会馆囊括殆尽了。但未必能将以其他馆名出现的同乡组织与创建人的身份完全包括进去。仅依据各地方志所列郡邑会馆,再作如下之补充:

新宁县:护国祠,"楚籍黄州人公建";禹王宫,"楚籍常德人公建";帝主宫,"楚籍黄州人公建";寿佛宫,"楚籍衡州人公建";太和宫,"楚籍澧州人公建";忠义宫,"楚籍荆州人公建"。③

云阳县:天上宫,"同治末福建帮建"。④

梁山县:威灵宫,"即黄州会馆";昭武宫,"即抚州会馆";玉皇宫,"即常德会馆"。⑤

秀山县:禹庙,"两湖人公祠";南将军庙,"贵州人公祠";萧公晏公庙,"抚州人公祠"。⑥

营山县:广圣宫,"闽粤人改修"。⑦

南充县:陕西会馆,"为陕西、山西商民会所";洪都祠,"为江西分馆"。⑧

巴县:列圣宫,"即浙江会馆";准提庵,"即江南会馆";三元庙,"即陕西会馆"。⑨

---

① [美]何炳棣:《中国会馆史论》,台湾学生书局1966年版,第77页。
② 道光《乐至县志》卷六,民国《乐至县志又续》卷二。
③ 同治《新宁县志》卷二。
④ 民国《云阳县志》卷二一。
⑤ 嘉庆《梁山县志》卷七。
⑥ 光绪《秀山县志》卷七。
⑦ 同治《营山县志》卷六。
⑧ 民国《南充县志》卷五。
⑨ 民国《巴县志》卷二下。

绵州：武圣宫，"秦、晋两省人公建"。①
盐亭县：武圣帝君庙，"陕西商民崇祀"。②
温江县：大帝宫，"即秦、晋会馆"。③
金堂县：三楚宫、三圣宫，"秦、晋人共建"；寿佛宫，"湖广郴州人共建"。④
大邑县：三义庙，"清乾隆年间西秦人等建"。⑤
雅州：地藏祠，"平羌江边陕商所建"。⑥
如此等等，不一而足。

二、同乡会馆的组织管理

据调查，在大城市重庆，在会馆组织之前，同乡商人的组织形式有三种：一为"商栈"，由同乡商人自由结合，购地共建。如重庆有所谓"三栈"（"古冈栈""顺德栈"和"广南栈"）。二为"商帮"，即由既是同乡又是同业商人组建，原为对抗土著商人和他籍商人以维护商业利益而组成的（如重庆有由湖州人组成的"瓷器帮"，由宁波人组成的"宁波帮"）。三为"宾馆"，用以供应旅外同乡宿住，并为客死者祠祭的所在（如湖南攸县组建的"同仁宾馆"，乃长沙府属九县旅攸人士所建，内设客房，其后也自称会馆）。⑦在农村乡场，最先则是以同乡众姓共建庙宇形式出现的。这种"互以乡谊连名建庙，祀其故地名神，以资会合者，称为会馆"⑧。这些名目繁多的各种同乡组织雏形，经过岁月的沉淀，最终逐渐演变成"会馆"或"公所"这种固定的形式。

到了咸、同之时，各地会馆内部组织大都采取"会首"（即"客长"）制。"会首"制的出现，标志着同乡组织制度的完善，从此会馆制度统一化、普遍化了。会首制一般是由各位会首轮流值年；有的是在会首中推举一人为总

---

① 民国《绵阳县志》卷二。
② 光绪《盐亭县续志》卷一。
③ 民国《温江县志》卷四。
④ 嘉庆《金堂县志》卷一。
⑤ 民国《大邑县志》卷五。
⑥ 民国《雅州志》卷二。
⑦ 窦季良：《同乡组织之研究》，正中书局民国32年（1943）版，第23、29页。
⑧ 民国《南充县志》卷五《礼俗》。

会首，到了一定的任期再由会众公推，其余的会首则采用轮流值年的方式。会首一般以对会馆财务贡献最大者担任，同乡中的富商大贾当然最合会首的资格。因此，各地有名的大会馆，其主持会务的会首，多半是同乡大商号的经理人。如重庆旧时的江南会馆，就是由会众中的"五姓"（朱、洪、胡、邹、汪）公推会首，经理会务。至银钱契约的经理者，必须是殷实有信的人，方可上保下接。账目一年一算，议签首事，年终须由五姓签妥，来年正月二十五日签报。迨后因经理银钱契约的人（亦名"守柜"）有蒙混舞弊和私挪银钱行为，"守柜"一职乃不许会内人充当，另行雇请"外帮人"公正老成并有殷实担保者充任。被雇请者须缴"押柜银"一百两，无利，如后不请，照数退还，如有亏空，即将押银扣赔，不足者惟担保人是问。工资伙食六十两。管事会首凡有支用，必同"守柜"支发。如有私通"守柜"作弊，同事疏忽隐匿，查出一并坐赔。"守柜"所管会柜，五姓五钥，必须五人皆到，然后开柜，如未办会，辄许柜开，致有亏误，惟"守柜"是问。会首的报酬虽有规定，但同时又规定"所获薪水夫马，一概入公，以免争竞"①。

"会首"一职，虽说是由会众公推，但在以家族制度为中心的社会中，被推为会首的仍须具有相当的资格和地位。被推为会首的资格，除须为人"年高公正"外，有的是对于会馆财务有相当贡献或劳绩，有的是在同乡区域里有代表性，有的是有荣显的职衔和社会地位。例如重庆江南会馆的《会规条目》规定："同乡查系前辈或本已出有厘金，上有会银者，始得入会。"在《会规八条》里明定："会首五姓公签公管，必须报公正之人，先签前有厘金者充当。"所谓"厘金"，是由同乡商人按期抽出二厘货值，捐入会馆，作为会馆经费之一部。结果是同乡中的大商号得到当然会首资格。重庆云贵公所是归并了贵州绸帮的公产后扩大集资建立的，其中捐资最多的是云贵两省的商帮。在该公所建立

重庆八省会馆

---

① 窦季良：《同乡组织之研究》，正中书局民国32年（1943）版，第24页。

之初，滇南天顺祥票号垫资至两千两之多。建筑费用共约九千两，除向两省同乡募捐所得外，尚有六千两由云贵商人分任其半。而捐资最多的申、李、杨、何、徐、邹、曹七姓，便是当时云贵公所的当然会首。

作为同乡组织的会馆，究其发展趋势而论，大体经历了一个由分立到联合的过程。一般说来，在同一省籍范围内，原以全省同乡为组织范围而成立的会馆，称为"省会"。其后，随着寄籍的同乡人口日益增多，与此同时，小同乡有着更亲密的乡谊，因而有了府县会馆的需要。于是，省会逐渐分立为若干以府属或县属的同乡组织范围的会馆，称为"府会"和"县会"。这些"省会""府会"和"县会"的同乡会馆，也还是在全省同乡会馆的组织以内。这是从内部组织关系而论。而从外部关系说来，各省会的客商既然共同生活在同一社区之内，不可能永远保持各自孤立的地位，于是便有了互相联合的需要。

各省的会馆彼此联合为一个会馆联合组织，如重庆的八省会馆（今重庆市东水门"湖广会馆"建筑群一带）。由各省会馆间的对立，到扩大联合的过程，是社区生活需要和官府的提倡与鼓励的产物，正所谓"八省团体代表之见重于当时，实官绅合作之力有以致之"。联合会馆由各会馆各自推举客长（即会首），并公推二人为"总理首事"。各省会同乡人士间的纠纷，由各该会的客长解决。如果两会的同乡人士间产生了纠纷，则由八省客长共同集议公断，双方如有异议，若是不服公断，再诉于官府，官府一般也是以八省客长所断结果为归依。官府或有公事，如向商民征收捐税，举办区内公共事务，必召集八省客长筹商办理。自康熙至咸同间而益盛。"八省"联合组织的功能已具备了社区化特征。

三、同乡会馆的社会功能

（一）神道功能

会馆作为一种同乡组织的集体象征，它能否维持下去，不断向前演进，并凝固为一种社会制度，除了组织机构的不断完善外，还有赖于一个重要因素，即乡土神祭祀以及各种庙会等活动的开展。

清代巴蜀各会馆乡土神祭祀的兴盛和泛地域化，主要还在于官府的倡导和祭祀的定制化。各乡土神多半受过历朝的封赠或有崇高祀典。清代规制，对于各直省御灾捍患有功诸神，皆加封号，立专祠，致祭之礼，每岁春秋，所在各官，朝服诣祠，具祝文香帛，牲献陈设如式。各会馆依托于宫、庙、祠作为会馆的活动场地，供奉祭祀一个本省所共同认定的先圣或先贤作为乡土神，各会馆也因此而具本省的地方特色，并与其他会馆相区别。各会馆定期举行祭祀活动，并随之举办各种庙会活动。有些地方，在会馆会期中，"演戏多至半月，各街骑街搭台演唱秋报之戏，自八月起至十月下旬止，城外大小两河各街亦于十一月起至腊月底止。凡唱演秋报戏文，每日必有酒席、衣冠文物，共乐太平，美酒言欢"①。会期中，同籍乡亲进入会馆大殿，向共同的乡土神行跪拜礼，然后聚会宴饮，在会馆内演出家乡剧及四川地方戏共娱。这种仪式被视为同乡人团结的象征，出席这种仪式成为得到同乡公益扶助的条件。会馆通过乡土神祭祀以及各种庙会的举办，以达到增强同一乡土地缘的"我群"认同感的目的。

（二）社区管理功能

由于移民社会初期，各地移民之间存在一定的隔阂，政府为求政令的易于下达，便赋予会馆以若干行政方面的权力与责任。这就是"客籍领以客长，土著领以乡约"制度的推行。对此，民国《犍为县志》有所记载：

> 同籍团体以会馆为集中地……客籍领以客长，土著领以乡约，均为当时不可少之首人……他如争议事项，必先报约（即乡约）、客（即客长），上庙评理。如遇涉讼，亦经官厅饬议而始受理焉。又会馆按年以衣帽银两酬约、客，为其长近长官故也。故约、客地位，实为官民上下之间枢纽，非公正素著之人，不能膺是选也。②

民国《邛崃县志》更对移民时代遗留下来的这一由客长、街保共同主持社区管理的"旧时风俗"，做了如下描述：

> 邛州在明末清初，人户稀少，外省人之移来者江西、陕西、湖广、山西为多，其远者如广东、福建时亦有之，或农或商，均谓之客籍……凡铺户居民人等，小有牙角，即会五省客长、四街街保评议是非，亦旧时风俗也。③

---

① 民国《新修合川县志》卷三五。
② 民国《犍为县志·居民志》。
③ 民国《邛崃县志》卷二《建置志上》。

而在大城市，会馆所担负的社会管理功能则更加复杂多样。据窦季良对重庆八省会馆的调查归纳，计有：1．警卫事项——包括保甲、团练、城防、消防；2．慈善救济事项——包括育婴、掩埋、救生、赈灾、济贫、积谷及管理善堂；3．公用事项——修九门码头；4．征收事项——包括厘金及斗捐；5．生产事项——辟园育桑；等等。①

（三）同籍互助功能

会馆的起因无非是由于异地寄居，为了生活和事业上的互助，精神上的慰藉，各省人士乃纷建其相应的组织。因此，在乡土观念的引导之下，一切皆为同乡打算，举凡同乡之人有切身利害，需要排忧解难之事项，诸如商业上的竞争纠纷，生活上的丧葬、医药、社交、教育以及养老、育幼、恤贫等项内容，无不在其互助解决的范围之内，而外籍之人不能参与或享受。至今保存在成都洛带江西会馆正堂右壁上的同治

成都洛带江西会馆"重建东文昌宫碑"

十年（1871）二月初三日公立的《重建东文昌宫碑》，载录了对于在会子弟助学奖励的办法，规定：

议在会子孙，有援例游泮者，各上会底钱一千二百文，花红礼四百，自扣除。

议会内子孙有中举者，会内帮给京银三十两，待本人北上回家，始得如数给出。如有出仕别省者，五品以上均照中举京费数目帮给。

议会内子孙有中三大魁者，加倍偿给。

通过上述功能可见，巴蜀会馆在地方社会中的影响力是巨大的。对于会馆在巴蜀历史上的作用，有学者认为，它既有割裂社会的负面作用，但又承认确有存在之必要。

---

① 窦季良：《同乡组织之研究》，正中书局民国32年（1943）版，第76~80页。

应该看到，由于会馆的普遍设立，导致了各省移民彼此的隔阂和分离，同化和融合过程非常缓慢。由于这种社会组合的特点，使各省的移民及后代保持着相当的特有素质，因而对社会有一定割裂作用。不过从另一方面来看，会馆的设立加强了人们横的社会联系，促进了同籍移民的互助，使他们比较能够承受社会压力和意外打击，从而在一定的社会范围内获取必要的生存空间，并缓缓地发展相应的社会事业。①

以近代化的观点来看，这种以地缘为基础而形成的会馆，必然具有零散会分割社会的作用，加强了小群的观念，削弱了大群的意识，而妨碍到社会近代化的进行。但在川省，各省会馆系因当时的实际需要而产生，在相当时期内，曾发挥过裨益于同乡们在社会、经济等各方面的发展。②

然而，随着时代的进步，尤其是经过长期的演变，当客民已经逐渐与土著融合，彼此通婚结好，互通有无，共营农工商业，语言、风俗习惯泯而为一的时候，会馆的上述功能也就由服务同乡而转向当地的整个社区。这一趋向的转变，使得会馆与一般地方福利团体或自治事业团体性质相近。这样，会馆的历史使命也就逐渐结束了。

民国建立以后，共和观念深入人心，"中国人"这一民族观念逐步取代了狭隘的地域、乡党、宗族观念，加之经济、教育的发展，社会关系、文化观念有所改变，会馆作用及其文化现象逐渐淡化，浸渐走入衰微的道路。民国20年（1931）前后，国民政府公布《人民团体组织方案》及修正案，普遍指导并登记人民团体，促使各地旧会馆转型为同乡会组织。随着会馆合法性的丧失，由省的同乡会分离出来的旧府属同乡会也应运而生。民国以来四川军阀混战，会馆成为军队勒索财物的对象，导致各会馆纷纷破产变卖。曾经一度活跃在清代四川城乡的各类会馆活动及其组织逐渐式微。新中国成立以后，作为地域组织的各类会馆，宣告彻底解体。至此，会馆仅作为一种公共建筑，在各地城乡部分得到保留；而作为一种集体象征，则只依稀残留在部分老年人的记忆之中。

---

① 王笛：《跨出封闭的世界——长江上游区域社会研究（1644—1911）》，中华书局1993年版，第565页。
② 吕实强：《近代四川移民及其所发生的影响》，台湾《"中研院"近代史研究所集刊》第6期。

第三节 巴蜀地区的基层社会组织

在中国传统社会中,作为国家政治体制的社会组织由两个部分构成:一部分为州县以下的乡村职役组织;另一部分为乡村街区的民间社会组织。它们虽小,但却像神经末梢一样,遍布郡县以下的广大地区,发挥着各自的功能与作用。

一、州县以下乡村职役组织

中国早在西周时期,就设立了乡里制度,即在国都地区设有"六乡",在国都以外地区设有"六遂"的编组。秦汉时期实行郡县制,朝廷命官至郡县而止;而县以下则有乡、亭、里等较为完备的基层政权组织。三国魏晋南北朝是基层组织兴废不定的时期,不过在许多地方大多承袭秦汉的制度。隋唐五代时期,"乡"的功能进一步弱化,而"保"则成为基层组织的一级;"里""村"成为基层政权的重要层级。在宋代,正式确立了保甲制和乡约制度。它们承担着基层治安和赋税征收的职能。此后历元明清而至民国,各代无不推行这一基层组织形式。于是,保甲制度成为在中国历史上持续时间最长,对后世影响最深的基层政权机构。[1]

在乡村基层组织推行的过程中,广大民户要定期接受户口调查,并实行什伍连坐制度。透过历代推行的乡村基层组织,可以大体窥知移民在这样的制度下如何受到控制的情况。秦统一巴蜀后,普遍推行乡、里、亭、邮等基层组织,据专家考证,巴蜀被保存下来的基层组织仅有:乡——广都县樊乡、阆中县慈凫乡;里——成都赤里、锦里、夷里、犀牛里;亭——成都县"成亭";邮——湔氐道白沙邮[2]。由于当时正值中原移民迁蜀的高潮期,可见来自北方的中原移民与巴蜀的土著居民一道,都生活在中原带来的乡、里、亭、邮等基层组织之下。

汉承秦制,乡是县以下的一级行政机构。《汉书·百官公卿表》云:"大率十里一亭,亭有长。十亭一乡,乡有三老、有秩、啬夫、游徼……县大率方百里,其民稠则减,稀则旷,乡、亭亦如之。皆秦制也。"常璩《华阳国志》在叙述汉代成都县的建置沿革时,称该县"有十二乡、五部尉"[3],比照晋代

---

[1] 冉绵惠、李慧宇:《民国时期保甲制度研究》,四川大学出版社2005年版。
[2] 罗开玉:《四川通史》第二卷《秦汉时期》,四川人民出版社2010年版,第12页。
[3] (晋)常璩:《华阳国志》卷三《蜀志》。

的制度:"县五百(户)以上皆置乡,三千以上置二乡,五千以上置三乡,万以上置四乡,乡置啬夫一人。""洛阳县置六部尉……余大县置二人,次县各一人。"①以此推知,成都县在当时当是"特大的县","成都县有五部尉,当非常制"②。

唐代中后期,随着商业交易的发展,在州县城以外的水陆交通要道,或关津驿站所在之地,逐渐形成为草市和集市。五代两宋时期,巴蜀地区的草市镇有了很大的发展。宋代以前,镇不是一个真实的行政建置单位,县以下的建置单位是乡。宋代以后,常将镇称为"镇市"或者"市镇",反映了镇的经济性。镇是小区间的经济集点,商品流通频繁,宋代镇设有征收商税的官员。一个较为发达的市镇,商税收入可能会比县城还多。如怀安军"县二而镇九。以县而言,金堂为大;以镇而言,古城为富。方谚谓'军不如县,县不如镇'"③。由于唐宋乡里名号可考无多,所以有关乡一级基层行政组织的情况多付阙如。

明代基层组织就全国而言,"多半是乡都图、乡都里三级,也有的地方是乡保村里、乡保区图四级"④。不过,需要指出的是,"在明代乡只是一个习惯上的地理单元,无行政组织,也不具有行政管理功能"。所以明人说:"四乡之说,其来甚远,然其事虽古贸亦无谓,虽削之可也。"⑤有的地方虽设有"乡头",但只是职司供应的役,与前代乡正不可同日而语。⑥在四川也不例外。

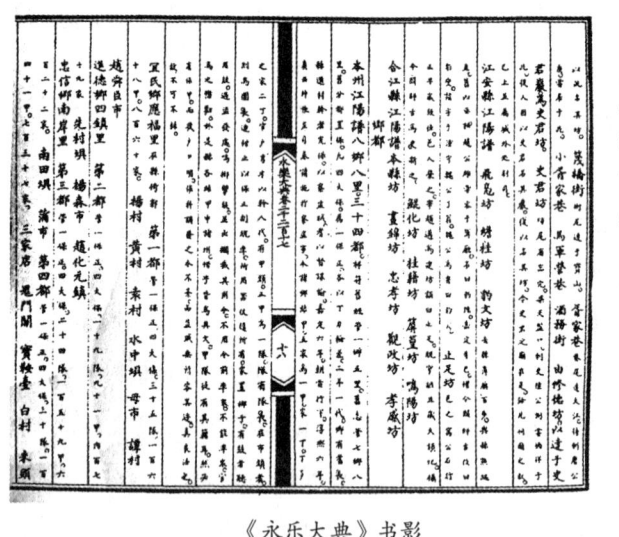

《永乐大典》书影

---

① 《晋书》卷二四《职官志》。
② 刘琳:《华阳国志校注》,巴蜀书社1984年版,第239页。
③ (宋)王象之:《舆地纪胜》卷一六四《潼川府路·怀安军》。
④ 白钢:《中国农民问题研究》,人民出版社1993年版,第137页。
⑤ 嘉靖《蠡县志》卷一《封疆·四乡》。
⑥ 何朝晖:《明代县政研究》,北京大学出版社2006年版,第61页。

据《明史·地理志》载，四川布政司"为里千一百五十有奇"①；据《大明一统志》等资料记载，四川县以下农村基层组织是"乡都里"，城市基层组织是街、坊。②但在四川有的地方，农村基层组织又实行的是乡都图制。例如在泸州，据明人王仁义景泰七年（1456）撰写的谱序载，其父母由陕西至川北，于"洪武四年辛亥岁八月十四日，至泸州安贤乡安都十四图大佛坎下居住"③。由此推知，当时的移民入川后，是被直接编入乡、都、图组织之中的。嘉靖以降，明朝为保障宗族制度的规范化建设，又大规模地在全国各地推行乡约制度。从四川营山县"自万历以来保甲、乡约统一举行，民知劝戒，颇端趋向"④，以及川南道，嘉靖地方官推行"申乡约"后，"人咸称便"⑤的情况推知，在四川各地又普遍贯彻了保甲、乡约制度。《永乐大典》"泸"字韵下，保留了明代泸州的乡镇建置情况，计有八乡八里三十四都。其制是：乡下设里，里下设都，都下设保甲；大保下设队，队下设保，保下设甲，甲下管家。保甲之外，乡下有村，有市，有镇。在记述衣锦乡得名的由来时，还特意保留一段文字："国初里人"严、先二氏，"父子皆登科，且联世姻。先氏上冢诗有云：'不扫先茔二十春，今朝忽见衣锦新，还乡父子墦间拜，再世登科有几人。'乡人荣之，县名其乡曰衣锦乡"⑥。

清代在明代保甲制度的基础上，推行了更为严密、完备的基层组织。鉴于明末土著残存不多，为了管理前代移民以及清代次第迁入的各省籍移民，清代四川地方政府在一段时间内不得不实行分区划安置的制度。

例如，在川东云阳，"邑分南北两岸，南岸民皆明洪武时由湖广麻城孝感奉敕徙来者；北岸民则康熙、雍正间外来寄籍者，亦惟湖南北人较多"⑦。分布于云阳瀼水两岸的移民，都是来自湖广，他们只是由于迁川时间早迟不同，而分居于瀼水两岸的。他们之所以保持沿江而居的方式，明显是受政府行

---

① 《明史》卷四三《地理志》。
② 经民国《华阳县志》考证，属于华阳县的明代成都的街、坊有锦江街、红照壁街、红布街、际会坊、度人坊、状元坊等。详见民国《华阳县志》卷二七～二八《古迹》。
③ 民国2年（1912）隆昌《王氏族谱》卷一。
④ 万历《营山县志》卷一《风俗》。
⑤ （明）焦竑：《焦氏澹园集》卷三三《陕西按察司副使霓川沈先生行状》，转引自常建华：《明代宗族研究》，上海人民出版社2005年版，第234页。
⑥ 《永乐大典》卷二二一七《泸字》韵。
⑦ 咸丰《云阳县志》卷二。

政干预的结果。这是因为，当地土客矛盾由来已久。"土著之民无券契，自云洪武年间来蜀，挽草为业"。在清初"颇仇客民，久乃相浃"①。在这种背景下，既然一岸以土著为主，把新来的客民相对集中于对岸，利用天然河流分岸居住，就能有效地避开"土""客"之间的冲突，从而有利于地方社会秩序的稳定。又如在江津县，明时分为八乡，清初因明季户口凋残，只编为三里。"康熙三十三年（1694），则每里分编四单，共编十二单。后即改为十二都，一百二十甲。里犹古之乡，都犹古之区，甲犹古之比邻。"②

在川中的威远县，也有类似情况发生。据记载，在该县土著之民，大多集中在明代所设立的东西南北四乡，由此形成"东西南北，半多老户"的格局。清初以来，随着大量移民的拥入，"有司虑无以处之，于是，捐兹一隅之土处客民焉"③。也就是说，清朝又在原来四乡的基础上，特地设置了一个安插移民的新乡。只不过，被分隔开的客民，由于受地理条件的限制，其居住地不是设在水边，而同样是被安排在相对偏远的山区。

在川西的金堂县，安置外来人户的原则，则是通过在乡的基层组织之下，从"旧甲"中剖出一半人口，设立"新甲"来进行管理。清初"土著无几，招徕来居者，皆湖广、江西、广东、福建之民，间有流亡而返者，大都知此而不知彼也"。根据"或本前明之旧章，就土著所知而存"的状况，"于是暂就方隅，分为八乡，以县治之前后左右为上四乡，以淮口镇之前后左右为下四乡。其后乃分立各甲，但甲有一、二、三、四、九、十，而无五、六、七、八者"。及至雍乾以后，随着人口的增加，又于

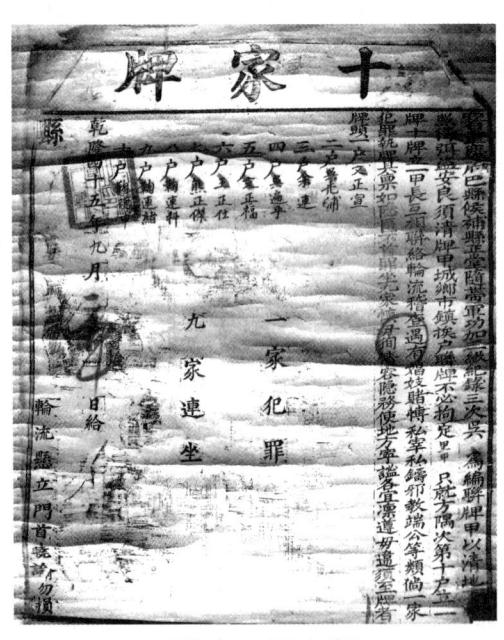

巴县档案之"十家牌"

---

① 民国《云阳县志》卷一三。
② 《江津乡土志》卷二《地理》。
③ 乾隆《威远县志》卷三。

"雍正中,废斜潭马厂地,添置恩五甲。乾隆中,因上四乡土辟户增,遂剖各甲之半为新甲,原甲曰老甲,至今相仍,凡十一甲。后又分为三路,镇则初惟赵家、白果、廖家、同兴四场,今则已有十六矣。民物之盛,风俗之繁,于此亦可概见也"①。这种从"老甲"中各抽一半人户,与新迁入人口合组为"新甲"的措施,则反映了正在互相融合过程中的基层组织的变化情况。

清承明制,对纳入乡基层里甲编民实行保甲制度。移民入川后,除准入籍外,还被编入保甲之中。保甲制度规定,入籍移民,"取结编入保甲"②。"编设保甲,十家成牌,十牌成甲,十甲成里"③。在巴县档案中保存的"十家牌"中,有文正宣等十户的登记牌,其上写道:"为编联牌甲,以清地方事:照得弭盗安良,须清牌甲,城乡市镇,挨户联牌,不必拘定甲里,只就方隅次第。十户立一牌,十牌立一甲,互相联络,轮流稽查。遇有娼妓赌博、私宰私铸、邪教端公等类,倘一家犯罪,执牌俱禀。如隐匿不首,罪坐九家。慎毋徇情容隐,务使地方宁谧,各宜凛遵毋违。"其下为牌头一户至十户姓名。姓名之下赫然有八个大字:"一家犯罪,九家连坐。"最后落款日期:乾隆四十五年九月日给。末尾注明:"轮流悬立门首,晓谕勿损。"④

上述"十家牌"的格式,为解读这一基层组织提供了文物实证。嘉庆《郫县志》所载之《禀请编联保甲事由》则把"十家牌"组织的缘由及其具体组织办法和职能等,叙述得清楚明白。该事由由知县朱鼎臣于嘉庆十七(1812)年呈报。它首先讲述了"编联保甲"的必要性,指出:"(郫)县路当孔道,户口繁多,来往民人络绎不绝。且与各县连界,随处皆通。其间安业良民固属不少,而外来游匪诚不能保其必无。欲除暴以安良计,非编联保甲不可。"其次,陈述了保甲具体的组织办法:十家为一牌,十牌为一甲。郫县共十二甲。十家有牌头一人,一甲之内公举甲长二人。"须择老成殷实、人所素服者,令其充当。一年以换,轮流承充,不得互相推诿"。具体的门牌编设办法是:"各甲发给印簿一本,责令甲长于二月内赴县承领"。"一户即将本户姓名、艺业及男丁、女口、奴婢、雇工名数注于簿内。如有佃耕助住之人,亦将姓名、丁口附注于本户之尾。统限领簿之日起,二十日内一律清填,将簿呈缴,

---

① 嘉庆《金堂县志》卷二《疆域志·乡镇》。
② 《清世宗实录》卷六五。
③ 康熙《邛州志》卷三《建置志·乡里》。
④ 原件藏四川省档案馆。

以凭照填写门牌,发给各花户悬挂"。该事由还规定:"户口内如果有移来迁往者,责成牌头查开姓名、人数清单二纸,分交甲长各执一纸存查。统于季底由改甲长汇齐送县。"至于门牌用纸及人工,由县置办;十家牌"板片、木架费用",由各户自行公办。①由于郫县"四民率多秦、楚、豫、粤流寓之人,土著十不得一"②,所以上述"十家牌"的管理办法,实际上也就是规范和管理移民及其后裔的具体组织制度。

清初,作为内地各省的主体性产役组织的里甲,在雍乾以后,随着赋役制度的改革,被一种新的组织——"乡地"所取代。乡地与里甲最大不同在于,它是以一定地域为管理对象,而里甲和保甲则是以一定数额的户口为管理对象。这种管理体制的最大特点是,将州县全境划分为若干地域,每地域统辖若干同属于地缘的最基层,从而呈现出就"地"而"管人"的地缘特征。③正如民国《三台县志》所概括的:"以乡之广狭分保之大小分甲,以甲内分户口之多寡分牌,自保以下,相土划分,不拘一格。"④此后,直至清末民初,巴蜀乡村基层组织无不准此原则划分。

二、巴蜀的民间社会组织

在中国传统社会中,乡村聚落或社区一方面置于政府规定的基层行政组织的管理之下,另一方面则通过古老的里社组织自治维持。作为中国古代一种基层聚落——社,也就是上古以来的聚落或土地之神,以后又延伸发展成为乡村的基层社区组织。从秦汉经魏晋南北朝,再到隋唐五代时期,这种里社虽仍有基层政权的辅助性组织机能,但记载日益少见,这时的社仅仅是一个地缘性的祭祀组织,传统的社祭活动——春祈秋报就由它们来操办。元代的社有所变化,它一度被升级为纯粹地缘性的基层行政组织,与同样存在的坊里之制并行不悖。明清推行保甲制,在一些自然村中,里社之制作为村一级民间社会组织又被再次保存下来了。⑤如果说,国家设置的基层行政组织,其主要职能在于

---

① 嘉庆《郫县志》卷四四《附录》。
② 嘉庆《郫县志·序》。
③ 魏光奇:《清代"乡地"制度考略》,《北京师范大学学报》2007年第5期。
④ 民国《三台县志》卷一《舆地志一·区镇》。
⑤ 赵世瑜:《明清华北的社与社火——关于地缘组织、仪式表演以及二者的关系》,《中国史研究》1999年第3期。

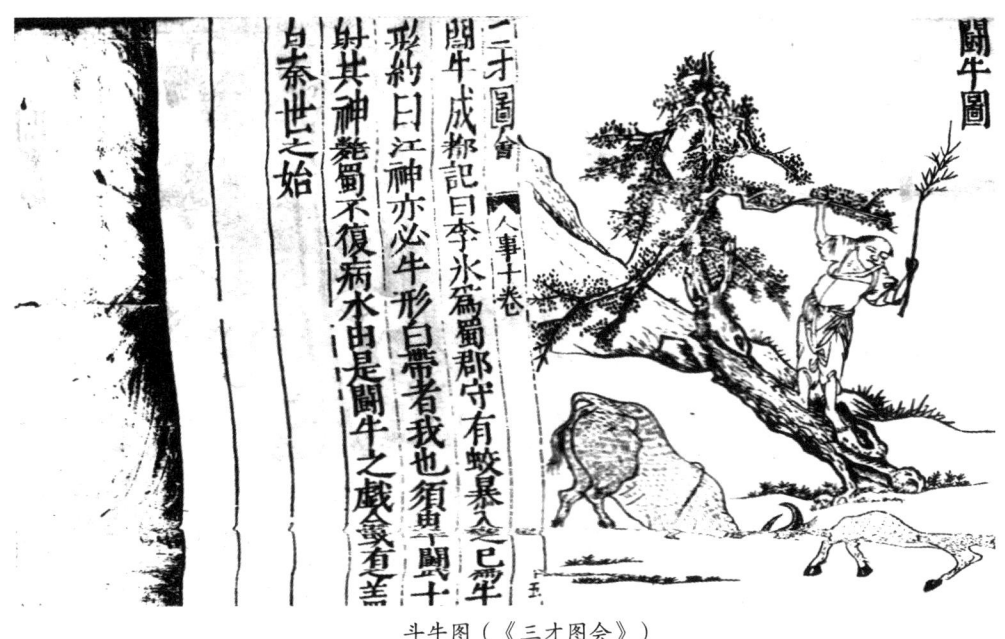

斗牛图（《三才图会》）

掌控乡村行政或者经济控制系统，那么，作为民间社会组织——里社的存在，则主要是通过特定结社组织进行的表演活动，发挥着"文化社区"或"民俗社区"的作用。

下面，仅结合巴蜀地区的实际情况，作一简要的勾画。

据《华阳国志·蜀志》卷三记载："迄今巴蜀民，农时先祀杜主君。"由此可证，在南北朝以前，在巴蜀地区乡村，早有农时祭祀杜主的活动存在。这里的"杜主"，就是蜀王望帝杜宇（按：古音"杜"与"土"通）。故杜主者，土主也。因而，在巴蜀大地上，望帝祠、土主庙遍及城乡。由此推知，在巴蜀传统社会中，在乡村一级必然存在这样一种民间组织，它按照农时季节和一定祭祀仪式，组织当地民众围绕望帝祠、土主庙开展祭祀活动。这一组织的性质，应该就是类似于里社的乡村基层民间组织。而作为祭祀场地的望帝祠、土主庙应该就是所谓的祭坛。

随着时易代移，源自巴蜀古代的这种祭祀土主的活动时隐时现，一直未断。到了宋代，祭祀对象则由"教民务农"的杜宇，演变为治水有功的李冰父子。南宋人曾敏行记述道：

有方外士，为言蜀道永康军城外崇德庙，乃祠李太守父子也。太守名冰，秦时人，尝守其地。有龙为孽，太守捕之，且凿崖中断，分江水一派入永康，锁孽龙于离堆下。有功于蜀，人至今德之，祠祭甚盛。每岁用羊至四万余，凡买羊以祭，偶产羔者亦不敢留。永康藉羊税以充郡计。江乡人今亦祠之，号曰"灌口二郎"，每祭但烹一膻，不设他物，盖有自也。①

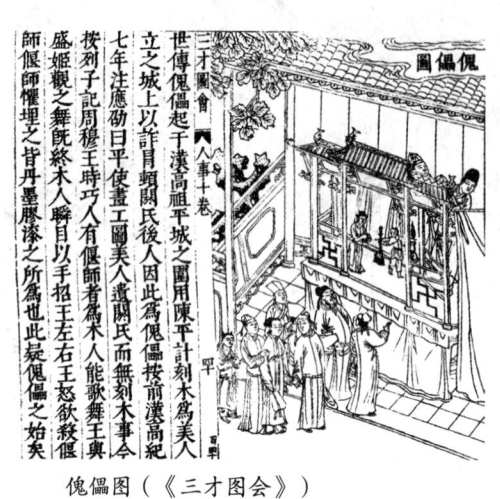

傀儡图（《三才图会》）

这里的崇德庙，位于"永康军城外"，文中所提到的"乡人"，即宋代永康军乡村之人。宋代永康军治灌口镇，即今四川都江堰市。几乎与曾敏行同时的洪迈，也证实了在永康军崇德庙（又名"灌口神祠"）举行祭祀活动的盛况，称"蜀人事之甚谨，每时节献享及因事有祈者，无论贫富，必宰羊，一岁至烹四万口"②。而曾仕于蜀地的南宋诗人范成大，也有《离堆行》云："刲羊五万大作社，春秋伐鼓苍烟根。"③亦咏此事。这里的祭祀祈福活动，被诗人称为"作社"，大概也含有传承古代祈赛社祭遗风之意。清李调元《新搜神记·神考》"川主"条引元代无名氏《清源真君六月二十四日生辰疏》，称农历六月二十四日为二郎神诞辰。④可见，自元代以后，六月二十四日就明确为川主的祭祀之期。有学者认为，二郎神信仰还与火神信仰有关，因此，这一天又演变为西南地区的"火把节"。⑤民国《西昌县志》在载录本地川主祭祀活动的盛况时，就追溯到了明代："六月……二十四日，过街梁迎川主神像巡街，观会者多自远而至。同日向晚，全县市村，燃火炬无数。大者高及丈，小者五六尺。相传：杨升庵诗云：'老夫今夜宿泸山，惊破天门夜未关。谁把太空敲粉

---

① （宋）曾敏行：《独醒杂志》卷五，上海古籍出版社1986年版。
② （宋）洪迈：《夷坚志》卷六《永康太守》，中华书局1981年版。
③ （宋）范成大：《石湖居士诗集》卷一八。
④ 宗力、刘群：《中国民间诸神》，河北人民出版社1987年版，第539页。
⑤ 侯会：《二郎神与祆教雨神》，《宗教学研究》2011年第3期。

碎？满天星斗落人间。'可想见其胜概。"

到了清代，虽然迁入四川盆地的移民省籍来源不尽相同，但有一点是共同的，即都离不开土地，离不开农事。因此，在广大农村，围绕土地祠奉、秧苗农事而开展的各种祭祀娱乐活动不断。据光绪《名山县志》记载："土地，乡神也，村巷处处奉之……俗言土地灵则虎豹不入境。又言，乡村之老而公直者死为之。"在农村，土地祠奉无处不在，祭祀意义各不相同。"有花园土地，亦为灾于小儿，祀之花园者也""有青苗土地，农人所礼""有长生土地，家堂所祀""又有拦坰土地、庙神土地等，皆随地得名"。其中，以青苗土地最受农人重视。"青苗土地，主农事者也。山农祀以七八月，平地农祀以四五月，以白钱供于田塍，谓之田工老。此盖八腊司啬之神，时俗祀之而失其义也。"①又，嘉庆《汉州志》记载当地农村四月初八"青苗会"的盛况曰："乡人于栽种毕，农工稍闲，建坛为'青苗会'，祀青苗土地。击鼓烧钱，舁神周巡四隅。间有演剧者，此迎猫祭虎遗意。"民国《江津县志》也证实当地存在的春祈秋报遗风："插田事毕，雨足风和。秧歌社鼓之余，桐乳榕阴之下，缚木为楼，召优作乐。以迓田祖，以祓蟊螣。秧苗之戏，十余年前犹克见之。在春曰祈，在秋曰报。'父老闲来消白昼，儿童归去话黄昏'。此何等太平气象耶！"

在清代，川主祭祀活动依然为广大移民所认同。据统计，自清以来，新建的"川主庙"就多达一百七十二座②；每年六月，川主庙都有庙会，各庙香火都十分旺盛。清代以来的地方志，详尽

乡村土地神

---

① 光绪《名山县志》卷九《风俗》。
② 罗开玉：《中国科学神话宗教的协合——以李冰为中心》，巴蜀书社1990年版。

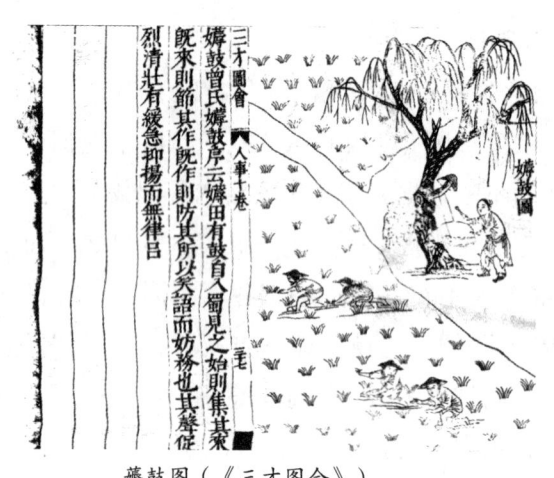

耨鼓图（《三才图会》）

记录了各地祭祀日期以及祭祀活动的盛况。例如：乾隆《屏山县志》载："六月……二十四日祭川主神"。嘉庆《井研县志》曰："六月……二十四日，川主会。川主者，我朝锡封通祐王李公讳冰之次子显英王也。俗称曰'二郎'。相传：李公凿离堆，引江水溉田有功，故蜀人处处祠之。是期演戏，或三五日，而灌江前后，凡经月余。有功德于民者也。"嘉庆《夹江县志》曰："六月初六日，镇江王会，又祀青苗土地以祈年。十四日，川主会……至期，乡人醵资演戏酬神。"同治《涪州志》曰："六月……乡村演傀儡。祀川主、谷神。"同治《筠连县志》曰："三月……村庄于是月作秧苗会，演唱傀儡神戏。天旱祈雨，则舁川主神像，出游街市。"民国17年（1928）石印本《雅安县志》曰："川主会凡二：治东太平场，正月十九日，市农器、各种树秧。治东慕义场，三月三日，亦市各种农具。"

由以上记述可见，从祭祀对象土地、川主与谷神，到所列举的祭祀组织的名称"川主会""秧苗会""青苗会"等，都与农事有关。既有祭祀，必有赛会。光绪《铜梁县志》有云："每值神会，必演剧庆祝。其繁盛者，以五月之城隍会、六月之川主会为最。亦犹是古人祈赛之遗风。"这里所谓的"古人祈赛之遗风"，当与巴蜀古代的土主祭祀、李冰父子祭祀的传统有关。而在这些活动背后，明显可以见到一个植根于巴蜀民间的乡村基层组织的存在。道光《德阳县新志》证实，当地"五六月间，又有'青苗会'。各里首事恒募钱演戏于社祠中，以祈谷于土谷之神。"在这里，"各里首事"理所当然地扮演了乡村祭祀活动组织者的角色。

除了乡村之外，在城市也同样存在着筹办祭祀活动的民间街区社会组织。据王笛在《街头文化》一书中研究指出，在成都地区也存在一种类似于华北地区清明会主持民间祭祀活动的组织——"清醮会"，又称土地会，"它们不是由宗族而是由社区组织的，后者负责筹办清明节拜土地神的活动"。会首由本街居民选举产生。作者对清代民国年间街区以成都土地神为对象的祭祀活动，做了详细的描述：

> 每年春天清明节之前，土地会都要集资雇道士打清醮，虽然会首借机卞点私利，"但人们的兴趣在于借此机会在街上开怀寻乐"。庆祝活动一般要举行七天，此间从早到晚锣鼓声不绝于耳。一般来说，相邻几条街共同承担费用和共建一个祭坛。较富裕的街道还会放火炮，又称"演灯彩"，雇木偶或皮影戏班子在街上助兴，并以敬土地神为名大摆筵席，其真实目的是集街众热闹一番。一首竹枝词生动地描述道："福德祠前影戏开，满街鞭炮响如雷。笑他会首醺醺醉，土偶何曾饮一杯？"①

王笛接着论述了成都街区土地会所扮演的角色与职责、功能等问题，指出：

> 土地会不仅仅是社会共同体内人们精神生活的组织者，而且在人们日常物质生活中扮演着重要角色。清明节期间，土地会组织居民清理阴沟，掏挖水塘……成都修有数十池塘，如上莲池、下莲池、王家塘等，以存积雨水和废水。清掏工作必须每年进行，否则在雨季将导致水灾。然而在民国时期，地方政府控制了社区的公共生活，并剥夺了土地会的组织之权，这项事务便无人理睬，许多阴沟池塘年久淤积、坏损，逐渐废弛……在晚清新政和辛亥革命之后，虽然土地

乡村庙会活动

---

① 王笛：《街头文化——成都公共空间、下层民众与地方政治（1870—1930）》，中国人民大学出版社2006年版，第81页。

会的影响逐渐降低，但许多事务诸如公共卫生、赈济、慈善等活动仍多由自治组织负责……如果说土地会主要在其街区和邻里范围内活动，那么慈善团体则有更大的影响范围。①

通过上述可见，在巴蜀传统社会中，在不少地区的乡村和街区，确曾有一种围绕（杜主、川主、土地神）祠坛为中心的民间基层社会组织存在。该组织以所在社区为单位，由会众选举的会首、街首承头，通过主持一系列祭祀活动，以达到娱人娱神、凝聚人心的目的，从而发挥为人们提供一种地方共同体的"集体象征"的功能与作用。

三、清代四川的公局组织

清代中后期，随着移民宗族——地域精英层的崛起，一种代政府征收杂费的乡村办事机构——"协议公局"组织，如雨后春笋般在四川各州县出现。

嘉庆初年，正当白莲教起义方酣之际，进入四川总督宜绵幕下充当幕僚的龚景瀚，鉴于四川"大州县数百里""大州县数万户""州县所辖地太广，所理事太繁"，而一州之内，可用的管理人才十分有限，"不过书办、衙役、乡约、保正等"，为此，他建议在乡约、保正之上设置乡官、乡铎，承担维持地方社会秩序的职责，凡"户婚田土雀鼠争讼，为之剖断曲直，以免小民公庭守候累"②。龚景瀚建议中所提到的"所理事太繁"，实质上涉及清代中后期四川地方行政最大的问题，即僵化的王朝行政、财政体制跟不上清初以来移民开发进展的实际需要所产生的。

由于清初政府招徕开垦，鼓励移民插占土地，推行的是"止约略块段，估种认粮"③的政策，但随着移民经济的开发，到了清代中期，政府所征收上来的丁条粮银，不仅远远不能体现地域经济的实际情况，且与地方行政费用开支之间存在巨大的落差。为了满足政府财政的需要，弥补解决财政管理落后的问题，一种由州县政府邀请"集议"人员，同时参与执行地方行政事务的"公

---

① 王笛：《街头文化——成都公共空间、下层民众与地方政治（1870—1930）》，中国人民大学出版社2006年版，第82页。
② （清）龚景瀚：《请设立乡官乡铎议》，《淡静斋文钞》外篇卷二，转引自[日]山田贤：《移民的秩序——清代四川地域社会史研究》，中央编译出版社2011年版，第201页。
③ 雍正七年（1729）闰七月十三日四川巡抚宪德奏，《宫中档雍正朝奏折》十三，第873页。

局"组织,在嘉庆年间登上了历史舞台。

嘉庆三年(1798),资阳县首先改革夫马费的征收办法,"改设协议公局"。所谓夫马费,也就是军队、官吏、差使过境时,地方的接待费用。有清一代,地方州县赋税存留款大都专款专用,对于这些临时花费,大都"借资民力"。为了改变过去的征收办法,特新设置夫马协议公局。其法是:"每岁开征前视差务繁简,酌派钱多寡。旬终报销(会计报告),呈请账籍过朱(会计监查)。一年期满,齐集绅粮,俟核算更换。其钱,官不经手,私无浮支。"据记载,这一办法,"行之数十载,官民便"①。

继资阳县设立夫马协议公局之后,重庆府江北厅于道光十五年(1835)设立了"三费"协议公局。所谓"三费",就是在办理刑事案件过程中缉捕、招解、相验的费用。其法是:"集阖邑绅民,妥向议商……谕令查照粮银,量力捐资……听其自行完纳。随派公正绅耆,设局经收。"②在江北厅创设三费局之后,道光二十九年(1849)四川总督徐泽醇向各州县发文,令各地仿照江北厅成立三费局。于是,一时间采取"委绅设局经理"③模式设立的协议公局组织,开始风靡全川各州县。

乡村社会权力机构"协议公局"的设置,为四川移民社会中成长起来的地域精英——绅士和粮户(合称为"绅粮")登上地域政治舞台大开了方便之门。在"协议公局"的征收体制之下,州县政府把行政事务委托给地域精英,通过议叙、旌表之类的方式,使他们建立威信。他们借此作为地方行政的骨干,纳于行政机构之中,名正言顺地在地域政治舞台施展其才干和影响。尽管他们不具备任何国家公职身份,但事实上在地域社会中,作为社会身份范畴的绅粮精英层,他们以场镇为据点,得以发挥巨大的影响作用。因此,有学者认为,在嘉庆至道光年间,在四川呈现出了三个显著的现象,即因为移民开发过度而导致的"地域"与"行政"的乖离,"公局"财政的形成与完善,以及"绅粮"精英层的登场,三者的相辅相成,使其成为四川地域社会中一个紧密联系的整体。④

---

① 咸丰《资阳县志》卷六《赋役》。
② 道光《江北厅志》卷三《食货》。
③ 光绪《涪乘启新》卷二《政治门》。
④ [日]山田贤:《移民的秩序——清代四川地域社会史研究》,中央编译出版社2011年版,第220页。

清代嘉庆至道光年间四川协议公局组织的产生，与咸丰年间太平天国起义后，迅速向南方各省蔓延，以及李、蓝义军转战四川的形势不无关系。面对地方危机，清政府为了弥补军饷之不足，率先在扬州征收厘金，新办保甲团练局，并将这一办法推向全国。在四川，保甲团练局一般都是由具有移民背景的客长所掌握，或由地方绅粮精英层充当主力。因此，这在无形之中，更助推了四川地方权力结构的成熟与完善。可见，"协议公局"组织不失为一种具有移民社会特色的地方体制。[①]

---

① 梁勇、周艳：《晚清地方公局与地方权力结构》，《社会科学研究》2010年第6期。

第八章 巴蜀移民与行为文化的变迁

行为文化是由人类在社会实践中，尤其是在人际交往中约定俗成的习惯性定势所构成的。它见之于日常起居动作之中，以社会习俗形态出现，是具有鲜明民族、地域特色的行为模式。本章以语言、娱乐、节日习俗为考察重点，旨在揭示这些行为背后所负载的文化意向、价值与创新，用以展现移民迁入巴蜀后，在行为文化层面所发生的变化。

第一节　巴蜀地区的语言文化习俗

语言文化习俗是一种以话语为主要外在形式的言语行为。话语依赖文化语境产生文化价值，文化依赖话语实现它对社会、人际、心理生活的干预、投射。因此，话语所表现的言语行为，才是具有文化意义和价值的文化行为。

一、巴蜀地区方言演变概况

（一）上古时期（先秦时期）

秦统一巴蜀前，巴蜀地区的居民使用的土著语言，"属今古巴蜀语言，与当时华夏语乃至汉语不同，是一种与今四川境内羌语、嘉戎语、彝语、纳西语等有着血缘关系的语言"[①]。这种语言与中原地区的华夏语言有明显不同。徐中舒先生曾经指出，"《蜀王本纪》说'蜀左言，无文字'，《世本》又说'蜀无姓'，虽然寥寥的两句话，它已充分说明蜀的言语文化以及社会组织，和中原地区都大不相同"[②]。常璩《华阳国志·蜀志》也指出蜀与中原"莫同书轨"。"文字既殊，语言必异"。可见，古巴蜀地区使用的是一种与中原华夏语言存在着较大区别的土著语言。

[①] 向学春：《四川方言中的古巴蜀土著语研究》，《中国社会科学院研究生院院报》2007年第5期。

[②] 徐中舒：《论巴蜀文化》，四川人民出版社1981年版，第6页。

（二）中古时期（秦汉至两宋时期）

秦统一巴蜀以后，随着华夏大批的移民迁入巴蜀地区，中原语言文化要素与古巴蜀语言互相渗透、融合，巴蜀语言就此归入华夏语言体系。《华阳国志》记载，秦并巴蜀后，"移秦民万家以实之，民始能秦言"。及至汉代，出现了"言语颇与华同"的局面。刘逵注左思《蜀都赋》引《地理志》说："是时（秦灭巴蜀后），蜀人始通中国，言语颇与华同。"蒙文通先生认为，"既说颇与华同，也就是略有不同……在秦灭蜀后百余年间，旧的语言不可能完全消灭"。又说，"蜀既与华同，也就是颇相接近"，"可见巴蜀言语应与华同，只是方言的差别"。这样，也就为后来"文翁化蜀"奠定了文化基础。"如果巴蜀前此没有一定的文化基础，在短短时期之内就比于齐、鲁，是不可想象的。"[1]

其后，经魏晋南北朝、隋唐、五代直至两宋时期，巴蜀古典文化日臻繁荣，达到巅峰状态。在宋代以前的各历史时期，巴蜀地区一直接受中原文化的影响，中原文化始终是巴蜀地区的主流方向。但是，经过长达半世纪的宋元战争之后，四川境内人口损耗严重，出现了"土著之姓十亡八七，五方之俗更为宾主"[2]的现象。随着蜀中人口的大异动，必然带来巨大的方言更替变革。元以后及明清的大移民运动，使四川风俗大变，蜀之原有方言传统趋于中断。因此，有学者认为，近代四川方言发展史上出现了一个巨大断层。这恐怕就是现代四川方言词汇中罕见古巴蜀方言词，以及现代方音不能对应于宋代文献所反映的古巴蜀方音特征的社会原因。据此可以断言，"宋代巴蜀方言在历史上已经失落"[3]。

（三）近古时期（元明清时期）

元以后，尤其是明清时期，中原文化对巴蜀的影响力大大减弱，来自长江流域的新兴的湖广文化随即取而代之，成为巴蜀地区文化的主流发展方向。元、明时代省际移民的兴起，不仅把以湖北文化为代表的东南特色文化注入巴蜀，同时还把湖北话（主要是麻城话）、湖南话、江西话等也带进了四川地区。大批移民带来了他们的家乡话，逐渐在巴蜀地区形成了以湖广地区的官话

---

[1] 蒙文通：《巴蜀史的问题》，载《古族甄微》，巴蜀书社1993年版，第248~249页。
[2] （元）揭傒斯：《揭傒斯全集·文集》卷六《彭州学记》。
[3] 刘晓南：《试论宋代巴蜀方言与现代四川方言的关系——兼谈文献考证的一个重要功用：追寻失落的方言》，《语言科学》2009年第8卷第6期。

方言为基础的四川话。就现存的语料看，四川方言最迟在明末就已具备现在的格局。

清前期，大规模的移民运动造成人口结构的变化，对四川方言的形成产生重大的影响：一方面，四川方言继续受到来自北方语系的影响；另一方面又受到来自南方其他语系语言的影响，形成了五方杂居，南腔北调，方言种类较多的局面。由于"五方杂处，语言互异"，外来移民"占籍越数十传，而土音不改"，致使在相当长的时期里，在四川许多地方出现了"语别义同"的现象。同一名物器数，不同省籍移民使用各自的方言指代。例如在永川县（今重庆永川区），"一父也，有呼为爹、为爷、为伯伯、为阿爸者；一母也，有呼为娘、为妈、为母亲、为阿奶者。子或谓之儿、谓之崽、谓之幺兄，或谓之哥、谓之长弟，或谓之小，谓之胎。见物美者，通称为好，而或曰标，曰艳，曰都，曰佳。见物盛者，通称为大，而或曰庞，曰硕，曰丰，曰伙。指物所在，曰阿堵，曰这个。办事迅速，曰忙溜，曰快当"。其结果由于音语不通，难免会造成"听讼辨难"，"同床异梦，实贻笑柄"的局面。①

其后，在长期不断的交流融合过程中，四川方言逐渐趋同于四川官话，在移民比较集中的地区，则保留了其他地域的方言。清初以来的移民运动，最终使得在人口数量上、地域分布上占据优势的湖广籍移民所使用的语言——"湖广话"，成为本区占主导地位的汉语方言。因此，有学者提出现代四川方言是受元以后两次大的移民运动影响所形成的观点。并由此得出结论指出，宋以前的移民史"都不能解答今天的四川方言是怎么形成的问题"，而"对四川人口来源有深远影响的还是元末明初和清朝前期的两次移民活动"②。

二、巴蜀语言文化习俗特点

（一）好用比喻

《汉书》记载，蜀郡青衣道（今名山县）的居民，"人皆被发，左衽，言语多好譬类"。四裔部落居民"语言多比喻"，这是一个共通的现象。人类在初民时代，由于抽象思维不强，缺乏今人的概括能力，以致在说话时，往往只

---

① 光绪《永川县志》卷二《舆地·风俗》。
② 崔荣昌：《四川方言的形成》，《方言》1985年第1期；崔荣昌：《四川方言与巴蜀文化》，四川大学出版社1996年版。

能通过对客体外观的感知程度来描绘事物。大体说来，旷野中生活惯了的人，因为周围事物清晰可见，致使人们在描绘其外部特征时，往往多使用形容词，多借用比喻来表达。这种好用比喻、善用比喻的语言表达方式，在汉代蜀中的辞赋大家所创作的大赋中得到了体现。本来战国到秦汉之际，盛行的是骚体赋，到汉武帝时代，才演变为大赋。司马相如、扬雄等辞赋大师学习运用中原语言的文体，创作了享誉中外的《子虚赋》《上林赋》《蜀都赋》等作品。这些作品取材极富，辞藻极丽，想象丰富，辞采艳发，极铺张扬厉之至。尤其是反复运用铺排博喻的手法，极为生动传神，可以说将蜀地"言语多好譬类"的表达方式发挥得淋漓尽致。

（二）爱发惊叹语

经常在丛林中生活的人，由于观察事物不如旷野中那么丰富清晰，很多事物的判断要凭耳朵所听到的声音来弥补，所以人们多使用形声词。受丛林初民谈话遗风的影响，巴蜀地区居民与人谈话时，经常不断发出"啊呀！"或"呀！呀！"之类惊叹语言。这一语言表达方式和习惯影响至深，即使巴蜀语言融合进华夏语言系统之后，仍不时流露出来。例如，陆游《老学庵笔记》载，蜀人凡遇到值得赞美的事物，总爱说："呜呼！"凡遇鄙陋的人，则说："噫嘻！"民国《巴县志》卷五《礼俗·方言》注释古语说："惊叹词曰呜呼。巴语声转曰：恶祸……《说文》，祸，惊恶词也。"后经流沙河先生考证说，古时的"呜呼！"就是今天四川人常说的"哦哟！"如说"哦哟，好啊！"古时的"噫嘻！"就是今天四川人常说的"哦嚯！"如说"哦嚯，死了！"

（三）好用讽刺语言

蜀人局促盆地一隅，为解闷释怀，往往使用尖刻语言，来达到挖苦讽刺、轻薄戏谑，以博一笑的效果。早在战国末期，蜀人就"嘲秦人曰：东方牧犊儿"[1]，其中不乏挖苦讽刺之意。及至汉代，这种语言表达遗风犹存。班固《汉书》载："景、武间，文翁为蜀守，教民读书法令，未能笃信道德，反以好文刺讥，贵慕权势。"[2] 由于巴蜀地区"俗好文刻，少儒学，多朴野，盖天

---

[1] （晋）常璩：《华阳国志》卷三《蜀志》。
[2] 《汉书》卷二八《地理志下》。

性也"①。所以在认同中原文化交流的过程中，巴蜀人依然保持"好文刻"的传统，经常发挥自己语言上的特长，引用法律条文，以尖刻的文字讽刺挖苦别人，或者以游戏的文字轻薄别人。例如王褒的《僮约》就是一篇游戏文字。文中写他因事到寡妇杨惠家，他命杨惠丈夫生前所买的一个名叫便了的家奴为他酤酒，便了不应。于是，他便将便了买下，并立下文约，规定其所要做的事。便了听后痛哭流涕，说自己愿意为王大人酤酒，不敢调皮了。从内容上说，王褒戏弄一个无文化的奴仆，毫不可取，因此引来颜之推在《颜氏家训·文章》"文人多陷轻薄"条中，指责王褒此举做得太过分了。其实，与其说是"文人"所为，倒不如说这正是蜀人语言表达风格所致。到了宋代，这种以语言轻薄他人的现象也不时发生。据《北梦琐言》载："蜀东、西川之人常互相轻薄。西川人言：'梓州（今三台县）者乃我东门之草市也，岂得与我为耦哉！'"坐镇东川的节度柳仲郢闻之，对幕客曰："吾立朝三十年，清华备历，今日始得与西川作市令。"在场的人听了，皆笑之。于是，"东西两川人多轻薄"的说法，就此流传于世。②宋人岳珂《桯史·鹦鹉谕》也称："至今蜀人谈谑，以排根善类者为'猫噬鹦鹉'。""猫噬鹦鹉"的成语典故就来源于此。说的是古代有一个爱猫的人，特地选定一个吉日，从邻居家买来一只猫，准备用它来捕鼠。结果，老鼠一个没有抓到，猫先撕破鸟笼子，把主人最喜爱的鹦鹉给吃了。这个故事虽然出自宋代蜀士之口，但却表现了蜀人善于以戏谑比喻语言来排挤他人的习性。

（四）俗语中有雅言

上古时期被称作"雅言"或"夏言"的"通用语"，其实原本是民族语言交融的结果。及至夏禹时，才成其为春秋时期的"雅言"（夏言）的。③秦汉以后，巴蜀地区语言融入华夏语言体系后，大量的雅言（夏言）进入民众的生活之中。后来随着时代的变迁，当一些被称为汉、晋古语的"雅言"（夏言）随着中原地区的战乱动荡而消失，这些语言"活化石"却奇迹般地保存在今天四川的方言中，甚至在普通百姓还在经常使用。流沙河在一篇题为《蜀人俗语亦雅》的文章中说：今天蜀人俗语多有雅言存留。譬如我们常说一个人散

---

① （晋）常璩：《华阳国志》卷三《蜀志》。
② （宋）孙光宪：《北梦琐言》卷三《逸文》。
③ 濮之珍：《中国语言学史》，上海古籍出版社2002年版，第25~26页。

淡闲逸、无所约束为"散眼子",其实是从《庄子·内篇·人间世》里的"散焉者"而来;而形容一个人没有考虑、没有计划,"糊里糊涂",其实是"弗虑弗图",从《诗经·小雅·雨无正》里的"旻天疾威,弗虑弗图"而来的。子弟做事漫不经心,家长就会警告他:"你又恍兮忽兮的嘛!"这个"恍兮忽兮"出自老子《道德经》,吾蜀乡村妇孺皆懂。还有四川民间骂人,称某人为"和而流",此语原出自《论语》"君子和而不流"。北方人不解此意,乃讹作"二流子",岂不可笑。又如,在川西民间,又骂淫妇偷汉为找"嫪官儿"。此语典出《史记·吕不韦传》:"乃私求大阴人嫪毐为舍人。"民国《新繁县志》引《说文》"毒"下云:"士之无行者,秦始皇母与嫪毐淫,坐诛。故世骂淫曰'嫪毐'。"故"妇人所与私者为'嫪毐'即'嫪姻'之音变也"①。

类似的例子,在巴语区亦不难发现。如巴县乡间儿童常玩一种"猜钱面钱背"的游戏,俗称"猜麻妹(儿)"。其玩法是:先转动一枚铜钱,再用手将其蒙住,让对方猜铜钱的正面或背面。铜钱的正面称"麻",背面称"妹(儿)"。这个"麻"和"妹(儿)",其实源于古时对钱的称呼:钱的正面为"漫",钱背为"幕",典出于《史记·大宛列传》《汉书·西域列传》。由于俗变,"漫"成了"麻","幕"成了"妹(儿)",这一古音,连四川民间三岁小儿都懂。又如,《诗·郑风》曰:"唱予要女。"《左传》解释,"要"就是"成"。《诗经》所说的"要女",相当于重庆话称"要待",就是"终结了"的意思。章太炎说:"今巴语谓演剧终幕为'幺台'",亦呼"煞脚",拿今天的四川话来说,就是"煞各"。再如,《说文》称"秦人以市买多得为沽",《论语》有"求善价而沽诸"语。"巴语谓市买举所有而统购之曰'大沽',音讹为'打瓜'。"② 这里的"大沽",就是四川话的"打瓜"。

由此可见,尽管秦汉以后巴蜀方言即已融入中原汉语的体系之中,但在相当长一段时期内,这一地区的人们在使用华夏语言的过程中,仍然自觉不自觉地保留着原来的语言表达方式和习惯。

---

① 民国《新繁县志》卷四《礼俗·方言》。
② 以上三条巴语的来源及解释,见民国《巴县志》卷五《礼俗·方言》。

三、移民对语言习俗的影响

（一）"摆闲条"成为一种生活方式

"摆闲条"作为一种谈话方式，其最大特点就是为了消磨时间、排解寂寞、联络感情，无休止地谈一些家长里短的空话闲话。这种谈话方式之成为一种生活方式，必须有一个前提条件，就是谈话双方都有富裕的时间，都感到寂寞无聊，都需要通过这样的谈话方式来加以排解。这样的前提条件，如果不是与安定富庶优裕的生活环境有关，就只能是漂泊不定的特殊生活际遇下的产物。结合四川的历史实际，今天四川人中流行的名为"摆龙门阵"（相当于聊天、侃大山）、"摆闲条""冲壳子"（吹牛）、"涮坛子"（开玩笑）之类的谈话方式，其源头应该与清初"湖广填四川"那个特殊移民时代有直接关系。在三百年前那个动荡不安的年代，来自全国各地的创业者纷纷拥入四川，面对荒漠一般的陌生环境，当时唯一可行的简单的表达形式——语言，就成为拉近人们距离、促进彼此沟通的工具。于是，使用包含各种调笑的谈话，来缓解面临的困难，协调彼此的紧张关系，并抒发自己对未来美好生活的憧憬，就成为人们共同的生活的内容。正是在这种社会背景中，摆闲条这种谈话方式应运而生了。

（二）"打乡谈"成为一种普遍的社会文化现象

"打乡谈"就是说家乡土语。民国《大足县志》对本县旧时语言流变现象做了这样的回顾：

> 本县语言，旧极复杂，凡一般人率能兼操两种语言，平时家人聚谈或同籍人互话，曰"打乡谈"。粤人操粤音，楚人操楚音，非其人不解其言也；与外人接，则用普通话，远近无殊。六七十年以前之人，牙牙学语，习于乡谈，成年之后，时与外人接，自能操普通话。近三十四年来，学校适龄之童，出就师傅，乡谈遂失其传。惟中鳌场之玉皇沟一带，其居民以原籍湖南之永州、会同两处者为多，颁白之叟，尚能乡音无改也。①

在移民社会初期，民众中能"兼操两种语言"，对家人或同籍人"打乡

---

① 民国《重修大足县志》卷三《政事上·风俗》。

谈"的现象较为普遍。类似于大足县过去这样复杂的语言状况，在其他郡邑也存在。例如，民国《宣汉县志》也载："凡本籍与本籍者遇，必述其原籍之土语，曰打乡谈，一以验真伪，一以必亲切也，且父子兄弟相互传习，以为纪念。"①民国《大竹县志》亦称："竹民……自楚、湘、粤、赣、闽五省迁竹者……乡谈亦各自不同。"②上述三条资料均源于民国地方志，所追述的"打乡谈"现象，出现在清初本县复杂的语言环境之中，证明它不失为当时移民社会中一种普遍存在的社会文化现象。

"打乡谈"现象，实际上就是移民社会中的双语现象。在中国移民史上，一般说来往往是抵达新地的移民，如果在人数上只占少数，在经济、文化上的地位又相对较低，那么，他们不得不学会新地的方言。但是由于他们往往是大分散小聚居，以便保留旧地的风俗习惯和在新地的生存发展，所以他们在自己的家庭和移民的社区里仍然使用旧地方言。③

在巴蜀地区之所以产生"打乡谈"这样的双语现象，是由特定的移民社会环境造成的。从大环境讲，清初四川土著人口稀少，移民数量虽然居于多数，但由于移民省籍来源众多，再加上住地分散，"五方杂处"，所以具体到迁入当地（如大足县、宣汉县、大竹县）的某些省籍移民，就显得势单力薄。为了自己的生存和发展，他们一方面不得不学习使用当地的通行语言——湖广话；而另一方面，又在家庭和较小的范围内使用家乡话。至于如何解读这种在异乡讲家乡话的移民文化现象，它的背后负载的是一种什么样的文化信息和情结，值得深入研究。有学者研究认为，乡谈体现了移民的母语情结，是祖先崇拜的反映；方言是地域文化中情感沟通的密码，乡谈对于唤醒、凝聚同祖同宗的情感起了不可低估的作用；语言是最好的黏合剂，乡谈成为族群认同的重要纽带。④

（三）孤岛式方言、地点方言星罗棋布

在中国移民史上，存在着一种封锁型移民社会下的孤岛式方言。这种方言岛的产生，往往与以下背景相关：移民到达新地之后聚居在一个较小的地域内，他们自成社区，跟外界的接触交流不太多，当地人一般也不介入移民的社

---

① 民国《宣汉县志》卷一六《礼俗·会话》。
② 民国《大竹县志》卷一〇《风俗志》。
③ 周振鹤、游汝杰：《方言与中国文化》，上海人民出版社2006年版，第26页。
④ 严奇岩：《移民与四川人打乡谈》，《成都大学学报》2007年第4期。

区，那么，这些移民的方言就可能长期保留原有的基本面貌或某些特征，而与包围它的土著方言有明显的区别。它所流行的小块地域在包围它的大片土著方言区中正好像大海中的孤岛。①

四川早在明代即已形成西南官话区，境内主要流行官话方言，即狭义的四川方言。明末清初的移民迁入，在四川境内又出现了两种非官话方言——客家方言和湘方言，形成了两个非官话方言区域——方言岛，即客家方言岛和湘方言岛。

四川境内的客家方言，是清前期闽粤赣边区的客家人带进来的，但以广东为主。四川客家方言岛有几十个之多，不过人数悬殊，少则几百、几千，多则几万、几十万。其分布格局是大分散、小集中。大分散是指广泛而分散地分布在全省众多的县市，小集中是指分布地以家族、村庄、乡镇等为单位集中分布。

四川境内的湘方言，是明清时期尤其是清前期湖南籍移民带来的。由于湖南籍移民来自湖南不同地方，入川后又居住在不同的地区，因此，四川湘方言名目繁多，发音和词法都有些差异。

除此之外，四川境内还有不少带有其他方言底层的地点方言，如四川人所称的江西话、福建话、安徽话，它们多零星地分布在四川中部一带地方。这些地点方言的形成，与今四川地区的历史和人口来源有直接关系。在明清移民入川潮流之中，就有大量来自江西、福建、安徽等地的移民。这些地点方言与西南官话方言、客家话、湘方言一道，构成移民社会中"五言杂处"的人文环境，各种方言表达方式共存，形成巴蜀地区移民文化一道亮丽的风景。

（四）平民化表达方式的转变

巴蜀地区的人由于特殊的自然和人文条件，自古以来就善于语言表达。早在宋代，何郯在为夔州孔庙落成所写的一篇题为《夫子殿记》的文章中就说过，夔州在巴东是最大的州，"其风俗嗜好语言"②。巴蜀地区人们的这种语言嗜好，体现在"乡音"的运用上，即使在行文中也不时插入"乡音"，从而使表达方式显得格外生动形象，极富感染力。

例如宋代大诗人苏东坡，有时在自己的诗中加上几句"乡语"，就显得格

---

① 周振鹤、游汝杰：《方言与中国文化》，上海人民出版社2006年版，第33页。
② （明）曹学佺：《蜀中广记》卷五七。

外鲜活,但这却使得外地人摸不着头脑。陆游《老学庵笔记》载,苏东坡《牡丹》诗云:"一朵妖红翠欲流"。他未入蜀时,读不懂"翠欲流"为何语。及游成都,经过一条小街,看见有家商店的招牌上写有"郭家鲜翠红紫铺"的店名。经询问当地人,才知道蜀语中"鲜翠"就是"鲜明"的意思。由此,他才理解"一朵妖红翠欲流"的诗句,是苏东坡用"乡语"写成的。从这一记述中,可见蜀中"乡语"在状物写态上,是何等的生动,富有表达力。

明清以后,巴蜀地区的人也传承了这种极富表达力的语言天赋,只不过随着迁入人群以下层平民居多,又加入了平民化、市井化和粗俗化的文化因素,从而使得近古时期巴蜀方言在表达形式上,显得更加通俗化和生动化。在现代作家巴金的作品中就使用了许多类似、"鲜翠"这样生动的"乡语"。有作者以"巴金语言词典"为题,统计巴金作品收词一千四百九十五条,其中方言词,绝大多数为四川方言词共一百七十二条,占百分之十一点五。例如:把戏、拌姑姑筵、棒客、冲壳子、锅盔、过场、火闪、舅子、开销、朗个、老人公、龙门阵、卤菜、默倒、舔沟子、咋个、装疯、走人户等,都是成都人口语中常用的。①这些贴近生活、贴近下层百姓的"乡语",正是近古时期平民化语言表达方式的生动体现。

(五)移民带入的方言词语进入四川官话体系之中

在现代四川官话体系中,有不少词语所蕴含的文化意义,与移民的地域来源和迁徙时代背景有关。黄尚军研究指出,在历代典籍中,前人明确指出为楚、湘、赣、吴等地方的不少词语,至今仍被四川人广泛使用。他举出近代移民带入的方言词语,主要有:鬼、抱、瘩、崽、老革革、拌、沤、踞等。②此外,还有一些方言词语的词义及来源载入地方志之中。

与江南移民有关的方言词语,如"苏气"一词,在四川方言中指的是态度大方,打扮漂亮。这一词语除出现在四川外,也活跃在江西、湖南的方言之中。民国13年(1924)《乐山县志·方言》:"称人美好曰苏气。"民国20年(1931)《重修南川县志·土语》:"从前外来服饰之物,苏州为美,故土语通称人物文雅脱俗曰苏气,曰苏派,且直曰姑苏。"又如"伧"一词(读"臧",cang),本是吴人鄙视中州人的说法,称为"伧父"。"伧者,身长

---

① 崔荣昌:《四川方言与巴蜀文化》,四川大学出版社1996年版,第355页。
② 黄尚军:《四川方言与民俗》(增订本),四川人民出版社2002年版。

大而举止粗也。"而在南川当地的邑语，亦以"容貌不美曰伧"，所谓"伧头伧脑"。"俗语引申做丑事曰'伧人'，面目被羞辱曰'招伧'。土音移读若'臧'，遂不得其字。"①这些词语的来源显然与江南移民有关。

再如"广"一词，四川方言中指"孤陋寡闻、土气"之类的意思。与此相关的还有"广广""土广东"等。《重修南川县志·土语》解释说："自清中叶，西南洋货物来华，自广东入，故通称外来货物精巧者曰广，与土对。"其实，这些词语进入四川方言之中，也与近代四川移民的构成有直接关系。"湖广填四川"时期，大量移民拥入四川，其中最多的是来自于包括湖南、湖北、广东、江西等地的移民。一时间"广"就成了外乡人的代称，叠音则成"广广"。在安土重迁的原住民眼中，这些初来乍到的外来户，言谈、习惯均异于本乡人，对当地风物一无所知。久之，"广"也就有了"孤陋寡闻、土气"的意思。至今，四川人还说"麻广广"，指哄骗人。②

再如，在成都平原的温江、双流等地，流行"插茅秆花"的说法。此语用来形容某人创业很早，资格很老，威望很高。其背后的文化意义是，清初移民在川西平原垦荒，插占为业，茅秆花被用作"插占"的标志。茅秆花虽只是一个外在的符号，却折射出了这一符号所蕴含的插占、置业、创造等理念和移民的历史文化。③

由此可见，明清以来的大移民运动对四川方言产生的影响是多方面的。它不仅使四川方言中最普及的西南官话，以成都话为中心，成为现当代四川方言的主体，以至"蜀人多南语，而以北音说之"④，而且也对巴蜀地区的语言表达方式产生极大的影响。

第二节 巴蜀地区的娱乐文化习俗

巴蜀地区的人们自来"溺于逸乐"，音乐、歌舞、戏曲是其基本的文化娱乐方式。随着外来移民因素的进入，作为巴蜀居民重要生活内容和行为方式的娱乐文化习俗，也呈现出多姿多彩的形态。

---

① 民国《重修南川县志》卷六《土语》。
② 《四川省志·方言志》（送审稿），2011年。
③ 孙和平：《四川方言文化——民间符号与地方性知识》，巴蜀书社2007年版，第27页。
④ 民国重修《彭山县志》卷二《民俗篇》。

一、巴蜀娱乐习俗的深厚传统

巴蜀地区自然环境优越，农业生产发达，经济相对富裕，生活便宜，能够提供更多的物质财富，让人们从事生产以外的享乐和消费，因此，生活在本区的人们，自古以来就养成了一种知足常乐的性格。

秦入巴蜀后，广泛存在于原住民中的音乐传统和带文艺性质的表演，不仅得以延续，而且还与中原文化相结合，产生了许多文化娱乐样式，从而促进了本区娱乐文化的发展，形成了深厚的文化娱乐传统积淀。对此，历代文献不乏记述。如《华阳国志》概括说："（蜀地）居给人足，以富相尚……萧鼓歌吹，击钟肆悬……盖亦地沃土丰，奢侈不期而至也。"[1]《汉书》亦云："巴蜀有江水沃野，山林竹木、蔬食果食之饶，民食稻鱼，亡凶年忧，俗不愁苦，而轻易淫佚。"[2]《隋书》称："其人……多溺于逸乐，少从宦之士，女勤作业，而士多自闲……聚会宴饮，尤足意钱之戏。"[3]《宋史》载："民勤耕作，无寸土之旷，岁三四收。其所获多为遨游之费，踏青、药市之集尤盛焉，动至连月。好音乐，少愁苦，尚奢靡，性轻扬，喜虚称。"[4]

那么，在巴蜀地区，作为人们生活行为方式重要组成部分的娱乐文化习俗，究竟是怎样成长起来的？它又经过了一些什么样的演变阶段呢？

第一，说唱琴棋进入中上层生活。

说唱艺术最早流行于中原地区，从事说唱表演的职业演员俳优，在春秋战国时期已经出现，盛行于汉代，他们的表演形式是谈笑，或击鼓歌唱，表演特征是诙谐幽默、滑稽逗乐，类似今天的相声、滑稽戏。主要有"诙笑类俳倡"[5]与"乐人击鼓歌唱，作俳倡"[6]两种表演形式。

秦汉以来，随着中原移民的大举迁入，这种艺术形式也开始传入巴蜀。巴蜀是我国汉代陶俑主要出土地点之一，从巴蜀出土的上百件的说唱俑身上，可见说唱娱乐文化在巴蜀地区得到了广泛的普及。尤其是成都出土的一些东汉晚

---

[1]（晋）常璩《华阳国志》卷四《蜀志》。
[2]《汉书》卷二四《食货志》。
[3]《隋书》卷二九《地理志》。
[4]《宋史》卷八九《地理志》。
[5]《汉书》卷五一《枚皋传》。
[6]《汉书》卷六八《霍光传》。

期说唱俑，表情形态生动滑稽，他们都是单人进行说唱表演，一边击鼓，一边说唱，这是汉代巴蜀娱乐文化繁荣景象的直接物证。在汉代出土的巴蜀画像石、画像砖中，也可以见到大量宴乐舞杂伎、曼衍角抵水嬉、琵琶乐伎、杂技、庖厨、六博、魔术、角抵、斗兽、戏猿、出行、女乐、秘戏等演出盛况场面，这从一个侧面反映了东汉巴蜀豪族大姓纵情享乐，声色酒马、穷奢极侈的生活场面。在安徽马鞍山东吴朱然墓中出土的蜀汉漆器中，有一幅宫闱宴乐图案，画面上呈现皇帝等坐于帷帐中观看弄丸、弄剑、鼓吹、转车轮的场面，表演堪称热闹。既有文艺表演，必有乐器伴奏。根据目前出土文物推

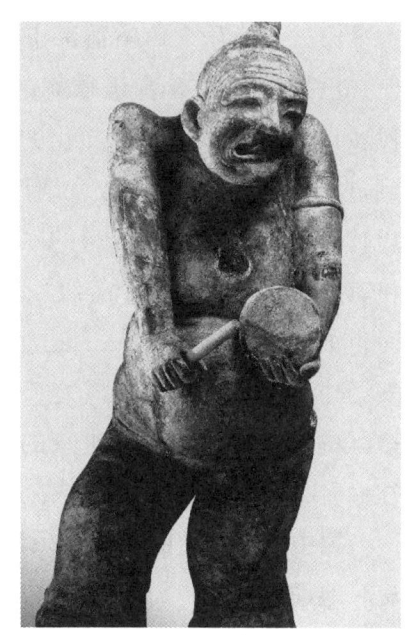

汉说书陶俑

知，秦汉三国时期巴蜀地区流行的乐器，主要有编磬、箫、鼓、笛、竽、笙、琴等。其中，琴不见于成都原住民文化系统，系由中原、关中传入，至迟在西汉中期，已经在风雅之士中普及。从司马相如通过弹琴表白爱情，卓文君能够隔窗听琴知音，表明弹琴已作为成都豪族家庭教育的必修课。

与弹琴相关联的是，博与围棋开始在中上层人士中流行。博是现代象棋的前身，春秋战国时期在中原等地区已开始流行。秦入巴蜀后，博这种娱乐形式逐渐在成都地区流行。有关博的画像石在成都、新津、郫县屡有发现。新津崖墓石函上刻有一幅仙人六博图，图中两个仙人博弈兴浓，神采飞扬。当时的博由局、棋、箸组成。由于流行于成都地区的博戏，主要是投六箸的博，所以简称"六博"。围棋作为一种体育文化娱乐活动，春秋战国时期已经流行于我国。后来这项活动传入巴蜀地区，在秦汉三国时期亦有零星记载，但因为没有发现棋子，故只能从扬雄"断木为棋"的记载中推知，当时的围棋子多为木制。由此可见，在秦汉三国时期，琴棋书画已成为巴蜀中上层人士生活的重要组成部分。[①]

---

① 罗开玉、谢辉：《成都通史》第二卷《秦汉三国（蜀汉）时期》，四川人民出版社2011年版，第464~470页。

第二，音乐之声喧嚣都市州郡。

巴蜀地区本有音乐歌舞的深厚传统，经过秦汉三国以及隋唐的中原移民，以及魏晋以来佛教文化的影响，到了隋唐时期，蜀中的音乐舞蹈艺术得到进一步发展。据记载："隋文帝子蜀王秀，常造千面琴，散于人间。"①在唐代，成都私人作坊生产的"雷公琴"闻名于世。雷公根据琴的音响效果，将其质地优劣分为三个等级②，并以徽记来标明它的品第，由此可以推知，当时世面上操琴弄弦之人一定为数不少，蜀中乐器制造业的先进可见一斑。长安乃唐代都城，乐舞风气之盛、水平之高不难想象。而来自巴蜀地区向朝廷敬献的"圣乐曲"及其进京的乐舞排练表演，居然引来宫廷教坊中的艺伎前往偷看，然后抢先向皇帝进献这组乐舞，可见蜀中艺伎的水平相当高超。③

蜀中既有高超的专业音乐舞蹈人才，必有深厚广泛的音乐群众基础。《宋史·地理志》说：蜀地"好音乐，少愁苦"。这是对唐代以来蜀中发达的音乐氛围的总体评价。如果音乐没有成为该区人们生活的重要组成部分，是不可能获得史家"好音乐"的赞誉的。安史之乱后，杜甫为躲避战乱，由关中来到成都，写下的第一首诗《成都府》，就称赞这座音乐之城是："喧然名都会，吹箫间笙簧。"④后来他更对这座音乐名都会赞美道："锦城丝管日纷纷，半入江风半入云。此曲只应天上有，人间能得几回闻？"

石棺上的仙人六博图

宋代诗人陆游曾任蜀州（今崇州市）通判之职，对蜀州有深厚的感情。他在《忆长安》诗中描述道："唐安池馆夜宴频，潋潋玉船摇画烛。红索琵琶金缕花，百六十弦弹法曲。曲终却看舞霓裳，嫋嫋宫腰细如束。"

---

① （唐）李绰：《尚书故实》。
② （宋）李昉等：《太平广记》卷二四〇。
③ 马文彬：《前蜀乐舞之风盛行的成因》，载《前后蜀的历史与文化》，巴蜀书社1994年版。
④ 杜甫：《成都府》，《杜诗全集》卷七。

陆游在另一首怀念蜀州诗歌的注释中还说："蜀人旧语：谓唐安有三千官柳，四千琵琶。"唐安即成都两面的崇州。所谓旧语，当指南宋以前的说法，如果没有长期的音乐传统，一个小小的州郡，是不可能有四千琵琶这样壮观的乐队的。如果陆游所说非虚语，

崇州陆游雕像

蜀州应是唐代到北宋剑南的琵琶之乡。①《蜀梼杌》也证实，成都城外"村落间巷之间，弦管歌声，合筵社会，昼夜相接"。凡此种种皆表明，成都在隋唐时代不愧为著名的音乐都会。

第三，蜀中歌舞戏剧名冠天下。

唐末五代时期，中原板荡，巴蜀远离战乱、经济发达，大量的文学艺术家和艺人拥入这里，再加上王建父子的大力推崇、扶持，蜀境之内的音乐舞蹈得到了空前的发展。前蜀皇帝王建对音乐歌舞情有独钟，称帝后不久就效仿唐朝天子建立了一支宫廷乐队，将成都乐工比较集中的"乐营"改为教坊使。他甚至连死后都要以乐舞相伴，王建墓永陵石棺之上雕刻了几十个歌舞乐伎，就是侍候他在另一个世界享受这种生前欢乐的明证。出现在永陵"二十四伎乐石刻"上的乐器，就有横笛、觱篥、琵琶、箜篌、贝、叶、拍板、铜钹、正鼓、和鼓、羯鼓、齐鼓、毛员鼓、答腊鼓、鸡娄鼓的形状，多数为少数民族乐器，也有的可能属于阿拉伯系或印度系的外来乐器。这些民族文化艺术都是在移民迁徙和外来文化的交流中被带到巴蜀地区，经过筛选积淀、保存下来的。王衍即位后，继承了他父亲王建的衣钵，在喜爱、提倡音乐歌舞上有过之而无不及，从而使得蜀中宫廷乐舞之风更为盛行。王衍本人不仅十分精通音律，还经常自己填词，然后谱曲配乐，并让宫中的歌舞伎人、嫔妃宫女们练习演唱，如《甘州词》就是他自己创作的。王建、王衍父子对音乐舞蹈有着特殊爱好，导致"国人皆效之"，使前蜀宫廷乐舞在表演手法上不断创新，不断提高。

---

① 谢元鲁：《成都通史》第三卷《魏晋南北朝隋唐时期》，四川人民出版社2011年版，第323页。

唐代蜀中乐舞就达到了很高的水平，"管弦歌舞之多，伎巧百工之富……熟较其要妙，扬不足以侔其半"①。此说虽为文人夸张之言，然就成都戏剧的发达，号称人文胜地吴越之区的扬州却是望尘莫及的。难怪当代艺术史家任半塘先生有"蜀戏冠天下"②之说，还认为"天下所无蜀中有，天下所有蜀中精"③。唐、五代成都蜀戏进一步发展为科白、歌舞讽刺剧、武打戏、傀儡剧等剧种，剧目繁多。参与表演的演员很多，"五人为火（即'伙'）"④，即由五人组成一个戏班子，推知生、旦、净、末诸种角色当已具备。而且，在戏剧舞台的布景及服饰上也领先全国。如前蜀王衍在皇宫内演出《蓬莱采莲舞》，让人发明创造了舞台背景，并运用机关装置，通过鼓风设备，在舞台下面埋设管子，让风经管子吹动象征水面的绿色丝绸，就像是水面泛起的波浪，即所谓"水纹地衣"⑤，以配合两百多名舞伎的歌舞表演。这样的舞台效果，其构思之巧妙、装饰之华丽、气势之恢宏，即使不是空前绝后，也算得上难得一见了。

永陵舞伎石刻

永陵琵琶石刻

第四，市井瓦当勾栏表演盛行。

到了宋代，随着外来人口的增多，以及市民经济大发展，巴蜀社会风貌发生了很大的变化。原来在京城汴梁和东南一带流行的"瓦子勾栏"，也开始在本区流行。在各种瓦子勾栏中，出现了"唱赚"等各类更为成熟的曲艺表演形式，演出十分活跃。另外也出现了不入勾栏，在场坝

---

① （唐）卢求：《成都记序》，《全唐文》卷七四四，中华书局1983年版，第7702页。
② 任半塘：《唐戏弄》上册，上海古籍出版社1984年版，第181页。
③ 任半塘：《唐戏弄》上册，上海古籍出版社1984年版，第191页。
④ （宋）曾慥：《类说》卷四三引《北梦琐言》佚文，书目文献出版社1988年版，第737页。
⑤ （宋）田况：《儒林公议》卷下，中华书局1985年版，第41页。

卖唱的"路歧人"。广安华蓥市出土的南宋资政大学士安丙家族墓葬墓室中，保留了许多幅说唱艺术的精美壁画，其中有华丽的瓦当勾栏、三弦、拍板、渔鼓等"小乐器"组合说唱演出图像；广元罗家桥墓葬出土了三幅南宋说唱艺术表演石刻图像，每幅图像上有八个人演唱，形式有唱赚、三弦弹唱、渔鼓等，真实地记录了宋代四川说唱艺术的盛行。

南唐二陵出土陶俑

这一时期城市文化生活丰富多彩，观赏杂剧就是其中的内容之一。宋庄绰《鸡肋篇》记载了城市杂剧演出的热闹场面："自旦至暮，唯杂戏一色，坐于阅武场，环庭皆府官宅看棚，棚外始作高凳，庶民男左女右，立于其上如山。"据考，大觉禅师（1213～1278）幼年在家乡（四川涪州）观戏，写诗为记："戏出一棚川杂剧，神头鬼面几多般，夜深灯火阑珊甚，应是无人笑倚栏。"

与此同时，"邀游"也成为城市休闲娱乐活动的重要组成部分。《宋史·吴元载传》证实："蜀俗奢侈，好游荡，民无赢余，悉市酒肉为声伎乐。"参与其中的，不仅有城市中的新贵巨贾、庶族富豪和市民，也有乡下的农民。苏轼在诗中描述："蜀人衣食常苦艰，蜀人游乐不知还。千人耕种万人食，一年辛苦一春闲。闲时尚以蚕为市，共忘辛苦逐欣欢。"[①]可见游乐作为一种基本的生活行为方式，已在巴蜀城乡得到广泛的认同与普及。

二、巴蜀娱乐习俗的交流融合

（一）荟萃说唱艺术表演的精华

随着清前期移民运动的兴起，外省移民大举迁入，社会经济得到了迅速恢复。当商品经济发展到一定阶段，作为民众日常生活重要组成部分的文化娱乐活动，也必然随之兴盛起来。尤其是清初"五方杂处"的社会环境，有利于移民与土著，以及各省籍移民之间的接触与交流。加之，清初以来各省移民会馆

---

① （宋）苏轼：《苏轼诗集》卷四《和子由诗》。

如雨后春笋般的建立，为增强本籍客民之间的乡土意识，各会馆纷纷开展具有本籍特色的文化娱乐活动，竞相引进外省民间艺人来川演出。而随着不少外省艺人入川定居，各种说唱形式开始流入四川，并与蜀中本土的民间艺术融合，这就使得一种新的文化娱乐形式——说唱、戏曲等艺术在巴蜀大地应运而生。①

经过前期持续百年的移民运动的演进，到了嘉庆之世，巴蜀社会经济得到明显改观，文化娱乐生活气氛空前浓厚，说唱、戏曲等艺术表演渐趋活跃。嘉庆年间成都一些文化人通过对基层社会生活的参与观察，创作了不少《竹枝词》，对当时以说唱艺术为主要表现形式的文化娱乐活动做了大量生动的描摹。在刊印于嘉庆年间的《锦城竹枝词》《成都竹枝词》，以及咸丰年间的《成都竹枝词》中，就有许多反映当时成都文化娱乐生活真实情况的作品。如描写听说评书的："说书大半爱吴遐，善拍京腔会打趻；一日唱来半日闲，青蚨一串尚嫌廉。"描写看戏曲的："会馆虽多数陕西，秦腔梆子响高低；观场人多坐板凳，炮响酬神散一齐。""过罢元宵尚唱灯，胡琴拉的是淫声。《回门》《送妹》皆堪赏，一折广东人上京。""弋阳腔调杂钲鼓，及至灯明已散场。""见说高腔有苟莲，万头攒看万家传，生夸彭四旦双彩，可惜斯文张士贤。"记叙乡人进省城看演出的，"则挤墙踏壁，观者如云。②"曾任绵竹县令的陆箕永，在其《绵竹竹枝词》中，则对川西平原乡民听秦腔、尚乱谈的盛况场面做了这样的描述："山村社戏赛神幢，铁拨檀槽柘作梆，一派秦声浑不断，有时低云说吹腔。"自注云："俗尚乱谈（弹），余初见时颇骇，观听久习之，反取其不通，足资笑剧也。"③

说唱俑群

---

① 幸晓峰等：《中国曲艺志·四川卷》，中国文联出版社2004年版。
② 杨燮著，林孔翼辑录：《成都竹枝词》，四川人民出版社1982年版。
③ 道光《绵竹县志》卷三六《艺文一》。

如此等等，不一而足。

上述这些说唱、戏曲艺术表演活动之所以受到城乡百姓的欢迎，除了作品内容贴近下层生活之外，也与其艺术形式的创新有关。从四面八方而来各种说唱、戏曲艺术形式，在传入巴蜀地区后，经过互相吸收融会，以一种全新的艺术门类面向观众，故能得到不同的人构成的基层社会的认同，并积淀为一种娱乐文化习俗，融化在本区居民生活方式之中。仔细梳理这些艺术表演，可以发现它们大多吸收了省外的表演方式。

例如，以四川方言徒口讲说的四川评书，就吸收了北方评书的表演形式，早在明中叶流布于四川各地。据刘銮《五石瓠》卷五记载，张献忠农民

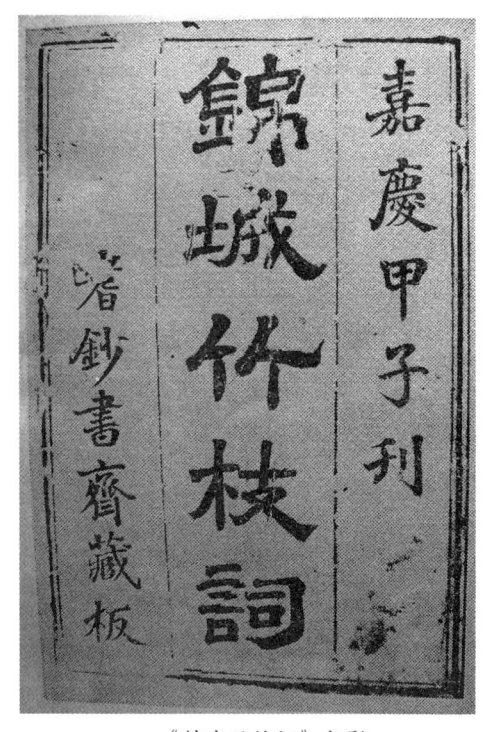

《锦城竹枝词》书影

起义军中，经常请评书艺人到军中"日说《三国》《水浒》，凡埋伏攻袭咸效之"。当时说评书的人中，有"蜀人金公趾为说《三国演义》"[①]。四川竹琴是湖广填四川时期，由湖广传入四川的渔鼓道情与四川民间艺术融合发展起来的。在长期融合过程中，它吸收了其他地方民间音乐的风格，如四川扬琴唱腔中的扬琴调女腔"苦皮"，陕西音乐的特征仍旧依稀可辨。四川清音俗称"唱小曲""唱琵琶""唱小调"，形成于明末清初，是四川俗曲与移民带来的各地俗曲融合发展的产物。康熙、雍正、乾隆年间，移民带来乡音小曲，被四川唱曲艺人吸收，丰富了四川俗曲的唱腔和表演。康熙末年，唱曲艺人已在茶馆酒肆卖唱。随着商贸活动的日益频繁，长江中下游一带的唱曲艺人，随商船溯江入川也渐增多，四川地区沿江商埠如万县、重庆、泸州等地，唱曲卖艺甚为流行，促进了四川清音的发展。四川扬琴，有人说是乾隆年间一个来自广东军队的犯人，把扬琴带到了成都；还有传说是一位满族的大员被贬官到重庆时，带去了扬琴，常常与当任的知府一起弹唱，知府又仿做了一架，并学会了弹奏。

---

① 陈康棋：《燕下乡脞录》。

除了上述几种主要曲种外，四川其他曲种也受到不同地区外来音乐的影响，如四川盘子、四川花鼓、四川莲箫等曲种的唱腔，带有明显的湖北民间音乐印记；而南坪弹唱的唱腔至今仍带有浓郁的西北风情。南坪与甘肃省文县接壤，两地语言、风俗习惯几乎完全相同，有民间谚语戏曰："南坪不像川，碧口（指甘肃的一个地名）不像甘。"在全国各地流传的曲种莲花落，起源于唐代，原为乞食歌曲，乾隆时期最盛，虽然各地表演不尽相同，但其表演方式、唱腔、唱词等在传播过程中，南北互鉴，省际交融，是移民文化的产物，四川莲花落与湖南、湖北、贵州等地接近。宣统元年（1909）出版的《成都通览》刊印的说唱曲目近千种，表演图像和题词十余幅，如说评书、打连箫、扬琴、相书、打花鼓、莲花落、唱道情、唱书等，还有胖胡琴、陕灯影等外来曲种和杂耍。如唱书题词云："有瞎子携胡琴者，有女子抱月琴者，有陕人弹太仓弦者，有唱小曲者……"[①]总之，在明末清初外来移民文化的滋养下，四川说唱文化艺术得到了极大的繁荣与提升。

（二）"五腔共和"新戏种的形成

巴蜀戏剧传统深厚，源远流长。在汉代有"角抵戏"，三国蜀汉有俳优表演讽刺剧，唐代有参军戏、傀儡戏、歌舞戏、戏弄，宋代有杂剧等。到了明代中后期，随着社会经济的恢复与发展，市民对于文化消费需求的逐渐增长，加以皇室宫廷对于戏曲艺术的喜好，民间迎神赛社风俗的兴起，以及知识分子对于戏曲创作的参与，一种新的戏曲艺术形式——川剧应运而生了。

据专家考证[②]，早在明代就产生了川戏的表演形式，上演的是丑角戏、玩笑戏一类的喜剧，民间生活气息很浓；演唱时已形成前台演员的唱腔一落，后台便来一个"强扭"的高八度帮腔的艺术特点；当时川戏的道白不是"韵语"，而是比较灵活的"散语"；川戏角色扮演者都"描眉补鬓"，化了装的；重表演、重形体动作，唱腔唱段少而道白、散语多。由于当时川戏所演唱的剧目，不是正宗的南戏和杂剧，而是改动了的古南戏，因此被文人鄙视为"不南不北乔杂剧"。新诞生的川戏一开始虽然不合某些封建士大夫的口味，但在民间有很强的生命力。当时有由韩五儿和靳广儿率领的两个川戏戏班，不仅在四川各地上演，而且还率先冲出夔门，到江苏南京地区进行演出。明代川

---

① 傅崇矩：《成都通览》。
② 根据邓运佳《中国川剧通史》（四川大学出版社1993年版）改写。

剧艺术到后来不仅征服了广大民众，而且也深受大多数王公贵族、士大夫的喜爱。蜀中士大夫组织家乐班，进行戏曲创作和演出，也成为一时的风气。其中，以杨廷和、杨慎等人最为知名。据一位现代戏曲艺术史家撰文说："明代嘉靖朝做过宰辅的杨廷和，为四川新都人。致仕后，回到家乡，便自蓄家乐，以娱晚岁。惟演唱事不悉。"①由杨升庵创作撰写的戏剧脚本《洞天元记》《太和记》《陶情乐府》《续陶情乐府》等，脍炙人口，盛行一时。

清前期，大移民运动席卷巴蜀，移民"五方杂处"，由其搬演的戏剧异彩纷呈，直接促成川剧艺术的形成和发展。川剧作为四川地方戏种，最重要的艺术特征是由昆曲、高腔、胡琴、弹戏、灯调等五种声腔组成。其中：1. 高腔，又称为弋阳腔，产生于元代江西弋阳。弋阳腔流行于南京、北京、湖广、闽粤，分为雅、俗两派。"雅的一派是李调元带回四川来的，俗的一派则为江西的贩夫走卒贸易入川时带来的"②。弋阳腔传入四川后，受四川方言影响，又吸收四川秧歌、号子、连箫、神曲等民间戏曲艺术营养而逐渐变为川剧高腔。2. 昆腔，又称昆曲、昆山腔，产生于江苏的昆山县地区，清初朝廷实行移民实川政策以后，移民四川的官宦、社会名流等，携带昆曲家班入川，也有一些艺人以唱昆曲为业，寓居四川，昆曲很快在四川流行起来。昆曲传入四川后，与当地的民风结合在一起，改"苏白"为"川白"，再与其他外来声腔及地方戏曲、民歌小曲、川剧锣鼓逐渐融合，形成川昆。3. 胡琴，是西皮和二黄两种声腔的合称。西皮源于秦腔（西北梆子腔），二黄产生于江西、安徽一带。二者经过长期融合，形成一个完整的声腔系统，即"皮黄腔"。皮黄腔传入四川后，与四川方言、地方音乐、川剧锣鼓，以及其他声腔不断交流、

川剧表演

---

① 王芷章：《明杂剧的演唱和影响》。
② 阎金谔：《川剧序论》，文通书局民国36年（1947）版，第15页。

融合,逐渐被"川化",形成一套比较完整的唱腔、伴奏、表演程序。4. 弹戏腔,系由陕西秦腔演变而成,源于明代陕甘地区的民歌和说唱音乐。清初随着陕西移民大量入川,陕西会馆成为秦腔演出的主要场所。5. 灯调,是四川民间广泛流传的另一种艺术形式,在与外来四大声腔的不断交流过程中,逐渐形成以戏剧表演为特征的灯戏唱腔和表演方式。上述五大声腔在各自不断完善发展的历史进程中,由于传入四川的时间不同、传播的路线不同、流布的地区不同,加之各自声腔的不同特点,经过百年时间的漫长历程,到了乾隆、嘉庆年间,才逐渐形成独具四川特色的"五腔共和"的地方戏种。①

作为一种深受巴蜀民众欢迎的戏剧表演形式,川剧是巴蜀戏剧文化传统与省外艺术形式融合的产物,其背后包含了不同地域文化交流整合的过程。以秦腔与川剧艺术的整合潮流为例,川剧的弹戏腔系由陕西秦腔演变而成。秦腔即梆子腔,也叫乱弹。最早因用枣木梆子击节伴奏而得名,源于明代陕甘地区的民歌和说唱音乐。李调元《剧话》卷上称:"(秦腔)始于陕西,以梆为板,月琴应之,亦有繁、慢,俗呼'梆子腔',蜀谓之'乱弹'。"康熙年间,曾任绵竹县令的陆箕水,记录秦腔演出特点云:"俗尚乱谈(弹),余初见时,颇骇观听,久习之,及取其不通,足资笑剧也。"他又在《绵竹竹枝词》中描写秦腔演出的盛况:"山村社戏赛神幢,铁板檀檀拓作梆;一派秦声浑不断,有时低去说吹腔。"②随着陕西移民大量入川,陕西会馆成为秦腔演出的主要场所。嘉庆时《成都竹枝词》中,有多首描写陕西会馆开展文化活动,演出秦腔时的盛况:"秦人会馆铁桅杆,福建山西少者般。更有堂哉难及处,千余台戏一年看。""戏班最怕陕西馆,纸爆三声要出台。算学京都戏园子,迎台吹罢两通来。"③

川剧中的弹戏腔,与秦腔的关系如此,其余三种声腔——高腔与江西弋阳腔,昆曲与源自江苏的昆腔,胡琴与源自江西、安徽的皮黄腔之间的渊源关系又何尝不是如此。据四川戏剧史专家考察举证,清雍正二年(1724),湖南有湘剧班二十余人来泸州,成立了四川第一个川剧戏班"老三庆会",在泸州招收学员,带来了"湘潭高音"和《琵琶记》《拜月亭》《荆钗记》《班超》

---

① 《中国戏曲志·四川卷》,1995年版;李映发:《乾嘉年间四川戏》,载四川省民俗学会等《川剧文化研究》,四川人民出版社2007年版。
② 道光《绵竹县志》卷三六《艺文一》。
③ 杨燮著,林孔翼辑录:《成都竹枝词》,四川人民出版社1982年版。

《白兔记》《金印记》等南曲参演剧目，成为川剧最早的剧目。无独有偶，清初移民入川过程中，有福建傅姓、刘姓，经由赣、湘入蜀，落户在射洪县青堤镇，同时将"目连故里"移植于此。于是，这一带"目连救母"的民间传说极为流行，因此，高腔"目连戏"亦在这里

川剧表演

很兴盛。而据研究，射洪、中江一带目连故事的传说，与福建莆仙戏《傅天斗》颇为近似，有异曲同工之妙。①

总之，川剧形成的过程，实际上正是外省移民与本土居民娱乐习俗不断交汇融合的结果。

三、巴蜀娱乐习俗的转型嬗变

（一）文化娱乐方式的新变化

民国时期是新旧、中西各种社会思潮汇聚、碰撞的特殊社会转型时期，这一时期巴蜀地区传统的风俗也相应地发生了重大的变迁。

民国《巴县志》在概述民国时期重庆传统风俗变化的原因时指出："物极而移，制度变而风俗随之，交通变，文化进，而风俗又随之。其变也有自，其进也有渐，大兴大革，一也；厌故喜新，二也；趋风逐末，三也；审美改良，四也。"②在西方文化娱乐生活方式的冲击下，人们受"厌故喜新""趋风逐末"心理以及审美观念的影响，在文化娱乐方式上也随之发生变迁。这些变化集中体现在城市人群之中，其主要文化娱乐方式有：1. 电影成为典型的大众文化娱乐方式；2. 话剧成为崭新的大众娱乐方式；3. 西洋体育成为重要的休闲

---

① 蒋维明：《昆弋腔与湖广填川》，载陈世松主编：《四川移民与客家文化学术研讨会论文集》，天地出版社2005年版。
② 民国《巴县志》卷五《礼俗》。

猜灯谜（戴树良绘）

娱乐活动；4.中西音乐进入市民的文化娱乐生活；5.西方交谊舞成为都市中上层人士的重要娱乐方式；6.多元现代民众文化娱乐生活新方式出现。①

随着市民心理的日益开放以及生活视野和认知空间的拓宽，民国以来，四川一些城乡为满足市民户外旅游、消闲需求，还开展了形式多样的大众娱乐项目。如在泸州，"灯谜、觞咏、射覆，乃文人赏心乐事；唱歌、演剧、泅泳、旅行，为学校课余生活；以及弋猎、渔钓、盘鱼、笼鸟、放鸽子、斗画眉，种种无谓之消遣，县人亦乐为之"②。在合江县，"赏心乐事有：习书、作画、觞咏、灯谜、诗钟、诗猜，非文人莫办。近来学校有图画、游戏、唱歌、演剧、泅泳、旅行等。而弋猎，渔钓，养蟋蟀，饲画眉、鸽子、竹鸡、黄腹雀，尤于乡村为多，至奔走乡人，填巷而观者"③。

总之，民国时期，在现代人口流动和西方文化娱乐生活方式的冲击下，四川传统的文化娱乐生活方式及习俗随之发生变化。过去传统的娱乐方式和习俗，有的逐渐衰微、消亡了，有的因新内容的加入而发生了变异。从此，人们的文化娱乐生活变得比从前更加丰富多彩了。

（二）市民娱乐生活的新风气

伴随着社会时代的转型与文化的新陈代谢，植根于中国古代宗法社会——农业社会土壤的传统节日娱乐越来越显示出其滞后性，构建与新思想、新伦理、新制度相适应的节日娱乐活动，成为亟待解决的问题。一种将传统节日与新式博览会结合起来，将文化娱乐与物资交流结合起来的成都花会，在民国年

---

① 扶小兰：《论近代中国城市文化娱乐生活方式之变迁》，《西南交通大学学报》2007年第8卷第5期。
② 民国《泸县志》卷三《礼俗志·风俗》。
③ 民国《合江县志》卷四《礼俗》。

代兴盛起来。①

本来，成都早就有利用春季举办花会的悠久历史，在清末新政期间，一年一度的花会就曾有与"劝业会"结合的尝试。民国建立后，清末由政府主办的有组织的劝业会一度中断。从1919年开始，政府再度恢复主办劝业会，并在20世纪30年代达到鼎盛。这种由政府"利导扩充"的劝业会可谓"中西合璧"，它既发扬了传统庙会的商贸、娱乐功能，又借鉴了西方博览会的形式长处，尤其是将各种类型、各种层次的娱乐方式参与其中，使赶花会成为市民一项集春游、娱乐、购物为一体的出游活动。成都花会的主要娱乐项目有戏曲歌舞表演和"打金章"两大类。戏剧表演除上演传统戏曲外，更增加了新戏——文明戏的演出。花会期间，在青羊宫搭建五座娱乐场所，剧社搭棚唱新戏，"每天分早台、午台各演两次""售票营业，男女兼售"。到1936年时，舞台演出的内容更加丰富，新戏、歌曲、杂艺，每隔数日就有新花样上演。"打金章"即国术擂台赛。历年擂主多为四川武术会、国术馆中的武林名手。除此之外，花会还设有古物陈列馆，以及供市民在游玩之余进餐休息的餐厅，供普通市民消费的各种小吃。总之，随着各种新式娱乐的加入，市民的娱乐生活更加丰富多彩了。

（三）大众娱乐新空间的出现

民国以来市民文化娱乐生活的变化，不仅表现在娱乐方式上，而且也表现在深刻的社会内容上。作为大众娱乐活动的载体，即人们的娱乐公共生活空间，也由过去的会馆、祠庙转移到了茶馆。茶馆取代会馆成为新的公共生活空间，经历了一个长期的转变过程，有它的历史必然性，反映了社会时代所经历的重大而深刻的变迁。

在近代，四川是一个移民社会色彩十分浓厚的省区。在清初以来湖广等省移民迁居四川、重建四川社会的过程中，整个社会形成了一种特殊的结构体系。建立在血缘关系基础之上的宗祠、建立在地缘关系基础之上的会馆、建立在宗教信仰基础之上的寺庙，成为支撑这个社会下层最为重要的支柱。遍及全省城乡的一个个宗祠、会馆与寺庙，承载着各自所连接的小社会中的日常生活，同时还在移民大社会中扮演着整合与协调发展的重要角色。于是，宗祠、会馆与寺庙便成了下层民众生活中不可或缺的公共空间。这一空间展示着大众文化的多种功能，它既是商业空间、日常生活空间、节日庆典空间，

---

① 何一民：《成都通史》第七卷《民国时期》，四川人民出版社2011年版，第468~474页。

当然也是供下层民众休闲、消遣、娱乐的空间。

清代中叶以后，各省移民经过与四川土著长期的接触交往和融合，各方俗尚的差异越来越小。清末，更因战争的影响，淡化了移民的客籍意识，强化了土著观念。随着社会流动的加强和经济的不断发展，尤其受到早期资本主义萌芽的冲击，跨血缘、地缘的业缘关系日益重要。首先是早期在地方公共生活中扮演主要角色的祠庙明显衰落了，接着是功能庞杂的会馆向更专业化的商会发展。茶馆除议事、交际功能之外，更是平民百姓会面娱乐的场所。

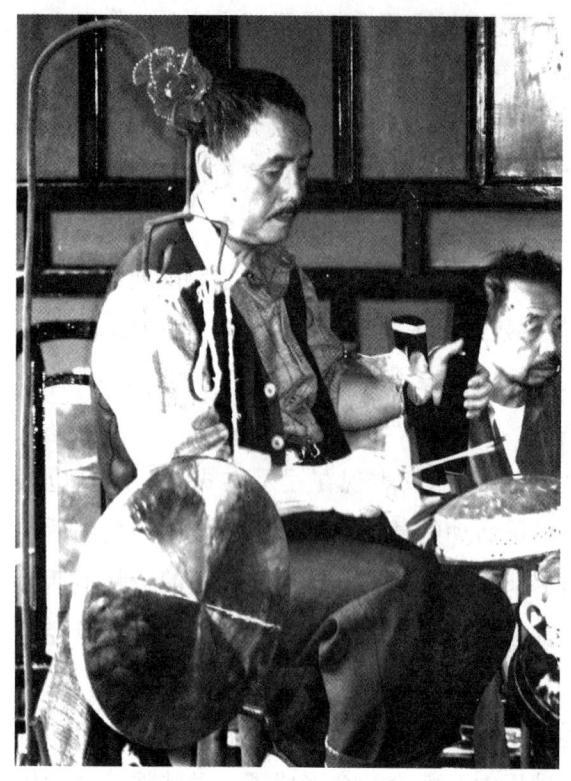

川剧清唱

晚清民初，川剧、评书、扬琴、竹琴、清音等民间曲艺，没有专门的演出场所，没有专门的舞台戏院，它们的演出都在茶园。民国建立后，包括演戏在内的茶园仍然延续清末的传统经营方式，以茶资代票价，茶园以卖茶为主。从20世纪20年代起，新式剧院开始取代茶园成为成都戏剧演出市场的主流。于是，原有的茶园纷纷改牌换记，向新式剧场转化。当时以演戏出名的茶馆有悦来茶园（至今存在，仍有川剧演出）、大观茶园、万春茶园、锦江茶园四家。成都第一个川剧团体"三庆会"就是在悦来茶园成立的。大多数吃书茶的是些中下层市民、小生意人、小公务员、手艺人、拉黄包车（人力车）的。20世纪三四十年代，成都有一位出名的竹琴艺人贾树三，人称贾瞎子，当时的《国民公报》主笔谭创之曾为他题联："唱罢离合悲欢，回首依然贾瞎子；拍开风花雪月，伤心谁问李龟年。"贾瞎子在锦春茶楼坐唱，他的竹琴、邹麻子堂倌的掺茶绝技和司胖子的花生并称锦春楼"三绝"，名动成都，连名人冯玉祥、巴金、胡愈之、谢添等都慕名前往。可见，民国时期四川茶馆在民众的生活世界

露天茶馆

中，既是娱乐文化的场所，也是人际社会交往的载体。[①]也正因为如此，民国时代，四川茶馆数量之多，一度达到鼎盛阶段。据统计，成都茶馆的数量从晚清的四百五十四家，发展到1931年的六百二十家。另有估计，在1949年前，成都有茶馆一千多家。[②]

总之，当丰富多彩的大众文化娱乐活动，由传统的会馆、庙宇转向茶馆之际，标志着作为社会生活重要组成部分的人们的行为方式和娱乐习俗，也随之发生了翻天覆地的重大变化。

第三节 巴蜀地区的岁时节令习俗

岁时习俗是指每年都定期举行的，有特定内容的，与岁时节令有关联的风俗活动。东汉以来，中国节日风俗归于定型。唐代的节日，则完全从原来的禁

---

① 王笛：《二十世纪初的茶馆与中国城市社会生活——以成都为例》，《历史研究》2001年第5期；王笛：《街头文化——成都公共空间、下层民众与地方政治（1870—1930）》，中国人民大学出版社2006年版；吕卓红：《川西茶馆：作为公共空间的生成与变迁》，《民间文化论坛》2005年第6期。

② 贾大泉、陈一石：《四川茶业史》，巴蜀书社1988年版，第366页。

忌、迷信、禳除的神秘气氛中解放出来，从而转变为娱乐型、礼仪型，成为真正的"佳节良辰"。①

一、唐宋成都节日娱乐的繁盛

秦汉时期，巴蜀地区作为中华文化的一个子系统，已经融合于中原文化风俗体系之中。因此，从总体上讲，巴蜀岁时节令习俗与中原地区大同小异，只不过由于地理环境的不同，贯穿在民众的经济生活与文化生活之中的节日风俗，也必然有不同的特点与表现形式。唐五代两宋时期，剑南道经济安定富庶，中原移民大举进入巴蜀，社会风气为之一变。这些都为这种娱乐型、礼仪型节日风俗的成长创造了条件。正是在这种历史背景下，一种新型的节日娱乐习俗开始在"地大物繁而俗好娱乐"②的以成都为中心的巴蜀地区滥觞开来。

这里仅以除日为始，按节令时间顺序，将唐宋时期发生在成都地区的节日娱乐活动作一综述。

岁除日张桃符。农历年最后一天，俗称"年三十"，又称"除日""岁除""除夕"。这一天，家家户户张桃符、贴春联。这一习俗源自五代的后蜀。据《诗话总龟》前集引《古今诗话》："伪蜀每岁除日，诸宫门各给桃符，书'元亨利贞'四字。"又《蜀梼杌》载："蜀亡前一年，岁除日，（孟）昶令学士辛（幸）寅逊题桃符于寝门。"据记载，当时后蜀宫中张贴的桃

写春联

卖春联

---

① 胡申生：《社会风俗三百题》，上海古籍出版社1992年版，第73页。
② （元）费著：《岁华纪丽谱》。

符有"天垂余庆，地接长春""新年纳余庆，嘉节号长春"。至此，"以孟蜀桃符为联语之始"①。

正月元日，据《岁华纪丽谱》记载，这一天一大早，宋代成都的人们手举长方形彩色小旗幡，从四面八方来到西门安福寺游塔，将小旗幡贴在柱子上，以压禳兵火之灾。范成大有《丙申元日安福寺礼塔》诗记其盛况："新年后饮屠苏酒，故事先然窣堵香。石笋新街好行乐，与民同处且逢场。"②

正月初二，祭祀春神。宋范镇《东斋记事》卷四："蜀人正月二日、三日上塚，知府亦为之出城置会。"这天一大早，人们到东门外移忠寺祭祀春神。东门一带车水马龙，人涌如潮。陆游有《正月二日晨出大东门，是日府公宴移忠院》诗记其盛。范成大有《初三日出东郊碑楼院》诗，自注云："蜀人皆以此日拜墓。"③

正月五日，五门蚕市。五代和宋成都子城西南得贤门，俗称五门。成都蚕市由来甚早，至唐代已经定型。宋田况有《成都遨乐诗·正月五日南门蚕市》记其盛。

正月初七，古称人日。古人相信天人感应，以岁后第七日为人日。汉、魏以后，人日逐渐从单一的占卜活动，发展成为包括庆祝、祭祀等活动内容的节日。到了唐代，民间仍相当重视人日节。这一天，不仅仅专用作祈祥祝安，又衍添了一层思亲念友的气氛。唐代诗人高适晚年在蜀州（今崇庆）任刺史时，创作了一首《人日寄杜二拾遗》称："人日题诗寄草堂，遥怜故人思故乡。"

正月十五日，上元放灯。《岁华纪丽谱》记其沿革称，"唐时放灯不独上元"，前后蜀时，"间亦放灯，率无定日"。据记载，旧时"上元张灯，天下只三天，都邑旧亦然"。但自从宋平定孟蜀后，遂改为张灯五日。所谓："宋时灯节五日，亦自蜀降始之。"④陆游在成都写的《丁酉上元》诗："突兀球场锦绣峰，游人士女拥千重。"宋庄绰《鸡肋编》卷上也记载："成都元夕，每夜用油五千斤，他可知费矣。"由此可见其盛况。

二月二日，出万里桥会宝历寺，"号小游江"。陈元靓《岁时广记》卷一《游蜀江》引《壶中赘录》云："蜀中风俗，旧以二月二日为踏青节。都人士

---

① 王文才、王炎：《蜀梼杌校笺》，巴蜀书社1999年版，第458~459页。
② （宋）范成大：《石湖诗集》卷一七。
③ （明）曹学佺：《蜀中广记》卷五五。
④ 《楹联丛话》，转引自王文才、王炎：《蜀梼杌校笺》，巴蜀书社1999年版，第459页。

女络绎游赏,缇幕歌酒,散在四郊……"

三月三日,上巳节,汉代定为节日。后代沿袭,遂成汉族水边饮宴、郊外游春的节日。唐末成都从这一天开始游江活动。宋代张咏治蜀起,将游江活动提前至二月二日进行。于是,这一天就变成游北郊的学射山(今凤凰山)。"每岁至是日,倾城士庶,四邑居民,咸诣仙观,祈乞田蚕。时当春煦,花木甚盛,州主与郡僚妓乐出城至其地,车马人物阗喧。"①宋代风俗,在学射山游乐时,成都官吏和士大夫要在此举行射箭比赛和盛大的宴会。其盛况正如文同所描述的:"成都燕集,用一春为常,三日不修已云远甚,然各有定处,惟此山之会最盛。太守与其属倾城以出,钟鼓旗旌,绵二十里无少缺。都人士女,被珠贝,服缯锦。藻馈岩麓,映照原野,浩如翻江,晔如凝霞;上下立列,穷极繁丽,徜徉徙倚,直暮而入。"②这一天,民间还要举行祭扫活动。上冢者"各蚁集于郊外"。太守在城内"辟园张乐,旧垆、花市、茶房、食肆,过于蚕市"③。

三月二十一日,游城东海云寺。"成都风俗,以三月二十一日游城东海云寺,摸石于池中,以为求子之祥"④。范成大有《三月二十三日海云摸石》记其事。⑤

四月十九日,浣花佑圣夫人诞辰。唐代宗时剑南西川节度使崔宁夫人任氏,因平叛之功,封冀国夫人。"成都之俗,以游乐相尚,而浣花为特甚。每岁孟夏十有九日,都人士女,丽服靓妆,南出锦官门,稍折而东,行十里入梵安寺,罗拜冀国夫人祠下,退游杜子美故宅,遂泛舟浣花溪之百花潭,因名其游与其日。"⑥这一天,都人士女出笮桥门,沿水路游浣花溪,会百花潭的活动,号"大游江"⑦。是日,太守在锦江上设置"水戏竞渡""诸军骑射"等水上游乐项目让百姓游赏。"凡为是游者,架舟如屋,饰彩绘,连樯衔尾,荡漾波间。箫鼓弦歌,喧闹而作。其不能具舟者,依岸结棚,上下数里,以阅

---

① (宋)黄休复:《茅亭客话》卷五《鲜于耆宿》。
② (宋)文同:《丹渊集》卷二四《成都府学射山新修祠宇记》。
③ (元)费著:《岁华纪丽谱》。
④ (宋)吴中复:《游海云寺唱和诗》,天启《成都府志》卷三四。
⑤ (宋)范成大:《石湖诗集》卷一七。
⑥ (宋)任正一:《游浣花记》,载嘉庆《四川通志》卷四八《舆地·古迹》。
⑦ (宋)费著:《岁华纪丽谱》。

舟之往来。成都之人，于他游观或不能皆出，至浣花则倾城而往，里巷阒然。自旁郡观者，虽负贩刍荛之人，至相与称贷，易资为一饱之具，以从事穷日之游。"①

曾于庆历八年（1048）至皇祐二年（1050）任知益州的田况撰文说："四方咸传蜀人好游娱无时，予始亦信然之。逮悉命守益，扼仑越月，即及春游，每民与乐……其间上元灯夕、清明重久、七夕岁至之类，又皆天下之所共。岂曰无时哉！传之者过矣。"②《岁华纪丽谱》由此得出结论说："成都游赏之盛，甲于西蜀。"可见此时成都的节日，已发展成为一种全民参与的真正的"佳节良辰"。

二、明清巴蜀节日习俗的演变

（一）旧的节日习俗的消失

宋元战争后，巴蜀地区的传统社会风俗遭到莫大冲击。元人戴良说："宋亡垂八十载，故家旧俗日就湮没，而流风遗韵之存者寡矣。"③明初人宋濂说："元有天下已久，宋之遗俗变且尽矣。"④经过宋、元易代，明、清更替之后，许多旧有的传统习俗逐渐消失。据《岁华纪丽谱》统计，唐宋时代成都岁时节令有二十五项之多，从年初至岁末，一直不间断。但是到了明清时期，唐宋时代流行的岁时节令习俗大多绝迹了。

例如，以正月初七人日节为例。在川东地区的夔州（今重庆奉节），旧有人日游踏碛观八阵图的习俗。宋代诗人陆游有《踏碛》诗，记述了夔州人这一天过人日节时的歌舞场景，称："鬼门关外逢人日，踏碛千家万家出。竹枝残戚云不动，剑器联翩日将夕。"可见该节日在宋代的流行情况。但是到了明清时期，该节日却逐步消失。光绪《奉节县志》载："人日，夔人重诸葛公，旧于是日结伴出游八阵图，谓之'踏碛'。妇女拾小石之可穿者系于钗头，以为一岁之端，今此风息矣。"⑤有的地方尽管节日名称尚存，但其内容已经变了。如《云阳县志》载："旧志称以'人日'阴晴卜人事之苦乐，父老燕谈，

---

① （宋）任正一：《游浣花记》，载嘉庆《四川通志》卷四八《舆地·古迹》。
② （宋）田况：《成都遨乐诗》，天启《成都府志》卷三四。
③ （元）戴良：《九灵山房集》卷一二《旌表金氏义门记》。
④ （明）宋濂：《文宪集》卷一九《汪先生墓铭》。
⑤ 光绪《奉节县志》卷一七《风俗》。

尚偶及之……"又云："士女以上巳日游龙脊石，县大夫亦往，以鸡子卜岁丰歉。今皆不行，间岁时有好事相约往观，遗意仅未废耳。"①可见，人日之踏碛已转化为上巳的游龙脊之俗。

再以三月三日上巳节为例。在成都地区，旧有游江习俗最为流行，宋代"遨游"之风盛极一时。及至明初，社会经济亟待恢复，民风比较朴实，娱乐不兴。浣花溪边的杜甫草堂，衰敝不堪而成为荒芜之址②，证明昔日热闹喧嚣的浣花溪之游，早已不见踪影了。宋代风俗，三月三日这一天，成都官吏和士大夫聚集在学射山游乐，主要活动有射箭比赛和盛大的宴会。但是，自从明初把此山划为王府墓葬区后，学射山即成为禁地。于是，传统的三月三日学射山习射、游山自此绝迹。③

随着时代的变迁，《岁华纪丽谱》中所罗列的成都地区流行的二十五项节日，到了明清时期多已不存，风俗流变之巨堪称罕见。嘉庆《华阳县志》对《岁华纪丽谱》所载成都岁时习俗的传承情况，作了系统的检视，明确标注已经消失的唐宋旧俗计有：

正月元日，谱（指《岁华纪丽谱》，下同）载，郡人持小彩幡游安福寺塔，站之盈柱，若鳞次然，以为压禳。"按：今无是俗。"

四月十九日，"古有邀头宴。今无。""按：此风已不可复睹。"

六月三伏日，谱载官员"以伏日为会辟暑，自是以为常。早宴罢，泛舟池中。复出，就厅晚宴。观者临池张饮，尽日为乐。""按：今无是宴。"

七月七日，乞巧节。谱载，"晚宴大慈寺设厅，暮登寺门楼，观锦江夜市，乞巧之物皆备焉。""按：今惟乞巧同，余俱不闻。"

九月九日，重阳节。谱载，是日，玉局观药市，宴监司宾僚于旧宣诏亭，饮于五门，凡二日。"按：今无是宴。"④

此外，旧节日习俗消失的现象，在巴蜀其他地区比比皆是。在云阳县，到了民国，则为："六日，相传为'城隍夫人寿期'。城中妇女靓服往祝，醵饮庙中，殊荒诞可哂，今此俗已革。"⑤

---

① 民国《云阳县志》卷一三《礼俗中·岁时》。
② （明）蜀献王：《祭杜子美文》，《全蜀艺文志》卷五〇。
③ （明）曹学佺：《蜀中广记·名胜记》卷三。
④ 嘉庆《华阳县志》卷一八《风俗》。
⑤ 民国《云阳县志》卷一三《礼俗中·岁时》。

（二）新兴节日习俗的出现

到了明清时期，随着众多移民的迁入，社会经济的发展，一些新的岁时习俗开始在巴蜀地区兴起。较之于旧的节日习俗，新兴的节日习俗在内容、种类、时间安排上，有了不同的特色。造成这种特色的原因是多方面的，其中既有地理环境的因素，经济发展水平的因素，也有价值导向的因素；既有自然原因，也有人文原因。而在人文因素中，移民因素所产生的影响作用则是较为明显的。

在明清"湖广填四川"浪潮中，大规模的移民人口迁入，改变了四川人口的结构，造成了"五方杂处，俗尚各从其乡"[①]的局面。但后来随着移民与土著的融合，巴蜀地区的岁时习俗经过整合后，又逐步趋于一致，以至形成了今天我们所见到的四川岁时习俗。有论者将明清时期经过整合趋同的巴蜀岁时习俗的基本情况，做了如下概括：

> 明清之际，在四川境内移民深入的地区，其岁时风俗从正月到十二月，大致表现为正月元旦，祭祀祖先、家神，拜贺。元宵张灯，吃元宵等活动。二月节日复杂，各地不一，有春社、花朝、社日等活动，但是各个地区的一致性较差。三月清明，各地扫墓祭祀祖先。四月浴佛，嫁毛虫。五月为端午，亦叫天中节，各家均悬艾蒲，饮雄黄酒，亦有赛龙舟者，但非各地均有。六月天贶节，各家晒衣物书画等。七月多为乞巧节，妇女多乞巧，但是形式不一。中元，各家祭祀祖先。八月为中秋节，士民赏月，吃月饼。九月九日多过重阳节，士民登高，或饮、酿菊花酒。十月则节日多样，有下元、牛王会、送寒衣等活动。下元祭祀祖先，牛王会祀牛、酬牛，此外该月份还有送寒衣等活动，给祖先烧衣物。十一月节日较少，士大夫多拜贺。十二月腊八节，各家食腊八粥。腊月二十三或二十四为小年，祭祀灶神，并送灶神上天。大年三十为除夕，辞岁、守岁，阖家吃团圆饭。[②]

在上述节日中，有不少节日习俗为此前巴蜀传统习俗所不见，有的习俗甚为独特，是其他地区所没有的。以下仅按年节顺序，将移民运动影响下所形成的新兴节日习俗列举如下：

---

① 民国《江安县志》卷二《礼俗》。
② 李文青：《明清四川岁时习俗的区域差异研究》，西南大学硕士论文，2009年。

上元灯节。唐代京师的灯节，原为正月十五日的元宵灯节。《岁华纪丽谱》载，"成都灯亦盛"。后来，到了宋开宝二年（969），朝廷下令"上元放灯三夜，致使岁以为常"。开封府更放十七、十八两夜灯，随即废之。经过元明变革之后，到了清初，在巴蜀地区一种独特的灯节开始兴盛起来，但时间却提前于正月初九日开始举行，故称"上九"灯节。

春节舞龙

按上九，这一天本是道教的节庆活动。据《诸神由来》载："玉皇大帝诞辰日"，"每逢玉皇大帝圣诞，各道观还都建醮作道场，'斋天'祭祀"①。这一天，在巴蜀地区，"有延道士于庙做上皇会者"②。更多是将其与灯会结合起来，举行与灯有关的祭天庆祝活动。

如在成都，据嘉庆《华阳县志》载："（正月）九日，俗谓之上九。是夕，始放灯，曰出灯，有狮、龙、竹马、鳌山、采莲船诸名。新妇于数日内归宁，曰躲灯。妇家馈婿以灯，曰送灯。"③而在湖广人聚居的川南地区，这一节日则提早到正月初八晚上就开始了。如在合江县，"初八日夜，俗称上九。是日，城乡寺观皆竖灯杆，高可数丈，以绳引灯，垒垒如贯珠。灯三十六盏者，曰满树灯；九盏者，曰九皇；三盏者，曰三官。火树银花，其来盖久。且以灯之明暗，觇岁之丰歉。其下并延缁黄，修斋赞禳，鼓乐喧阗，游人如织，所谓灯节，自此始矣"④。在泸县，"初八日，庵坛寺观燃点天灯（竖木为杆，高可数丈，以绳引灯曰灯杆，灯有三十六盏者曰满树灯，九盏者曰九

---

① 程曼超：《诸神由来》，河南人民出版社1983年版。
② 民国《万源县志》卷五《教育门·礼俗》。
③ 嘉庆《华阳县志》卷一八《风俗》。
④ 民国《合江县志》卷四《礼俗》。

元宵舞龙闹花灯

皇灯,三盏者曰三官灯。又有逐夜升加者,曰升升灯)"①。在峨眉县,"约集比邻供灯轮次聚饮,曰灯山会。自初十日起,至十六日止。鼓吹喧阗,士女踏灯嬉游,以为走百病"②。连偏远的天全县境内,这一天的灯会,灯多至二十四盏,以象征二十四节气,用以表达"敬天地""祈年丰"的期盼:"有三盏者,名三官灯;五盏者,名五谷灯;七盏者,名七星灯。或十二盏,以符十二月之数;或二十四盏,以符二十四节气,以敬天地,以祈年丰"③。而在川西地区的德阳孝泉,则将"上九会"与传统的村市赛会活动相结合,以至在县西姜孝祠前,"进香者人山人海,千千而来"④。

民国年间出版的《中华全国风俗志》从当时的"笔记、游记、日报、杂志"中,录有"泸县新正之风俗",专门记述了泸县上九灯节之繁盛情况:

旧历正月初九日至正月望,此数日晚间,七门五保,竞赛龙灯。其沿行时,前有高照一对,次则纸灯一盏,上书"庆贺上元"四字。后随无数纸灯,所谓云里福灯、斗风车灯、鱼兵灯、虾将灯等等,名目繁多,不可胜举。复有火弹灯球,光怪陆离。其最妙者有两种:一为水捧蛇灯,灯中燃油纸条,二人肩之游行,忽来忽往,灵活异常;一为龟丞相……此后继以龙灯……观者填街塞巷,锣鼓喧阗,火星乱落……此系四川旧习,时和世泰,人民逢场作戏,借

---

① 民国《泸县志》卷三《礼俗志·风俗》。
② 嘉庆《峨眉县志》卷一《方舆》。
③ 咸丰《天全县志》卷二《风俗》。
④ 嘉庆《德阳县志》卷一八《风俗志》。

资寻乐。①

正月十五闹元宵。元宵灯节结束，吃完元宵汤圆，宣告过完大年。巴蜀地区还有一种"偷青"习俗："男子则窃入菁菜煮食，谓之'偷青'。或私取人家檐灯，以送亲友，谓可生子，曰送'红灯'。"②四川元宵节这种"四偷"的习俗——"一偷汤圆二偷青，三偷檐灯四偷红"，在我国其他地区少见，除了偷青是为了强身外，其余皆与求子习俗有关。

三月清明、寒食节。在夏历冬至后一百零五日，清明节前一二日，旧有寒食节，这一天，人们需禁烟火，只吃冷食。《岁华纪丽谱》载有寒食节祭孤魂的习俗，称："民间上冢者各蚁集于郊外。"但这一习俗，在清代民国年间，各地寒食节早已无禁火之实，寒食节与清明节合二为一，演变为清明节插柳、扫墓。如民国《巴县志》则有"今俗上坟垒土，有清明前后十日说"③。嘉庆《华阳县志》更明载这一习俗的演变源流，称："寒食清明，比户插柳。前后

秦腔戏场

---

① 胡朴安：《中华全国风俗志》（下编）卷六，中州古籍出版社1990年版影印本，第52~53页。
② 民国《合江县志》卷四《礼俗》。
③ 民国《巴县志》卷五《礼俗·风土》。

数日，四郊上冢者累累。挈男女，邀亲友，陈设酒肴。祭毕，席地而宴，放纸鸢，戏秋千，击钲鼓，以纸幡插坟头，谓之挂青。都人士弁府县城隍出北郭墦间，谓之祭孤。"①显然，这种在每年清明节前后三天祭扫无主野坟的习俗，与巴蜀地区移民迁入的历史背景是息息相关的。值得注意的是，人们通过清明扫墓，既祭祀了祖先，同时又达到了赏春郊游的目的，这是娱神娱人节日功能的生动体现。这样的清明祀坟习俗，遍及全川各地，如咸丰《天全州志》引用诗句来描述这一场景说："煨锅大小沸腾开，上冢家家出阁来。一派声喧忙稚子，纸鸢次第起城隈。"又云："野棠无数纸钱灰，祀罢先茔共举杯。带醉女郎归去早，呼僮屡把笋舆催。"②

四月二十八日，俗称药王会。此俗系由陕西移民带入，而获成都市民认同参与。成都陕西会馆的旧址是明代的三元堂，所以陕西会馆又称为三元宫。三元宫每年农历四月二十八日举行传统的药王会，以纪念我国古代药王、陕西籍大医药家孙思邈，正因为这个原因，成都人又将陕西会馆称为药王庙。清代《竹枝词》中的"绝怜二月好春光，席扎牌楼灯烛光。妇女丁男齐结束，药王庙里烧拜香"，就描写的是陕西街的药王庙的节会场景。③由于以纪念陕西籍大医药家孙思邈的庙会活动，符合"以游乐相尚"的成都习俗，故能得到成都居民的热情参与。嘉庆年间《锦城竹枝词》描写其盛况云："二月初间药王胜会，远近男妇或十步一叩，最少至五步、三步、一步，沿途跪叩，无有驾肩舆而来者，谓之拜香，一名拜台。"④

五月五日，俗谓之端阳节。《岁华纪丽谱》不载这一天划龙舟的习俗。但在清代巴蜀沿江各县，皆有当天举行龙舟竞渡节庆活动的记载。嘉庆《彭山县志》："（五月）五日，天中节。以角黍、果品相遗。门旁插艾叶、菖蒲，门楣悬艾虎，贴天师。啖角黍，饮菖蒲、雄黄酒。双江河上装彩龙舟，效竞渡故事，大约多楚人为之。十三日为'关圣大帝降诞'，秦人会馆，工歌庆祝。"⑤又有，"（六月）六日为'镇江神诞辰'。楚人会馆演剧庆祝，凡舟楫、贩商者多攒金祭赛。"与荆楚接壤的川东地区一些地近河流的郡邑，五月

---

① 嘉庆《华阳县志》卷一八《风俗》。
② 咸丰《天全县志》卷二《风俗》。
③ 袁庭栋：《成都街巷志》（下），四川教育出版社2010年版，第675页。
④ 林孔翼辑录：《成都竹枝词》，四川人民出版社1982年版，第40页。
⑤ 嘉庆《彭山县志》卷三《风俗志·赛会》。

端午赛龙舟

端午节还流行龙舟竞渡抢鸭子、抢彩的风俗，此风俗明显受到楚地文化的影响。民国《重修广元县志》载："五月天中，俗名端午，又曰端阳，酒饮雄黄，户悬蒲艾……竞渡龙舟，观者如堵，妇稚连袂畅游一时，屈大夫之遗风，由楚传蜀，俗相近也。"①《广安州新志》有云："岁时之记，始于荆楚州，人多楚籍，习沿尚之。"②《遂宁县志》在描述端午节该县"划龙船"的盛况时，称"观者臂缕钗符，河干拥集，亦佳景也。"接着追溯该节源于"屈平五月五日投湘水死，楚人怜而吊之……因有竞渡故事"，所以，"蜀楚接壤，俗亦近焉"③。《城口厅志》甚至更记载："朔望及四时佳节，祀神喜，放火炮，除夕尤甚，元宵城市张灯，以祈年谷，其风颇近荆楚。"④由于在明清移

---

① 民国《重修广元县志稿》第四编第十五卷《礼俗志二》。
② 光绪《广安州新志》卷三四《风俗》，民国重印本。
③ 民国《遂宁县志》卷二《礼俗》。
④ 道光《城口厅志》卷六《风俗》。

民中，川东地区的移民多来自湖广，受地近荆楚和湖广移民的双重影响，在这些地区呈现出荆楚文化因素是毫不为奇的。

寒衣节。十月一日，"人家焚纸衣祀先，谓之送寒衣"①。《岁华纪丽谱》不载这一习俗。此俗在清代巴蜀地区流行，必然与各省移民迁入有关。《事文类聚》载："陕人是日多以蒸裹为节，荆楚人多食燋糟。"而民国《丹棱县志》则为："冬至，不祭墓，惟江西客民及诗礼家有'送寒衣'者。"②"十月送寒衣，秦籍人有行者。冬至拜墓，粤桂人行之。"③巴蜀地区由于受到移民的风俗的影响很大，冬至送寒衣的习俗，当由外省传入。

腊八节。十二月八日，俗谓之腊八，家家食腊八粥。将十二月称为"腊月"，源自秦国的习俗。"十二月，俗称腊月。按《礼》《传》：夏曰'嘉平'，殷曰：'清祀'，周曰：'大腊'，秦曰：'腊'。腊者，猎也。取兽以祀其先也……八日煮粥。俗传地藏菩萨入地狱救母，和此粥馈与母食，鬼不敢夺，此秦俗也，今蜀亦然。"④嘉庆《新繁县志》亦证实，"腊月八日，家煮饧粥，以遗亲邻，始自秦人，邑民亦从其俗者"⑤。民国《遂宁县志》也称：十二月初八吃腊八粥，"秦俗也，今蜀亦然"⑥。如此，则腊月初八煮腊八粥的习俗，当从秦传入。

除夕守岁。十二月，除夕长幼聚饮，谓之食团年饭。少者或不寝，赛爆竹声彻夜，曰"守岁"。光绪《名山县志》引《吃年饭》诗记其

舞凤灯

---

① 嘉庆《华阳县志》卷一八《风俗》。
② 民国《丹棱县志》卷一《舆地下·礼俗》。
③ 民国《重修彭山县志》卷二《民俗篇》。
④ 光绪《射洪县志》卷四《舆地》。
⑤ 嘉庆《新繁县志》卷一八《风俗》。
⑥ 民国《遂宁县志》卷二《礼俗》。

俗云："妻孥团坐共盘餐，匕箸殷勤各尽欢。争效邻家占响卜，留将鸡骨问平安。"①诗中所谓"占响卜"，指古人借物之响声以占吉凶。宋人苏子瞻诗云："努力尽今夕，少年犹可夸。"由此可见，"蜀中风俗由来旧矣"②。清初移民入川后，沿袭蜀中守岁吃年饭的习俗，只不过因为入川时刻不同，吃年饭的时间也不尽相同。例如，在江津（今重庆江津区）李市坝在团年吃年饭时间上，有"周晌午，朱漆黑，陶半夜"的说法，不同姓氏家族因入川始祖到达当地的时刻不同，于是形成了不同的吃团年饭的时间，用以表达对各自祖先的追思和纪念。③在湖广人占多数的地区，形成了不同的年俗专用名词，如在通江县，"岁晚相与馈问，谓之馈岁；酒食相邀，为别岁；至除夕，达旦不眠，谓之守岁"④。万源县，"阖家畅饮曰团年，亲友备礼交相馈送曰辞年"。更为奇特的是，在万源县还在辞年活动中出现了给果树"灌年饭"的习俗："又命童子持刀，向果木干上砍一小口，以饭纳口中，为灌年饭。灌时祝之曰：砍一刀，结一挑；砍一口，结一斗。"⑤显然，这样的守岁习俗，又与其他湖广人集聚区的年俗不尽相同。

---

① 光绪《名山县志》卷九《风俗》。
② 嘉庆《井研县志》，转引自丁世良、赵放：《中国地方志民俗资料汇编：西南卷》（上），北京图书馆出版社1997年版。
③ 钟永毅：《重庆江津的移民与客家》，中国三峡出版社2005年版，第146页。
④ 道光《通江县志》卷四《学校志·风俗》。
⑤ 民国《万源县志》卷五《教育门·礼俗》。

第九章 巴蜀移民与精神文化的变迁

精神文化是通过精神活动和精神产品表现出来的文化，它是由人类社会实践和意识活动长期积淀的价值标准、审美观念、思维方式等所构成的。本章以丧葬仪礼和民间信仰活动作为切入点，旨在通过对巴蜀地区普遍流行的灵魂观念、神灵观念的解剖，展现移民迁入巴蜀后，在精神文化层面所发生的变化。

第一节　巴蜀传统丧葬仪礼的演化

在生产力低下的远古时代，先民不能解释生命的本质，即生命的由来和去向，以及死后到哪里去的问题。因此，围绕着人的"死"和"葬"，便产生了各种形态的丧葬仪礼，其背后实际隐含着人们对于逝去的灵魂的不同处置方式。

一、灵魂不灭幻想

古今中外的历史表明，原始人都无一例外地深信，灵魂只是暂时寄居于躯体之中，死亡则是躯体和灵魂的分离；灵魂是不死的，人死后，灵魂去了另一个地方。原始人深信，死亡只是灵魂去过另一种生活，死者和自己仍然发生某种联系。基于这一认识，就需要建造坟墓、装饰死者、埋葬死者，并给他们以随葬品，以保证他们在那里仍能像生前一样过着安稳、舒适的生活。同时，也奢望死者的灵魂能恩惠于自己。于是，这就有了不同的处理尸体的行为方式。不同的丧葬形态，实际上隐含着人们对于逝去的灵魂的不同处置方式。透过形形色色的落葬方式，可以清晰地看到灵魂不灭观念的顽强存在。[①]

概括起来，人类的落葬方式大体可以分为三类：其一是让死者回归大自然的方式，属于此类的有土葬、水葬、天葬、树葬等；其二是保存尸体，以求灵魂不死的方式，属于此类的有墓葬、塔葬、悬棺葬、船棺葬等；其三是弃其朽

[①] 钟敬文：《民俗学概论》，上海文艺出版社2009年版；王夫子：《殡葬文化学》，湖南人民出版社2007年版。

肉，让灵魂脱离尸体而再生的方式，属于此类的有火葬、瓮葬等。

根据文献资料记载，在先秦时期巴蜀地区原住民中，流行过多种落葬方式。《华阳国志·蜀志》称：蜀王蚕丛死后，"做石棺、石椁"，"国人从之，故俗以石棺、石椁为纵目人冢也"①。而在广大的巴人活动的地区，在河流两岸绝壁之上，却有自己独特的掩葬方式——悬棺葬。这种悬棺葬兴起于战国，北魏郦道元作《水经注·江水注》时，仍然可以见到三峡地区残留的悬棺葬所用木桩的"插灶"。《北史·僚传》记载，活动于峡江、乌江流域的僚人，也盛行这种"竖棺而埋之"的悬棺葬。另有考古发现证实，竖穴土坑葬、独木舟式船棺葬主要流行于川西地区，石棺葬主要流行于川西高原，船棺葬、土坑木椁葬主要流行于川东地区，悬棺葬主要流行于三峡地区，大石墓主要流行于川西南安宁河流域。②由此可见，巴蜀早期不同的墓葬方式成为巴蜀文化差异的特征之一。

秦并巴蜀后，流行于此区原住民系统中的船棺葬、土坑墓曾经延续了相当长的时间，迄于西汉早期逐渐消失。随着关中、中原的各种外来文化不断地、大量地传入巴蜀，代之而起的是各种外来墓葬方式，主要有：土坑墓、木椁墓、砖墓（包括画像石墓、画像砖墓）、崖墓等。这一时期巴蜀地区各种墓葬方式的流行，反映了中原丧葬文化对本地区的影响。其演变过程，又可以归纳为两种类型：

一种是对巴蜀旧葬法的沿袭，但在陪葬品内容上有重大变化。例如，在成都西郊光荣小区发掘了一座可能是"秦灭蜀的将领"的土坑墓，以及在成都龙泉驿出土的外来移民的木椁墓葬群，就属于此种类型。这两种墓葬形式，与此前在巴蜀原住民中流行的墓葬形制、葬制，本身并无明显变化，只是由于墓主的身份与外来移民有关，因此，在陪葬品的数量、品种、特色上有了新的发现。如在木椁墓的随葬品中有大量带楚式风格的漆器，故墓主可能与楚移民有关。这表明，外来移民不仅同样受灵魂观念支配，而且还带有浓厚的怀祖意识。他们往往在迁居巴蜀后，照样仿造、使用家乡的古老器皿，其葬式、葬法也长期保留旧俗。在汉代巴蜀地区的移民墓葬中，陪葬品较为丰富，体现了厚葬习俗在当时巴蜀地区较为流行。值得注意的是，当时少数木椁墓使用的

---

① （晋）常璩：《华阳国志》卷三《蜀志》。
② 段渝：《四川通史》第一卷《先秦时期》，四川人民出版社2010年版。

木椁，椁内用横木隔成几个小室，普遍使用白膏泥填墓。这一做法，不仅是墓葬方式上的改进，而且更是当时社会风俗的反映。因为，这种墓葬多为多人合葬，一般除主人外，余皆属殉葬，通常是以妻妾殉夫或以奴殉主，这正是豪族地主身前生活在死后的写照。

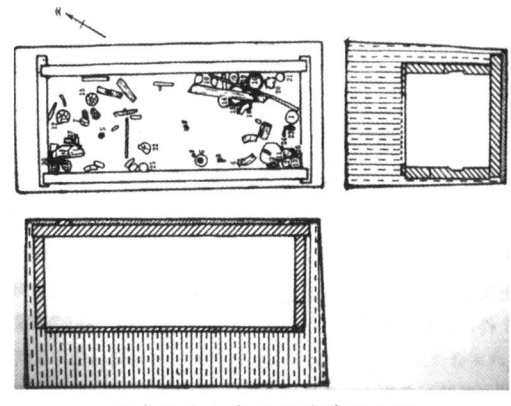

龙泉驿出土秦移民墓葬剖面图

另一种是新型墓葬方式的推广流行。新出现的砖室墓，一般以带花纹的砖石砌成，有带券拱的墓门，分为多层，多个砖室，同处于封土堆下，多为家族墓地。在东汉出土的画像砖室墓中，出土的陶器上有的还包括水田、水塘模型，站立击鼓的男女陶俑。出土的画像砖上，有的还有骑射、车马、宴饮、舞蹈、庭院、收获、盐井等图像。崖墓发现于凡有山崖的地方，其特点是：墓葬规模更大，结构更复杂，多室墓更多，普遍有墓门、前室、后室、侧室、排水沟或排水管道等格局；墓内除石棺外，陶棺特别发达；随葬器物数量多，类型复杂，具有大家族墓葬和豪族墓葬的特征。上述这些新型墓葬方式的流行，反映了中原文化传入巴蜀地区后，本区落葬方式与习俗所发生的重大变化，体现了灵魂观念在当时流行的情况。

火葬是与墓葬不同的落葬方式。如果说墓葬是以保存躯体为前提，那么，火葬则是以焚化尸体为前提，取骨灰而葬之。当原始人认为死亡是摆脱肉体的羁绊而升入极乐世界时，灵魂的升天与躯体的存在与否并无关系，甚至躯体的存在是累赘、多余，于是这就导致了焚化尸体的落葬方式。火葬方式的流行与佛教的传播有很大的关系。佛教认为人死之后，灵魂便转世投生，因此主张以火葬处理尸体。佛教大约在东汉时期传入巴蜀地区，但其影响甚微。自晋代以后，一些高僧从中原和江南地区相继入蜀，弘扬佛法。于是，火葬之法也随之在巴蜀地区流行。《高僧传》卷一一《晋广汉阎兴寺释贤护》载，贤护参禅习律于晋隆安五年（401）卒，口出五色光明照满寺内。"遗言使烧身，弟子行之。既而支节都尽，唯一指不然，因埋之塔下"，说明当时火葬之法已影响巴蜀地区。

瓮葬，也称"二次葬"，又称"捡金葬"，乃是在血葬数年后，待其肉

丧葬习俗：抬丧

烂尽时，再开棺取骨，并用水洗去遗骨上的泥土杂质，并按一定程序和姿势装殓入坛，择地再葬的一种落葬方式。从民族学的角度看，此一葬俗的源起，应与我国古代南方某些民族曾盛行过的"烂其肉，葬其骨"的葬俗有关。随着清初客家移民迁入，这种葬法也在巴蜀客家聚居区大量流行。在客家移民看来，祖宗遗骸是祖先血肉精气——灵魂之所在。对于那些父母已逝，而家乡又没有亲属留守祖宗坟茔的移民来说，迁川以后就意味着与自己的祖宗永远割舍。因此，移民迁川上路时，都会想尽办法，随身背负祖宗遗骸一同迁徙。英籍作家韩素音在自己的书中，生动描述了客家人在迁移路上，如何背负祖宗遗骸的情形。她写道：客家人每"移至新的定居点时，一定要带老人的骨骸，放在瓮里随身背着。过去在移住的时候，每家都到郊野发掘其先父的葬地，把他的骨骸盛在一个所谓金缸里，由家中的男人携带，妇女则肩挑其他一切用品"①。当然，也有的客家移民，上路时来不及携带祖宗遗骨，在川定居下来后，他们大多还会派后裔回乡迁葬。客家人这种"二次葬"的习俗，是在长期历史过程中形成的，与客家民系自身艰难而独特的迁徙历史紧密相连。正是由于客家民系艰难的心路历程造就了一种无所不在的危机意识，才使得客家人每当背井离乡遭遇迁徙漂泊生涯时，都会自觉不自觉地选择与祖先同在的做法，随时把祖先的骨骸装进自己的行囊之中。这样做，既是危机意识的流露，更是寻求迁徙途中的精神支柱，方便日后定居祭祀的需要。

二、魂归故里信仰

有信仰就有信仰行动。有灵魂信仰，就有鬼神崇拜的行动。自史前时代开始，人类就处于虔诚的信仰之中。在这种思想的支配下，人们认为，世界除了

---

① ［英］韩素音：《客家人的起源及其迁徙经过》，载香港《文丛》第3辑，转引自刘正刚：《闽粤客家人在四川》，广西教育出版社1997年版，第108页。

自然界外，是由人和鬼神组成的，彼此存在于一个宇宙之中。但是人神异处，又有联系，人类为了取得与鬼神的密切关系，就必须有沟通人与神的桥梁，于是出现一种媒介——巫觋或萨满。

巫觋具有通鬼神的性质，其职能之一，就是在人死亡之后主持安葬仪式。由于原始安葬仪式都是由灵魂观念支配着的，因此，在巫觋主持下，安葬仪式是一类非常认真的鬼神交接术，其中的安葬方向更是神秘莫测，它牵涉鬼魂的归宿，牵涉能否将鬼魂平安地送到另一个世界去的头等重大问题。考古发现证明，仰韶文化的半坡居民将公共墓地建在居住区的北面，死者的头基本上是朝向西方，相差不超过二十度。对于原始人墓向一致的习俗所赋予的含意，学者有不同的解释。一种认为可能与氏族迁徙来的方向有关，认为将死者的头朝向那一方向，是为了使其鬼魂更顺利地回到老家去。另一种认为某一方是一个特殊的鬼蜮世界，人死亡后，其鬼魂必须到那里去报到生活，因而死者的头就向着那一方。[①]可见，其含意都与灵魂的归宿有关。

巴蜀地区自古以来世代相传着各种宗教崇拜观念。根据考古发现证实，古蜀的宗教信仰是，信奉以祖灵和神树为中心的"泛萨满教"，盛行巫术，卜甲不钻不凿，有超大型的多级祭坛，祭器以青铜尊罍和玉石璋璧为主，祭仪有燎，有埋，以人俑兽畜为牺牲，有政教合一的祭司与君长。[②]而在盆地东部的巴人中，崇尚的则是巫鬼文化，流行占卜，祭祀方式为"邪巫击鼓以为淫祀"[③]。考古发现也证明，巴蜀地区也同样存在着类似的风水墓向现象。广汉三星堆遗址发掘的商代蜀国"祭祀坑"，以及1954年清理成都羊子山商周大型礼仪建筑基址，方向都指向岷山，而岷江上游地区的岷山，历来被蜀人认为是蜀之西山，即蜀山，乃蜀王蚕丛氏兴起之地，据传蜀王鱼凫亦来自于此。由此推知，这种祭祀朝向，实际上是受古蜀人的灵魂信仰所支配，它必与蜀王先祖的来源有关。在新都出土的一座东汉砖墓群，地面为七座大型土丘，其布局位置与北斗七星相似。这应该是先秦以来的风水墓向观念的独特表现形式，证明巴蜀地区的风水墓向习俗由来已久，风水观念发展程度甚高。

秦汉时期，生活在成都平原的土著蜀人中，还流行一种"送魂"仪式。

[①] 王夫子：《殡葬文化学》，湖南人民出版社2007年版，第73页。
[②] 林向：《古蜀文化区导论——长江上游的古代文明中心》，载林向：《童心求真集——林向考古文物选集》，科学出版社2010年版，第284页。
[③] （宋）乐史：《太平寰宇记》卷一三七。

"送魂"就是通过一定仪式,把死者的灵魂从居地送入阴间地府,或送回故乡、祖先的发源地。许多民族的祖先发源地,或某一阶段的"故乡",也就是该族特定的阴间地府。人死亡后,让其与祖先灵魂团聚,固然含有祖先崇拜之意,但同时也令该死者灵魂离开生者,可免去时刻受其干扰之苦。①

"送魂"的信仰习俗,在秦至西汉中期以前的成都平原原住民中仍很流行。如当时成都地区甚为流行船棺葬,此俗虽有多种原因,但与蜀人的"送魂"仪式也有关。古代成都地区的人们认为,自己的老家在川西高原,人死后应把灵魂送回那里。"送魂"途经的"大门"为"天彭门"。据专家考证,成都平原与高原接壤地区,至少有两处"天彭门":一在湔氐道,一在彭州。其共同特征是两山相夹,中有水陆或陆路相通。可见,当时蜀人认为,魂归之处当在"天"上。这"天"上,实际上就是高山——岷山山脉之上。最先记录下蜀人送魂路线的是扬雄的《蜀王本纪》。其说:"李冰以秦时为蜀守,谓汶山为天彭阙,号曰天彭门;云亡者悉过其中,鬼神精灵数见。"②由此可见,当时土著蜀人中流行的船棺葬,与他们认为灵魂应溯江而上至故乡的观念有关。当时其他民族,包括外来移民中一般都流行各种各样的"送魂"仪式。该仪式除反映了对死者的关怀外,还反映出生者欲摆脱死者灵魂的控制、干扰的普遍愿望。这一时期,固定的"鬼域"观念已渐趋成熟,如蜀人多以川西高原为魂归之处,巴人则以丰都为魂聚之地。③这种把死者灵魂固定在某一个特定的区域之中,不到一定节日不准其自由回家见后代的观念,也是生者后代欲摆脱死者灵魂、前辈意志干扰控制的反映。同时,也是当时的人们对于死者灵魂归宿的一种认识和行为方式。

天门迎仙画像砖

到了汉代,"天彭门"进一步演化为"天门"或"神门""石门",象征人死后魂归之门。如出现在成都金牛区汉墓石刻中的"梁□狐茂陵任君元升神门",出现在成都牧马山崖墓中的"石

---

① 罗开玉、谢辉:《成都通史》第二卷《秦汉三国》,四川人民出版社2011年版,第513页。
② (宋)乐史:《太平寰宇记》卷七四引。
③ 罗开玉:《四川通史》第二卷《秦汉三国》,四川人民出版社2010年版,第449页。

门"题记,以及出现在新都三合镇互助村石墓门上的"石门关"文,都证明石门不仅是墓门,也象征着阴间地府、天国仙境之门。①

其后,随着不同地域的移民来到巴蜀,在人死后灵魂究竟应该送回何处的认识上,由于时代和移民群体的不同,会有不同的处理方式。例如,生活在成都平原的土著蜀人,以川西高原为故乡,因此,在死后的葬式上,一般会将死者的头置于西北方向;秦汉时代的移民多来自中原,因而在墓葬中死者的头多向北方;而到了明清时期,随着东南各省移民的迁入,在这些移民家族的墓葬中,死者的头则大多朝向东南。这种不同的朝向,反映生者对于死者灵魂归宿的心理认识,即入土为安,魂归故乡。

丧葬习俗:家祭

三、辞灵仪式传承

古人死后,因为被理解为到另一个世界去生活,故要为死者举行一系列烦琐的丧礼程式。按后世较为通行的程式,大致分为初终、殓、殡、出殡、下葬五个步骤。在确定人死亡的初终之后,就是为死者穿衣及入棺。入殓时,古人有含饭的习俗。《礼记·杂记下》:"凿巾以饭。"《后汉书·礼仪志》也说:"登遐,饭含珠玉如礼。"古人认为,人死后,冥河上有船,也就必有专门负责摆渡的舟子。亡灵渡河,当然也应该像人间一样,付钱给舟子,否则很可能受到舟子的责难,甚至无法渡河,又回来找子孙的麻烦。亡灵口含的钱就是付给冥河舟子的船费,意在让死者顺利地渡过冥河。可见,这是一种源自中原的与灵魂有关的丧葬习俗。这种习俗在汉代也传到巴蜀。在这一时期巴蜀地区出土的墓中,一般庶民入葬时,通常以铜钱"含口";较为讲究的,口中含的是玉蝉、琉璃蝉。

入殓后,有一段停柩待葬的时间,称为"殡"。意即死者已是彼岸之人,故此时应待以宾客之礼。在殡期内,一般要进行悼念、超度、守灵之类的活

---

① 罗开玉、谢辉:《成都通史》第二卷《秦汉三国》,四川人民出版社2011年版,第515页。

动,丧事作为一类"社会活动",主要集中在这一阶段举行。中国传统礼制基于"孝"的伦理规范,规定人们在为亲人尤其是血亲长辈治丧时,在寄托哀思的过程中,必须摒弃一切物质与精神的享受,不饮酒、不食肉、不作乐、不嫁娶、不生子等等。然而,随着社会的演进和观念的变化,至宋代,违反上述禁例的现象已时有所见。①尽管洪武五年(1372)诏定的《庶民丧仪》中,丧礼逾制现象是被严令禁止的,但是,违背旧礼,无视禁令,大肆铺张,竞趋奢华的现象,在明代屡禁不止。特别是到了明代中后期,在江南地区,在治丧过程中普遍使用优伶、鼓吹,请僧道做道场的现象,蔚然成风。②明代四川思想家、湖广麻城移民后裔来知德,于万历二十年(1592)撰写了一篇题为《革丧葬夷俗约》的文章,文中写道:"送终乃礼之大,古之圣人制礼甚严。凡容体、声音、言语、饮食、居处、衣服,皆有一定之制。"在汉、隋、宋之世,皆遵古制,不准在居丧之时饮酒设宴作乐。但是,在偏僻的四川山区梁山(今重庆市梁平区),竟然出现了种种丧葬违制的现象:"今之乡人……亲方死,即鸣金鼓;吊客来,即设酒,喧哗如贺客然。"③尽管正统的士大夫极力反对,但民间丧事的娱乐化倾向难以禁绝。因为,在生活内容单调而刻板的中国古代农村,办丧事无形中成了娱乐的补充形式,并可在一定程度上冲淡殡葬的悲哀和恐怖气氛。因此,来知德所抨击的丧期"饮酒鼓乐"的风气不仅在明代没有消失,反而在后代愈演愈烈,以至到了民国年间,四川有的地方,"出殡家奠之夕,至有演唱戏曲"者④;"间有

丧葬习俗:送终

---

① 朱瑞熙等:《辽金西夏社会生活史》,中国社会科学出版社1998年版,第177~183页。
② 陈江:《明代中后期江南社会与社会生活》,上海社会科学院出版社2006年版,第213~220页。
③ (明)来知德:《革丧葬夷俗约》,载《重刻来瞿唐先生日录·内篇》卷六,《续修四库全书·子部杂家类》,第1128页。
④ 民国《绵竹县志》卷一三《风俗》。

唱戏剧，用锣鼓，谓之'闹丧'"者①；更有"在市则丧场打围鼓，在乡则丧房唱孝歌。哀声不及乐声，丧场等于戏场"②者。

死亡对生者的心理平衡和家庭生活秩序都是一种沉重的打击，尤其是来得突然的死亡，更令生者一时难以接受。于是，辞灵就成为生者复杂的痛苦感情的一次大宣泄。辞灵是出殡仪式的高潮。在出殡前的一天晚上，丧家整夜不能睡，谓之"伴宿"，或伴夜、坐夜、守灵。当然，这也是生者怀念死者，企望死者灵魂得以安息的心理表达。北齐颜之推《颜氏家训·风操》说："江南丧哭，时有哀诉之言耳。"四川作家李劼人在《出殡讣闻》一文中，抄录了他家在道光十八年（1838）举行丧葬仪式的账簿。其中，录有出殡前一晚上辞灵仪式上宣读的祭文。祭文有云："忆昔年，高祖兴，由陕入川家道贫……"这显然是一个陕西移民家族所举行的辞灵仪式。李劼人针对这篇祭文发表了如下感慨：

我们以前念惯了无韵的古文体裁的祭文，猛然看见这篇有韵的东西，已感觉奇怪；又看惯了以古诗赋为文的有韵祭文，忽然念到这篇谐俗的十二调的东西，当然感得太俗气。不过，我们须知道，这是家祭文，念出来，须得全家妇孺都懂，尤其是百年之前，未尝读过书的妇孺们。所以作者只管是饱读诗书的廪生，也不能不取这种通俗体裁。记得某一笔记中，（大概是宋朝罗经的《鹤林玉露》罢？）曾记一石匠祭母文曰："哭一声，叫一声，儿的声音娘惯听，如何娘不应？"认为是血性流露之语，是天籁。我想，即令石匠通文，也断断无心去填长相思的词调，或许还有文章，而经传述者剪裁了。要之，比学士文人的手笔，来得高，来得真。③

被李劼人称为"天籁"的既谐又俗的祭文，不仅出现在陕西人的辞灵仪式上，其特色也出现在迁居巴蜀的闽粤客家人出殡前夜辞灵仪式上所宣读的祭文中。由于受根深蒂固的祖先崇拜和源远流长的儒家孝道的影响，客家人特别重视丧葬仪式。客家人的辞灵仪式庄严肃穆，内容极为丰富："在出殡的前一天晚上，入夜所有子女至亲都披麻戴孝齐集灵堂，随着哀乐的奏起，在家祭师的

---

① 民国《江安县志》卷二《礼俗》。
② 民国《万源县志》卷五《教育门·礼俗》。
③ 曾智中、尤德彦编：《李劼人说成都》，四川文艺出版社2001年版，第372~373页。

主持带领下首先进行'点主',亦即'告天地、告祖、告灵'三项仪式,此可谓序曲。接下才转入主题之三献。"所谓"三献",就是按照古礼规定,首献是"读祝",二献是"讲书",三献是"歌诗"。在这当中,最重要的是哀章,所谓哀章,是为死者致悼词,亦即一献中的"歌思亲"和"叹音容"的综合。其内容包含了死者从降生到死的全部生平及其主要事迹,且多用叙事诗的方式予以表现,既要生动、感人、押韵,同时还有严格的字数限制,并要求全用客家话朗诵,常见句式有三三四字和三三七字两种。由于要求甚严,时间又多较紧迫,能撰此稿者为数不多。一般歌诗长数千字,有的多达上万字。歌诗既要写得好,更要念得好,只要能如此,听者均无不为之动容,有的甚至会情不自禁地流下泪来。①

笔者曾于2002年7月27日晚,参加了成都龙潭乡刘大华弟兄四人为八十五岁去世的父亲举行的丧礼,当晚家祭师用客家话朗诵了一篇悼词,全文长达数千字,今摘录其中部分文字,以见客家民俗祭祀之一斑:

呜呼!亲魂渺,却伤神,高堂不见白发人。思生时,忆前情,生我养我劬劳恩……万不谙,父亲今年得疾病,尽心医治药不灵。膏药之上难打整,一气不来竟归阴。惨目难题《春草赋》,伤心怕读《蓼莪》声。儿女只得尽孝念,寄托哀思表点情。我们是,广东人,编成俗歌表微忱。祭者恭,听者静,自始至终慢谈论。呜呼哀哉!(双膝跪地泥下,今晡②来祭老人家。)老人家,人

丧葬习俗:辞灵

丧葬习俗:冥品

---

① 陈世松主编:《四川客家》,广西师范大学出版社2005年版,第212页。
② "晡":原指申时。客家话当"日"使用。今晡,相当于"今天"之意。

几好,像爷世间真难找……苦水里生,苦水里长,挨一挨二慢慢讲……

结合前引李劼人先生所录清代陕西人家祭的"谐俗的十二调的东西",再对照本文所摘录的"哀章",这都是一种通俗体裁的悼词,其内容不外乎是回忆往事、追忆死者的功德、对死者的怀念之情等。这些"哀章"不仅代表了生者对死者的哭诉,而且也是对死者亡灵的导引。据了解,这一体裁的"哀章",目前仍在客家地区流行,而且家祭师根据丧家要求,还必须用客家话朗诵,因为只有这样,才能让死者的灵魂听得懂家乡话,找得到回老家的路,并最终与祖先的灵魂相团聚。田野调查表明,在四川某些曾经流行客家方言的地区,后来由于受湖广文化的影响,即使当地绝大多数居民不再讲客家话了,但仍有从事家祭行业的祭师还能使用客家方言念"哀章"。究其缘由在于,精通客家话是家祭师从事丧葬行业必备的语言技能,他因此也就成为当地唯一能够说客家方言的传承人。

四、亡灵超度仪式

受灵魂信仰观念的支配,超度作为一种祭奠仪式,在民间大行其道。民间认为,人死后离开阳界,魂魄进入阴间,变成鬼魂,坠入地狱。地府中的阎王会根据其人在世功过,令其转世投胎,或变人,或变牛马等。如属十恶不赦之人,除受各种刑法和酷刑煎熬外,还将其打入十八层地狱,让其永世不得超生。为了能够使灵魂顺利到达阴间,有必要通过超度祭奠仪式,给死者的灵魂开路。于是,"人死后棺殓毕,即延和尚或道士入门……诵经拜忏,中演破狱碎盆种种故事,或一二日,以至七九日,谓之做道场"①。而为了减轻死者生前罪孽,使其免受地狱轮回之苦,早升天堂,于是在农历七月十五日"鬼节"期间,民间又普遍开展了度孤魂、祭野鬼的祭奠活动。这就是所谓的"中元节"或"盂兰会"。

"中元节"或"盂兰会"的祭奠仪式,分家庭祭奠和寺庙祭奠两种类型。家庭祭奠的对象,为有主的祖先鬼魂。有关祭奠情况,如清代以来的地方志所述:"十五日,俗谓之七月半,人家荐时物祀先毕,以纸封寓钱焚于庭,谓之

---

① 民国《万源县志》卷五《教育门·礼俗》。

烧袱纸。都人士舁城隍神像，出北郭墦间祭孤，如清明日。"① "向晚，人家皆于大门外，化纸招魂。有许愿于山头、点路烛者，水面放河灯者。"② 按此俗起源甚早，至迟见于唐代，《道藏经》有关于是日，"囚徒饿鬼俱饱满，免于众苦，得还人间"的记载，清代以来民间所焚的"袱子"，即汉以来的"瘗钱"，后里俗烧以纸寓钱，魏晋以来已有之，唐以来始名曰"寓钱"，言其寓形于纸也。③明清以来民间传承旧俗，改烧袱子。所谓袱纸，即"以纸钱为冥袱，或用金银纸作锭，加封皮，写祖宗讳于上"④。其冥包格式如下：

某祖考某字大人，钱包几封。
某祖妣某氏孺人，金银包几封。
唯冀列祖列宗亲暨先亡鉴纳，以资冥用。
　　　　　年七月某日⑤

中元祀祖，俗称"烧纸钱包袱"，规矩甚多："故鬼、新鬼咸具。新鬼更翦纸为礼服，常袭服贮纸箱中，焚之，谓之送寒衣。"⑥ "夜间浇粥，施济野鬼，曰泼水饭。"⑦ "人家各焚楮祀先，秦人则画灰于地，置羹饭其中。祖考几位，辄画几圈云。"⑧ 这些说法和做法，"虽近诞，而报本追远，人有同心谓非"⑨。

除家祭之外，这一天还在寺庙等公共场所举行祭奠活动，主要祭奠"无祀鬼神"。"或有数家相集合，于一私人庵庙内设醮，拜经礼忏数日夜，以追荐祖宗，冀求超升者，曰盂兰会。"⑩ "各庙醵金作盂兰会，半月之间，金鼓铙钹之声刮儿不休。又于旷野放路烛，河干点放河灯，各处火光辉映。庙中击

---

① 嘉庆《华阳县志》卷一八《风俗》。
② 民国《遂宁县志》卷二《风俗》。
③ 嘉庆《华阳县志》卷一八《风俗》。
④ 光绪《巫山县志》卷一五《风俗》。
⑤ 傅崇矩：《成都通览》，成都时代出版社2006年版，第236页。原书录文有误，已作勘定。
⑥ 同治增修《万县志》卷一二《地理志·风俗》。
⑦ 民国《泸县志》卷三《礼俗志·风俗》。
⑧ 嘉庆《新繁县志》卷一八《风俗》。
⑨ 同治《新宁县志》卷三《风俗》。
⑩ 莫钟骐：《成都市指南》，民国32年（1943）印本。

钟,曰幽冥钟,均于十五日始散,俗以为赈济孤魂野鬼云。"①

在清代,四川是一个移民大省,客死异乡的外来移民,就地安葬,难以返回故土,他们中有不少人孤寡无后,亡灵自然成了孤魂野鬼。因此,这一天由客籍会馆出面,主办以超度亡灵为宗旨的祭奠场面较为普遍。各客籍会馆为了增强本籍会众的凝聚力,并与其他客籍会馆势力相竞争,也大多抓住这一契机,延请僧道,举办盛大的法会活动。所谓"各会馆皆召术士为会,以荐乡人之先亡者"②,此种现象就是在这一背景下产生的。

被列为全国重点文物保护单位的成都洛带镇会馆建筑群,就保留了举办类似法会活动的多通碑。其中有:保存在江西会馆外墙边上的乾隆十八年(1753)立的中元祀孤碑,以及保存在湖广会馆内壁之上的三通碑记,即:乾隆二十五年(1760)岁次庚辰菊月立的盂兰胜会碑,道光十七年(1837)岁在丁酉孟秋月望五日立的洛带镇禹王宫重兴盂兰会碑记,光绪八年(1882)岁次壬午秋七月立的"盂兰会新添碑"。这些碑记,虽多剥落,但无碍辨识碑文,它不仅是清代巴蜀同乡会馆神道、互助功能发挥之见证,更是灵魂观念在客籍民众中流行的具体呈现。

首先,法会源于原乡的文化传统。农历七月十五日,作为中国传统的鬼节,佛、道两家历来有不同的主张和命名。出现在中元祀孤碑记和盂兰胜会碑记,就反映了两种不同移民原乡的文化传统——道教和佛教在当地的影响。洛带镇上的江西会馆,又名万寿宫,供奉乡神许真君。许真君隐居修道之地为西山万寿宫(今江西南昌市新建县西山镇),被道教公认为净明道的祖庭。受此文化传统的影响,移居四川的江西籍移民,历来信奉道教,故由其所举办的法会名为"中元胜会"。而同处于洛带场镇街上的湖广会馆,则以"盂兰会"法会命名。湖广会馆之所以遵从佛法,与荆楚文化传统有

洛带湖广会馆盂兰会碑

---

① 光绪《巫山县志》卷一五《风俗》。
② 民国《重修彭山县志》卷二《民俗篇》。

关。道光十七年（1837）洛带镇禹琼重兴孟兰会碑记开宗明义，从源头上梳理了佛、道二家对法会性质认识上的分野。指出：道教"中元节"的依据，源于《道藏经》所云："七月十五日，太上老君同元始天尊集福世界。"而佛教的"孟兰节"，则是本于《孟兰盆经》"目连安丘救母事"。接着，该碑记进一步指出："然我等楚人，则以从楚国之俗为宜。考《荆楚（岁时）记》：中元日，僧尼道俗悉营盆供诸佛。则是楚人之设孟兰会醮，由来旧矣。"

其次，佛道法会名称虽不同，但都以本籍鬼魂为超度对象，使之免于受苦受难为共同目的。例如以"中元祀孤"命名的洛带江西会馆碑文称："逢七月之期，中元赦罪之辰"，因见"豫章间野鬼之泣，隐然心动"，为了祭祀孤魂，特邀集同乡，举办法会，"同结善缘"。而湖广会馆孟兰会碑记则"以超度死亡……为死者减罪资福，使生（升）天堂，不入地狱"为宗旨，宣称："不使楚人之死亡者，鬼犹求食，若楚人先莫敖氏之馁焉。""莫敖"一名，始见于《左传》桓公十年，杜预《左传集解》注："莫敖，楚官名"。春秋时楚国贵族，屈姓先人屈瑕（？~前699），楚武王之子，芈姓，名瑕。曾担任楚国最高官职"莫敖"，因统军作战，败逃到荒谷一带（荒谷在今江陵县境）自尽。为了避免楚人祖先莫敖的悲剧，超度客死异乡的孤魂野鬼，故该碑记特别告诫道："是则楚人之存殁，均有指望于诸同乡也已。"

再次，法会得到了在川客籍同乡的广泛认同与资助。根据江西会馆碑记证实，参与洛带中元胜会的同乡十分踊跃，涉及：泰和、奉新、庐陵、吉水、清水、澧清、信澧、安远、大庾、长宁、龙南、崇义、南康、卢南等十余个府县的江西籍人士。而湖广会馆三通孟兰会碑上记载也证实，参与由该会举办的孟兰节的湖广籍人士，乾隆二十五年（1760）有225人，道光十七年（1837）有338人，光绪八年（1882）有197人，累计122年间共有760人名列捐资榜。由此可见，中元节或孟兰节在江西、湖广两省移民心中的地位。

最后，法会由会首主持，地方绅士是中坚力量，规章制度健全，操办会务有序。江西会馆筹办中元盛会，以"福禄善果"为宗旨，以"总理会首，同结善缘"为载体，号召十余个府县的江西籍人士投入其中，已见其办会的效力与机制。而湖广会馆多次举办孟兰会，更显示了规章制度的公开与透明。正如其碑记所载，带头参与会务的颇多廪生、吏员等地方精英人物。为显示公正，碑记特地声明：当年法会置于社会监督之下，"凭三省客保、三班首事议定，三载交班"，并规定"只准新老两班查核账目，永定章程"，保证"会内诸公并无燕饮"。正因为如此,该会馆才能在百多年中将盂兰会自始至终地坚持下来。

五、招魂续魄习俗

"叫魂"亦称"喊惊""喊魂",是旧时汉族信仰民俗,流行于全国大多数地区。究其源头,以"信巫鬼,重淫祀"著称的荆楚地区为最盛。在屈原的《楚辞》中,就有《招魂》一篇,即与此俗有关。在长沙子弹库楚墓出土有男子(灵魂)驭龙升天图,长沙陈家大山楚墓出土有龙凤导人(灵魂)升天图。长沙马王堆西汉墓出土的帛画,绘有天上世界、人间世界、地下世界等丰富内容。凡此种种,均表明在春秋战国以及秦汉时期,楚国楚地特别注重人死后灵魂归宿的问题。

古代认为,人有疾病将死,魂魄离散,须招魂以复其精神,延其年寿,因而有"招魂"之俗。后世婴孩儿童若因受到惊吓,以致魂不附体,此时即须叫魂,使魂魄归来,除病消灾。明清以来,由于巴蜀地区居民的主体大多来自湖广地区,受荆楚文化的影响,这种"叫魂"的习俗也随之在各地流传开

流沙河《为成都人叫魂》书影

来。刘师亮《成都竹枝词》有云:"妇女持香夜唤魂,手拿鸡蛋脚登门。回来没有回来了,叫一声来应一声。"词中所描写的成都地区的招魂仪式,大致是:

先由小孩母亲买回一张招魂符,入夜点一束香,手拿鸡蛋到外面空阔之处喊小孩的名字(小名):"儿啊!快随妈回来啊!"喊一声插根香,并往前走几步,若旁边有土地庙,还要给土地烧一束香,请土地转告小孩魂魄归来……①

当代蜀中诗人流沙河曾经写过一篇《为成都人叫魂》的文章,其中记述了儿时亲身经历的叫魂仪式:

---

① 成都市地方志编纂委员会:《成都市志·民俗方言志》,方志出版社2006年版,第135页。

忆我儿时善病，病重吃药，病轻叫魂。叫魂就是招魂，古代流行，屈平写过。其事有趣，不妨述之。叫魂仪式须在天色黄昏以后举行。届时，母亲牵我庭院角落蹲下，烧香插地，喃喃祷告之后，阴嗓小声唤道："九娃子唎，骡骡马马吓掉的魂回来没有？"我就低声答道："回来了。"又唤道："九娃子唎，过桥赶船吓掉的魂回来没有？"又答道："回来了。"再唤道："九娃子唎，放炮打雷吓掉的魂回来没有？"再答道："回来了。"这样络绎唤答，内容尚多。此时庭院寂静无哗，听那唤答之声，仿佛来自旷野，意境凄凉。这当然属迷信活动，甚不可取，仅具民俗学的研究价值而已。①

流沙河所记述的这一习俗，源自湖广地区，它也影响到迁川定居的客家人。据记载，在新都客家人聚居的地区，"（旧时）当幼儿一旦受了惊吓，生病时精神呆滞，或身体羸弱而恍惚时，当阿婆的即左手心握蛋，右手拿一支点燃的香，为认为'魂魄走失'的孙儿'招魂续魄'，口中念念有词道：'阿幺子——三魂七魄快回来……'"②这一文本，生动地见证了巴蜀定居社会中，"乃有楚人遵用粤俗，粤人遵用楚俗"③的文化融合场景。文中的"阿幺子"，系客家话，相当于湖广方言中的"幺娃子"（小儿子）之意，犹如流沙河母亲呼唤他的"九娃子唎"。

不过，客家人的叫魂方式有自己独到之处，即用米粒来代表魂魄：

成都客家人还有一种奇特的叫魂方式，用十粒米代表三魂七魄来进行叫魂。仙婆先将一个鸡蛋放于地上，数十粒米放在掌心上，然后围着地上的鸡蛋转圈，一边用手拨动掌心的米粒，口中念道："东方失掉的魂，持阳童子送三魂；南方失掉的魂，持阳童子送三魂。上坛兵马下坛神，九牛祖师追三魂，眼光菩萨发三魂，桥梁土地送三魂。头中三魂回，肚中三魂回，脚中七魄回，三魂七魄回本身！"念毕，猛一跺脚，此时如地上的鸡蛋滚动，仙婆即谓魂滚动，仙婆即谓魂已找回。病人回家，须将鸡蛋蒸食，然后用一块红布、一块白布做一个双面护身符，将十粒米装入其中，随身携带九十天，以便失去的魂魄

---

① 流沙河：《为成都人叫魂》，《老成都·序》，四川文艺出版社1999年版。
② 政协成都市新都区文史资料编辑委员会：《新都文史》第十九辑《新都客家研究》，2006年，第162页。
③ 民国《重修大足县志》卷三《政事上·风俗》。

固定在体内。①

这种用十粒米来代表魂魄（三粒米代表三魂，七粒米代表七魄），即将魂魄具象为物体的做法，颇具民间巫术的色彩，不乏符号象征意义。

第二节　巴蜀古代的神灵崇拜体系

在生产力低下的远古时代，巴蜀先民与其他地区的先民一样，把原始宗教崇拜放在中心位置。其神灵系统源于大自然和人类社会，包括自然神祇（天、地、日、月、山、水等）、泛灵信仰（树、鸟、虎、蛇、龙等）、主神信仰（众帝）、祖先崇拜等。②这里着重介绍与神灵信仰有关的自然神祇崇拜和民间俗神崇拜。

一、自然神祇崇拜

秦并巴蜀后，迁大批中原移民入蜀，从而也将具有中原文化特色的偶像崇拜传播到了巴蜀大地。中原文化与巴蜀本地信仰习俗相结合，创造了许多与自己生活密切相关的、独具地域文化特色的神祇。其中如：

石神崇拜。西南民族地区相信石神崇拜，认为石神能够战胜江神水怪，流行以石神镇水神。李冰建都江堰时，立祀三所，以祭蜀神，祭祀所用的珪、璧即为神器。部分玉器被作为神器，可视为石神信仰高度发展的一个分支。

神牛意识。以牛为神的宗教意识，主要流行于古代氐羌人系统之中。古代蜀人的民族成分比较复杂，难免接受神牛意识的影响。相传秦惠文王欲伐蜀，即利用蜀人的这一信仰，乃刻五石牛，置金其后，蜀人信以为牛能便金，于是，蜀王发卒千人，使五丁力士拖牛成道，后秦人随石牛道成功伐蜀。秦并巴蜀后，"江水为害，蜀守李冰作石犀五枚，二枚在府中，一枚在市桥下，二枚在水中，以压水精，因曰石犀里也"。③专家考证指出，四川盆地、云贵高原的牛，皆是水牛，喜水善浮能渡河。故蜀人认为牛神能镇水神。应劭《风俗

---

① 成都市地方志编纂委员会：《成都市志·民俗方言志》，方志出版社2006年版，第135页。
② 朱丽：《论移民与蜀地民间偶像崇拜的历史变迁》，《成都理工大学学报》2008年9月第16卷第3期。
③ （汉）扬雄：《蜀王本纪》。

通》载，相传李冰治水时，曾变为犀牛与江神斗，这也反映了蜀人认为牛神可战胜水神的意识[①]。2013年1月，在成都天府广场发掘出一尊长3.3米、宽1.2米、高1.7米、重约8.5吨的石兽圆雕石刻造像，有专家推测它的制作年代，可以追溯到秦汉时期，不排除它与"李冰造石犀"有关。[②]诚如是，这尊石兽当为蜀人神牛信仰崇拜的文物见证。

"四象""四方神"信仰。青龙、白虎、朱雀、玄武，本系古星宿名，象征四极，被誉为"四方之神"，又称"四灵"。秦汉时期，蜀人普遍信仰"四方神"。在汉代砖墓出土的石棺上，经常可以见到象征四方神的朱雀、玄武、青龙、白虎的雕刻图案，是"四象"和"四方神"信仰在巴蜀地区流行的文物见证。

以鼎镇邪的观念。鼎在古代中原地区是礼器，但在"蜀文化"中却被视为宝器，作镇墓辟邪之用。在成都出土的东汉晚期画像砖中，有多种以鼎为中心的画面。专家考证指出，这种用鼎镇邪的观念，少见于外地，当与巴蜀土著巫术、地方宗教意识有关。这种意识可能起源于古代"蜀文化"。古代"蜀文化"与"巴文化"的区别之一，就是在随葬品中多见铜鼎。这种从中原文化引入的铜鼎，曾经出现在战国蜀地船棺墓和土坑墓中，它的图形画面又大量出现在秦汉三国时期的石棺上，表明此刻它已普遍被蜀人视为神器，这显然与他们头脑中的镇邪信仰有关。

二、民间俗神崇拜

古代"西南夷"的文化特征之一，就是以野祭，即祭神于野外丛林之中、坟墓之旁、山洞之中为主，基本不庙祀。秦并巴蜀后，蜀守李冰修建都江堰工程，为调动蜀人建堰的积极性，首建三祠，祭祀蜀人信奉的有关神灵，从而首开蜀中庙祀的先河。

古代的祠庙大抵分为两类。一类是纪念性的，以追祀前朝名贤为对象，或赞扬当代之人，这类祠庙主要具有教化象征的意义，对民众的影响主要不在信仰。另一类则是具有俗神性的，即相对于组织化、制度性很强的宗教神灵，如

---

① 罗开玉、谢辉：《成都通史》第二卷《秦汉三国（蜀汉）时期》，四川人民出版社2011年版，第510页。
② 王浩野等：《成都发掘千年石兽身世成谜 专家推测与李冰有关》，《华西都市报》2013年1月14日。

佛教、道教诸神，它们是非制度化的、民众信仰的神灵。按其神格来划分，包括自然神，如江渎神、土地神、城隍等；人物神，如李冰、关羽、李二郎、张亚子等；拟人神，如龙神等。①元人虞集指出，蜀中"俗尚祷祠，鬼神之宫相望"②。现将古代蜀中有代表性的民间神祇介绍如下：

望帝祠，李冰所立之祠。祭祀对象为蜀王鱼凫、杜宇，系今都江堰渠首二王庙之前身。相传蜀王鱼凫田于湔山，得仙，今庙祀之于湔。秦汉时的望帝祠即后世崇德庙，二王庙的前身。齐建武时（494~497）益州刺史刘连季移望帝祠于

江渎神像铸像（省博物馆藏）

郫县，原祠改祀李冰。原在祠中的石像碑刻等，此时已埋入江中。③

李冰祠。李冰开成都两江，"始皇得其利以并天下，立其祠"④。自秦始皇时期官府在都江堰渠首修建专门祭祀李冰祠堂以来，西汉朝廷接管都江堰，多次派遣使者前来祭祀李冰。东汉时，官府又在都江堰渠首李冰庙里造"三神石人，珍（镇）水万世焉"，由此开我国在庙里造像祭神的先河。

文翁祠。《汉书》卷八九《循吏传》载："文翁终于蜀，吏民为立祠堂，岁时祭祀不绝。至今巴蜀好文雅，文翁之化也。"

江渎祠。江神为李冰治水所立，本是男身。秦并天下，立江渎祠于蜀，其后历代王朝祭祀不绝。隋文帝曾令成都重修江渎庙，南临江，足见祠庙位置在当时的流江（检江）边。南宋朝廷加封江渎神为"昭灵孚应威烈广源王"，影响及于全国。明初朱元璋将江渎祭祀升格为国家大典。嘉靖初年，史臣杨慎奉

---

① 粟品孝：《成都通史》第四卷《五代（前后蜀）两宋时期》，四川人民出版社2011年版，第505页。
② （元）虞集：《道园学古录》卷四六《四川顺庆路蓬州相如县大文昌万寿宫记》。
③ 罗开玉、谢辉：《成都通史》第二卷《秦汉三国（蜀汉）时期》，四川人民出版社2011年版，第523页。
④ （明）虞世南：《北堂书钞》卷七四，引应劭《风俗通》。

命"祭南渎大江",撰写了题为《江祠记》的文章,镌刻在石碑之上。①成化六年(1470)冬季,"承奉正宋景"奉命铸造南渎大江之神一位、神妹二位,印册金童二躯,香花玉女二躯、并制造像碑记一通。②江渎祠原址在成都市西南角旧西较场。神像原在江渎庙中,民国年间移藏通俗教育馆,今由四川省博物院收藏。据考,此时的江渎神已变为女身,顶束发冠,袍带正坐,面相善美年轻。铸造工艺精丽,为明代铸像佳作。神像高二米八八,神妃像高一米八,皆坐椅上。③"文在(铜像)左肘下后方,刻工极精。"④

梓潼神。梓潼神是主管文人功名利禄的神祇,最初流行于川北一带,本是蜀王张育与梓潼亚子两位人物合并而成的神明,故被称为张亚子,最早见于《华阳国志》。唐僖宗入蜀,行至七曲山,亲祀梓潼神,追封张亚子为济顺王。到了宋代,梓潼神信仰流行于全国。南宋以后,道教开始将梓潼神纳入自己的神灵体系,冠以梓潼帝君,成为道教最受崇敬的神明之一。在宋代,梓潼神被"学士大夫"奉为"主文治科举之神"。"宋亡蜀残,民无孑遗,鬼神之祀消歇。自科举废而文昌之神灵亦寂然者余四十年。"⑤明代文昌帝君信仰在四川依然流行。《阆中县志》载:"五月十五日为瘟祖会,旧在城隍庙,后移太清观。"此会较诸会为甚。……演灯戏十日。每夜焚香如雾,火光不息。其所为灯山者,亦如上元之时。"⑥瘟祖会乃四川重要神会之一,主祭的正是梓潼帝君。会期中,"演灯戏十日",足见围绕文昌帝君的祭祀娱乐活动之盛,所谓"此会较诸会为甚",殆不虚言。

泰山石敢当造像

---

① 天启《成都府志》卷五三《艺文志·续集》。
② 民国《华阳县志》卷三一《金石第十》。
③ 四川省文物管理局:《四川文物志》(下),巴蜀书社2005年版。
④ 民国《华阳县志》卷三一《金石第十》引《愚公之腴》。
⑤ (元)虞集:《道园学古录》卷四六《四川顺庆路蓬州相如县大文昌万寿宫记》。
⑥ 咸丰《阆中县志》卷三《风俗》。

二郎神，又称"灌口二郎神"，起源于蜀中，相传是秦蜀守李冰的次子，辅助李冰治水有功而被庙祀。李冰父子治水的传说，早在南北朝时期已经出现。李膺《治水记》载："蜀守父子擒健鳖，囚之于离堆之趾，谓之伏龙潭。"①前后蜀时期，李冰次子已有"护国灵应王"称号。宋仁宗肯定其"赞助其父除水患"之功，诏封灵惠侯，南宋徽宗加封昭惠灵显王，从此二郎神正式进入国家祀典，其神灵影响超出了巴蜀范围。

石敢当。明人李实《蜀语》云：旧时蜀中街道、乡村路口常立一顽石，上刻石头人像，下刻"泰山石敢当"，以为镇邪禳鬼之用。李实注释，此俗汉时已见。这个东西就是民间常说的"吞口菩萨"，形象暴眼獠牙，令人恐惧。《墨庄漫录》云："石敢当，镇百鬼，压灾殃，官吏福，百姓康，风声盛，礼乐昌。"由于此神没有进入玉皇大帝和如来佛的神榜名录，是纯粹民间崇奉的俗神。显然，这一古老的民俗信仰，在明代依然保存。

坛神。明人李实《蜀语》云：坛神名主坛罗公，黑面，手持斧吹角，设像于室西北隅，去地尺许，岁暮则割牲延巫，歌舞赛之。按坛神含有镇宅辟邪之意。奉坛神者，其神以径尺之石，高七八寸，置于堂右倚壁，曰"坛等"。上供坛牌，粘于壁，旁列坛枪。其牌或书"罗公仙师"，或书"镇一元坛赵侯元帅郭氏领兵三郎"，两旁列称号数十名。每岁一祭，杀豕一，招巫跳舞，歌唱彻夜，谓之"庆坛"。民国《巴县志》称："今市井及乡里古宅，在百年前者往往有之。"②溯其渊源，此俗则在明代已有著录和流行。

城隍神。在中国民间，城隍神是颇有影响的城市保护神。城隍原为中国民间的宗教祭祀之神，唐以后开始普遍祭祀，宋代已经列为国家祭典，至明代初年，国家祭祀的城隍祭祀即迈入空前系统化、正规化、制度化的阶段，从而推动城隍信仰和城隍祭祀在民间的普遍化。③洪武二年（1369）正月，朱元璋敕封"京都及天下城隍神"，并对全国城隍神的等级作了划分，将城隍神设定为五等。朱元璋还说："朕立城隍神，使人知畏，人有所畏，则不敢妄为。"④

---

① （宋）王象之：《舆地纪胜》卷一五一《永康军》。
② 民国《巴县志》卷二三。
③ 赵轶峰：《明初城隍祭祀》，《求是学刊》2006年第1期；张泽洪：《城隍神及其信仰》，《世界宗教研究》1995年第1期。
④ 《明太祖实录》卷三八。

次年六月，又"诏天下府州县立城隍庙"①。规定城隍庙的规格结构与当地官署正衙相同，官员必须如期前往拜谒。正是在明代统治者的大力提倡下，前代尚不多见的城隍庙以及城隍信仰，开始在巴蜀各地普遍推广开来。

第三节　巴蜀移民社会的多神信仰

经过清初移民浪潮的洗礼，随着外省移民将各种信仰习俗带进四川，巴蜀民间神祀体系极大地丰富起来，由此形成了一个"百神之祀"②，咸萃于蜀的局面。清初以来四川民间祭祀系统由三部分构成，即祖先之祀、会馆之祀与艺业之祀。民国《重修彭山县志》剖析这些祭祀的礼俗意义时指出：祖先之祀，"有古礿祀烝尝之遗意焉"；"会馆之祀""则多属崇德报功之意"；"艺业之祀，虽多不经，然不忘其所自"③。

一、祖先之祀

在民间信仰中，祖先崇拜关系最为重大。祖先崇拜的出现与鬼魂观念甚为密切。鬼魂观念是祖先崇拜的基础。对祖先的崇拜，主要是对祖先鬼魂的崇拜。正是在鬼魂观念思想的指导下，原始人普遍认为氏族祖先（灵魂）能在冥冥之中影响甚至支配始祖的一切事情，出于对祖先鬼魂的敬畏，为了避祸求福，这才导致了对祖先的崇拜。在封建时代，朝廷对于贵族士大夫和普通士子、平民老百姓祭祀祖先的活动，从祭祀的对象、建筑格局到祭器的摆设数量，都有严格的规定。明清时代关于民间祭祀礼仪的规章制度逐渐定型。而这一时期，正值东南各省向西移民掀起高潮的时期，随着长江中下游地区移民迁入四川，原来在这些地区较为成熟的家族组织及其祭祀祖先的礼仪习俗，也会相应地转移、扩散到巴蜀地区。在清代巴蜀移民社会中形成并延续至今的祖先祭祀礼仪，从空间上讲，分为三种类型：

第一是祠祭。

即在祠堂开展的祭祀活动。祠堂是供奉祖先灵魂的地方。祠堂有合一族

---

① 《明太祖实录》卷五四。
② 民国《合江县志》卷四《礼俗》。
③ 民国《重修彭山县志》卷二《民俗篇》。

所建的宗祠，也有合一支所建的支祠。在清代四川，一般祠堂没有遵从古制举行"四仲之祭"。所谓"四仲之祭"，是指明初根据"朱子祠堂之制"，规定"奉高、曾、祖、祢四世神主"，"以四仲之月祭之"①的礼仪。"四仲之祭"要求宗族必须在农历四季中每季的第二个月，即于仲春（二月）、仲夏（五月）、仲秋（八月）、仲冬（十一月）按时集众举行祭祖活动。清初四川移民社会中，一般家族组织尚在恢复创建的过程中，宗法制度并未完善，很少有宗族能够合族举行这样的祭祖活动。一般只有"大族有宗祠者，置祭田"举行"春秋致祭"；其余"无宗祠者"，或有宗祠而无祭田者，则只能在家中祭祀。②例如，在成都地区，十一月"冬至"，"望姓有祠堂者，于是日祀先会族，士大夫家走相贺，凡民则否"③。祠堂活动由族长主持，祭祀的祖先神祇，限于高祖、曾祖、祖、祢（亡父）四代，以木制神主牌位供奉。有的宗族祭祀还要展布祖先画像、族谱，祭祀完毕即行收藏。关于四川宗族祖先祭祀礼仪的基本情况及其演变，民国《泸县志》有这样的概述：

> 宗祠率有祭田，以供粢盛祭品，用羊、豕、鸡、鱼，行三献礼，读祝告利成，合族享其余馂焉。民国废拜跪礼为三鞠躬；惟县人狃于积习，凡丧祭无有不跪拜如故者。④

第二是墓祭。

即在祖先坟墓前开展的扫墓祭祀活动。坟墓是藏祖先体魄的地方。四川一般于清明前后十日，"人家具酒馔、香烛、爆竹祀墓，曰挂坟，亦曰献清，至则剪荆棘、插纸标，兴拜如仪，故亦称拜扫"；"城中士女，多就墦间祭酹，曰上野坟"⑤。"各家拜扫祖坟，插纸幡于垄头，曰挂青"⑥。没有建立祠堂的家族，则以"某氏清明会"的名义，于每岁清明节扫墓，所需费用由会众集资开支，又称为会祭。故有的地方，或将清明拜墓，"集族人而享之"的祭祖

---

① 《明史》卷二六《礼志六》。
② 同治《新宁县志》卷三《风俗志》。
③ 嘉庆《华阳县志》卷一八《风俗·岁时》。
④ 民国《泸县志》卷三《礼俗志·风俗》。
⑤ 民国《泸县志》卷三《礼俗志·风俗》。
⑥ 光绪《巫山县志》卷一五《风俗》。

活动，统称之曰"清明会"。①除清明节之外，有的地方还在其余节日举行墓祭活动。如有在元旦"履端之始，具香帛麦饭，诣先人墓，谓之挂扫，清明如之"②。有在"六月六日天贶节，拜祖先墓，奠旧化纸，与清明同。外携水饭一盂，谓之送渴汤"③。还有在"十月初一日墓祭，谓之送寒衣"④者。据文献记载，这一天，因为又是牛神的诞辰，故蜀中农人则以糍粑祭祀，并置牛角。"蒸糯米揉为饼，曰糍粑"。而省籍不同的人们，供品的制作方式又各不相同。例如，闽中人"皆作糯糍，或作京饨以祀"；陕西人"多以蒸裹为节"；荆楚人"多食燋糟"。⑤田野调查表明，迁川客家人举行的墓祭仪式最为讲究。如成都东山地区的客家人，称墓祭为"铲地"，即祭礼前，铲除墓前杂草，培补墓土。这是崇敬祖先的表现。《谢氏族谱·家约》中的一段话，将当地客家人墓祭的意义表述得十分透彻：

祖茔以藏体魄，宜随时省修宗祠，以供灵魂，宜常使整洁。墓木为精爽所托，宜培植，不可损伤。祭田乃血食所关，宜扩充，不可轻废。至于春秋祭祀，尤宜衣冠整肃，必恭必敬，以尽子孙报本之心。⑥

第三是寝祭。

即在居室龛堂开展的常态性的家庭祭祀活动。由于清代四川许多宗族没有建置祠堂，祠堂祭祀的部分功能转移到了家庭开展，因此一般庶民之家的祭祀活动相对较为频繁。正如有的地方志所言："春秋祭祀，罕建祠堂。四时节序，生卒之辰，或祀主于家，或展拜墓门，以伸孝思。"⑦据统计，清代四川庶民之家的祖先祭祀活动，大多集中在"元旦、端午、中元、除夕，皆祭于家"⑧，"生日、忌日、阴庆日，及岁时伏腊，如中元除日，皆荐于寝"⑨。

---

① 民国《重修彭山县志》卷三《民俗篇》。
② 光绪《庆符县志》卷一八《风俗》。
③ 民国《遂宁县志》卷二《风俗》。
④ 民国《乐山县志》卷三《礼俗》。
⑤ 嘉庆《华阳县志》卷一八《风俗·岁时》。
⑥ 转引自谢桃坊：《成都东山的客家人》，巴蜀书社2004年版，第63页。
⑦ 光绪《雷波厅志》卷三二《风俗》。
⑧ 光绪《永川县志》卷二《舆地·风俗》。
⑨ 民国《泸县志》卷三《礼俗志·风俗》。

《清史稿·礼志》对一般庶民百姓的寝祭礼仪作了如下的描述：

> 庶人家祭，设龛正寝北，奉高、曾、祖、祢位，逢节荐新，案不逾四器，羹饭具。其日夙兴，主妇治馔，主人率子弟安主献祭，一切礼如庶士而稍约。月朔望供茶，燃香、镫行礼。告事亦如之。

清代四川"平民之家"的寝祭场所的设置，一般"以室正中一间为堂屋，设龛供香火于上"。龛上大书祖先神位，称为"神榜"。其质料分木牌和红纸两类，富家多"镂木刻字贴金，备极华美"；贫家多红纸墨书。"凡书神榜，必倩贵者，以为吉祥"①。至于中堂上神主的书写格式，较为复杂，其所奉风俗的由来也各异。

神榜之一

第一种格式为"天地君亲师位"。按：天、地、君、亲、师并举，始自《荀子·礼论篇》。《礼论篇》云："礼有三本：天地者，性之本也；先祖者，类之本也；君师者，治之本也。无天地焉生？无先祖焉出？无君师焉治？三者偏亡，无安之人。故礼，上事天，下事地，宗事先祖，而宠君师，是礼之三本也。"②故民国《重修彭山县志》认为，"此即俗奉'天地君亲师'之所由来。"③传统的"天地君亲师位"的牌位写法中，行文有比较严格的讲究。据湖南地方志载："所谓书'天'宜宽，'地'宜厚，'君'不乱开口，'亲'不闭目，'师'不当别，'位'字必较前五字稍大者。"④而在四川，也有类似的说法："天地"二字必须写得很宽，取"天宽地阔"之

---

① 民国《万源县志》卷五《教育门·礼俗》。
② 关于"礼三本"的版本不同，文字标点殊异，此处转引自"古籍汉典"网之《大戴礼记·礼三本第四十二》。
③ 民国《重修彭山县志》卷二《民俗篇》。
④ 民国37年（1938）铅印本《醴陵县志》，转引自丁世良、赵放主编：《中国地方志民俗资料汇编：中南卷（上）》，北京图书馆出版社1997年第2版。

神榜

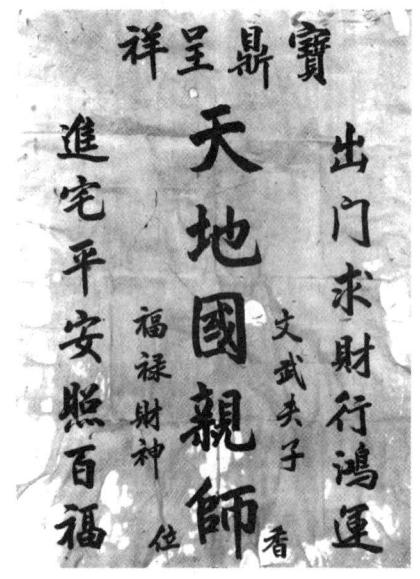

天地国亲师位神榜

意；"君"字下面的"口"字必须封严，谓一言九鼎，口不乱开；"亲"（親）字的"目"不能封严，谓亲不闭目；"师"（師）字不写上面的短撇，谓师不当撇开。此外，还有所谓"人不夺天，地不离土，君不离口，亲不闭目，师不掉巾的说法。"①

第二种格式为"某氏堂上高曾祖祢神位"。中堂供奉四代神主，源于朱子《家礼》和《大清会典》。同治《綦江县志》有云："朱子《家礼》《大清会典》朗载，自王公以至士民，许祭四代。士民只为龛，奉高曾祖考，有主供主，无主用朱笺写各名、各氏，有衬有桃，岁时荐之。一切外神，均勿祀。"②

清代以来的四川地方志，对于上述两种神位格式上的差异及是否得体的问题做了不少探讨，大体认为：1."天地君亲师位"的写法，出典时间较早；而专奉"历代高曾祖祢考妣"的现象，则较为晚出，故称"稍为近典"③。民国《名山县志》甚至认为："家之中堂，必置香火，旧俗大书'天地君亲师位'。入民国来，则有改书'某氏高曾祖祢位'者。"④2. 第一种格式多现于庶民之家，第二种格式多见于"士夫之家"，故有称"士夫之家，近有专祀历代高曾祖祢考妣者"⑤。3. 论者普遍对民间流行的"天地君

---

① 严奇岩：《祖先崇拜与四川客家神榜文化》，《青海民族研究》2009年第2期。
② 同治《綦江县志》卷九《风俗》。
③ 民国《简阳县志》卷二一《礼俗篇·家礼》。
④ 民国《名山县新志》卷一〇《风俗》。
⑤ 民国《合江县志》卷四《礼俗》。

亲师位"与"外神"并列的做法持批评态度。如光绪《永川县志》有云：

> 世家有立庙者……正书"天地君亲师"，左书历代先祖，右书三界诸神。不知庶人不敢祀天地君体至尊，神道甚大。若果来享，则祖祢将避之不暇，遑论陟降庭止耶。惟士大夫正书本氏历代考妣，右书"昭穆"二字，斯为允当。①

第三种格式为"天地国亲师位"。民国推翻君主政体后，有易"君"为"国"者。还有改"国"作"囻"者，书为"'天地囻亲'者，尤为怪异"②。

祖先牌位是汉族各民系家庭奉行祖先崇拜的特有标志，是祖堂必供之物。根据湖广地区普遍信奉鬼神的文化传统，将各路神明与祖先一齐供奉，并书之于神榜之上的做法，当与此习俗有关，故书"天地君亲师位"者，其祀祖礼仪与湖广文化关联紧密。所以，民国《合川县志》即指出，在"天地君亲师位"之旁，"供文武夫子、观音、文昌、财神、王爷"的做法，是"由楚而蜀，则有阴司法官等名"③。而"专祀历代高曾祖祢考妣者"，多出现在士大夫家庭，这与近代以来客家人士在族群辩论中，坚持"中原士族"出身的文化背景不无关系。大量田野调查表明，在四川地区，"客家人"与"湖广人"除语言的区别外，另一个标志就是堂屋上供奉祖先牌位的相异。即湖广人神榜正中是"天地君亲师"，旁边的小字书先祖、观音及其他神位，神匾也多为"祖德流芳"，神联多为"忠孝传家远，诗书处世长"。而四川客家人的牌位很少用"天地君亲师"作抬头，而是直书"某氏堂上历代高曾远祖考妣神位"或"某氏堂上历代先祖考妣香位"，两边的神匾、神联反映客家历史渊源和祖宗功德。如十陵镇千弓村朱氏是理学家朱熹后裔，其牌位是："沛国堂上始高曾祖考妣神位"；神匾为"理学传家"，神联为"恩承博士名重五经，德配先贤典隆十哲"。可见，在神榜书上"专祀历代高曾祖祢考妣"的做法，多为客家移民所采纳。故有论者认为，湖广人的神匾、神联，可以用于任何家族，不像客家人的神榜那样个性突出。④

---

① 光绪《永川县志》卷二《舆地·风俗》。
② 民国《简阳县志》卷二一《礼俗篇·家礼》。
③ 民国《合川县志》卷四《礼俗》。
④ 谢桃坊：《客家人文化认同的标志》，载《四川客家通讯》2002年第1期；严奇岩：《祖先崇拜与四川客家神榜文化》，《青海民族研究》2009年第2期。

二、会馆之祀

清代四川移民会馆的祭祀活动，主要围绕各籍所供奉的乡土神开展。乡土神，是指寄籍同乡在家乡所共同祠祀的神灵，离乡寄居后，也还在移居地共同祠祀着的偶像。一般乡土神被各省移民会馆所供祀。正如民国《合江县志》所称，"从民籍而观，则湖广籍祀禹王、关帝、帝主，福建籍祀天后，江西籍祀许真君，广东籍祀六祖"①，等等。例如，以成都旧有移民会馆祭祀的偶像为例：广东会馆又称南华宫，供奉南华六祖。福建会馆又称天后宫、天上宫，供奉天妃妈祖。江西会馆又称万寿宫，供奉许真人。湖广会馆又称禹王宫，供奉大禹。湖北会馆又称关帝庙，供奉关羽。陕西会馆又称三圣宫、三元宫，供奉刘备、关羽、张飞。广西会馆又称仁寿宫，供奉文天祥。山西会馆又称武圣宫、文武宫，供奉关羽。贵州会馆又称黔南宫，供奉关帝、南大将军、黑神等等。除此之外，会馆还有供奉玉皇、释迦佛、雷祖、东岳、灵官、吕祖、真武、五显、国公、金华夫人、仰山祖佛、釜华祖师、送子娘娘、坛神的。②

关于会馆之祀，"多属崇德报功之意"③，且不无古风遗意。对此，有论者指出："至如各省会馆，万寿宫江西人会，天上宫福建人会，禹王宫湖广人会，南华宫广东人会，寿福宫广西人会，清时各届会期，演戏多至半月，各街骑街搭台，演唱报秋之戏，自八月起，至十月下旬止。城外大小两河各街，亦于十一月起至腊底止。凡唱演报秋之戏，每日必有酒席，衣冠文物，共乐太平，尊酒言欢，

江西会馆乡神许逊

福建会馆乡神妈祖

---

① 民国《合江县志》卷四《礼俗》。
② 民国《新繁县志》卷四《礼俗》。
③ 民国《重修彭山县志》卷二《民俗篇》。

此风犹古。"①

在各地开展的会馆祭祀活动中,省籍不同的各省移民及其后裔竞相崭露头角。其中,五月的"天中节""大约多楚人为之"。五月十三日,是"关圣大帝降诞",秦人会馆空前热闹,"工歌庆祝"。六月六日,是"镇江神降诞""楚人会馆演剧庆祝","凡舟楫、贩商者多攒金祭赛"。八月初三日为"六祖会","粤省人演剧庆祝"。②此外,在广安,元月十三日为禹王会,"城中湖广会馆观剧,乡镇各办会"。三月十五日,"帝主诞辰","黄州馆赛会演剧"。四月一日,"江西馆向有迎萧公之会,备极观瞻,今但设筵演剧"③。

三、艺业之祀

行业神是指各行各业信奉的行业祖神和保护神。在传统的四民（士农工商）社会中,以职业分工而形成的不同供奉神祇。在一些地方志中对不同行业的祭祀神祇有详细记载:

> 民业之祀,亦各返其始焉。故纸业祀蔡伦,泥木石业祀鲁班,五金业祀老君,酒业祀杜康,机织业祀机仙,靛业祀梅葛仙翁,豆腐业祀淮南王,鞋业祀孙膑,履业祀刘备,缝者（祀）轩辕,剃者（祀）罗祖,屠者（祀）桓侯,厨者（祀）詹王,太医（祀）药王,演剧（祀）唐明皇,胥吏祀萧曹,星士春官祀三皇,兵勇祀关帝,士人祀孔圣、文昌、奎星,妇女祀观音,船户祀王爷,而商人通祀财神,未之能尽也。④

福禄财神

职业神因地区不同,供奉偶像也有所区别。如以大城市重庆为例,士人通祀"宣圣"或"文

---

① 民国《合川县志》卷四《礼俗》。
② 民国《重修彭山县志》卷二《民俗篇》。
③ 宣统《广安州新志》卷三四《风俗志》。
④ 民国《合江县志》卷四《礼俗》。

昌"；农民通祀"社""稷"，或水旱灾变之神。工商分工较细，执业较专，其神祀的对象尤多。例如木石匠业祀鲁班，缝衣业祀轩辕，厨工祀伊尹，酒业祀杜康，茶业祀陆羽，药业祀药王孙思邈等。①农村集镇以旧时简州镇子场（今成都龙泉驿区洛带镇）为例，经商各行各业供奉的职业神有：水食帮供雷祖，厨工帮供詹王，米帮供镇江王爷李冰，屠宰帮供张飞，理发帮供罗祖，医药帮供药王孙思邈，茶馆帮供三官（即天官、地官、水官），盐帮供管仲，纸帮供蔡伦，当铺帮供财神赵公明，等等。

民国《重修彭山县志》拿庶民的祖先之祀，与匠人的艺业之祀进行比较，认为二者都是不忘根本的表现，虽多不经，但并不悖礼：

夫庶人祀其先，礼也。庶人一祀，或立户，或立灶。庶人祀灶，亦礼也，他何为者！艺业之祀，虽多不经（如银铁工之祀老子，面工之祀雷祖，鞋业之祀孙膑，棉业之祀财神，医工之祀火神，星相术人之祀三皇等皆是），然其不忘所自……此皆礼乎鲜悖，其他何为者？②

四、百神之祀

民国《新都县志》"杂祀、淫祀"有云："祀不知所祀何神，庙不知始于何时，既已深入人心，遂成牢不可拔，姑名之曰杂祀，殆亦淫祀之类耳。"③民国《合江县志》对当地乡人"神祀最多"的现象提出批评，指出："乡人神祀最多，自木石禽兽，进而迎尸范偶，靡不致祀。""凡间里不百户，辄有庙，而城治犹伙。百神之祀，咸萃于斯。"④"百神之祀"现象的出现，是清代移民社会"五方杂处"，民间信仰观念普遍流行的生动写照和必然产物。

有关清代以来四川民间流行的"百神之祀"，其所供奉的神祇体系，可以从以下几个方面来观察：

第一，从时间坐标来看，可以说逐月有祭。民国《金堂县续志》列有"祭百神"的条目，指出："岁以各神寿辰设会庆祝，用答神庥。"经该志统计，各神逐月生辰及其祭祀活动如下：

---

① 窦季良：《同乡组织之研究》，正中书局民国32年（1943）版，第58页。
② 民国《重修彭山县志》卷二《民俗篇》。
③ 民国《新都县志》第三编《礼俗·享祀》。
④ 民国《合江县志》卷四《礼俗》。

正月初二日，比户祀福禄财神。二十日，为谷神生辰。

二月初三日，为文昌生日。士女多入庙行礼，相戒勿演戏，恐渎神也。十六日，火神会。

四月二十八日，为药王会。

五月二十八日，为城隍会，士女骈集喧闹，市为之哄也。

六月二十日，为川主会。

七月初七日，家家皆祀中溜。二十二日，为财神会，此惟为商贾祀之。

十月初一日，为牛王会，此又为乡村之礼俗也。

腊月二十三日，祭灶。除夕，则门井庭除等，无不遍行其礼，盖亦所以报本反始也。①

门神（绵竹年画）

另一张统计表，则是从民间赛会的角度，将士农工商举行的祭祀活动，逐月罗列出来。嘉庆《夹江县志》称，"民间赛会，从古'蜡息'之遗也。田事而外，商贾百工各有由始，即各有所报。民于诸神，或生日，或塑像始期，皆谓之'赛'，所谓索而飨之也"。据统计，当地百姓一年四季都有这类求神祈福的赛会：

正月初一，九神会，昔称土主会。十八日，二郎会。

二月初三日，文昌会。妇女祀蚕神，以祈蚕。十六日，城隍会。

三月初三日，三宵会，俗呼童口耳会。初十日，蔡翁会。十五日，财神会。

四月初一日，萧公会。初八日，浴佛会。

五月初一日，炎帝会。十三日，单刀会。二十三日，南安土主会。

六月初六日，镇江王爷会，又祀青苗土地，以祈年，俗呼秧苗会。二十四日，川主会、灵官会。

七月初二日，璧山会。十五日，盂兰会。

---

① 民国《金堂县续志》卷一《疆域·礼俗》。

灶王爷

八月十五日，月光会。二十四日，张爷会。

九月初一日，火神会。初九日，葛仙会。各地有九皇会。

十月初一日，牛王会。

"以上各会，至期，乡人醵资演戏酬神，旗帜鼓吹，周游街市。虽事近戏亵，其报本反始之意不可污也。"①

第二，从空间坐标看，可以说无处不祭。一家之内，正中一间为堂屋，设龛供香火于上，大书"天地君亲师位"，旁并祀有"财神、观音、牛王、马王、药王等神木偶像，及祖宗木主，混合供奉，名为'三教香火'。……神龛下，则供本宅中霤神，即五祀之一，俗称'长生兴隆土地'。下题'月德瑞庆夫人'。旁列招财童子、进宝郎君，或左右青龙、白虎，前后朱雀、玄武等字"②。除此之外，家中还须有"祀五祀、坛神"。所谓五祀，即祭祀五方：门、户、井、灶、中霤，"人所资居处"。家之外，桥头路边，时有观音、土地、山王神像及阿弥陀佛、泰山石敢当等神号刻石，"天堂随处遇焉"。此外，农人还不时举行"献天"的报赛活动，以祭祀天上的天公、天母神。③

第三，从移民身份看，有一些神祇是迁川移民从原乡带进四川来的。例如，在新都县有一座"五灵寺"，又称"五都司庙"。

五灵寺在县南二十五里烂泥沟。清乾隆二十九年建。原名都爷庙，祀张都、李都、毛都及天后、关圣之像。相传张、李、毛三人为粤之长乐人，俱显官。明季兵燹，协力保护，粤民赖以安，后俱阵亡，屡著灵异。粤民比户祀之。清初长乐人杨、冯、缪、李、江、黄六姓移家入蜀，共建此庙，以达神贶，示不忘本也。嘉庆十五年重建。④

---

① 嘉庆《夹江县志》卷二《风俗》。
② 民国《万源县志》卷五《教育门·礼俗》。
③ 民国《合江县志》卷四《礼俗》。
④ 民国《新都县志》第三编《礼俗·享祀》。

根据田野调查，在今成都市新都区三河镇，确有一个名叫"三都村"的村落，村里至今犹有"三都司庙"的遗存。村民分属于杨、李、张、赵等姓氏，其祖先大多来自广东长乐县，至今仍说一口流利的客家话。追寻其村得名的缘由，众口一词，说这与祖先迁川时背负"三都司神明"的经历有关。①

又光绪《金堂县乡土志》载，县境谢杨坝兰溪，有一座"阴庳庙"。据记载，这是湖南移民带来的。"康熙中，有李姓自东安（今属湖南永州）徙蜀。江行，遇大风，将覆舟，祷于神而安，故立庙……按神为湖南永州所祀"②。原籍湖广宝庆府邵阳县的刘氏家族于雍正三年（1725）自家乡出发，迁居潼川府三台县落业，在其后裔供奉的神榜上有"家神郑公"的神位。据传其先祖入川，路遇强盗打劫，正当性命攸关之时，幸得一壮士手执钉耙相救，在刘氏家人恳请留下尊姓大名时，壮士笑答曰："在下郑洞天是也。"刘氏族人为怀念郑公恩德，请来巧匠，精雕细刻郑公骑马执耙偶像，供奉在家家户户的神龛上，并在家神榜上写上"郑公洞天陈顺二姓夫人"字样，一直传承到今天。③

第四，楚人所祀的坛神，为其他移民所供奉。迁川移民除从原乡带来一些神祇外，在定居巴蜀后，他们还兼收并蓄，将当地土著和其他移民所崇奉的保护神，搬进自己的中堂神龛之旁。这个神祇名曰坛神。1945年华西协合大学文学院社会学系学生王仲崛所撰《四川人所奉祀之鬼神》的毕业论文，其第五节为"保护神"。该文称，坛神信仰为四川地方的民间保护神，"他省似无此神之奉"④。所谓坛神，是指供奉于中堂神龛之旁的象征神祇的标志物。《四川省志·民俗志》有云：

> 蜀中旧俗，家之中堂，必置桌案香火，供神龛……坛神有两名：一曰"屋基坛"，又曰"蹬蹬坛""下坛"，刻石为之，上圆下方，供于室西南隅；一曰"筅筅坛"，又曰"上坛"，亦竹编，糊以色纸，中置鸡卵，供于家龛之侧，由楚入蜀之家多有之。旁列坛枪，或书"赵侯元帅、罗公仙师、五通盟主"等，旁书"领兵郭氏三郎"，乡人呼为"小神子"。俗，庆贺则杀一豕，

---

① 李全中：《三河场的三都司庙》，《四川客家通讯》2002年第2期。
② 光绪《金堂县乡土志》卷二《地理》。
③ 刘德敏、刘艺：绵阳《汉刘百世谱》，2013年，第327页。
④ 王仲崛：《四川人所奉之鬼神》，华西协合大学文学院社会学系毕业论文（手稿），1945年，现藏四川大学图书馆。承友人提供部分手稿录文，作为依据参据。

招十数村巫解秽扮灯,谓之"大庆"……凡家有祷祀,亦必如此。①

这种坛神之祀多在湖广人家中流行。有地方志认为,"楚人更多为坛神之祀,蛇神牛鬼不可穷纪,岁时或召巫觋,鸣金鼓,为优倡之乐以禳之,谓之曰'庆坛',此则淫矣"②。尽管如此,坛神之祀还是得到了四川客家人的认同。本来,在闽粤赣地区,客家人原本不供奉除祖先以外的其他神祇,但在迁居四川后,他们也像当地的湖广人一样,普遍信奉坛神。《成都东山的客家人》一书这样写道:

客家人认为"祖在堂,神在庙",所以家内不供奉其他神祇。客家人入蜀后受四川人的影响,在家里也有设其他神位的。我们在东山见到的老宅大门上贴有道士画的符,祖先神位下方供有土地,神桌旁有的供有观音大士,还有的在堂屋左角供有坛神。土地是保佑全家平安的,观音大士是救苦救难的。坛神则无形象,很小气,偶因语言或行动不慎触犯了它,它便会在家里作祟闹鬼。这时主人请端公来吹牛角、打卦、跳神,闹一个通宵以示庆祝,于是坛神便安静了。若家里有人患精神病,则可能是花花坛神作祟,设置了它的神位,病人便会好的。龙潭乡威灵村严明盛老人的老宅是一间土房,原来的祠堂已毁,于是将各神位聚于土屋内。③

在湖广文化居主流地位的巴蜀社会中,原来不信仰坛神的客家移民,在定居巴蜀之后,也普遍在神龛之下设置了坛神的神位。这一现象是巴蜀移民社会中民间的多神信仰交流融合的见证,同时也为巴蜀地区"粤人遵用楚俗"④提供了新的个例。

---

① 四川省地方志编纂委员会:《四川省志·民俗志》,四川人民出版社2000年版,第433~434页。
② 民国《彭山县志》卷二《民俗篇》。
③ 谢桃坊:《成都东山的客家人》,巴蜀书社2004年版,第99~100页。
④ 民国《重修大足县志》卷三《政事上·风俗》。

第十章 巴蜀移民历史记忆的传承

巴蜀历史上曾经掀起过无数次大规模的移民浪潮，留下了许多与移民相关的历史记忆、传说与故事。这些都是记录"过去"、复原历史的史料依据，是移民文化不可或缺的重要内容，更是巴蜀文化史中最富有传奇色彩的篇章。本章将以与巴蜀移民有关的历史记忆、传说、故事，作为"了解过去"的一种形式来探讨，借以揭示人口迁移给巴蜀地区所留下的深刻历史烙印。

第一节　巴蜀历史记忆的建构

在巴蜀历史上，由于战争和社会动乱而造成的史料毁灭和文化断裂，使整个社会陷于"结构性失忆"之中，这样的重大历史事件发生过多次。当动乱平定之后，人们出于生命本源的思考，自然便会唤起对于"过去"的"了解"和记忆的建构。本节借用记忆的理论[①]，对发生在巴蜀历史上的汉晋、明清之际两次记忆建构活动进行概述。

一、汉晋蜀史记忆

现有的考古发现表明，从广汉三星堆、成都金沙遗址等古文化遗存看，蜀人在被秦灭国以前，有策、有典，文化水平是很高的。秦人灭蜀后，在商鞅执政时曾经强制推行燔诗书的政策，秦始皇上台后又演出了焚书坑儒的惨剧。在这一过程中，震荡最大、受伤害最深的就是巴蜀大地上的人们及其文化。土著蜀人在秦军的追杀下，大部被迫南迁。开明王子安阳王在蜀亡后率所部兵

---

① 20世纪80年代以来，社会人类学在研究族群认同的过程中，创建了记忆的理论。记忆理论可以分为社会记忆、集体记忆和历史记忆三种。所谓"社会记忆"，是指所有在一个社会中借各种媒介保存、流传的"记忆"；所谓"集体记忆"，是指在前者中有一部分的"记忆"经常在此社会中被集体回忆，而成为社会成员间或某次群体成员间分享之共同记忆；所谓"历史记忆"，是指在一社会的"集体记忆"中，有一部分以该社会所认定的"历史"形态呈现与流传，人们借此追溯社会群体的共同起源（起源记忆）及其历史流变，以诠释当前该社会人群各层次的认同与区分（参见王明珂：《历史事实、历史记忆与历史心性》，《历史研究》2001年第5期）。

将三万辗转南迁,最后到达交趾之地,建立王朝,称雄达百余年之久。秦军占领巴蜀,使得巴蜀典册、珍宝被摧毁,物质文化和精神文化遭受到毁灭性的破坏,有关巴蜀祖先的历史被从记忆和口头流传里加以彻底扫荡。因此,从这个意义上讲,巴蜀文化之融入秦汉文化,不是自觉自愿、自然而然的过程,其间经历惨痛剧烈是不言而喻的。

对此,巴蜀文化专家谭继和先生在《巴蜀文化研究趋向平议》一文中指出,从文化学角度看,秦人推行的这些强制性措施,加速了巴蜀文化融入秦文化的自然历史过程,在一定程度上是历史的进步。但从蜀人思维的立场看,毁策灭典,灭国弃鼎,毕竟是难以接受的事实。所以,从两汉到南北朝,特别是蜀汉时期,我们看到了蜀人抵制坑灰同化,力图保持巴蜀文化独立性的尝试和努力[1]。

经过这次事件之后,巴蜀地区的人们失去了对过去了解的依据,为唤起对历史的记忆,不得不致力于搜寻既往的掌故旧闻。汉晋以来蜀中所掀起的整理蜀史典籍资料、重新建构巴蜀历史的高潮,就是在这种背景下形成的。徐中舒先生回顾了蜀汉时代文人学士搜寻蜀中掌故旧闻的背景与经过,指出:

> 汉灵帝末年,中原乱象已成。中原人士想找一个避难的所在,远的就是交趾,近的就是巴蜀……刘焉……为益州牧时,就有一班文人学士随之入蜀。在这个偏安小朝廷内,又有一班宾客陪着他谈宴寻欢,经常以蜀中掌故旧闻作为剧谈的资料……先蜀故事,既为刘焉时代文人学士达官贵人经常谈宴的资料,因此,就有人多方搜寻先蜀故事笔之于书,来敏、秦宓特其中最知名者。谯周少从秦宓问学……谯周作《古史考》既是阐述秦宓旧说,其掇拾先蜀掌故旧闻,亦当是承秦宓的余绪。[2]

在蜀汉来敏、秦宓之后约百年,成汉时代的蜀人常璩,撰写了一部集大成的著作——《华阳国志》。《华阳国志·序志》中追述了此前撰写过先蜀掌故旧闻的作者,称:"司马相如、严君平、扬子云、阳城子玄、郑伯邑、尹彭城、谯常侍、任给事等,各集传记,以作《本纪》,略举其隅。"汉晋以来

---

[1] 谭继和:《巴蜀文化研究趋向平议》,《社会科学研究》1996年第2期。
[2] 徐中舒:《论巴蜀文化》,四川人民出版社1982年版,第144页。

四百多年间，从汉人司马相如、扬雄、郑伯邑，到蜀汉的秦宓、来敏、谯周，再到成汉时代的常璩，蜀中史家以搜集传说、整理典籍为使命，撰写了多达二十多种蜀史著作。对于他们在整理巴蜀古史上的立场、观点，古往今来有着不同的评价。如唐人刘知幾作《史通》，曾经用常璩作地方史的标准来评刺扬雄："今观其《蜀王本纪》，称杜魄化而为鹃，荆尸变而为鳖，其言如是，何其鄙哉！"

崇州常璩塑像

以善于解构古史传说著称的史学大师顾颉刚，1941年在四川时，曾经关注过蜀史上的这一段"公案"。他撰文辩证《蜀王本纪》与《华阳国志》二书之异同称："扬氏所录固多不经之言，而皆为蜀地真实之神话、传说。常氏书雅驯矣，然其事非民间之口说，亦非旧史之笔录，乃学士文人就神话、传说之素地而加以渲染粉饰者……然此时代为之，可无责焉。"①顾颉刚先生还一针见血地指出，汉晋时代的蜀人对于蜀史的认识，有一个逐渐建构的过程：

  他们想，蜀中是天府之国，秦汉以来多么锦簇花团，如果说它在商周以前是个文化低落之区，毫无中原文化的积累，未免太煞风景。因此，他增一点，你补一点，从没有关联的地方想出关联，从没有证据的说话造出证据，结果，倒也很像个样子，他们的心头也算得到安慰了。②

由于受时代条件的局限，顾氏当时尚未掌握20世纪80年代以来四川考古重大发现所带来的新的历史事实，对于古蜀在商周时期即有灿烂的文明，巴蜀是长江上游的文明中心缺乏了解，因此对于这一建构结果深表怀疑。他说："不幸历代人士为秦汉大一统思想所陶冶，认古代也是一模一样的，终不肯说这一块地土上的独立，偏要设法把它和中原的历史混同搅和起来，于是处处勉强拍合，成为

---

① 顾颉刚：《〈蜀王本纪〉与〈华阳国志〉所记蜀国事》，载顾颉刚：《论巴蜀与中原的关系》，四川人民出版社1981年版，第78页。
② 顾颉刚：《古代巴蜀与中原关系及其批判》，载顾颉刚：《论巴蜀与中原的关系》，四川人民出版社1981年版，第32页。

一大堆乱丝。一班修史的人难以考核，把这些假史料编进许多史书里去。彼此纠缠，把人们的脑筋弄迷糊了，古蜀国的真相，再也看不清了。"①在这里，我们不得不佩服"古史辨"学派创始人颠覆旧史的勇气和"破坏"功夫，不过经其所建构起来的蜀史的合理性，则还需要经过历史的检验。

那么，今天基于新的历史事实知识，从重新建构巴蜀历史记忆出发，又该如何来评价汉晋以来蜀人整理古蜀历史资料的立场和方法呢？台湾学者王明珂对这段"公案"做了再解读，其中不乏启发意义。

首先，关于汉晋人整理蜀史出发点的问题。大量出土文物、遗存表明，古蜀早在商周时期即有灿烂的文明，但是，随后这一切被秦灭巴蜀所毁灭。于是，到了汉代，在巴蜀人与灿烂的古蜀文明之间，存在着一个巨大的文化"断裂"需要衔接。王明珂分析认为，当时的人们亟待解决的难题有二：其一，如何将灿烂的古蜀文明与秦汉之间的现实连接起来。其二，如何解释巴蜀文明从独具特色的文化"多元"，发展成为文化"一体"的华夏。面对这些问题，西汉末蜀人扬雄所著《蜀王本纪》，表达了当地人对古蜀君王的"失忆"。该文称："蜀之先称王者有蚕丛、柏灌、鱼凫、开明，是时人萌，椎髻左衽，不晓文字，未有礼乐。从开明已上至蚕丛，积三万四千岁。蜀王之先名蚕丛，后代名曰柏灌，后代名鱼凫，此三代各数百岁，皆神化不死，其民亦颇随王化去。"在这段文字中，"椎髻左衽，不晓文字，未有礼乐"，是将本地的过去蛮荒化；"从开明已上至蚕丛，积三万四千岁"，是将过去遥远化；"此三代各数百岁，皆神化不死"，是将过去神话化。

其次，汉晋人如何重构蜀史的问题。王明珂认为，《华阳国志》是蜀人最早的本土历史著作，它的书名为"华阳"，即含有居于华夏南方边缘之意。这本书在述说蜀（与巴）的起源时称："黄帝为其子昌意娶蜀山氏之女，生子高阳，是为帝喾，封其支庶于蜀，世为侯伯。"然而在此之前，常璩在本书中引述了另一个说法：《洛书》曰："人皇始出，继地皇之后，兄弟九人分理九州为九囿，人皇居中州制八辅。华阳之壤，梁岷之域，是其一囿。囿中之国则巴蜀矣。"这样的表述显示，常璩在建构蜀人的起源时，是遵循了某一固定模式，

---

① 顾颉刚：《古代巴蜀与中原关系及其批判》，载顾颉刚：《论巴蜀与中原的关系》，四川人民出版社1981年版，第2页。

即以两种历史心性①，来说明本地人的"起源"，来回忆与建构"历史"。其一是"弟兄故事"概念。作者述说巴蜀、中州及其他地区的华夏都起源于几个"弟兄"；但承认"人皇居中州"，自己的祖先居于边缘之巴蜀。其二是"英雄圣王历史"概念。他将本地古帝王的起源溯自黄帝，但承认黄帝为正宗，蜀的帝王为黄帝"支庶"。两种述事所显示的情境都是——当时的蜀居于"华夏边缘"或"中国边缘"。"弟兄故事"和"英雄祖先历史"，是解释中华民族祖先来源时所产生的历史记忆或历史述事。常璩在《华阳国志》中，套用了这两种模式来解释古蜀祖先的来源，将蜀人起源溯及黄帝，溯及人皇的弟兄，黄帝、大禹也被攀附而成为一些华夏边缘族群的祖先，华夏边缘便在如此的过程中向外迁移，于是，新的蜀史建构出来了，边缘内的"多元"也因此成为"一体"了。②

通过上述可见，汉晋时代的蜀人基于先秦与秦汉之间存在的失忆状态，以及蜀地在整个华夏中居于边缘位置所带给当时人的心理感受，为了把这一文化断裂衔接起来，为了给这种边缘化的地位寻找合法的祖源和现实的立足依据，于是竞相起来建构蜀史，撰写蜀史著作。他们在整理典籍的过程中，不惜以"蛮荒化""遥远化""神话化"的手法，同时借鉴西南各地方族群使用的"弟兄故事"来合理化其与邻近民族的关系，编造"英雄祖先历史"的叙事模式，来解释古蜀祖先的来源。这种做法正好代表了汉晋时代的蜀人，企图通过集体回忆来重新建构巴蜀历史的不懈努力，难怪他们的作为受到古往今来众多史家的关注。

二、明清历史记忆

明末清初以来，四川社会又经历了一场巨大的浩劫，导致"故家遗籍荡为灰烬"。生活在这一背景下的四川姓氏家族，大多经历了一段刻骨铭心的颠沛流离乃至死里逃生的岁月。及至清初生活安定下来，有条件记录下这段难忘经历的人们，无不对往昔的苦难遭遇感叹唏嘘，恍若隔世。然而，每当提及自己祖先的来历时，又往往缺乏清晰的记忆。

---

① 王明珂在《历史事实、历史记忆与历史心性》一文中解释，所谓"历史心性"，指人们由社会中得到的一种有关历史与时间的文化概念。
② 发表于《历史研究》2001年第5期的《历史事实、历史记忆与历史心性》一文，即为王明珂于2000年12月28日在四川大学"新世纪史学论坛"的演说稿。

"用进废退"是一个不可更改的历史法则。生活中充满活力的文化通常被珍惜，而经常不用的文化则难免消失。史上大多数极端时代——"黑暗时代"恰好为神秘的"集体失忆"布置了舞台。这是因为，这一时代不仅使人的生命朝不保夕，陷入危机，而且更使传承文化的机制出现断裂。明清易代中巴蜀社会中的集体失忆现象就是在这一历史场景中发生的。

经过明清易代社会剧变之后，人们大多失去了传承记忆的主要载体——族谱。正如名山县《胡氏家谱自序》称："蜀之家有谱者鲜矣。彼其大难蒙劫，匪惟莫详世代，甚有子不能名其父，孙不能名其祖者……今幸沐国家亲睦之化，已逾百年，保聚数世，谱可五服内外矣。但习俗相沿，家不立庙，四时之祭，率多缺典，安问其谱牒何如？"①重庆涪陵《徐氏家谱》所称："明清交际，世运否极。由楚达蜀，道途遥遥，仓皇奔走，或彼时未暇携谱，或携谱而失于中途，亦乱世人民之常识。"②

这点，在清代以来四川一些族谱序文中得到充分的反映与证实。如说："国初（按：指清初）自他省迁来者，其先祖类皆携有谱也。惟是鼎革之际，天下大乱，蜀地尤甚。土著遗黎，以兵燹余生，仅延一线，至问其家谱，则大都灰烬矣！"③明末之变，"人遭兵火，而谱亦云亡"。④"明乱阖室自焚，家谱已为煨烬。故有元以前，世系莫考，而有元以后者，仅得自父老历世之传闻矣！"⑤"不惟旧谱散失，而先代世系并无片牍片简略传其事者。"⑥"甲申之变，相与藏旧谱于青杠湾古坟空隙，恃其地之灌莽也。献'贼'既歼，王师定蜀……呕觅藏谱，已为乌有！"⑦

明清易代失忆现象的产生，与战乱所造成的族谱散佚、宗族世系混乱是分不开的。清初苟全归里的土著居民，在返回故土后，首先就面临着祖先家世回忆上的巨大困难。正如名山县《胡氏家谱》痛心地说："蜀之家有谱者鲜矣。……虽有孝子慈孙，兴水木之悲，深本源之痛，毕智力以求次其祖先，能

---

① 光绪《名山县志》卷一三《选举·列传一》。
② 涪陵《徐氏家谱》"涪陵徐氏家谱补修序"，1935年石印本。转引自梁勇：《"麻城孝感乡"：一个祖源地记忆的历史解读》，《学术月刊》2009年第41卷3月号。
③ 王楷：光绪简州《施氏族谱·序》，民国《简阳县志》卷一七《士女篇·氏族》。
④ 刘天成：乾隆简州《刘氏族谱·序》，民国《简阳县志》卷一八《士女篇·氏族》。
⑤ 周朝珍：光绪简州《周氏族谱·序》，民国《简阳县志》卷一八《士女篇·氏族》。
⑥ 李文潮：光绪简州《李氏族谱·序》，民国《简阳县志》卷一八《士女篇·氏族》。
⑦ 李凤年：简州《李氏族谱·序》，民国《简阳县志》卷一八《士女篇·氏族》。

保口出之而无外舛讹，耳闻之而无戬误乎，是可慨矣。"①一位曾经在雍、乾时期历任蒲江、大邑、大竹、大足、南川、荣昌六县官职的江苏武进人许元基，在《续修荣昌县志序》中证实，当时各县文献典籍尽毁，"在在皆然"。"一二逃窜复业之人以儿童生长兵间，问其轶事，茫然无知"。为了弥补纂修县志资料匮乏的缺陷，当局不得不"留心访问"，到处"搜阅残碑断碣"②。

正是在这样一个官方民间都为失去古典谱牒而遗憾叹息，并不断通过努力来填补这段失忆空白的时代，无论对于明代迁入、清初回籍的土著居民，还是对于清代新迁入的移民家族，都面临一个如何建构家族历史，如何追寻自己祖先迁川的合法依据的问题。

恰逢此时，康熙、雍正皇帝都曾号召纂修家谱，地方官员也热衷于劝说百姓编修家谱，这使得家谱数量大增，几乎姓姓有谱，族族有谱，只要是条件允许，几乎家家有谱。在清代，修谱几乎成了中华民族一项全民性的文化活动，这就为巴蜀大地的人们重构家族祖先的历史带来了新的机遇。巴蜀地区的人们，为了构建合理的祖先来源，自然会不遗余力地挖掘被遗忘的旧闻，并根据需要有选择地将祖先的事迹记录到族谱之中。那么，他们又是怎样在族谱中来建构各自家族的历史的呢？这需要了解家族的构成与功能。

根据中山大学刘志伟教授研究广东族谱的成果表明③，每次修谱的资料来源，都包括了记录人们口述资料的成分，即使根据祖先神主作为主要依据，祖先之间的关系，也需要依赖口述记录。更何况第一次修纂族谱的时候，可以想象必然是以口述资料作为主要依据。各地修谱的经历虽然有差异，但对于口述资料的依赖关系，应该是共通的，没有地域差别的。在四川，我们所能见到的移民家族的族谱，大多也是这样构成的。

当定居四川的移民家族，以族谱载体来书写自己家族的历史并保存相关移民历史时，他们用以建立自己家族世系和家族发展历史的史料依据，大体分为口述的和文字的两种。其中口述的，大多源于一代代传承下来的关于祖先来历与创业过程的口授与回忆；而见诸文字的，则又分为两类。一类是把前人的口

---

① 胡方井：乾隆三十七年（1772）《胡氏家谱自序》，载光绪《名山县志》卷一三《列传一》。

② 光绪《续修荣昌县志·序》。

③ 刘志伟：《族谱与文化认同——广东族谱中的口述传统》，上海图书馆编《中华谱牒研究——迈入新世纪中国族谱国际学术研讨会论文集》，上海科学技术文献出版社2000年版。

述史料与回忆笔录为文字，这类文字从史料学上看，也仅仅是间接史料，而非第一手的原始史料；真正称得上第一手原始史料的，是另一类文字，即包括记录在神主牌位、墓碑、宗祠上的文字，以及反映家族人口存亡的登记簿、反映家族分家的分关文书，以及其他土地房屋买卖关系的契约文书等。由于后者具有载录当时人当时事的性质，是文字书写时代的证物，在今天看来，除了具有重要的史料价值外，同时又具有相当的文物价值。

需要指出的是，族谱虽然是文字的成品，但是它在变成文字前，也是在编修成谱时，依赖口头史料整理成文字的。因此，通过各种形式编撰的民间姓氏族谱，只不过是反映四川开基祖之前的家族历史的口述资料集成罢了。口述资料在编修族谱中的价值和作用是重要的，经当事人回忆出来的人和事，尽管带有个人的见解，但却具有亲历亲见亲闻的特点，只要与当时的其他资料加以比照、印证和考订，仍不失为重要的史料来源。

当然，口述资料也是有明显局限的。这主要表现在：一、依赖口头流传记忆的系谱，一般只能讲述几代先祖的谱系关系，更早的祖先谱系关系，往往是不清楚的。二、口述传统的记忆，一旦成为文字的记录，后来的编撰者就总是企图把原来口述传统的痕迹抹掉。其中很重要的就是把中断的世系接续起来，把缺失的祖先名讳补上。显然，这样的整理补充，大多带有后来编撰者的改写意图，很难保证不失真。三、一些生动活泼的生活史资料，也因人为的加工变为呆板的文字叙述，反而使不少有价值的生动资料流失。所以我们今天见到一些清代和民国年间的谱牒，其所建构起来的四川移民家族历史，往往是编修者的文化水平越高，族谱的文字越精练，文学修饰痕迹越重，其所保留的有价值的资料越少，就是个原因。

第二节　巴蜀历史记忆的类型

根据明清以来巴蜀地区人们通过族谱重构历史的实际情况，可将这一地区历史记忆的内容归纳为三种类型：创伤性记忆、苦难性记忆、想象性记忆。

一、创伤性记忆

创伤性记忆（精神创伤或心理创伤）是指那些由于生活中具有较为严重的

伤害事件所引起的心理、情绪甚至生理的不正常状态。①集体创伤记忆不仅存在于受害者群体中，也见之于加害者群体。受害者的创伤和加害者的创伤，不仅浮现于个体记忆中，也是各自社会环境的集体特征和标志。②

在明末清初四川历史中，没有比"张献忠剿四川"更让外省人关注的了。正如郭沫若在《我的童年》中所说："四川人在明末清初的时候遇过一次很大的屠杀，相传为张献忠剿杀四川。四川人爱说：'张献忠剿四川，杀得鸡犬不留。'这虽然不免有些夸大，但在当时，地主杀起义农民，农民杀反动地主，满人杀汉人，汉人杀满人，相互屠杀的数量一定不小。在那样广大的地面，因而空出来许多吃饭的地方来。在四川以外，尤其是以人满为患的东南，便有过一个规模相当大的移民运动向西发展。"③

关于记述张献忠屠蜀事件的文献，以《蜀碧》最为著名。《蜀碧》专记张献忠杀人之事，起自明崇祯元年（1628），迄于康熙二年（1663）。作者彭遵泗，为四川丹棱人，乾隆二年（1737）进士，入选翰林院庶吉士，该书为其早年入京时所作。该书收录了大量史料，其所征引书目几乎囊括了记张献忠事的所有史料，其中包括《明史》《明史纲目》《明史纪事本末》等二十五种，考证工作做得很深、很细，收入《四库全书》。鲁迅评该书是"讲张献忠祸蜀的书，其实不但四川人，而是凡是中国人都该翻一下的著作"④。鲁迅还在《晨凉漫记》一文中，推测过张献忠"剿四川"中的杀人动机，指出："其实是别有目的的。他开初并不很杀人，他何尝不想做皇帝。后来知道李自成进了北京，接着是清兵入关，自己只剩下没落这一条路，于是就开手杀，杀……他分明的感到，天下已没有自己的东西，现在是在毁坏别人的东西了……所以就杀，杀人，杀……以杀治兵，用兵来杀……"⑤

张献忠屠蜀事件既让外省人关注，更让四川人纠结。任乃强先生曾经

---

① 《百度·百科》，本词条由"科普中国"百科学词条编写与应用工作审目审核，贡献者系中国科学院心理研究所副研究员王玮。
② ［英］杰拉德·德兰迪、恩靳·伊辛主编，李霞、李恭忠译：《历史社会学手册》，中国人民大学出版社2009年版，第595页。
③ 郭沫若：《郭沫若选集》（一）卷上《我的童年》，四川文艺出版社1994年版，第10页。
④ 鲁迅：《且介亭杂文·病后杂谈》，《鲁迅全集》第6卷，人民文学出版社1981年版。
⑤ 鲁迅：《准风月谈》，《鲁迅全集》第5卷，人民文学出版社1973年版，第281页。

写过一篇《关于张献忠史料的鉴别》的文章①,对有关张献忠的史料做过详细的总结。其所列的文献除《明书》《明史》之外,还有《欧阳遗书》,亦叫《蜀乱》,作者为四川广安生员欧阳直,记叙了他身经目击四川三十五年(1627~1661)战乱的真事。但他对任何人都无贬词,只老老实实说自己的遭遇。由于他的历史较为复杂,所以他的子孙不敢暴露。至道光二年(1822),他的第五世孙欧阳鼎才在成都将其公开梓行。《五马先生纪年》,四川简州(今简阳市)傅迪吉撰。康熙三十五年(1667)成书。《蜀破镜》,道光二十三年(1543)郫县孙拱(子俊)撰。有自序,说他于道光辛巳(元年)重刊《蜀碧》,任校雠。其冬又借得《荒书》,因"博征胜国诸老传记及国初史馆名臣奏书纂述"。其痛骂张献忠,有以胜过《蜀碧》。《荒书》为四川新繁费密于康熙八年(1670)所撰,此书自序云:"别书所载,或有异同。盖知者不能言,言者未能悉。此历代野史稗官,足备正史取材而密荒书所由作也。"但当清修明史,求书时,他不肯献,并嘱子孙秘藏之。光绪时始有刻本。《圣教入川记》,作者为法国传教士古洛东,初版于1918年,由重庆曾家岩圣家书局印行。书中对张献忠杀人情况多有记述。《劫后录》,四川开江冯梦龙记其身所经历见闻,其子孙保存到民国初始石印。《流离传》,四川南充韩国相记丙戌逃避大西军流转事。大抵当时幸存人物所记祸乱之书,皆饬子孙秘守,不愿示人。1928年修县志征书时,其裔孙乃献出。《罪惟录》,成书于康熙十一年(1672)。该书写成后,即覆壁深藏,秘不示人,冀以免祸。原稿涂抹殆遍,不可卒读。辛亥革命后,始见于世,藏于吴兴刘氏嘉业堂。1936年,商务印书馆据该藏本影印出版,收于《四部丛刊》三编中。《大西通纪》,作者佚名,审是献忠战友逃死遁世后所写的私史,原叫《劫余传信》。任先生于1942年听闻此书保存者善谈献忠事,但自言世守此书,不肯示人,于是托人抄回。只二卷,记献忠经历,文殊简略。如此等等,不一而足。

通过上述梳理可见,单从文献的普世过程来看有一大特点,即绝大多数作者对于自己记述张献忠的书都"秘不示人",所以这些文献虽然最早有的已于康熙年间成书,但其公开刊印出版的时间却在道光年后,或者更多是民国前后才公之于世。我们知道,张献忠"屠蜀"被这些著作记述或公开的背景,正值太平天

---

① 任乃强:《关于张献忠史料的鉴别》,载《张献忠在四川》(《社会科学研究丛刊》第2期),1981年2月。

国、蓝大顺起事，以及随后的辛亥保路风暴、军阀混战等动乱不断发生之际。这些事件在很大程度上激发了民众对于战乱的记忆，强化了人们对历史上张献忠"屠蜀"的记忆，从而使得张献忠"屠蜀"的故事被不断地制造出来。上述著述的作者，多为四川人，或有过在四川的生活经历。因为"张献忠剿四川"事关重大，其所撰著作，并无刊印动机，只是作为见闻保存下来。后来随着时代变化，这才逐渐作为一种历史记忆公之于世。可见，"张献忠剿四川"的历史事件，不失为巴蜀"集体记忆"中最牵动川人神经的"创伤性记忆"。

对于上述文献所记录的张献忠屠杀四川人情况是否真实客观的问题，我们暂且不去讨论，这里仅从"历史记忆"视角做一解读。

20世纪末，伴随着后现代史学对科学实证研究的挑战，传说与历史二元对立的关系遭到质疑。一种把传说视为与历史同等意义的"历史记忆"，并强调在思想史意义上进行解读的方法风靡一时。这一研究问题的主旨取向，不在于对传说本身的真伪进行评说，而在于解析其"如何"真伪和"为何"真伪。在这样的研究思路下，本书认为没有必要再在"张献忠屠蜀真相"的陈旧话题上继续纠结下去，而应当提出一些新的话题展开讨论。试问：在明末清初改朝换代的斗争中，在各派政治、军事势力竞相争斗的巴蜀战场之上，各方的杀戮行为不绝于书。为何事后人们只抓住张献忠一人大加挞伐，而放过其他各方不加责问？换言之，为何张献忠会成为各方一致讨伐的对象？

美国思想家汉娜·阿伦特（Hannah Arendt，1906~1975）在《论革命》一书中，在介绍卢梭建构《民众共同体》的理论时曾经指出："为了他的这个民众同一体的建构，卢梭求助于一个貌似简单有理的例子。他从日常经验中获得灵感，两种相互冲突的利益在遭遇与他们均为敌对的第三方时就会团结起来……问题的关键在于，只要将所有的特殊意志和利益加起来，这个隐藏起来的敌人就可以上升至共同敌人的层次，从内部实现民族统一就有了着落。这个民族内部的共同敌人就是所有公民特殊利益的总和。"[1]卢梭还引用德·阿冉松侯爵的一句名言："两个特殊利益，通过与第三方的对抗而达成一致"，进一步补充说，"也许还应加上一句，所有利益达成一致是通过与每个特殊利益的对抗而实现的。如果没有利益分歧，就很难感觉到共同利益，因为它畅行无阻。如果所有人都我行我素，政治就不再是一门艺术了。"这就告诉我们，从

---

[1] ［美］汉娜·阿伦特著，陈周旺译：《论革命》，译林出版社2007年版。

政治斗争的艺术上讲,"两个特殊利益,通过与第三方的对抗而达成一致",是一个普遍适用的原则,它有助于我们厘清古往今来各种复杂的政治军事斗争形势。结合明末清初的历史实际,可以发现在"张献忠剿四川"历史记忆广泛流传的背后,是另有隐情可探的。如果从现实利益获得者角度来分析,不难找到解决问题的关键。

清朝初年,统治者在剿灭了张献忠在川的势力,恢复巴蜀地域的统治秩序之后,从维持统治利益的立场出发,急迫需要一种舆论,既抹黑张献忠,同时又为自己在剿灭中的大肆杀戮行为辩护。可以说这是统治阶级的惯用伎俩,不须多费笔墨加以解释。散播"张献忠剿四川"的舆论,正好可以洗清自己也是"加害者"的名声,清朝统治者显然是现实利益的最大获得者。而对于普通老百姓来说,接受并传播这种传说,也并非没有实际好处。置身于这一传说的场景之中,普通老百姓的"受害者身份"得到了进一步的确认,这有助于他们在社会关系中获得互相的同情与支持,显然普通老百姓也是受益者。尤其是在明清易代的特殊历史背景下,在持续动乱的局势中,四川各地一度被各派政治势力(包括清军、南明军、张献忠农民军及其余部,还有吴三桂的叛军)所控制,斗争错综复杂,内部矛盾重重,社会因此四分五裂。可以设想,在被各种政治军事势力控制的四川地盘上,各地的人们未必都是始终如一地、坚定地站在反对张献忠,支持清朝统治者的立场。但当动乱既已平定,社会秩序恢复正常之际,地域社会关系面临重新建构与整合时,从维持社会关系的平衡出发,急需一种舆论来对既往的地域社会历史背景、乡村内部关系和村际关系中出现的问题作出合理的解释。正好"张献忠剿四川"的传说为之提供了最为有利的根据。因为从整合地域社会的需要出发,官民双方在共同对付"第三方"找到了"特殊利益"的结合点,这个第三方就是"张献忠剿四川"这个靶子。于是"张献忠剿四川"的舆论得以在清代社会中畅通无阻,广泛流传,各种有关"张献忠剿四川"的野史秘闻纷纷破土而出,竞相被挖掘刊印出来了。

在"张献忠剿四川"历史记忆的背后,土著四川人不管其祖先在明清易代中的政治立场如何,在复杂纷繁的斗争中分属何种派别政治势力,大家都可以把过去的利害冲突一笔勾销,都可以在现实社会中找到共同有利的立足点。即大家都是"张献忠剿四川"的受害者,都是四川地域社会的参与者,新的历史的创造者。而对于在清初移民运动中新迁入的外省移民,这一传说也为自己迁居四川的合法性找到了依据,难怪迄今人们谈起"湖广填四川"运动,无不把它与"张献忠剿四川"联系在一起,进而得出"如果不是张献忠屠四川,就没有湖广填四川"的结论。显然在清代官府、民间士绅与普通百姓的社会网络中,无论土著还是外省移民,大家都在追溯自己祖先的历史,解释自己祖先在明清易代中的立场与表现,以及因何故来到四川等问题上取得了一致,实现了"利益的总和"。这样,张献忠就从明清各派政治势力对立中被孤立出来,毫无争议地成为四川社会内部的"共同敌人"。

当"张献忠剿四川"作为整合四川地域社会的最早起源,成为人们的"集体记忆"之后,它即积累沉淀在巴蜀地域文化之中,便成为一种历史事实知识而代代相传。远离这段历史的巴蜀后代,由于对这段历史的"茫然无知",他们追忆这段轶事时,往往有意无意地重复着长辈流传下来的张献忠"屠蜀"的故事,甚至还根据自己对现实生活的历史背景的理解,而不断增加一些新的内容,或添油加醋,或随意夸大,这也是在所难免的。这正是百姓"历史记忆"的典型做法,在全国各地普遍存在,四川也概莫能外。正如有学者指出,百姓的"历史记忆"表达,常常是他们对现实生活的历史背景的解释,而非历史事实本身。乡村社会研究者的学术责任,不在于指出传说中的"事实"的对错,而是要通过对百姓的历史记忆的解读,了解这些记忆所反映的现实的社会关系,是如何在很长的历史过程中积淀和形成的。[①]因此,从这个意义上讲,只有将"张献忠剿四川"的传说置于四川地域社会具体的时间序列之中,才能更有"地点感"地(不是空洞式地)理解这些故事的内容和表达方式,从而也才能找到破解这一"创伤性记忆"奥秘的入门钥匙。

二、苦难性记忆

苦难性记忆是以人生的苦难经历为依据而引起的心理活动。给一个民族、一个家族、一个家庭乃至个人带来苦难遭遇的因素很多,范围很广,大至战争、社会动乱、天灾人祸,小至生老病死、人生际遇;但对于一个有着移民迁徙经历的家族、家庭和个人来说,迁徙途中所遭遇的苦难、挫折,无疑是最刻骨铭心的。在有着悠久移民迁徙历史的巴蜀地区,长期以来广泛流传着"解手"的传说,以及四川人祖先是被"捆绑入川"的故事,就是这类苦难性记忆

[①] 陈春声、陈树良:《乡村故事与社区历史的建构》,《历史研究》2003年第5期;赵世瑜:《祖先记忆、家园象征与族群历史》,《历史研究》2006年第1期等。

的典型案例。

早在抗战时期，寓居四川的顾颉刚先生曾经以杂记的形式，对流传于四川的"解手"一词的含义和来历做过一番考证。他在文章中说："俗谓溲溺为'解手'。初不明其义，及入四川，乃知明末蜀人未遭张献忠屠戮者仅得十之一二，膏沃之地尽化草莱。故清初政府强迫移民，先以湖广之民填四川，继以江西之民填湖广。当移民之际，悉系其手，牵之而行，若今日之拉壮丁然。被移者内急，辄请于解差曰：'解手！'遂相承以解手作便溺之代称，流传外方，莫诘其义。犹学童应试，就厕时必领出恭牌，亦遂称就厕为'出恭'也。"①

在四川各地，至今仍流传的关于清初移民被"捆绑押送入川"的民间故事，讲述了一个关于大小便为何叫作"解手"的来历，还把对四川人的祖先如何在清初被官府"捆绑押送入川"的经过，描述得绘声绘色、娓娓动听。两百多年来，这样的民间传说遍及城乡，几乎到了家喻户晓、妇孺皆知的地步。例如在一则关于清初客家人迁川由来的介绍中，就有这样的文字说明："张献忠剿四川，杀得沃野千里的天府之国几乎绝了人烟。朝廷便下令湖广（当时的湖南、湖北省的总称）、广东和江西等省的客家人西迁四川。客家人难舍家园，拒不从命。朝廷只好令士兵用绳子把他们的手拴起来，连成一串，押来四川。

捆绑入川想象画

---

① 顾颉刚：《蕲弛斋小品》，北京出版社1998年版，第121页。

半路上要拉屎撒尿的客家人只好叫士兵将拴在手上的绳子解开。从此，人们就将拉屎撒尿婉称为'解手'。"①另有一位网友在网络论坛上这样写道："我老家是四川富顺县的。我们家的家谱上也记载是'湖广填四川'的时候从湖北孝感搬过来的，并且那个关于捆绑痕迹的传说我还是今年春节才听我妈说起，她还特地看了看我的胳膊，还真有。想不到在这儿还遇到两个老乡。"②

按照常理来分析，一般一群人双手被反剪着捆绑，强行押解到很远的地方，途中的花费不是一个小数目。在清初四川社会普遍荒芜、各级官府人力、财政普遍吃紧的情况下，不惜增大"移民成本"，舍近求远地到外省去捆人入川，地方财力是承受不起的。再说，移民也不可能在迁川途中短短几个月的时间内，就养成一种足以影响后代的"双臂反背在背上走路"的习惯。就算少数人因此养成了这种习惯，而"奉旨入川"的移民，也不可能去学双手被反捆着走路这样名声极不好的走路姿势。因此，无须具备多少历史常识，仅凭常理就可以判断，在这一传说背后，肯定存在着附会历史的情况。

根据笔者的研究③，这一传说的产生完全是附会历史的产物，即是把发生在明初的强制移民现象，附会到清初历史中来的结果。我们知道，"解手"一词出现的时代较早，但是，等同于"解溲""解便"之义的"解手"，只是到了明代才普遍流行于市井与军营之中，证明明代才是"解手"一词的滥觞阶段。在当今中国，"解手"一词流行之广，遍及四川、湖北、山西、山东、河南、安徽等省，此外，在北京、邯郸、呼和浩特、齐齐哈尔、锦州、哈尔滨、郑州、西安、西宁、重庆、贵阳、徐州、崇明等地，也都有这个用法。④各地有关"解手"的传说，俯拾皆是，内容大同小异，都认为它与历史上捆绑"押解犯人或移民有关"。而且，在四川以外的地区，几乎都认定"解手"是明初强制移民政策的产物。

环顾国内流行"解手"传说的地区，无不在这一时期的重点人口迁入迁出区域范围之内，包括四川地区概莫能外。在明代，无论是迁往太行山以东的洪洞移民、江西徙楚的赣民，还是由楚上川的湖广移民，都是根据皇帝敕旨由当局派员组织实施的。移民关系到明王朝统治秩序的维护，必须实行；组织移

---

① 洛带镇游客服务中心：《中国西部客家第一镇》，2003年。
② 摘自天涯社区论坛，2008年5月。
③ 陈世松：《"解手"的传说与明清"湖广填四川"》，《中华文化论坛》2003年第3期。
④ 刘淑萍：《"解手"的起源》，长江日报主办的汉网。

民是各级官员的任务，必须遵旨完成。这样，各地移民也就不得不被驱赶上路了。结合《明史·刑法志》的有关规定，凡处以流刑的人，在上路前还要根据所犯罪行的大小，先分别处以杖刑或笞刑。加上道路的险峻、气候的恶劣、押送者的折磨，旅途之艰辛困苦是可想而知的。各地传说中内容与细节的相似性，证明它们是在同一个明代皇权专制下的产物。正如移民史专家曹树基所指出的："至今在华东、华北、西南、西北的许多地区，都流传着关于先祖流徙而至的动人传说。这些传说所具有的某些细节的相似性，使人相信这是当年某种制度的产物。"[①]

四川作为大明王朝下的一个行政区划，自然摆脱不了推行强制移民的背景，因此，同其他众多地区一样，流传同样内容的"解手"传说，应该是毫不奇怪的。根据目前所见族谱资料，明初被政府作为移徙对象而在四川安置的楚民，在移徙动因上大致有以下几种说法：

其一是"德化"入川说。四川隆昌《黄氏族谱》载：

明洪武初，以为四川乃近西隅夷地，非德化不能测也。惟孝感乡人民可以化之，诏饬差遣之。凡明初来者，皆麻城孝感乡人也。[②]

其二是"麻城好反""流罪入川"说。麻城《陶氏宗谱》中保存的《五户叙》一文称：

妣（陈氏）携三幼入金刚台（河南商城县）。大明定鼎六年方归麻邑。邑只有秦、黄、陶、李、毛五姓，以麻城好反，众皆掉于四川矣！[③]

民国资阳《陈氏宗谱》亦载：

明太祖初起兵时，曾在麻城受人民反对，既而太祖登位，欲将麻城的人民概行杀戮；诸臣恳免不从。刘伯温再三谏阻，始以流罪入川。并且入川的人，

[①] 曹树基：《中国移民史》第五卷，福建人民出版社1997年版，第8页。
[②] 《黄氏族谱·先世事迹》，《隆昌县志·社会风土上》（稿本）。
[③] 李敏：《从麻城各姓氏族谱看湖广麻城孝感乡移民现象》，载陈世松主编：《移民文化与当代社会——纪念"湖广填四川"340周年论文集》，四川人民出版社2009年版，第331页。

尽以绳索系来。①

其三是抽取陈氏旧部说。根据史料记载，陈友谅覆灭后，在荆襄诸郡多款附的情况下，其间旧部多"观望自疑。亦有山寨遗孽，恃险阻聚众殃民"②。所以，明朝在平定陈友谅余部之后，即决定将散处各地的遗卒旧民予以集中。史书上有"朝廷尝遣使下县，取陈氏散卒"的记载③，表明被从湖广各地抽取的这批陈友谅的旧部，在集中起来后，很可能被异地迁入到那些急需劳动力的州县。而四川在明初正是劳动力缺乏的地区，因此，以这部分流徙之人来填补四川人口之缺，是完全可能的。

这表明，在明代作为移徙对象迁入四川的湖广人中，确实存在着强制迁徙的现象。而在明末清初，为了填补四川人口的空虚，除了湖北地区以外，长江中下游的湖南、江西，以及岭南地区的广东、福建等省，也加入到向四川输送人口的行列。这一形势就决定了，类似明初政府那样强迫某一地区向四川地区迁民的可能性大大降低了。换言之，四川地区在接受移民的来源上，已不像明初那样，仅仅依赖毗邻地区湖北黄州、麻城一途。再说，清朝政府在四川地区一直推行鼓励移民的政策，强迫某部分民人来填四川是行不通的。在这样的政策背景之下，很难相信，数量如此众多的移民，会是被清朝政府采取强制手段捆绑押解入川的。最后从移民动机而论，当时迁川的移民，不管是谋生和致富，都属于移民自愿的行为，与带有政治和军事原因的强制性移民，是根本不相同的。

既然如此，为什么四川地区不把"解手"的传说归源于明初，而是归源于清初呢？这并不是因为四川历史上真的发生了可以超越当时国内形势和社会背景之外的普遍存在的强制移民现象，而仅仅是因为，四川地区在明初兴起"湖广填四川"的移民活动之后，继而在清初再一次出现了规模更大的外省移民填川潮流。由于在这两次移民活动中，湖广人占大多数，因此都被称为"湖广填四川"，而且两次移民中都有"奉旨填川"的说法，这样，在民间难免不发生混淆。"解手"一类故事，原本是前一次移民运动的产物，却被人为地附会到

---

① 民国资阳《陈氏宗谱》卷一。
② 《明太祖实录》卷一五。
③ 《明太祖实录》卷一三二。

后一运动身上。

由此可见，肇源于元末、历经明清两代的大规模移民活动，长达三百多年，对四川后代的影响特别深远，因此，移民迁徙始终是巴蜀集体记忆持久不变的主题。在四川，移民家族的迁徙经历不仅是一部赞美先世的英雄史诗，更是一部值得传诸后世的生动教材。苦难记忆不仅对于每个民族，而且对于一般家族也是不可缺少的一课。当年移民们在沧桑岁月中，在罕见的迁川途中所经历的旷世磨难，痛苦遭遇，悲欢离合，为前人与后人、古人与今人、历史与现实、昨天与今天的对话沟通，架设了一座心灵感应式的精神桥梁。正是在这样的背景下，采用移花接木、张冠李戴的手段，为自己祖先建构一段苦难传奇经历和动人传说，炮制出一个与众不同的、有关"解手"来历的四川版本，完全是顺理成章的事情。在这里，它既可以从历史中找到存在影子，又符合移民家族迁徙的经历；至于其中附会历史的做法，不过是将故事发生的场景略作置换而已。

三、想象性记忆

在心理学中，"记忆"与"想象"是两个概念。前者是过去意识，后者是现在意识。当代科学实验的最新成果表明，人的大脑对过去的记忆与对未来的想象有着密切的关系[①]。人们出于应对未来挑战，经常唤醒对自我过去的记忆，这时人脑中的"现在意识"与"过去意识"就形成密不可分的心灵图像。所谓"想象性记忆"，就是在这样的心灵图像网络中，为应对现实需要而唤起的一种对自我过去回忆的心理意识活动。

"想象性记忆"现象广泛存在于社会生活的各个领域，不胜枚举。这里仅结合川渝民众心中普遍存在"麻城孝感乡"现象作一解剖和说明。

众所周知，孝感乡作为麻城县所辖的一个乡，在明代历史上确实是存在过的，它的地理方位在麻城县西。从康熙《麻城县志》的记载可知，孝感乡的行政建置的撤销，发生于成化八年（1471），其原因是"户口消耗"，孝感乡因此并入到了仙居乡。九十多年后，到了嘉靖四十二年（1563）建置黄安县的时候，太平、仙居二乡又划分一部分地方归并到黄安县。按理说，随着行政建置

---

① 《大脑对过去的记忆和对未来的想象有着密切的关系》，中国科技信息网Chinainfo，2007年1月5日。

的调整,"孝感乡"这个地名应该从此逐渐消失了,然而,它非但没有退出历史舞台,反而在中国移民史上占据着重要位置。

"麻城孝感乡"作为一个地名实体,它之进入四川,与元末明初特殊政治背景下的移民迁川活动紧密相连。根据史书记载,早在元末至正十一年(1351)红巾军起义爆发期间,就有许多麻城人进入四川。尤其是明玉珍在重庆自立为帝,建立了大夏政权之后,吸引了不少处于战火中的湖北难民,包括不少麻城人投奔到了四川。明初有鉴于元末战乱带来的人口损耗,为了充实一些地区的人口,朱元璋曾经在全国范围内启动有组织的迁民运动。明初的"徙民之令"始于明太祖,其后明成祖又因之。①其所涉及的地域,遍及大江南北。四川也在其中。明末泸州分巡佥事吴登启为招抚流民颁布的《招民榜文示》证实:"迨我国初,亦移麻城孝感之民,以实富、荣二邑。"②

随着元末明初以来湖广人的大量拥入四川,到了明代,四川已然形成一个以湖广人为主体的社会。各种地方志、家谱的统计数据显示,在湖广移民中,来自麻城籍的人户的比例已经占到大多数。由于明代麻城经济发展迅速,原本世家大族众多,有所谓"楚士大夫仆隶之盛甲天下"③之称,即使迁川后仍有较为雄厚的经济实力。加之麻城人文底蕴深厚,素有"俗习诗书,争荣科第"的传统,有明一代占士籍者多达五百余人,是享誉国内的文教中心,"外省有不远千里来麻城就益者"④。来自如此背景的麻城移民,在进入四川后,迅速与巴蜀土著融合,并在经济、社会、文化等各个领域取得了显著的成功,以致"四川世家大族故多麻城籍"⑤。

在麻城籍移民中,自明初迁入的"孝感之民"堪称佼佼者。由于他们入川时间早,资格老,凭借其长期在四川的经历形成的对四川的认识与经验,故能较早融入当地社会,率先在各个领域取得成功,成为名著一时的显赫大族。我们仅从清嘉庆《四川通志》收录到的七例墓志铭⑥,与在成都市出土的两通墓

---

① (清)赵翼:《廿二史札记》卷三二《明初徙民之令》。
② 民国《泸县志》卷七《艺文志》。
③ (清)王葆心:《蕲黄四十八寨纪事》卷一《鄂寨篇》。
④ 民国《麻城县志前编》卷六《选举志》,卷一五《杂志》。
⑤ 民国《麻城县志前编》卷一一。
⑥ 嘉庆《四川通志》卷四四~四七《舆地·陵墓》。

朱燮元画像

碑①,以及保存在明人文集中的两篇墓志铭②中,辑录到九例孝感乡移民迁川家族。这些墓志的作者,均为明代社会中的政要或文化人;墓志作品的书写年代,大多在明代中后期,属于当代人记当代事,其可信度相对是较高的。从这些墓志铭对墓主生平的叙述中可以了解到,明初迁川的麻城孝感乡移民家族,到这时大多居于社会的显要地位。

正是在这种历史背景下,在一个湖广人口不算集中的川西地区,在明末四川总督朱燮元撰写的一篇《蜀事纪略》中,记录下成都市民在与他对话时,竟然都自称来自孝感乡。天启六年(1626),成都城被来自永宁(今四川叙永一带)的奢崇明叛军围困一百零二天,正当人心惶惶之际,当地市民告诉他说:"成都自古不守,不见元人(即原住居民)""今生齿皆黄陂孝感人"③。这里的"黄陂"疑为"黄州"之误,明代黄陂县隶属于黄州府(今湖北黄冈)。在元末明初的移民活动中,由于明玉珍占据重庆建立政权后,来自麻城的移民主要集中在川东、川南一带,川西地区数量应该是十分有限的。但是到了明末,居然连居住在成都城的居民都称自己是孝感人,由此可以证明,孝感乡在明代后期的四川民间获得了较高的认同度。

从时间上看,此时已为明代末期,距离明初移民入川已经两百多年,一些名家大族在祖籍记忆问题上已经存在明显的传说色彩,何况城中百姓如何能准确清晰地记得入川前的原祖籍地呢?从逻辑上看,即便是政府发动的大规模移民活动也不可能将一地之人移至一城,而此城再无原居民或他地之移民;从地点上看,作为四川政治、经济、文化中心的成都,必然成为一处人员汇聚、百姓趋会之所,入明两百年来自当吸引了众多外地人士,来此求学读书、经商贸

---

① 成都市博物院、成都市考古研究所:《成都出土历代墓铭券文图录综释》,文物出版社2012年版。
② (明)吴伟业:《监察御史王君慕吉墓志铭》,载《吴梅村全集》卷四五;熊遇:《江君文博墓志铭》,载黄宗羲:《明文海》卷四五六。
③ (明)朱燮元:《蜀事纪略》,书目文献出版社影印明天启刻本。

易、游历定居。因此,从某种意义上讲,我们可以推论:至明末,孝感之民填川的传说已经基本形成。

到了清代和民国年间,有关"麻城孝感乡"的记忆在巴蜀地区得到进一步的流传。这具体表现为大量出现在这一时期编写的地方志和族谱资料之中。依据我们对清代以来叙州府、直隶泸州、重庆府、夔州府、顺庆府和成都府六州府湖广姓氏所作的统计,明确将入川前祖籍记为"孝感乡"的共有四十八例,其书写时间与所占比例,分别如下表:

书写时间	清（年代不详）	康熙	道光	同治	光绪	宣统	民国	1980~1989
数量	1	1	2	1	1	4	35	3
比例	2.1%	2.1%	4.2%	2.1%	2.1%	8.3%	72.9%	6.2%

这表明,"孝感乡"只是到了清末民初,才被作为移民祖籍而大量出现,或者换句话说,"孝感乡"作为移民祖籍是到清末民国年间才被四川民众所认同的。而这时,距离成化八年(1471)孝感乡行政建置被撤并的时间,已经长达五百多年。试问此时的人们,何以对一个早已消失五个世纪的孝感乡反而记忆得如此清晰? 至今巴渝地区的许多民众,何以仍将孝感乡作为自己的祖籍地呢? 分析其原因不外有四:

第一,清初社会的身份区分,为孝感乡记忆提供文化认同基础和历史依据。清初席卷全川的移民浪潮,极大地改变了巴蜀的人口结构。新来的移民在户籍登记上与土著有着明显区分。例如,在巴中县,他们就分别以"红""黑"两种户籍簿来区分。凡明迁入巴中者,进"黑册",凡清迁入巴中者,进"红册"。①明代土著居民死里逃生从外地返回四川,在入籍时大多选择孝感乡作为自己祖先的原籍。据新津县调查,清初从洪雅陆续返籍的"土著","询其原籍,概系湖广麻城孝感乡"②。正如清光绪《牟氏祠堂记》有云:"(四川地区)大抵今日所谓土著者,率皆国朝鼎定以后,自粤东、江

---

① 民国《巴中县志》第二编《人民志上》载:"元末明初之际,邑地荒废,间有自楚迁入者,插占为业,旋经献贼扰蜀,搜屠无遗,其窜匿保全者遂为土著。清初招垦来者日众,大约楚赣来者十之六七,闽粤来者十之二三。明中叶入巴者黑册,清代陆续入巴者红册。户口滋生日益繁衍。"

② 宣统《新津县乡土志》卷一。

右、湖南北来。其来自前明洪武初年麻城孝感乡者，则旧家矣。"①这样，"麻城孝感乡"就成为清初许多家族确认现实生活身份的最佳选择。正因为如此，所以康熙七年（1668）四川巡抚张德地，在对战乱之后的四川人口籍贯进行调查时，才得出了这样的结论："查川省孑遗，祖籍多系湖广人士……访问乡老，俱言川中自昔每遭劫难，亦必至有土无人，无奈迁外省人民填实地方。所以见存之民，祖籍湖广麻城者更多。"②

在清代，将原籍归属于麻城孝感乡的做法，不仅被归籍的土著居民所普遍采用，而且对清初以来迁入的外来移民也具有极大的吸引力。这是因为，清初以来次第入川的新移民，在落业某一具体地方时，由于人生地疏，必然面临着更为强大的本土势力和众多外省移民的竞争对手。为了在恶劣的自然环境与复杂的人文环境中求生存，立住脚，他们不得不动用一切有利的社会资源，求图"荫以自庇"，得到当地社会名望家族的支持与保护。特别是对于有的势单力薄、需要"求荫自庇"的外省籍移民，这种做法更具必要性。例如，渠县李氏的先祖李君讳佑，是一个自称"本籍湖北黄州府麻城县孝感乡细鼎子高阶堰谢家庄人士"。但再追寻其家世背景，族谱上所记载的历史却是："当是时，同来楚黄而居者众，惟雷氏最为枭雄，人莫敢犯"。故李氏祖先与友邻"向、左、李、温、周五姓，共议姓雷"，并"依龄为序，以避残杀之害"。这显然是一个依附土著旧家的新移民家族。如果该家族本来就是旧家，又何必依附于同样是楚黄强宗呢？重新构建的这个移民家族的历史，不仅是麻城孝感乡人，而且早在"元末因仕入川，后家于蜀北渠县云合里刘家湾。其后，因为兵乱不能归"③。

除了冒籍之外，也还有因为误籍和隐籍而附会于麻城孝感乡的现象存在。由于移民中绝大多数是没有文化的贫民，经过战乱中的转辗迁移，由于年代久远，几代、十几代后的后裔已经不知道祖籍的确切地点，因此从众附会也就在所难免。④此外，还有一些由于某种政治敏感原因（如参与过明玉珍、张献忠的部队或为逃避封建王朝政治迫害等），在对祖先的历史刻意隐瞒的情况下，

---

① 光绪《牟氏族谱》卷一〇。
② 《明清史料》丙编第十本，第1000页。
③ 渠县《李雷族谱·源流》，参见傅昌志：《渠县明清时期迁入姓氏探源》，载陈世松主编：《四川移民与客家文化学术研讨会论文集》，天地出版社2005年版，第349页。
④ 葛剑雄：《中国历史上的移民发源地之一》，《寻根》1997年第1期。

选择附会麻城孝感乡。总之，在清初那个社会特殊年代，不管是土著、移民还是流民，不管是冒籍、误籍还是隐籍，都可以找到重新转换入籍的充分依据和存在的空间。而正是这样的身份区分，变成一种文化积淀之后，就会成为后代追述自己祖先的一种文化认同基础和历史依据。

第二，清末民国以来的社会巨变，为孝感乡记忆的泛化普及提供了土壤。到了清末、民国年间，随着科学知识的输入，以及物质文明和精神文明的进化，社会风气逐渐发生改变。为了适应日益扩大社会交往的需要，随之地缘祖籍观念的内涵也有拓宽的必要。恰逢此时，四川各地开展乡土志和县志的编修工作为之提供了展现的平台。于是，有的县志在对本地居民普遍宣称来自麻城孝感乡的现象进行记录的同时，也不乏对此提出质疑者。如民国18年（1929）出版的《荣县志》主笔赵熙称："明太祖洪武二年，蜀人楚籍者，动称是年由麻城孝感乡入川，人人言然……殆后人经张献忠之乱，故实无咨，遂以传疑为据耶？书备存参。"①民国21年（1932）出版的《南溪县志》主笔钟朝煦称："南溪经明季丧乱，土虚无人。康、雍之际，粤、闽、湘、赣之民，纷来插占，而以湖广麻城县孝感乡为最伙。土著人摈斥之，力弱不胜也。""今蜀南来自湖广之家族，溯其往始，多言麻城县孝感乡。核其人数，即使尽乡以行，亦不应有若是之伙。且湘楚州县与蜀比邻者，尽人皆可移住，何以独迁孝感一乡。岂若大之川南，仅为一孝感乡人殖民之地乎？"②

民国年间，"麻城孝感乡"从私家族谱走出来，成为地方志的书写对象，这一现象本身就说明，它已经在社会生活中得到广泛的传播。尽管有人在质疑它，但并不妨碍它成为四川很多地区湖广人整体祖籍的认同符号。例如，民国17年（1928）出版的《泸县志》，在记述该县的人口祖籍来源时写道："泸人自明末遭（流寇）之乱，死亡转徙，孑遗无多，自外省移实者，十之六七为湖广籍（麻城县孝感乡），广东、江西、福建次之。"③民国18年（1929）出版的《合江县志》，在记述该县的人口祖籍来源时也写道："县人氏族自明季遭献贼屠戮，孑遗者仅千之一二，其自外省移实者，十六七为湖广籍（麻城孝感乡），江西、福建、广东、贵州等省次之。"④这里两处采取了在正文中间

---

① 民国《荣县志》卷一五《事纪》。
② 民国《南溪县志》卷四《礼俗下》。
③ 民国《泸县志》卷三《礼俗志·风俗》。
④ 民国《合江县志》卷四《礼俗》。

加注解的表达方式,来记述本县的湖广籍人口比例;在湖广籍之下,明确标注就是"麻城孝感乡"。夹注在正文中的字形虽然比正文细小,但它却为读者提供了一个准确理解正文含义的答案。通过这两处书写形式可以看到,在编修者心中,湖广籍就是来自"麻城孝感乡"。即是说,起码在泸县和合江两个地域中,"麻城孝感乡"已经具有了从整体上代表湖广的意义。这表明,"麻城孝感乡"已由代指个体祖籍地,到代指群体祖籍地,再发展到代指某个地域祖籍地的阶段。

随着"孝感乡"指代含义的不断丰富和认同度的不断扩展,可以认为"孝感乡"不仅是清代社会的一种身份象征,而且到了民国时期,它更成为整合地域文化、增强族群认同的一种符号。至此,"麻城孝感乡"就成为一个地区想象中的祖籍地了。

第三,根源意识为寻根问祖提供了不竭的精神动力。"慎终追远"、饮水思源,是中华民族优秀的历史传统。没有代代祖先的继往开来,就没有中华文明的薪火相传。因此,在中华民族历史上,自古以来就形成了缅怀祖先、追念故人、尊祖敬宗的文化传统。到祖先生活的故乡去拜祭先祖,正是代代因袭传承这一优秀传统的必然结果。

移民家族虽经数十代几百年的历史变迁,但寻根问祖的情结不仅不会泯灭,而且还顽强地传承至今,究其根源,正是人类亘古不变的根源意识在起作用。"树高千尺总有根,河流万里不无源"。虽然因为各种原因离乡背井,各谋发展,但人们对祖籍地的故土、家族宗亲总是怀有一定的思念缅怀之情。每一个人,无论高低贵贱,无论智者愚人,最初的出生和最终的归宿都是平等的。在人生哲学难题的苦苦探求与追寻中,"我是谁""我从哪里来""我要到哪里去"是最基本的问题。追问"我是谁",往往是人们的精神世界的一大心结。从姓氏文化、宗族文化中追问自己血缘关系的根脉,从得姓始祖开始叩问自己来自何方,是十分必要的。但由于时代久远,远世祖在人们的心中地位虽然尊贵,却多少有些生疏与隔阂。而寻找近世祖,寻找入川始祖的故土相对要现实,更具有可能性,因此对于"我是谁"的追问,往往能在这些近世祖那里寻求到令人满意的答案。正因为如此,即使在当代,麻城孝感乡记忆的传承仍成为人们热衷议论的话题。

第四,面对未来挑战,有必要唤起对自己祖先家园的回忆。当今社会正经历"千年大变局",由此也给中国大地带来了错综复杂的大变迁,相应地,社会成员的思想观念、行为习惯、生活方式、交往方式等也不可避免地会发生剧烈的变迁。社会的急速的转型与变迁使得人们的物质生活快速发生变化，而在精神层面还来不及快速适应与转变，因此失落与焦虑无可避免。在这些失落与焦虑中，传统文化、祖籍意识、家园情结无疑成为人们在转型漂浮中的一个神圣的、精神的"诺亚方舟"。在急剧变化的压力下，人与人的疏离感也随之产生，因此，乡愁与怀旧也油然而生。

尽管全球化将世界渐渐缩小为一个"地球村"，但对于刚刚经历过世纪转型的现代人来说，传统的迅疾消逝让很多人感觉失落了传统之根，找不到情感的归属与依托。与这些相隔不远的祖先们对话，可以使人从繁杂的日常世界中暂时解脱出来，找到安顿心灵的港湾，实现一种从日常世界到精神世界的转换。人们除了向渐行渐远熟悉的村落、单位、街坊等熟人社会的背影发出感慨或叹息以外，只有尽量快速调整自我个体，融入城镇的"陌生人社会"。对于那些怀旧的人来说，陷入对过去生活的怀想，就是要借助这种精神上对人性温情的呼唤来排解陌生感或者在钢筋水泥森林中的孤苦无望。因此对故土甚至对祖先故乡的追忆就成为人们精神家园的一个皈依、凝聚亲情的一个符号、治疗浮萍隐痛的一剂良方。这样，与生俱来的原生性的根源意识不仅不会逝去，反而在新时代注入了新的内涵，与社会转型、全球化、城市化、经济发展相伴随，当代人的祖籍意识再次激活苏醒并加进了许多新鲜的元素，精神家园的构建显得比以往时代更加紧迫。

总之，几百年来一代又一代的四川人如此执着地唤起对自己祖先家园的回忆，绝不是单纯地发"思古之幽情"，而是从现实生活出发，基于应对未来挑战的需要所引起的一种文化追思，这一现象不失为"想象性记忆"的经典个案。[①]

第三节　巴蜀移居传说的盛行

传说是了解过去的一种形式。日本学者牧野巽指出，移民传说或移居传说，是指"在广泛的地方居民之中，其祖先原本是从同一个地方迁移过来的传

---

① 陈世松：《"想象性记忆"与地域文化认同建构》，载凌礼潮主编：《明清移民与社会变迁——"麻城孝感乡现象"学术研讨会论文集》，湖北人民出版社2012年版。

说",又称为"祖先同乡传说"①。随着巴蜀历史上多次大规模移民入川的发生,相关的同乡移居传说也不断盛行起来。其中,以唐末五代、元末明初和明末清初三个乱世最为突出。

一、唐末"皇帝扈从"传说

进入牧野巽观察视野的移居传说,主要是围绕"唐末避乱入蜀"中随僖宗入川而展开的。当时正值唐末、五代乱世,关中及中原地区,为了躲避战乱,北方士族大量向南迁徙,巴蜀即为他们避难的主要地区之一。由于地域相邻,迁蜀的士族大多来自唐都长安及周围地区。于是,这就为中原移民在追忆自己祖先来源时,提供了充分的依附皇室贵胄的历史依据。

在宋元时代,不少家族利用撰写墓志的机会,竞相将家族祖先来源与"僖宗幸蜀"联系在一起,这种现象相当突出。如据宋人吕陶《净德集》卷二一至二八所载墓志铭、墓表、行状,蜀人共三十人,其中明言唐中叶以后自外地迁来者竟达十九人,占百分之六十三。②在北宋人文同的《丹渊集》中,有多篇墓志铭在记述某些家族祖先来源时,都追溯到他们在唐末是以僖宗侍从的身份来到成都的。如卷三七《殿中丞相杜君墓志铭》中提到:"君讳某,字某,某上世长安杜陵人,曾祖知权,唐广明中,与公孙俗者,同以医侍僖宗幸成都,后以剑南山水佳秀爱之,乃留居,遂为普安郡人。"卷三八《秘书丞相陈君墓志铭》中提到:"君讳叔献,字元之,蜀州新津人,其上世由颍川从僖宗入蜀,因不归,籍此县东北凤凰冈。"在《李公泽墓志铭》中提到:"君讳慎从,字公泽……其先八世祖讳远本,京兆府万年县人,广明中,随驾入匿为晋原令,未遂不去,家成都之温江,今又迁为郫人。"在朱熹《朱子文集》中,也不乏这样的记录。如卷九三《运判宋公墓》中写道:"公讳若水,字子渊,

---

① [日]牧野巽:《中国的移民传说》,载《牧野巽著作集》卷五,东京御茶水书房1985年版。他在研究中国宗族社会的过程中,注意到一种现象:"中国人的同乡组合非常牢固",而要"证明这种同乡者的组合,不一定是出于实际的同乡关系,常常可能是在传说、观念的基础上广泛发展而来"。虽然在他之前,已有论者提到了"移民传说"或"移居传说",但不过"仅仅把个别事例作为特殊、奇妙的现象来处理,而没有注意到这样的事件出现的范围遍及中国各地,不仅在现在,在过去也有很多类似现象"。
② 谢元鲁:《唐五代移民入蜀考》,《中国社会经济史研究》1987年第4期;刘琳:《唐宋之际北人迁蜀与四川文化的发展》,载《宋代文化研究》第二集,四川大学出版社1992年版,第1~24页。

成都府双流县人，其先唐相文贞公裔孙且，以给事中从僖宗入蜀，遂家眉之彭山。"卷九五《少师保信军节度使魏国公致仕赠太保张公行状》中写道："公讳浚，字德远，本唐宰相张九龄节度使九皋之后，自九皋从家长安……五世祖，仕僖宗，时为国子祭酒，从幸蜀因居成都。"卷九四《承务郎李公墓志铭》中提到："其先陇西人，唐明皇帝，逃难入蜀，过汉小留，其近属之从行者，因或家焉，君其后也，世居什邡县邑顺乡。"旧题为元人费著所著《岁华纪丽谱·氏族谱》一书，载录成都士族共四十五家，其中安史之乱后至五代入蜀者二十二家，几乎占到一半。

对于墓志和族谱中大量出现的、自称其祖先随僖宗入川的现象，需要区别对待。应该承认，在这些自称来源于追随唐僖宗入蜀的家族中，确有不少是真实的，本书第四章第一节第五子目曾经列举过，此处不再赘述。但也应该看到，其中有许多家族并非原来地位就如此显赫，他们的祖先并非原来就与皇室贵胄有多么密切的联系，恰恰相反，许多人都不过是普通人家，后来只是通过不断奋斗才跻身于显贵的行列。但为了掩盖祖先来源"初微"的真相，进而附会皇室贵胄，攀缘"扈僖宗西幸"。

费著在编写《岁华纪丽谱·氏族谱》时即指出，在其所采集的家谱世系中，有的家族明明谱系无考，但"耻"于祖先的"初微"，之所以造出"扈从"唐皇的说辞来，不过是为"求附甲族而过于附会"而已。如他在"杨氏"条中，引成都杨民望之说云："民望有清名，又名文章，尝自叙其世，自四世庆安以上得三世坟墓，七世而上无咨考。至谓唐宋氏族之学不明，谱牒遂废，特起者耻初微而不志昭穆，甚者或求附甲族而过于附会。近世言其先者，必自唐扈从三宗西幸，或游至蜀居焉，何古之蜀独无人也。"又如，在郫县"何氏"条下，何英一系明明"谱远不可尽考，或居长安，或徙江南"，但到了何显之后，由于"唐季"出了个"乾符进士待诏翰林知节"，于是就编造出完整的谱系，"自谓"是出于西汉显贵何武的后裔，并于"僖宗幸蜀"中"因归郫"。

事实上，许多家族在宋以前文化底蕴原本并不高，只是迁入蜀中后，时间一长，在与土著家族不断融合，并以婚姻、师承关系等为纽带，形成千丝万缕的联系的过程中，再经过若干代人的拼搏，尤其充分利用了宋代科举制度的改革和完善，给天下儒士提供的出人头地、光耀门庭的机会，苦修儒学，潜心学业，这才把家族推到了鼎盛阶段，从而逐渐发展为蜀中显望家族的。例如，在宋代被誉为"当世称衣冠之盛者"的阆中陈氏，在入蜀之初，"三世不显于蜀"①；又如眉山苏氏，就自称是唐初益州长史苏味道之后，原籍赵郡栾城。苏辙为其兄轼所作《墓志铭》即曰："苏自栾城，西宅于眉。"

出现在巴蜀地区的大量关于"扈僖宗西幸"的历史信息，大多来源于家谱和根据口述整理的私家行状之中。家谱、行状之所以能够承载这样的历史信息，有两个原因：

第一，族谱与行状从性质看是一个较为复杂的文化复合体。由于族谱是通过前人口述回忆和编修者的编造构成的，其中自然少不了真实性与虚构性共存、自我认同与自我夸耀同在的情况。诚如谭其骧先生在《中国内地移民史湖南篇》中所说："谱牒之不可靠者，官阶也，爵秩也。皇帝作之祖，名人作之宗也。②"家谱作为祖先移居的记录，在反映家族由某地迁往某地上是可信的。但是另一方面，家谱又是家族的历史书，它是为了炫耀家族声望、弘扬家族荣誉、提升家族地位而编写的历史书。因此，在修谱过程中，各家族必然经过选择和过滤，都尽力搜罗相关内容，强化了某些祖先记忆，而遗忘了某些祖先记忆。特别是在经过唐末、五代十国的战乱之后，魏晋南北朝以来存在的士族门阀制度遭到严重破坏，原有的谱牒随之废弃。到了宋代，谱学进入一个划时代的新阶段。这时朝廷任官无须稽其谱状，官府不再组织修谱牒，家谱任由私家修撰，这就为民间谱牒的兴盛洞开了方便之门。

第二，从满足人们的需要来讲，一些迁入四川，在经济上和政治上获得成功而崛起的家族，在陆续致力于族谱的编纂的时候，他们所关心的是自己祖先最初是从何处来的问题。刚刚获得成功的人们，由于他们能够把握的祖先只有距自己最近的三四代，于是编造远祖的名字，或对他们的身份、经历进行种种虚构必然是免不了的。这虽然是受到批判的行为，但并非本质问题。这和为了任命官员而重视族谱的贵族时代不同。宋代以后，编纂族谱全是私人的事业，即使作伪，也并不犯法。更何况，为了达到收族的目的，即使作伪、伪造祖先，也是社会默许的。这样，族谱记录有关祖先移居资料中的一部分，特别是关于遥远过去的移居记录，包含着明显经过规范化处理的文字材料，而这些东西实际上应被称为"移居传承"或"移居传说"。巴蜀地区既然曾经有过唐代

---

① 蔡东洲：《宋代阆州陈氏研究》，《四川师范学院学报》1997年第4期。
② 谭其骧：《长水集》（上），人民出版社1987年版，第356页。

皇室多次幸蜀的历史事件发生，所以到了宋代，在一些北方移民家族中，利用修谱、托请撰写墓志铭的机会，有意识地攀援附会皇室，极力淡化其祖先平民出身的记忆，编造强化其祖先"皇室扈从"的记忆，也就成为十分自然的事情了。

二、"洪武二年"入川传说

元末农民战争所掀起的楚人迁川潮流，在四川播撒了楚籍祖源的种子，日后蜀人楚籍记忆的滥觞正是以此作为源头的。这集中体现在，后世蜀人在追溯祖先来源时，动称迁川时间源自洪武二年（1369）。

动称洪武二年入蜀的问题，早在民国时期就引起人们的关注。譬如民国《荣县志》就指出："明太祖洪武二年，蜀人楚籍者，动称是年由麻城孝感乡入川，人人言然。"①民国《内江县志》亦称："内邑旧户祖籍多蜀楚麻城，邻邑亦然。人多不识其故，沿称明洪武二年奉诏迁麻城之孝感乡，实蜀事与汉徙茂陵相类。"②"奉诏"迁川的说法，在民间颇为流行，私家族谱俯拾皆是。如内江《晏氏家乘》云："内邑旧户，多称祖籍系楚麻城，沿明洪武二年奉诏徙麻城，实蜀语故也。"③仁寿《胡氏族谱》亦载："明洪武二年，始祖定公由湖广麻城孝感乡奉檄入川。"④

众所周知，洪武二年（1369），为大夏纪年开熙三年，四川尚为大夏政权所控制。四川既非为明

《周氏族谱》谱影

---

① 民国《荣县志》卷一五《事纪》。
② 民国《内江县志》卷八《外纪》。
③ 民国内江《晏氏家乘》卷二，第58页，民国石印本，转引自梁勇：《移民、国家与地方权势：以巴县客长制为中心》，北京师范大学博士论文，2007年。
④ 民国仁寿《胡氏族谱》，转引自黄尚军：《四川方言与民俗》，四川人民出版社2002年版，第308页。

朝所有，那么，为什么民间族谱普遍将其家族由湖广迁入四川的时间书写为"洪武二年"？在洪武二年迁入现象背后，究竟隐藏着什么奥秘？

环顾明初全国各地的移民活动，除确需以确切年份来书写移徙事件外，通常都是以"洪武二年"这种纪年方式来加以表述。其所涉及的地域范围甚广，遍及北平、河南、山西、山东，以及湖广、江西、安徽、江浙等地区。①上述这些地区纳入明朝版图的时间先后有别，境内人口流动必然有早迟之分，但将强制移民政策的推进，大多系于"洪武二年"，其中肯定另有玄机。

明代四川移民活动始自"洪武二年"现象的产生，虽然不排除个别实指迁入时间的情形②，但就一般而言，通常应当理解为"蜀人楚籍"在明军平蜀后，出于"避忌"的一种行为表现。前人对此早有考证，其言明载于地方志之中："缘元季大江南北，干戈猾起，明玉珍以至正乙未入蜀，据有诸郡。东人避乱者归之，玉珍又楚北随州人，招集乡人以自固，其势然也。迄明平蜀革去伪号，人讳称之，故咸谓洪武初迁蜀耳。"③今人紧随其后，著文予以论析："洪武元年至四年间之言奉旨入川，或徙之年代，实属明玉珍父子大夏政权之时，后因洪武四年统一四川，平定大夏，众为之讳言避忌而已。"④征诸四川各种地方文献⑤，也无不证明，早在明军平蜀之前，已有各种类型楚籍民众迁入四川，其中既有元末自楚避难入蜀者，也有追随明玉珍相与入川者，他们一道构成"蜀人楚籍"的主体。在明朝定鼎天下之后，这部分"蜀人楚籍"群体，为适应新政权革除"伪号"的需要，耻于再言及明夏，遂将原本于元末或大夏时期迁入的年代，转写成了"洪武二年"。可见"洪武二年"之于四川，实乃元明改朝换代背景下，附加在"蜀人楚籍"民众身上的一种文化符号。

继元末明初"徙楚实蜀"现象之后，在四川历史长河中，又于明末清初发生了再一次规模巨大、影响深远的"湖广填四川"移民运动。为了区分不同时

---

① 曹树基：《中国移民史》第五卷，福建人民出版社1997年版，第2～7章。
② 这主要是指，在明军平蜀之前迁入的楚籍人士，将其于洪武二年离开原籍出发的时间，理解为迁入的时间。由于当时湖广地区早已置于明朝的管辖之下，因此在洪武二年离开原籍，从理论上也是说得过去的。
③ 民国《内江县志》卷八《外纪》。
④ 马楚坚：《论洪武十五年前楚民实蜀的原因及其迁徙史迹》，载马楚坚：《明清人物史事论析》，江西高校出版社1996年版，第324页。
⑤ 有关记述元末及明夏政权时期楚籍民众迁川活动的地方文献资料，详见谭红主编：《巴蜀移民史》，巴蜀书社2006年版，第194～200页、第254～257页。

代迁入的移民身份，有的遂将"洪武二年"作为划分明初时代迁入者的识别标志。诚如民国《续修大竹县志》所说："土著有宋元时入川者，有洪武二年入川者，统称黄州人，俗称为本地人。"①在清初以来四川社会中，与明末清初新迁入的移民相对照，其中既有宋元时代迁入者，也有以"洪武二年"为标志的明代迁入者，他们一起构成当地的"土著"，"俗称本地人"。由于这一划分符合四川历史实际，不失为历史时期四川人口来源构成的真实写照。故其后这种认识逐渐积淀为四川民众的一种集体记忆，以至到了民国年间，当新一轮四川地方志和族谱编修高潮到来之际，"洪武二年"就成为指代明初时代的一种象征符号，而被保存在上述地方民间文献之中。

至于全国各地为何选择洪武二年，而不选择洪武元年（1368）作为明初象征标志的问题，这是由洪武二年在元明历史转折中的地位所决定的。

首先，洪武二年是蒙古退出华夏文明主体传承地位的转折。洪武元年十月明军攻克元大都，标志着元朝政权的覆灭，但元朝有生力量犹存，仍可固守上都开平，凭借蒙古草原这一战略基地伺机进行反扑。只是到了洪武二年十月元顺帝病死于应昌后，蒙古大势已去，这才退守漠北和林，从此彻底丧失了主宰中原百年的统治地位，宣告了元朝的终结，以致后来史家多以洪武二年作为元亡的时间。

其次，洪武二年是明朝施政的起点。洪武元年正月朱元璋在应天登基建国，由于朝纲初建，百废待兴，加之北伐正在进行，中原待定，许多大政方针还来不及施行。到了洪武二年，一些关乎国计民生的重大政策才陆续推出。例如明初"凡立户收籍"政策的出台，即始于洪武二年；其他如开垦荒田、赋役审编、婚姻嫁娶、延师立学等诏令的颁布，或始于洪武二年，或在此前后。②在这个阶段出台的诸多政策，带有国家机器强力干预政治、经济、社会等各个领域的印记。今天在华东、华北、西南、西北的许多地区，至今仍流传着许多关于祖先在移徙过程中历尽磨难的、内容结构与某些情节大体相同的动人故事和传说，使人相信这是当年某种制度的产物。③由此也证实，洪武二年留在全国各地的时代印记是相当深刻的。

---

① 民国《续修大竹县志》卷二《建置志·法团居所》。
② （明）申时行等：《明会典》卷一九，万历重修刻本影印，中华书局2007年版，第129、112、133、135页。
③ 曹树基：《中国移民史》第五卷，福建人民出版社1997年版，第8页。

最后，洪武二年蕴含着丰富的文化内涵。在宋元明王朝更迭过程中，华夏文明主体传承地位经历了由汉人——蒙古人——汉人的演变。在谶纬学说盛行的中国古代，这一历史演变为之提供了广阔的想象空间。作为宋、明间承上启下关键的元朝，其末代君主元顺帝，因出生于延祐七年（1320）庚申，故难免成为传播宿命性预言和民谣谶语的发力点。元人编修的《宋史》证实，早在宋代就有赵宋君主忌讳五更的预言流传。[①]由于灭亡南宋的元世祖忽必烈，即位于理宗景定元年（1260）庚申，这一年正好是第五个庚申，即"五庚"之年。越十七年末，宋祚终于在忽必烈手中结束。到了第六个庚申年，即元仁宗延祐七年庚申，正好因为元顺帝妥欢帖木儿出生，故时人呼其为庚申帝。又过了五十年，即到了洪武二年，庚申帝病逝，元朝寿终正寝，中原大位仍归汉人所得。这样，在宋元明王朝的更迭过程中，"五庚"是为蒙古终结汉人统治的预兆，而"六庚"则成为汉人取代蒙古大位的象征。如果说元明以来，有关庚申帝的事迹及其在蒙汉大位转换中的政治意义，更多是以一种民谣谶语预兆在流传[②]，那么，到了明清易代后，处于清朝统治下的汉人，颇有以宋元比附明清境况之意，他们拿庚申帝阐述其微言大义，如清人万斯同撰写的《庚申君遗事》一卷，就不难窥知其明朝遗民之正常心理。受此民族意识的影响，元顺帝北遁病逝之洪武二年，又被赋予了恢复汉人正朔的转折标志，所以孟森《明史讲义》指出："清代学者颇主此说。"[③]

三、清初"奉旨入川"传说

在清前期一场规模巨大的"湖广填四川"移民运动之后，在移民数量比例最高的湖广人中，在追寻祖先迁川的原因时，往往以"奉旨入川"作为依据。清初湖广行省的辖区范围甚广，其地域包括今湖北、湖南两省。而持"奉旨填川"理由迁川的，又以康熙年间湖南移民家族居多。孙晓芬《清代前期的移民填四川》一书，辑录有许多以"奉旨填川"的名义迁川的事例，他们基本上来

---

① 《宋史》卷六六《五行志四》（第1450页）载："宋以周显德七年庚申得天下。图谶谓……又有'寒在五更头'之谣，故宫漏有六更。按……（宋）至德祐二年正月降附，得三百一十七年，而见六庚申，如宫漏之数。"
② 元明以来有不少著述记述了"庚申帝"的生平轶事，其中重要的有：叶子奇的《草木子》、权衡的《庚申外史》、刘尚宾集的《庚申帝大事记》、黄溥的《闲中今古录摘抄》等。
③ 孟森：《明史讲义》，中华书局2006年版，第34页。

自湖南。如在川东的宣汉县（清名东乡县），有何氏从湖广"奉旨入川"；奉氏、蒲氏分别从湖南零陵、长沙于康熙年间"奉旨填川""奉旨入川"；尹氏、夏氏和邓氏，分别从湖南祁阳、东安和祁阳，先后于康熙三十六年（1697）、三十八年（1699）和四十一年（1702）"奉旨填川""奉旨入川"和"奉旨入蜀"。在川西的金堂县，原籍湖南宝庆府的伍氏，于康熙三十六年"奉旨入川"等。①这些"奉旨填川""奉旨入川"和"奉旨入蜀"的文字，均出自族谱。

据不完全统计，在今天四川一些移民后裔珍藏的族谱中，共收录了康熙皇帝为湖南移民颁发的两个版本的诏书：一为《招民填川诏》；一为《招民填蜀御诏》。其颁诏日期，一为康熙二十五年（1686）丙寅；另一为康熙三十三年（1694）岁次甲戌正月。二者内容基本相同，只是个别文字略有出入而已。今援引其中一例诏书文字如下：

康熙招民填川御诏谱影

圣祖仁皇帝招民填川御诏②

朕承先帝遗统，称制中国，自愧无能，守成自惕。今幸四海风同，八荒底定，贡赋维周，适朕愿也。独痛西蜀一隅，自献贼蹂躏以来，土地未辟，田野未治，荒芜有年，贡赋维艰。虽征毫末，不能供在位之费，尚起江西、江南，助解应用，朕甚悯焉。今有温、卢二卿，俱奏陈言：湖南民有毂击摩肩之风，地有一粟难加之势。今特下诏，仰户部饬行川省、湖南等处文武官员知悉，凡有开垦百姓，任从通往，毋得关隘阻挠。俟开垦六年外候旨起科。凡在彼官员，招抚有功，令行嘉奖。

康熙三十三年岁次甲戌正月　日诏

---

① 孙晓芬：《清代前期的移民填四川》，四川大学出版社1997年版，第37~38页。
② 引自安岳《唐氏族谱》，四川省图书馆藏。

经查，这一诏书不见于官方文献，无论是在《四川通志》和《湖广通志》中，还是在《清实录》以及《康熙朝汉文朱批奏折汇编》中，均未发现这一诏书。另外，诏书中所提到的"温、卢二卿"，不知为何人，在诏书颁布的康熙三十三年（1694）前后，担任过湖广行省提督的名单中，根本没有温、卢二姓之人存在。再说当时全国各省向外移民大多接近停止，清政府何以专门要给湖南一地颁发御诏？

尽管康熙《招民填川御诏》文本的真实性颇值得怀疑，但诏书所反映的历史背景却是客观存在的，并非子虚乌有。例如诏书谈到湖南人口剧增，已有人满之患，出现了"毂击摩肩之风"。即形容当时湖南人口多得摩肩接踵，连过车都困难了。而另一方面，荒地尽辟，"地有一粟难加之势"，就是形容当地的粮食出产已经饱和，到了无法再增加的程度。这种情况与康熙二十年（1681）三藩之乱告平之后，湖南本地的开发基本饱和的局面相符合。①

正因为诏书的内容有符合历史真实性的一面，所以湖南中部、南部曾经因为人口密集而成为当时移民迁川的中心区域。湖广提督俞益谟在奏疏中证实：湖南衡（今衡阳市）、永州（今永州市）、宝庆（今邵阳市）三府百姓，"数年来携男挈女，日不下数百名口，纷纷尽赴四川垦荒，盖以本省人稠，无可耕之土也"②。另据史料记载，康熙三十六年（1697）以来，"楚南入川百姓"日益增多，迄至五十二年（1713），仅零陵一县，"已不下十余万众"。康熙晚期，湖南宝庆、武冈和湖北沔阳等处百姓，入川络绎不绝，"托名携家入蜀者，不下数十万"③，以至到了乾隆时代，入川的湖南民户数量一跃而居各省移民之首位。

康熙《招民填川御诏》普遍出现在迁川移民家族的族谱之中，有其历史背景合理性的一面，它真实反映了康熙二十年（1681）三藩之乱告平之后，因为人口密集而不得不向外迁徙的历史进程，这无疑是可信的。但由于族谱具有真实性与虚构性共存的性质，不少迁川湖南移民家族在编写族谱时，为了建构一部完全合理、合法、值得炫耀的家族迁川历史，普遍采用传抄、保存康熙《招民填川御诏》的做法。这些家族在追忆祖先来源时，刻意将自己祖先的迁徙渊

---

① 据统计，康熙二十四年（1685）湖南人丁数为303 813口，田地数为13 892 318亩，人平土地45.73亩；同年四川人丁数为18 509口，田地数为1 726 118亩，人平土地93.26亩。见梁方仲：《中国历代户口、田地、田赋统计》，上海人民出版社1980年版，第392页。
② 《康熙朝汉文朱批奏折汇编》第一册，中国档案出版社1983年版，第913页。
③ 曹树基：《中国移民史》第六卷，福建人民出版社1996年版，第82页。

源与皇帝的御诏相嫁接，无非是为了增加自我认同，不乏自我夸耀的成分。这与明清历史上其他地区通常出现的以假借某个皇帝的圣旨名义，来书写自己家族迁徙的荣耀历史的做法何其相似，大有异曲同工之妙。

第四节　巴蜀移民故事的传播

从历史记忆的视角来看，一篇历史文献，与民众口耳相传的民间传说、故事本质上并无区别。无论正史、野史或者民间传说，它们都是有关"过去"事件的一种叙说，都是人们对于过去的集体记忆，只不过经过了不同阶层和群体的选择与重新建构。"移民故事"是指以清前期"湖广填四川"大移民为题材的民间传说故事，其内容主要讲述的是大移民背景下川渝乃至西南地区民众祖先的故事。移民故事承载着诸多历史文化信息，与广大民众生活息息相关，它是世世代代传承的优秀文化传统，其对人类文化多样性发展有着巨大贡献。[①]

一、移民故事产生的背景

"湖广填四川"移民故事，是三百年前大移民时代背景下的产物。当滚滚移民潮将一个个移民家庭从外省卷入四川之后，一个个与民众祖先迁徙活动、生存状态有关的民间传说故事，随即在巴蜀大地流传开来。大移民时代为移民故事的孕育，创造了极为有利的客观条件，准备了适合的土壤。

一方面，大移民时代为移民故事的产生积淀了丰富的素材内容。众所周知，"湖广填四川"移民运动是紧随明清易代不期而至的。大移民运动既然是在一个非常时期拉开帷幕的，生活在其间的人们（包括土著居民和移民），必然会遇到正常时期所难以遇到的许多事情。譬如置身于明清易代背景下的四川土著，大多经历了一段刻骨铭心的颠沛流离乃至死里逃生的岁月。及至清初生活安定下来，当他们回忆起这段难忘经历时，无不对往昔的苦难遭遇感叹唏嘘，恍若隔世。又如，接踵而至的外省移民，在迁居四川的过程中，无不经历了一段难以忘却的迁移经历，品尝了一番刻骨铭心的创业甘苦。所有这些见闻

[①] 在既往的民间文学集成系列中，与"湖广填四川"有关的故事作品，大多归类于"历史传说""人物传说""风物传说"与"风俗传说"之下，本书将其剥离出来，重新予以定义，旨在从理论和实践的结合上，更加自觉地发掘、保护移民故事的独特文化魅力与价值。

和经历,无疑都为移民故事作品的产生,积累了大量生动的素材内容。

另一方面,大移民时代为移民故事的孕育营造了合适的环境。移民故事是一种以口头讲述为主要特征的叙事文学形式。讲述与叙事,原本是人类的行为之一,它深深地植根于人的本能,可以说是人的一种内在素质,而又为人的自然生长、群体生活,特别是社会生活所需要、所培养。在大移民时代漂泊不定的特殊环境中,从全国各地来到四川的创业者,面对荒漠一般的陌生环境,当时唯一可行的简单的表达形式——语言,就成为拉近人们距离、促进彼此沟通的工具。人们为了消磨时间、排解寂寞、联络感情,缓解各自面临的困难,协调彼此的紧张关系,并抒发自己对未来美好生活的憧憬,不得不热衷于谈一些家长里短的空话、闲话。于是,摆故事这种简单可行的谈话方式,就成了当时社会生活的重要内容。随着这一生活方式的流行,反过来又大大提高了人们的讲述与叙事的能力。

二、故老传闻的讲述机制

以"湖广填四川"大移民为题材的民间传说故事,属于移民后裔对于移民前辈事迹的追述,其信息来源主要以"故老传闻"作为依据。一个个关于民众祖先在大移民中的动人故事,大多就是通过故老传闻讲述渠道,而在后辈中代代传承的。

现当代一些四川籍著名作家,无不在他们的作品中,记述了各自家乡所流传的有关"湖广填四川"中移民前辈们的感人故事。例如:郭沫若在《我的童年》中,记述了关于原籍福建汀州府宁化县的祖先,是如何从福建"背着两个麻布袋上川的"故事。[1] 艾芜在《我的幼年时代》中,记述了关于原籍湖广的祖先,如何在迁川途中,凭借"一块盐蛋在路上吃了一个多月",以及在"路上是遭着怎样的艰辛和痛苦"的故事。[2] 阳翰笙在《出川之前》中,记述了他在家乡高县罗场听来的关于清初移民"捆绑入川"的故事:"相传这些移民的祖先都不愿来四川,千里迢迢,是清政府用绳子捆来的。证据之一就是,凡移民,手腕上还有绳子捆的印痕。"[3] 英籍华人女作家韩素音,在其自传第三部

---

[1] 郭沫若:《我的童年》,《郭沫若选集》第一卷上,四川人民出版社1979年版,第11页。
[2] 艾芜:《我的幼年时代》,《艾芜文集》第二卷,四川人民出版社1981年版,第7~8页。
[3] 阳翰笙:《出川之前》,《阳翰笙选集》第四卷,四川人民出版社1982年版,第5页。

《残树》中，以推测的笔法，描述了她家"第一个在四川落户"的"货郎"祖先，"是怎样长途跋涉"的情景："他是不是一根扁担挑上两头的篮子，一走一晃就去了四川呢？他那篮子里又卖的是什么货？是南货？是甜食点心？还是能卖大价钱的木雕艺术品？"①如此等等，不一而足。

上述这些回忆性文字，传承着四川民众对于祖先在大移民中的记忆，其信息来源正是通过故老传闻讲述渠道获得的。例如郭沫若证实，关于他对母亲家族历史的了解，以及她如何从云南逃难进四川的经过，就是听"抚育我母亲的刘奶奶"的"口述"，然后在他小时候，再由其母亲"讲起"的。②他的族弟郭开宇也证实，有关他先辈如何"做苎麻生意，从福建宁化采集野生苎麻，跟着入川的马帮，到了现在的牛华镇"的迁徙经历，就是听他的"曾祖父郭贤惠讲"的③。艾芜证实，他所得知的有关祖先入川的经历，就是在每年清明节，在祖先坟前举行祭祀活动的时候，由前辈"为上坟的子孙常常讲起"的。④

在移民社会中，以家庭为纽带的血缘关系和以会馆为纽带的地缘关系，构成当时最基本的社会关系。人们在相互交往的过程中，免不了要进行故事讲述，于是讲述故老传闻就成为最基本的文化交流方式。故老传闻是历史记忆的集中体现，通过口头形式讲述故老传闻，不失为移民文化的一种传承渠道与机制。故老传闻机制的保存，为移民故事的传承注入了不竭的动力。

三、文学作品的范本剖析

移民故事是一种特殊的文学形式，它以散文的笔调、小型的篇幅、生动的叙事、扼要而精练的艺术表现力，传承着明清以来巴蜀民间的历史记忆，反映了民众祖先在大移民时代的迁徙经历和生存状态，讴歌了移民前辈生生不息的开拓进取精神。上述时代背景、讲述机制与入谱文本的形成，固然为这种文学形式的诞生做好了准备。但它的破茧而出，还需要等到大移民结束以后。

大移民运动的结束，意味着巴蜀移民社会开始逐渐从"五方杂处"走向土客融合的时代。出于对先前时代的回味与追忆，人们开始将社会动荡不安环

---

① 韩素音：《韩素音自传》第三部《残树》，华侨出版社1991年，第25~30页。
② 郭沫若：《我的童年》，《郭沫若选集》第一卷上，四川人民出版社1979年版，第14页。
③ 乐山《郭氏家谱》，转见崔荣昌：《四川方言与巴蜀文化》，四川大学出版社1996年，第148页。
④ 艾芜：《我的幼年时代》，《艾芜文集》第二卷，四川人民出版社1981年版，第6~11页。

境中发生的种种奇闻逸事,作为茶余饭后的一种谈资,津津乐道地在四川各地传播。这时有关民众祖先在大移民中的事迹与故事,逐渐从一个个家族走向社会,成为社会舆论关注的热点。按照学术界的意见,一般认为"湖广填四川"移民运动结束于乾隆四十一年(1776),"至乾隆后期,移民大潮已经基本停歇"①。也就是说,只有等到这以后,一些热心文学创作的文人学士,才有可能风云际会,被吸引到移民故事的搜集整理工作中来。根据个人研究所及,一个生活在乾嘉之世的举人张邦伸,有幸成为首开移民故事创作先河的作家。

张邦伸(1737~1803),字石臣,号云谷,汉州张家后营(今广汉新平镇人)。乾隆二十四年(1759)己卯科举人,会试大挑一等。任辉县县令,补光州判,乾隆四十七年(1782)四十五岁时,以母疾告养,力辞归田,从事著述,督课子弟,著作颇丰②。张邦伸生活在乾嘉时期,其时"湖广填四川"大移民刚刚结束不久,他利用辞官归里的机会,以著述自娱,与罗江才子李调元过从甚密。嘉庆五年(1800),临终前三年镌版的《锦里新编》,堪称其代表作。《锦里新编》汇辑了平生"所闻",共十四门十六卷,末编为三卷"异闻"。其内容如作者在《序》中所概括:"终以异闻见,山海大荒,怪怪奇奇,无所不有。虽无关于政典,要亦雪夜宴谈,所不废也。"不过,作者申明:"异闻,就蜀中所见所闻也。事虽离奇,实非诞妄……兹编以纪事为主,其全属子虚者概从删削,惟共闻共见,而为世所不常有者,始书之,以志不忘。"③

在《锦里新编》中,有三篇作品——《李颠》《廖氏》与《林青山》④,讲述的就是"湖广填四川"大移民背景下民众祖先的故事。故事发生在康熙甲子(二十三年,1684)至乾隆庚午(十五年,1750)之间,当时正值明末蜀乱之后,"川中土广人稀",清初移民入川,"听人耕种"之际。三篇作品形成于嘉庆五年(1800),上距大移民运动结束不久。张邦伸强调其作品功效"无关政典",仅作雪夜漫谈之资。因此,他所致力创作的作品,必然取材于他所熟悉的故老传闻。如他在《李颠》中毫不讳言地说:"先曾祖连义公,康熙甲子自隆昌迁居广汉,辟地二千余亩。凉水井以南,俱在开垦之内。"表明这

---

① 曹树基:《中国移民史》第六卷,福建人民出版社1997年版,第649页。
② (清)刘长庚:《汉州志》卷二五《人物志·宦业》,嘉庆一七年(1812)影印本,《中国地方志集成·四川府县志辑》,1992年,第204页。
③ (清)张邦伸:《锦里新编》卷之首《凡例》上册,巴蜀书社1984年版,第9页。
④ (清)张邦伸:《锦里新编》卷一六《异闻》下册,巴蜀书社1984年版,第971~976页。

个故事的素材,源自于自己家族的代代传闻。又如《廖氏》所述故事发生地在江津县,与隆昌仅一壤之隔。由于张邦伸先祖迁居广汉之前,曾经在隆昌生活过,故对发生在江津县的逸闻趣事,定会了然于心,并将其作为纳入取材的视野之中。再如《林青山》所述故事内

《锦里新编》书影

容,乃一介寒儒在赶考途中与州官交往之事,凭借张邦伸当过州判的阅历,以及与众多文人学士交往的生活圈子,再结合迁徙途中盗贼横行的背景,作者不难构思出这样的文学作品。

三篇作品虽属作者创新之作,但在此作品形成之前,并非没有现成文本可依。因为在咸丰年间出版的《蜀龟鉴》中,采摭的两则史料,就是汉州张连义、江津廖氏的故事,它与张邦伸三篇作品中的两个主人公的故事基本一致。如《蜀龟鉴》在文中称:"汉州张连义,康熙甲子开荒至凉水井,午馌耕夫,忽一人自深林飞下,不敢近耕者……移时飞去,捷如鸟。自是连日至,咸与酒,渐能言……但不知今何世,系何年?耕者告之,后不知所终。""江津廖氏,戚成勋妻也,成勋避贼窜于黔,氏不能从,幸贼未至,食仓中积谷,宅前有池,岁自耕种得自给。草为衣,数年荆棘丛生,蔽其室,独居四十年,人无知者……"①至于这两个文本的出处,《蜀龟鉴》注明分别源自于《新编》和《药斋文集》。在《锦里新编》这两个文学作品问世之前,另有母本存在,张邦伸的作品不过是依据这一母本脱胎而成的。

三篇作品均属叙事文学体裁,以记述大移民事件背景下的人物为中心。作品对于故事中的人、地、时三要素均有精练文字加以叙述。如:"李颠者,汉州凉水井人也……其时,兵革虽息,土广人稀,听人耕种,俟三年成熟后,具报升科。""廖氏者,江津县民戚成勋妇也……是时,天下甫定。川中土广人稀,田园半没深箐,虎豹豺狼出入纵横,人迹罕到,无从觅其故居,但识其

---

① (清)刘景伯:《蜀龟鉴》,载《张献忠剿四川实录》,巴蜀书社2002年版,第287~288页。

处而已。""林青山,教授中邑(中江县),言坊行矩,颇有迂拘之名……庚午(乾隆十五年,1750)冬,谋北上。因家计素窘,艰于资斧,只雇驼骡一,脚夫一,随带行李起程。"三篇作品按照事件发生顺序,对于事件的原因、经过、来龙去脉以及人物的命运结局,均有清楚明确的交代。如《李颠》讲述了移民垦荒时代,移民们在广汉县耕作的过程中,发现一个"飞跃自如""捷于猿鸟"的"飞人",在恢复语言功能后,讲述其不食人间烟火,在野外生存三四十年的悲惨遭遇的故事。五年后,这个名叫李颠的人,"忽遁去,不知所终"。《廖氏》讲述了明清易代背景下,江津县一对夫妻因躲避战乱,失散四十年后,重逢时"恍惚莫辨","夫妇相泣如再世"的动人故事。后来,其夫"复自黔挈其妻子还。年各九十余始卒"。《林青山》讲述了中江县一个穷教授,在孤身北上赶考途中,被一群匪徒跟踪,不能脱身,他如何机智地假装州太爷的至亲,通过写信请求保护,最终州太爷如约派人,将其护送出境的故事。后来,此人参加"会试,果成进士。始知林平日礼法自持,并非迂也"。故事脉络清晰,内容完整,情节生动,结构严谨,开篇与结尾互相呼应,起承转合,章法有致。

张邦伸在移民故事作品中,十分注重对自然环境和社会环境的描写。如为了增强读者对蜀乱后故事环境的理解,他对故事主人公所处的环境,使用了"虎豹犲狼成群往来,人不敢近"(《李颠》),"田园半没深箐,虎豹犲狼出入纵横,人迹罕到""大树如围"(《廖氏》)等字句来加以描述。为了增加故事的艺术感染力,他对故事主人公的外貌、语言、神态、动作,均有精彩传神的描写。如在描写李颠失言欲语的情态时写道:"以手指口,舌强不能言。移时,复飞升树颠,捷于猿鸟。""与之粥,亦咯咯咽下。"在描写一对失散四十年的夫妻,见面时互相对视的场面时写道:"(廖氏)窥视良久,觉衣冠迥异昔时,而声音容貌仿佛似其夫";其夫但见廖氏"面目黧黑,发乱如蓬""恍惚莫辨"。

值得注意的是,张邦伸还采用人物对话的手法,来描写主人公的心理与性格。如李颠恢复语言后,开口介绍他本人即其家乡在明末蜀乱中的遭遇时写道:"伊姓李,凉水井以南大林,即伊庄也。八大王反时,伊已二十余岁,家中男妇大小百余口,尽为流贼所杀。伊藏树间得免……"又如廖氏从楼上第一眼看见丈夫时,大声呼曰:"汝辈何人?"丈夫惊恐万状,仓促厉声答曰:"我,此宅主人,戚成勋也!"廖氏在认清来人果系其夫时,泣曰:"妾,君妻廖氏也。可将君身余衣裤与妾，得蔽体相见。"

此外，张邦伸还在《林青山》中，巧妙地运用了书信文书修饰的手法，来深入展开故事情节，从而增加故事的文化含量。作品在叙及林青山被群盗困于驿站后，设计了一个虚张声势致书州牧求助的情节，巧妙地插入了投递书信之内容。其文曰："某一介寒儒，三巴下士，久钦德望，未遂抠趋。今者，拟赴春闱，适经化壤，路遇探丸之客，时看遮后而掩前身，无御寇之方，势难开门而却敌。伏祈恩照，大发慈悲，暂拨公差，远迎道左，托名幕客，几疑狐假虎威。仰籍恩驱，或得春生寒谷。仓皇待命，急切上陈。某顿首书。"书信用词遣句，仰俯得体，虽陷困境，犹存风雅，将一介穷酸斯文的寒儒形象刻画得惟妙惟肖，如此生花妙笔，确实为作品增色不浅。

三篇作品短小精悍，均属精心打磨之作。每个故事仅以四五百字的篇幅，就将"湖广填四川"背景下巴蜀社会的变迁与民众祖先的生存状态，淋漓尽致地呈现在读者面前，它们不失为移民故事文学的典范之作。

四、移民故事的素材类型

（一）巴蜀荒芜

清初，四川由于遭受明末战乱，人口或死或逃，致使田地大量荒芜。身处蓬蒿世界的巴蜀土著，大难不死，得以幸存下来，必然留下许多传奇经历。在清代一些地方文献上，有人把各地蜀人在避乱中的遭遇记录下来，为保存那段特殊历史留下了珍贵的史料。虽然这些文字仅仅是出自猎奇而搜集保存下来的，但是，透过这些轶事异闻，从一个特殊的视角揭示了四川战乱前后那段难忘的凄凉景象。与张邦伸在《锦里新编》中所记述的"飞人"李颠、廖氏的故事相类似，在另外一些地方志中也不乏这样的故事素材。

例如，光绪《新修潼川府志》引《中江县志》"处女避乱"说：明朝崇祯末年，有一个不知姓名的某"处女"，因遭战乱，"与其叔避于治西三十里密峰山"。不就，其叔死亡。从此，该女独自过起了白毛女式的"野人"生活："居山洞，食果木，衣棕皮。不见烟火者数年。"没过多长时间，该女"面形青白，肤生红毛。登山上树，飘飞如仙"。到了清顺治七年（1650），一个名叫赵起瑞的"邑民"，偶然在山上发现了她。于是，赵起瑞回去后，便约集数人对她的行迹进行跟踪，终于发现她居住的山洞，并且把她带下山来居住。过了若干年，该女"稍复元形"。问起在山中生活了多少年，她回答说："洞门栀子花凡六开矣。"由此计算，起码在山间过了六年的野人生活。后来，赵起瑞纳其为妻，生有三子，该女活到八十多岁才去世。①新编《潼南县志》记述了本县王姓逃难返乡的亲身经历："塘坝乡的王姓，传说其祖先在战乱时曾避难贵州，留下老弱守家。临走时于庭前树上砍镰刀三把为记。及回乡时，只见家中白骨狼藉，树上镰刀已被大树裹蚀，只辨刀把。"②战乱所带来的沧桑巨变，由此可见一斑。

（二）插占垦荒

经过明末战乱之后，到了清初四川出现了田土荒芜，缺乏劳动力开垦的局面，为了恢复社会生机的需要，政府鼓励移民入川垦荒，规定任意插占即为己业的优惠政策。诚如民国《眉山县志》所概括的："眉之土田，经明末变乱，化为荒墟，斩荆刈棘，纯待民力开垦。"③当时，在川东北边境的万源县出现了"占黑宅"的现象。据记载，清初"入籍者不过寥寥数户耳⋯⋯在昔田地价廉，并有所谓黑宅者（人少荒山无主，由人手指自某处至某处，即自行管业，谓之占黑宅）。每田地能产粮一石者，价值钱数钏而已（山地未定亩数，以地内出息，按斗石议价），荒山则不计也"④。外省迁川移民插占土地，全凭自报。康熙六十年（1721）名山县知县有竹枝词记其事云："报亩惟凭一纸词，田连阡陌力难支。十年砂砾还依旧，又被豪争到法司。"⑤

正是在这样的历史背景下，巴蜀地区出现了许多插占垦荒的故事。简州人傅迪吉，根据自己在明末清初的亲身经历，撰写了一本题为《五马先生纪年》的自传。传中记载，在顺治十年（1653）二十七岁时，他由眉州搬家回简州。"在万家沟栽田几亩，又在舅氏栽田两三块，每处一根签子插上，就携带三四十亩，族人又为之不忿。"⑥而作为最先进川插占土地的外省人，主要是与四川邻近的陕、甘人和湖广人。据记载，顺治十五年（1658），随着清军由保宁进占成都，一批从川北及秦陇来的小民，包括"士农工商、技术胥役之类，惟力是视，俱伐树白之以为界"，首开在成都平原插占土地的先河。其中

---

① 光绪《新修潼川府志》卷二八。
② 潼南县志编纂委员会：《潼南县志》，四川人民出版社1993年版。
③ 民国《眉山县志》卷三《食货志·土田》。
④ 民国《万源县志》卷五《教育门·礼俗》。
⑤ 光绪《名山县志》卷九《风俗》。
⑥ （清）傅迪吉：《五马先生纪年》卷下，四川人民出版社1981年版，第127页。

之"强有力者,得地数十丈不止"。他们先在骷髅、瓦砾之间,搭一个棚帐作为栖身之所,"因树为桩",再把割的芦草盖在其上。①

新都《徐氏族谱》记载了一个湖广人跟随军队在成都附近的新津,大肆插占土地的故事。"族中长老咸云明末清初之际,李闯窜京,寇贼蜂起,天下汹汹,人无定所"。入川始祖"观远公","独由江西赶营逃乱,自楚入蜀,亲冒锋镝,备历艰险",后至川西,始插占定居于新邑南门外高一甲吴二甲乾坝子。今龙门乡观音台许氏宅西□(田)亩余林地,高耸四尺,即其台处,耕理为业。②他所插占的地方,就在新津县龙门乡观音台许氏宅西,其故址在民国年间犹存。

随着插占风潮的兴起,各地都涌现了不少"插占"起家的大户,他们拥有大量土地。如在中江县,刘廷齐于康熙三十九年(1700)所占地亩"地界旷远",有时"月余不能履其地",只能借游猎的机会加以"巡视"。③在一些偏僻的荒山地区,甚至"由人手指某处至某处,即自行管业"。④江西籍官氏于康熙初年在温江、郫县、崇庆、灌县插占"膏腴遍四邑","仆婢成群,盛极一时";中江县的万氏,在崇庆插占"熟田二百二十块";等等。⑤在新繁县,插占者有"一族为一村"者,还有"一族占田至数千亩者"。⑥

(三)土地转让

清初鼓励移民插占土地,政策较为宽松,欺瞒隐报漏报的现象比较严重。随后,清政府决定在四川推进清丈土地、实行首报隐匿的政策,规定允许百姓自动首报,如果到期不报,或首报仍欺隐,均应受到处分。于是又出现了"报亩惟凭一纸词,田连阡陌力难支"⑦的现象。那些在早期插占大量田亩的人,为了赶在地方官府丈量之前,逃脱欺隐之名,免受笞杖、没收田地、追收钱粮的责惩,不得不把隐匿多占、而自己又实在无力耕种的土地想方设法转让出去。于是,在清初四川各地,也曾经掀起过一轮类似的土地转让与"馈赠"

---

① (清)沈荀蔚:《蜀难叙略》。
② 李全中:《成都东山客家氏族志》,四川人民出版社2001年版,第66页。
③ 民国《刘氏族谱·内篇》。
④ 民国《万源县志》卷五《教育门·礼俗》。
⑤ 陈世松:《大迁徙:"湖广填四川"历史解读》,四川人民出版社2005年版,第450页。
⑥ 光绪《新繁县乡土志》卷五。
⑦ (清)徐元禧:《名山竹枝词十首》,载光绪《名山县志》卷九《风俗》。

的热潮，以至在民国地方志中，经常可以见到这样的记述：一亩之田，"值银不过数钱"①；或银一两，"可购十亩之地"②，甚至还有"一鸡一头，布一匹而买田数十亩者。有旷田不耕，无人佃种而馈赠他人者"③。康熙末年，一曾姓人家，因捡到别人扔在外面的豆稭，筛得五升余豆粒，就换得"荒地数亩"④。

上述地方文献对这一现象的记载，大多采用归类概述的方式，故在人物、时间、地点三要素上往往有所忽略。而各地族谱对于同类事件的叙述，则明显要全面周详一些。例如，在川西平原成都附近一带，原籍广东的朱必达，于康熙五十八年（1719）三岁时，即随家人从广东长乐迁来成都府华阳县东门外半节河（今龙泉驿区十陵镇千弓村三、四组）、烂泥沟（今龙泉驿区西河镇龙井村）两处立业，后通过"易贸西市、摊摆南巷"起家。⑤朱氏所居房屋，系以红布二匹、鸡公一只从土著居民陈姓手中换取得。⑥据传，成都东山地区的鸡公山的得名，便是后来的客家人送给主人一只鸡公，主人便将那一座山（丘陵）相赠了。洪河柳树湾冯氏入蜀始祖送给主人一份礼品，主人便将柳树湾一片田土和两间草屋相赠。⑦在重庆大足县龙水镇《杨氏族谱·徙传述略》中，提到杨氏祖先于康熙三十三年（1694）九月二十日"父子兄弟八人"举家由湖南迁来重庆铜梁县时，该县城近郊"下坝田地已为谭氏所占"。杨氏先祖"因出麻布三件易之"。用三件麻布换来的这坝田地，范围相当宽："冲插旗山岭至半冲，始沿小溪直下转齐大河"。这就是杨氏"徙川时"所得的"老业"⑧。又如，康熙四十五年（1706），谌益诗由湖南安化迁至潼川府三台县南，以布二匹、钱四贯、瓶酒、只鸡，置田于云岩（今老岩头）。⑨

在这种背景下出现的同一主题的民间故事，则在故事情节上更加生动具

---

① 《清圣祖实录》卷二五六。
② 民国《荣县志》卷一二《礼俗》。
③ 民国《南溪县志》卷二《礼俗》。
④ 民国《云阳县志》卷二八《士女》。
⑤ 华阳《朱氏族谱》，民国17年（1928）石印本。承朱文国先生提供。
⑥ 朱熹宗祠管理委员会：《成都"朱熹宗祠"的由来及开发价值》。
⑦ 谢桃坊：《成都东山的客家人》，巴蜀书社2004年版，第31页。
⑧ 大足《杨氏族谱》，转引自崔荣昌：《四川方言与巴蜀文化》，四川大学出版社1996年版，第92页。
⑨ 三台《谌氏益珍老祖简谱暨百岁安仕祖支谱》，2000年印本。

体化了。例如，据流传于今金堂县广兴镇刘氏家族中的口碑资料说，在清初，刘氏一支入川始祖刘汝福，通过插占取得了广兴场九龙沟相当一部分土地。后来，刘汝福迁往广汉、洛带居住，留下小儿子刘文荣继续耕种这部分土地。刘文荣虽有十三个儿子，仍耕种不完所有土地，只得将其中部分土地卖给李、高、邓、杨姓耕种。直到后来，剩下阳化河河湾处一块田土（今宝塔村十二组境内龙马桥边），因土质较差，又易被洪水淹没，很难出手，送人也无人接手。最后由李姓人家提出，要刘家出钱请人唱三本大戏，即唱三本连台的川戏，这才收下这块地。另一支刘氏入川始祖刘日义通过插占，取得了金堂县广兴场大屋基为中心的七个村及中江县妙峰乡姜家沟的大部分土地。刘日义虽有三子及七孙仍不可能耕完所占土地。此时，从湖广武冈入川的远房兄弟刘日顺，偕妻携六子投靠刘日义。刘日义便将今广兴镇熊安村及中江县妙峰乡姜家沟的土地分与刘日顺。刘日顺为了表示感谢，便送给刘日义一只大红公鸡及一块土布。今熊安村一名，就是取"雄鸡一唱报平安"之意。①

（四）移民冲突

大量外来移民与土著居民杂居在一起，接触日渐频繁，摩擦、矛盾必然不断。于是，在移民与土著居民之间，以及在移民与移民之间，免不了要发生或大或小、或多或少的冲突，争讼事件时有发生。例如，发生在重庆市荣昌县路孔镇历史上的土客诉讼的口碑故事，就是一个见证：

在清乾隆年间，荣昌县路孔镇赵家场（今荣昌县万灵镇），赵家是"湖广填四川"从湖南安化迁来的。程家是赵家场原来居住着的土著大姓，系明朝年间从湖北麻城迁来的。程家喜好习武艺，族中出了不少武举人；赵姓凭借其为宋朝皇室后裔，家族颇多翰墨遗风，出了不少秀才举人。赵家未发达前尚能听命于程家，一段时期也曾和睦相处，两家子女互有婚配。但是，时间一久，程家眼看赵家的势力一天天盖过自己，很不服气，分析起来可能是风水在作怪，于是便在当地正对濑溪河石桥的远山上修了一座白塔，并放出言说："桥是弯弓塔是箭，射倒赵家翰林院。"据说，此后几年赵家功名不显。分析起来，可能是程家修的塔镇住了自己。为了破解此塔，赵家又在自己宅院外新修了一道照壁，壁上挂了一口镜子，正对白塔，并放出话说："墙如盾牌镜似箭，反射

---

① 这一故事的来源，是从前清明祭祖时，由会首刘西遇（字兴华）当众讲述的，据舒毕生先生提供。

程家武状元。"据说,此后几年程家武举乏人。在第一个回合不分胜负之后,程家接着又实施新的报复计划,夜遣家丁在赵家两块"龙眼田"中暗撒铁砂。由于该田被赵家视为风水田,平常耕田都不用铁犁,而用木犁,生怕伤了风水。现在,眼见田中满是铁砂,分外心痛,推想定为程家所为。为了出这口恶气,赵家于是夜遣家丁,拿钢钎去撬程家的祖坟。不料,却被程家预先设伏,在现场逮了一个现行。在人证物证俱全的情况下,程家把赵家告到官府,赵家也动用各种关系,与程家周旋到底,双方为此诉讼了好多年。结果两败俱伤,从此两家结下世仇,不再通婚,这一规矩直到1949年新中国成立后许多年才被渐渐改变。①

原籍湖广长沙府安化县东坪乡的吉氏家族,于康熙四十六年(1707)冬月二十七日自湖广徙川,次年三月十二日至蓬溪县茸山乡玉溪口落业,地名青石坝小沟(今重庆市潼南县境),居住十八年。"因梁姓讼狱成仇",不得已将产业"卖与梁姓"。并于雍正三年(1725)正月迁居至潼川府三台县南路危月乡离城十里之踏水桥横沟,今名吉家沟(今三台县潼川镇广化办事处白鹤寨)居住。吉氏后裔对于这次丢弃产业的讼狱事件刻骨铭心,为警示后人,于光绪十六年(1890)新建的吉氏宗祠题写对联云:

> 让家让国让天下,如让一箪;
> 争名争利争百年,要争千古。②

这类事件在四川仪陇县城东来凤场两路口一带也发生过。根据口碑资料,说清朝康熙年间,有杨姓人家奉诏入川来此地落户定居。遵照"先来者任其插占"的优惠政策,于山岭之间占地约"十里之遥"。不久,又有邓姓人家来此立基,却因为错过时机,未能插占上土地。由于杨家与邓家在原乡祖地是世代亲戚关系,于是,邓姓向杨氏提出要求"借要一块地盘开垦"。杨家人手不足,尚待开垦之地很多,同意将山下坡陡、湾深、沟峡之地给邓家开垦。当两家到实地指划地界时,发觉现场山高坡陡,乔冠茂密,荆葛丛生,既不能执竿

---

① 摘自笔者2004年7月7日荣昌县路孔镇调查手记。参见陈和跃:《路孔古镇土客恩怨传闻》,《四川客家通讯》2004年第2期。
② 新编《吉氏族谱》(重庆市潼南县方家、陈子沟宗支),2003年。

丈量，又不能持之以绳，于是双方商定，施以"火烧"之法，让其自然焚烧，四周以火自熄之地为界。由于火随风势，越烧越旺，伸延到区连至三湾。这次"火烧"划地，使杨家失去了一大片土地，甚为后悔，而邓家却得到了立基发达的三大湾土地。数年后，邓家果然人丁兴旺，事业发达，为感谢祖宗之福德和"火神"之保佑，遂在山顶修建了一座"火神庙"作为家庙。这一举动惹怒了杨家，杨家借此发难，向邓家提出要求：一要收回"火烧湾"，二要拆掉"火神庙"。邓家婉言拒绝，杨家遂将此事上诉官府。后来县衙经过调查，作出如下裁决：一、将邓家修建的有损杨家的"火神庙"拆去（至今此地仍称"火山庙"，但一直有山无庙）；二、将原来"火烧"之地多出限额之外部分土地收回，仍以"火烧三湾"为主体分给邓家，故该地名的称谓一直沿袭，至今仍叫"火烧三湾"[①]。

客家人聚居的成都龙泉驿区，广泛流传着一些反映客家人与湖广人之间摩擦、矛盾与冲突的故事：

其一是住山不住坝的故事。说的是湖广人和客家人来到四川后，被允许自由圈占土地。于是大家都争着去占领平坝坝。湖广人长得高高大大，十分霸道，就要打广东人。一个老年客家阿公赶紧出来拦住，他跟客家人说："你们不要跟他们歪人争，我们早先住在海边上，未必还没有被洪水淹够？让他们住在平坝坝，淹死他们。我们去圈高地，大家住在一起，又不会遭水淹，又不怕他们肇事。"这样，客家人就都集中住到山上和高的地方了。

其二是客家人没有文字的故事。说的是湖广人家姑娘的哥哥赶场回来后，听说妹妹被客家人欺负了，非常气愤。他想方设法要整客家人。他白天黑夜地想，终于想出了一条毒计——偷客家人的文字书。他先偷偷摸摸地学会客家话，然后就装成客家人混上山去，住在一个孤老汉家。他帮老汉挑水、砍柴、勤快得很。老汉笑眯眯地带他去见首领，说："他是山那边的客家人，阿公阿娘都过世了，单身一人落难到这里，我收留了他。"首领见他确实老实，就给他落了户。他上山半年多，打听到文字书搁在首领的后屋，由一个人白天黑夜地守护着。这天晚上，天黑黑的，他等老汉睡着后就悄悄地摸到藏文字书的地方，看到守门人在打瞌睡。他先把自己的鼻子用棉花堵好，然后摸出熏香点燃，使劲地吹，守门人一会儿就倒在地上了。于是他从守门人身上摸出钥

---

① 陈良文：《客家风采》，仪陇县政协、仪陇县客家联谊会2004年编印，第172~175页。

匙，打开门拿起文字书，一溜烟跑下山去了。从此，客家人就只有语言，没有文字了。

其三是只说客家话的故事。说的是从前，有个客家小伙子偷偷学会了湖广话，就去勾引湖广人家的姑娘。这天他下山去，看到一个姑娘在菜园子摘菜，便上去搭白。他东拉西扯地跟姑娘说着说着，便动手动脚起来。姑娘见他长得好看，也装作不晓得，不开腔。哪晓得姑娘的父亲回来，看到这情景，鬼火冒。跑过去把小伙子抓住，又吹起牛角。周围的湖广人听到牛角声，都聚拢过来。他们把小伙子吊在树上，拿放牛鞭子打，打得小伙子不停叫唤。小伙子抵不住，只好说出自己是山上的客家人。姑娘的父亲马上派人上山，要客家首领带一百挑桃子、一百挑苹果、一百挑梨子来换人。客家首领晓得这件事后，只好让人担着东西下山把人换回来。随后，他把小伙子带到山上，吹起海螺，周围的客家人听到海螺声很快都聚拢过来。客家首领到神龛上点好香蜡，叫小伙子跪在祖宗的灵牌前，给大家说他犯的罪。小伙子晓得自己犯了死罪，就向祖宗磕了一个头，然后，径直跑到山崖边，跳下去死了。随后，首领喊大家跪在祖宗灵牌前，高声说："从今天起，客家人只说客家话，哪个说了湖广话就是背叛祖宗。"从此，客家人世世代代都只说客家话了。

其四是不跟湖广人通婚的故事。说的是从前，湖广首领的女儿嫁给了客家首领的儿子。客家首领做生日，来了很多道贺的人。新媳妇帮着端茶，不小心被石头绊了一跤，"哗"的一声，盘子打碎了，茶泼了一地。首领说这不吉利，就莽起①骂新媳妇，儿子看阿爸生气了，就去打媳妇。媳妇觉得没脸见人，跑到后山吊死了。湖广首领听说自己的女儿被逼死了，马上带着一队人，拿着棍棒来问罪。客家首领晓得湖广人多，赶紧去报官。官府也怕湖广人，就判客家人由湖广人随便处罚。湖广首领喊人把客家首领的衣服脱光，捆在木桩上，然后一手拿钻子，一手拿黄豆，朝客家首领身上钻一个洞，按一颗黄豆进去。客家首领咬着牙，疼得直冒汗。旁边的客家人都埋着头，流着泪。湖广首领按完一包黄豆后，才得意地走了。客家首领叫大家跪在祖宗灵牌前，说："湖广人心太毒了！从今天起，客家人不准跟湖广人打亲家。"说完就断了气。从那时起，客家人就再也不跟湖广人通婚了。

上述这些故事虽然带有明显的夸张、不实之处，比如说客家人入川前住

---

① 莽起，四川方言，意为"不停地"。

海边，客家人有自己的文字书等，但故事却反映了两个族群间的彼此定义和相互关系，客家与湖广两大族群一方面彼此相邻、和平共处，另一方面又互相较劲、明争暗斗，只是这些矛盾和冲突并未发展到群体武装斗争的程度。这当然是移民社会初期的普遍现象，后来随着定居日久，二者之间的融合趋势日益加剧，处在湖广主流文化包围圈的客家人，出于顽强的族群性格和自我防卫意识，可能才创作和流传了这一系列的民间传说故事。

五、文化精英家族的故事

现当代一批四川籍文化精英，大多是移民的后裔，其中，又以清代以来的移民后裔为主。例如，郭沫若祖籍是福建汀州府宁化县；巴金祖籍是江浙嘉兴，他的高祖父李介庵经山西马氏保荐，捐官入川，至巴金已是第五代移民；李劼人祖籍湖北黄陂县，明末清初战乱后，其先祖逃荒至川；沙汀祖籍湖北黄冈县，也是明末清初战乱后，其太祖杨启梁携家迁入四川的；何其芳的祖籍是湖北麻城孝感乡；艾芜原名汤道耕，入川始祖汤万景，世居湖南宝庆府武冈州；阳翰笙原名欧阳本义，四川高县人，祖籍湖南安仁县；唐君毅，四川宜宾人，祖籍广东五华。由于他们从小便从各自的家族中接受了难忘的"移民史"的教育，在移民社会的浸泡中长大，因而自觉认同于"移民"角色，养成了一种以"移民眼光"来观察一切的习惯。①所以，在他们的身上，几乎都深深地打上了移民文化的烙印。当这批移民后裔初登文坛，下笔属文时，他们大都依然保持着"移民眼光"。于是，借助于他们在文化界的声望和影响，通过他们的作品，外界因此得以了解到发生于清初"湖广填四川"移民运动中的感人故事。

归纳这些文化精英在传播移民故事上的表现，大致可以分为几种情形：

其一，讲述各自家族的来源及其在四川的发展历史。例如，郭沫若在1939年著的《德音录》中写道："吾家原籍福建，乾隆四十六年（1781）由闽迁蜀，世居乐山县铜河沙湾镇，入蜀四代而至秀山

郭沫若

---

① 李怡：《现代四川文学的巴蜀文化阐释》，湖南教育出版社1995年版，第200页。

公（郭的祖父），族已昌大。"①他的族弟郭开宇也回忆说："我的曾祖父郭贤惠讲，先辈由福建来四川，开始是做苎麻生意。从福建宁化采集野生苎麻，跟着入川的马帮，到了现在的牛华镇。牛华是盐井林立，盛产食盐的地方。苎麻用于盐业生产中缠扎卤水筒。后来也运麻布来卖。赚了钱，自己也办起了马帮，沿途开设了十三个驿站。从宁化经江西、湖南到四川，终点站就在牛华镇的篾货市，那里是郭家最早的坐房。"②四川籍作家李劼人念念不忘"自我八世祖入川定居以来，从未有过自己的房子"③。所以，他后来所拥有的那间"菱巢"，在李氏家族历史上可算得上是破天荒的了！现代新儒家的代表人物之一唐君毅在《怀乡记》中，对于其家世以及移民家族所受到的移民教育多有记述：

  大概是我的七世祖，才由广东五华到四川。据说他到四川后已成了孤儿。十五六岁，便为制糖店佣工，因得主人信赖，借与本钱，后便独立制糖，生意极好。糖由宜宾一直运出三峡。后来糖船翻了，乃在金沙江畔，购地业农。勤俭积蓄，在我四世祖，便有五六百亩田。我祖父一代才开始读书。我父亲十七岁，便入了学。民国以来，我家的佃户的儿子，亦确确实实有两个读完了高中，其他亦都在读书……我十六岁才回乡，以前从未上坟，亦无祖宗之观念。记得祖母在时，她从故乡到成都，总是带一本家谱。每见我无聊，便说你何不看看家谱。我觉非常好笑，家谱有什么好看呢？而且我在十三四岁时，便看了新文化运动时反对跪拜的文章，故以后回乡，亦不再上坟，祭祀时亦不跪拜，若以此为奇耻大辱。到我父亲逝世，才知祭祀跪拜，乃情不容已。后来回乡，便总要去上坟，晨昏亦亲在天地君亲师之神位及祖宗神位前敬香。我同时了解了人类之无尽的仁厚恻怛之情，皆可由此慎终追远之一念而出。④

  其二，讲述家族祖先迁川途中的经历和传闻。1948年艾芜在重庆凭记忆撰写自传性小说《我的幼年时代》，用十分细腻的笔墨，描写其祖先上川经历的

---

① 《郭沫若选集》第一卷上《我的童年》，四川文艺出版社1994年版，第15页。
② 乐山《郭氏家谱》，转见崔荣昌：《四川方言与巴蜀文化》，四川大学出版社1996年版，第148页。
③ 李劼人：《自传》，载《李劼人选集》第一卷，四川人民出版社1980年版，第11页。
④ 唐君毅：《怀乡记》，载香港《人生半月刊》1952年1月。

文字，依然十分感人：

艾芜

（汤姓）这位第一个到四川的祖先，原是生长在湖北麻城孝感乡的。读过书，却以种田为主要职业。但他失掉了土地，不能生活了，便强抑着悲哀，怀抱着雄图，带着妻子儿女，远离了自己家乡和族人，来到战乱之后人烟绝迹的四川西部。路程自然是经过襄汉流域，沿着大江，穿过三峡，再到成都；一路上听过巫峡的猿啼，淋过巴山的夜雨，迷过嘉陵江的大雾，跋涉在岷沱流域，破庙的屋檐下躲过许多风霜，大树底下度过不少凄凉的夜晚。沿途没有什么好吃的东西，同时也缺乏盐，一块泡得很久业已黄白不分的盐蛋，每顿饭取出来，拿筷子尖沾点咸味尝尝，就这么样一块盐蛋在路上吃了一个多月。从这个盐蛋的传说可以看出这家姓汤的移民，路上是遭着怎样的艰辛和痛苦。①

英籍华人女作家韩素音，于1991年七十四岁时出版《韩素音自传》（五卷本），在其第三部《残树》中，对其先祖迁川的经历作了如下的描述：

我的祖先姓周，原籍广东省梅县（按：应为广东嘉应州长乐县，今广东梅州五华市），全县都是清一色的客家人。这里一向是个穷地方……大概在1682年到1710年之间迁移到四川。我家宗谱上说，我家祖辈中第一个在四川落户的是个货郎，但没有说他是怎样长途跋涉去的。他是不是一根扁担挑上两头的篮子，一走一晃就去了四川呢？他那篮子里又卖的是什么货？是南货？是甜食点心？还是能卖大价钱的木雕艺术品？祖坟上的碑文只说明了一点，那就是：这位祖先是个货郎，而且穷得叮当响。②

其三，讲述四川移民社会的状况。例如，五四时期以写新诗著名的诗人康

---

① 艾芜：《我的幼年时代》，载《艾芜文集》第二卷，四川人民出版社1981年版，第7～8页。
② ［英］韩素英：《韩素英自传》第三部《残树》，中国华侨出版公司1991年版，第25～30页。

韩素音

白情，是四川安岳县来凤乡人，他在回忆家乡的旧闻时说："我的祖辈就是清初被强制移民，曰'湖广填四川'的，据我童年时代在县城高小的调查，全县纵横各乡二百里的范围内，约共三十万人口中，只有一支李姓的大地主是明朝留下来的土著移民呢！"①郭沫若在《我的童年》中，就对于其祖先落籍地嘉定沙湾的土、客籍划分观念及其流传的情况，作了这样的描述：

现在的四川人，在清朝以前的土著是很少的，多半都是些外省去的移民。那些移民在那儿各个地构成自己的集团，各省人有各省人独特的祀神，独特的会馆，不怕已经过了三百多年，这些地方观念都还没有打破，特别是原来的土著和客籍人的地方观念。杨姓是我们地方上的土著，平常他们总觉得自己是地方上的主人，对我们客籍总是遇事刁难的。我们那个小小的沙湾，客籍人要占百分之八十以上，长江流域以南的人好像各省都有，因此杨姓一族也就不能不遭镇里的厌弃了。②

艾芜在《我的幼年时代》中，曾经以文学笔调，描绘了一幅外省移民经过长途跋涉，抵达成都平原后，凭自己力气创业开垦的生动图画：

那时候成都平原里面，到处都长起竹树野草，荆棘蓬蒿，晚上则有成群的狼嚎，可怕的虎叫……（移民们）靠着水沟，割下芦草，造起茅篷，将自己一家人安顿下来，又把自己力气能够开垦的土地，用树枝插起，作为占有者的标记。从此土地有了，也远离了漂泊的痛苦，但开荒和耕种的艰难，却一长串地摆在后头。③

---

① 转引自李怡：《现代四川文学的巴蜀文化阐释》，湖南教育出版社1995年版，第201页。
② 郭沫若：《郭沫若选集》第一卷上，四川文艺出版社1994年版，第11页。
③ 艾芜：《艾芜文集》，四川文艺出版社1994年版，第8页。

其四,讲述四川移民社会中的风俗情况。例如,郭沫若在《我的童年》中,讲到了四川乡间说善书的情形:

> 我们乡下每每有讲《圣谕》的先生来讲些忠孝节义的善书。这些善书大抵就是我们民间的传说。叙述的体裁是由说白和唱口合成,很像弹词,但又不十分像弹词……在街门口由三张方桌品字形搭成一座高台,台上点着香烛,供着一道"圣谕"的牌位……讲《圣谕》的先生到了宣讲的时候了,朝衣朝冠的向着"圣谕"牌磕四个响头,再立着拖长声音念出十条《圣谕》,然后再登上座位说起书来。说法是照本宣科,十分单纯:凡是唱口的地方总要拖长声音唱,特别是悲哀的时候要带着哭声。有的参加些金钟、鱼筒、简板之类,以助腔调。①

上述这些有关巴蜀移民的文字著述,虽出自四川籍文化精英之手,但却传自移民先辈之口。先辈的口述是一个来源,再就是作者的观察分析。以郭沫若为例,他所记录的童年生活,有的是凭模糊的记忆,有的是对未知的推断;有的是"觉得很光荣"的,有的是不怎么光荣的。比如,郭沫若讲到他家里"由两个麻布几时变成了那样的地主,我不十分知道"。但他从一位"瘟猪贩子族曾祖"发迹的"有趣的历史"中联想到:"我们自己的曾祖是不是也是这样发的迹,我虽然不知道,但我想发迹的历史恐怕也不算什么光荣罢。不然,我们的老人们一定要向我们夸讲的。"②1943年,艾芜在桂林写下《花园中》一文,记叙祖父祖母、父亲母亲和叔父谈论家谱的事。父亲的话表明他们家族是从湖北麻城县来的,而且"谱上明明白白写着的"③。后来,他写《我的幼年时代》,称其祖籍为湖北麻城,也是以此为依据的。但在1989年9月25日,当新都县档案馆馆长等人在四川省人民医院看望住院的艾芜时,告之征集到《汤氏族谱》(按:艾芜原名汤道耕)并当面展示了祖籍湖南省武冈州的证据。艾芜说:过去我在书中道听途说地记叙了我的祖籍,结果使我错误了大半生,也误导了不少读者,希望得到纠正,以免一错再错,否则我将遗憾终生。④艾芜所

---

① 郭沫若:《郭沫若选集》第 卷上,四川文艺出版社1994年版,第28~29页。
② 郭沫若:《郭沫若选集》第一卷上,四川文艺出版社1994年版,第14~17页。
③ 艾芜:《艾芜文集》,四川文艺出版社1994年版,第6~11页。
④ 李义让、吴光奎:《艾芜祖籍在何处》,载成都市新都区政协文史资料委员会编:《新都文史》2002年第18辑。

称"道听途说",表明文中所记述的内容来自多种渠道,尤其是在四川各地普遍流行的"四川人祖籍多来自麻城孝感乡"的传说面前,他也免不了要受其影响。不过尽管如此,他笔下所描述的湖广移民"经过襄汉流域,沿着大江,穿过三峡,再到成都"的迁移过程,却是符合历史实际的。

总之,文化精英著述的问世,为巴蜀移民历史记忆传承提供了大量生动鲜活的素材。而伴随着这些作品的发行,巴蜀移民历史记忆在更远的范围得到了传播。

第十一章 巴蜀移民与地域精神的培育

地域精神是一个地区人们广泛认同的文化内核、价值观念和心理导向，是地域文化的精魂和标识。巴蜀地区人们共同心理导向的形成，有社会的、历史的、自然的多种原因。人口迁移所带来的文化影响，渗透在地域群体构成之中，内化在居民性格特征里面，对地域精神的培育有密切的关系。本章从地域群体演化、地域性格浇铸、移民精神传承与四川精神凝聚入手，揭示巴蜀人文性格与移民精神是地域精神中顽强不息生命力的重要来源和组成部分。

第一节　巴蜀地域群体的演化

在巴蜀历史上，曾经发生过多次大规模移民高潮，随着外来移民的频繁进入，作为群体概念的地域人，也经常处在不断的演化之中。由于巴蜀地理环境具有天然的吸纳功能，故在汇聚诸多省籍人口来源时，自然也就成了一座储存南北各地人生命"血浆"的"血库"。

一、地域人口的演化过程

（一）巴蜀文化共同体的出现

在巴蜀地区历史上，作为地域群体的巴蜀文化共同体，其主体部分是由川东的巴人和川西的蜀人所构成的。而维系这一文化共同体的地域文化——巴蜀文化，则是在长期的历史演进过程中，不断通过血缘的融合与文化的融合而形成的。

根据巴蜀文化学者谭继和先生的研究[①]，在春秋以前的典籍里还未发现巴与蜀连称。战国时期才开始有文献把"巴蜀"连称，但还没有巴蜀同为一个文化区域的概念。这种概念的形成，最早出现于汉代。《史记·货殖列传》说"巴蜀沃野地饶"。《汉书·地理志》谓"巴蜀之风俗物产""而汉中淫失枝柱，与巴蜀同俗"。《汉书·循吏传》称"巴蜀好文雅，乃文翁之化"。这些看法，实际上已是文化学范畴的概念，表明汉代人不仅把巴蜀连称，而且把巴

---

① 谭继和：《巴蜀文化研究趋势评议》，《社会科学研究》1996年第2期。

蜀视为同一天文分野，在风俗、物产、文雅、教化诸方面具有同一性，明确肯定为同风同俗的文化区域。尽管这一文化区，当时还是同关中、秦陇、汉中等地域连在一起的，属于秦文化这个大范围，但毕竟说明汉代人已明确意识到巴与蜀在文化上的密不可分。

秦汉大一统王朝的建立，破除了春秋战国时代诸侯国的此疆彼界，使区域文化的整合不再受到人为划定的疆域限制，开始越来越多地遵循文化自身的发展规律，使得自然地理、经济类型对文化的影响开始逐渐显露出来。在秦汉时期统一的国度中，原来互相敌对的巴国和蜀国，消除了昔日的政治、经济壁垒，从此生活在同一政治、地域结构之中。共同的自然生态环境、相连的山川地理，凸显了资源开发、经济类型发展的重要性。于是，共同的地域生活开始把巴郡和蜀郡连接在一起，这就使二者之间连体整合成为可能。

（二）宋代"四川"概念的形成

四川地域群体共同生活的空间，其主体部分基本稳定在盆地之内，在历史上一直是中央政权所属的一个地方高级政区。这一政区，在秦时被设置为巴郡、蜀郡，汉代叫益州，唐代改为剑南道，后分为剑南西川道和剑南东川道。在唐玄宗以前的行政区划，只有东、西两川，故简称"两川"。唐玄宗时对此区划作了调整，有了剑南西川道、剑南东川道和山南西道的设置（山南西道辖今陕南、川北地区，治所在今陕西汉中）。这样，便有了剑南"三川"的简称。唐代剑南"三川"的设置，是依巴蜀盆地平原地形而划为三个道的概称，其由来与江河大川地形无关。此后，"四川"之名即沿此"三川"之改称而来。

宋初在巴蜀地区设置西川路，至道三年（997）全国分为十五路，其中有陕西路、西川路和陕（峡）路。在宋真宗之前，巴蜀地区多被概称为"蜀""川""川峡"等。咸平四年（1001）宋真宗即位，诏分置川峡四路。即在益（成都）、梓（三台）、利（汉中）州三路之外，新置了夔州路（今重庆奉节），于是，这一行政区划在宋代便被概称为"川峡四路"。但作为实体性建置，则是从南宋设立四川制置使司开始的。这时，制置使司与四个路并设，"四川"这一名称，实为"四川制置使司"和它所统辖的四个路总的简称，并不是设置了一个名为"四川"的路。①

---

① 胡昭曦：《四川盆地、川峡四路与四川省省名》，载四川大学历史文化学院编《吴天墀百年诞辰纪念文集》，四川人民出版社2013年版。

（三）元以前的蜀地"悉皆土著"

唐人卢求在《成都记序》中，历叙秦并巴蜀以来，蜀地的建置沿革变迁及其人物事件的兴革鼎废，指出：

> （秦惠王）灭蜀……以陈庄为相，置巴蜀郡。迁秦人万家实之，民始为秦言……汉武帝分南鄙为犍为，遂有三蜀之号……后汉光武帝灭（公孙）述还为蜀郡。顺帝即位，复为益州……（汉）灵帝末，以刘焉为牧，及卒，子（刘）璋迎……刘备至，遂灭璋，称帝，继汉号，先主治成都……其后，賨人李雄僭称王……（唐天宝）十四载，玄宗皇帝巡幸，车驾留五月。至德二年，改为成都府……大凡今之推名镇为天下第一者，曰扬、益。以扬为首，盖声势也。人物繁盛，悉皆土著。①

这段文字写于唐宣宗大中九年（855），上距秦灭巴蜀（公元前316），有一千一百七十多年。在这一千多年间，在巴蜀地区曾经多次发生大规模的移民活动（如文中所述及的公孙述政权、蜀汉政权以及唐玄宗入蜀事件所带动的移民浪潮），有多种成分来源的人口汇聚在盆地之内。经过长时间的血缘与文化的融合，居住在这一地域内的居民，成为一个稳定的共同体——"悉皆土著"。这里的"土著"，就是这一地域群体的标志与代号。到了宋初，又有大量来自中原的新鲜血液汇入巴蜀，他们也被投入到土著的熔炉之中。在巴蜀相对安定和富足的社会环境中，四川的本地豪族和流寓四川的外来大族继续发展。费著《氏族谱》中所列的四十五个大姓，就包含了各个时代进入巴蜀的家族，为"悉皆土著"增添了一个新的注脚。

（四）元代人口结构的剧变

元朝灭亡南宋后，确立起蒙古对全国的统治，将全国划分为十一个行省。在巴蜀地区正式建立了省级行政机构——"四川等处行中书省"，简称"四川行省"或"四川省"。元代是这一地域内人口成分变化最剧烈的时期。在这一时期，四川发生了人口空前的"大换血"，使这一地域群体的生物因素发生了重大改变，出现了多源的客籍人口超过土著人口的重大转折。一方面，是四川人口空前锐减，"古户""旧族""土著"几近灭绝。正如元人揭傒斯在一篇

---

① （唐）卢求：《成都记序》，天启《成都府志》卷三七《艺文志》。

文章中指出：四川经元"用兵积数十年，乃克有定，土著之姓十亡七八，五方之俗更为宾主"①。另一方面，为填补四川人口空虚，元朝曾经接纳了大量外来人口。明代泸州《图经志》载："昔元时地广人稀，四方之民流寓于泸者，倍于版籍所载。"②流寓入蜀的人口中，有军人，也有平民。军人中，"俱系山东、河北、山后户计"③；平民中，既有"雍、梁、淮甸人民"，"开垦成业者，凡二十余万户"④，还有"襄、汉流民"，"至数千户"⑤。从元末开始，就有大量来自东南的楚地麻城一带的移民迁居四川。近年来成都出土了许多墓志碑刻，其中就有反映元末楚地家族迁居成都周边县区的事例。⑥及至明玉珍挥师西进，建立大夏政权，定都重庆，受传统社会血缘和地缘关系的影响，明氏部众及其家属乡邻无不"往依"入川。正如民国《资中县志》卷一〇《杂编拾遗》所言："本省当元之季，伪夏明玉珍在蜀，尽有川东之地，蜀号少安，玉珍为楚北随州人，其乡里多归之。"目前学界对于元代中后期四川人口数量的估计，大致一致，即在七十至八十万人之间。据学者统计，明夏时期共有五十万楚籍移民进入四川，约占四川八十万人口总数的62.5%。⑦这就意味着，自明氏移民迁入之后，土著居民仅剩下三十万人左右，四川社会中第一次出现以湖广籍为主体的移民人口超过土著人口的重大变化。

（五）明清四川人口血缘的改组

洪武初年的大移民，使自宋末元代以来人口稀疏的四川得到了有效的补充，奠定了有明一代四川人口的基础。但是，相对于四川广袤的土地说来，明初移民成效毕竟是有限的。因此，即使到了明代中后期，四川再度成为接受各类移民的重点地区。根据学者对四百三十八支移民家族实例的统计⑧，迁川家族分别来源于湖广、江西、浙江、安徽、陕西、山西、河南、山东、云南、贵

---

① （元）揭傒斯：《揭傒斯全集·文集》卷六《彭州学记》。
② 《永乐大典》卷二二一七"泸"字韵。
③ （元）王恽：《秋涧集》卷八六《论西川军役事状》。
④ 《元史》卷九二《百官志》。
⑤ 《元史》卷一九〇《瞻思传》。
⑥ 参见嘉靖十年（1531）《杨用贞夫妇墓志铭》、正德十六年（1521）《廖铉夫妇墓志铭》、嘉靖七年（1528）《梁万锺墓志铭》、嘉靖《万本墓志铭》等，载成都文物考古研究所、成都博物院：《成都出土历代墓铭券文图录综释》，文物出版社2012年版。
⑦ 曹树基：《中国移民史》第五卷，福建人民出版社1997年版，第152页。
⑧ 谭红主编：《巴蜀移民史》，巴蜀书社2006年版，第329~367页。

州等十多个省区，说明明中后期人口自由流动所涉及的区域十分广泛。

其后，经过明末清初的浩劫，顺治十八年（1661）统计，全川仅有一万六千零九十六丁[①]，人口总数在五十万[②]左右，这是"四川境内人口第二次大幅度下降（另一次在宋末元初），也是四川人口史上最低的低谷"[③]。在清廷采取招徕外省人口实川政策的鼓励下，由于巴蜀自然环境的优越，各省向川省移民之势不可阻挡，致使四川人口得以迅速增长。据统计，在康熙末年，四川人口已达四十万。自雍正元年（1723）到乾隆五十年（1791），约七十年间，更增至九百五十万，为康熙末年的二十余倍。根据各种因素的综合推算，迄于道光三十年（1850），在四千四百余万总人口中，属于土著者应为五百一十八万六千人，占总数的11.8%；移民及其繁衍者为三千八百九十七万八千人，占总数的88.2%。[④]由于各州县土、客比例各不相同，客民来源千差万别，因此人口的血缘构成，必然呈现出斑驳陆离的特色。据清末《成都通览》对当时成都人口构成所作的统计："现今之成都人，原籍皆外省人"。其中，湖广（包括湖北、湖南两省）占25%，河南、山东5%，陕西10%，云南、贵州15%，江西15%，安徽5%，江苏、浙江10%，广东、广西10%，福建、山西、甘肃5%。加上来自关外的满族、塞外的蒙古族在内，居民原籍共有十八省之多。[⑤]在同一时期之内，居民省籍来源如此广泛，各省移民竞相迁入同一个省区之内的现象，在中国历史上也是十分罕见的。这表明，在经过明末清初的长期战乱和社会动荡之后，四川人口成分发生重大变化，地域群体正处于改组、趋同、定型的关键时期。

二、地域群体的文化认同

构成地域群体的要素有三：生物因素（主要指种族及血统等）、地理要素（主要指疆域等）、心理因素（主要指受大脑影响的心理功能等）。同一个地域的人之所以能凝聚在一起，共同的地域、血缘是维系地域群体生存的物质因素，而文化则是维系地域群体发展的精神因素。

在四川行政区划名称演变的过程中，居住在此区域中的人口结构也发生

---

① 康熙《四川总志》卷三〇。
② 李世平：《四川人口史》，四川大学出版社1987年版，第151页。
③ 李世平：《四川人口史》，四川大学出版社1987年版，第155页。
④ 吕实强：《近代四川的移民及其所发生的影响》，《近代史研究所集刊》第6期。
⑤ 傅崇矩：《成都通览》上册，巴蜀书社1987年版，第109~110页。

了较大的变化。在从秦汉到两宋时期，巴蜀地区发生过多次大规模移民活动，其中既有大批北方人迁居巴蜀，也有少数民族的内聚迁移，包括两晋时期的氐羌族和僚人入蜀。这样就使得蜀地增加了不同地区、不同民族的新鲜血液，蜀地各民族在彼此的交往和通婚中，逐渐进行血缘和文化的融合。当多种成分来源的人口汇聚在盆地之内，为了与其他地域的人群相区分，出于"辨异"的需要，地域群体急需冠以共同的行政区划名称。于是，到了北宋时期，一种以"四川"地方高级行政区划命名当地群体的做法——"四川人"的称谓开始流传开来。

据徐梦莘《三朝北盟会编》记载，靖康二年（1127）二月，金军攻占北宋京城汴京（今河南开封），"索太学生博通经术者三十人，如法以礼，谨聘前来，师资之礼，不敢不厚。忽有应募愿行者，大抵多四川人及两河人。两河人思和，假便移乡；四川人皆为利，往也……其乡贯多系四川、两浙（改作河）、福建"①。据此可知，在这三十多名为"求生，附势投状，愿归金国"的太学生中，有"四川人"及"两河人"。北宋合称河北、河东地区为"两河"，相当于今山西与河北中、南部一带，它与"四川"都是属于地域概念。《三朝北盟会编》根据所在地域，将他们分别称为"四川人"和"两河人"，这大概是沿用当时习惯的称谓。所不同的是，"四川人"所居住的行政区划，不仅是一个独立的地理单元，而且区域内早已存在一个独特的文化共同体，所以，当"四川人"冠在它头上的时候，预示着一个稳定的地域群体犹如瓜熟蒂落般诞生了。而"两河人"却成为历史的匆匆过客，此后不再以地域群体现身。

随着时代的推移，为了适应区别不同地域、不同层次群体的需要，体现共同地域文化精神的四川人，在称呼上不仅有"他称"，而且还有"自称"之别。顾名思义，"自称"就是指自己对自己的称呼，"他称"就是他人对自己的称呼。根据上述《三朝北盟会编》将"四川人"与"两河人"并列的行文判断，这里的"四川人"显然属于他称。但到了明代，在文献资料中的"四川人"称谓，既有自称的含义，也有他称的含义。例如《明宪宗实录》记载，明英宗天顺八年，有一位名叫孙敬的兵部给事中官员在朝堂之上启奏道："臣等

---

① （宋）徐梦莘：《三朝北盟会编》卷八一，中国古籍大全电子本。（承胡昭曦教授提示出处）

俱四川人，见本处地方盗贼生发，攻劫州县，居民惊惶，不能安业。"①此处的"四川人"当系自称。而在《徐霞客游记》中，这位旅行家在贵阳远郊的水车坝发现，有许多"川人结茅场侧，为居停焉"。他于是"饭于川人旅肆"。此处的"川人"即"四川人"的简称。因为，他随即提到在贵州当官的川人就有：巡按君冯士晋、普安游击李芳先，他们均为"四川人"。这里的"四川人"又是作为他称出现的。由此可见，宋明以来，"四川人"作为巴蜀文化共同体的称谓已经正式形成，它标志着作为与中国其他地域相区别的"一方人"，四川地域群体已经在文化心理和性格特征塑造上趋于稳定和成熟了。

清初以来，随着各省移民迁居川省，以及人口的加速增长，各州县出现了五方杂处，语言、风俗各异的格局。尽管在一段时间内，因为省籍地域的不同，彼此之间难免不能融洽，但历世久远，在共同地域的影响下、同一文化的熏陶下、同一政府的统辖下，各省迁川移民在与土著居民共同开发四川、推进四川社会经济发展的过程中，通过长期的垦荒生产劳动，进一步加强了对四川生态环境与地域生活的适应，进一步加强了互相间的了解，增强了更多的共同性。正如乾隆《安岳县志》云："四方侨寓，复多秦、粤、吴、楚之人，始则佃地而耕，继则携家落业。虽曰客民，同于土著。"②嘉庆《中江县志》亦云："近年荆楚、闽粤之人，携家落业，流寓日集，佃买耕种，竟同土著。"③随着移民人口不断繁衍、家族陆续向外拓展，不论旧籍与新籍，以及新籍之间，逐渐淡化了各自的省籍界限，消除了彼此的隔阂与歧见。为适应家族在客居地不断发展的需要，移民不得不建立新的血缘关系。正如民国《重修大足县志》所说："厥后客居日久，婚媾互通，乃有楚人遵用粤俗，粤人遵用楚俗之变例，然一般固无异也。"④民国《云阳县志》证实说："今县境扶、徐、向、冉、杨、谭诸族，皆其（指明洪武年间迁入的土著——引者）孑遗，其始颇仇客民，久乃相浃，寻结婚媾。"⑤流传于成都的《锦城竹枝词》，为我们生动描写了一个家庭中，各省籍贯混杂的情况："大姨嫁陕二姨苏，大嫂

---

① 《明宪宗实录》卷一一，天顺八年十一月丁巳，台北"中研院"历史语言研究所1963年核印本，第237页。
② 乾隆《安岳县志》卷一《风俗》。
③ 嘉庆《中江县志》卷二《风俗》。
④ 民国《重修大足县志》卷三《政事上·风俗》。
⑤ 民国《云阳县志》卷一三《礼俗》。

江西二嫂湖。戚友相逢问原籍，现无十世老成都。"①这表明，经过这次移民运动之后，终于改变了四川人的血统成分，使许多地方的家庭都发生了血统混杂的现象。这时凡是居住在巴蜀的居民，不管是移民还是土著，都被通通投到一个由四川自然、人文生态环境混合打制而成的大熔炉里，经过"血浆黏合剂"的"糅合""黏连"，又再一次整合在一起了。

移民社会是一个过渡社会，它必然要向定居社会或者土著社会转型。"土著化"可以有深浅两个层次的理解。浅层次的土著化，主要表现为血缘、风俗习惯的融合。窦季良认为："所谓土著化，即在血统、语言、风俗、习惯等各方面与寄籍社区合而为一的过程。"依据他对康乾时代迁入重庆的八个省籍（湖北、湖南、江西、广东、浙江、陕西、云南、贵州）遗老的调查访问表明，"八省同乡早已与四川土著同化，通婚结好，共营商业，在语言风俗习惯上居然土著了"，他们"在生活语言习惯上殊难辨认其为外籍人士，尤难辨认其为某省某府之人"。唯一能找到移民后裔痕迹象征的是："只能忆及其为某省原籍而已。"据此他得出结论说："八省客商大都是从康乾时代陆续移入的，迄于咸同之世，以历百年之久。其间物移星换，同乡人士已有土著化的趋势。"②

深层次的土著化，则表现为文化心理上的认同。四川大学王东杰教授认为："移民被其他人认为或自认为'当地人'的一部分，不妨称之为'土著化'，亦即意味着其地域认同的改变。"根据他的研究表明，移民社会之向定居社会或土著社会转变，绝非移民融入土著社会的单向流动，而是移民与土著及不同的移民群体之间互动的结果。至于移民的原籍意识与土著化的关系，也并不是此消彼长的关系，而是极为复杂的，其过程远比生活习俗趋同更为漫长。他指出：清代四川地区移民文献多把会馆崇祀对象视作移民乡土认同的象征。透过这一集体性心理表象，可以发现移民的原乡认同在很大程度上是随着移居地"五方杂处"的格局明确化的，以原籍为标志的族群身份与对新家乡的认同并不截然对立，而是纠缠在一起。"乡神"一方面被视作移民原乡认同的象征，另一方面又常被赋予超地域性内涵，从而容纳了新认同。这些情况表明，"乡神"崇拜作为移民地域认同的象征既是被"建构"的，又可以被一套新的叙述所"解构"与"重构"。在日益频繁的社会交往中，以省籍为区分的

---

① 杨燮等著、林孔翼辑录：《成都竹枝词》，四川人民出版社1982年版，第39页。
② 窦季良：《同乡组织之研究》，正中书局1943年版，第44页。

原乡意识的保留，并不妨碍族群的融合，而是移民在把新家乡当作自己家乡转变过程中的一个必经阶段。它所反映的，是移民在新家乡的"原乡认同"，最终会被对新家乡的地域认同即"乡土认同"所取代。当然，要使外来移民融入巴蜀社会之中，要让外来移民接受认同新家乡，还有一个较为漫长而复杂的过程才能完成。据估计，"恐怕到了20世纪初，大部分清初移民才正式认同于'四川人'的身份"①。

第二节　巴蜀地域性格的浇铸

"一方水土养一方人"。巴蜀区域文化之所以区别于中国其他的区域文化，正是由巴蜀文化区鲜明的群体性格特征及其面貌所构成并体现出来的。而巴蜀区居民群体性格的形成，则有赖于不同来源的移民所带来的南北各方文明"活水"的融合。

一、古代巴蜀居民的性格

在巴蜀地区，居民由于地理环境、开发先后，以及受周邻文化的影响，不仅在文化性格上与别的文化区域存在差异，就是在区域内部也不尽相同。早在汉代，班固就在《汉书·地理志》中明确认识到："凡民函五常之性，而其刚柔缓急、声音不同，系水土之风气……好恶取舍，动静之常，随君上之情欲。"即把人们的不同性格表现，归结于各自不同的自然和人文环境的影响。正是在巴蜀成为一个文化区的关键时刻，班固为此区的居民性格做了全面的勾画："巴、蜀、广汉本南夷，秦并以为郡，土地肥美，有江水沃野，山林竹木蔬食果实之饶……民食稻鱼，无凶年忧，俗不愁苦，而轻易淫佚，柔弱褊厄……及司马相如游宦京师诸侯，以文辞显于世。乡党慕循其迹。后有王褒、严遵、扬雄之徒，文章冠天下。"②从这一描述中可见，当时本区居民（主要是川西地区的蜀人）的个性，可以用以下八个字来概括："轻易"（指头脑灵活，灵巧轻扬，言行显得有些轻率）、"淫佚"（指生活条件优越，过惯了安

---

① 王东杰：《"乡神"的建构与重构：方志所见清代四川地区移民会馆崇祀中的地域认同》，《历史研究》2008年第2期。
② 《汉书》卷二八《地理志下》。

逸日子，喜欢贪图奢侈享受）、"柔弱"（指体格矮小瘦弱，习性柔弱娇脆，有些懦弱）、"褊厄"（指心胸不够宽广，看问题容易偏激，失之狭隘）。

自此以后，历代文献不乏记录巴蜀居民个性者。古代视域下的这些记录，有的一语中的、入木三分，有的见解肤浅、失之偏颇。这里，仅梳理其记述，并结合相关群体背景，略加点评如下：

晋人常璩《华阳国志》在对秦汉时代巴蜀风土人情的记述中，充分揭示了本区内部文化性格上的特征与差异。他指出：生活在川西平原地区的居民，即所谓蜀人，由于生存环境优越，自古发达的农业经济，闻名遐迩的商业都会，在浇灌出一方繁荣富庶的沃土的同时，也塑造了这方居民的个性："君子精敏，小人鬼黠"，"文多于直，故其民柔弱"，尤"多斑采文章"；由于蜀地同于秦地的天文分野，风俗相近，"故多悍勇"；两地同受文王的教化，习染华夏风俗，"故有夏声"。而"其所失"，则表现在衣食住行、婚丧嫁娶，追求享受，"盖地沃土丰，奢侈不期而至也"。究其缘由，盖"染秦化故也"[①]。对于生活居住在川东北丘陵地区的居民，即所谓巴人（包括今重庆市人和一部分四川人），由于在秦汉王朝统治下，汉文化的传播尚未普及深入，以至巴人的社会风尚并未发生大的变化，故保留了较多原有社会组织的特性。《华阳国志·巴志》描述道："其民质直好义，土风敦厚，有先民之流"，供养父母，"永言孝思"，"其好古乐"，"善祭祀"。与此同时，巴人多威武雄壮，"少文学"而"多将帅才"。这些反映出巴人具有强悍、勇武、质朴、尚义的性格特征，而"其失在于重迟鲁钝，俗素朴，无造次辨丽之气"。由于与楚邻近，较多受楚国的影响，因此，"江州以东，滨江山险，其人半楚，姿态敦重。垫江以西，土地平敞，精敏轻疾。上下殊俗，情性不同"。基于巴人和蜀人性格上的文化特征，《华阳国志》还记录下了当时的一句成语："巴有将，蜀有相"（意指蜀人尚文，巴人尚义；蜀人文弱机敏，巴人刚毅质朴；蜀人多出文士，巴人多出将才）。这句成语充分表达了秦汉时期巴蜀地域原住民的性格特征和差异。

魏晋南北朝是中国历史上民族大融合的时期。在这一时期，巴蜀地区人口迁徙十分频繁，行政建置变动无常，四五一县割成两三……"省置交加，日回

---

① （晋）常璩：《华阳国志》卷三《蜀志》。

月徙，寄寓迁流，迄无定托，邦名邑号，难或详书"①。受此影响，迁居境内的居民，由于受血缘与文化融合的影响，在文化性格上也处在融合变动的过程之中。这样，表现在地域内部的文化差异也日渐在缩小，一些文化心理上的共同要素正在形成之中。《隋书·地理志》对此有进一步描述："其地四塞，山川重阻，水陆所凑，货殖所萃，盖一都之会也……其人敏慧轻急，貌多蕞陋，颇慕文学，时有斐然，多溺于逸乐，少从宦之士，或至耆年白首，不离乡邑。人多工巧，绫锦雕镂之妙，殆侔于上国。"②通过这一段记述可见，经过两晋南北朝时期大移民的血缘与文化融合洗礼后，蜀人继续保有"机敏""鬼黠"等聪慧特性，同时，随着商品经济的发展，又新增了"人多工巧"的新的个性。而"颇慕文学""多溺于逸乐"，则是建立在丰饶的物质基础之上，亦是对原"俗不愁苦""多斑采文章"等多文化之士特性的继承与发展。

唐五代两宋时期，大批北方移民进入巴蜀地区，移民带来了当地的特色文化和先进的生产技术，深刻影响了巴蜀地区政治、经济和文化的发展，为五代两宋时期巴蜀的高度繁荣奠定了坚实的基础。随着行政区划的稳定，巴蜀居民之间在经济、文化上的差距日渐缩小，人群的文化心理经过融合日渐稳定，性格个性也较为鲜明。唐人李荃在《太白阴经》中，在比较全国文化区域的群体性格特征时说："秦人劲，晋人刚，蜀人懦，楚人轻，齐人多诈……"这里的"懦"，可以说正是传统柔弱、好文等个性的集中体现，是当时在国内不同文化区性格比较中蜀人的显著特性。

《宋史·地理志五》在此基础上，对当时四川人的习性作了如下的评述：

> 川、峡四路……土植宜柘，茧丝织文纤丽者穷于天下。地狭而腴，民勤耕作，无寸土之旷，岁三四收。其所获多为遨游之费，踏青、药市之集尤盛焉，动至连月。好音乐，少愁苦，尚奢靡，性轻扬，喜虚称。庠塾聚学者众，然怀土罕趋仕进。涪陵之民尤尚鬼俗，有父母疾病，多不省视医药，及亲在多别籍异财。汉中、巴东，俗尚颇同，沦于偏方，殆将百年。孟氏既平，声教攸暨，文学之士，彬彬辈出焉。③

---

① 《宋书》卷一一《志序·历上》。
② 《隋书》卷二九《地理志上》。
③ 《宋史》卷四二《地理志五》。

在这里,"民勤耕作"的评价,是除了四川以外,南方其余地区却没有这类表述。这表明四川人在农业劳作中表现的吃苦耐劳的精神,在宋代已卓然于南方人之上,而与北方居民相当。而"文学之士,彬彬辈出焉"的现象,则是在原有"多斑采文章"基础上的继承与发展,由此也体现出唐五代两宋时期,大批北方移民进入对本区文化发展的推进。这是一个方面。而另一方面,本区居民中原来就存在着尚奢靡,偏爱饮食、游乐的特性,在唐宋经济高度发展的背景下,此时又在成都地区兴起了一股游乐之风,它不仅"甲于西蜀",而且,"西南为域中之冠",其奢侈程度,不在两浙之下。于是,当时居民中呈现出"好音乐,少愁苦,尚奢靡,性轻扬,喜虚称"的个性,也在情理之中。本区居民个性的传统,原有柔弱、好文,"文多于直,故其民柔弱"的特征,经过时代的演变,到了两宋时期,则进一步发展为"民性循柔,喜文而畏兵"①的个性。由此可见,经过两晋南北朝以及唐五代两宋政治上的分离与融合,在移民频繁进入巴蜀地区,带来经济发展与文化繁荣局面的基础上,本区人群性格中的特长在原有基础之上,都得到了不同程度的加强。

元明时期,在四川稳定的行政地域里,经过不同地区、不同民族人口的交流与文化上的融合,到了明代,四川居民的性格发生了重大的变化。明万历进士谢肇淛撰写《五杂俎》,著录天下风物掌故,其中论及各地人的性格说:

天下推纤啬者必推新安与江右,然新安多富,而江右多贫者,其地瘠也。新安人近雅而稍轻薄,江右人近俗而多意气。齐人钝而不机,楚人机而不浮。吴、越浮矣而喜近名,闽、广质矣而多首鼠,蜀人巧而尚礼,秦人鸷而不贪,晋陋而实,洛浅而厚,粤轻而犷,滇夷而华,要其醇疵美恶,大约相当,盖五方之性,虽天地不能齐,虽圣人不能强也。②

谢肇淛从"五方之性"差异、美恶得失大约相当的观点出发,对明代各地居民的性格作了全面的比较,他认为当时四川的群体性格的最大特点是"巧而尚礼"。其中的"巧",显然是继承了隋唐以来蜀人聪明、勤劳、机巧的特性,而"尚礼"一语,则还未见有人用来记述蜀人的性格特征。众所周知,在

---

① (宋)田况:《四蜀蕃夷图序》,《全蜀艺文志》卷四八《四川风俗形胜考》。
② (明)谢肇淛:《五杂俎》卷四,《明代笔记小说大观》(二),上海古籍出版社2005年版。

《汉书·地理志》中，班固就曾经以"未能笃信道德"来评价当时巴蜀地区的性格。由于当时四川地处西陲，风俗迥异，接受中原传统文化影响的时间不长，程度不深，还保留着相当的原有习气，甚至"蛮夷之风"，所以，当地居民对起源于北方的儒家伦理纲常等正统社会规范比较淡薄，未能深信不疑。两晋南北朝动乱时期，与入川流民"剽悍"的性格形成鲜明对比的是，"蜀人懦弱，客主不能相饶"①。当时外部舆论有一看法认为"蜀人嗜乱喜祸"②，这显然是一种似是而非的见解，由此也可见它与"尚礼"的特性是根本相悖的。其后，经过历代人口和文化的融合，尤其是经过元代四川人口第一次大换血以后，本区的性格明显向"尚礼"方向演化。例如，明初人宋濂描述说："西蜀之地，有万家之邑……其民之俗，好辞让而耻斗争，以故弦歌比屋，而囹圄空虚。"③明蜀人杨名也说："宣德、景泰间，民朴而殷富，牛马成群，寄宿于野，民勤农作，不淆五方之习。妇女不识锦绮，戴白之老，长衫博带，说《诗》讲《礼》。""一切婚嫁，仅取成礼。燕不用剧乐。"④可见，在明代中前期，蜀人依然保持辞让知礼的个性特点。懦弱与辞让，尚礼与耻于争斗，正好形成了当时四川居民性格的两重性特征。

但是，到了明代后期，特别是到了明末，四川各地的社会风气却发生了巨大的变化。由于国初励精图治，封建礼制尚能维持，一旦社会生产复苏，商品经济发展，社会财富增加，刺激人们的享受欲望不断膨胀，必然要突破礼制的限制，由俭而奢，改变生活方式。一股奢靡风尚来势汹汹，波及社会各个阶层，改变着世道人心。清代刘石溪在《蜀龟鉴》中说："自（天启年间）奢（崇明）变以来，民间习赌，杀货御人，嚣争不悟，悍极而偷，诡巧为甚。"⑤《欧阳氏遗书》的作者也说："自崇祯戊巳⑥而后，翻觉土狭人多，环视锦水巴山，满目魑魅魍魉。"由此，他还对四川各地人的性格特征及其表现，作了这样的概括："川北之人多刚而亢戾；川西之人多柔滑而奇狡；川南风气巽忍良楷相半；至省

---

① （晋）常璩：《华阳国志》卷八《大同志》。
② （宋）李埴：《鱼复扞关铭》，《全蜀艺文志》下册，卷四四。
③ （明）宋濂：《送王明府之官序》，《文宪集》卷八。
④ 光绪《新修潼川府志》卷一〇《舆地志十》。
⑤ （清）刘景伯：《蜀龟鉴》卷六。
⑥ 原文为戊巳，按崇祯无戊巳，应为己巳，或为戊寅。

会至渝州,则狙诈奸深,刻薄诡谲,百倍于东西南北,而人心愈不可测也。"①由于作者是出于"人性恶"的立场,从社会风尚和世道人心视角来描述时代的巨变,其看法难免有失偏颇,但从中也可以看出,明前期那种"尚礼辞让"的性格已经荡然无存了。而《蜀中广记》在引《郡国志》描述介于东、西两川之间的绵州居民的个性特征时,则显得更加平和与准确:"左绵(今绵阳市)界东、西二川,北负梁、雍。风气所濡,各得其偏。故其俗文而不华,淳而不鲁,刚而不狠,柔而不弱。"②地处东、西两川之间,且与陕、甘邻近的绵州,由于受巴蜀文化和秦陇文化的影响,故在语言、风俗及居民性格上,表现出"文而不华,淳而不鲁,刚而不狠,柔而不弱""各得其偏"的特点。这种混融性的文化形态的出现,显示出本区居民性格日趋稳定和成熟起来。

二、近代四川居民的性格

经过清前期"湖广填四川"移民运动之后,随着人口过剩和人口来源、结构的改变,四川居民的血统已经发生质变,变成一个由"相邻所有省份移民的子孙组成的混合体"③。这样,居民性格也必然会随之发生改变。

宣统元年(1909)出版的《成都通览》著录有"成都人之性情积习"一目,列举了成都人的五十五种习性表现,概括为:"人情狡诈,千变万化,不能尽也。"最后作者指出,"然成都人有一种特别之性质,又未可厚非者,列如下:士类纯正,绝不闻革命谈。民俗淳朴,实难见桀骜气。乡风古板,尚不入靡丽派。"④

德国地质学家利希霍芬,是外国人中对"四川人"作过近距离观察和描写的人。他自1861年首次来华后,在1868~1872年再度来华,曾经先后七次深入中国内地考察,走遍了大半个中国,对中国十七个省的人的性格都作过详细描述,反映在其所著的《中国——亲身旅行和据此所作研究的成果》之中。透过这些记述,可见他曾经有时间接触过四川当地居民,并对四川人在外省的情

---

① (清)欧阳氏:《欧阳氏遗书》。
② (明)曹学佺:《蜀中广记》卷五五引《郡国志》。
③ [德]利希霍芬:《独立种族》,1877年,原载大谷孝太郎《中国人精神结构研究》,东亚同文书院1935年日文版,袁方编译。转引自沙莲香主编:《中国民族性》(一)附录3《中国17省人的性格特点》,中国人民大学出版社2012年第2版,第397页。
④ 傅崇矩:《成都通览》,成都时代出版社2006年版,第129~130页。

况有所观察,因此,他才能在文章中对四川人的性格做出如此深刻、细致的记录:

混血。居民作为相邻所有省份移民的子孙组成的混合体,集中了他们一切优秀之处。

性情。他们有高度发达的文化和强烈的自尊心,热情而温顺。

志趣。没有继承先祖的商业精神。他们也和全体中国人一样爱钱,但他们所具有的不过是微弱的商业精神。于是,他们不得不把棉的输入和绢、麝香、药材、白蜡的输出这种大宗买卖让给有大商业精神的陕西人和江西人,把钱庄和当铺让给山西人。

心数。正如四川的山水是中国各省中最美一样,其居民除了局部之外,以其生活方式的精醇和性格的和蔼,都是卓越的。

好尚。与一般的中国人相比,其穿着较为清洁,葆有秩序和礼仪的人较多。

见解。虽然他们对外国人有不少的偏见,但可以看出,他们绝不是轻率地形成自己的见解,而是根据亲身的体验做出正确的判断。

脑力。他们对中国固有书物学问的熟读程度虽不突出,但理解力一点也不差。

器量。这个省的人,安土重迁,在其他省份,很少能见到四川人。

风俗。四川的居民是分散居住,或者成为一个个小的群体。

影响。四川人在军阀中也无大名声,官场势力也很微弱。

最后,在比较十七个省居民个性的基础上,他再次强调指出,由于所到之处,"居民有混血现象",因此他认为:"正如四川的山水是中国最美丽的,四川居民也以其醇风美俗和和蔼性格而超出其他省份,说四川人的定居状态,可以归结为丘陵性,就是基于这种观点。"①

20世纪20年代,有一位在北平受过高等教育,后来成为四川著名历史地理学家的任乃强(筱庄)(1894~1989),在家乡南充编写了一本《乡土史地讲义》。其中,有专章记述了当时"川省民性",作了迄今以来对四川人性格最为全面的观察与解剖。任乃强认为,四川人与其他各省人的性格相比较,有以

---

① [德]利希霍芬:《独立种族》,转引自沙莲香主编:《中国民族性》(一)附录3《中国17省人的性格特点》,中国人民大学出版社2012年第2版,第397~398页。

下十个显著特点和区别：

脑力。蜀中山水秀逸，人多聪慧，神经迟钝，而思想发达，具巧思，多奇技，虽三江人民相较，亦无不如。

仪容。因不习社交，大都局促委琐，牵拘鄙陋，应对进退，多所抵触，在各省中为最劣者。

器量。大都狭隘褊急，浅小不能容于人，多讥刺，少溢美，疾恶如仇，而不能慕善，喜自夸，而訾议人。

心数。平直仁厚，不尚矫饰，凡狡险狠毒欺伪巧夺之事，皆不肯为，慈善心颇发达，唯不能泛爱。

性情。大都倔强躁急，暴戾善怒，难谄而易骄，喜静尚玄，不嗜功利，放荡恣肆，不能检束。

志趣。大都卑小蕞陋，趋细利而急近功，轻实质而重虚荣，凡远大难致之业，皆惶骇不敢为。

好尚。好烟酒、啜茗、博弈、游戏之事，罕有能发奋自强者。饮食衣服，旧尚节俭，近则清矜新异，尤嗜舶来品。至于居室碍陋，则未尝注意。俗尚早婚，贫乏之家亦以多子为荣，不计其能赡养教育之否。

风俗。重廉耻，崇节义，敦礼让，饬虚文。虽重族谊，而父子兄弟之间不能共处，迷信鬼神，占卜巫觋僧道之流充斥社会。

体质。强劲壮实，罕夭死者。声音重浊而宏大，目光而强健，皮肤黧黑粗厚者多。

语言。大体与京语相似，发音轻重、语调缓促则随地不同，虽一县一乡亦不一致。大抵沿江住民较为轻滑柔美，山地住民较为重浊吃涩，方音俚语繁杂庞多，不可悉究。

抗战时期，四川省主席张群对四川人的性格有过如下的分析："人民的性格，乃是社会风气所由形成。历史上对四川人民的性格，有很多的记载。《汉书·地理志》云：'蜀人从不愁苦，而轻易淫佚，柔弱褊陋。'《晋书·地理志》云：'蜀人风气强梁。'《华阳国志》云：'其俗文多于质，其民柔弱，土地沃美，人士俊乂。'古史考云：'其民力农争利，以富相尚。'晋张载《剑阁志》云：'蜀人恃险好乱。'《隋书·地理志》云：'蜀人性敏聪急。'近人章太炎也说：'明孔老之旨要，识历史之大体，以高其墙宇，广其幅度者，今日蜀人之所有事也。'从这些批评中，可以总括出结论，就是在历史上四川人的长处，是'敏慧耐劳'，短处是'褊狭轻急，华而不实'。我们试再检讨现在的风气，传统的长处仍然存在，短处已逐渐减少。"①

20世纪50年代，寓居香港的"新儒学"的代表人物、四川客家后裔唐君毅，在《怀乡记》中描摹四川各地人的性格特征及其代表人物时，作了如下的归纳：

四川地方太大。川西、川南、川北、川东，各是一风气。川北人像北方人，比较艰苦笃实。陈子昂、陈寿、李白都是川北人。川东人更富于进取心，但商业气息比较重。秦良玉、鲍超、邹容，是川东人。成都属川西，是司马相如、扬子云的故乡。成都人以文采风流，聪明灵巧胜。川南人则比较敦厚，富于人情。三苏生于眉山，是上川南。嘉定以下是下川南，皆为岷江流域。岷江流域，在宋代已出人才不少。清末如廖季平、宋芸子、赵尧生诸老先生，都生于下川南。②

通过上数中外人士的观察描述，可以看出：

第一，近代四川人的群体性格，在基本精神方面是一脉相承的，即使经历了重大的历史鼎革，也依然面目依旧，秉性犹存。以上作者对川人性格特征的刻画不尽相同，但在反映这一地区居民人格特质的评判上，却有许多相似之处。例如在群体性格优点方面，直到近代依然可以用勤劳、聪明、吃苦、温和、平顺等项具体指标来描述。至于缺点方面，则依然可以用"褊狭轻急，华而不实"来描述。这正印证了中国一句古话："江山易改，禀性难移。"由此也印证了丹纳《艺术哲学》中的一段评论："一个民族在长久的生命中要经过好几回这一类的更新，但他的本来面目依旧存在。"

第二，近代四川人的群体性格，既有基本不变的一方面，同时又存在着可变的一方面。在历史长河中，巴蜀古代居民性格都被打上了"文多于质，其民柔弱""民性循柔，喜文而畏兵"的印记，但经过"湖广填四川"运动人口"换血"与文化"杂交"之后，随着地域群体生物因素——"混血"现象的发生，居民人格特质也会相应发生改变。这是因为，清初四川居民所处的人文

---

① 张群：《四川与四川大学》，民国32年（1943）10月18日在四川大学的讲演，转引自柳定生：《四川史话》，台北正中书局1975年版，第114页。
② 唐君毅：《怀乡记》，载香港《人生半月刊》1952年1月。

大环境发生了巨大的变化：一方面，由于原有的物质文化遭到毁灭性破坏，世家硕学无有存者。整个社会正处于恢复之中，各省移民忙于垦殖，无心弦诵之业，一时书史旷废，文物荡然，故清朝二百年间，蜀士鲜有可称者。另一方面，各省移来之民，性格各不相同，血统之中增加了不少犷悍强武的勇气。加之各省移民在四川杂居生活，"弈博蹋鞠之风，雀角鼠牙之事，往往有之"①。这更滋长了社会生活中的争斗之风。这样，经过长时间的血缘融合和文化杂交，必然给新一代的蜀人在血统上和个性上增添某些新鲜成分。这就必然一矫历代蜀人柔弱、偷生、畏兵的积习，而为以后一代又一代的蜀中尚武风尚和军事人才的产生奠定基础。

  有清一代，蜀人（尤其是川西地区）以武功显者，不绝于书。如康熙、雍正年间成都人岳钟琪，以副将入藏驱准噶尔，所向有功，超升四川提督；参加平定青海罗布藏丹津之乱，授川陕总督，主持西路军事，是清前期四川涌现的第一代统兵大将。岳钟琪所统之兵多为蜀军，所用部将如阆中人张朝良、三台人谭行义、成都人冶大碓、颜清如等，皆以军功历官至总兵、提督。又如崇庆人杨遇春，武举出身，乾隆年间从大军反击廓尔喀入侵诸部，嘉庆年间赴湖北镇压白莲教起义，道光年间赴哈密平张格尔叛乱，事定，授陕甘总督。史称杨遇春为"福将"，每战必张黑旗，所部号称"杨家军"。杨的部将、大宁人向荣以军功官至提督，后成为镇压太平天国起义的急先锋。此外，奉节人鲍超以哨官从曾国藩转战大江南北，西充人徐占彪率蜀军五营随左宗棠转战西北，成为咸丰、同治年间清王朝镇压农民起义军的得力干将。这些人物的功过是非有待评说，但蜀人（尤其是川西地区）在有清一代中频出大将，却是不争的事实。清王朝土崩瓦解之后，在二十世纪二三十年代地方军阀割据体系之下，川省几乎无岁不有内战，每经一次战役，即有一次扩军；每扩一次军，又有一大批川人加入其中。显然，这一切都离不开"湖广填四川"以来社会尚武风气的普及，以及居民强勇性格的改塑。

---

① 乾隆《潼川府志》卷一《土地部一·风俗志》。

第三节 巴蜀移民精神的传承

移民精神作为大多数移民共同的灵魂和表征，渗透到移民的肌体里，是移民群体的精神品格、精神追求的体现。在历史长河中，移民精神曾经给巴蜀地区带来了活力与激情，在各个领域中绽放过耀眼的思想光芒。

一、巴蜀移民的精神风采

（一）开拓进取的拼搏精神

明朝开国之初，鉴于巴蜀人稀地荒的现实，在迁"窄乡"入"宽乡"的政策导向下，大量湖广移民就近迁入四川。他们在入籍后，大多振奋精神，发挥其开拓潜力，在拓荒垦殖中成绩卓著，而罕见宋元"古户"有所作为者。民国《名山县新志》概述当时湖广移民入籍的背景说："明祖平夏，取楚填蜀，入名之民，拖刀为界，世有其业。又封南来将士以军田，称为千百户所。今名山南北两区尚有军田遗名，而编户齐民，号为楚籍者，亦十居八九。"[①]这些家族迁入之初，正值巴蜀残破，地荒民稀之时，因此，伴随着这些家族成长的，往往是他们白手起家、艰苦创业的经历。不少州县的地方志与族谱资料，对此有详细记载。

例如民国《南溪县志》转引《侯氏族谱》载：侯氏先祖"明洪武三年，奉旨填蜀。有移会文书、文钤、玉玺，报垦落业南溪北关外二十里许新兴上场，即今波罗池地，接连插占至宜宾县属瓦滓铺止"[②]。该志又载，"三区为上高熊里地。相传元明时，熊、高氏最盛，故以名里。""白云寺有殷氏，仙临场有税氏，刘家场有侯氏，皆明望族也。故老传闻，当时自殷家滩，沿溪至富顺毛桥，皆殷氏也。自毛桥至石灰溪，皆毛氏也……"《税氏家谱》载："自廷赋登洪武乙卯（八年，1375）进士后，科第蝉联，冠盖接迹。"[③]另据民国《垫江乡土志》载："洪武初从麻城迁入垫江的还有李氏、萧氏、易氏、戴氏等，其后世子孙亦多显宦，成为垫邑的世家大姓。"[④]如民国《中江县志》载："王氏，楚之荆州公安人，……皇明初，祖安福携二子，兴贵、兴秀，偕

---

① 民国《名山县新志》卷一一《兵防志》。
② 民国《南溪县志》卷四《礼俗下》。
③ 民国《南溪县志》卷四《礼俗下》。
④ 民国《垫江县乡土志·氏族》。

姨丈罗敬仁、李必文、李之婿刘同移家入蜀，抵中江黄柏樊，时兵荒之余，人烟几断，乃结茅且止。开榛莽得古瓦屋三间，暨李、刘定家焉。"①隆昌《云顶郭氏族谱》载："元季之乱，孟四公自麻城避难入蜀，至富顺县赵阳乡之梭箩丫大山下，因家焉，是为郭氏始祖。至三世祖永明公以永乐己丑开富顺县置科之先，至是人文蔚起，遂为蜀南名族。"②

然而，经过明末清初的动乱之后，在清初社会中的"古户""老民"大多凋零，所剩无几，更形寥落。这些古户旧族除因丧乱死亡之外，大多是由于跟不上时势演变的需要，导致进取开拓精神的丧失所致。康熙初年，清政府为改变"蜀省有可耕之田，而无可耕之民"的现状，采取多种优惠措施，鼓励外省移民来川垦殖，各州县竞相以"招民开垦，洵属急务"③。当时的四川，犹如一个巨大的磁场，吸引着省外求生存、求发展的人们。因此，一般清代移来的家族，大多富有朝气，表现出一种较为远大的志向，流露出一番大有作为的豪情。

例如，广东长乐县以教书为业的范端雅先生入川的情况就是一个典型。据《范氏族谱》记载说："前清雍正间，粤东大荒，迄乾隆初，凋敝未复。公奋然兴曰：'丈夫志四方，奚必株守桑梓。吾闻西蜀天府之国也，沃野千里，人民殷富，天将启吾以行乎。'"于是，遂率子五人相随入蜀，乔居永宁。越三年，又偕妣廖孺人，挈家属俱徙叙永。④居住在今成都市锦江区三圣乡万福村的李氏家族回忆，其入川始祖第十世祖公，入川时也是奋然而起说："鹤不发顶则难宏其身，蟹不脱壳则难大其腔。与其故乡之恋，曷若迁地以为良。"于是毅然于乾隆二十年（1755），率其子暨孙，"由广东入西蜀成都府华阳县东门外凉风顶，佃土居焉"。⑤年过五旬的广东连平州人谢子越，在得到四川经过张献忠乱，自明末迄清康熙之季，仍然"土旷人稀"的确切信息后，做出抉择说：这正是"豪杰可乘之机会"。于是毅然决定迁川，"挈眷西迁"，最终落籍成都华阳。⑥江西赣南人卢彦仁看到"家业式微，难为长久之计"，并

---

① 民国《中江县志》卷二〇《文征二》。
② 隆昌县云顶郭氏族谱续修委员会：《云顶郭氏族谱》，2007年冬，隆昌县档案馆藏。
③ 《清圣祖实录》卷三六。
④ 《成都东山客家氏族志》，四川人民出版社2001年版，第131页。
⑤ 《四川客家历史与现状调查》，四川人民出版社2001年版，第380页。
⑥ 民国《华阳谢氏族谱》。

且也"闻西蜀膏腴,乡里多迁之者"。为了核实传闻中关于蜀中土地的情况,他决定先派遣二儿子前往四川打探。其子回来后禀告说:四川"田肥美,地宽平,禾麻黍麦种无不宜,真沃壤也"。这时,他才慨然曰:"五迁载在《商书》,三迁称于孟母。从事守株,有心人当不如是也。"于是,毅然将田园庐舍售出,准备好盘费之资,于乾隆二十三年(1758)望西蜀而行,最终定居于华阳县北门外隆兴场(今龙潭寺)。①谱文中所载录的豪言壮语:"丈夫志四方,奚必株守桑梓""鹤不发顶则难宏其身,蟹不脱壳则难大其腔。与其故乡之恋,曷若迁地以为良""五迁载在《商书》,三迁称于孟母。从事守株,有心人当不如是也"等,把迁川移民所具有的那种积极向上的精神状态抒发得淋漓尽致,是何等高昂激越,催人奋进!

正是凭借这种开拓进取精神,不仅上述范、李、谢、卢家族,就是清代其他许多家族,也多是从移入时的白手兴家,经过数代人的艰苦创业,最终竟成为名显当地的大姓。例如,雍正四年(1726)自广东移入的廖氏,从"不挟一钱"入川,雍正十年(1732),置业新都繁阳山下。乾隆二年(1737)买简州孙家嘴业。乾隆八年(1743)买华阳新河堰、杨家坝等业,置业数千亩②,前后仅仅用了十七年(1726~1743)时间。乾隆十七年(1752)自福建移入的陈氏,落业三台县,在经过长达12年的佃耕阶段之后,其家也开始由佃农转化为自耕农,并进而在道光年间发展成为一个"田连阡陌,栋宇辉煌"的望族,其创业经历竟然长达九十三年之久。③雍正七年(1729)自广东迁入的张氏,达新都马家场,在先期上川的叔父瑞球公家暂住,所带盘缠迨尽。几经奔走,兄弟俩才在当地佃田一分耕种。兄弟两人在一起种田三年后,于雍正十二年(1734)分家,各自创业。至乾隆三十九年(1774),张氏总结其在川的创业经历:"吾始艰难,今获安乐,子若孙,耕者勤,读者苦,成名应在日下,吾死后,勿忘吾志。"当时有子六人,孙二十七人,曾孙八十五人。取得监生以上者三十六人,占子孙总人数一百一十八人的百分之三十。全家总共家财五万两,在成都石板滩一带颇有名望,当地称:石板滩有两个子,廖家的银子(钱多),张家的顶子(读书人多)。④广东兴宁县黎连兴于乾隆二十年(1755)

---

① 《成都东山客家氏族志》,四川人民出版社2001年版,第255页。
② 《成都东山客家氏族志》,四川人民出版社2001年版,第346页。
③ 同治《陈氏族谱·崇德堂劝戒序》。
④ 张义生:《合兴镇客家张氏入川艰苦创业记》,《四川客家通讯》2004年第1期。

上四川居简阳，初为佣工，三年后在戚家坝开米房为业，收谷加工，卖米于市，遂至发家，其子承父业，另"置田千余亩"①。总之，迄至清末民国，蓬勃纷起的家族，多为清朝移入者，而少清代以前的古户旧族。

（二）勇闯天涯的冒险精神

清初移入的客民，与清代以前的巴蜀土著居民，即四川老户、旧籍相比较，在人文品格上的首要区别，就在于前者具有更多的冒险精神，后者则存在更多的惰性心理。清初客民因为移入时间较迟，故在他们身上安土重迁传统观念较为淡薄。加之入籍四川后，他们走南闯北，见多识广，思路开阔，信息灵通，头脑灵活，凭借这些优势，往往比土著更富有开拓进取的精神和蓬勃的生气。

见于各州县地方志的记载，穿行在清初社会经济生活中的，往往是客民。在许多土著不肯冒险涉足的领域，总可以发现客民的身影，而罕有土著的足迹。可以说，在清初社会中，他们才是促进经济的活跃因子，引领时代潮流的宠儿。例如，在成都，"东通吴楚，有波涛之险；南邻云贵，北接秦陇，有跋涉之艰。是以远出贸易者甚少，中人之家非耕即读"②。正因为如此，所以，"土著者惮于远出，其来贸易者皆外省之人"③。在巴县，"邑当三江之冲要，百货骈集，自吴楚转运入峡，一路险滩水恶，若辈挟重资逐什一之利，君子未尝不悯之"④。土著人也因此而裹足不前。

从这些记述可见，在清初社会中，一般土著人因为缺乏远大志向，安于现状，但知务农，视远行为畏途，惧怕承担风险，故保守思想严重，商业意识较为淡薄。而与此形成鲜明对照的是，客民则以自己千里远徙的行动证明，安土重迁、封闭保守的传统观念早已被他们抛在脑后，难以成为限制他们远行的羁绊，故能表现出一种意气风发、蓬勃向上的精神风貌。

（三）敢于改良的创新精神

明末清初长期战乱不仅造成了物质财富的匮乏和社会生产简单再生产中断，而且也使包括农业在内的社会生产技术湮然失传。清初政府遣人"往成都招抚残民，给以谷种。民始见稻，以为奇物，用碗分稻，锄地而种，乐生之心

---

① 《成都东山客家历史与现状调查》，四川人民出版社2001年版，第161页。
② 嘉庆《成都县志》卷一《风俗》。
③ 同治《重修成都县志》卷二《舆地志第二下·风俗》。
④ 同治《巴县志》卷一《疆域志·风俗》。

初生"①。残存的土著居民,多年与外界隔绝,思想观念必然落后于时代,显然不能与来自东南等农业生产发达省份的客民相比。清初进入四川的移民,不仅在劳动力素质上表现出较高水平,而且还凭借其农业生产技术,因地制宜,不断改良农耕技术,表现出一种与时俱进的创新精神。

本来,清初移入的客民,普遍精于农事。对此,各地的地方志多有所记载。例如,同治《重修成都县志》云:"农事精能,均极播之法,多粤东、湖广两省人。"②而就"耖耒耞耘籽之工与勤,土著不及楚人,楚人又不及闽广"③。是时川中,"耕种之法即老农亦不知讲习,春间播种于地,听其自秀自实,谓之天种天收"。往往"一经栽插,不事耘薅,直待秋成,谓之靠天,故收成亦薄"④。有鉴于此,雍正四年(1726),清廷命四川督抚,"择湖广、江西在蜀之老农,给以衣食,使之教垦"⑤。在官方通过择请"湖广、江西在蜀之老农"教授土著耕作之法的同时,民间也在通过口耳相传的方式,推广客民所掌握的先进农耕技术。传授农耕经验的,不仅有湖广、江西的老农,更有从闽、粤迁入四川的客家移民。

来自闽粤赣山区的客家移民,由于上川时间较迟,错过了插占好田好土的机会,因此,他们多半自觉或不自觉地向山区佃耕、垦殖。这些新开垦的土地贫瘠多沙、蓄水困难,只有通过改良才能有所收获。闽粤移民在原乡本来就具有开垦山地的经验,迁入四川后,为了生计,又都极力把自己所掌握的改良土壤的经验加以推广应用。例如,在昭化县(今属四川广元市),"土著民不善种植",因为自己种地收成不好,转而租佃给"粤民"耕种,"粤民"接手后就大获其利。于是,当地农民虚心向"粤民"请教,"试往探其术"。"粤民告语:'粪无瘠土,勤无荒年,吾岂有异术哉'。"土著居民按照"粤民"的经验,"或仿而行之,辄效。今土著亦往往善农矣"⑥。又如成都西北部的什邡县,"旱地之薄者,因多石故,耕耨皆难。近粤民,数数拣去,培之以土,沃之以粪,亦觉

---

① (清)费密:《荒书》,民国9年(1920)刻本。
② 同治《重修成都县志》卷二《舆地志·风俗》。
③ 乾隆《巴县志》卷一〇《风土·习俗》。
④ 康熙《丰都县志》卷一。
⑤ 《古今图书集成·职方典》卷六一六《夔州风俗》。
⑥ 乾隆《昭化县志》卷五《政事上·田亩》。

操变饶之数"①。广东移民通过合理使用肥料和精耕细作的农耕方法,让贫瘠的山区变得富饶,以致德阳、罗江等县的官员纷纷要求川农效法广东移民的施肥方法,以提高粮食产量。乾隆五年(1740)德阳知县阙昌言在其《农事说》一文中称:"川省多青沙砾之地,而黄土亦间有之。青黑泥壤多肥,沙砾土壤多瘠,而高旱尤瘠。所以变瘠为肥者,惟在积□□□酿……今查川中民动曰:下粪则田肥苗茂,禾多损坏,遂不用粪。不知稻禾之种,有最宜粪一种……近见粤民来佃种,家家用粪,所收倍多。四川民何不效而行之?"②

除此之外,各省客民还因地制宜,将一些新的农作物品种带进四川,诸如玉米、番薯、烟草、甘蔗、蓝靛等作物的成功引进,都无一例外地闪烁着创新精神的光芒。有关引进这些农作物后给当地所带来的经济效益,各州县地方志不厌其烦地详加记载,赞美了引进者的创新精神。而我们知道,改革旧事物、探索新事物并非一帆风顺,一蹴而就。在这一过程中,难免会遭遇挫折与失败。只有经得起挫折失败,才会有成功的收获。

遗憾的是,地方文献中对于创新背后的挫折,大多讳莫至深,罕见有载入文献者。光绪《大邑县乡土志》记录了一则有关移民试种五谷失败的资料,堪称珍贵。据该志记载:"县西唐旺坝,密林深箐,旧无居民……因唐、王二姓争垦山地,试种五谷,皆秀而不实。改种杂粮,亦以地气过寒无收,不敷工本,乃弃之。"③由唐、王二姓试种五谷杂粮的遭遇中可以知道,客民在将上述农作物品种从家乡引进到四川的过程中,必然有一个试验阶段,需要经过土壤、气候、日照等多种因素的考验,出现像唐、王二姓那样"秀而不实",颗粒无收,"不敷工本"的结局也是常有的事。

显然,如果没有敢冒风险,不怕挫折、失败的心理准备,创新的奇迹是不可能发生的。正因为清初入籍四川的各省移民,具有这样的闯劲和承受能力,所以,创新精神才可能渗透在他们的肌体里,以至成为有别于土著的一种精神徽记和个性特征。

(四)趋利求富的商业精神

清初四川土著由于在插占垦荒中捷足先登,容易获得土地,加之在传统重农

---

① 嘉庆《什邡县志》卷五三《杂识志》。
② 乾隆《直隶绵州罗江县志》卷四《水利》。
③ 光绪《大邑县乡土志·地利》。

轻商观念的影响下，四川土著多乡居，恒务农，经济结构比较单一僵化，缺乏多种经营观念和能力，因此，造成了"商少土著之民"①的状况。而来自商品经济较为发达地区的外省移民，迁川前由于受原籍相对开放风气的影响，早就具有较强的商品意识，外出经商已成为当地人生活收入的主要来源之一。入籍巴蜀后，恰遇本区经济正处于重新恢复阶段，商品经济亟待发展之中，这就为外省移民搭建了大显身手的舞台。凭借在原乡所养成的较高商业素质和擅长商品经济的能力，客民们普遍表现出极强的商业精神，在促进商品经济活跃与发展上大多有卓越的表现，不愧是工商业的行家里手。

趋利求富是商业精神的核心，而通过理财和商品贸易获利，则是移民实现财富积累的重要捷径。客民商业精神的发挥，正是以土著商业精神的缺失为前提。例如，在崇庆州，"商贾多江浙闽粤山陕各省人为之，土人但知务农而已"②。在眉州，"人既悉知田主之利，故凡有赢裕者，皆竟求殖产，规占膏腴，以工商业劳瘁，且得失罔定，鲜逐末于千百里外，安于近利，无远大之志"③。在巴县，"土著粮民，祖宗耕凿是务。地虽多，崇岗峻岭夹沟之中；即为沃壤，尺地寸土不可。一遭水旱，辄轻典质，致失故业"④。透过这几段文字可见：

第一，客民普遍重视产权，而土著居民的土地所有权意识相当淡薄。每当遭遇水旱灾害等困难，土著居民动辄通过"典质田粮"来规避风险，而客民则趁机而入，通过承租、购买等手段取而代之，其结果故能实现图踞实业的雄心，而土著居民则因缺乏商业意识而陷入破产失业的境地。

第二，土著居民安于眼前利益，缺乏从事工商业的素养、品质和能力，不愿承受长途商品贸易的劳瘁之苦，而客籍则不辞劳苦，坚持长短途贸易，坚持多业经营，但凡能够生财增值的项目，无不勉力而为之。例如广东永安入居内江的陈氏，"以耕稼起家"，但不满足于农作，"始经历糖务，累年赢积锱铢，遂以此财雄长一乡"⑤。广东龙川锺氏入川四世慕贤，"奔走市廛，遇事即做，触类旁通。有因此事而了解彼事者，有因彼事而了解数事者……至理

---

① 民国《简阳县志》卷九《士女篇》。
② 《崇庆州志》卷二《风俗》。
③ 民国《眉山县志》卷三《食货志·土产》。
④ 同治《巴县志》卷一《疆域志·风俗》。
⑤ 宣统《内江陈氏族谱》，转引自刘正刚：《闽粤客家人在四川》，广西教育出版社1997年版，第187页。

财，有一日而赶数场者，有一场而兼做数生理而人尚不觉者。故算无遗失，获利颇多"，经过数年的艰辛劳作，积铢累寸，竟置产业千亩土地。①福建龙岩的陈润周在成都以农起家，其后又入郫县经营商业，谱称："凡金钱之交易，茶酒之零杂，米谷之籴贩，靡不操奇计赢，遂什一而市三倍。"②

正是凭借商业精神，许多移民家族都是通过商业贸易而发家致富。据民国《新都魏氏祠谱》记载，有清一代，魏氏由福建漳州府南靖县迁居四川的支系达二十三支之多，其中，明确记载到四川后，通过"贸易立业""生理立业"者即达十三支，占总数的一半以上。其中，魏士廉十八岁入川，"携钱八百文，贸易自给。至川囊中犹余甚丰……负贩村间，不十年积钱累万"，遂购田百亩，结茅以居。另据《广汉益兰祠续修张氏族谱》统计，该族由广东平远县入川支系共三十余支，其中明确记载通过"贸易获金""贸易起家""贸易立宅起家者"达十五支。③

二、巴蜀移民的性格扫描

在清代移民社会中，来自不同省籍的移民，聚居在巴蜀大地之上，由于文化背景不同，有着不同的经济行为方式。原本存在不同习尚的各省移民，在不同的经济行为方式的影响下，更在处世方式、价值追求方面表现出一定的差异。正如民国《重修广元县志稿》所说："现居各族，非皆湖广，就各场市会馆推勘，粤闽秦赣各皆有之，是其习尚不外此也。有不同者，则或他省侨寓，婚姻邂逅，浸假成习，邻里戚亲，从而仿效，故祖籍实剖判风俗之原矣。"④民国《泸县志》更联系本境内居民的性格习尚，作了较为全面的分析论述，指出：

> 泸人自明末遭流寇之乱，死亡转徙，孑遗无多，自外省移实者，十之六七为湖广籍（麻城县孝感乡），广东、江西、福建次之。楚人、粤人多事耕种，赣人、闽人多营商贾。其习尚虽熔铸混合，而其本俗固保存不废，尚可得而辨

---

① 民国《成都钟氏族谱》，转引自刘正刚：《闽粤客家人在四川》，广西教育出版社1997年版，第200页。
② 民国《新都陈氏润周公派下支谱》，转引自刘正刚：《闽粤客家人在四川》，广西教育出版社1997年版，第200页。
③ 转引自刘正刚：《闽粤客家人在四川》，广西教育出版社1997年版，第185~186页。
④ 民国《重修广元县志稿》第四编第十五卷《礼俗志二·风俗》。

焉：大抵属湖广者，习故常，信巫觋，以楚俗尚鬼也；属广东者，趋利益，好争夺，以粤俗喜斗也；属江西、福建者，乐迁徙，善懋迁，以赣、闽滨江临海，利交通也。①

这段话揭示了几个问题：第一，明末泸县（今泸州市）土著居民不多，外来移入者多湖广、广东、江西、福建四省人。第二，四省移民中，楚人、粤人多事耕种，赣人、闽人多营商贾。第三，经过长期融合，迄于民国年间，境内居民习尚基本融合，但各自所固有的习性依然保存，还可以辨别出来，即受"楚俗尚鬼"风尚的影响，原籍湖广之人尤"信巫觋"；受"粤俗喜斗"风尚的影响，原籍广东之人多"趋利益，好争夺"；受滨江临海，交通便利地理条件的影响，原籍江西、福建之人"乐迁徙，善懋迁"。这一分析描述，只是就泸县一地而论，川省地域辽阔，移民众多，入籍各地的人口来源不一，所从事的产业生理不尽相同，在经过长期融合后，受原籍影响所保存的习尚有别，故在全省范围内，移民的品格习性必然风采各异。

修建在各地的移民会馆，既是各省籍移民经济实力和社会地位的体现，更是当地各省籍移民原乡文化建筑的象征，因此它也成为当地居民区分各省移民的识别标志。在巴蜀各地流行的一些民间谚语，以通俗形象的语言，为我们认识"移民的原籍特征"提供了生动的例证。

例如在重庆，有民间谚语说："湖广馆的台子多，江西馆的银子多，福建馆的顶子多，山西馆的轿子多。"②这是从各会馆供奉"乡土神"，修建的庙宇、万年台等建筑作为识别标志，来区分不同省籍移民的文化特质的。由于湖广移民人多势众，既以全省同乡名义建立"省会"同乡组织，修建大庙，祠祀一个共同乡土神，又以府县名义建立"府会""县会"同乡组织。一个省会馆里面附设的府会馆、县会馆愈多，庙堂也愈多，所以庙宇林立，戏台子特多。据调查，现存的重庆湖广会馆包括禹王宫、齐安公所、江西会馆等九大会馆及公所。九大会馆中戏台最多的要数湖广会馆，民间有"九重戏台，台台不见面"之说。据1937年7月9日《商务日报》记载，禹王庙内戏台有十三个之

---

① 民国《泸县志》卷三《礼俗志·风俗》。
② 窦季良：《同乡组织之研究》，正中书局1943年版，第31页。

多,其中外戏台十二个,内台一个。^①江西人因为善于经商,以其所经营的商业为多,其资本也较为雄厚,所以会馆庙宇阔大巍峨,表现出财富独厚,银子特多。福建人因为重视文教,所以当年某一个时期多"功名人",即有顶戴官衔的人是最多的。山西客商以经营票号业者最多,主要代办官私各种汇款及钱粮解缴与协饷拨汇业务,因加入其中的经理出入肩舆,特别炫耀堂皇,惹人注目,所以坐轿子的人特多。此外,重庆还有"江南馆的坝子""三元庙的亭子"的说法。江南馆又称江南公所,设在重庆准提庵(今重庆市东正街四号附一号至九号),为江苏、安徽两省客民所建,因环境幽静,院坝最大,而且离水东门最近,进入方便而得名。1911年10月,川粤总督端方率军入川镇压保路运动,驻军此地。当时有人在江南会馆门上贴了一副对联:"端的死在江南馆,方好抬出水东门。"一个多月后,端方果然死于非命,被起义军诛杀于资中县天后宫驻所。^②

又如,在三台县,有谚语曰:"广东馆骑马射箭,陕西馆纺纱纺线,江西馆坛坛罐罐。"^③这显然又是从当地移民的经济行为和特长爱好来区分不同省籍移民的文化特征的。广东人受原乡好斗之风的影响,迁入四川后,犹保存习武习惯,故经常骑马射箭;陕西人擅长经营棉纺织业,故经常纺纱纺线;江西人善于经商,尤以经营瓷器出名,故有坛坛罐罐之誉。经济行为的差异,往往又是通过该省籍客民的性格表现出来的。三台县是潼川府的首县和治所之所在。据乾隆《潼川府志》记载,在府境之内,"大抵秦楚之人多剽悍,闽粤之人多诡谲"^④,对应于上述经济行为,秦、楚人性格剽悍刚强,闽粤人则表现出趋利诡谲,这与民国《泸县志》所载录外省移民的性格特征有异曲同工之妙。

而在偏远的少数民族地区,随着各省移民的迁入,也对当地居民的性格产生影响。经过长期融合后,居民的原籍特征依然可辨。例如,在盐源县,"人多军籍,俗兼乎秦楚越瓯。言操土音,乡辨乎豫、黔、滇、粤、豫章、八闽,资安土以敦仁。齐鲁、三吴,藉德邻而慕义。移性情之犷悍,易风俗为驯良"^⑤。在

---

① 李蕾、周昕欣:《会馆湮灭的风云》,《重庆信报》2004年12月2日第51版。
② 李蕾、周昕欣:《会馆湮灭的风云》,《重庆信报》2004年12月2日第51版。
③ 承三台县文化馆赵长松先生提供。
④ 乾隆《潼川府志》卷一《土地部一·风俗志》。
⑤ 光绪《盐源县志》卷一一《风俗志》。

冕宁县，"俗杂夷汉。人罕佚游，力农尚俭，男女均劳。土著之民，性多朴淳，不事争讼。外来之户，秦、粤、黔、楚、豫章之人，种田、开矿、事商贾，善居积"。而来自四川邛（今邛崃）、雅（今雅安）、眉（今眉山）、嘉（今乐山）的汉人，则"狡悍喜讼斗"①。

关于清代四川"移民的性格"问题，早在20世纪80年代曾经引起日本学者森纪子的关注②，并引康熙、雍正上谕提出了湖广人的群体性格认识的重要性。其后，四川学者黄友良继又提出"清代移民的原籍特征"问题，指出"四川移民群体中的强烈的个体原籍感和群体性地籍感，应是移民史研究中一个值得引起注意的文化论题"③。遗憾的是，二者都只是提出了问题，而没有深入开展实质性的讨论。

下面按照居民原籍分述各省移民的特征与习性。

三、巴蜀移民的原籍特征

（一）陕西人

陕西人是清代最早迁居四川的外省移民。早在顺治三年（1646），清军由陕南入川，陕西人尾随清军来到在保宁（今阆中）顺庆屯垦谋食。不过人数不多，规模甚小，其后，陕西移民逐渐由四川北部定居，向川西平原和山地推进。顺治八年（1651）八月，清巡抚高民瞻提兵由保宁进入成都，"成都城中绝人迹者十五六年，惟见草木充塞，麋鹿纵横，凡市廛闾巷，官民居址，皆不可复识……而川北及秦陇人俱相随大军开辟，士农工贾、技术、胥役之类，惟力是视，俱伐树白之以为界，强有力者得地数十丈不止……远近趋利者日辐辏然"④，以至"询其居民，大都秦人矣"⑤。四川巡抚宪德由夔州经顺庆赴成都上任，"沿途见其居业四民，原系本籍不过十之二三，其余十之六七，非秦则楚"⑥。

---

① 咸丰《冕宁县志》卷九《风俗》。
② ［日］森纪子：《清代四川的移民活动》，载叶显恩主编：《清代区域社会经济研究》，中华书局1992年版，第838~849页。
③ 黄友良：《清代四川客籍移民经济与社会行为略论》，载陈世松主编：《"移民与客家文化"国际学术研讨会论文集》，广西师范大学出版社2005年版。
④ 民国《华阳县志》卷三五《事纪》。
⑤ 王沄：《蜀游纪略》。
⑥ 《宫中档雍正朝奏折》第八辑。

陕西人是最先进入成都、参与成都社会重建的外省移民。早在顺治三年（1646），清军由陕南入川，陕西人就尾随清军来到保宁、顺庆屯垦谋食。其后，陕西移民逐渐由四川北部向川西平原推进。顺治八年（1651）八月，巡抚高民瞻由保宁进入成都，"成都城中绝人迹者十五六年，惟见草木充塞，麋鹿纵横，凡市廛闾巷、官民居址，皆不可复识……而川北及秦陇人俱相随大军开辟，士农工贾、技术、胥役之类，惟力是视，俱伐树白之以为界，强有力者得地数十丈不止……远近趋利者日辐辏然。"①以至"询其居民，大者秦人矣"②。四川巡抚宪德由夔州经顺庆赴成都上任，"沿途见其居业四民，原本籍不过十之二三，其余十之六七，非秦则楚"③。

在今成都市陕西街有一座陕西会馆，该会馆始建于康熙二年（1663），由陕西人出资建成，是目前可以确知建造年代，成都修建最早的一个会馆，以后这条街就由芙蓉街改名为陕西街。除成都之外，在川西其余一些地区，陕西人也都随地遍置会馆。进入四川的陕西人，最先也是通过插占田地从事农业生产，待积蓄一定经济实力之后，逐渐转向商业，并以善于经营趋利而崭露头角。

陕西自古以来多商人。清代陕西商人虽没有像秦汉时关中大贾那么煊赫的声势，亦不及同时代北方的晋商和南方徽商那么重要，"然就全体来说，这陕西商人亦是一个实力不弱值得称述的地方商人"④。据调查，在清代，陕西商人在典当、盐、茶和棉织业等领域皆有实力，因此发展为成都有名的"陕帮"。旧时成都的三十三家当铺，多为陕商经营。随着陕商经营盐引获利，他们又相继在成都各县代销茶业。陕籍严氏（严树森）家族就是以运销川盐而起家的著名家族。⑤在从事贡井经商贩盐的外籍商人中，以"陕西、江西人居多，土人则十之四焉"⑥。以开设银号、钱庄、当铺著称的"陕帮"，早在明清两代即在全国处于同行前列，特别是清代以来随着陕西籍移民的入川，这些

---

① 民国《华阳国县志》卷三五《事纪》。
② 王沄：《蜀游纪略》。
③ 《宫中档雍正朝奏折》第八辑。
④ 傅衣凌：《明清时代商人及商业资本》，人民出版社1956年版，第161页。
⑤ 孙晓芬：《清代前期的移民填四川》，四川大学出版社1997年版，第248页。
⑥ 道光《荣县志》卷一《舆地志·风俗》。

金融机构的初级组织也落户四川。①

例如，在遂宁，"前清当商，以定一、珍益、谦益三号之资本为最雄厚，然皆陕西人也"②。在三台，"一名利川，一名泰昌，皆秦人于康熙三十六年开设。初只当农器家具，嗣后兼当衣物……每年运回陕西之数莫可限量"③。"蜀西各邑为崇陕帮独多"④。从事金融典当行业的陕西商人不仅占据川西，还向其他地方延伸。自贡的典当业开始于1800年间，就是由陕西商人在自流井牛市巷（今安全巷）开设第一家当铺发轫的；而在巴县、江北、涪陵，也属于陕西帮商人经营典当的据点。⑤尤其是川西北少数民族地区，"草地帮"更是汉番贸易的主要力量，亦以"陕西人居多"⑥。如在雅安境内，"素乏大资本家，致陕西人握茶、布、当商权，谓雅人布帛之权全握陕人可也"⑦。陕西人除了云集城市经营商业之外，同时还聚居在川北等广大农村地区，主要以农业种植和家庭纺织为生。由于陕西人在城乡所从事的生产、经营业务中大多与纺纱织布有关，故在三台县鲁班乡的民谣中，有"陕西馆纺纱纺线"的说法。陕西商人因善于经营布帛而驰名，故有"疋头帮"之称，有所谓"疋头帮仍握陕人"⑧的说法。此外，在云阳县，"皮货多陕西人贩之"⑨。

在商帮云集的重庆，陕西帮的势力也不可小觑。据统计，当时陕西帮经营的业务有票号、典当、药材、金饰、皮货、山货、布、油等业，其中以票号最为有名。重庆陕西街、半边街，就是因为陕西帮在这里经营业务而得名。清末，重庆的金铺集中在过街楼至打铜街一线，以陕西帮占绝对优势，著名的有兴隆、门老陕、刘老陕等金铺，专门收购金料、出卖金饰，因有一半街房被外省客商买去，故改名半边街。陕西街（今重庆陕西路）早年是重庆金融业的中心。清康熙年间，山西、陕西两省的票号经营汇兑业务，盛极一时。从陕西街、半边街的得名，反映了外省客商，尤其是山西、陕西客商在重庆地方经济

---

① 谭红主编：《巴蜀移民史》，巴蜀书社2006年版，第641页。
② 民国《遂宁县志》卷七《交通》。
③ 民国《三台县志》卷一二《食货志》。
④ 民国《崇宁县志》卷四《风俗》。
⑤ 谭平：《论清代四川商业的特征及其成因》，四川大学历史系硕士论文，1988年。
⑥ 《圣武记》卷五《外藩附录·康辅纪行》。
⑦ 《雅安乡土志·商务》。
⑧ 《雅安乡土志·商务》。
⑨ 民国《云阳县志》卷一三《礼俗》。

中的垄断地位。①

关于迁川陕西人的性格特征。清圣祖在康熙五十二年（1713）的"上谕"中所说："湖广、陕西人多地少，故百姓皆往四川开垦。闻陕西入川之人，各自耕种，安分营生。"②最先进入四川的陕西人之所以表现出"各自耕种，安分营生"的个性，原因有二：首先是移入人口数量决定移民族群在社会中的地位和表现。陕西移民进入四川的数量不多，规模不大，这就决定了它显然不能像数量众多的湖广移民那样恣意妄为。在川的外国传教士也证实，"清政府饬令各省人民往川省开垦，陕西、湖广到四川者尤多。由陕西来者皆讲道德，与川民相安无事"③。其次是受原乡文化传统影响的结果。"陕西人与山西人一样，在中国人特有的尺度、数量、重量观念和基于这种观念的金融精神倾向方面表现出了最高度的发达"。陕西人虽有金融精神，但性格上不可与山西人同日而语。因此，"在数量观念的发达程度上，陕西人就稍显逊色"，故只能"热心于贸易和小本买卖"④。

（二）湖广人

湖广人是迁居四川历史最悠久、数量最多的外省移民。早在元末明初，两湖地区向四川的移民即已达到一定的规模，广泛分布于四川各地。康熙七年（1668），四川巡抚张德地上疏说："查川省孑遗，祖籍多系湖广人士。访问乡老，俱言川中自昔每遭劫难，亦必至有土无人，无奈迁外省人民填实地方。所以见存之民，祖籍湖广麻城者更多。然无可稽考，亦不敢仿此妄请。"⑤清初朝廷招民实川，两湖地区得之民地理邻近、道路熟悉之便，最先进入四川，并且形成远较其他省籍移民人数更多的优势，所谓"楚蜀接壤，转徙最便，故楚省较他省尤多"⑥，即是生动写照。

在清代，湖广移民主要从事农业种植。在农田种植方面，楚人比土著技术高超。雍正四年（1726），清廷曾经命四川督抚"择湖广、江西在蜀之老

---

① 李蕾、周昕欣：《湖广移民再造重庆》，《重庆信报》2004年12月9日第52版。
② 嘉庆《四川通志》卷首。
③ [法]古洛东：《圣教入川记》，四川人民出版社1981年版，第63页。
④ [德]利希霍芬：《独立种族》，转引自沙莲香主编：《中国民族性》（一）附录3《中国17省人的性格特点》，中国人民大学出版社2012年版，第396~397页。
⑤ （清）张德地奏疏，《明清史料》丙编，第十本。
⑥ 民国《达县志》卷一〇《礼俗》。

农"①，向土著居民传授农垦经验，足见擅长农耕是湖广人的传统优势。此外，湖广移民还利用蜀楚一衣带水的便利条件，通过水运从事商业贸易，将四川土产运销省外，同时将鄂棉盛销蜀中，沟通荆楚与川黔的经济往来。

位于川东临近夔门的巫山县，"商贾半多客籍。道光初年，多两湖人来巫坐贾，均获厚利"②。一般认为，"凡富商大贾，云集必于水陆通衢"，但在一些并非交通线上的僻壤县乡，也颇多楚籍商人的身影。例如，新宁县（今四川开江），"不利舟车，其列肆贸贩者，半系楚籍"③。

粮食是四川开放前最重要的外贸商品，贩运出省的业务主要垄断在湖北、江浙等省商贩手中。每遇长江中下游被旱成灾，"江楚等省商民"即往四川"购买米石"，"官为照料，令其迅速运回"④。除粮食贸易外，从贵州、涪陵转运至荆、沪的鸦片，也为"荆楚巨商"所控制，棉布也是其贩运的大宗。如在云阳县，"父老言：西关外老街皆贾区，多湘汉人……其业则棉布为多云"⑤。在木耳、五倍子等土特产品贩运中，以汉口帮为主的外省客商也扮演了主要角色。光绪《彭水县志》载："近年则舟楫往来，商贾辐辏，百货云集，盐、茶、油漆、苎麻诸物转运各处，而楚、黔、闽、粤、江右等省俱通商贩焉。"⑥地处川南水陆交通的合江县，"为邑中商业较繁之地，往昔闭关之世，鄂棉盛销蜀中，荆楚巨商立行储棉，运销黔境。清光绪中，黔省烟泥畅销，荆沪楚商复设庄，古蔺专事收览，转输搬运以此为中枢"⑦。据清嘉庆初年对重庆商人的统计显示，当时重庆有牙帖的商人一百零九行，其中湖广四十三行，占39.45%，居外省客商之首。湖广帮经营的业务主要有：药材、棉花、土布、山货、靛青、铁锅、猪、杂粮等业。⑧

关于迁川湖广人的性格特征。前引民国《泸县志》提到了楚人尤"信巫觋"；乾隆《潼川府志》提到了楚人"多剽悍"。这些特征不局限于泸县和潼川府这些地方。尤其是作为巴蜀移民社会中的第一大强势族群的湖广人，更

---

① 《古今图书集成·职方典》卷六一六《夔州风俗》。
② 光绪《巫山县志》卷一五《风俗》。
③ 同治《新宁县志》卷三《风俗志》。
④ 《清高宗实录》卷二五。
⑤ 民国《云阳县志》卷一三《礼俗》。
⑥ 光绪《彭水县志》卷三《风俗志·民俗》。
⑦ 民国《合江县志》卷二《食货》。
⑧ 李蔷、周昕欣：《湖广移民再造重庆》，《重庆信报》2004年12月9日，第52版。

具普遍意义的性格特征是，凭借人数众多的优势，经常"恣睢自雄"①，处处显露出逞强欺人的作风。在有的地方，甚至流行"楚人入蜀悍而虐，蜀人弱焉"②的说法。具体表现在：

首先，楚人好利用政策规避税收。湖广移民利用地利之便，较早前往四川垦地，在离开湖广赴川之时，"将原籍房屋房产地亩悉行变卖"，待在四川享受五年起征税收时，有效地利用了朝廷的免税期，逃避纳粮，又回归故乡，"将原卖房屋地亩争告"于官③，由此引发许多纷争。这种现象在其他省籍移民中是较少发生的，以致外国传教士也说："由湖广来者多系刁狡之辈，不讲道德，如被官长严拿，若辈乃逃回原籍避之，官亦无可如何。"④

其次，入蜀之初，楚人多不择手段地侵占土地。"先至"的"楚民"，大多"结党控争，指荒占熟"⑤，乃至经常与当地土著发生争讼。康熙朝蜀抚李先复在《楚民寓蜀疏》中作了这样的陈述：近有楚省宝庆、武冈、沔阳等处人民携带家属入蜀者，"不下数十万"。其中，固然不乏"开垦为业"之人。但是，也有不少"奸徒匪类"，为非作歹，"扰害地方"："有占人已熟田地者，掘人祖宗坟墓者；纠伙为窃为盗虐行劫者，结党凶殴，倚强健讼；又有私立会馆，凡一家有事，率楚中群凶横行无忌，此告彼讼，挟制官府者。"⑥康熙皇帝也在一封圣谕中指出："湖广入川之人，每每与四川人争讼，所以四川人深怨湖广之人。"⑦

再次，楚人凭借势力欺凌乡人。如新宁县民间流传俚语："曹三千，廖八百，向家蛮子惹不得。"⑧这曹、廖、向三家都是湖广入川移民。雅安上里镇也流传俚语："杨家的顶子（官帽）、韩家的银子、张家的杆子（枪）。"这三家也是湖广移民。渠县《李雷族谱》载，清初湖广黄州人迁入渠县者甚众，其中"惟雷氏最为枭雄，人莫敢犯"。

最后，在商场上，楚人凭借势力欺行霸市。如重庆浙江会馆，康熙末年

---

① 民国《中江县志》卷三《风俗》。
② （清）董国绅：《德政全书序》，光绪《彭水县志》卷四《艺文志·序》。
③ 《清圣祖实录》卷五六。
④ ［法］古洛东：《圣教入川记》，四川人民出版社1981年版，第63页。
⑤ 道光《蓬溪县志》卷八《田赋》。
⑥ 嘉庆《四川通志》卷六四，又见雍正《四川通志》卷四七。
⑦ 《清圣祖实录》卷五六。
⑧ 成都廖氏宗亲会编：《巴蜀廖氏》2009年第2期，第17页。

建，靠磁行利润捐资维持，至乾隆末年磁行牙帖"被楚蠹霸占独行，违例控害，遂使族客闻风畏缩"①。

湖广人的上述种种表现，固然与他们融入巴蜀本土文化过程中的地位和处境存在密切的关系，但其"强烈的原籍感"异常突出，"是研究四川移民史中一个值得注意的问题"②。

（三）江西人

江西人是迁居四川历史悠久，数量仅次于湖广，商业名气最大的外省移民。随着长江中游"江西迁湖广"浪潮的兴起，早在元明时期，即有部分江西人辗转迁移至湖广，或直接迁入四川，或经由湖广进入四川。在清初"湖广填四川"移民运动中，又有不少江西人循着先辈的足迹进入四川，故江西移民数量仅次于湖广。正所谓："蜀中寄籍之家，十居八九，楚南北人最多，其次莫若江右。"③

迁居四川的江西人，虽然也擅长务农，但最大特长和优势还是"善懋迁"，即从事商业贸易。蜀中旧有"江右人善贾"④之说，就是对江西人悠久经商历史和清代四川江西客商现实地位的肯定。明清时期的官私著述，多将江西称为"江右"，江右商人则被称为"江右商"或"江右帮"。⑤江右商人活动历史悠久，自唐宋时期就已在全国崭露头角。我国商人经商多单个而分散，有"商"无"帮"。明代中叶以后，随着商业发展，商人队伍壮大，开始出现了一批地域性商帮。明清时期，晋商、徽商、江右商帮并称为三大商帮。⑥江右商帮早在明代中后期即已活跃在西南三省，立足本地物产，依业务经营项目而形成茶商、瓷商、木商、杂货商、纸商、书商、布商、笔商等。

迁入四川后，江西人在农耕稼穑的基础上，逐步涉足商贸领域。据清嘉庆

---

① 《嘉庆六年浙江会馆碑文》，载四川省档案馆、四川大学历史系编：《清代乾嘉道巴县档案选编》（上），四川大学出版社1989年版，第251页。
② 黄友良：《清代四川客籍移民经济与社会行为略论》，载陈世松主编：《"移民与客家文化"国际学术研讨会论文集》，广西师范大学出版社2005年版。
③ （清）胡辑瑞：《土门铺新修万寿宫序》，载同治《仪陇县志》卷六《艺文》。
④ （清）胡辑瑞：《土门铺新修万寿宫序》，载同治《仪陇县志》卷六《艺文》。
⑤ 方志远：《明清江右商研究》，载李桂生主编：《移民、商帮与社会变迁——江西填湖广暨江右商帮首届全国学术研讨会论文集》，江西人民出版社2013年版，引魏禧《日录杂说》云："江东称江左，江西称江右。盖自江北视之，江东在左，江西在右。"
⑥ 方志远：《江右商帮》，香港中华书局1995年版，第117页。

初年对重庆有牙帖的商人的统计,在总共一百零九行中,江西为四十行,占百分之三十六点六九,在各省客商中仅次于湖广商人,与江西人在四川移民中的地位大体相当。江西帮在重庆行业中,以药材、山货、票号、布、麻等业占据优势。①瓷器贩运也是江西客商经营的一大行业特色,例如在云阳,即有所谓"磁器多江西浮梁、安徽枞阳人贩之"②的说法。

药材业是江西商帮在四川的垄断性行业。临帮是掌控药材的最有实力的商业组织。清康熙年间,江西省临江府清江县樟树镇是全国著名的药材集散地,号称天下"药都"。江西临帮药材商到重庆开设的字号达十三家之多,称为"药十三帮",占据重庆市场的半壁河山。江西临帮不仅在重庆、巫山等地建立据点,将药材远销到汉口、广州、香港等地,而且还在医药行业产生了重要影响。例如,由江西临江县人陈发光在成都发起创办的"同仁堂",原本是一家设在湖广馆街(今成都东风路二段)的一家中成药铺子。自乾隆四十五年(1780)创业以来,规模不断壮大,两百年屹立不倒,由其所创制的膏丹丸散药效显著,畅销于成都和川西农村山区暨云南、贵州、陕西、甘肃等省,乃至远及西藏、新疆,在医药界享有很高的声誉。③

金融业是彰显江右商帮影响的又一大产业。江右商帮以个体小商贩为主体,绝大部分是弃农经商或弃儒经商者。迁入四川的江西人依靠筹集资金,涉足金融行业,发家后拓展至其他实业,故而形成操业甚众、活动地区甚广的特点。如江西南城籍杨氏家族,其上川祖于道光年间入川经商,定居重庆,从学徒做起,兴办聚兴商号致富。后将商业资本转化为金融资本,开办聚兴诚银行。又以金融资本投资近代工业,涉足航运、工矿、盐、糖等业,以及农业、公用事业等,成为清末至民国年间在重庆的江西籍著名金融集团。除此之外,以经商贸易起家,在四川各地盛极一时的江西籍客商,还有:以从布店起家,转投盐业致富,繁衍至集商仕宦于一族的自贡胡氏慎怡堂④;以在重庆彭水经营生漆致富的肖氏"肖源顺";以在成都学道街、卧龙桥、青石桥一带贩运图

---

① 李蕾、周昕欣:《湖广移民再造重庆》,《重庆信报》2004年12月9日第52版。
② 民国《云阳县志》卷一三《礼俗》。
③ 姜梦弼:《连绵二百年的成都同仁堂》,载《四川文史资料集萃》第三卷(经济工商编),四川人民出版社1996年版。
④ 胡昭曦:《四川自贡胡慎怡堂客家源流探析》,载陈世松主编:《四川与客家世界——第七届国际客家学术研讨会论文集》(上),天地出版社2005年版。

书起家的周氏家族，在周达三的主持下，由一家平常的小书坊发展成为集校刊、刻印、发行于一体的大型出版书店的"志古堂"，位居全省大型出版书店之列，为四川学术文化的繁荣发展做出了重要贡献，事迹收编入《华阳县志·人物志》中。①

善于经商是江西人的特性，而贯穿在经商活动中的则是思想理念、价值取向与伦理道德。分析起来，迁川的江右商帮明显受到来自原乡的商业文化的影响，具体表现在：

第一，在川江西人以实际行动延续了江西商人的价值观念，即"不务稼穑，至有弃妻子以经营四方、老死不归者"②。

第二，江西商人在长期实践中积淀的一些优良品质，在四川江西籍商人身上得到了继承发扬，诸如注重市场信息，精于筹算；讲求信誉，推诚待人；崇俭戒奢，乐善好施；等等。

第三，受"小农商人"本性的局限，知足常乐、小富即安意识严重，缺乏像晋商、徽商那样财大气粗的商业气度，在向近代化转型的过程中，在川江西商人难以形成规模和持久效益，不少江西籍商帮家族在盛极一时之后，旋即陷入衰败境地。德国人利希霍芬曾经指出，江西人"在小商业方面有很高的天分和偏爱"，"但仅限于做小商人，开杂货店。金融业属山西人，大商业属广东人，江西人在做小买卖方面才能卓越"。"由于江西介在中国南北之间，掌握着交通，很明显小商业精神发达"③。

上述这些个性特征，在全国各地的江西商人中均有不同程度的表现，而在巴蜀地区，江西商人也受此影响，由此可见江右帮的流风余韵之一斑。

（四）闽粤人

闽粤人是清代迁入四川最晚、距离最远、数量较多的南方移民。闽粤人大规模入川高潮，是在康熙二十年（1681）"三藩之乱"平定，四川最后走上安定之路后形成的，因此较之于元明以来即已入川的湖广、江西与东南各省移民说来，是最后进入四川的南方移民。有学者估计，清前期迁入四川的闽粤人至少有一百万。如果说湖广省因地利之便，其入川人数占居首位的话，那么距

---

① 孙晓芬：《明清的江西湖广人与四川》，四川大学出版社2005年版。
② 光绪《江西通志》卷四八《舆地略》引。
③ ［德］利希霍芬：《独立种族》，转引自沙莲香主编：《中国民族性》（一）附录3《中国17省人的性格特点》，中国人民大学出版社2012年第2版，第394、398页。

离四川有数千里之遥的闽粤移民人数则至少排居第二位。依据流传于成都的童谣《你姓啥》"你姓啥？我姓唐。啥子唐？芝麻糖。啥子芝？河芝。啥子河？大河。啥子大？天大。啥子天？广东天。啥子广？湖广。啥子湖？茶壶（余略）"，①刘正刚教授认为这首歌谣中出现的省份名称只有广东和湖广，或许正是由于两省移民规模最为庞大这一原因而致。②由于迁川闽粤人主要来源于客家人聚居的粤东和闽西山区，因此，由这一庞大的客家移民群体所承载的，既有地域文化，也兼有客家族群文化的特性。

民国《泸县志》称闽粤人"趋利益，好争夺""乐迁徙，善懋迁"的性格，这是从一般意义上说的。如果仔细区分可以发现，外迁至内陆腹地的闽粤客家人，与外迁至海外的广府人、潮汕人、福佬人，虽然同样承载的是移民文化，但由于迁出地和迁入地的不同，其在趋利性与经商精神的表现形式上是各不一样的，尤其是在开放性与开拓精神上，山地文化、内陆文化与海洋文化之间的差别还是相当明显的。

闽粤客家人受原乡山区农耕文化的影响，在趋利求富的精神的支配下，最初主要是从事农业耕作。由于错过了插占土地的有利时机，在缺少土地、财力薄弱的情况下，闽粤客家人走的是一条与海洋移民不同的致富道路。他们凭借较高的工商业素质，大力施展技艺，发掘、利用各种资源，挖掘各方面的潜力，开展多元化经营，特别是增强超出纯自给范畴的各种经营活动，发展交换价值较高的手工业生产和商业贸易，以此作为解决升级问题和发财致富的出路。历史实践证明，这是一条比较迅速、现实的致富之路。当然，走在这条路上的闽粤客家人，他们所表现出来的精神还是有一定差别的。诚如三台县一首竹枝词所描述的："五方杂处密如萝，开先楚人来更多。闽人栽烟住平地，粤人种芋住山坡。"③因为福建人擅长栽种烟草，故多住在平地，广东人擅长种植洋芋，故多住在山坡。闽粤人多从事商品价值较高的经济作物种植和加工生产，表现出较浓的商业精神，但二者特长、优势各异。例如，在南溪县，"滨江两岸，土宜种蔗，熬炼成糖，运销各地。父老相传，明代无有，清初粤人迁来者众，始由故乡携种来蜀。百年递演，遂为大宗。县中富室之户，多以制糖

---

① 傅崇矩：《成都通览》，成都时代出版社2006年版，第254页。
② 刘正刚：《闽粤客家人在四川》，广西教育出版社1997年版，第102~103页。
③ （清）陈谦：《梦溪诗草序集·三台竹枝词》，转引自赵长松《清代的三台移民》，载三台县客联会编《移民与客家文化》2001年3月。

起家"①。在云阳县,"业烟草者,多闽人。赖、卢诸姓皆清中叶来,以其业名县中,利颇饶,今多土人承之"②。当然,闽粤人并不一定局限于自己的特长优势,只要是有利可图,也不惜交叉兼营。如云阳县的卢牟,就是一个兼营烟糖两业致富的典型:"卢牟字晋三,原籍福建汀州。道光中随父来县。时县中商务正蕃,凡客籍皆获利。卢氏兼营烟糖两店,大有所蓄,皆寄闽买田宅。而在县更缔姻娅,后遂留不去云。(卢)牟性开敏弘绰,广交游,上达嘉、叙、泸、渝,及资、内诸县,烟糖两业,皆有乡人交贸,声气呼应,利率自倍。"③

在立足农业的同时,闽粤人还涉足长短途贸易在省际贸易中,闽粤人多从事粮食、烟糖、山货土产的贩运。在商帮云集的重庆也是闽粤人展露经商才能的舞台。在清嘉庆重庆一百零九个商帮中,闽人占十一行,粤人占两行。福建帮经营的业务有山货、烟等,广东帮经营的业务则是药材、山货、纱缎、手工业品、干菜等。在广东客商组成的"广帮"中,他们的主要业务是由广东运销洋货、广货来渝,并吸收四川的山货出口。一般习惯地将住在古冈、广南、顺德三栈内的广东客商称为"内广帮",其他的广东客商则统称为"外广帮"。乾隆年间,内广帮主要在川从事青麻贸易,外广帮则将四川生产的生漆集中到重庆、万县等地转运外省。据统计,清代四川出口的山货共有二十九种,其中由内外广帮经营的就有六种之多,可见,在清代四川的山货贸易中,闽粤商人的实力非同一般。④

关于闽粤人的性格特征。前引资料提到闽粤之人"多诡谲"⑤,粤人"好争夺""粤俗喜斗"⑥,这些如果作为闽粤地区发达的商业精神派生出来的一种趋利、致富、争胜的精神个性是可以理解的。但如果拿近代"粤人性质既刚""更进而为犷悍",乃至于在客家地区存在的"土客仇杀"⑦,以及"福建省民常有械斗"⑧来比附,则显然不能成立。因为,在17世纪后半期至19世

---

① 民国《南溪县志》卷二《食货·物产》。
② 民国《云阳县志》卷一三《礼俗》。
③ 民国《云阳县志》卷二六《士女·耆旧》。
④ 刘正刚:《闽粤客家人在四川》,广西教育出版社1997年版,第211页。
⑤ 乾隆《潼川府志》卷一《土地部一·风俗志》。
⑥ 民国《泸县志》卷三《礼俗志·风俗》。
⑦ 胡朴安:《中华全国风俗志》下篇,《广东人之性质》,中州古籍出版社1990年影印本。
⑧ [德]利希霍芬:《独立种族》,转引自沙莲香主编:《中国民族性》(一)附录3《中国17省人的性格特点》,中国人民大学出版社2012年第2版,第397页。

纪后半期，正是客家民系向外发展的关键时期。随着客家移民的迁出，除巴蜀地区之外，几乎在其余迁居地区，围绕定居问题都发生了一系列无法回避的武装争斗现象。而与之形成鲜明对比的是，闽粤客家人进入巴蜀地区之后，所遇到的族群关系相对缓和，在定居融合的过程中，客家人没有因族群异俗、观念有别而与其他族群发生冲突与矛盾，杜绝了类似的"土客械斗"事件的发生，从而有效地避免了社会的冲突与震荡。在和谐交融的局面中，客家人为推进巴蜀地域经济的发展和社会的进步与发展做出了重要的贡献，堪称客家历史上和平迁徙的典范。①

当然，由于客家的族群性格特征，迁川的闽粤人表现出强烈自我认同意识，为了防止被强势的湖广文化所同化，他们在其聚居区内，不得不采取一系列自我保护措施，以增强客家族群的自我认同意识和凝聚力，这应该才是迁居巴蜀的闽粤人的性格特征之所在。

（五）其他各省人

清前期被"湖广填四川"移民浪潮卷进四川的客民，究竟有多少省籍，难以尽数。有学者根据清代入籍人口的原籍身份推知，有二十多个省区，其中包括辽宁、吉林、黑龙江、蒙古、直隶、山西、陕西、河南、安徽、江苏、浙江、福建、江西、广东、湖广、贵州、云南、甘肃、宁夏、青海等。②不过，据统计，重庆有九大会馆统辖着十多个省的客商，其所属的商行、字号，在某种程度上掌握着地方经济命脉。除上述陕西、湖广、江西、闽、粤五省商帮外，另外还有山西、江南、浙江和云贵。山西帮主要经营票号、典当、皮货等业，江南帮主要经营糖、瓷器、纸等业，浙江帮主要经营药材、瓷器、金饰、五金等业，云贵帮主要经营药材、票号、山货等业。③

由这些商帮所涉及的山西、江苏、安徽、浙江、云南、贵州，以及广东等省客商，也与上述五省商帮一样，还在全川各地建立了许多客籍会馆，由此也可见其在当地的经济实力不菲。至于这些客籍人的性格特点，因其不如上述五省（陕西、湖广、江西、闽、粤）客民突出鲜明，加之受种种条件的限制，故不再一一述及。

---

① 参见陈世松：《论巴蜀客家的定居融合及其历史意义》，《成都大学学报》2012年第1期。
② 王纲：《清代四川史》，成都科技大学出版社1991年版，第195页。
③ 李蔷、周昕欣：《湖广移民再造重庆》，《重庆信报》2004年12月9日，第52版。

四、巴蜀地域精神的结晶

一定的地域精神，是一定地域文化精髓的体现，是千百年来自然环境与社会结构化育的结果。巴蜀地域精神的结晶——"四川精神"，既包含了凝聚人心、鼓舞士气的人文精神内涵，同时也有自己独特的个性，即体现巴蜀文化独特品格的因子。受地理环境的影响，四川人自古以来就有一种平日里不显山不露水、而到关键时刻便有重大作为的性格特点。

第一，四川人像出峡川江，具有一种叛逆得瑰丽惊人的精神。

四川位居长江上游，拥有数千条大江大河。从盆地高山深谷冲决而出的滔滔洪水，形成奔流不息的川江，最后归入万里长江，再经过夔门三峡，流向大海，由此形成"百川归流入大海"的壮阔景观。川江是那样的目标明确——川江水系无论源头来自何方，注入长江之后，均以向东流作为取向、归大海作为最后归宿，方向一致，目标明确，不达目的决不罢休。川江是那样的精神饱满——川江之水，日夜奔流，源源不竭，从不间断，从不停息，拥有充沛的精力，蓄势待发，冲决而出，总能"卷起一点旋涡，发起一些冲撞"。就像冲出峡口的山洪，川江有些"叛逆"，但"叛逆得瑰丽而惊人"。

四川人无论什么身份、职业都始终洋溢着一种勤劳勇敢、不怕困难、勇往直前的精神。得此山川、文化精神的哺育和滋养，四川人出于对贫穷落后的抗争，对美好生活的追求，往往默默无闻，蓄志待发，但一旦突破"瓶颈"现象，冲出"最隘一个峡口"——夔门，便大有一种誓不回头的志向，更有一番惊世骇俗的作为。对此，余秋雨在《文化苦旅·三峡》中满怀激情地赞扬道："从三峡出发的人……他们都有点叛逆性，而且都叛逆得瑰丽而惊人。他们都不以家乡为终点，就像三峡的水拼着全力流注四方。"

第二，四川人像湿木"疙兜"，具有一种关键时刻闪光发热的精神。

与勤劳勇敢的性格相关的是，四川人还以忍耐性强而著称。忍耐是东亚文明之特征，而四川又是忍耐的典型。一方面，这种性格是他们在长期与恶劣的自然环境抗争中养成的。在生产劳动中，他们凭借这一精神，"欲与天公试比高"，不夺丰产不回头。在杀敌战场上，他们凭借这一精神，敢于刺刀见红，作战勇猛，屡建奇功。但另一方面，在相对优越的自然环境中生活惯了的四川人，养成一种安于现状、随遇而安的品性，只要基本生活尚能维持，一般不愿抛弃原有的生存方式和生活轨迹。因此，即使受了压迫欺负，他们大多"忍"

字当头，一忍再忍，甚至忍辱负重。

而北方人像干柴烈火，路见不平，拔刀相助，有所不满，拍案而起。宋代蜀人苏辙在一篇题为《蜀论》的文章中，就曾经拿宋代西部地区的陕西、山西人，与四川人在这个问题上的态度作对比。他指出，西北居民个性刚悍，"倜傥而无所顾"，遇到官吏有劣迹，而不能容忍，便呼唤民众，奔走相告，与之理论。更有甚者，铤而走险，诉诸武力，如此而已矣。而四川人的态度则与此大相径庭："若夫蜀人，辱之而不能竞，犯之而不能报，循循而无言，忍诟而不能骤发也。至于其心有所不可复忍，然后聚而为群盗，散而为大乱，以发其愤懑不泄之气。"苏辙这段话为我们描述了四川人在忍无可忍的情况下，缓慢起动反抗的过程。四川人就像湿木"疙兜"（树根），干任何事情，开始时总是默默无闻，只有到了关键时刻才轰轰烈烈、闪光发热。

第三，四川人像疾风中的劲草，具有一种危难时刻敢于担当奉献的精神。

如同只有经过猛烈大风的考验，才能分出什么样的草最强劲一样，只有经过危难时刻血与火的锤炼，才能考察出一个人的忠贞品质和节操。巴蜀的地域文化内化在四川人的性格中，就像疾风中的劲草一样，遇到危难即可凸现出忠勇牺牲的精神品质。沉淀在巴蜀地域文化中的这种对国家、民族的忠勇精神，在封建社会往往是与封建王朝的正统性联系在一起的。巴蜀地区由于较早纳入中原文化系统之中，而中原文化的正统性又是通过其强烈的政治色彩来实现的，于是，受统治阶级主观价值取向的影响，巴蜀地区的人们养成了一种与中原正统王朝唇齿相依的关系。故当战乱危及中原正统王朝时，巴蜀地区的人们总会以天下为己任，表现出一种挽狂澜于既倒的精神。

正因为如此，所以早在宋代就有人指出，"忠义"精神是沉淀在巴蜀地域中的是最显著的文化品格。杨慎在编辑《全蜀艺文志》时，以汉人扬雄、晋人左思的《蜀都赋》作为开篇，紧随其后的是宋人王腾《辩蜀都赋》[①]一文。编者题注曰："腾，宋人，以其与左思辩，故附见于此。"杨慎没有将其归入同书卷四八之"论说辩考述议"类，足见杨慎对此文的重视。

王腾在文章中首先讲述了辩析左思《蜀都赋》的缘由，指出："人物习性，有忠有邪，有智有愚，出于才行，而不由土产……及读左思《赋》见其薄蜀、陋吴、诟魏，以诟晋之君臣，苟售一时之声价，而灭天下之忠义……故作

[①] （宋）王腾：《辨蜀都赋》，《全蜀艺文志》卷一。

《辩蜀都赋》以申蜀人之愤气。"他批评左思《蜀都赋》在论列人才时,"不及蜀人之忠义","非特没其实美,且沮之横议"。本来在魏、蜀、吴三方究竟谁为正统的问题上,由于立场不同,答案自然不一样,不值得在此纠缠,但就王腾在文章中通过汉赋的体裁,充分表达了存在于巴蜀地域中的忠义精神是毋庸置疑的:

其一,巴蜀虽是一个"极险之区"("羊肠绕其垠锷,鸟道驾于至虚"),但在处平的日子里,从盆地运出去的物资从不乏匮,上供朝廷的粮饷从未耽误。正所谓:"连纲之运应声,穿领之牛系路。陟长阪以犹及,绕大江而不误。指日而物不缓期,按籍而民无逋户。边饷以需,上供有裕。"

其二,巴蜀不辞危难,表现出了一种扶正祛邪的精神。当中唐微弱之际,"叛主之师,逐帅之鲸,陆梁百年,不为王臣";"帝室内讧,孽牙匪彝,震动万乘,再狩于西"。在"国用告乏,众艰于饥"面前,正是蜀人表现出来的"天资正顺而敦笃"的精神,才使得唐室"比其还归,恬不知危"。历史再次证明,巴蜀"处平则率理以奉京邑之灵,遭变则自完以待中原之睦"。

其三,巴蜀不辞僻远,表现出了一种正直坚贞的精神。王腾回顾历史指出,"势疏者未必孽恶,地近者未必诚纯"。而事实证明,巴蜀虽然远离中央王朝,然而"我虽远于国,而忠则迩也";"吾人之心如砥,吾人之行如螳"。针对对于巴蜀"远服"的非议,王腾质问道:"蜀何负于君王欤?""九野同列于地,何独非梁益之墟?四隅无私于天,曷常戾西南之角?"

通过王腾的论证和阐发,可见沉淀在本区性格之中的,原本就有一种忠义之气,尽管它是被左思《蜀都赋》所忽视和"狂抑"了。这种忠义精神,每当国家、民族生死存亡的关头,四川总能一次次站出来,充当保卫国家,接续火种,绝地反击的根据地。

这种精神,在抗日战争中表现得淋漓尽致。在抗日战争前,由于四川军阀连年混战,一时间,四川人被国人目之为"怯于公战,勇于私斗"的人群。但抗日民族战争的烈火激发了四川人的民族意识和爱国热情,使其义无反顾地投身到保家卫国的滚滚洪流中。

抗战期间,盆地之内的四川父老,从原本封闭、舒适的小天地里走出来,担负起保卫国家民族的职责,甚至承担了其他省所无力担负的重责,在作战、征兵、生产、纳粮纳税等方面,均做出了巨大贡献。十四年抗战中,四川盆地为全国补充了近三百万人的兵源，致使抗日前线有"无川不成军"之说；为国家承担了占总数三分之一的财政支出；为全国提供了占征收总量38.5%的稻谷……不仅如此，四川人民更以大无畏的精神和不屈乐观的人生态度出现在世人面前，使得重庆在敌人的狂轰滥炸中巍然屹立，成为全国人民精诚团结、一心抗战的精神旗帜和象征。

四川是抗日的大后方，重庆是中国战时的首都，抗战使"四川精神"表现得淋漓尽致。对于什么是四川精神的问题，张其昀在1939年9月7日的《大公报》上发表文章《四川精神》，指出"巩固西陲，兴复祖国"，或曰"中华民族之国魂，亦即今日全民族之抗战精神"。这种精神，就是四川人民在抗战中所表现出来的坚忍不拔、竭诚报国的精神。具体讲，就是热爱国家、热爱民族的爱国主义精神，勇于杀敌、奋不顾身的作战精神，心甘情愿、无私付出的奉献精神，苦中作乐、咬牙坚持的乐观精神，同仇敌忾、互相支撑的协作精神。①

战时四川精神的凸现，是对沉淀于巴蜀地域文化中的忠勇精神传统的继承和发扬。巴蜀地域文化中原本就存在一种对于国家、民族勇于承担责任，敢于为国家、民族利益奉献牺牲的文化基因。尽管在国家统一，人民安居乐业的大部分时代里，四川人大多默默无闻，不声不响，种田吃饭，交差完粮，平平淡淡地当国家的顺民，做百姓的楷模，而一旦内忧外患严重威胁到国家民族生存的紧要关头出现，巴蜀地区的人们就会勇敢地站出来。

抗战初期，川军共有四十余万人先后开赴前线，与日寇浴血奋战。他们以窳劣的武器，迎战装备精良的日军，热血洒遍江淮河汉，威名播于三山五岳。1938年3月17日，王铭章将军率领的川军将士，在死守山东滕县的战役中，冒着日军的猛烈炮击和轰炸，抱着"决心死拼，以报国家，以报知遇"的誓言，与敌战斗，直至18日，以身殉国，全部牺牲，全城才陷于敌手。川军将士以自己的忠勇牺牲，换取了整个战局的胜利，是川军抗战史上最有声有色，最为悲壮，影响最为深远的战斗。著名战地记者范长江，针对川军将士所表现出来的忠勇殉国壮举写道："素来被人目为魔窟的四川，素来被人目为只知内战

---

① 朱丹彤、徐晓旭：《抗战时期国民政府迁都对重庆市民生活的影响》，《四川师范大学学报》2004年第31卷第3期；朱丹彤：《抗战时期的四川精神》，《西南交通大学学报》2006年第7卷第6期。

的军队,今天在民族神圣战争的号召之下,竟在山东这样远离四川的前方,发生捍卫祖国的功绩,这是多么不平凡的事迹啊!"七代进士出身的山东滕县士绅黄馥堂,作七律一首加以称颂,其中有云:"川军将帅皆韩岳,岂有神州竟陆沉?"山东人唾弃贪生怕死的军阀韩复榘,却拿川军将帅与抵抗女真、收复河山的民族英雄韩世忠、岳飞相提并论,足见川人在滕县人民心目中的声誉和地位!毛泽东等共产党人合写的挽联道:"奋战孤城,视死如归,是革命军人本色;决心歼强敌,以身殉国,为中华民族争光。"川军将士在是役中谱写了中国抗战史上最光辉的一页,为中华民族增光添彩,同时也将巴蜀地域精神升华到了一个新的高度。

血铸川军(重庆各界欢迎青年从军。采自建川博物馆)

　　战时四川精神的发扬,同时是巴蜀地域文化与外来文化交相碰撞所迸发的思想火花。正是抗日民族战争的神圣烈火,净化了川人的心灵,荡涤了自己身上的污泥浊水,使其从狭隘的地域观念藩篱中挣脱出来。战争的惨烈与人们同仇敌忾,以及对日作战目标的一致性,不仅消解了四川人内部的纷争,而且还缓解了与外来移民之间因文化、心理冲突碰撞所造成的紧张关系。双方在抗战中表现出的坚韧刻苦、共度时艰的态度,使得彼此之间多了一份宽容与理解。经过生死与共的洗礼后,四川人与外来移民之间更是不分彼此,心理距离被拉近，双方求同存异，从此隔阂被打破了。①巴蜀地域文化与外来文化交相碰撞的结果，反过来更加激发人们的民族意识和爱国热情的高涨。这样，四川人在国家危难的关键时刻的表现，为巴蜀地域的人文品格做出了新的诠释，同时也使移民文化精神在与民族精神的传承和发扬中，反射出新的时代光芒。

---

① 朱丹彤：《隔阂与融合——抗战时期重庆"上下江人"的求同存异》，《广西社会科学》2005年第1期。

第十二章 巴蜀移民文化的历史影响

在巴蜀文化区内，随着外来人口的进入，在不断发生的文化变移的过程中，不论是旧文化的保存还是新文化的增加，都从文化的质与量上为本区的文化积累，也就是文明的历史积淀增添了总量。本章从时空坐标入手，展现人口迁移对巴蜀文明的历史积淀所产生的深刻影响，并对其在巴蜀历史上的作用进行评价。

第一节 巴蜀文明积淀的历史层积

人口流动所造成的文化接触，其中一方面是时间坐标上的纵向接触。这种接触是历史性的，它层层叠压，形成历史层积。不同时代的历史层积，为巴蜀文明积淀的深度积累奠定了基础。

一、巴蜀文明的原生层

巴蜀文明作为古往今来巴蜀地区的一种空间形态现象，是通过人口和民族的迁移，由外来文化与本土文化相互作用的产物，经过沉淀之后，按照时间序列沉积叠置而成的。在这一空间文化形态演进的层位中，居于最下层的就是代表该地区源头文化的原生底层。

源头文化是民族文化的雏形，它隐藏着民族文化的遗传基因，规定着民族文化发展的轨迹；民族文化的发展，展开着源头文化的丰富性、特殊性和个性。所谓"文化底层"，是指存在于不同区域中一种或数种来源相同、年代古远，并在各自文化序列中处于底层或带有底层特征的共同文化因素。"底层"这个概念，始源于韦斯登·拉巴（Westin La Barre）的一篇研究美洲印第安人巫教与幻觉剂的论文，意思是说美洲印第安人的宗教，一般都保存着他们的祖先在进入新大陆时，从其亚洲老家所带来的旧石器时代和中石器时代底层的特征。后来，彼得·佛斯特（Peter T. Furst）进一步发展了这一理念，用以论证"亚美巫教底层"。张光直先生又运用了这一理念，来继续论证"中国-玛雅连续体"，从而提出"中国古代文明的太平洋的底层"。四川学者段渝借鉴上述成果，结合巴蜀地域文化的历史渊源，从古史传说切入，探讨了古蜀与中原古文化所具有的深厚的共同文化因素。他认为，中国古史的西部底层是经过了不同的历史时期，层累地积淀起来的，它们便是中国西部文化的原生底层。这一原生底层在中国历史上自始至终发生着极为重要的作用，以至成为中华文化和华夏文明最重要的标志和里程碑①。

一般说来，源头文化的发生，大致表现为先有口头传播，再有定本规范的两个阶段。而根据口头文化形成的古史传说，则是民族源头文化的最早载体。在进入文明时代之前，在祖国辽阔的土地上，就形成了华夏族、苗族以及当时被华夏族称为蛮、夷、戎、狄等许多兄弟民族。"三皇五帝"就是长期在众多民族中流传的反映关于中华民族源头文化的古史传说。经过学者的考证，大抵"三皇"说所指诸人，是中国祖先处于史前各个不同文化阶段的象征。"五帝"说所指诸人，主要是父系家长制的部落联盟盛期及其解体时或原始社会末期实行军事民主制时期的一些部落酋长或军事首长人物。"三皇五帝"的传说，是我国多民族发展的产物，它曲折地反映了民族融合的进步趋势。其中，有关"五帝"的黄帝及炎帝的传说，实际上反映的是以黄帝、炎帝为代表的两个有血缘亲属关系的氏族经过长期发展形成华夏族的过程。而黄帝部落又与长江上游古蜀文化有着不可分割的血肉关系。

有关黄帝与巴蜀关系的传说，不仅载于中原文献，而且在巴蜀地方文献中也不乏记述。在黄河流域系统和南方民族系统所传的古史中，都说黄帝之孙，昌意之子颛顼，"生自若水"。称黄帝为其子昌意娶蜀山氏之女、生子高阳。高阳长后，东进中原，建都帝丘（今河南濮阳），又"封其支庶于蜀"，子孙中的一支仍留蜀地。据考证，古若水就是纵贯今四川西部的雅砻江，蜀山在岷江流域的岷山地区。结合四川古蜀人中的蚕丛、鱼凫两代，均来源于岷江上游地区，其年代之早者，可上溯到五帝时期。若水历来被视为"徼外之地"，蜀人一向被视为"西戎""南夷"。从这里不难看出，中原先秦古籍所记载的黄帝与蜀的关系，必有其史实依据。

近年来中国考古研究已充分表明，中国文明起源并非出于一个中心，而是多元的。在中原与各区域文化的交流中，各地的古史传说必然会有交流，并在各地留下这种交流和影响的痕迹。同样，中原所传古史的材料来源，也不可

---

① 段渝：《大禹史传的西部底层》，《四川大学学报》2004年第5期。

能是尽取于中原一地，必然还吸收了其他区域文化的一些古史材料，从而形成东西南北中交织的情形。巴蜀的诸多文献，如《山海经》中的《大荒西经》和《海内经》《蜀王本纪》《华阳国志》等，对于黄帝与巴蜀的关系，也都持肯定之说。不过，正因为来源非一，中原古史传说汇集了各区域古史材料，出现一些抵牾也是难免的。而巴蜀古史以某种形式北传中原，为中原古史所取，就不是不可能的。

大量历史文献材料也证明，黄帝与古蜀是可靠的古代史传。从这一基本史实出发来看，中原和古蜀均为黄帝后代，两地文献均从古相传黄帝与古蜀的亲缘关系，都把各自最古文化的起源追溯到黄帝与嫘祖、昌意与蜀山氏和颛顼，这正是表现了两地共同的文化底层。或者说，由于中原和古蜀有深厚的黄帝文化底层，才使黄帝与古蜀的这种亲缘关系在两地众口相传，流传千古。如果没有这种深厚的底层，就绝不会在不同的两个地区留下如此相同的传说。

由此可以推断，古史传说中的黄帝、昌意、乾荒、颛顼，均是发源于西北地区的一支文化。只是后来，黄帝和颛顼先后入主中原，成为黄河中游地区的主宰者，其文化也成为构成早期中原文化的渊源之一。而黄帝和颛顼东迁后的子孙余部，则通过两条途径，与成都平原的蜀文化发生密切联系：其一是由西北至岷江上游以达于成都平原，即由颛顼的母系蜀山氏所在之地南出岷江河谷至蜀文化的腹心之地；其二是从中原经长江中游溯江西上达于成都平原，即由颛顼入主中原后所建之都帝丘（今河南濮阳），南下长江与蜀文化相沟通。这样，从具有同一性的原生底层文化上发育出来的中原文化与古蜀文化，由于生存环境、发展状况与特点、样式的差异，分别成长为中华文明体系中的黄河流域文明中心与长江上游文明中心。①

二、巴蜀文明的生长层

秦汉至蜀汉时期是中国历史上第一次大规模民族文化整合时期。经过这一阶段的文化整合，巴蜀文化在原生底层形态的基础上，沿着本土化的道路生长发育。引起本阶段文化变迁的动因是，大量中原移民南迁入巴蜀。

由移民迁徙带来的文化变迁的主要途径和方式有多种多样，涵化是其中重要的一种。涵化变迁是一种规模性的变迁，变迁的主体是处于支配、从属地

---

① 谭洛非、段渝：《论黄帝与巴蜀》，《社会科学研究》1994年第1期。

位关系的不同群体。伴随着秦汉中原王朝和蜀汉武装集团的强势入主巴蜀，在不同群体的相互接触中，中原文化虽然处于支配地位，巴蜀文化虽然处于从属地位，但由于巴蜀文化与中原文化在民族源头上存在一致性，其所代表的长江上游文明与黄河流域文明在文化底层上，原本具有不可分割的血肉关系，在文化特质上存在着互相连接的网络，因此，二者在接触互动的过程中，既不完全表现为军事征服的取代性质，更与中国历史上北方民族入主中原的情况大不相同，其变迁特点更多的是以一种互相融合的模式反映出来。融合的结果明显是以各自丧失一部分文化个性，共同创造出一种新文化而告终。这种新创造出来的文化，既非原来的巴蜀文化，也非中原文化，而是一种你中有我、我中有你的合成文化，这就是所谓的"杂交文化"。

秦汉至蜀汉时期，由中原移民南迁入蜀所引起的变迁，是涵化变迁的典型样本。具体表现有四：

第一，外来文化与本土物质资源载体的有机结合。在这一演变过程中，中原文化（包括农耕技术、工商经营观念等）的传播扩散，与巴蜀资源的开发利用的互相渗透、紧密结合。站在中原角度看，这是中央王朝在西南开疆拓土的功效；而从巴蜀角度看，正如《华阳国志》所说的，则是"资我丰土"的结果。

第二，外来文化对本土文化的继承发扬。中原文化在巴蜀的传播，离不开对此前巴蜀文化的吸取与光大。例如秦国任命李冰为蜀守，大力推进水利灌溉工程，固然运用了秦人在关中的技术与经验，但在此前巴蜀地区的治水也并非一张白纸，毫无传统可言。李冰的伟大之处正在于，他善于在前人（本地蜀人）治水的基础上，进一步总结经验，并结合地形地物，察访水脉，因地制宜，因势利导，终于建造了举世闻名的都江堰工程。

第三，过程中此消彼长，呈阶段性墨渍式的渐进融合状态。中原文化与巴蜀文化的扩散影响，并非一蹴而就，而是一个渐变的过程，其间有一个由量变到质变，由点到面、由局部到全局的推进阶段。据秦汉史专家罗开玉研究，中原文化对巴蜀文化的影响过程可以划分为四个阶段：1. 秦入主巴蜀的前五十年，巴蜀经济仍以土著文化特征为主；2. 其后六十年及西汉初期，该地经济的土著文化特征与外来文化特征势均力敌；3. 西汉中、晚期，外来特征高度加强，在许多领域已占主要地位；4. 东汉至蜀汉时期，巴蜀内地经济已基本中原化,地方特征(包括经过改造的地方特征)只占很次要的地位。①据此可见,直到东汉三国蜀汉时期,中原文化与巴蜀文化在物质层面和精神文化层面的涵化过程才算基本结束。

第四,外来移民在涵化中发挥了表率和中介作用。秦汉之际大批中原移民进入巴蜀,他们凭借所掌握的先进农业生产技术和工商业资本及经营理念,迅速成长为新兴个体小农、新兴地主和工商巨贾。这批人不仅是秦汉王朝在巴蜀地区所实施的各项政治经济变革及其政策的受益者,同时也构成秦汉王朝在巴蜀这个原先的异质文化区内广泛而坚实的社会基础。他们是秦汉王朝政治上、经济上和文化上的既得利益者,其中的优秀部分或激进部分,更成为当时具有新思想和新行为方式的精英分子。这一大批精英分子主要分布在巴蜀文化区的各级中心地区(郡治、县治所在城市),行进在巴蜀文化的最前列,对于新的文化浪潮、社会思潮以及时尚风气等的兴起,起到了推波助澜的重要作用。由于他们在政治经济文化上受益,因而在车服器用、嫁娶丧葬和社会交际等行为方式上都尽量模仿秦文化,即常璩所说的"染秦化",以致出现了一股追慕中原文化的新浪潮。这个新文化浪潮改变了巴蜀文化原来的性质、形态和发展方向,并将它引入一个新轨道,所以常璩认为是"此其所失"。被精英文化改变了的那些文化因素,与尚未改变的那些文化因素之间,首先在精英分子中达到了充分调适,继而又扩展波及广大拥护秦汉制度的巴蜀民众,同样达到了充分调适,从而使巴蜀文化实现了文化重组与重新整合。其最终结果就是,巴蜀文化已经失去了从前形态(即初原文化形态)的稳定性,秦汉主体文化的新的稳定性被确立起来了,这表明巴蜀文化已经从总体上转型为秦汉文化。②

三、巴蜀文明的发展层

魏晋南北朝至两宋时期,是中国历史上第二次大规模民族文化整合时期。引起本阶段文化变迁的动因是,长期动乱和大批中原移民与少数民族的迁入。这一阶段文化变迁的主要特征是文化整合。所谓文化整合,是指不同文化相互吸收、融化、调和而趋于一体化的过程。其文化变迁特点有四:

第一,文化整合层次更加深入。如果说前一阶段的文化涵化,主要体现在

---

① 罗开玉:《四川通史》第二卷《秦汉三国》,四川人民出版社2010年版。
② 段渝:《论战国末秦汉之际巴蜀文化转型的机制》,《中华文化论坛》2005年第3期。

中原文化与巴蜀土著文化的表面整合，即更多的是物质层面和行为方式的吸取、借鉴与融合的话，那么，这一阶段的整合则更多地体现在更大范围更深层次上。本阶段文化整合除沿着原有的轨迹继续深入外，更进一步扩大到心态文化层。所谓心态文化，是指文化结构中由人类社会实践和意识活动长期积淀而成的价值标准、审美观念、思维方式等构成的文化层次。就其发育的规范程度而论，心态文化又可区分为体现社会民众一般情感、愿望的社会心理和经过文化专门家归纳、整理、升华、抽象而成，关涉信仰、观念、思想、艺术理论体系的社会意识形态两部分。[①]体现这一阶段文化变迁的成果，在魏晋南北朝时期，更多地集中在经学、史学和道教方面[②]；在隋唐五代两宋时期，则更多地集中在史学，以及古文、辞赋、绘画、音乐、舞蹈等文学艺术审美鉴赏领域。

第二，文化主体互动更加频繁。魏晋南北朝至隋唐时期，中华民族经历动乱割据而逐步趋向安定统一。这个时期突出的社会现象就是此起彼伏的移民运动。移民运动如汹涌的波涛冲刷着中华大地，移民跨地域的流动十分频繁，其中既有汉人向周边运动，也有居于周边的少数民族大量地涌向中原或其他地区，还有同一少数民族以及不同民族之间的互动。正是在这种频繁的互动中，胡、汉两种民族文化从隔膜冲突渐进到兼容杂糅，从而丰富了民族文化沉淀，促进了民族的融合、社会的飞跃、文明的升华。例如，发生在成汉时期的"僚人入蜀"事件，就对四川地区的民族构成产生了极大的影响，给巴蜀土著居民带来巨大的冲击。它不仅促进了僚人与汉族的融合，还推动了僚人的社会进步。

第三，地域文化特色更加分明。先秦时期，黄河流域与长江流域的文化虽然同属于华夏文化一个大系，但南北地域的差别还是很显著。经过两汉大一统，南学、北学通过交融，基本上熔铸成一个新的整体，以儒学独尊为标志的中原一脉的文化格局大体形成。此后，伴随着少数民族人口大量徙入中原以及众多汉族人口南迁这一历史现象，在东晋南朝和十六国北朝长达二百七十余年分裂割据局面的背景下，南北文化的地域特征又重新明显起来。[③]

《隋书·儒林传序》在概括隋统一时南北方学风的差异时说："大抵南

[①] 何晓明：《中华文化结构论》，《中州学刊》1994年第1期。
[②] 段渝：《巴蜀文化与汉晋学术和宗教》，《中华文化论坛》1999年第1期。
[③] 曹文柱：《略论魏晋南北朝时期文化结构的更新》，《史学集刊》2001年第2期。

学约简，得其精华；北学深芜，穷其枝叶。"在这一文化脉络下成长起来的巴蜀文化，也毫不例外地呈现出自己的地域特点。继西汉"文翁兴学"高潮之后，中经唐末五代，中原长期战乱，衣冠士族纷纷入蜀避难，前后蜀国获得和平发展的机遇，至北宋时巴蜀文化再掀起新的高潮。在宋代，巴蜀涌现出一大批在全国有影响的学者。其中，以"三苏"为代表的"蜀学"，是许多巴蜀学者的学术成就之总称，堪称这一时期巴蜀学术思想的集大成者。在当时北宋四大学派（以二程为代表的洛学、以苏氏为代表的蜀学、以王安石为代表的荆公新学、以司马光为代表的温公朔学）中，蜀学以其重人文，崇实用，具有较为突出的独立特色，尤其是作为文学家的苏氏，以文学的方式所传达出的蜀学影响，是仅靠理论传播的其他几个学派所难以达到的。①

第四，巴文化与蜀文化日渐趋同。巴蜀内部文化渊源不同，实质内涵各异。由于受地理环境、组织形式和邻国楚、秦的影响，早期的巴、蜀文化上存在着明显的差异。早期的巴人"少文学"，勇猛善战，"质直""敦厚"，喜《巴渝舞》，唱竹枝歌，与自然环境优越、人才济济、文化发达的蜀地不可同日而语。经过长期相互融合，巴、蜀差异逐渐缩小。隋代川东北地区"其居处风俗，衣服饮食，颇同于僚，而亦与蜀人相类"②。及至宋代，巴、蜀文化习俗已相差无几。北宋时的渝州（治今重庆）与蜀地"风俗一同"。开州、达州、渠州"皆重田神"，善祀好歌。就连夔州、峡州、云阳军（治今重庆云阳）等三峡地区，虽有"楚之俗，剽悍巧猾"，"不好文学"，但"其信巫鬼，重淫祀，与蜀全（同）风"。只在巴地边远山区保留了丰富多彩的少数民族文化。③

四、巴蜀文明的再生层

宋元战争改变了唐宋以来四川文化发展的内外部环境，使唐五代两宋以来堪称繁盛的巴蜀文化，顿时从巅峰跌落下来。巴蜀历史由此断裂为新旧两极：一极是秦汉至两宋的中原古典文明，一极是始自元末明初，延至明清的新兴东南文明，于是，巴蜀文化开始由次生形态向再生形态转变。

---

① 冷成金：《论"三苏"蜀学的思想特征》，《福建论坛》2002年第3期。
② 《隋书》卷二九《地理志》。
③ 王元林：《浅议巴蜀文化的地域差异》，《陕西师范大学学报》2000年第29卷第4期。

随着元朝大一统国度下人口的迁移和南北各族文化的交流，巴蜀文化又发生了一系列重新组合建构。与传统农业社会和价值模式契合的中原古典文化形态的逐渐衰落，与元明清大一统局面相适应的东南文化——湖广文化取而代之成为主流，构成了本阶段文化变迁的两种基本态势。概括这一阶段的文化变迁，有以下特点：

第一，巴蜀文化主体地位发生改变。元朝的统一，是宋、辽、夏、金不同政权与不同民族长时期政治军事冲突和经济文化融合的历史结果，反过来它又为全国范围内社会经济的进一步发展提供了统一的空间，开拓了广阔的前景。元朝的大一统局面，从根本上阻止了10世纪以来四川地方化发展的历史趋势，大大降低了中央王朝对四川的依赖。加之，元朝建都北京，使四川盆地远离政治中心。从此以后，四川历史的发展只可能在首领西南上有所作为，再也不能像唐朝那样形成一个独立王国，也不能像宋朝那样获得事实上独立的地位。与此同时，统一的局面，打破了此前不同政权彼此互相封锁的藩篱，有助于加强各地之间的经济文化交流。强势的国力把驿站制度推到全国，以大都为中心的驿站通向四面八方。在统一的国土之内，西域与华夏的联系日益密切，元人王礼描述道："四海为家，声教渐被，无此疆彼界。朔南名利之相往来，适千里者如在户庭，之万里者如出邻家。"① 在这种背景下，西域与华夏的联系日益密切，中原与南方的交往更加频繁。同时也无形中拓宽了巴蜀地区同外界的交往与联系的空间，增强了对外来文化的吸纳力，相应地扩大了巴蜀文化的辐射范围。四川与外界的联系素有蜀道阻隔，但随着元朝国内交通线的开辟，往来四川的人日益增多，从此蜀道也变得通畅起来。随着时代的变迁，不仅人们对待蜀道的心态和取向大不相同了，而且作为文化主体的巴蜀文化，其在中华文化圈内的地位，也与唐五代两宋时期的独立发展趋势大相径庭。

第二，文化"活水"源头增多。经过宋元战争以后，元朝一统天下，四川原有土著居民死亡、流徙，这就为外省居民进入四川提供了广阔的空间。而南宋以来长江中游一带经济发展，以及江西、两湖之间的移民运动，则为长江中下游地区人民向四川移民创造了条件和可能。因此，从元朝后期开始，便有源源不断的湖广行省的居民迁徙入川的活动出现。随着大规模的人口迁徙与文化交流，不仅加深了四川与东南各省之间的经济文化往来，而且使得巴蜀文化呈现出一种

---

① （元）王礼：《麟原前集》卷六《义塚记》。

各民族文化杂处的局面。从中，我们不仅可以发现蒙古草原文化在四川的传播，而且有不少蒙古籍后裔居留四川，接受汉文化的影响[①]；不仅有大批回族先民进入四川，在许多城市任职、经商，而且还在各地留下不少的伊斯兰文化的踪迹，由此奠定了巴蜀文化在多元民族融合中的地位和基础。及至明清时期，移民来源除有中原移民继续迁入外，又有许多新的移民群体加入其中，这就是来自长江中下游的东南移民、岭南及闽省的移民。在自北而南的中原移民潮流枯竭之际，来自东南和南方的移民正以不可阻挡之势向西奔腾向前，具体表现在民间俗语所说的"江西填湖广，湖广填四川"上。从规模上讲，江西迁入湖南、湖北在前，而由两湖迁出，进入四川在后。后者具有更加广泛的移民来源，除两湖移民之外，还有岭南的加入，这就使其有可能从中摄取和积聚更加充沛的能量，而在规模上有一个更大的突破。从地域空间讲，移民迁入湖南、湖北之后，继续沿长江流域上游深入，在那里，除四川盆地及其四周边缘地区足以容纳众多移民定居外，川西高原、云贵高原也为其纵深拓展提供了广阔的天地。总之，随着多地域、多省籍、多族源移民潮流的不断涌入，由此所带来的文化"活水"源头不断增多，这样势必使得本阶段文化互动的内容更加丰富、形式更加多样，其结果必然造就一个文化多元发展局面的形成。

第三，文化特色转变明显。元明清时期大规模省际移民的兴起，为巴蜀地区注入了新的文化特色。四川文化的发展变化，长期以来主要受来自秦岭以北的中原文化的影响。从秦灭巴蜀开始，大批中原居民迁入四川，导致四川"渐染秦化"。此后，历汉唐五代而及两宋，历代中原墨客骚人、商家大贾、避难流民源源不断，致使四川文化更多地反映出中原文化的特色；其代表成果更多体现在少数文化精英，即文化专门家对于传统文化的归纳、整理、升华、抽象，由此所形成的关涉信仰、观念、思想、艺术理论体系的社会意识形态部分。从元代后期启动的江淮移民入川运动，带来了以湖北文化为代表的长江东南文化，并从根本上遏阻了自秦汉以来以秦陇文化为代表的中原文化对四川的影响。随着明清以来中国经济和文化中心的东移南迁，秦陇文化本身的影响力也在减弱，经过长时期的文化交流、碰撞与吸纳，以湖北文化为代表的长江东

[①] 据《元统元年进士录》载，在至顺四年（1333）科举考试廷试中，有成都路温江县管蒙古军户，唐兀人氏著籍的蒙古人进士伯颜。另据张雨《贞居集》卷五《赠纽怜太监》载，生长于四川的蒙古人纽怜，字达可，官至秘书大监，以私财建文翁石室、扬雄墨池、杜甫草堂并请将其皆列为学官，并在草堂建书院三个，还在东南各地收购图书三十万卷及铸礼器以归。

南文化特色逐渐与四川本土文化融汇在一起,从而使得本土的巴蜀文化更多地表现出湖北文化的特色。由于湖北在文化地理上居于东西南北要冲的位置,不独能代表长江文化,并能沟通黄河文化,在文化特色上具有鲜明的交融性和沟通性。① 先来后到的外省移民,带来的充满生机活力的外地文化,一旦与巴蜀文化相碰撞,便使得四川接受了一次前所未有的南北文化交融的大洗礼,由此也铸造了四川社会生活中"四方文化"(或称"杂交文化")的新格局。由于这一文化的主体,是来自各省的普通移民,他们入川时大多系农民、商贩与士兵等平民百姓,这就决定了这种文化具有平民文化的特质。今天,四川的人文特征、生活方式、文化习俗、居民性格的形成,还有享誉中外的"川菜""川酒""川戏"等,无一不是在这次移民运动中奠定基础的。从这些文化事象的属性看,它们无不被打上深刻的平民文化特色的烙印,这与此前阶段文化精英的文化成果的特色和风格迥然有别。

五、巴蜀文明的新生层

清末至民国时期,是巴蜀移民文化近代化转型阶段。中国近代化的历史进程,大体上可以分为三种类型,即沿海型、中部型和内地型(或称腹地型)。长江上游的四川,堪称内地型的典型。其主要特点是封闭性强,受外界影响相对较少,近代化起步晚。② 引起这一阶段巴蜀文化变迁的重大事件有辛亥革命、五四新文化运动和抗日战争。在这一阶段,由清前期"湖广填四川"移民运动所带来的人口压力、由人口压力而产生的社会问题,以及由移民盲目过度地垦殖开发对生态环境与经济社会所造成的负面影响,是巴蜀地区近代化转型阶段所面临的重大问题。巴蜀文化在从传统文化向近代化过渡的进程中,一方面是传统文化的危机,另一方面是近代意识的兴起,由此构成了本阶段文化变迁的两种基本态势。概括这一阶段的文化变迁,有以下特点:

第一,中西文化与宗教冲突异常剧烈。近代以来,随着巴蜀传统宗教的日趋没落,西方宗教势力的不断扩张,以宗教作为焦点的中西文化与宗教冲突较其他地区格外突出。在西方列强坚船利炮的冲击下,西方宗教和西方文化不

---

① 周积明:《文化分区与湖北文化》,《江汉论坛》2004年第9期。
② 王笛:《跨出封闭的世界——长江上游区域社会研究(1644—1911)》,中华书局1993年版,第9页。

可避免地一同进入巴蜀地区。由于不同民族文化造就不同的民族心理和民族精神气质,当外来民族文化侵入其势力范围时,本地文化就会本能地产生排斥和冲突。正是在这种背景下,巴蜀地区在这一阶段频繁发生教案,其对于外来文化、宗教的排斥较其他地区更为强烈。对此,接受了新思想的清末留日学生也认识到这一点,指出:"比年来,毁教堂杀教士之举,在开放较早诸区域殆已寥若晨星,独吾蜀僻处边陬,风气瞑隔,仇教义愤,时有所闻。"①中西文化与宗教的剧烈冲突,是长期处于封闭地域的巴蜀区域文化体系对外来文化的本能反映,是区域性、时代性、民族性互相交织,政治、经济、文化因素互相交织的必然结果。

第二,近代意识的萌芽不期而至。近代以来,巴蜀地域文化出现了许多新变化,这就是传统的知识结构不断被突破,新文化得到传播,这种传播与戊戌变法、五四新文化运动思潮的冲击交互影响,从而构成了社会文化的新趋势。特别是20世纪初以来,近代报刊的创办、新书籍的流行、新知识的扩散和新思想的宣传,以及留日、留法勤工俭学运动的兴起,在巴蜀大地掀起了颇具规模的启蒙潮流。在启蒙潮流的冲击之下,传统的思维方式和心态不能不发生变化。这种变化主要表现为:由单一过渡到多样化,由封闭转变为开放型,由被动性跃为主动性。巴蜀地区人们在思想意识方面的向近代化发展趋势,突出地表现在一系列新意识的产生上,诸如忧患意识、重商意识、自强意识与尚武精神、民主自由意识、参政意识、变革与革命意识等。②

第三,艰难进程中的空前繁荣。由于种种原因的制约,巴蜀地区近代化进程十分缓慢,步履蹒跚,其进展不仅低于东南沿海地区,也低于一些华中省份。新文化的广泛传播受到遏制,社会风气久未开化,特别是在广大的农村,人们仍生活在传统生产方式之下,锢僻的民风和心理仍居主导地位。及至抗日战争爆发,随着国民政府迁都重庆,大量军政机构、企业以及教育、科研、文化机构迁入四川,使巴蜀民众社会生活发生了不同程度的变化。特别是中国的高等院校开始了有史以来的大迁徙。高校内迁,以及一大批科技人才和科技工业的迁入,对于巴蜀旧有传统以极大的冲击,给原本艰难的近代化进程以强力

---

① 梧生:《排外与仇教》,《四川》第1号,转引自王笛:《跨出封闭的世界——长江上游区域社会研究(1644—1911)》,中华书局1993年版,第681页。
② 王笛:《跨出封闭的世界——长江上游区域社会研究(1644—1911)》,中华书局1993年版,第704页。

的推动，使四川社会风尚发生巨大的演变，由此造就了战时巴蜀文化事业的空前繁荣。不过，由抗战内迁所引起的新风尚习俗的传播和文化变迁，明显地表现出城乡不平衡性。

第四，巴文化迅速崛起，大有超过蜀文化的趋势。鸦片战争后，帝国主义列强沿长江逐渐深入内地，巴地首当其冲。帝国主义列强以重庆为据点，设主教，办教堂，管辖云、贵、川三省教务，从而使巴渝地区的教堂大量涌现，远多于蜀地和西南其他地区。这些教士在进行殖民文化宣传的同时，也传播了近代先进的科技文化知识。随着近代洋务运动和维新运动的兴起，1897年，四川第一家由维新派创办的《渝报》在重庆刊行。后来四川第一家日报《重庆日报》也在重庆发行。巴县人邹容的《革命军》成为风靡一时的宣传读物。新文化运动中，重庆成为川东的中心。抗战时期大量文化科研机构迁往重庆及其附近地区。其中迁往四川的四十八所高校中，成都仅有七所，重庆及附近的川东地区达三十所。大量人才的拥入，为重庆文化的发展提供了坚实的基础。

第五，精神面貌的新变化。1940年9月，国民政府正式定重庆为"陪都"。国民政府迁都重庆，不仅加快了重庆城市的现代化进程，而且使市民生活习俗和精神面貌发生了很大的改变。抗战期间造成的人口大规模流动，打破了乡土观念的壁垒，开阔了人民的视野，使得国家观念突显，民主精神得到进一步发扬。四川人民在抗战中，一扫战前狭隘、封闭的观念，勇于担负起国家民族的命运，精神状态为之一振。在整个抗战期间，由于大批来自发达地区的人口迁入重庆等西部地区，使得移风易俗、革除陋习成为可能和时尚。在互相接触的过程中，不同地域的人们得以摒弃成见，消除隔阂，增进交往的感情。重庆市民深受移民的一些先进、文明的生活方式的影响，加上国民政府在20世纪30年代发起的"新生活运动"的推动，对于革除川省原先的一些陋习，如吸毒、卖淫、赌博、偷窃等起到了一定的促进作用。在破除陈规陋习的同时，一些新事物，如集体结婚仪礼、禁止妇女缠足等新风也得以吹进四川，对民智民风的开启产生了一定程度的影响。

总之，巴蜀文明新生层的形成，是巴蜀文化近代化发展阶段转型整合的产物。它是巴蜀文化在原生层、生长层、发展层、再生层基础上不断发育起来的，是巴蜀历史长期发展的结果。其中既包含了对上自秦汉，下迄元明清以来各个历史阶段巴蜀文化历史积淀的继承，更有对近代以来巴蜀经济、社会变化

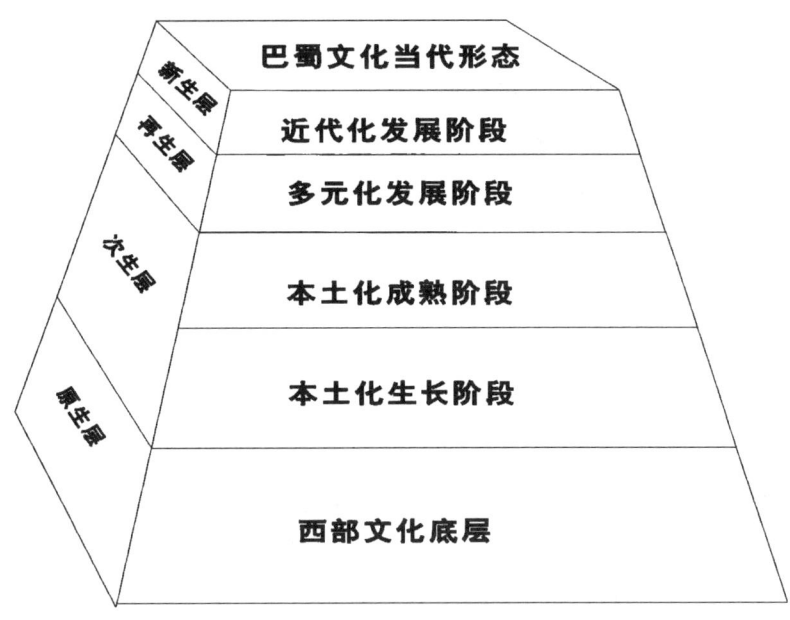

巴蜀文明积层示意图

剧烈变动的调适与应对。这一阶段巴蜀文化的转型，与历史时期各阶段的巴蜀文化演变轨迹是一脉相承的，其所呈现的新旧、中西风俗并存杂糅、斑驳陆离的奇异景象，一方面曲折地反映了对千百年来巴蜀文化所形成的历史基因的传承，同时也奠定了今天巴蜀文化绚丽多姿、光彩夺目形态的基础。

第二节 巴蜀文明积淀的空间层面

人口流动所造成的文化接触，也包括空间坐标上的横向接触。这种接触是共时性的，它横向展开，形成空间层面。不同时代的移民空间分布，为巴蜀文明的宽度拓展奠定了基础。

一、历代移民定居的空间分布

由于农业是古代中国文明最深厚的基础，是中国长期、经常性的生活基础变化要素，因此从本质上说，占人口流动绝大部分的是农业性移民。近年来移民史研究不断引入地理学的方法，在空间、时间上给移民定居点以定位，由此提出了移民落脚点的不同空间模式。①

巴蜀自然条件良好,宜于农业生产,是中国农业发展最早的地区之一,也是农耕文化的起源地之一。长期以来,巴蜀地区的人们以农业耕作为主,形成了极为深厚的农耕社会传统。纵观巴蜀古今历史,发生在这一区域的移民活动,大多围绕本区农业资源的开发利用展开。当移民为着改变居住地而进入巴蜀进行开发活动,必然将原乡文化带进定居地而与本土文化发生接触和互动。因此,从农业开发切入,有助于摸清历代移民活动的范围及移民文化的空间分布情况。②

从一些历史传说和记载可以推知,四川最早进入农耕时代的是蜀人。氐羌族是蜀人的一个支系,他们最先居住在岷江上游,至鱼凫时代,南下进入成都平原,开始由渔猎转入农耕。成都平原小块农业区的形成,始于杜宇在成都建立蜀国的时代。《华阳国志》称"杜宇教民务农",标志着蜀地已开始旱地农业向水田农业迈进。杜宇来自朱提(今云南昭通),有可能从云南把栽培水稻及其种植技术传播引入。在杜宇的开明王朝,岷江上游和青衣江中下游已成为蜀人和外来移民从事水田农业开发的区域。

秦并巴蜀后,大量向巴蜀地区移民。一般来说,外来移民主要居住在城邑内及其郊区。根据出土的秦墓文物和史籍证明,秦移民在四川主要是沿交通要道分布,集中在北起今青川、广元,南到荥经、洪雅一带的狭长带状地区,向东未超过涪江中游和沱江中游,基本上也就是当时的蜀郡范围。由于当时秦政府采取的是自北向南分区推进的开发政策,所以这时期的移民应主要分布在北部蜀地。其南端,有史籍可考者,大致在峨眉县一带。

据《舆地纪胜》卷一四六引《旧经》载:"秦惠王伐蜀,克之,徙秦人万家以实焉。秦人思秦之泾水,于其水侧置戍,谓之泾口戍。天宝六年改名秦水。"又说:"秦水在峨眉县西南。"峨眉位处岷江下游,为成都平原最南

---

① 日本学者山田贤在《移民的秩序——清代四川地域社会史研究·序章》(曲建文译,中央编译出版社2011年版)中,介绍了移民史研究中的这一新动向。日本学者斯波义信通过对唐、宋时期移民状况的原貌进行复原,提出了江南稻作农业发展背景下的定居点空间模式——扇状地区、中游三角洲、下游三角洲三种地形类型。日本学者上田信通过对浙江奉化县忠义乡居住的宗族移民年代的考察,得出结论:与唐、五代时期在山脚地带建立聚落不同,宋、元年代的聚落,则建立在较大规模的水利工程所需要的地平地带;明代的移民、开发经历了相对停滞阶段;进入清代,则在沿海地区增加了新的聚落;等等。
② 参考郭声波《四川历史农业地理》(四川人民出版社1997年版)等论著改写。

端，战国时期秦国移民能到达这一带，应是移民分布的最靠南地区了。① 赵人卓氏和山东程氏在临邛开办大规模的冶铁场，表明汉代临邛在今成都平原西部边缘地带的邛崃市地，为西南地区北南蜀滇交通的要冲，也是秦国移民的主要聚居地。另根据青川已发现的秦人活动遗迹及《为田律》木牍，表明当时盆地北部嘉陵江上游因秦人的到来已经开始出现了一些农业的特点。在蜀郡西南部，也是秦移民足迹所到之处。

从秦开始的中原移民迁徙浪潮持续到西汉初年基本结束。汉武帝重新开始了对西南夷地区的经营，随着进兵设置郡县和屯田过程的深入，以农耕为特色的汉文化逐步扩展到了川西南如僰道县（今宜宾）及其相邻不远的高县，乃至川西沿边及朱提（今云南）等西南夷地区。在西汉中、后期进入西南南部边疆的汉族移民，其中的一些宗族发展为东汉魏晋南北朝时期的"南中大姓"。这些"大姓"移民的相当部分，几乎经历了战国以来西南开发的整个历程。

东汉时期，中原移民将陂塘技术带进巴蜀，使成都平原的渠塘堰配套灌溉系统大为普及，水田农业得到迅速发展。除成都平原外，在平原北翼的绵阳发现的陶田模型，印证了文献中关于涪县、广汉、什邡有稻田的记载；在平原南翼今彭山、峨眉、乐山、眉山等地，也都发现了渠、塘灌溉系统的水田模型；此外，在西昌也出土有陶田模型和铁农具等实物。上述陶田模型的出现，显示这些地区的水田农业已经达到一定水平，自然也属于移民文化的扩展范围。

三国蜀汉时期，蜀国农业由鼎盛趋于萎缩，为解决粮食供应问题，不得不利用兵士、罪犯和边民从事农业开垦。诸葛亮征服南中后，除了向越嶲郡引进耕牛，推广农耕技术外，可能还在当地留有兵士屯田。岷江上游的汶山郡，在秦统治期间设置湔氐道，就是谪戍犯人垦种之地，分布着大量氐人。到了蜀汉后期，改湔氐道为县，显然与氐人的汉化和农业发展有关。以绵竹为中心的绵水流域，是迁民集中的地区，大概其人以"左衽"的氐羌为主，所以到了晋初称其地为"左绵"。

西晋末年，关陇饥民数万家十余万口南迁，布散在"三蜀"（即蜀、广汉、犍为三郡）之间，流民集众自垦，或开垦荒山，或"为人佣力""随谷佣赁"。其后，由于与本地人发生矛盾，引发战争，造成人口流失，耕地荒芜，

---

① 黎小龙、徐难于：《论秦汉时期西南区域开发的差异与格局》，《西南师范大学学报》1997年第3期。

严重影响了"三蜀"农业的发展。

到了成汉至南北朝时期,四川地区人口迁徙十分频繁,既有出川者,也有入川者。迁入巴蜀的人口,以充实"三蜀"平原低山区为多。迁川侨民来自陕西、甘肃及巴蜀北部地区,侨居地除彭山一地外,成都平原与川东、川北地区及川、陕水陆通道沿线均是侨置郡县的分布区。近年来在成都蒲江发现有西凉嘉兴年号的题名石刻[1],这可能就是当时甘肃流民在当地侨居时留下的遗迹。在盆西农区以外的地区,基本上都是由僚人填充,故史籍称僚"自汉中西南及越巂以东皆有之"[2]。

僚人原处于原始渔猎经济阶段,到南齐时僚人人口发展迅速,仅盆地北部及陕南的"北僚"即达二十万户,他们已经开始向农耕时代过渡。盆地西部和中部的一些地区,如陵(今仁寿)、眉(今眉山)、戎(今宜宾)、江(今重庆)、资(今资中)、邛(今邛崃)、新(今三台)、遂(今遂宁)、合(今合川)等州郡的僚人,多半与汉人杂居,大概与残余土著及陆续迁入的一些汉人一同成为这些州郡新的编民。这表明,迁入巴蜀的僚人所在的农业区,其分布范围至少已在岷、沱、涪、嘉陵、渠及川江一带的河川地区。与此同时,原来居住在凉山腹地的乌蛮部落陆续进入今雷波和筠连、叙永、古蔺地区。总之,由于南北朝时期的大动荡,打破了川西、川东族类间的界限,汉民与僚蛮皆得以自由迁徙,由此形成了汉民迁河川、僚蛮迁山岭这样一种大杂居小聚居的格局。

唐初并无大规模的移民运动,但盆地内部的迁移有迹可循。在盆地东部农业开发领域,出现了生气勃勃的畲田运动。考畲田活动多被称为"夷俗""楚俗""巴俗",显然与它的主人僚蛮后裔有关。在安史之乱后,畲田耕种在盆地东部的忠州(今重庆忠县)、涪州(今重庆涪陵)、通州(今四川达州)、利州(今四川广元)、万州(今重庆万县)等地多见诸记载。这种"畲风"现象盛行的背后,反映的是汉、僚农业开发格局的新变化。由于到了唐代,河川地带大多为汉民所占据和开发,原来居住河川的僚人不是被融合就是被迫迁往高丘或盆地东部更高的山区,于是"畲田"活动也就随之出现在他们的住地。

在川西南地区,来自云南的白蛮打败凉山的乌蛮,开始进入安宁河流域。

---

[1] 林向:《蒲江龙拖湾北朝题名碑、石刻造像初记》,《成都文物》1986年第2期。
[2] 《通典》卷一八七《边防三》。

随着南诏统治时期向嶲州的两次移民①，安宁河流域的水田农业也得以恢复。安史之乱后，四川地区仅盆地西部受到南诏、吐蕃的侵扰，藩镇、军阀之间的混战及民众起义带来一定的社会动荡，较之中原，巴蜀动荡不大，未遭重大破坏，农业相对稳定。唐末五代的移民迁徙，以中原文人、学士、画师、技工居多，其留居四川的地理分布与农业开发关系不大，故不在论述之列。

宋代四川人口猛增，盆地西部出现"地狭人多"现象。成都平原闲隙地与山田的垦辟不可避免。安史之乱后在盆地东部和北部畲田区出现的立体农业景观，进一步向盆地中部扩散。这种农业新格局的出现，自然与盆地内部的人口迁徙流动有关。与此同时，在四川各少数民族地区，也因汉民的迁入，受到农耕文化的影响，而使当地农业有了不同程度的发展。

在靖康之乱后，由于北方移民纷纷退往四川，致使四川成为南宋重要的移民分布区。据《中国移民史》统计，移民多来自今陕西和甘肃等西北地区，来自河南的移民比重要低于东南各区域。移民数量可能次于江南，但不应少于江西。北方移民迁入蜀后，分布相当广泛，主要集中在利州、阆州等二十余个府州范围内。②南宋末年，由于宋蒙战争的影响，四川人口损耗严重，土地大量荒芜，农业受到空前的破坏。流寓四川的陕西、甘肃人民，聚集在南宋四川后期的抗战基地合州一线，"春则出屯四野，以耕以耘，秋则收粮运薪，以战以守"③，达三十五年之久，从而为元代川江及嘉陵江中下游沿岸农业耕地面积第一次超过传统农业中心成都奠定了基础。

元初成都平原地广人稀，生产亟待恢复，元世祖遂命措置军民屯田。据统计，元朝平宋前后，在四川共设置了二十九处军民屯田，其中有民屯九处、军屯二十处。当时的民屯分散到四川各地，而军屯则主要集中在元代的崇庆州、灌州以及成都府温江县。元代中后期，川中州县人口逐渐恢复，与迁入的陕西、两淮人民在当地"开垦成业"有密切的关系。据《元史》记载，为管理迁入的二十余万户"雍、梁、淮甸人民"，元朝特别设置了一个管理机构——绍熙军民宣抚司，其辖地包括资（今资中县）、普（今安岳县）、昌（今大足县）、隆（今仁寿县），以及盘石（今资中县重龙镇）、内江（今内江市

---

① 据《元史》卷六一《地理志》载，南诏统治时代，曾两次向嶲州移民，一次是阁逻凤徙白蛮守黎驱（今会理），一次是酋龙复立建昌府（今西昌），以乌、白蛮实之。
② 葛剑雄：《中国移民史》第四卷，福建人民出版社1997年版，第373页。
③ 道光《重庆府志》卷八《钓鱼城记》。

西)、安岳(今安岳县安岳镇)、昌元(今重庆市荣昌区昌元镇)、贵平(今仁寿县文公场)等地。①这些地方应该就是当时的移民聚居区。

二、明代湖广移民的空间分布

(一)明代湖广移民的分布范围

元末红巾起义爆发后,明玉珍从湖北率众入蜀,在重庆建立大夏政权。为躲避战乱,长江中游湖北各地以及江右的人民,大量涌入四川。跟随明氏或被明氏招抚入川的楚民,大体以驻军屯田、设庄耕种、往依插占等方式落业。其居住范围大多在川东至川中丘陵地带。此外,凡明氏在蜀边驻军之地,如夔关、保宁、通江、播州、永宁、黔南、陕南等要害之地,莫不"就役屯种",皆是湖广移民居住的范围。

洪武四年(1371),明军平定四川明夏政权。来自应天府(今南京)、凤阳府(今安徽凤阳)的一批江淮籍将士跟随明军入蜀,在平定四川的战争结束后,留驻四川盆地西缘和川西南地区从事戍守和屯垦。明洪武年间,鉴于元末四川迭遭战乱,明太祖颁布"徙民之令",四川是其重点区域。据洪武六年(1373)"太仆丞梁野仙帖木尔言:'宁夏境内及四川西南至船城,东北至塔滩,相去八百里,土膏沃,宜招辑流亡屯田。'从之"②。据此推知,当时巴蜀移民的重点安置范围当在沱江流域以及川西平原之间。明初的移民一直延续到明代中期,成都平原和盆地中部的农业才逐渐有所好转。

曹树基教授依据明初四川撤县比例,结合移民形势,对洪武初年四川人口分布格局做出如下推断:

大致说来,从四川的西北向东南推进,洪武年间的撤县比例依次呈递减状。这样一种由西北到东南撤县逐渐减少的格局与明代人口分布的格局当然是有密切关系的。也就是说,四川的西部人口稀少,撤县就多,东南地区由于人口密度较高,撤县就少。东南部地区人口密度较高的原因与明玉珍定都重庆当有很大的关系。是否可以这样说,元末明氏招抚的湖北移民大都聚集于此,而

---

① 《元史》卷九二《百官志》。
② 《明史》卷七七《食货志》。

洪武年间迁入的湖北移民也因为有乡亲的关系而在这一带大量定居。①

香港学者马楚坚根据经济发展区域，结合移民形势，勾画明初四川人口分布状况，指出，"四方自愿或强迫性迁徙填川者则主要移向农业、经济中心区域之四川盆地、盆周丘陵、低山地区、长江流域沿岸地区"。其中，尤以集中分布于人口特稀之原属农业经济发展区域，如井研、简阳、合川、广安、忠州、江津、长寿、新都、铜梁、巴县、定远、营山、富顺、内江、垫江、隆昌、资州、永川、汉安、万县、安岳、荣昌、泸州等地。②

四川学者黄友良从军事移民与行政移民性质的不同，对明初四川移民的分布状况作了如下比较：

这种移民集中于四川盆地及盆周丘陵、低山地区，长江流域沿岸地区。与军事移民性质不同之处在于：行政性移民重点分布于农业经济发达地区，因而移民的性质表现为经济性的，目的是恢复经济。③

由此可见，明初湖广移民定居的空间分布，主要集中在四川盆地及盆周丘陵、低山地区，以及长江流域沿岸地区。

（二）明代湖广文化的叠压关系

由于明代四川经济发展的不均衡性，决定了在上述湖广移民定居空间中，人口分布也不是均衡的。天顺《大明一统志》关于四川府州县里甲数，为学者们探求明代四川人口的空间分布提供了依据。李懋军在他的硕士论文中，根据《大明一统志》和各州县里甲数，绘制了一张明初四川各州县里甲数分布图，揭示出"四川在明初的人口重心并未落在西部的成都平原上，而是落在东部，即以重庆为中心，包括夔州府西北部、顺庆府、潼川州的东南部，并呈带状分布"。对于造成这一分布状况的原因进行推测，指出："明初四川人口重心转移到川东，并呈带状分布，并非偶然，而是元末明初移民的结果。"④清华大学建筑学院杨宇

---

① 曹树基：《中国移民史》第五卷，福建人民出版社1997年版，第158页。
② 马楚坚：《明清人物史实论析》，江西高校出版社1996年版，第313页。
③ 黄友良：《明代四川移民史论》，载黄友良：《巴蜀史志丛谈》，四川科学技术出版社1999年版，第29页。
④ 李懋军：《明代湖北人口迁移研究》，复旦大学中国历史地理研究所硕士论文，1992年。

振依据《大明一统志》的数据并结合《读史方舆纪要》中的人口数，绘制了四川各府州"总人口、粮额、城周、领县数以及相应的平均数统计表"，以及明代四川府县人口与分布图。据此，他得出结论：

> 从平均每县人口"里"数看，较高的是泸州、重庆府与叙州府，较低的是雅州、夔州和保宁府。成都府、眉州、邛州、嘉定州比值较为接近……体现了明代川西地区的均衡性，也反映了明代中期的成都府并未起到区域首府的领头作用；相对应的是长江流域叙州府、泸州和重庆府的发展……这种人口分布格局体现了四川盆地的内聚性发展；而长江流域的人因密集很可能与元末明夏时期定都重庆，十多年的区域经营而改朝换代时又未受到大规模战争破坏有关；同时也可能是大规模"湖广填四川"前奏的体现。[①]

根据《大明一统志》以及上文引述的洪武二十四年四川分府人口估测表，也可以看出，明初四川拥有人口最多的前五个府州是：重庆府三百八十里，叙州二百零四里，成都府二百三十里，顺庆府一百一十一里，泸州一百里。根据明代编户每里一百一十户的口径分析，这一统计数据表明，洪武时四川人口分布，的确呈现偏向东南部地区聚集的格局。这一格局与上述学者关于撤县由西向东减弱、经济发展区域集中东南等结论是相符合的。而这一人口分布格局，又正好为此区的湖广姓氏分布所覆盖。

值得注意的是，明初人口密集的五个府州，正好位于流经四川盆地东南部的长江水系网之上。成都府的人口密集区主要集中在沱江流域一带，叙州则是金沙江与岷江的汇合点，泸州恰是沱江与长江的汇合点，重庆正是嘉陵江与长江的汇合点。这样，整个四川人口密集区和湖广姓氏覆盖区，就不是简单地呈带状分布，而是像一个"尼龙丝网兜一样"[②]，遍布于盆地东南地区。元末明初以来的湖广移民，正是凭借沟通四川盆地的这一天然水上交通网络，源源不断地进入四川，从而呈网状地分布在盆地的东南部地区。

这样的分布格局，是元末、明夏、明初的政治、经济、军事诸因素综合

---

① 杨宇振：《明代四川的城池与人口》，贾珺主编：《建筑史》第21辑，清华大学出版社2005年版，第191～192页。
② 中央电视台：《话说长江》解说词。

演化的结果。第一,在元朝中后期,曾经有大量湖广移民集中在长江以北与沱江交汇地带定居。第二,明夏时期迁入的楚籍乡亲,沿着这些前辈的足迹,大多在川东南定居;明夏政权覆灭后,明氏溃卒大多散布于川南、川东地区。第三,洪武年间自愿进入的湖广移民,又在原来湖广姓氏聚集的地区定居。第四,出于稳定四川社会秩序的需要,明初政府从湖广地区派遣了许多湖广籍军士在一些要害之地戍守,最终在当地落业定居。如有因跟随汤和征蜀而留镇重庆,最终落业于荣昌者①;有因跟随廖永忠、汤和征蜀而留镇川东,最终落业于云阳者②;有因征明升而留镇涪州者。③为了加强对明氏旧部遗民的监督防范,明政府从麻城移徙迁民到指定的区域进行安置,他们进入四川后,被集中安置在叙州府的"富、荣二邑"。④在这种背景之下,随着湖广移民的持续迁入,形成了此区湖广移民文化叠压积层的独特现象。

三、清代移民的空间分布

（一）清代移民的农耕范围

清代的"湖广填四川"移民运动,是在政府的鼓励支持下逐渐在四川全面展开的。由于当时政府的主要任务是开垦土地,增加人口,恢复经济,因此根据鼓励政策的实施情况,大体可以推知移民的分布范围。

在顺治至康熙初年,清军占据成都后,因成都荒芜残破难以立足,不得不退守阆中。在这期间,清政府在占领区发兵招民,以优惠的政策扶持军民结庐耕种,其分布范围在盆地北部的保宁、顺庆、龙安、潼川等地。在招垦成效不彰的情况下,清政府不得不广开大门,面向全国,鼓励四民迁川创业,由此掀起了清代四川历时上的垦殖高潮。

在从康熙十年(1671)到雍正七年(1729)的垦殖高潮中,取得明显实效

---

① 道光《张氏族谱》载:"先世系江西太和县鹅江大邱人也。元末伏三公与大兄伏一、伏二徙居湖广麻城孝感乡。明初,伏三公随大将军平夏,留镇重庆,遂家于荣昌县境。"转引自马楚坚:《明清人物史实论析》,江西高校出版社1996年版,第311页。
② 据民国《云阳县志》卷一三《礼俗中》载:"土著之民,田无券契,自云洪武年间来蜀,挽草为业,谓之黑册,都不可解。盖明初廖永忠、汤和所移之民,经闯献之乱而仅存也。"
③ 乾隆《大竹县志》卷一《沿革》引《李氏族谱》记载,李文富,"湖广麻城人,明洪武四年随外祖胡成贵征四川明升,升降。成贵驻防涪州,身故。朝命其子海英承职,海英不能到职,文富代其名缺"。其后裔定居黎州大渡河。
④ 吴登启:《招民榜文示》,载民国《泸县志》卷七《艺文志》。

的有五十多个州县,其中以盆地西部至南部一带的移民为最盛,这大约与这些地方抛荒熟地较多、农业条件较好、交通较为便利有关。在这次垦殖高潮中,招民政绩显著的府州县有成都、昭化、巴州、射洪、德阳、梓潼、龙安府、剑州、西充、邻水、高县、仪陇、名山、平武、綦江、合州、什邡、云阳、马湖府、南溪、庆符、安县、中江、石泉、巫山、雷波等[①],由此可见当时移民分布之一斑。

在乾隆至嘉庆年间的续垦高潮中,以大兴水利、垦辟闲隙地、改土为田、提高土地利用率为主要内容,除继续保持盆地西部的水田农业优势外,这时还出现了大量旱地改造成田,水田迅速往丘陵、山坡推进的趋势,使得水田区从盆西逐渐扩展到了盆南、盆东地带,由此奠定了现代盆地西—南—东肥厚弧形的重点水田区的基本布局。与此同时,闽、粤和江淮移民将玉米、番薯、马铃薯等耐旱作物推广普及到了盆北、盆东、盆周等瘠薄山地及丘陵地区。

到了嘉庆以后,盆地内部人口过剩,许多汉族移民又开始向周边的少数民族地区转移。大量移民向盆地边缘少数民族地区的迁徙,引起当地人口迅速增长。耕地面积的扩大和玉米、番薯等旱地高产作物的引进和推广,促进了清代四川少数民族地区农业水平的提高,并为这些地区矿业的开发和城镇经济的兴起创造了基础条件。因此,无论是盆地东南的土家族苗族地区、盆地南部的彝族地区,还是川西、川西北的藏族羌族地区,农业生产发生了一定的变化与进步,整体水平有所提高。

(二)清代移民的定居范围

"湖广填四川"移民潮中,外省移民从各地汇聚到四川盆地后,一般不会像强制移民那样,被集中迁移至某个指定的地方,而是根据各自的意愿,再分流向各府州县,伸入到巴山蜀水各个角落。加之外省移民进入四川后,一般不会仅仅停留在移民入川的几条主要通道及其周围的州县范围内,必然还会有第二次、第三次乃至于多次的迁移经历。经过多次迁移后,外省移民最先在四川腹地落户定居下来,从而使得这些州县人口分布发生巨大变化。清代外省移民入川后,在定居范围上呈现以下特点:

首先,外省移民因地理较近,进入比较方便,故而在其毗邻的四川地区,聚集该省的移民人数相对较多。例如川东各县,以湖广移民为主;川中北部保宁府等地,移入的则以陕西移民居多;川中的南部地区,则多黔粤移民。

---

① 嘉庆《四川通志》卷一一六《职官志十八·国朝政绩八》。

其次，川西平原因为地理条件优越，又是四川首府，故而容易吸引四方移民前往居住，特别是一些商品经济较为发达的东南省区的移民多聚集此区，于是，呈现出这样的景观："湖广移民沿长江由东向西，愈往西、往南、往北分布愈稀，同时，广东、江西移民则往西分布愈密。"①

再次，早期移民一般是为了取得耕地，所以多是流向农村或边远地区，从事农业开发；后来随着种植经济的发展，商业、手工业、运输业逐渐兴起，原来定居在农村的移民又开始向城镇迁移，遍布四川各场镇的移民会馆的崛起，就是一个明证。

在使用地方志等资料统计移民会馆数量，复原各省籍移民在四川的分布状况方面，重庆学者蓝勇做了大量工作。据统计，在清代一千四百座移民会馆中，涉及的移民会馆、公所有以下十二个省籍：湖广、广东、江西、福建、陕西、贵州、云南、江南、河南、山西、广西、燕鲁。其中提及移民比例和提及会馆比例最多的是以下八省：楚、赣、秦、粤、闽、浙、黔、云。现将数量居前五位的移民会馆在巴蜀地区的分布状况表列如下：

表12-1　清代四川移民会馆分布统计表

分区	厅、州、县	湖广会馆	广东会馆	江西会馆	福建会馆	陕西会馆
成都	182	47 | 25.82%	24 | 13.19%	49 | 26.29%	18 | 9.90%	25 | 13.78%
川东	156	81 | 51.92%	9 | 5.77%	34 | 21.80%	13 | 8.33%	12 | 7.69%
川中	324	126 | 38.89%	59 | 18.20%	78 | 24.07%	28 | 8.64%	21 | 6.48%
川西	58	14 | 24.14%	6 | 10.34%	13 | 22.41%	3 | 5.17%	18 | 31.03%
川北	212	57 | 26.89%	39 | 18.40%	29 | 13.68%	11 | 5.10%	70 | 33.02%
川南	374	129 | 34.50%	81 | 21.65%	93 | 24.87%	39 | 9.42%	18 | 4.81%
川西南	94	23 | 24.47%	24 | 25.43%	24 | 25.53%	4 | 4.62%	5 | 5.32%
总计	1400	477 | 34.07%	242 | 17.92%	320 | 22.86%	116 | 8.29%	169 | 12.07%

资料来源：依据蓝勇《清代四川土著和移民分布的地理特征研究》（《中国历史地理论丛》1995年第2期）改制。

---

① 曹树基：《中国移民史》第六卷，福建人民出版社1997年版，第91页。

透过此表可见，从移民会馆的地理分布情况看，湖广移民主要分布在川东和川中地区，广东移民主要分布在川中和川南地区，江西移民主要分布在成都和川西南地区，福建移民主要分布在成都和川南地区，陕西移民主要分布在川北和川西地区。应该说，这样的移民地理分布状况，与依据聚居地和方言遗留指标所得出的结论是大体吻合的。

（三）部分移民的聚居区域

语言作为一种文化要素，随着移民的迁徙，最先被转移到了迁居地区。移民在当地著籍既久，由于"皆循原籍之旧"，故使得原籍方言有可能在聚居地慢慢沉淀下来。移民方言作为一种移民文化积淀而世代传袭，透过方言的遗留范围，也可以验证移民来源省籍及其文化的空间分布。

目前四川遗留方言较为集中的有以下几个区域：

第一，湖南移民的分布区域。语言专家通过湘语区迁川移民的族谱史料揭示，湖南移民迁川的时间大多集中在清前期，其中以清康熙年间最盛。这些移民来自今湖南的二十一个县市，基本上是湘语区来的。入川后通过插占等方式最终落业在四川盆地的中部地区，主要分布在今四川如下一些县市：成都、金堂、新都、邛州、巴县、永川、合川、富顺、合江、德阳、广汉、中江、什邡、绵阳、遂宁、蓬溪、内江、乐至、安岳、简阳、仁寿、丹棱、垫江、万县、开县、梁山、南充、阆中、仪陇、南部、营山、蓬安、广安、岳池、定远、达县、开江、南江、大竹、渠县、邻水①以及资中、宜宾、三台、绵竹、安县、江油、潼南、威远等。②这些地点大致集中在四川盆地中部，散布在沱江、涪江、长江和嘉陵江沿岸。

第二，客家移民的分布范围。广东学者刘正刚认为，清代广东移民四川的方式主要是以家庭为主体进行的。他们中绝大部分到达四川后，便在当地定居，开始新的生活。虽然也不排除其后再作迁移，但回迁广东的现象极为罕见。他依据民国《简阳县志》所提供的氏族资料，分析出清代广东移民的迁出地原籍，主要分布在惠州府、潮州府、韶州府、嘉应州、南雄州，以及广州府和罗定州。他还指出：上述迁出地正位于闽粤赣三省交界的山区丘陵地带，这对客家移民入川后在四川的定居分布不能不产生重要的影响。刘正刚还以原籍

---

① 崔荣昌：《四川境内的湘方言》，台湾"中研院"历史语言研究所1996年版，第20页。
② 崔荣昌：《四川方言与巴蜀文化》，四川大学出版社1996年版，第191~224页。

为兴宁的曾氏、廖氏、陈氏，长乐的曾氏、陈氏、范氏，平远的张氏，龙川的钟氏、巫氏，永安的陈氏等客家移民家族的族谱为实例，考证出这些家族的分布地遍及清代四川的十六个府州厅四十多个县。其中，既有广阔的平原地带，也有山区丘陵乃至少数民族聚居地。①它们是：

成都府：成都、新都、广汉、简阳、华阳、双流、什邡、新繁、金堂、郫县、新津、彭县、崇宁、崇庆州、灌县。

重庆府：永川、荣昌、璧山、大足、渝城。

嘉定府：犍为、威远、荣县。

叙州府：宜宾、隆昌、富顺。

潼川府：蓬溪、中江、射洪、三台。

夔州府：云阳。

保宁府：昭化、广元。

龙安府：江油。

雅州府：打箭炉。

宁远府：建昌。

资州直隶州：资中、内江、仁寿、资阳。

绵阳直隶州：德阳、罗江、安县、绵竹。

眉州直隶州：彭山。

泸州直隶州。

叙永直隶州：古宋、永宁。

石柱直隶厅。

第三，福建移民的分布范围。清初迁川的福建移民大多来自康、雍、乾三朝，入川后定居地分布面甚广。不过，从闽语的保存状况来观察，通过调查发现，迄今能从乡民的发音中听到一些带有闽方言特点的词语的地方，主要分布在金堂、青白江、新都、广汉、什邡、中江、灌县、彭县、大足、安岳等地。②

---

① 刘正刚：《清代广东移民在四川分布考》，并《闽粤客家人在四川》，广西人民教育出版社1997年版。
② 崔荣昌：《四川方言与巴蜀文化》，四川大学出版社1996年版，第247页。

第三节 巴蜀移民文化的历史评价

巴蜀移民文化作为一种历史积淀，具有多重特性，值得认真总结。本节通过对地域文化更新过程的考察，以及对人口迁移所带来的特殊表征的归纳，从宏观上肯定移民文化在更新、提升、丰富地域文化的品质与内涵上，具有积极的作用；同时通过对移民群体中开拓与保守转化过程的剖析，指出巴蜀地区的移民精神中还存有一种逐渐消解转移的效应。最后，围绕清代巴蜀移民人口过度膨胀所带来的负面后果，对巴蜀文化中的地域观念与内耗意识进行反省。

一、地域文化的更新提升

人口迁移是移民文化产生的前提，移民文化是人口迁移的结果。离开了人口的空间移动，移民文化也就成为无源之水、无本之木。有论者在文章中生动形象地阐释了"移民"与"移民文化"的关系，指出：

> 移民的生物学目的有两个：在环境中敌害太甚时，不得不到新环境中去逃命；在环境生存资源发生严重短缺时，不得不到新环境中去逃荒……无论是流亡、流浪移民，还是流放移民，在刚抵达异邦时，有两个共同点：他们都是两手空空如也；他们所拥有的只有拷贝于记忆中的"软件"——各自祖国文化传统。换一种表述是，移民在刚到侨居国时所拥有的物质文化近于零状态，仅有从故国带来的精神文化和制度文化。其在侨居国安身立命的优胜劣汰，都与后两个文化软件息息相关。这就有了值得思索的所谓移民文化问题。①

文中所描述的人口迁移现象，虽然是以当代的跨国移民作为观察对象，但对于迁移人口在抵达定居地时境况的描述，也与国内地区间移民所面临的处境大体相似。在理解移民与移民文化的关系时，二者有相通之处。

由于地域文化区域不是均质的，彼此之间的差异是绝对的，这就决定了各地域文化之间的交流联系必不可少。任何地域文化若不是自我封闭，它就必然通过文化交流，不断吸取其他文化因素来发展自己；同时也会把自己的文化传播出去，影响其他文化。人是文化的载体，地域文化的形成、传承和传播离不

---

① 祖慰：《移民文化的双螺旋结构》，《西湖》2005年第2期。

开人的因素，也只有人口的空间流动才能深化不同文化间的交流和传播趋势。纵观中华文化史，地域文化的交流与传播有多种形式，在诸如移民、教化、战争与经济文化交往等形式中，而以移民居其首，作用最为直接和明显。[①]

随着移民的大量进入，一方面免不了会给移居地造成一些新的社会问题，增加社会的动荡，影响社会稳定。但另一方面，由于他们的出现，又像一股清新的风气，为移居地带来不少新气象。这就是新的生活方式、行为习惯和新的思想观念。这种移民文化新因素的出现，又为地域文化的创新提供了条件。

其一，移民在传播某种文化的同时，也使移民群体自身发生量或质的变化。如移民所特有的心理，如开拓、独立、宽容和想及早融入在地社区的渴望，使得移民文化心理逐渐认同当地，自认为是当地人，与原籍地的关系相对淡化等，这些自然也为他们原乡文化的转变提供了条件。

其二，移民在传播某种文化的同时，必然与移居地的文化发生碰撞。而不同文化间特别是不同的生活方式、行为习惯和思想观念间的碰撞、冲突和融合，又有利于激发文化的创造力，这样就为巴蜀文化的变迁注入活力，从而使地域文化有可能发生巨大的变迁。

以上所描述的，是移民文化作用于地域文化的一般过程。结合巴蜀地区的历史实际可见，移民文化的形成过程，说到底就是移民与移居地新环境——巴蜀文化相适应而不断互动的过程。在巴蜀文化发生、发展的过程中，在不同历史阶段上，从四面八方进入四川盆地的移民，一方面在原乡文化模式惯性的支配下，注定要将自己习惯的生产生活方式传承下去，从而将原乡文化带到移居地；另一方面，为了能在巴蜀地域环境生存和发展，他们又不得不适应移居地的文化模式，从而与土著文化发生交融、发展。正是在外来文化与本土文化互相交流、互相渗透、互相借鉴、互相融合的过程中，一种既不同于移民原籍地又不同于移居地的新文化——巴蜀移民文化便被创造出来了。

巴蜀移民文化的形成不是一蹴而就的，而是经过多次移民运动作用的结果。这可以从两重意义来理解：

其一，从微观的短时段来观察，作为一次移民运动所带来的文化变移过程，一般可分为三个阶段：1. 移民的祖籍文化传统发挥较大作用的阶段。在移民初到巴蜀之时，他们总是自觉或不自觉地将自己在原乡的价值观念、宗教信

[①] 严飞生：《地域文化的若干问题研究》，南昌大学硕士论文，2006年。

仰、文化习俗甚至生活习惯一起"移居"到巴蜀这片新土地上,企图按照自己的生存方式去创造新生活。2. 适应新环境,互相融合阶段。移民与新环境的互动,对于新的移民文化的形成具有决定意义。在与新的巴蜀环境相适应的过程中,移民采用不同的生产方式,摒弃旧有生活习惯,初步形成了一种融合原乡与土著文化的新文化。3. 加深融合,重构共同地域文化阶段。来自不同文化传统背景的移民群体,在与巴蜀文化新环境互动的过程中,彼此互相交融、吸收甚至互相冲撞,进而为不同质的文化的融合创造条件。

其二,从宏观的长时段来观察,发生在各地的移民运动,不一定是一次能够完成的,它往往经历了不同时代多次迁徙过程。例如以中原向巴蜀地区南迁移民来说,就肇始于秦汉,而延续于唐、五代和两宋时期;以湖广为主体的长江中下游移民迁川运动,就肇始于元明,而延续于清前期。

随着移民与迁居地文化的互动交流进程的加深,一种融汇原乡文化与土著文化的各自优势的新的文化形态,随即加入到地域文化之中。不仅为地域文化的发展和更新增加了新的推动力,而且更在文化内涵方面大大拓展了它的空间和容量。较之于移民迁徙过程之前,这时地域文化层次结构变得更加丰满,在物质文化、制度文化和精神文化方面,内涵显得更加丰富,积淀显得更加深厚。从文化的创造、享用主体看,由于大量不同身份移民的迁入,使无论来自其他地域中的"雅文化"或"俗文化",都有可能在新的定居地获得各自的发展空间。而随着"雅文化"或"俗文化"的传播,不能不从文化的层次与普及面上强化其对地域文化的作用,从而使地域文化内涵深度、广度的拓展成为可能。于是,在移民所带来的文化变移与文化重构的过程中,地域文化便在原有的基础上得到了新的提升。本书上文对发生在巴蜀地区物质文化、制度文化、行为文化与精神文化方方面面的变迁已做了详尽的论述,足以见证移民历史文化作用的发挥,为巴蜀地域文化的更新和提升注入了生机与活力。

二、移民文化的品质创新

移民文化不仅能通过移民与本土文化的互动融合,为地域文化的发展增添新的文化活力,而且还能以人口迁移所带来的特殊表征,丰富地域文化的内涵,为地域群体注入新的文化品质。

所谓移民文化特征,是指因人口迁移而为特定的地域、人群及其文化品质带来的特殊表征。移民文化特征首先体现在作为迁移主体的人群身上,表现为迁移活动所引起的人群的行为习惯、思维方式、价值观念、生活心态和文化趣味等方面的变化。这些变化经过一段时间的交流和汇集后，便形成某种独特的地域文化样式。有论者通过对深圳市移民文化个案的剖析与探讨，就移民文化特征内涵达成共识，总结出移民文化具有以下特征：

1. 开拓性——敢闯敢干，不断尝试；
2. 创造性——勇于探索，敢为天下先；
3. 开放性——"拿来主义"，善于学习，善于吸收；
4. 包容性——海纳百川，兼容并包；
5. 自由——少包袱，少成见，多机会；
6. 多元——"五湖四海"的文化并存和激荡；
7. 平等——"人不分亲疏，地不分南北"；
8. 年轻——充满活力，朝气蓬勃；等等。①

这些特征虽然是以改革开放中的深圳特区城市作为标本归纳出来的，但将其运用来分析巴蜀历史上的移民文化特征也不无借鉴意义。

不同质的文化，可根据价值观念的不同来进行区别。如以价值观念作为观测移民文化特征的尺度，以下一些内涵适用于所有移民活动的地区。其具体特性是：

第一，开拓性。冒险、拼搏、开拓、进取的移民精神是移民文化最显著的特征。这一特征是由移民社会面临的严酷的自然和社会环境所赋予的。移民们来到一个完全陌生的环境，面对严峻的挑战，只有敢冒风险，搏命劳作，勇于开拓，锐意进取，才能生存和发展。

第二，开放性。来自不同地区的移民带来了各自的地域文化，这些色彩多样的地域文化在移民社会中互相交流、融合，从而使移民社会具有一种开放的文化心态。在这里，人们与外界进行频繁的交往活动，很少具有排外、封闭的心理；同时，人们漠视出身背景，注重个人的实力和创造潜能的发挥。开放性使移民文化的生长拥有自由的空间，从而保持着恒久的活力。

第三，兼容性。兼容源自开放。兼收并蓄的开放格局，必然使移民文化表现为多元化的文化形态，从而带有强烈的兼容性特征。

第四，先导性。移民文化具有特有的移民精神和开放性、兼收性的特征，

---

① 黄涛：《深圳移民文化特征的理性反思》，《特区理论与实践》2003年第4期。

因而必然孕育出勇于探索、敢为天下先、求新求异的精神气质，率先形成新的思维方式和生活方式，提出新的思想观念，从而成为文化的先导。新的环境对于移民抛弃旧的落后的行为模式与观念，寻求新的生活方式与理念，无疑是非常有利的。[①]

结合巴蜀地区的历史实际，本区除具有一般移民文化的共性特征外，还有一些独有的特征。具体表现在：

第一，多源特征突出。巴蜀地区历史悠久，受中国移民流向的影响，在不同历史时期，移居巴蜀的移民群体各不相同。大体上，自秦汉以至唐宋，巴蜀作为南北向移民的接收地，移民的祖先基本上来自中原地区。自元代以降，以至于明清和民国时期，巴蜀作为东西向移民的接收地，移民主体则来自东南地区。尤其是在肇始于元，继起于明，延续至清前期的长达五百多年（13至18世纪）形成高潮的"湖广填四川"移民运动，将来源十分广泛、数量众多的一二十个省籍的人口卷入四川内陆腹地，这在中国历史上十分罕见。这导致了巴蜀移民文化主体多源性特点的出现。不同文化传统背景的移民群体，在与新环境的交流互动中，带来了各自不同的文化知识、社会经历和生活体验。迁入人群由于文化背景和传统的不同，在文化选择、淘汰和吸收上自然存在差异性，因而无论在文化的相传和相变上，都表现出不同的态度。这就决定了发生在他们与土著人群和其他移民群体之间的文化交流与融合过程，必然演绎出错综复杂的格局，呈现出来的文化面貌更加色彩斑斓、千姿百态。于是，一个多元性与杂交性相结合的巴蜀文化新格局就此确立起来了。

第二，融合特征鲜明。移民文化的多元性必然导致差异，而差异又是产生矛盾和冲突的根源。各种不同文化背景、不同身份的移民，杂居在巴蜀这片新的土地上，在相互接触的过程中，必然会产生各种矛盾和冲突。引起冲突的原因，既有经济利益争夺，也有文化习俗差异的摩擦，更有人口结构和势力对比的角逐。不过，随着时间的推移，这些矛盾和冲突逐渐被融合所取代。不但土客之间的差别越来越小，不同省籍之间也没有什么差别了，经过几代人的融合，人们安居于四川这块新的土地上，生息繁衍，从最初的土客之间，移民之间的争斗，到后来的相安平和，移民遂融入土著之中。巴蜀地区不仅具有适合外来人口迁入的良好的自然环境，而且有适合移民聚居的优越的人文环

[①] 张然：《论移民文化及其特征》，《深圳大学学报》2001年第18卷第1期。

境。在这样的环境中，有一种天然的融合特性（即本书第一章所说的"水库效应""向心机制"与"文化锁链"的存在），所以反映在巴蜀地区的文化融合上，大多呈现出一种文化合成形态，而不是混合形态。混合与合成是两种不同的文化概念。文化混合是指两种以上的文化形态共处于同一文化体内，文化合成则是指两种以上的文化因子在同一文化体内互相渗透、融合。合成文化是两种以上文化接触互动的产物，其产生与形成的过程，即文化合成，是一种文化创新过程。巴蜀文化体内这种创新性质的合成文化的出现，显示了本区的融合特征和兼容品格尤为突出。

第三，叠压关系明显。巴蜀是中国最大的移民地区，移民地域的本质使巴蜀文化呈现出浓重的移民色彩。移民文化之所以成为巴蜀文化的主要特点，与巴蜀历史上的移民活动自身的发生、发展过程不无关系。这种叠压关系，不仅表现在移民定居地的重合上，更反映在移民运动的叠加上。在元、明、清五百年的西向移民中，巴蜀地区曾经出现过多次由政府组织的大规模的移民运动。在继元初的军事移民、明初的强制移民之后，巴蜀地区在清初又出现了一次由政府组织的大规模的移民运动，而这一特点在其他省份是少见的。由于这几次由政府组织的大规模的移民运动，都是以湖广人为主体，因此学界和民间有两次"湖广填四川"移民运动之说。两次湖广移民填川的历史过程既有联系，又有区别。前一次移民所走过的足迹，为后一次移民运动所遵循；前一次移民的定居地，继又成为后一次移民的聚居区。由于移民迁入时间存在先后差别，二者之间明显存在时代和技术秩序上的差异，因而表现出的文化品质也是大不一样的。由不同时代移民所创造的这种叠加的移民文化，影响甚为深远。如果前一次移民文化，是对巴蜀文化作了开创性的塑造，那么，后一次移民运动所创造的移民文化，则是对巴蜀文化作了又一次重新建构。移民文化的两次叠压，进一步强化了巴蜀文化的移民特色，使巴蜀移民文化的沉淀显得更加深厚，内涵变得更加丰富起来。

三、移民精神的消解转移

移民精神文化积淀的本质是开拓进取。作为一种文化精神、文化形态或文化品质，移民精神是以移民对保守思想的破除为存在前提的。但往往随着移民迁居地环境的改变，原有的开拓进取会逐渐消解，保守思想就会不期而至。因此，对于地域社会中的移民群体而言，始终面临着一个不断保持创业时开拓进取的精神境界的问题。许多移民先辈之所以时刻不忘教育后代,让其牢记创业艰辛,守成不易,其目的正是希望后辈能始终保持这种精神。例如,江西籍客商刘永昌来川经商,在沐川创立永昌号商号,实现商业致富、家族发达后,在其修建的永昌荣大院的正堂,悬挂一块木雕土漆镌刻金字对联:"创业维艰祖辈备尝辛苦,守成不易子孙宜戒奢华。"[①]刘氏家族的良苦用心,由此可见一斑。

不过,移民文化精神的传承,并非移民自身的言传身教就能解决的,这里有一个不以人的意志为转移的客观规律在起作用。开拓与保守总是在共存于地域社会的不同人群之中,当一部分人群由开拓趋于守常,自甘保守而不思进取之时,它随之就会被另一部分持有开拓进取精神的人群取代。这就是移民精神的逐渐消解与转移的效应。在巴蜀地域社会中的演进历程中,随着多次大规模移民运动的兴起,这种移民精神的消解转移现象不断发生。

在巴蜀地区秦汉至唐五代两宋的历史长河中,封建社会臻于成熟,经济繁荣,文化昌盛发达,这一切标志着地域社会已经达到一个鼎盛阶段。然而,接下来就是盛极而后衰。正是在这种成熟因循、趋于停滞的社会里,儒家思想中修身养性、做官治国的思想,自觉不自觉地在盆地内造就了一个自我封闭、满足的圈子。就是这个圈子,沉淀了太多的历史的腐朽,太多地制约了人们思维的创新和社会的进步。正在这时,一场断断续续持续了半个多世纪的蒙古入蜀的战争,改变了这一局面。在蒙古铁骑的杀掠之下,巴蜀地区人口的伤亡惨重,尤其是"故宋衣冠之世家,百年以来几已尽"[②],旧有的陈腐风气随之一扫而光。接着,从元代开始的外省移民入川运动,为以湖广为主体的外省移民进入铺平了道路。

自明初移入的湖广客民,在巴蜀地区亟待开发的环境中,表现出一种艰苦奋斗勇于拼搏的精神,为地域社会注入了一股新风。比起宋元以前的土著居民,新迁入的移民更富于蓬勃朝气和开拓进取精神。随着明前期大规模移民垦荒和土地开发,农业生产率提高,经济作物的广泛种植,社会生产力得到了迅速恢复和极大发展,成为明后期社会发生变迁的重要前提条件。但是到了明代后期,巴蜀地域中沉淀的惰性因素大量释放出来,社会风俗也发生较

---

① 孙晓芬:《明清的江西湖广人与四川》,四川大学出版社2005年版,第443页。
② (元)虞集:《亡弟嘉鱼大夫仲常墓志铭》,《道园学古录》卷四三。

大的变化。成书于清咸丰四年（1854）的《蜀龟鉴》一书的作者、内江人刘景伯，在该书第六卷末，引《内江志》说，"风俗之变在人心"。"隆（庆）、（万）历间，里中贵游，和雅相尚，归一二豪达，酣啸歌舞，古意未亡"①。当时随着商品经济的发展，社会财富的增加，价值观念的转变，人们的物质享受欲望不断膨胀，早期淳厚俭朴的风尚被靡浮奢侈取代。生于明万历四十八年（1620）的《欧阳氏遗书》的作者欧阳氏，对明末四川社会中的奢靡风尚的表现，作了全面的概括②：

1. 服饰：厌薄缟素，竞侈罗绮，僭制造奇，月异岁变；
2. 宴集：淡泊是鄙，丰厚相尚，邱糟林肉，海错山珍；
3. 居处：华堂绣户，卷雨飞云，园榭必花木盛植，池亭必鱼鸟备观；
4. 烹宰：只顾适口，不惜物命，刲脔极珍极虐，炮炙极怪极惨；
5. 田土：富连阡陌，贫无立锥，侵谋膏腴，占人世业，欺夺孤弱，全我方圆。
6. 交易利己损人，营求则重息撤债，结处则口是心非，刁唆则舌剑唇枪，纵欲则贪刻奸淫，逞奸则阴谋下石，见人得志则嫉妒横生，闻人不幸则幸灾乐祸……

嘉靖《洪雅县志》也证实说："成化壬寅复自为县，文学始稍稍盛然。初甚淳厚，少长有礼，周急恤病，惟恐弗及。村落之民，有白首不见官府者。后渐习侈靡，喜谲诈，少凌长，卑凌尊。富者挟赀射利，黠者持人短长。抑或造飞语，以讦隐私，乃弱肉强食，则往往而是。文物彬彬可观，而古意泯矣。"③

正是在世道人心发生大变局，人们竞相陷入追逐物质利益、沉湎生活享受之世，当初那些通过勤劳致富的移民群体，在家族繁衍发达之后，逐渐迷茫起来，丧失了原有的激情与活力，以致在经过明末动乱重创之后，大多一蹶不振。及至清初，以前的"古户""老民"所剩无几，更显凋零寥落。民国《云阳县志》曾经检视县境一百七十八个家族，除其中十四族来源不详外，以移入年代而言，在清初以前移入者为三十四族。各族的兴衰状况如下：旧朐忍县（秦置古县，即今重庆市云阳县）大姓有扶、先、徐氏。现则先氏已无闻，

---

① （清）刘景伯：《蜀龟鉴》卷六。
② （清）欧阳氏：《欧阳氏遗书》。
③ 嘉靖《洪雅县志》卷一《疆域志·风俗》。

扶、徐则于明季丧乱之后，迄无繁庶之象，且均陵夷不显。其他金氏、郑氏、辛氏，均宋元著姓，今则率皆式微，几至已无见闻。余如蒲氏，明初旧族，"余裔繁多，温饱者不及半数"。向氏，"称明时由湖北迁来，实土族道黎也……今其族仍蕃，但皆力农自给，或散走南北乡及邻县，佣保力作，及为佃农……顾久不知读书，率椎鲁不文"。其余明代移入，称为土著的，还有孙氏，亦云麻城人，子孙甚繁，但无人事著闻；谭氏，洪武间由麻城来，今遂衰耗；洪武移入的殷、李氏，子孙不显；杨氏，自称麻城人，万历年间移入，有丁众数千，其人朴僿少文，子弟不事文学，暇则渔猎山泽，农田畜牧，朝市纷更，而举族宴然，无改于旧；谢氏，明天启间自麻城移入，虽多士人，顾无显者。就上所载，似居留愈久者愈较萎靡，鲜有振兴。①

民国《云阳县志》所作的个案调查，堪称全川的一个缩影。它标志着明代移入、曾经在明代社会中盛极一时的湖广旧族，到了清代，大多因为落伍而被时代抛弃，其在社会上的地位逐渐被新兴的移民取代。其实，这种现象何止存在于云阳县，何止存在于明代四川。就是到了清末及民国年间，清初"湖广填四川"运动中迁入的移民群体，又何尝不是遵循这样的演变轨迹。

在清初大移民之际，这些外来的移民群体，当初无不是抱着求富发迹心理，凭借较强的商品经济观念，发扬勇于开拓创新、敢于闯荡天涯的冒险精神，才在四川开基创业，最终成为超越土著居民，实现家族繁衍发达的成功者。然而，在经过若干代人的演化之后，他们的后代更多趋于保守，集中体现在缺乏进取的商业精神。正如德国人利希霍芬所说，这些移民后裔却再也"没有继承先祖的商业精神……在其他省份，很少能见到四川人"②。这样，就如同清初以前土著居民所面临的遭遇一样，移民精神离他们越来越远了。

巴蜀地区之所以频繁发生这种移民精神的消解转移现象，与地理环境的封闭不无关系。由于受自然环境的影响，在一个缺乏商品经济和竞争意识的社会里，民风本来就趋于保守，安土守常易于习染人的性格，消磨人的斗志。古往今来的历史证明，四川盆地这个宜于居家过日子的"安乐窝"，曾经销蚀了无数创业者开拓进取的锋芒与锐气。明清时期，曾经为巴蜀地区一度带来朝气蓬

---

① 民国《云阳县志》卷二三《族姓》；吕实强：《近代四川的移民及其所发生的影响》，台湾《"中研院"近代史研究所集刊》第6期。
② [德]利希霍芬：《独立种族》，转引自沙莲香主编：《中国民族性》（一）附录3《中国17省人的性格特点》，中国人民大学出版社2012年第2版，第397～398页。

勃的移民群体，在取得创业成功，站稳脚跟，有了根基，有了家庭、家族，有了子孙、同乡、同胞、乡邻之后，随着地位的改变，他们的思想行为也变得保守自满起来。这些发财者终日里忙于"置田园，长子孙"，或忙于从事典当、高利贷，或捐官捐爵，以进一步巩固其在四川的以"本富"为重的地位。

这样，当他们移民身份逐渐消失，他们的后裔却再也没有及时地在外界条件的刺激下，促使移民精神重放光彩，随之而来的则是，这种移民文化品格力量的逐渐迷失。当他们不愿再冒险开拓进取，进而加入到与保守习性相连的人群中去的时候，巴蜀大门正迎候着另一部分移民群体的到来，一种更富开拓进取意识的移民精神，正引领着这部分移民者不断前行。于是，巴蜀大地等待着他们以更新的移民品质去书写更加辉煌的未来。

四、移民文化的负面影响

移民文化的产生是以人口迁移作为前提条件的。在清前期"湖广填四川"中，外省移民的大量迁入，使得四川人口基数不断增大。本来，清代人口增加，是全国各省区的普遍现象。不过，四川人口增加的情形有不同之处，就是顺治、康熙年间人口基数低，移民迁入后，人口数量出现大幅度增加。自清朝初年至道光三十年（1647～1850），约两百年间，四川省的人口增长率，远远超过一般的人口自然增长率。这种增长，自然是移民进入的结果。据统计，清前期四川人口的增长率高于全国人口增长率平均水平约二点七倍，高出其他省区约二点六倍。[①]

移民人口的大量增长，给地域社会带来了一系列的影响。从社会经济角度考察，人口是社会生产力和社会消费力的统一体。人能创造财富并且是社会财富的唯一消费者的基本特点，决定了人口增长对社会经济的发展具有二重性。从积极方面看，人口增长能促进生产力和社会经济的发展；而从消极方面看，过度的人口膨胀，在"地不加辟而人日增多"的条件下，又会导致生产的萎缩和生活水平的下降，从而成为社会经济发展和社会进步的绊脚石。

同样，从文化学角度观察，人口对文化的影响，既有正面影响，也有负面影响。由于人口在很多方面，包括人口的数量、质量和结构等，都受到所在地区文化的长期渗透和影响，因此，在移民携带原乡文化进入巴蜀地区的一段时

---

① 徐学初：《论清代四川人口增长及其对社会经济发展的影响》，四川大学硕士论文，1988年。

期内，当人口健康发展，与生产力的状况相适应时，它会对推动巴蜀社会文明的发展产生正能量，发挥积极的影响作用。这集中表现在，移民通过传播原乡先进的生产技术、优良的作物品种，以及商业经营意识等，提高巴蜀地区的劳动生产力的素质，推进巴蜀社会经济的恢复发展，为巴蜀地域社会带来移民文化的生机与活力。然而，人口非健康发展，则会产生消极影响。这集中表现在过度的人口膨胀，给巴蜀社会、生态、文化带来了严重的后果。

首先，大移民给巴蜀社会带来的负面影响，集中体现在清代中期以后出现的秘密会社的泛滥。在清初"湖广填四川"移民运动中，随着大批移民的到来，对于正处在社会秩序重建过程中的四川来说，无疑提供了一种别有特色的文化、意识和环境，为各类人群提供了一个大的活动舞台。普通移民通过几十年的辛勤劳作，逐渐安居乐业，成为四川本土居民。而另外一些生活无依，无法通过正常劳动获取社会地位的移民，则走向了非正常的社会轨道，加入秘密会社组织。大移民运动不但使大批移民迁入，而且也使各种意识形态的东西接踵传入。其结果，使得一个令清朝统治者挥之不散的幽灵——秘密会社最终在四川形成。而秘密会社与秘密活动的泛滥，又对正常的生产秩序带来冲击，清代中后期白莲教的兴起，以及李永和、蓝朝鼎的起事，由此所带来的动乱与负面影响，就是其集中的表现。

其次，大移民给巴蜀生态带来的负面影响，集中体现在人与自然环境之间的协调关系被打破。在持续百年的"湖广填四川"移民运动中，随着移民人口的膨胀，人们为了生存，无节制地向大自然索取，从而导致四川盆地及其周边地区的生态环境日益恶化：水土流失严重，至恶性发展的程度；土地瘠薄，甚至变成无土石骨；旱涝、洪灾日益严重；森林植被遭到严重破坏，致使四川盆地、周边山区可耕地和森林资源垦伐殆尽。大移民以来四川地区旱涝灾害，不仅仅是自然因素所造成的，它与不合理的人类活动也有着密切关系，其中的历史教训颇值得吸取。[①]

再次，大移民给巴蜀文化带来的负面影响，集中体现在浓厚的地域观念和严重的内耗意识上。"湖广填四川"改变了四川人的生存空间，加剧了四川人口与资源的矛盾。随着四川人口的极度膨胀，盆地内有限的土地资源开发殆尽，有限的区域只能承载有限的人口，很快四川就因"生齿日繁"而"生计日

---

① 陈世松等：《大变迁："湖广填四川"影响解读》，四川人民出版社2009年版。

蹩"了。巨大的人口压力，使人们的生存空间日益缩小。为了生存，为了对有限的资源进行再分配，在四川人口内部不能不展开一场生死竞争。于是，无论土著还是移民，无论是家族还是乡邻，彼此间无不拉帮结派，互相争斗。尽管后来，生活在这块土地上的人们可能已经淡忘了自己的出身是土著还是移民，是来自这省还是来自那省的移民，但为争夺现实利益所形成的内部派系及其争斗，却一代又一代地保留下来，巴蜀移民文化的争斗品格显然已深深地沉淀在这些人的血液之中。

民国时期四川军阀之间的内战，更把四川人这种内部争斗的劣根性和弊病暴露无遗。自袁世凯侵吞辛亥革命果实、复辟帝制失败后，四川的军事头目利用四分五裂的政局，乘时而起，拥兵自固，割占地盘，互争雄长，混战不已。在从1917年至1935年的十八年间，打了大小数百次的内战。四川军阀混战十八年，虽然互相兼并，大鱼吃小鱼，但最终却打不出一个大一统，究其原因，还是与四川军阀内部派系甚多，每个军阀头目都有称霸四川的野心，彼此间谁也不服谁的统治有关。在四川军阀混战中，既可见大吃小的一般现象，更有诸小联合以倒大的特殊现象，总之，谁也休想当"四川王"。军阀头目为巩固自己地位，不惜挤垮别人，东投西靠，左右逢源，尔虞我诈，钩心斗角，翻手为云，覆手为雨，互挖墙脚，互相拆台，把人性中自私丑恶的一面暴露无遗。四川军阀连年不休止的内战，败坏了川人在全国的形象，一时间，四川人被国人视为"怯于公战，勇于私斗"的人群。直到抗日战争爆发，川人才在这生死存亡的关键时刻，用对国家民族忠勇牺牲的奉献，克服了这种不光彩的内耗意识，从而重塑了自己在国人面前的形象。

后　记

这是一本从文化学视野出发，讨论外来人口迁入对巴蜀地域文化影响的著述。本卷从酝酿到完成，前后历时八个年头（2006～2014），在我出版的多部学术著作中，以这本书写得最为辛苦。其写作过程颇值得在此附记一笔。

2006年9至12月，应香港中文大学联合书院的邀请，我作为访问学人，在浓郁的学术环境中度过了难忘的三个月。其间主要参与该校客家历史文化的研究与教学工作，得以与我的挚友、执教于香港中文大学历史系副教授的刘义章博士终日切磋学问，饱览该校多个图书馆的丰富藏书。记得12月的一天下午，我从中文大学中央图书馆的电脑上，读到了从四川省社科院发来的一封电子邮件。得知四川省已启动巴蜀文化通史的编纂工作，编委会在事先征求意见的基础上，正式聘任我担任《巴蜀文化通史·移民文化卷》首席专家，通知我尽快发回编写提纲，由此揭开了《巴蜀文化通史·移民文化卷》漫长的编写工作的序幕。

在返回成都不久，我于2007年1月24日提交了《〈巴蜀文化通史·移民文化史〉撰写思路及初步方案》。其后，四次修改编写大纲，至2009年5月写出导论和第一章试写稿，2010年5月提交二十六万字的初稿。后来又经历了两年八个月的修改加工，于2013年3月完成三十万字的修订稿；再经过长达一年的沉淀推敲，以及文字打磨和图片选配，终于赶在2014年清明节前，按照"齐清定"的要求，完成了交付出版社的最后定稿；在此后的出版编辑校对过程中，又作了少量修改与补充。

本卷能以现有的面貌问世，首先要感谢《巴蜀文化通史》编委会的信任，使我有机会对自己投身移民与客家文化研究领域十五年来的学术积累进行一次系统的收集和整理。感谢《巴蜀文化通史》学术委员会各位专家在编写过程中多次提出有益的意见。本卷之所以难产，固然与写作难度有一定的关联，而插入其间的多项其他课题研究任务，也多少延误了编写进程。好在相继完成的这些成果，为本卷奠定了坚实的学术基础。[①]当初要是没有这些前期积累作为铺垫，仅凭原有的知识水平，注定难以完成；即使勉强成书，也不见得有现在的质量和水平。在此，我要感谢四川客家研究中心同仁在田野调查、课题研究中给予的支持配合与帮助。

本卷得以完成，当然少不了妻子汤虹女士的关心照顾，尤其是在我对书稿做修订的关键时期，她因病两次住院卧床就医。即使如此，她仍悉心安排家务，坚持生活自理，尽量不给我带来干扰，以保证我完成最后的加工修改工作。

本卷图片除注明出处外，绝大部分来自田野调查积累与相关朋友提供，其中部分文物考古图片采自公开出版的图册和书籍，恕未一一注明来源。在此，谨向一切关心支持帮助过我的师友们表示诚挚的感谢。

陈世松于四川省社会科学院
2013年3月14日完成改稿
2014年3月16日完成定稿

[①] 在这期间，我与四川客家研究中心同仁一道，通过以下项目为本书的撰写提供了学术支撑。计有通史著作两部：重修本《四川通史》（第五卷·元明时期）（陈世松、李映发合著，四川人民出版社2010年版）、《成都通史》（第五卷·元明时期）（陈世松、李映发合著，四川人民出版社2011年版）；牵头获准并完成了一项国家社科基金课题：《"湖广填四川"与西部生态环境及社会变迁研究》（最终成果为：《大变迁："湖广填四川"影响解读》，署名陈世松等著，四川人民出版社2009年版）。此外，还培养了两名移民与客家文化的硕士研究生，完成了中国移民史与客家文化两门专业课的教学任务。

图书在版编目（CIP）数据

巴蜀文化通史.移民文化卷/章玉钧,谭继和主编；陈世松著.——成都：四川人民出版社,2021.12
ISBN 978-7-220-10573-9

Ⅰ.①巴… Ⅱ.①章… ②谭… ③陈… Ⅲ.①文化史—四川②移民—文化史—四川 Ⅳ.①K297.1

中国版本图书馆CIP数据核字（2017）第280101号

BASHU WENHUA TONGSHI
YIMING WENHUA JUAN

巴蜀文化通史 移民文化卷

陈世松 著

出 品 人	黄立新
项目统筹	谢 雪 董 玲 谢 寒
责任编辑	薛玉茹
封面设计	张 科
装帧设计	经典记忆 戴雨虹
责任校对	林 泉
责任印制	祝 健
出版发行	四川人民出版社（成都三色路238号）
网 址	http：//www.scpph.com
E-mail	scrmcbs@sina.com
新浪微博	@四川人民出版社
微信公众号	四川人民出版社
发行部业务电话	（028）86361653 86361656
防盗版举报电话	（028）86361653
制 版	四川省经典记忆文化传播有限公司
印 刷	成都东江印务有限公司
成品尺寸	180mm×260mm
插 页	14
印 张	30
字 数	510千
版 次	2021年12月第1版
印 次	2021年12月第1次印刷
书 号	ISBN 978-7-220-10573-9
定 价	135.00元

■版权所有·侵权必究

本书若出现印装质量问题，请与我社发行部联系调换
电话：（028）86361656